SHENZHEN COURT YEARBOOK

总第5卷

深圳法院年鉴

·2023·

《深圳法院年鉴》编辑委员会／编

人民法院出版社

图书在版编目（CIP）数据

深圳法院年鉴. 2023 / 《深圳法院年鉴》编辑委员会编. -- 北京 : 人民法院出版社, 2023.12
ISBN 978-7-5109-3992-1

Ⅰ. ①深… Ⅱ. ①深… Ⅲ. ①法院－深圳－2023－年鉴 Ⅳ. ①D926.22-54

中国国家版本馆CIP数据核字(2023)第252498号

深圳法院年鉴·2023（总第5卷）
《深圳法院年鉴》编辑委员会 编

责任编辑 周利航
装帧设计 尹苗苗 鲁 静
出版发行 人民法院出版社
地 址 北京市东城区东交民巷27号（100745）
电 话 （010）67550691（责任编辑） 67550558（发行部查询）
65223677（读者服务部）
客服QQ 2092078039
网 址 http://www.courtbook.com.cn
E-mail courtpress@sohu.com
印 刷 北京瑞禾祥云印刷技术服务有限公司
经 销 新华书店

开 本 787毫米×1092毫米 1/16
字 数 880千字
印 张 24.5
版 次 2023年12月第1版 2023年12月第1次印刷
书 号 ISBN 978-7-5109-3992-1
定 价 148元

《深圳法院年鉴》编辑委员会

《深圳法院年鉴》编辑部

编辑说明

一、《深圳法院年鉴》是由深圳市中级人民法院（简称深圳中院）主办，两级法院院领导组成编辑委员会编纂的专业年鉴。《深圳法院年鉴》编纂坚持以马克思列宁主义、毛泽东思想、邓小平理论、“三个代表”重要思想、科学发展观和习近平新时代中国特色社会主义思想为指导，旨在全面、系统地载录上一个年度内全市法院在开展审判执行、服务经济社会大局、深化司法改革、队伍建设等各方面工作中的情况，为社会各界了解深圳法院工作提供资料，为推动深圳法院以高质量司法服务高质量发展提供资料保障。

二、《深圳法院年鉴》创办于2019年，逐年发行、公开出版。本卷——《深圳法院年鉴2023》是该年鉴的第五卷，以出版年份2023作为卷号标识，内容反映2022年深圳市法院系统各方面工作情况（其中亦包含三年、五年等阶段性总结资料）。

三、《深圳法院年鉴2023》采用分类编辑法，以条目为基本记述单元，主要分分类目、分目、条目3个结构层次，部分分目下设次分目，综合运用图、表多种形式。不同层次的标题，通过字体、字号和版式设计加以区分。条目标题统一用黑体加【 】标引。

四、《深圳法院年鉴2023》以深圳法院工作内容为主要分类依据，相较于上卷，本卷资料、图片、数据图表等内容得到更大扩充，收录深圳市中级人民法院建院40周年相关材料，将上卷“图片特载”调整为“图片掠影”“特载”，删去“附载”，新增类目有“年度要闻”“大事记”“概貌”“组织机构及成员”“人物·荣誉”“统计资料”，全书设12个类目，包括“特载”“年度要闻”“大事记（2022年）”“概貌”“中级人民法院”“基层人民法院”“人物·荣誉”“典型案例”“审判文献”“理论研究”“法院工作报告”“统计资料”。

五、本年鉴所用图片，如未注明时间，均为2022年拍摄。

六、《深圳法院年鉴2023》资料主要来源于深圳市中级人民法院各相关职能部门、各区法院研究室，所有内容均由有关单位和部门组织撰写，并经审定。

图片掠影

Featured Images

• 调研 •

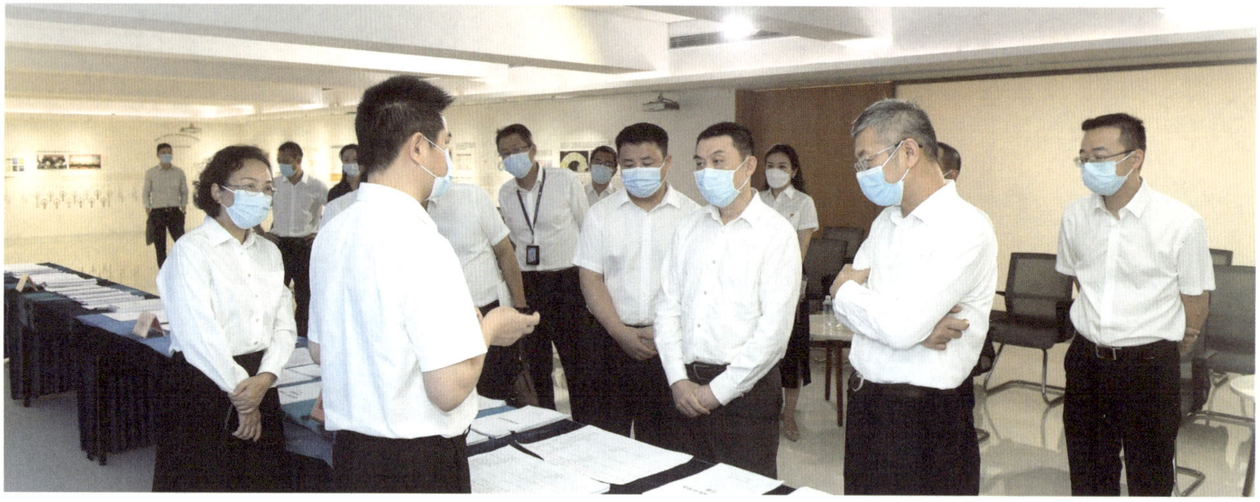

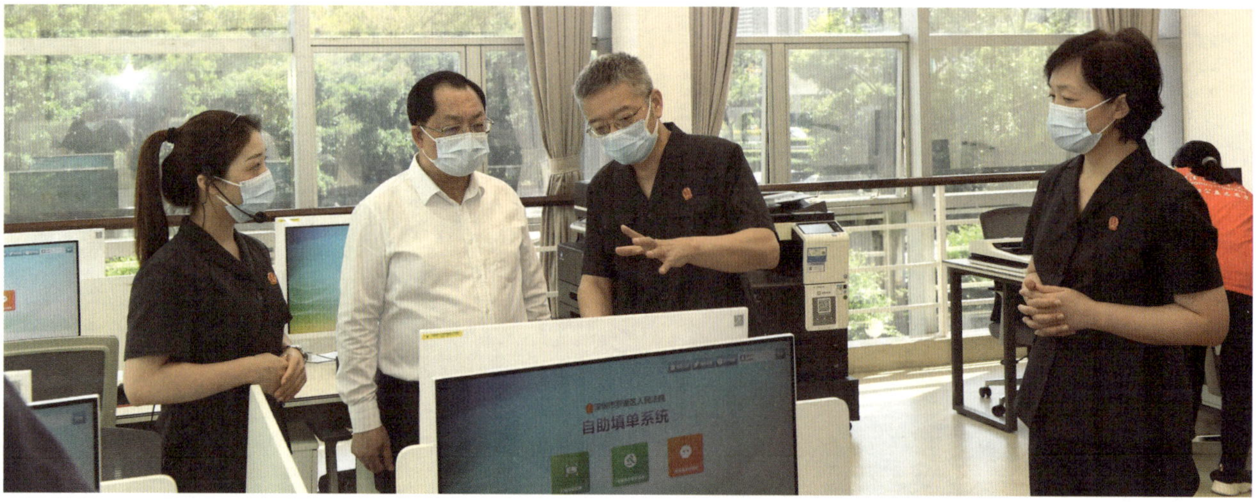

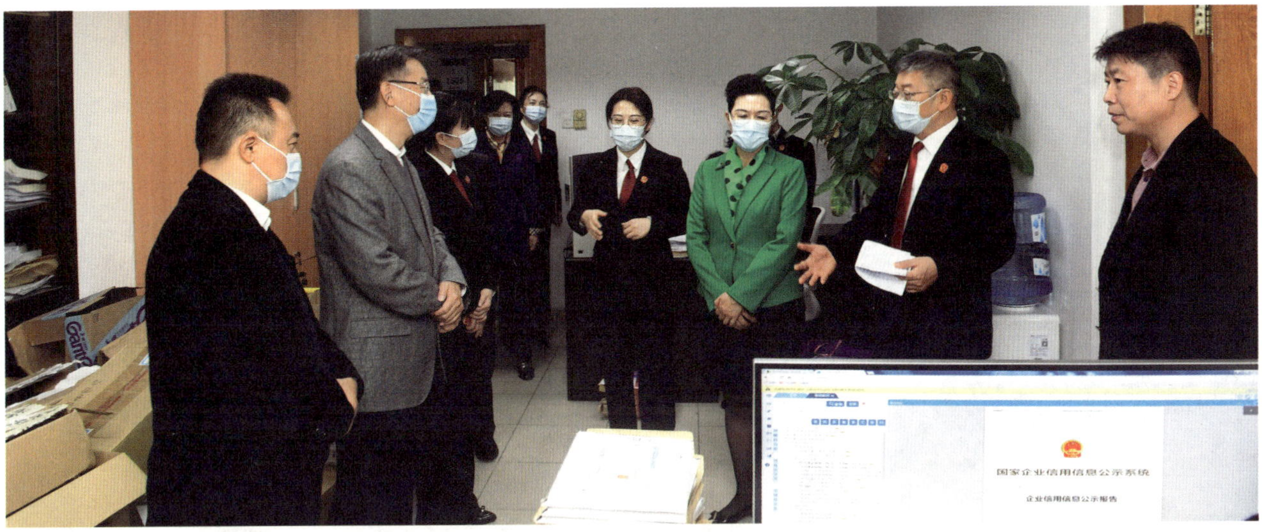

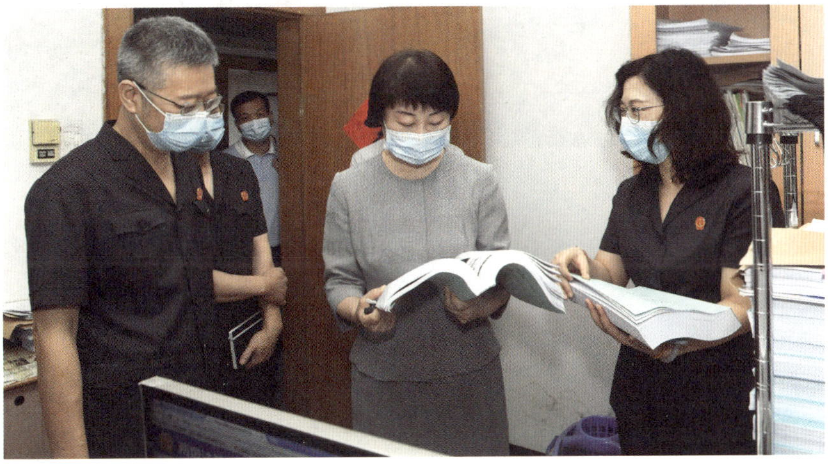

1	4
2	5
3	6

① 2022年9月28日，广东省高级人民法院党组书记、院长龚稼立（右三）到深圳法院调研，了解群众诉求服务情况（冯致荣 摄）

② 2022年8月3日，新疆维吾尔自治区高级人民法院党组副书记、院长巴哈尔古丽·赛买提（左二）到深圳调研，广东省高级人民法院党组成员、副院长赵菊花等陪同（冯致荣 摄）

③ 2022年8月16日，深圳市人大常委会主任骆文智（左二）到深圳市罗湖区人民法院调研（冯致荣 摄）

④ 2022年1月15日，深圳市政协主席林洁（右三）到深圳市中级人民法院调研，慰问法院干警（冯致荣 摄）

⑤ 2022年11月16日，深圳市委常委、政法委书记余钢（左二）率队到深圳市中级人民法院调研（冯致荣 摄）

⑥ 2022年7月21日，深圳市委常委、宣传部部长张玲（右二）到深圳市中级人民法院调研（冯致荣 摄）

• 审判 •

1 2 3 4 5

①2022 年 6 月 2 日，深圳市中级人民法院对童某某受贿、内部交易案公开宣判（冯致荣 摄）

②2022 年 10 月 20 日，深圳市中级人民法院对全市首宗涉植物新品种案开庭　（冯致荣 摄）

③2022 年 7 月 27 日，深圳前海合作区人民法院在一件涉港金融案件中首次适用香港特别行政区法律进行司法确认，委托香港特别行政区执业大律师适用香港特别行政区法律进行中立第三方评估　（前海法院 供）

④2022 年 11 月，深圳市福田区人民法院妥善审结港澳特别行政区律师获准大湾区内地九市执业后代理的首宗案件　（福田法院 供）

⑤2022 年 5 月 27 日，深圳市盐田区人民法院首次通过“深圳移动微法院”调解一宗当事人分居国内外的跨国离婚案件。　（杨佳俊 摄）

前海法院互联网法庭
The Internet Court of Shenzhen Qianhai Cooperation Zone People's Court

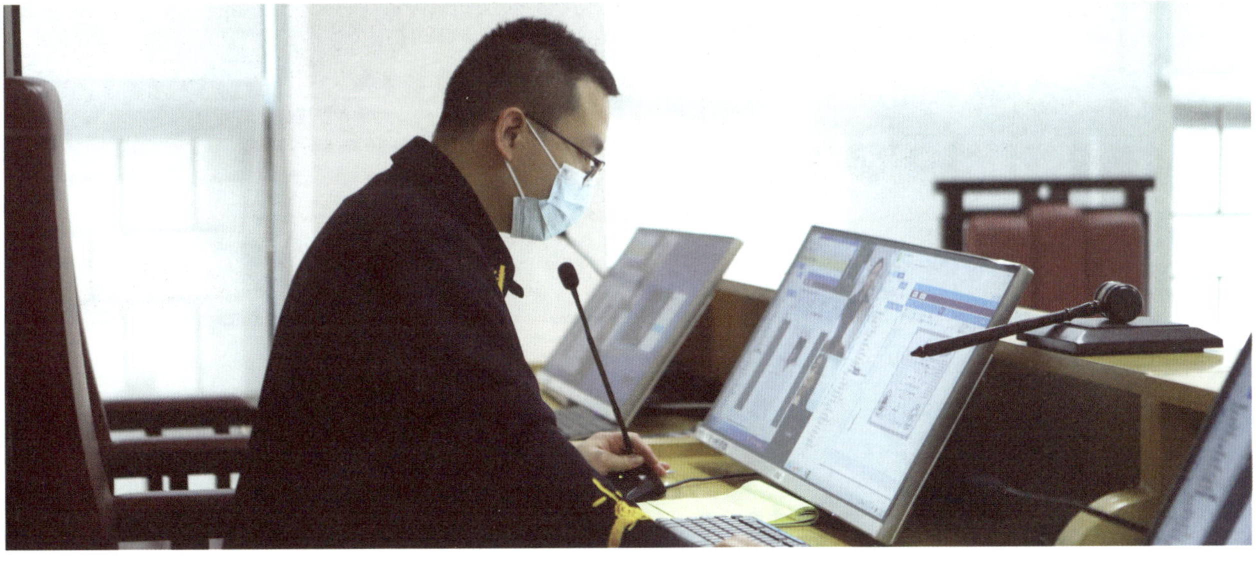

• 执行 •

1
2

① 2022 年 5 月 12 日，深圳市盐田区人民法院对失信被执行人定制开通"失信彩铃"业务，精准打击失信行为，图为深圳都市频道报道　（盐田法院 供）

② 2022 年 7 月 20 日，深圳市龙岗区人民法院开展虎啸 2022 执行行动　（龙岗法院 供）

• 改革 •

1	2
3	
4	

①2022年8月25日，最高人民法院民二庭破产审判研究中心（深圳）调研基地揭牌仪式在深圳市中级人民法院举行（冯致荣 摄）

②2022年7月11日，深圳市中级人民法院揭牌成立全国法院首家群众诉求服务处（冯致荣 摄）

③2022年7月6日，深圳涉外涉港澳台家事审判中心揭牌（冯致荣 摄）

④2022年12月15日，深圳前海合作区人民法院召开“推进跨境商事法律规则衔接 助力粤港澳大湾区融合发展”新闻发布会（前海法院 供）

• 交流合作 •

深圳市中级人民法院 哈尔滨市中级人民法院
司法交流框架协议签约仪式
傅新江
谢 军

深圳市中级人民法院 中山市中级人民法院
签约席

1	3
2	4

① 2022 年 10 月 28 日，深圳市中级人民法院、哈尔滨市中级人民法院司法交流框架协议签约仪式通过线上举行 （冯致荣 摄）

② 2022 年 8 月 26 日，深圳市中级人民法院、中山市中级人民法院司法合作框架协议签署仪式在深圳举行 （冯致荣 摄）

③ 2022 年 10 月 14 日，深圳市南山区人民法院、中国（深圳）知识产权中心共建知识产权联合保护工作室，举行揭牌仪式 （南山法院 供）

④ 2022 年 4 月 25 日，深圳市龙华区人民法院举行签约仪式，联合知识产权等 9 家联席单位共同签署《知识产权信用监管合作框架协议》 （龙华法院 供）

• 诉源治理 •

1
2

① 2022 年 9 月 28 日，深圳市福田区人民法院与深圳市律师协会举行座谈交流会并签订《关于建立婚姻家事疑难复杂案件调解机制备忘录》（福田法院 供）

② 2022 年 5 月 27 日，深圳市南山区人民法院、前海“一带一路”法律服务联合会、前海国际商事调解中心共同签署《关于推进矛盾纠纷多元化解机制建设的合作协议》（南山法院 供）

3
4

③ 2022 年 10 月 13 日，深圳市龙岗区人民法院成立深圳市首个商会调解指导中心，深圳市委常委、统战部部长王强参加签约、揭牌仪式　（龙岗法院 供）

④ 2022 年 4 月 14 日，深圳市龙华区人民法院为首批“无讼社区”授牌（龙华法院 供）

• 活动 •

深圳市中级人民法院
SHENZHEN INTERMEDIATE PEOPLE'S COURT
公正 求实 创新 奉献

深圳法院最美巾帼奋斗者

1	3
2	4

① 2022 年 1 月 4 日，深圳市中级人民法院举行新年升旗仪式暨宪法宣誓活动（冯致荣 摄）

② 2022 年 4 月 7 日，深圳市中级人民法院、深圳市妇联共同举办“深圳法院最美巾帼奋斗者”表彰活动（冯致荣 摄）

③ 2022 年 5 月 18 日，深圳市“十大法治事件”“十佳最美政法干警”2021 年度发布仪式上，深圳法院两名法官吴南、栾媛获评“十佳最美政法干警”（冯致荣 摄）

④ 2022 年 12 月 28 日，深圳市中级人民法院举行成立 40 周年座谈会（冯致荣 摄）

• 为民 •

1	3
2	4

① 2022 年 6 月 25 日，深圳市福田区人民法院到辖区学校开展法治宣传（福田法院 供）

② 2022 年 7 月，深圳市罗湖区人民法院成立群众诉求服务站（罗湖法院 供）

③ 2022 年，深圳卫视报道深圳市南山区人民法院的“社区微法庭”（南山法院 供）

④ 2022 年 11 月 25 日，深圳市宝安区人民法院与浪心人大代表联络站开展联合调解活动（宝安法院 供）

深圳卫视
高清
深视新闻
SZTVNEWS
我为群众办实事
南山法院开设“社区微法庭”将司法服务送到家门口
75%-100%
Local district court provides legal services at residential communities
18:52

依法履职　为民服务
浪心人大代表社区联络站
调解员

• 荣誉 •

1 2
3
4

① 2022 年 1 月，深圳市中级人民法院破产改革获评“人民法院改革创新奖” （冯致荣 摄）

② 2022 年 3 月 20 日，深圳市中级人民法院、深圳市盐田区人民法院行政案件集中管辖改革获评第六届法治政府奖 （冯致荣 摄）

③ 2022 年 12 月 28 日，深圳市盐田区人民法院被最高人民法院授予“为群众办实事示范法院”称号 （杨佳峻 摄）

④ 2022 年 9 月 23 日，广东省委授予深圳市盐田区人民法院“广东省依法治省工作先进单位”称号 （杨佳峻 摄）

•特辑•（三年疫情防控）

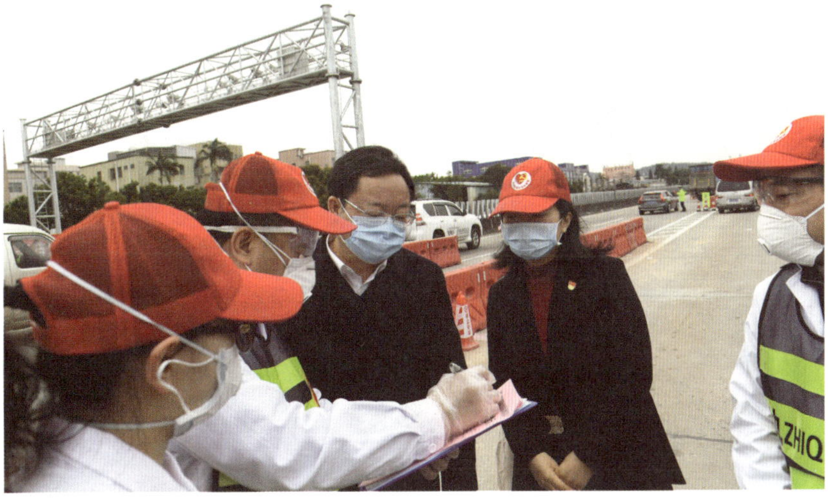

①2020年2月15日，深圳市委常委、政法委书记余新国（右三）到深圳市福田区人民法院检查疫情防控工作

（福田法院 供）

②2020年2月19日，深圳市中级人民法院党组书记、院长万国营到惠盐高速富地岗检查点，慰问龙岗区人民法院“疫情防控突击队”路面值勤干警 （冯致荣 摄）

③2020年2月19日，深圳市龙华区人民法院利用5G技术，通过视频庭审公开审理一宗涉疫情刑事案件 （龙华法院 供）

坪山法院新冠肺炎疫情防控
领导小组会议

1	4
2	5
3	

①2020年3月，深圳市福田区人民法院女法官廖泰琳因疫情滞留湖北，坚持在网上办案和开庭，同年被最高人民法院评为“全国法院办案标兵”

（福田法院 供）

②2021年，深圳市盐田区人民法院依靠信息化提升办案力量，抵消疫情阻滞等不利影响，通过网上开庭、网上调解等方式“云办案”（盐田法院 供）

③2021年5月，深圳再次暴发疫情，30—31日，深圳市中级人民法院、各区人民法院紧急召开疫情防控领导小组会议，按照上级部署抓紧疫情防控措施（坪山法院 供）

④2022年3月，深圳市中级人民法院响应市委号召，多批次发动干警成立“抗疫先锋队”奔赴疫情防控吃紧的一线抗疫，党组书记、院长张应杰作抗疫动员讲话

（冯致荣 摄）

⑤2022年3月下旬，深圳市福田区人民法院干警“抗疫突击队”深入疫情最严峻的上沙村一线支援疫情防控工作，承担上门采集核酸、运送生活物资等重任（福田法院 供）

1
2

① 2022 年 9 月 3 日，深圳市中级人民法院党员干警“抗疫先锋队”奔赴一线抗疫 （冯致荣 摄）

② 2022 年 12 月 10 日，深圳市盐田区人民法院克服疫情影响赶赴惠州市开展强制执行，及时扣押 29 台混凝土搅拌运输车 （杨佳俊 摄）

目录

中级人民法院

基层人民法院

人物·荣誉

典型案例

审判文献

理论研究

法院工作报告

统计资料

附 录

CONTENTS

Feature Articles

Leading News of the Year

Events (2022)

Overview

Intermediate People's Court

People·Honors

Representative Cases

Adjudication Literature

Theoretical Research

Report on Court Work

Statistics

Appendix

特　载

Feature Articles

在深圳市中级人民法院成立 40 周年座谈会上的讲话

广东省高级人民法院党组书记、院长　龚稼立

（2022 年 12 月 28 日）

在全省上下深入学习贯彻党的二十大精神，在新的历史起点上高水平谋划推进新阶段粤港澳大湾区、深圳先行示范区建设之际，我们以座谈的形式纪念深圳市中级人民法院成立 40 周年，回顾总结深圳法院 40 年来不平凡的历程和宝贵的经验，具有十分重要的意义。

深圳市中级人民法院的成立是广东全省法院的一件幸事，更是我国人民法院发展史上的一件大事。深圳是改革开放的排头兵、先行地、实验区，是改革开放后党和人民一手缔造的崭新城市，市中级法院在改革开放大潮中应运而生，随着改革开放的进程成长。建院 40 年来，在广东省委及深圳市委的坚强领导下，在最高人民法院的关心指导下，在全省法院的全力支持下，一代又一代深圳法院人，坚持解放思想、与时俱进、大胆探索、勇于创新，为深圳经济特区实现历史性跨越、创造令世界刮目相看的奇迹，提供了有力司法保障。作为我国第一个在经济特区设立的人民法院，深圳市中级人民法院不仅承担了护航改革开放的历史使命，还承担了勇当司法领域改革尖兵的重大职责，为全国司法体制改革提供了可复制的“深圳经验”。特别是党的十八大以来，深圳法院在全国率先启动法官专业化职业化改革，拉开了新一轮司法改革的帷幕，10 项改革被评为全国法院司法改革示范案例，“破产制度综合改革”获评最高人民法院首届“人民法院改革创新奖”，“全流程实现繁简分流”等 3 项经验获评“广东法院改革创新奖”，进一步彰显了司法改革的示范引领作用。最高人民法院周强院长在批示中，高度评价深圳市中级人民法院成立以来实现了重大历史性突破，取得了重大历史性成果，作出了重大历史性贡献。市委孟凡利书记在视频讲话中勉励市中级法院要加快建设司法公信力、法治竞争力、改革创新力、国际影响力卓著的先行示范法院。周强院长的批示和孟凡利书记的讲话，既是对深圳法院全体干警的关怀、厚爱、鼓励和鞭策，也是对广东全省法院干警的关怀、厚爱、鼓励和鞭策，我们要紧跟总书记，奋进新征程，坚定不移走好中国式现代化之路，在服务大局中干出新气象实现新飞跃。

同志们，党的二十大报告把新时代法治建设提升到更加突出、更加重要的位置，为全面建设社会主义法治国家标注了新的历史坐标，为加快建设公正高效权威的社会主义司法制度提供了根本遵循。我们要更加坚定自觉地以习近平新时代中国特色社会主义思想为指导，深入学习贯彻党的二十大精神，聚焦习近平总书记和党中央赋予广东及深圳的使命任务，深入落实省委十三届二次全会工作部署，为在法治轨道上高质量推动粤港澳大湾区、深圳先行示范区以及横琴、前海、南沙三大平台建设，谱写新时代全面建设社会主义现代化国家新篇章作出广东法院应有贡献。

一是筑牢政治忠诚，坚持正确政治方向。我们要深刻把握政法姓党这个政法机关永远不变的根和魂，把“两个维护”作为最重要的政治纪律和政治规矩，不断提高政治判断力、政治领悟力、政治执行力。把学习贯彻党的二十大精神贯穿于坚决维护国家安全、社会安定、人民安宁重大职责使命中，发扬斗争精神，敢于攻坚克难，加快把广东建设成为最安全稳定、最公平公正、法治环境最好的地区之一。

二是贯彻新发展理念，推动高质量发展。把全面服务落实新发展理念、推动高质量发展作为根本任务，紧紧围绕“双区”和三大平台建设等重大国家战略，为全面贯彻制造业当家、建立现代化产业体系提供更加优质的司法保障，努力把粤港澳大湾区打造成为具有全球影响力的科技和产业创新高地，在支持和保障深圳建设中国特色社会主义先行示范区、支持和保障全面深化前海深港现代服务业合作区大局中展现新担当新作为。

三是不忘初心使命，严格公正司法。坚持把“人民至上”作为最重要的司法理念，积极回应和满足人民群众在民主、法治、公平、正义、安全、环境等方面日益增长的新关切新要求新期待，把体现人民意志、反映人

民愿望、维护人民权益、增进人民福祉体现在审判工作全过程，让人民群众切实感受到公平正义就在身边，美好生活更有保障。

四是坚持守正创新，打造更多改革样本。在弘扬敢闯敢试、敢为人先、埋头苦干的特区精神中奋发进取，以敢于创新的勇气、善于创新的智慧、持续创新的韧劲，打硬仗、闯险滩、啃硬骨头，为全面准确落实司法责任制探索更多可复制可推广的深圳经验和广东样板，更好地展现中国特色社会主义司法制度的优越性。

同志们，征程万里风正劲，重任千钧再奋蹄。让我们不辜负习近平总书记的重望厚托，以永不懈怠的精神状态和一往无前的奋斗姿态，勇当新时代的拓荒牛，努力续写更多“春天的故事”，向党和人民交出一份更优异的答卷。

继往开来接续奋斗　奋力谱写深圳法院改革发展新篇章

——在深圳市中级人民法院成立40周年座谈会上的发言

深圳市中级人民法院党组书记、院长　张应杰

（2022年12月28日）

尊敬的杨万明副院长、龚稼立院长，
尊敬的余新国副书记，
各位领导、各位来宾，
各位人大代表、政协委员，
同志们：

大家下午好！今天，我们在这里召开深圳市中级人民法院成立40周年座谈会。最高人民法院周强院长专门作出批示，市委孟凡利书记视频致辞，最高人民法院杨万明副院长、省法院龚稼立院长、市委余新国副书记和各位领导、各位嘉宾在百忙中出席会议，让我们倍感振奋、倍受鼓舞。我谨代表市中级法院党组和深圳法院全体干警，对莅临今天会议的各位领导、各位嘉宾表示最热烈的欢迎和最衷心的感谢！

40年前的深圳，改革开放的大潮风起云涌，深圳市中级人民法院应运而生。1982年，深圳市中级人民法院正式成立，掀开了深圳法治建设和司法事业的新篇章。40年来，一代又一代深圳法院“拓荒者”“燃灯者”“赶考人”披荆斩棘、锐意进取、埋头苦干，在风云激荡间坚守初心，在改革开放中把握机遇，在奋进时代里勇立潮头，为推动深圳法治进步、保障深圳改革发展作出了积极贡献，为全国法院司法改革贡献了深圳智慧。

40年来，我们坚持忠实履职、服务大局，努力为特区改革发展提供有力司法保障。坚持改革深入到哪里、开放扩大到哪里，司法服务保障就适应到哪里。先后成立全国法院第一个涉外审判庭、第一个房地产审判庭、第一个劳动争议审判庭、第一个金融法庭、第一个破产法庭，以专业化审判保障高质量发展。围绕“双区”建设、“双改”示范，推出一系列司法服务保障举措，负责的深圳综合改革试点4条首批授权事项全部提前落地，推动出台全国第一部个人破产地方性法规，建立新兴领域知识产权保护新机制、率先形成最严格的知识产权保护体系、促进诚信市场主体经济再生、探索粤港澳大湾区法律规则衔接等4项经验，被国家发改委向全国推广。行政案件集中管辖改革，荣获第六届“法治政府奖”。破产制度改革，荣获首届“人民法院改革创新奖”。

40年来，我们坚持司法为民、公正司法，努力让人民群众在每一个司法案件中感受到公平正义。积极回应群众司法需求，以严格公正司法捍卫社会公平正义。从下辖2个基层法院，到11个基层法院、3个专门法庭，审判机构布局更加优化。从全国法院

第一个立案处，到第一个群众诉求服务处、第一个开展“优化诉讼前端”综合性改革，现代化诉讼服务体系日益健全。从全国第一个经济纠纷调解中心，到一站式多元解纷机制，再到全链条诉源治理，人民群众解决纠纷更加便捷。从1982年的356件案件到2021年的63.9万件案件，法官人均年结案达到466件，化解纠纷能力显著提升。从全国第一例股票纠纷、期货纠纷，到全国第一例商业秘密侵权案、标准必要专利案，再到全国第一例跨境破产案、个人破产案，打造了一个又一个标杆性案例，司法公信力和国际影响力显著增强。

40年来，我们坚持敢闯敢试、勇开先路，加快推进审判体系和审判能力现代化。发扬“敢闯敢试、敢为人先、埋头苦干”的特区精神，持续深化司法改革，先后创下50项全国第一。特别是党的十八大以来，在全国第一个开展法院人员分类管理和法官职业化改革，拉开了新一轮司法改革序幕。在全国第一个探索审判权运行机制改革，建立全国第一个执行财产网络查控平台，制定全国第一个基本解决执行难实施标准，10项改革被评为全国法院司法改革示范案例。先后获评全国司法公开示范法院、全国案件繁简分流示范法院、全国基本解决执行难样板法院。

40年来，我们坚持政治建院、人才兴院，加快锻造高素质特区法院队伍。始终把政治建设摆在首位，抓党建带队建促审判，内强素质、外树形象。坚持面向全国公开遴选人才，一大批法学名校毕业生、法院优秀干警、高校专家学者纷纷加入特区法院。在全国第一家与境外高校合作培养人才，先后选派112人赴香港大学攻读普通法硕士，19名法官获评全国、全省审判业务专家。全市法院421个集体、589名个人受到省部级以上表彰，先后涌现出全国法院模范、全国模范法官、全国五一劳动奖章获得者等一大批先进典型。

深圳市中级人民法院的40年，是与共和国法治建设休戚与共的40年，是与深圳改革发展同频共振的40年。40年辉煌成绩的取得，离不开最高人民法院和广东省高级人民法院的悉心指导，离不开市委的正确领导，离不开人大监督、政府支持、政协和社会各界的关心帮助，离不开市中级人民法院历届领导班子的团结拼搏，离不开一代又一代深圳法院人的接续奋斗。在这里，我代表市中级人民法院党组，向40年来关心、支持、帮助深圳法院工作的最高人民法院、广东省高级人民法院和各级党委、人大、政府、政协以及社会各界，表示诚挚的感谢！向40年来为深圳法院改革发展付出心血和汗水的各位老同志、老领导，致以崇高的敬意！向无私奉献、辛勤耕耘的全体干警致以亲切的问候！

40年沧桑巨变、砥砺奋进，我们深深体会到创业的艰辛，感受到发展的激情，收获了宝贵的精神财富。我们深刻体会到，司法事业行稳致远，必须坚持党的领导这一根本原则，必须坚持服务大局这一根本职责，必须坚持司法为民这一根本立场，必须坚持公正司法这一价值追求，必须坚持改革创新这一根本动力，必须坚持现代科技这一重要抓手，必须坚持人才引领这一发展战略，必须坚持从严治院这一关键保证。

回首往昔，我们豪情满怀；展望未来，我们充满信心。党的二十大为全面建设社会主义现代化国家、实现第二个百年奋斗目标，以中国式现代化全面推进中华民族伟大复兴指明了前进方向、确立了行动指南。新时代新征程，我们要坚持以习近平新时代中国特色社会主义思想为指导，深入学习贯彻党的二十大精神，深入学习践行习近平法治思想，重整行装再出发，改革创新不止步，继往开来、接续奋斗，让深圳法院司法事业薪火相传，加快建设司法公信力、法治竞争力、改革创新力、国际影响力卓著的先行示范法院，为全国法院司法改革提供更多可复制、可推广的深圳经验，为深圳建设好中国特色社会主义先行示范区，创建社会主义现代化强国的城市范例，率先实现社会主义现代化，作出新的更大贡献。

谢谢大家！

·编辑：严俊、王晶晶·

深圳市中级人民法院建院 40 周年略览

深圳，中国第一个经济特区，为改革而生，因开放而强的城市。40 多年前的南海之滨，中国共产党在这里布下“关键一子”，一举盘活了百年国运的大棋局。作为改革开放的排头兵、试验田，深圳肩负着重大历史使命，破釜沉舟，勇毅突围，涉足拍卖国有土地使用权的“禁区”，踏入放开市场价格体制的“雷区”，抵进打破“铁饭碗”的“难区”，闯入国有企业股份制改革的“盲区”……在特区发展的每一个重大节点，在事关改革前途的关键时刻，深圳法院如同一道用公正的个案垒砌的法治城墙，毅然坚守在南国之滨。1982 年，深圳市中级人民法院成立，从此开启为改革开放护航的艰巨使命。整整 40 年，为改革而生的深圳法院人披荆斩棘、锐意进取，积极适应特区发展的需要，着眼促进公正司法，增强司法公信力，为特区发展忠诚护航，成为共和国法治进步的缩影、改革开放的时代路标。为庆祝深圳市中级人民法院建院 40 周年，本文摘取了这 40 年间深圳法院改革、部分审判工作的发展历程略作一回顾，以飨读者。

深圳法院机构变迁
为改革开放御风而行

东方风来满眼春，深圳法院的创业历程是伴随着《春天的故事》开始的。1979 年 3 月，经国务院批准撤销宝安县成立深圳市后，原宝安县人民法院随之撤销，成立深圳市人民法院。1981 年 3 月深圳市升格为副省级市后，深圳市人民法院也升格为中级人民法院。1982 年 1 月，深圳市中级人民法院正式挂牌成立。

宝剑锋从磨砺出。据一些老同志回忆：建院之时，条件极为艰苦，办公地点是一处临时的简易平房，连桌椅板凳都不够，漏风漏雨的竹棚是日常会议室、临时审判庭，开会开庭都要自备桌椅。当时市中级法院全院人员编制共 60 人，实际只有 22 人，有办公室（内设秘书、财务、行政 3 科）、刑庭、民庭、经济庭、研究室、人事科、执行庭等 7 个内设机构，开会时一间小屋就坐满了全体干警。简陋的环境、艰苦的条件，磨砺了法院人的斗志，激发了他们干事创业的激情和力量，从此“竹棚里的审判庭”扛起了为特区保驾护航的历史重任。

发展，是时代赋予深圳的历史使命，服务发展、保障发展、推动发展，是深圳法院的重要目标导向。彼时的特区，处在两种法律体系及社会制度的交汇点和临界线上，国营、私营、合营、外资等多种经济模式共存，国内国际、境内境外涉及的刑事、民事、行政、经济、房地产等各种矛盾纠纷和案件纷至沓来，新的课题不断涌现，这一切都等待特区审判机关作出回答。由于经济案件居高不下，新案件、新情况、新问题不断涌现，传统的审判方式和审判机构无法适应新的发展形势，市中级法院提出了深圳经济特区的“改革深入到哪里，开放扩大到哪里，审判工作服务就适应到哪里”的法院工作指导思想，用 50 多项“全国第一”，为全国改革开放和司法改革先行探路。这是自近代以来中国法院第一次真正以主动姿态解放思想、与国际接轨。

20 世纪 80 年代初，境外投资者因为担心投资权益无法得到保障，对于到内地投资犹豫、观望，与此同时，高速发展也带来经济纠纷不断攀升，深圳发展步入艰难的攻坚期。为适应外商投资增多、营造良好招商引资环境要求，给来华投资的外商吃下“司法定心丸”，1988 年，市中级法院对标难题，成立了全国第一个专门审理涉外、涉港澳台经济纠纷案件的经济审判第二庭（今涉外商事审判庭）。涉外庭成立后处理了一大批涉外经济纠纷案件，当年就受理 170 件涉外、涉港澳台案件，占全国法院 85%。专业化审判极大契合了市场经济建立初期矛盾纠纷的特点，也开启了全国专业化审判改革的先河，迅速强化了经济纠纷化解能力，打消外来投资者的顾虑，加快了资金流转，为深圳经济社会的持续发展注入了一针强心剂，从此在一路高歌猛进中开启了全国法院专业化审判改革的一个又一个先河。

20 世纪 80 年代，与火热的经济形势鲜明对比的是，当时的市场法治滞后，法律体系尚不健全，经济纠纷居高不下，有人形容“法院的门都快给挤破了”。1988 年，市中级法院经反复调研论证并在考察香港经济案件审判的做法后，向市里提出建议：根据民事诉讼法调解原则设立一个“经济纠纷调解中心”，解决特区发展短板。用调解的方式化解经济纠纷无疑是推动快速结案，解决当事人诉难、诉累的最佳方案，市中级法院的改革举措获得了市里肯定。1988 年 7 月 13 日市中级法院召开新闻发布会，宣布全国第一个“经济纠纷调解中心”成立，同时成立的还有专司涉外审判的“第二经济审判庭”和“告诉申诉庭”。当时地方报纸发布消息的引题是“突破传统体制束缚，适应特区经济实际，建立高效能的审判机制”，副标题是“我市打官司难可获缓解”。

在上世纪 80 年代中期前的中国，土地是不能买卖和流动的。1987 年 12 月，深圳经济特区举行了新中国成立以来第一次对国有土地使用权的公开拍卖，深圳经济特区房地产公司获得 8588 平方米住宅土地 50 年的使用权，开创了新的改革历史。而深房以 525 万元拿下的中国土地有偿出让后的第一块地，不到一年的时间，深房在这块地上盖起了当时最大的商品房住宅小区东晓花园，一共 154 套住宅一小时内售完。对当时的房地产市场，有一位中院老领导评价：“如同一场未定义规则的足球比赛，球门不整、队员不齐，可裁判的开场哨却吹响了，那真叫乱象环生。房地产关系到千家万户，大量争议诉至法院。民庭办，经济庭办，行政庭也办，又是乱上加乱。”鉴于此类案件类型新、标的大、立法滞后、政策性强等特点，在详细考察香港土地审裁处的做法后，1989 年 1 月 25 日，市中级法院挂牌成立了中国第一家房地产专业审判庭。这立即引起很大反响，尤其是香港各电台、电视台、各大报纸均以显著标题做了报道。这以后，特区的房地产业随着专业审判机制的建立逐步规范，最终成为经济的重要支柱。

除了推进房地产审判改革，立案制度也是市中级法院大刀阔斧开展的一项重大改革。此前立案工作由各部门自行负责，纷乱无序，群众反映“立案难”。1991 年 12 月，市中级法院以问题为导向，打破法院传统观念，大胆借鉴国际法院立案处的经验，成立了全国第一个立案处，统一了立案标准，一改过去各审判庭各自为政的混乱现象，工作效率大大提高，平均立案时间仅为 1.4 天，约有 80% 的案件实现当天立案。同时，实现了立案与审判相分离，大量程序性工作在立案机构完成，审判法官只需对实体进行裁判，减少了与当事人庭前接触的机会，既提高了审判效率，又有利于司法廉洁。公开、专门、规范的立案工作，使当事人从一进法院大门就能感受得到“看得见的公正”。

进入 21 世纪，深圳的文化产业、高新技术产业、物流业和金融业等支柱产业全面发力崛起。随着深圳经济发展模式逐步由传统的“三来一补”向高科技、由“深圳制造”向“深圳创造”转变，2005 年，市中级法院成立全国第一个专门审理劳动争议案件的民事审判第六庭，不但维护了劳动者合法权益，“腾笼换鸟”大规模产业升级过程中，推动深圳规范企业用工，吸引了又一波高层次人才孔雀东南飞。

2017 年 12 月，为适应特区对知识产权司法保护的迫切需要，市中级法院将知识产权庭升格为深圳知识产权法庭。同年，伴随深圳支柱产业之一的金融行业的急速扩张，为保障特区金融行业的健康发展、维护金融市场安全和稳定，市中级法院成立了全国首个从事金融审判的专门法庭——深圳金融法庭，对金融行业的健康发展作出前瞻性的司法引导和支持。同时，为推动深圳经济社会高质量发展，提升深圳营商环境国际竞争力，2019 年，市中级法院成立了全国首家破产法庭——深圳破产法庭。目前，市中级法院已形成了 9 个民商事审判庭（法庭）的专业化民商事审判格局，成为全国专业化分工最为精细的法院，为深圳在新世纪扩大改革开放，创造新的经济奇迹提供强大助力。

从全国第一个房地产审判庭，到全国第一个破产审判庭，再到全国第一个劳动争议审判庭，到全国第一个金融法庭、第一个破产法庭，深圳法院在专业化审判改革道路上走出的每一步，都紧扣特区和时代的发展脉搏，回应特区发展需求。在建院 40 周年新的时间节点上，深圳法院将延续为改革发展护航的光荣使命，继往开来，将改革进行到底，通过不断提升专业化审判水平，持续推进审判体系和审判能力现代化，为特区的经济发展和法治建设提供更加坚强的司法保障。

涉外涉港澳台商事审判发展历程
特区对外经济往来的“晴雨表”

改革开放之初，作为对外贸易往来的窗口城市的法院，市中级法院是全国最早接触审理涉外、涉港澳台案件的中级法院。据《中国法律年鉴 1989》记载，1988 年全国涉外、涉港澳台经济纠纷收案 200 宗，当年深圳的涉外、涉港澳台经济纠纷案件就占 170 宗，专司审理此类案件的“涉外经济审判庭”已是呼之欲出了。当时，特区的外商投资遍地开花，同时，“三来一补”企业纠纷、中外合资（合作）经营纠纷、外贸代理、购销纠纷此起彼伏，传统比较粗糙的商事审判机制和知识尚未更新的法官队伍，无法有效化解纠纷。大批外商前来考察投资经商环境，对中国社会主义司法体系存有疑虑。

物不因不生，不革不成。1986 年，全国涉外民事工作会议在市中级法院召开，在这次会议上，市中级法院与最高人民法院和全国 16 个省市区的法院代表探讨了成立专业涉外审判机构的思路。1988 年 7 月，在深圳市委的大力支持下，市中级法院决定成立全国第一个涉外经济审判庭——经济审判第二庭，标志着我国涉外商事案件审判从此走上了系统化、专业化的发展轨道。经济审判第二庭的成立，在国内引起不小的震动，对于一直观望形势、内心犹豫的大批外资外商而言，犹如一剂“定心丸”，专业化审判的司法保护，使特区投资创业环境大幅改善，他们从此敢于在深圳安心投资、置业、经商，外资经济从此奔上了一条快车道。

20 世纪 90 年代，各种新类型的涉外贸易和投资纠纷频繁发生，大量的涉外股权转让、信用证、融资租赁等新类型案件也随之产生，尤其是 1997 年亚洲金融风暴的爆发，境外的公司和个人纷纷清盘、破产，能支持下来的也大多无力偿还银行的贷款，大量的涉外抵押贷款纠纷诉至法院，市中级法院扛住了诉讼爆炸的压力。但是金融风暴一役，让法院认识到培养一批熟悉普通法裁判法律思维、熟悉国际法学理论、熟悉深港两地司法实务的专业审判人才至关重要。时值加入世界贸易组织前后，中国经济即将迎来腾飞，2001 年起，市中级法院组织大批骨干法官参加与香港大学、香港特别行政区政府律政司合作开设的香港大学 MCL 项目。该培训项目主要课程有亚太地区公司比较法、比较银行法、比较保险法、比较证券法、国际贸易、国际税收、跨国破产问题等；并专门开设有关自贸区的系列课程，如两岸融资租赁、集合信托等金融领域法律法规，“一国两制”下的区际司法协助等，并开设香港特别行政区法律和司法体系运作以及商事纠纷调解机制等课程，不但加强了“一国两制”下的区际司法协助，更重要的是为涉外、涉港澳台审判持续输送了大批专业人才，成为此后 20 年深圳涉外商事审判一路领先全国的坚实基础。

2000 年后特别是 2001 年中国加入世界贸易组织后，涉外民商事审判工作迎来了飞速发展期。市中级法院在全国率先适应我国加入世界贸易组织的新形势，依法及时公正地审理了香港泉水公司案、宏美公司案等一大批影响较大的涉外、涉港澳台案件，首次作出对台湾地区法院支付命令予以认可的民事裁定，切实保护了涉外、涉港澳台当事人的合法权益。2008 年，全球金融危机导致涉外、涉港澳台经济纠纷剧增，给深圳的涉外商事审判带来了前所未有的挑战。针对全球金融危机导致港资银行在我市的融资租赁贷款不能回收的突出形势，市中级法院深入调查研究，通过走访各区法院、外汇管理部门、相关港资银行和企业进行调查研究，统一了案件裁判尺度，最大程度降低金融危机给对外贸易的冲击。其间，为顺应我国对外贸易开展逆周期调节的政策形势，在启动全面深化对外开放的新背景下，深圳法院按照最高人民法院的审判格局部署、广东省高级人民法院的管辖安排，因时因地制宜，推动涉外、涉港澳台案件管辖制度改革，集中管辖标的金额为人民币一亿元以下的第一审涉外、涉港澳台商事案件，管辖地域由深圳市扩大至惠州市、河源市。2008 年 9 月，涉外、港澳台民商事纠纷案件又实现了管辖权的全面下放，标志着深圳法院的涉外商事审判格局又一次取得了重大突破。2011 年，市中级法院“民事审判第四庭（2002 年民二庭更名）”正式更名为“涉外商事审判庭”，在全国第一个试行国际国内仲裁司法审查案件归口审查机制，国际国内仲裁司法审查案件统一归口由涉外庭负责审理。

唯进取也故日新。着眼于涉外案件中“涉外”这一特殊因素对司法能力、司法水平的特殊要求，根据全市法院涉外审判形势，市中级法院从 2006 年开始着手对涉外商事审判职能进行重新定位，推行“精品战略”，强化专业审理制度。在全国最先建立完善的“域外法查明机制”，完善了对专家意见进行审查、认证与采纳的程序规则，借助外力提升了审判专业化水平；在全国最先推出涉外仲裁司法审查案件、承认与执行外国法院判决及外国仲裁裁决案件、涉外商事一审、二审案件裁判文书模板，提高裁判文书质量，增强裁判文书说服力的同时，也大幅度提高了涉外审判效率。经过长期的司法实践和专业审判队伍建设，市中级法院涉外商事审判水到渠成地走上“精品路线”，实现了高质量、高效率的审判发展目标。近几年，市中级法院涌现出 ECOM 公司案、亚盟泰富公司案、日隆公司案精品案件，不但审判的专业水准高，而且体现出来的尊重域外法、支持仲裁等先进的司法理念，提升了我国在“一带一路”建设中的司法公信力和国际形象。

自成立以来，市中级法院始终牢记党中央给予深圳深化改革、扩大开放的嘱托和赋予的历史使命，紧扣涉外商事审判案件专业性、技术性、国际性强的特点，不断探索并遵循自身规律，走精品审判之路，依法行使涉外商事司法管辖权，准确适用国际条约和准据法，尊重国际惯例，注重平等保护中外当事人的合法权益，为深圳经济特区营造对外开放的良好法治环境，涉外商事审判的国际公信力和影响力不断提升。2021 年，全年审结的涉外、涉港澳台商事案件增长到 5819 件，占全国的八分之一。其中适用国际公约和域外法审结案件 114 件，有力推动跨境规则对接，境外投资者“走进来”和境内企业“走出去”的信心不断增强。高水平涉外审判为深圳提升全球吸引力提供了坚实保障，2021 年深圳特区的外资企业数量位居全国第一，世界 500 强企业进驻占比达到 60%，成为全球瞩目的投资优选地。

涉外商事审判是全球经济发展的晴雨表，经济发展和市场运行发生新变化，涉外商事审判纠纷就会出现新的类型。40 年来市中级法院始终密切关注经济形势和政策变化，从产业和行业发展的角度，在各个阶段为特区扩大开放、开展对外贸易、吸引外商投资护航，充分发挥了司法对市场的引领作用，为深圳的经济发展提供了公平公正透明的法治营商环境。当前粤港澳大湾区、中国特色社会主义先行示范区建设加快推进，国际商事法庭在我市成立，深圳地处多个不同法域的交汇地，新时期下的深圳涉外商事审判机遇与挑战并存。市中级法院涉外商事审判将以更坚定的信心、更有力的措施，“坚定沿着改革开放之路走下去，同时要向更深更广的领域中不断开拓”。聚集优质审判资源，打造精品审判队伍，加强对新问题的研究，充分发挥审判职能作用，建设国际化一流法院，将深圳建成全国涉外商事审判的新标杆。

深圳破产审判发展历程 优化营商环境的“金钥匙”

破产是市场主体优胜劣汰的法治化退出路径，是解决产业深层次矛盾，优化资源配置，提升产业质效的重要方式。

20 世纪 90 年代，随着经济环境的变化，一些企业难以适应市场需要，经营出现困难，破产现象日渐增多。为有效解决先于其他地方碰到的市场主体退出机制问题，1993 年深圳市人大常委会行使特区立法权，颁布实施《深圳经济特区企业破产条例》。破产条例的实施，打开了深圳企业的破产通道，也对市中级法院破产审判工作提出了新的挑战。破产案件社会影响大、利益关系复杂敏感、审理周期长，市中级法院率先探索破产审判专业化改革，着手培养破产审判专业法官，力图通过机构专门化、案件类型化促进审判规范化，确保破产审判质量和效率。1993 年 12 月 1 日，市中级法院正式成立全国第一个破产审判庭，专门审理企业强制清算和破产案件。由于全国法院实行大民事审判格局改革，市中级法院于 2003 年撤销破产庭，破产审判职能并入当时的民事审判第二庭。2006 年《企业破产法》审议通过后，破产案件的复杂性、敏感性和破产审判的专业性再次受到社会关注。2006 年 6 月，市中级法院恢复设立破产审判庭，先后审理南方证券、大鹏证券、汉唐证券等三大证券公司破产案，以及明斯克航空母舰公司、华茂“三校一园”、翡翠国际货运航空公司、唯冠科技（深圳）有限公司破产等重大案件，并编辑出版全国法院第一本破产审判工具书。

2019 年 1 月 14 日，深圳破产法庭正式揭牌，成为全国第一家破产专业审判机构，破产审判的专业性和体系完备性不断提升。2021 年深圳破产法庭受理破产案件占全国法院的十分之一，妥善办理飞马国际重整案、华瀚科技重整案、快播科技清算案、年富供应链跨境破产案等一大批具有重大影响力的破产案件。飞马国际、华瀚科技等 20 余家企业顺利重整、恢复经营，其中飞马国际为全国首家通过预重整机制成功重整的上市公司。

2020 年，中共中央办公厅、国务院办公厅印发《深圳建设中国特色社会主义先行示范区综合改革试点实施方案（2020—2025 年）》，提出“推进破产制度和机制的综合配套改革，试行破产预重整制度，完善自然人破产制度”要求。其后，中央以清单授权方式授权深圳开展试点，深圳法院再一次开启了破产改革新征程。

2020 年 8 月 26 日，深圳市人大常委会正式通过《深圳经济特区个人破产条例》，以全国首部地方性法规为个人破产制度破冰。3 月 1 日，深圳个人破产条例施行之日，上线自主开发全国首个个人破产综合信息系统——“深破茧”系统，打造PC端、小程序双入口，实现个人破产案件全信息数据采集、全流程在线审理，程序参与人、破产管理人、法官掌上办案，有力提升破产审判和办理监督质效。遵循“先行先试、稳中求进、先易后难”原则，市中级法院积极推进实施工作，健全试点配套机制。截至2021年底，共收到个人破产申请935件，建立一整套材料审核、面谈辅导等环节分流识别标准，经审查后受理55件，启动破产程序20件，并已顺利审结一批个人破产案件，正式裁定审结首宗个人重整案件，后陆续审结张某、魏某个人破产和解案、依法宣告全国首位债务人呼某破产并进入免责考察，普及诚实免责破产理念，保护创新创业活力，赢得公众广泛认同。

凡益之道，与时偕行。市中级法院还积极推动府院联动机制转型升级，转变传统“一案一议”的府院联动模式，推动深圳市政府全国首家破产事务管理署，指导深圳市破产管理人协会成立，联合19家政府机构、部门出台5个办理破产府院联动工作意见，联合市税务局开发上线全国首个“区块链破产事务办理平台”。对于挽救无望的市场主体，市中级法院率先探索执行转破产机制改革。制定全国首个《关于执行案件移送破产审查的操作指引》和《关于执行移送破产案件管理人工作指引》，探索执行不能案件转破产程序，209家执行不能的“僵尸企业”转入破产程序，实现良性市场退出。与此同时，市中级法院还创新破产财产网拍降低市场成本，出台《关于破产程序中网络拍卖财产工作指引》，依法网上处置并变卖困境企业资产23亿元，降低企业退出市场成本，确保债权高效回收，实现市场资源再配置。

畅通市场主体退出机制，优化资源配置，服务经济社会高质量发展，同样是开展市中级法院破产审判的重要目标。市中级法院持续创新优化破产重整制度，助力困境企业恢复竞争力，提振市场和投资者信心。为拯救困境市场主体，近年首创“预重整”机制，允许困境企业保留自主经营权，支持债务人在法律框架下及时开展自救，与债权人协商谈判，并为重整协议的制定、效力衔接和实施提供司法保障。作为配套，组建破产案件速裁团队、“执转破”专业团队，通过要素识别将简单案件导入快审程序，规范细化破产简易案件识别规则和审理规程，实现繁简分流高效运转，集约化、一体化提升破产办案效率。

市中级法院还率先实现跨境破产协作互助。2020年5月，香港特别行政区高等法院裁定认可深圳年富案破产清算程序并予以协助，系全国首例破产管理人获准代表母公司对香港子公司全面行使权利的案件。2021年7月，香港特别行政区高等法院向市中级法院发出跨境破产协助请求信，请求认可森信洋纸公司在香港特别行政区启动的债权人自动清盘程序以及清盘人权力。2021年12月，市中级法院正式裁定认可森信洋纸公司清盘程序，系全国首例香港破产程序认可和协助申请案，获得首届人民法院涉港澳地区合作优秀成果二等奖。

破产审判对于借助深圳改革开放前沿的优势，在国际跨境破产背景下维护好我国企业利益，推动营商环境不断优化具有重要意义，也为助力粤港澳大湾区、中国特色社会主义先行示范区建设提供强有力司法服务和保障。在建院40周年的新起点上，市中级法院志存高远，将继续在健全办理破产机构模式、建立个人破产制度、完善破产重整体系、推进跨境破产协作等重点领域先行先试，积极推动深圳经验转化为制度设计，积极构建现代化、法治化、国际化的一流办理破产体系。

劳动审判发展历程
提升人才竞争力的“引水渠”

劳动关系是现代社会最重要、最基本的社会经济关系之一，健康和谐的劳动关系是维系企业经营发展的生命力和竞争力，是社会稳定和经济发展的基础。维护劳动者合法权利，合理平衡劳动者与用人单位双方的利益，促进企业生产经营，构建科学、和谐劳动关系，是人民法院劳动争议审判工作的职责和使命。

问渠哪得清如许，为有源头活水来。深圳地处改革开放前沿，企业林立，被喻为“世界工厂”，长期吸引着大量的外来人员前来就业，深圳劳动审判作为保护劳动者权益的司法屏障，为特区创造了和谐稳定的用工环境，为深圳制造业从启航到转型全面护航。特区建立之初，我市的劳动关系纷繁复杂，劳资纠纷一直呈多发、高发态势。为了解决经济体制改革而显现出来的劳动者权益保护问题，促进企业发展进步，推动社会保障体系的建立和完善，市中级法院一直不遗余力。2005年4月，市中级法院设立了全国法院系统第一个审理劳动争议案件的专业审判庭——民事审判第六庭。市中级法院开展劳动争议专业化审判 15 年来，依法公正高效化解了大量劳动纠纷，共审结各类劳动争议案件 35 万件，为 37 万名劳动者追回被拖欠的工资、经济补偿金及工伤待遇等共计 193.32 亿元。深圳劳动审判公正、高效、廉洁、为民司法赢得了广大劳动者和社会各界赞许和认可。在 2008 年 11 月在国务院召开的“全国优秀农民工表彰大会”上，市中级法院荣膺全国农民工工作先进集体称号，是全国法院系统唯一获此殊荣的集体。

2008 年前后受到《劳动合同法》颁布实施和全球金融危机的双重影响，进入诉讼渠道的劳动争议案件呈井喷式增长，深圳劳动审判经受住了一场历史上罕见的对法院司法能力的全面大考。为保证案件及时审结执结，坚持“绿色通道”审理制度，自 2006 年开始，对所有劳动争议案件实行“一宽（时效从宽）二不（不预交受理费、不预交执行费）三快（快立、快审、快执）”审理制度，并开展清案行动，采取集体加班、封闭办案、办案竞赛、调解竞赛，开设“夜间法庭”“假日法庭”等狠抓清案工作。2011 年之后，随着国内外经济形势好转、用人单位用工方式的逐步规范以及政府主管部门执法力度加大，劳资关系趋于稳定，案件数量逐步回落。目前，案件数量已经基本恢复至 2008 年之前的水平，但由于产业格局完全调整尚需时日，在全国范围内，深圳的劳动案件绝对数量仍然位于前列。

人才是核心竞争力。近十年来，深圳政府致力于产业结构升级，世界工厂已经向“智慧工厂”转变，深圳制造已经转变为“深圳智造”，我市的劳动审判的工作方向和使命正在向保障深圳产业升级转变。2020 年以来，国内、国际经济形势严峻复杂，中美贸易摩擦升级，加之疫情破坏性打击，各类市场主体生产经营困境重重。我市劳动力市场灵活性不够、企业用工成本制约了市场主体走出困境和实现进一步发展。在粤港澳大湾区建设、深港合作交流加速发展的背景下，大湾区和深港人力资源流动也在加速，深圳面临抢抓高层次人才的机遇和挑战。2020 年中共中央办公厅、国务院办公厅《深圳建设中国特色社会主义先行示范区综合改革试点实施方案（2020—2025 年）》明确支持深圳完善适应超大城市特点的劳动力流动制度，允许探索适应新技术、新业态、新产业、新模式发展需要的特殊公司管理制度。国家发改委发布的《深圳建设中国特色社会主义先行示范区综合改革试点首批授权事项清单》包括了开展特殊工时管理改革试点。立足当前经济发展需求和优化人才发展环境大局，围绕切实保护企业用工自主权，激活企业人力资源活力和竞争力，促进特区发展，是当前和未来一个时期劳动审判工作必须面对的课题。站位于吸引高层次人才，更新劳动争议裁判理念，激发人才竞争力，研究和完善劳动法律适用标准和司法政策至关重要。

深圳法院劳动争议专业化审判改革 15 年来，努力探索构建规范有序、互利共赢、和谐稳定劳动关系，为维护和改善我国经济最活跃地区不断变化的劳资关系，促进特区社会经济有序发展提供了有力的保障。司法观念的更新落实在司法实务中，就体现在如何适当修补和纠正现行立法不足，对过于倾斜保护一方的司法政策和裁判标准适当纠偏，遏制劳动者“碰瓷”等不诚信维权现象；在案件处理中切实做到劳资双方的利益平衡，平等保护各方当事人的合法权利，关注和保障企业生存与发展。2021 年，深圳对中高端人才的吸引力达 7.0%，是全国劳动力净流入最多的城市，并对香港特别行政区、澳门特别行政区的人才资源形成“磁吸效应”，这其中，深圳劳动审判积极应对人才环境的变化，持续发挥司法引导“引水渠”的作用功不可没。

韶光流转，盛事如约，新形势需要新担当，新时代呼唤新作为。市中级法院建院 40 年是一个里程碑，深圳劳动审判应当积极顺应经济社会发展形势和新时期人民群众的司法需求，在更高起点上推进劳动争议审判工作的改革与发展，不断提升预防和化解劳资纠纷的能力，努力创造良好的劳资关系和就业环境，为深圳建设粤港澳大湾区和中国特色社会主义先行示范区提供优质司法服务与保障。

刑事审判发展历程
为改革和人民蓄势“亮剑”

历史进程浩浩荡荡，40 年沧海桑田一瞬间。深圳特区在一位伟人巨手擘画下拔地而起，为中国改革开放铺开了一幅波澜壮阔、气势恢宏的历史画卷。市中级法院自 1982 年建院时成立刑事审判庭，40 年来，以对一个个案件公平正义的审判，与特区经济社会发展共相伴、共相守，与国家法治建设同呼吸、共命运，与时代时事同相伴、共进退，在栉风沐雨中跨过了无数急流险滩，在砥砺奋进中经受了一次次严峻考验。为维护国家政治安全、服务经济健康发展、确保社会大局稳定、促进社会公平正义、保障人民安居乐业作出了积极贡献。

仁者，养物之器；刑者，惩非之具。回顾特区发展的历史，深圳刑事审判在维护改革和社会稳定的关键点“亮剑”，以公正审判将犯罪分子绳之以刑罚，对潜在的犯罪形成了巨大震慑：1982 年，市中级法院成立后第一宗案件是审判张思定案，打响了深圳法院捍卫国家安全“第一枪”；1983 年，对参加蒙面持刀抢劫友谊商场“七·一〇”案的 6 名罪犯殷某某等人予以公开审判和依法严惩，开启了为改革护航、肃清社会治安的进军号……从 20 世纪 80 年代到党的十八大以来的“打‘虎’拍‘蝇’”和扫黑除恶，市中级法院依法从重判处了张某某特大抢劫杀人案，王某某、黄某某特大走私毒品案，沙井黑社会性质组织犯罪案等严重危害社会治安的特大犯罪案件，依法公开审理了王某某、童某某等职务犯罪大要案，依法对肖某某等历史造成的冤错案件再审宣告无罪，依法对鹦鹉案、全国首个 P2P 非法吸收公众存款案等作出具有示范效应的判决，依法从严判处了一大批黑恶势力犯罪案件等等。市中级法院刑事审判每一次义无反顾的负重担当、公正审判，无不顺应了人民群众的意志和呼声，捍卫了社会主义法治的权威，凝聚了社会公平正义的追求和力量。

志行万里者，不中道而辍足。深圳刑事审判根据特区法治建设的需要一直在改革的路上躬行不辍，2003 年，市中级法院大力推广适用刑事审判简易程序，在确保程序公正的前提下，大幅提高刑事案件的审判效率。对事实清楚、证据确凿、可能判处三年以下有期徒刑的案件依法适用简易程序，并尽量当庭宣判。对有可能判处三年以上有期徒刑，但犯罪嫌疑人对公诉机关指控的犯罪事实供认不讳，案件事实清楚，证据确实充分的案件尝试“普通程序简易审”的改革。

法，国之权衡也，时之准绳也。人民群众对司法公正的体验来自法律在每一起司法案件中得到正确实施。近年来，刑事证据规范和量刑公正问题日益成为社会各界关注的焦点问题，人们对证据审查和量刑公正的内涵和质量也有了更高的要求，不仅要求刑事案件审判结果合法适当，而且要求证据审查和量刑的过程应当公开透明。2008 年 4 月，最高人民法院指定市中级法院就“人民法院刑事、民事、行政诉讼统一证据规定”进行试点。2008 年 6 月，市中级法院又被最高人民法院指定为全国量刑规范化改革首批试点单位，市中级法院率先在全国出台《量刑指导意见》《量刑程序规范化实施意见》，为全国法院量刑规范化改革提供了制度借鉴。2009 年 3 月，市中级法院率先在全国出台《量刑指导意见》，对十三类主要常见犯罪类型实现量刑规范。同时，最高人民法院基于部分中基层法院的规范化量刑改革的试点经验出台了《人民法院第三个五年改革纲要（2009—2013）》，确立“规范自由裁量权，将量刑纳入法庭审理程序”为完善我国刑事审判制度的重要司法改革项目。2010 年 4 月，市中级法院与深圳市检察院联合出台《量刑程序规范化实施意见》，并探索建立相对独立的量刑辩论程序，提升了量刑的社会公信力，确保量刑的均衡和公正。2021 年 9 月 13 日，最高人民法院制定了《人民法院量刑指导意见（试行）》，并与最高人民检察院、公安部、国家安全部、司法部联合印发，于同年 10 月 1 日起在全国法院范围内试行。至此，萌芽于地方法院的创新探索发展与最高人民法院的科学调研历经数年的量刑规范化改革正式进入全面推行阶段。

在保障经济民生领域方面，近年来市中级法院认真贯彻落实总体国家安全观，扎实推进平安深圳建设，严厉打击抢劫、强奸、故意伤害、涉枪涉爆等暴力犯罪，依法惩治集资诈骗、非法吸收公众存款等经济犯罪，严厉惩治危害食品药品安全、污染环境等民生犯罪，保持扫黑除恶高压态势，积极参与禁毒斗争，执刑事审判之利剑，护航辖区和谐安定。在加强特色审判机制建设方面，近年来市中级法院积极改革少年审判机制，探索适合未成年人生理特点和心理特征的审理方式，逐步建立健全一系列富有特色的未成年人刑事审判模式，并不断总结审判规律，推动特色审判模式制度化、规范化。如为未成年人刑事案件设置爱心法庭，构建法官、公诉人、专业社工、义工、法定代理人“五位一体”的法庭教育模式，未成年人犯罪占犯罪总比例逐年下降。

追梦奋斗新时代，奋楫扬帆奔未来。作为中国特色社会主义法治的重要组成部分，刑事审判关乎国家安全和社会稳定，关乎社会公平正义，关乎人民群众安居乐业。建院 40 年来，面对特区经济社会飞速发展变化所带来的机遇和挑战，市中级法院始终坚定履行宪法和法律赋予的职责使命，精准服务时代发展的需求，着力服务保障民生，防范化解社会风险，确保刑事审判这一“刀把子”牢牢掌握在党和人民手中。回首过去，曲折而艰辛；展望未来，任重而道远。在新时代的征途上，深圳刑事审判肩负着责无旁贷的历史使命，市中级法院将以习近平新时代中国特色社会主义思想为根本指南，以“努力让人民群众在每一个司法案件中感受到公平正义”作为根本价值追求，在刑事审判改革的道路上昂扬奋进，努力为特区法治建设续写耀眼的华章。

行政审判发展历程
法治政府建设的“驱动器”

行政审判，是法院发挥司法机关职能，维护和监督行政机关依法行政的重要形式。随着我国依法治国基本方略的实施，行政审判的地位和作用日益凸显。身处我国改革开放的前沿，市中级法院抓住机遇，锐意进取，在行政审判工作中开拓出前所未有的崭新局面，走出了一条具有深圳特色的行政审判之路。

奉法者强，则国强。1987 年 1 月，市中级法院正式成立行政审判庭，承担了为行政审判试点任务。罗湖、福田、宝安、南山区法院行政审判庭先后成立。1988 年 4 月，市中级法院审结了一起拆除违章建筑案，上诉人为李某某，被上诉人为龙岗镇政府。这是全国最早的以民事程序审理的行政案件，为行政诉讼制度进行全新探索和率先尝试。同年 11 月市中级法院又审结了香港居民区某诉九龙海关行政诉讼案，成为全国首例以海关为被告的诉讼案、首例境外人士起诉国家行政机关诉讼案。由于《行政诉讼法》尚未颁布实施，行政审判工作人员参照民事诉讼法审理行政案件。至 1990 年，全市法院共审理行政案件 31 件。先有行政审判庭，后有行政诉讼法，这是深圳行政审判发展的真实历史，也是我国行政诉讼成长的经历。

从上世纪 90 年代中期开始，市中级法院行政庭立足于特区实际，针对因特区经济建设和改革实践引发的各类新类型案件，大胆立案，大胆受理，及时受理了一批社会影响大、矛盾复杂的涉及旧城改造、房屋拆迁、土地确权、工伤保险和政府实施宏观管理改革中出现的行政案件，将行政争议纳入依法解决的轨道上来，在充分保护公民、法人和其他组织诉权的同时，又防止了矛盾的激化，维护了社会稳定。

慨然示无私，政令始归一。1994 年 8 月，市中级法院受理第一宗行政非诉执行案件。之后，1996 年市中级法院制定《行政机关申请人民法院强制执行案件办案规程》，对非诉行政案件从立案受理到强制执行各个环节作出明确规定，特别规定了非诉案件的听证程序，在全国具有领先意义。1999 年，市中级法院审理了深圳市有色金属财务有限公司诉深圳市规划国土局案，判决深圳市规划国土局赔偿人民币 870 万元，在全国引起极大反响，是行政法学界经典案例。2001 年，市中级法院成功审理了时称“建国以来第一行政诉讼案”的深圳贤成大厦有限公司、泰国贤成两合公司诉深圳市工商行政管理局案。

在审结一系列重要的典型案件的同时，市中级法院的行政审判改革工作也蹄疾步稳地推进着。2010 年，市中级法院制定《关于行政案件实施异地管辖的若干意见》，对被告是区政府和重大敏感集团诉讼案件开始实行异地交叉审判。2015 年 6 月，市中级法院启动了全市行政案件集中管辖改革。2016 年，深圳市行政案件集中管辖全面实施。2019 年 7 月 1 日，深圳行政审判中心全面启用，作为全国首家行政审判中心，是行政案件集中管辖改革的深圳创举。实践表明，深圳两级法院行政案件集中管辖改革、行政审判中心建设最大程度地在深圳管辖行政区内实现了行政诉讼案件的审理区域和行政区域的分离，行政非诉审查案件实现了审查权与执行权的分离，有效保障了法院依法独立行使行政审判权，有效促进了行政机关依法行政，充分保护了行政相对人的合法权益，切实推动了特区的法治政府建设。

随着深圳现代化建设步伐的日益加快，经济的高速发展，社会治理方式的变革，进入司法领域的行政争议逐渐增多。除了案件数量大幅增长外，案件涉及的范围也不断拓宽。近年来，我市法院受理的行政诉讼案件涉及海关、公安、国土房管、规划、社保、劳动、卫生、工商、交通、教育、税务、财政、专利、药品管理等部门，几乎覆盖所有的行政管理和执法领域，其中很多案件是影响重大的新类型案件，有些甚至是全国首例。行政审判往往涉及面广、社会影响大、人数众多、矛盾复杂、处理不当容易引发矛盾激化的群体性案件。在处理这类案件时，市中级法院牢固树立公开、公正、公平、中立的司法理念，并坚持行政审判工作为党和国家中心工作服务的大局意识，耐心疏导，依法裁判，及时化解行政争议，消除人民群众与行政机关之间的不良情绪，增进人民群众对政府的信任，减少不安定因素，维护社会稳定，努力追求法律效果和社会效果的有机统一。

市中级法院建院40年来，个案上通过行政审判对不合法的行政行为予以撤销纠正，监督行政行为在法治轨道内运行；机制建设上，通过司法建议的方式，促进制度建设和社会治理法治化；宏观的社会治理上，通过一系列面向行政机关及市民的普法宣传，积极促进整个社会法治意识的有效提升，让法治文化真正浸润在社会中。既切实维护公民、法人和其他组织的合法权益，又坚决维护行政机关的执法权威，使诉讼当事人深切体会到国家法律的尊严，深圳行政审判让法治成为社会共识和基本准则，有力地促进了依法治市的发展进程。继往开来，深圳行政审判信心满怀，蓄力待发，将在先行示范的法治图景上持续推进法治政府建设，为特区发展增添更多的浓墨重彩。

知产审判发展历程
打造知识产权保护新高地

时光回溯到上世纪八九十年代，知识产权保护刚刚起步，法律辞典中还没有“知识产权”这一词条。1994年2月，深圳市中级人民法院知识产权庭正式成立，特区的审判工作从此揭开了新的一页。市中级法院知识产权庭成立伊始，我国的知识产权保护立法正处于萌芽状态，法律法规并不完善，相关的司法审判经验极为贫乏，从事知识产权审判的人员“摸着石头过河”，逐步熟悉掌握这一门崭新的审判业务。中院知识产权庭刚成立就遇到全国第一例保护外国发明专利案。1994年，澳大利亚多堆垛国际股份有限公司发现深圳富威冷暖设备有限公司未经许可非法使用其发明专利并在中国境内生产、销售产品，认为侵犯其知识产权，向市中级法院提起诉讼。知识产权庭法官翻阅了相关的法律法规，学习了大量的国际国内知识产权法资料，经认真审理调查，法院认为，深圳富威公司构成专利侵权，后调解达成停止侵权行为及赔偿损失协议。该案作为全国第一例保护外国发明专利的典型案件，后来被用作中美知识产权谈判的重要资料。

中院知识产权庭成立的第一年，全市受理的知识产权案件仅有17宗，到2020年，全年受理的知识产权案件近7万件，以超过60%的速度持续增长。深圳知识产权庭成立的28年，案件数量爆炸式增长了4千多倍。这组惊人的数字对比，真实反映了改革开放给特区知识产权领域带来的巨大变化，深圳市本土技术创新的知识产权数量急剧增长，知识产权商品化和司法保护水平也在不断提高。

从深圳建市之初整个城市仅有两名工程师，到如今每万人口发明专利拥有量106.3件，从“三来一补”到全国高新技术产业的旗帜，40年来几乎从零起步的深圳，已成为国际知名的创新之都。数据显示，深圳近年来PCT国际专利申请量每年增加近2万件，约占全国申请总量的30%，连续18年居全国大中城市首位。华为、腾讯、中兴等深圳企业常年在专利授权量排行榜中“霸榜”。对比重点国际创新城市，深圳的PCT国际专利申请公开量仅次于日本东京，大幅领先纽约。深圳的知识产权生态建立在经济转型升级的活力之上，这成为市中级法院努力打造保护知识产权司法新高地的现实基础。

特区事业有了新发展，自主创新越来越多，对知识产权司法审判的要求也越来越高，需要整合有限的审判资源，实现刑事、民事和行政审判优势互补，在更大程度上提高审判效率，更高程度上统一裁判标准。2010年9月，市中级法院正式启动实施知识产权刑事、民事、行政诉讼案件统一由知识产权庭审理的“三合一”改革，实现了难点问题解决方案共享，大大提高了审判效率。实践证明，知识产权“三合一”审判体制高度契合了特区社会经济发展的要求，立体化的知识产权司法保护模式在这里生根发芽，并获得了富有生命力的舒张和渲染。最高人民法院在《中国法院知识产权司法保护状况》中充分肯定深圳法院这项改革，之后这一模式成为全国法院知识产权审判的通行模式。

保护知识产权，就是保护创新。2011年12月，市中级法院受理了华为公司诉美国IDC公司标准必要专利使用费纠纷案，引起国内外广泛关注。这个看似简单的案件，却带来了知识产权审判领域前所未有的难题，也引发了国际司法界的广泛关注。经过调查审理，市中级法院在全球首次适用FRAND原则作出判决，给以标准必要专利进行专利讹诈的IDC以重击，国家发改委也对其发起反垄断调查。随后，IDC正式提交了道歉及整改承诺书，承诺将对中国企业的专利许可遵循公平、合理、无歧视的原则，不再收取歧视性的高价许可费。作为依据FRAND原则确定标准必要专利许可费用的全球首例案件，该案深刻影响了世界各国司法机关的有关法律适用。2013 年，《英国知识产权管理》(即 MIP，被誉为知识产权领域的福布斯) 就 IDC 案将 2013 年年度案例奖授予华为，为当年我国除港澳台地区外唯一入选的案例。

创新是引领发展的第一动力。市中级法院在积极推进综合改革试点首批授权清单任务落实过程中，大力推动深圳特区构建最严格的知识产权保护体系，为打造国际一流的知识产权保护高地创造实实在在的条件。例如，长久以来“侵权成本低，维权成本高”一直是知识产权保护领域的困局，市中级法院出台了全国首个《关于知识产权民事侵权纠纷惩罚性赔偿的指导意见》，创新性地规定了知识产权民事侵权纠纷惩罚性赔偿制度的操作规则，为司法实践适用惩罚性赔偿提供有效指引。市中级法院已在多个判决中适用惩罚性赔偿，判赔金额过亿元。

事莫明于有效，论莫定于有证。近年来，在深圳法院审理的知识产权案件中，有许多当事人是慕名前来深圳法院立案起诉的。知识产权案件有自身的特点，知识产权的拥有人既可选择起诉侵权商品的制造者，也可起诉侵权商品的销售者，因此，对于一个知识产权侵权案件，国内有管辖权的法院有许多。但近年来，包括远在新疆在内的许多外地当事人纷纷选择销售商为起诉对象，在深圳法院立案寻求司法保护，这一现象充分表明了当事人对深圳法院知识产权审判水平的信赖，深圳正在日渐成为国内、国际知识产权争端的优选地之一。

40 年的沧桑岁月，市中级法院一路风雨兼程。伴随着我国知识产权立法的不断完善，深圳的知识产权审判也历经风雨，已经从幼小的萌芽逐渐长成成熟的大树，在它繁茂的枝丫上，挂满了丰硕的果实：审结了大量在国内外颇具影响的案件，积累了丰富的审判经验，培养出大批专门审判人才，赢得了中外当事人的高度赞誉。在未来更长的历史长河里，深圳知识产权审判将踔厉奋发，努力提升知识产权保护能力和保护水平，助力优化尊重知识产权价值的营商环境，为特区打造引领高质量知识产权强国建设高地和标杆城市再立新功。

执行工作发展历程
率先破除“执行难”顽疾

“执行难”是法院工作的“老大难”，是困扰人民群众的“核心难”，也是钳制司法公信的“关键难”。市中级法院执行庭成立于 1982 年，是最早设立的 7 个内设机构之一，虽然成立之初人员只有 3 人，却承担了强制执行生效裁判，确保当事人胜诉权益和国家审判机关司法权威的重任，困难可想而知。当时，由于长期以来被执行人难找、被执行财产难寻、协助执行人难求、应执行财产难动，虽然在深圳法院打赢了官司，但当事人胜诉权益迟迟难以兑现，法院判决书被戏谑为“盖着官印的白条”，司法裁判面临“判了白判”的困境，直接影响胜诉当事人合法权益的实现，严重减损司法权威。

法令似高山，执行如霹雳。在草创之初执行庭就认准了“执行难”这只拦路虎，鼓起了“明知山有虎，偏要打虎行”的决心和勇气。早在 1988 年，市中级法院就积极推动开展了与中国人民银行以及其他 8 家在特区成立不久的商业银行的执行联动，是全国最早探索与银行联动开展执行措施的法院。1993 年，中院执行庭对一个拒不履行法院判决所确定义务的被执行人采取搜查其住所财产的强制措施，是国内首次根据民事诉讼法的规定，采取“搜查”的强制措施。1995 年，市中级法院在市委、市政府的支持下，在全国第一个实行“限制被执行人或其法定代表人高消费”“曝光督促还债”“被执行人财产申报”“对被执行人处罚公告”“举报被执行人财产线索奖励”五项强制执行举措，有效提升了执行威慑力。这是全国法院第一个限制高消费等强制执行举措，开启了全国失信被执行人惩戒机制的最早探索。

2001 年，深圳两级法院充分发挥“试验田”作用，在立审执分离基础上深化执行工作体制改革，并创新执行方式，率先推出财产申报、新闻曝光、悬赏举报、限制债务人高消费等强制措施，进一步强化了执行工作力度。2007 年，在市中级法院的推动下，市人大常委会在全国首次以地方立法形式对“构建执行联动、威慑机制”作出规定，出台全国第一部执行工作地方性法规——《关于加强人民法院民事执行工作若干问题的决定》，对执行联动、威慑机制等作出了具体规定，为民事诉讼法执行程序的修订完善起到了重要的探索和借鉴作用。

2010 年 8 月，市中级法院再次取得强制执行措施的重大创新成就，宣布“鹰眼查控网”正式运行。这一创举极具突破性，是当时全国唯一实现查、冻、扣一体化的执行财产网络查控平台，为全国法院构建“总对总”查控体系提供了经验参考。“鹰眼查控网”有效解决执行难中“查人找物”的难题，效率远高于以往挨个部门“找财产”的模式。对于失信被执行人而言，鹰眼查控网就像是一张天罗地网，让失信被执行人无处遁形，被执行人财产“五查”（银行存款、房地产、车辆、工商股权、证券）率接近80%，是当时全国法院中唯一能对银行账户存款余额进行划扣的执行工作信息平台。

如何将查封、扣押的房产、车辆进行处置、变现，也是执行工作的日常内容，更是曾经挡在执行干警面前的拦路虎。过去很长一段时间，司法拍卖在一些不起眼的场所进行，受众有限，成本较高，流拍时常发生，其公平性和效率饱受诟病。申请执行人有时眼看着被执行人有财产却因财物流拍无法获得赔付。而近几年，市中级法院大力推行网络司法拍卖，拍卖现场开在互联网，淘宝网和京东网开辟的专门板块吸引了无数网民的关注与围观，有意愿、有资格的庞大社会群体成为竞拍者。随之而来的是拍卖成交率显著提升，溢价率得到提高。

2017年，市中级法院在全国首创破产财产跨境网拍模式，成功拍卖了3架波音747-400货运飞机，2架由顺丰航空有限公司竞得，1架由以色列ACE公司竞得，引发了国内国外媒体竞相报道。“我在中国从事商业活动已经超过15年，见证了改革开放政策极大程度地改变了中国几乎所有方面，这个国家已经深刻广泛地向世界开放自己”，CAL货运航空集团董事长Gilboa在写给市中级法院的感谢信中说道：“这个国家的人民法院热情地服务它的人民以及投资者”。

2016年，最高人民法院提出用两到三年时间基本解决“执行难”。围绕这一要求，市中级法院强化领导、创新机制、智能辅助、挂图作战，打出了一系列执行组合拳，顺利实现了用两到三年时间基本解决“执行难”的目标。市中级法院通过率先基本解决执行难，建立健全执行相关机制，强化执行措施，执行工作成效显著，解决了一批历史遗留难案、难题，人民群众司法获得感得到了显著提升。2018年7月，市中级法院被最高人民法院评为“基本解决执行难样板法院”。

雄关漫道真如铁，而今迈步从头越。经过40年的埋头苦干，奋力向前，深圳法院民事案件执行工作已经基本解决了“执行难”问题，执行工作体系不断完善，稳步迈入了信息化、规范化发展轨道，但面对新形势、新问题，执行工作需要密切关注财产调查的新近发展和趋势，在司法评估拍卖、执行机关设置模式、信用体系建设方面紧跟时代步伐，大胆借鉴国际先进经验，更新新观念、新做法、新思路，永葆法院民事案件执行工作利剑出鞘的锋芒之势。

芳林新叶催陈叶、流水前波让后波。40年来，深圳法院紧扣特区发展的脉搏，回应人民群众司法需求，留下了一个又一个耀眼瞩目的法治成果。党的十八大以来，法治成为新时代最鲜明的主题。深圳法院以巨大的勇气、强烈的担当，先行先试，成为新一轮司法体制改革的“破冰者”，全力推进审判体系和审判能力现代化。近几年，深圳法院精准发力，完成安排部署100项改革任务，其中8项改革被评为全国法院司法改革示范案例，入选数量全国第一。人民法院出版社出版的《人民法院改革开放40周年成就展》丛书专门编辑了深圳法院卷。深圳法院凭借着敢为天下先的勇气，在司法改革道路上持续探索，为全国提供了宝贵的“深圳经验”。

40年砥砺前行，深圳又一次站在了新的历史起点上。2019年7月，中共中央、国务院发布了《关于支持深圳建设中国特色社会主义先行示范区的意见》，支持深圳高举新时代改革开放旗帜，建设中国特色社会主义先行示范区。面向未来，肩负新历史使命的深圳市中级人民法院豪情万丈，将以矢志不渝的为民初心和敢为人先的使命担当，围绕五大战略定位，强化司法服务和保障，释放改革创新发展的活力，以舍我其谁的改革使命感，以时不我待、不舍昼夜的紧迫感，加快建设“四力”卓著的先行示范法院，为粤港澳大湾区建设、深圳先行示范区建设提供更优质高效的司法服务、更加坚强有力的司法保障。[1]（文/深圳市中级人民法院研究室）

·编辑：严俊·

1 本文原载《求法》2022年第99期。参考资料：深圳市中级人民法院《深圳法院涉外涉港澳台商事审判三十年白皮书》《深圳法院劳动争议审判白皮书（2005—2020）》《深圳法院未成年人刑事审判白皮书(2015—2019)》《深圳市中级人民法院破产审判白皮书》；《人民法院报》：《40年，深圳法院如何用法治唱响春天的故事》《深圳市中级人民法院建院四十周年司法改革成就集》；《中国审判》：《法治礼赞 来自“深圳经济特区建立40周年”的观察报告》；全国法院切实解决执行难信息网：《攻坚解决执行难　广东深圳法院显神威》。

年度要闻

Leading News of the Year

【香港破产程序首次获得内地法院认可】2022 年 1 月 25 日，新华网、新华社记者陈宇轩在新华网刊登文章《香港破产程序首次获得内地法院认可》：深圳市中级人民法院 25 日发布消息称，近日，该院对全国首例申请认可和协助香港特别行政区破产程序案作出裁定：认可森信洋纸有限公司（以下简称森信公司）的香港破产程序，认可其香港特别行政区清盘人身份。这意味着，香港清盘人有权作为森信公司的代表，在深圳市中级人民法院的协助下，在内地开展破产清算的各项工作。法院消息显示，森信公司 1981 年 3 月在香港注册成立，主要业务是工业用纸制品贸易和物业投资。因母公司陷入流动性资金危机，森信公司出现经营困难。经股东决议，2020 年 8 月，森信公司启动债权人自动清盘程序，委任德勤·关黄陈方会计师行的黎嘉恩和何国樑作为清盘人处理清盘事宜。2021 年 5 月，最高人民法院制定《关于开展认可和协助香港特别行政区破产程序试点工作的意见》，深圳是试点地区之一。在清盘过程中，清盘人发现森信公司在深圳还有多项资产，为接管并处置相关资产，清盘人请求香港特别行政区高等法院向深圳法院商请区际司法协助。2021 年 8 月 30 日，深圳市中级人民法院收到认可和协助申请。深圳市中级人民法院从管辖权问题入手，调查明确深圳为森信公司在内地的主要财产所在地后，认定该院对这一申请具有管辖权。在内地与香港特别行政区法律规定的“交集”范围内，深圳市中级人民法院确定了香港清盘人在内地的履职事项，并明确香港清盘人应按照深圳法院破产财产网络拍卖规定对森信公司财产进行处置，确保清盘人在内地公开透明履职。

【为“诚实而不幸”的创业者兜底】2022 年 3 月 11 日，《法治日报》法治经纬刊登文章《为“诚实而不幸”的创业者兜底　深圳法院先行先试个人破产制度一周年调查》：呼某原来在广东深圳一商场内经营一家教育机构，5 年前，因商场倒闭其门店也不得不关闭，导致呼某背上了 480 余万元的债务。这些年，呼某一直在努力还债，甚至不惜卖掉了自己唯一的住房，但仍负债 100 余万元。2020 年，由于各方面的原因，呼某没了收入来源——这位单亲妈妈陷入了深深的迷茫。怎么办？2021 年 3 月 1 日实施的《深圳经济特区个人破产条例》（以下简称《条例》）让她看到了一丝希望。2021 年 6 月，呼某向深圳市中级人民法院递交了个人破产清算申请，经过破产清算程序，5 个月后，法院作出裁定宣告其破产。从法官手中接过裁定书，呼某如释重负：“我觉得自己获得了‘重生’！”获得“重生”的不止呼某一人。《法治日报》记者近日采访了解到，《条例》实施一年来，深圳中院稳步推进个人破产案件审理，重视梳理审理规程，助力服务保障新发展格局。截至今年 2 月 28 日，共收到个人破产申请 1031 件，面谈辅导申请人 594 人，启动个人破产申请审查 74 件，听证调查 59 人，启动破产程序 25 件，总计审结 72 件。“建立个人破产制度，可以解除创业者的后顾之忧，激发市场主体的创业热情，营造稳定公平、可预期的国际一流法治化营商环境。”中国人民大学破产法研究中心副主任徐阳光评价说，深圳为我国制定全国性个人破产立法提供了基础和实践经验。**保障人权节约成本　先易后难稳妥推进**　法院作出裁定宣告呼某破产后，按《条例》规定，她将进入 3 年免责考察期，其间扣除每月必要支出外，剩余收入全部用于偿还债务。考察期届满，呼某可依照《条例》规定申请免除其未清偿的债务。“3 年后我就自由了，跟其他普通人一样正常生活。”呼某感叹道。和呼某一样受益于《条例》实施的还有张某。张某 1986 年从高校辞职“下海”经商，任职深圳一公司经理，并担任公司法定代表人。1999 年，该公司与银行签订 183 万元的贷款合同，张某等签订了《贷款保证担保合同》，为借款承担连带保证责任。其后，该公司因未按时还款而被起诉，法院判令归还借款及相应利息，张某等承担连带清偿责任。后来，公司倒闭、营业执照被吊销，债务全“压”到了他身上。2009 年，张某的房产被法院拍卖，划转执行款 95 万余元。但贷款债务未了，除留下基本生活费外，张某每月的退休金均被划扣用于还贷，这令老人生活得十分艰难。2021 年 6 月 7 日，张某向深圳中院提交个人破产和解申请，此时他已是 76 岁高龄。经审核确认，他的担保债务还有 97 万元。后在管理人的协助下，张某与债权人达成和解方案：履行 5.2 万元的支付义务后，剩余未清偿债务予以免除。10 月 8 日，张某个人破产和解案经法院确认后终结，背负了 20 年债务的七旬老人终于卸下债务重负，得以颐养天年。“张某属于最早一批响应国家号召从事业单位辞职下海的创业者，鼓励创业精神，为创业者兜底，也是个人破产制度的温度所在。”深圳中院破产法庭审判长张睿说，该案既体现了个人破产制度对债务人基本人权的关怀保障，也为债权人节约了无意义追偿的成本。全国人大代表、深圳市高新投集团有限公司副总裁樊庆峰认为，个人破产制度保护了债务人一些相关的社会公众利益，同时也维护了债权人相关权益，实现双方共赢，同时能够鼓励更多的创新者摆脱思想包袱，为深圳的发展作出更大的贡献。呼某、张某是《条例》实施后的两个幸运儿。实际上，《条例》实施后首月，深圳中院便收到了 260 起个人破产申请，至当年 8 月初，申请总数上升至 640 余件。但考虑到个人破产的改革试点大大挑战传统观念和现有制度，必须先易后难、稳妥推进，确保实现改革与稳定、法律效果和社会效果的统一，最终只有 34 起申请进入立案审查阶段，8 起申请正式受理。据介绍，《条例》实施初期，个人破产申请需求旺盛，深圳中院最多的一天收到申请 19 件，但申请人对个人破产制度的认识、法律后果的理解都有待进一步加深，加上对财产、债务的前期整理不够，导致申请材料审核难度高、退补多、周期长。对此，深圳中院积极部署，逐一梳理申请情况，及时研判问题对策，逐步探索建立了书面材料核查、电话答疑、一对一面谈辅导等申请分流识别机制。同时，指导深圳破产管理人协会组织法律援助力量，对需要补充材料的申请人进行一对一的电话辅导，协助其准备符合立案要求的材料。破产法庭全庭法官面谈近 300 名申请人，对不在深圳居住、未连续缴纳社保、提交材料不合格、未如实申报信息，以及因过度消费、过度投机、参与赌博等导致负债的，明显不符合《条例》规定要求的申请，依法释明后予以退回处理。也有一部分申请人经过法官释法，认识到个人破产程序的要求和法律后果，评估自身情况后主动撤回申请或变更申请信息。 **确定“诚实而不幸”合理兼顾各方权益** 李某申请个人破产，但深圳中院在审查中发现，李某所述经营损失、实际支出情况与负债数额相差较大，且李某在与前妻协议离婚时约定，由其承担全部夫妻共同债务，又举新债归还后申请破产。合议庭认为该情况导致无法认定李某具备破产原因，于 2021 年 5 月 14 日裁定不予受理。该案承办法官介绍说，法院通过书面审查、法官面谈、听证调查等方式，仔细审查了李某申报的债务财产信息和婚姻家庭关系，对李某是否具备《条例》规定的破产原因进行了审查论证，防范不正当债务安排、利用程序逃债等行为，为识别债务人是否“诚实而不幸”提供有效经验。相比之下，个人破产首案中成功重整的债务人梁某的情况就大不相同。2018 年，梁某选择蓝牙耳机市场开始创业，由于一直无法获得稳定的客户资源，未能打开市场实现盈利，加之受疫情影响，债务越背越多，无力偿还利息和滞纳金。2021 年 3 月 10 日，梁某向深圳中院申请个人破产。经过调查梁某财产收入、债权债务、家庭情况，划定豁免财产范围后，管理人协助梁某制作了个人破产重整计划草案。草案明确，在保留生活必需品和每月 7700 元用于一家四口基本生活费用后，梁某将在 3 年内分期偿还全部本金，债权人予以免除利息和滞纳金。该草案经债权人会议表决通过，由深圳中院裁定批准。《条例》保护的是“诚实而不幸”的债务人，而债务人是否尽力偿债是判断债务人是否“诚实”的重要标准。即便进入破产程序，尽力偿债仍是对债务人关键性的要求。企图通过破产“赖账”的行为既不被制度允许，也无法通过程序检验，无法获得破产救济。深圳中院在审查个人破产申请以及推进案件办理时，非常重视对债务人偿债情况的审查，以防范债务人的“搭便车”心理甚至是破产欺诈。“在梁某个人破产重整一案中，梁某展现出强烈的偿债意愿和努力。创业失败后，梁某积极找工作谋生；申请破产前，一家人节衣缩食坚持还款；本人及其家人都在破产程序中积极配合，充分、全面地履行了如实申报义务，申报的个人以及家庭财产、债务与管理人最终的核查结果基本一致。”深圳中院破产法庭庭长曹启选介绍说，多数债权人也发表了监督意见，认为他属于“诚实而不幸”的人，这是重整计划草案能够顺利通过的原因。曹启选告诉记者：“我们在办理破产案件中，强调要充分保障债权人对债务人申请破产、对管理人办理破产进行监督的权利，目的是合理兼顾各方合法权益，确保破产审判的公信力。”徐阳光指出，《条例》为“诚实而不幸”的自然人提供了遭遇债务危机后的法律保障，允许个人经营失败后，在保留最基本的自由财产前提下进入破产程序，这有利于整个社会市场经济的有序发展。对于社会来讲，如果一个人陷入财务困境，法律不提供救济的途径，那么这个人轻则可能沦为国家救助的对象，重则有可能做出违法行为，所以个人负债虽然是个人的原因，但会产生直接或间接的社会影响，通过个人破产制度处理好个人债务，有助于维护社会公共利益。对于公众担心的逃废债行为，中国政法大学破产法与企业重组研究中心研究员陈夏红认为，应通过形式约束和制裁，防止通过滥用个人破产制度来逃废债。未来在修订破产法时，应当对刑法作出相应的联动修订，对个人破产程序中可能出现的不法行为的刑事惩治要有更加细致的规定。此外，也需要改革现有的刑事司法制度，在政府部门、检察机关以及法院之间构建破产犯罪追惩机制。 **仍在摸着石头过河 不断完善配套制度** 推动支持成立深圳市破产事务管理署，深化两权分离，探索厘清法院、政府办理破产的职能分工，逐步健全“法院裁判、机构保障、管理人执行、公众监督”的四位一体办理破产体系；支持管理署出台《深圳市个人破产信息登记与公开暂行办法》，破产信息登记与公开制度落地见效……过去一年，深圳中院不断推动完善个人破产配套制度。社会各界也非常关注深圳个人破产制度改革进展，不少人期待这项创新举措能够推而广之。“个人破产重整、和解、清算三种程序首案均已裁定，全面激活个人破产制度设计，但要将个人破产制度推向全国，仍任重道远。”曹启选坦言，面对大量申请、复杂的债务构成等情形，诸多重要配套机制仍有待建立、完善，破产法庭对个人破产案件办理也是“摸着石头过河”。作为个人破产重整首案的破产管理人，杜艳芝负责核查债务人财产状况、拟订财产分配方案以及管理、监督、协助计划执行。在她看来，个人破产比企业破产更难做。企业作为一个经济实体，经过工商登记注册，有法可依，基本情况摸得清楚，而自然人财务状况没有透明要求，个人财产申报的“猫腻”不容易被发现。“个人破产制度牵一发而动全身，背后需要一套密切衔接的配套制度做支撑。”在组织协调法官与数百名申请人逐一面谈后，深圳中院破产法庭综合办主任景晓晶深有感触，财产申报调查、破产信息公开、反破产欺诈的监督和惩戒机制能否迅速建立完善，是个人破产制度能否加快探索、全面推进的关键。深圳中院有关负责人告诉记者，深圳是一个鼓励创新、宽容失败的城市，个人破产制度改革才刚刚起步，下一步，深圳中院还将继续总结实践经验，持续推动完善系列配套制度——健全申请前辅导制度。由于没有个人财务制度，债务人往往缺乏财务管理能力，难以准确全面提供个人和家庭的财产债务材料，这也成为法院审查破产申请的一大难题。当前，深圳中院通过法官“一对一”核实，辅导债务人整理申请、选择适宜程序，下一步将积极探索、支持深圳市破产事务管理署依照《条例》设计，承担个人破产的申请辅导职能。完善信息登记和公开制度。深圳中院将加快与深圳市破产事务管理署的协同，加强“深·破茧”平台与其他信息公开平台的互联对接，确保破产信息充分、及时地公开，进一步保障债权人的知情权和监督权。深化府院联动，推动破产信息与信用信息的融合和交互，在债务人实现经济再生的同时，推动其实现信用再生，推动金融机构等涉及信用评价机构完善信用评估机制，助力我国社会信用体系建设。推动构建庭外和解规则。深圳中院将借鉴德国等域外经验，探索设置破产和解前置程序，完善与庭内和解、和解协议确认的衔接机制；引入金融机构、专业中介、法律援助，促进债务纠纷多元化解，为债务人提供多样化、便利化的债务清理方式，也为法院审查判断提供有效依据。完善反破产欺诈机制建设。通过建立债务人财产申报制度、破产信息公示制度、完善法律责任体系等健全反破产欺诈制度，建立透明公开、可追溯的破产信息登记与公开制度，让债务人“在阳光下破产”。“建立个人破产制度是服务保障社会主义市场经济高质量发展，维护社会公共利益，优化法治营商环境，促进社会诚信体系建设的切实需要。面对不断新增的个人破产申请和不时出现的问题难点，深圳中院将迎难而上、不断摸索、多点突破，推进个人破产改革纵深发展，为全国个人破产立法提供先行先试经验。”该负责人表示。

【深圳中院民事审判庭被授予污染防治攻坚战贡献突出集体】2022 年 4 月 7 日，广东政法网发表文章《深圳中院民事审判庭被授予污染防治攻坚战贡献突出集体》：近日，广东省深圳市污染防治攻坚战指挥部发出通报，授予深圳市中级人民法院民事审判庭污染防治攻坚战贡献突出集体荣誉称号，对该庭充分发挥审判职能，以最严格制度、最严密法治保护深圳的蓝天绿水青山，为推进深圳生态环境高水平保护和经济高质量发展提供有力司法服务和保障进行了表彰。据介绍，2020 年 1 月 1 日起，深圳中院集中管辖东江流域深圳、东莞、惠州、河源、汕尾 5 市辖区环境民事公益诉讼一审案件。同年 6 月 30 日，由深圳中院民庭牵头负责，市中院与东江流域 5 市检察院建立跨行政区划环境资源司法保护协作机制，共同抓好大保护、协同推进大治理，以基于“一条江”的司法协作，构筑起“一个圈”的生态屏障。2021

年 1 月 27 日，深圳中院民庭适用民法典“绿色原则”判决一宗环境民事公益诉讼案件。该案系广东法院首次适用民法典“绿色原则”作出判决的环境民事公益诉讼案件，被评为广东省环境资源保护十大典型案例。同年 4 月 22 日，深圳中院民庭对广东东莞企业污染惠州土壤的一宗环境污染民事公益诉讼案作出一审判决，该案系深圳中院集中管辖以来，宣判的第一宗深圳市外环境民事公益诉讼案件。为支持环境资源民事公益诉讼、保障生态环境修复，深圳中院民庭根据《深圳经济特区生态环境公益诉讼规定》，在深圳设立生态环境公益基金，为生态环境保护公益活动、环境资源公益诉讼、生态环境修复等提供资金支持。

【“精打细算”搞执行　跑出深圳加速度】2022 年 4 月 18 日，人民法院报记者李倩、通讯员王东兴发表文章《执行事务集约　团队专业重组　案件繁简分流“精打细算”搞执行　跑出深圳加速度》：地处改革开放前沿的深圳，市场经济的活跃度位居全国前列，越来越多的市场主体选择使用诉讼程序解决纠纷争议。以执行为例，近三年来，广东省深圳市中级人民法院受理的执行案件数量呈快速增长态势，年平均增幅达 34.6%，执行法官人均结案 473 件。如何提升执行效率和水平？近年来，深圳法院深化执行改革，全面推行事务集约、繁简分流、团队建设，通过“精算”人员管理，优化执行办案流程，提高执行资源配置效率，构建精细高效的执行长效机制，在全国率先实现“基本解决执行难”，不断跑出执行的深圳加速度。 **系统集约做“加法”，查控效率实现“以一当十”** 2022 年 1 月 23 日，深圳中院执行局执行事务集约团队的外勤人员黄荣正在深圳证券交易所熟练地办理着股票冻结手续。当天下午，11 宗案件的股票冻结信息就显示在肖伟光法官所登录的“鹰眼执行综合应用平台”上。“执行事务集约有效解决了多案来回奔波的烦恼，人力资源向办案核心工作聚合发力。”“老执行”肖伟光对此感受颇深。深圳两级法院原来 60 余人的查控工作，现在每个法院仅需一人。十年前执行法官日复一日跑银行、跑公安、跑工商、跑国土的奔忙不复存在。这得益于深圳法院的事务集约化机制，让“专人”办“专事”，全流程提高执行实施的工作效率。2018 年，深圳中院启动执行集约化改革，按集约分工设立快速控制团队、外勤事务团队、网拍辅助事务团队和执行款专管团队，团队的作用日益显现。“外勤团队专司执行事务性工作，不仅专业高效，也让执行法官对关联案件财产处理有了更全面的考量，有利于对执行系列案的财产处置问题做整体性安排。”深圳中院执行局副局长王利萍介绍。以深圳中院为例，该院负责办理外勤集约事务的人员共 9 人，2021 年办理外勤事务 2.8 万件，平均每人办理超 3000 件。过去的“一人办一事”“一事跑一趟”变成了“一人办多事”“一趟办完事”。为确保执行集约化改革取得扎实成效，深圳中院专门出台相关配套措施，根据工作分工确立相应的考核指标，严格具体时限和质量要求，以精细化管理激发集约事务团队人员活力。查控人员减少 90%，工作效率却不降反升，这是如何做到的？在执行事务集约改革中，鹰眼执行综合应用平台功不可没。电子流、信息流、数据流取代了传统的人流、车流、纸质流，让查控人员彻底“解放双手”。查控范围也扩大到银行、国土、证券、车管、工商等 44 个单位，大大超出人工查控的范围，让被执行人的财产无所遁形。随着执行需求不断增加，2021 年 7 月，“鹰眼”完成系统迭代升级，在广东省内实现不动产协助业务全流程信息化、网络化办理。半年时间，深圳法院已完成网络化司法强制过户 1644 项，不动产司法强制过户房产价值达 78 亿余元。 **专业团队做“乘法”，快执团队人年均结案超八百** “1 亿元的大案，你们执行只用了 20 天！”近日，申请执行人李某带着锦旗，来到深圳中院向执行员罗静专门致谢。这要归功于快速执行团队的高效处理。作为一座实际管理人口超两千万的超大城市，深圳各类民商事纠纷数量庞大而复杂。如何让执行办案更高效有序？“清单式、节点化管理是各执行团队分工明确、配合紧密、运作高效的秘诀。”深圳中院执行局裁决处副处长李雪松介绍。从 2014 年开始，深圳中院对原有执行力量进行“拆解”和“重组”，逐步增设了快速执行、金融特执、普通执行三个专业化执行办案团队，以专业力量保障执行流程专业高效，实现“简案快办、普案细办、繁案精办”，打造执行乘法效应。快速执行团队以实现“快速化”为办案目标，对类案形成统一处理标准，建立起快申、快立、快执的工作常态，大幅缩短办案周期，绝大多数案件 3 个月内能得以结案。2021 年，深圳中院快速执行团队人均结案数量超 800 件。相比快执团队的“简案快办”，普通执行团队处理较为复杂的疑难案件，涉及案件类型广、财产类型复杂多样。因此，普通执行团队在办案过程中坚持“繁案精办”，更加注重规范化建设。如为规范对上市公司股票的强制执行、维护证券市场的正常交易结算秩序，2019年，深圳中院在全国率先制定《关于强制执行上市公司股票的工作指引（试行）》，这成为全国首份关于强制执行上市公司股票的专业办案指引。专业执行团队还在更多细分执行领域大显身手。日前，在深圳中院金融特执团队执行长马莹莹的现场监督下，几天前还在叫嚣“人在房在，绝不搬离”的被执行人张某向法院移交了其被拍卖的房产。“不良金融债权不仅损害债权人利益，还严重危害金融健康发展。”马莹莹告诉记者，“作为粤港澳大湾区核心引擎城市，深圳资本市场活跃，金融债权执行案件呈现数量多、标的额大、协调难的特点。衍生案件多、处置程序烦琐、周期长，成为法院执行工作的重点和难点。”金融债权案件执行关系着公平竞争的市场环境。2019年，深圳中院组建了金融特执团队专门办理金融债权案件，每年结案近千件，执行到位金额83亿元，不动产清退面积20余万平方米。2021年，深圳中院各个执行团队办结案件数量再次大幅度提升。其中，快速执行团队6名承办人结案5328件，以不到25%的人力资源处理超过67%的执行实施案件。金融特执团队结案1055件，同比上升35%。普通执行团队办结2361件，同比上升46%。 **繁简分流做“减法”，善执善行创下“十日速度”** “高效便民，执行神速，厚德重法，正气之魂。”前不久，申请执行人李女士冒雨为深圳市南山区人民法院送来锦旗。李女士借给朋友160余万元，朋友逾期未还，李女士诉至法院，判决胜诉后朋友仍拒绝履行。无奈之下，李女士向法院申请强制执行。在得知该案可能存在转移财产的线索后，南山区法院果断启动执行绿色通道，收案后10日内快速执结。类似“十日速度”，在南山区法院屡见不鲜，这依托于其2020年启动的速执机制综合改革。南山区法院构建了以“执行事务中心＋速控工作室＋速执团队＋速拍团队”为核心的一站式速执模式，通过该模式，该院以20%的执行人员办结近60%的执行案件。其中，速控工作室快速执行完毕近10%的执行案件，执行天数约28天；速拍团队挂网拍卖标的数同比增长91.3%，拍卖成交同比增长64%，成交金额同比增长112%。在分流过程中，针对疑难复杂、社会广泛关注的案件，南山区法院还首创了特执模式，将执行标的金额5000万元以上、单个案件涉案被执行人5人以上且执行标的金额3000万元以上，或案情疑难复杂、社会广泛关注的难案要案归类为特执案件，集中力量重点突击。采用特执模式的“预处罚决定书”执行案、深圳法院首例手机靓号拍卖案、网络虚拟财产执行案等精品案件，在社会上引起广泛关注。南山区法院一站式速执和特执模式是深圳法院探索执行案件繁简分流、快慢分道的案件办理新格局的一个缩影。福田区人民法院建立快执案件准入负面清单，将案件分流为一类、二类、三类快执案件，实现了以不到30%的执行人员办理75%以上的执行案件，集中另外70%办案力量专注办理疑难复杂执行案件。龙岗区人民法院打造“速控—速执—快执—普执”四步走的阶梯式案件分流与办理模式……“推动执行繁简分流改革，构建决策高效、反应快速的案件执行绿色通道，是我们向内深挖潜力，将执行质效最大化的有力武器，也是推进执行改革纵深发展的应有之义和落地之举。”李雪松说道。

【深圳：服务数字经济发展　打造知产保护高地】2022年4月26日，光明网发表文章《深圳：服务数字经济发展　打造知产保护高地》：在刚刚召开的深圳市两会上，“数字经济”成为高频词。身处国内数字经济产业重镇，近年来，为支持深圳加快打造数字经济创新发展试验区，深圳法院主动服务大局，全面落实综合改革试点，先行先试创新服务保障数字经济发展，助力深圳打造国家一流的知识产权保护高地，建设全球数字先锋城市。 **创新实践回应新业态** 2022年2月22日，广东省高级人民法院发布2021年度广东省法院涉互联网十大案例。其中，王某与深圳市腾讯计算机系统有限公司个人信息保护纠纷案曾在社会上引起广泛关注和热议。2019年4月22日，王某在使用微信账号登录腾讯公司运营的“微视”App时，发现该App在未告知也未获得其授权的情况下，以“强制授权”的方式收集和使用了他的微信个人信息和全部微信好友信息。2019年4月26日，王某以腾讯公司侵害了用户的选择权、隐私及个人信息权益，诉请判令腾讯公司停止侵权并赔偿维权合理支出1万元。2021年12月17日，深圳市中级人民法院终审判决：腾讯公司向王某支付参与诉讼的合理支出1万元。“互联网企业可以在合法、正当、必要和安全的前提下合理使用个人信息，但合理使用不得损害个人权益，厘清个人信息使用的界限是数据赋能的前提。”该案主审法官、深圳知识产权法庭副庭长蒋筱熙介绍。据悉，该案系广东首例适用个人信息保护法的案例，该案审判厘清了互联网公司使用个人信息的界限，对规范互联网平台、App 服务商对用户的收集和使用，促进数字经济健康有序发展具有积极意义。深圳是数字经济的先行者。2021 年全年，深圳数字经济核心产业增加值占 GDP 比重约 30%，规模和质量均居全国前列。但同时，新技术引发的新类型纠纷也层出不穷。2021 年，深圳法院共新收各类知识产权案件 23745 件，审结 24941 件。其中，新收专利、计算机软件、垄断、集成电路布图设计等案件 4266 件，审结 5104 件；新收滥用市场支配地位、不正当竞争案件 497 件，审结 514 件。在深圳市智搜信息技术有限公司与光速蜗牛（深圳）智能有限公司侵犯商业秘密纠纷案中，首次支持将互联网公司开发的大数据追踪系统的算法作为商业秘密予以保护，有效保护互联网经营者的合法权益，促进算法技术的良性发展与应用；在深圳微源码软件开发有限公司诉腾讯科技（深圳）有限公司、深圳市腾讯计算机系统有限公司滥用市场支配地位纠纷中，对互联网平台服务相关市场的界定及市场支配地位的认定提出裁判意见；对一起群控软件“刷流量”案，认定该行为构成不正当竞争，依法规制经营者利用技术手段进行规模化批量营销的行为；还有 App 窃取数据不正当竞争案、甲骨文域名保护案等新类型案件……一个个标杆性案件是深圳法院先行先试的探索，也是专业化知识产权审判助力深圳数字经济时代产业创新集群发展的生动实践。 **制度保障护航新经济** “发展数字经济作为国家战略，知识产权是其中最重要的制度安排，发挥着基础性作用。加强数字经济知识产权司法保护，推动构建新发展格局，实际上是依托制度创新促进知识创新，通过对创新和知识要素的保护促进经济发展。”中南财经政法大学教授吴汉东表示，目前，数字经济知识产权保护的内容没有明确规定，司法应对新经济形态的挑战，需要系统思考和制度保障。4 月 22 日，深圳中院召开新闻发布会，发布“深圳法院数字经济知识产权保护创新案例”，涉及个人信息保护、集成电路布图设计、商业秘密、反垄断等。出台《深圳市中级人民法院关于加强数字经济知识产权司法保护的实施意见》（以下简称《意见》），首次全面系统梳理与数字经济相关的知识产权权利，围绕“保护数字经济创新创意成果”“依法规制数字经济经营主体行为”“加强平台治理和反垄断”“加强前沿问题研究应对新型纠纷”“以数字化思维进一步深化审判机制创新”等方面，提出保障数字经济知识产权保护的 30 项司法举措。《意见》的实施得到了多位知名学者的高度肯定。吴汉东表示，深圳中院敢为人先，以创新思维保护知识创新，不断推出重大改革举措，这次出台的 30 条数字经济知识产权保护司法意见，进一步细化各种行之有效的具体措施，对于深圳建设国家数字经济创新发展试验区和全球数字先锋城市，必将发挥重要的推动作用。北京大学法学院教授易继明认为，在新兴领域，要构建响应及时、保护合理的知识产权规则体系。“深圳中院这一《意见》提出加大对大数据、人工智能、通信技术等新兴数字技术创新成果的保护力度，可谓‘响应及时’，而且内容全面，思路清晰，具有针对性、前瞻性和示范意义。”中山大学法学院院长张亮也认为，该《意见》提出了契合数字经济规律的知识产权司法保护工作要点，无疑会进一步推动数字经济知识产权司法保护，相信一定能为深圳数字经济高质量发展带来更大司法推动力。内外联动赋能新司法。在深圳知识产权法庭审理的一宗专利权纠纷案的庭审现场，具有理工科专业背景的技术调查官符健娴正在对相关关键证物进行技术比对问询，协助法官查明有关技术事实。作为法官的“技术翻译”，对于符健娴而言，她的一个重要任务就是充当法律与技术之间的“桥梁”，减少法官与当事人之间的沟通障碍，帮助法官快速了解整个案件的技术难题以及争议焦点。“我曾经代理了一起计算机专利纠纷案，司法鉴定程序耗费了 6 个月时间。现在案件经过技术调查官的介入，仅仅一周便查明了事实。技术调查官直接参与到案件的庭审中来，发挥他们专业的比对意见，节省了诉讼成本。”被告代理律师吴开山说。符健娴是深圳法院 3 名技术调查官中的一员。为应对前沿复杂的数字技术难题，2020 年 9 月，深圳法院尝试在知识产权案件诉讼中引入技术调查官制度，并制定出台了《深圳市中级人民法院关于技术调查官参与知识产权案件诉讼活动的工作指引（试行）》和《深圳知识产权法庭技术调查官工作手册》，构建“1+2+3”多元化技术事实查明机制，首创技术调查官全流程嵌入式协助技术类案件审判工作模式，多措并举提升技术类知识产权案件审理效率。2022 年 4 月 19 日，在深圳中院司法改革展厅内，深圳中院与深圳市市场监督管理局正式签订《关于协同推进知识产权纠纷多元化解机制协议》，这意味着深圳法院探索建立了对既违反消费者权益保护法又侵害知识产权权利的特定类型纠纷实行行政执法和行政调解先行介入程序。“我们将秉持‘共治’理念，以本次协议签署为契机，进一步畅通执法监管、司法审判和行业自治的协同对接机制，实现知识产权治理齐抓共管。”深圳中院院长张应杰在签订仪式上表示。在与信息化同频共振的改革浪潮中，深圳法院不断推进多元化纠纷解决机制，建立“示范判决＋先行调解”机制，构建“以司法引领推动多元共治，以信息协同智能多元化解”的深圳司法方案，通过线上线下相结合的方式，对诉前调解案件实现在线阅卷、E键确认送达、远程视频对接、大数据类案推送、人工智能辅助调解等集约化管理，以数字化的方式化解数字纠纷对类型化的知识产权纠纷。近三年，4.3万件知识产权纠纷在诉前化解，8.5万件知识产权纠纷调解撤诉。 **改革试点构建新格局** 2020年12月14日，深圳中院判决姜某某等人构成侵犯商业秘密罪。该案涉及一种通信技术的商业秘密，被告人采取多种手段规避权利人的保密措施，对技术秘密进行部分修改后使用于儿童电话手表上，但仍难逃法网，受到刑事制裁。2021年，深圳市福田区人民法院认定以电子弹窗形式呈现相关商标的行为属于商标使用行为，对王某某销售假冒苹果品牌的“白牌”耳机的行为判处有期徒刑并处罚金……这一个个案例，体现了深圳法院依法惩治数字经济知识产权犯罪的决心，侵权案件民事、刑事、行政一体追究制度不断完善，全链条知识产权保护合力正在形成。在构建知识产权立体化保护数字深圳的进程中，深圳法院贯彻落实《深圳建设中国特色社会主义先行示范区综合改革试点实施方案(2020—2025年)》关于新型知识产权法律保护试点意见，开展新型数字化权益保护研究调研。两年多的试点工作中，深圳中院出台了全国法院首个知识产权侵权惩罚性赔偿规范性文件，适用惩罚性赔偿案件15宗，累计判赔金额近1.25亿元，有效打击和遏制了数字经济发展中频发的恶意侵权、重复侵权行为。建立契合数字经济规律和知识产权审判规律的举证责任分配制度，在群控“刷流量”等新型互联网案件中采用证据披露、证据妨碍排除和优势证据规则，着力解决赔偿金额确定难的现实困境。大力推广区块链技术在审判中的应用，上线法院区块链证据核验平台，降低数字版权成本、简化电子证据核验过程，有效破解维权成本高、周期长、取证难问题。2021年，国家发展改革委公布《关于推广借鉴深圳经济特区创新举措和经验做法的通知》，对深圳率先实施惩罚性赔偿制度，明确侵犯知识产权行为的违法经营额计算、赔偿标准问题；率先界定证据妨碍排除规则的适用标准，破解知识产权侵权“举证难”；实施行政执法和司法审判技术调查官制度，准确查明认定技术事实；创新知识产权“速裁＋快审＋精审”三梯次审判工作模式等经验，向全国推广。

【用奋斗的青春绘就壮丽法治画卷——深圳法院团员青年新时代风采掠影】2022年5月10日，人民法院报发表文章《用奋斗的青春绘就壮丽法治画卷——深圳法院团员青年新时代风采掠影》：又是一年五月天。在广东省深圳市莲花山山顶邓小平同志铜像前，深圳法院团员青年面朝比凤凰花更红的团旗，高举右手郑重宣誓：“我志愿加入中国共产主义青年团，坚决拥护中国共产党的领导……”慷慨激昂的铮铮誓言传递出了“请党放心，强国有我”的时代强音。2022年，是中国共产主义青年团成立100周年。青年兴则法院兴，青年强则法院强。深圳法院全面对标落实习近平总书记对青年工作的指示和期望，坚持固本培基，兴团强警，将团员青年思想政治培养、业务能力锻造、为民理念提升等方面作为重要抓手，激励团员青年在新时代展现新作为，绘制出壮丽法治画卷。 **有一种信仰** “青年如初春，如朝日，如百卉之萌动，如利刃之新发于硎，人生最可宝贵之时期也。”在深圳法院青年读书会上，深圳法院团员青年一齐高声朗读1915年《新青年》发刊词。强根才能固本，枝繁才会叶茂。深圳两级法院团组织充分发挥作为党联系青年群众的桥梁纽带作用，坚持党建带团建原则，激活团员青年“红色基因”。组建青年理论学习小组，常态化举办“五四青年进步论坛”“青智会”“青年说”等活动，学习习近平总书记系列讲话，开展理论学习交流，超1000人次团员青年参加“青年大学习”，引导团员青年自觉做习近平新时代中国特色社会主义思想的坚定信仰者和忠实实践者。每年新进干警入职培训时，深圳法院都会为他们上好理想信念的“第一课”，组织团员青年参加“青春与廉洁同行”“重走长征路”“重温红色历史”等红色传统教育活动，还有开展党史知识竞赛、演讲辩论赛、书画摄影作品展、户外素质拓展、趣味运动会……深圳法院以青春领航让思想“红”起来，以活动聚心让意志“强”起来，以创先争优让动力“活”起来，丰富拓展青春建功系列实践载体，积极推树一线青年典型，用“新时代青年楷模”“青年先锋集体”的典型力量引领新青年向上向善。近五年，深圳法院各级团组织获得 12 个省、市级荣誉，97 名团员青年被评为优秀共青团干部、优秀共青团员。 **有一种成长** 2021 年 12 月 24 日，广东省高级人民法院大法庭内正在进行一场紧张激烈的竞赛，台上敲击键盘声清脆紧凑，一排排端坐记录的身影屏气凝神。这是广东法院书记员业务技能竞赛决赛中的一幕。深圳法院 3 名团员青年全部获奖，包揽前三名。“青春是什么颜色？在严肃端庄的法庭内，大多数时候，是沉稳的黑色。”技能大赛一等奖获得者潘梓璇身穿黑色制服对着镜头，绽放出绚烂的笑容。她从 2000 多名书记员中脱颖而出，经历了政治素养、速录技能、法律文书校对、业务知识、临机应变等内容的层层考核。“其实这次比赛只是把我们的日常工作放到了舞台上。”开庭审理、立案信访、调解处理矛盾纠纷、接听热线咨询电话、进校园进企业进社区进机关进行普法宣传、开展巡回审判、开展法律咨询、参加全国法院学术讨论会……作为生力军的团员青年们，把青春刻在法庭的每一个角落，写入文书的每一个字符，融入与群众的每一次交谈。薪火相传，一对一的结对帮教是深圳法院让团员青年成长的不二法宝，将团建工作与岗位练兵相结合，组织团员青年积极参加业务培训和学术交流，鼓励参加在职教育和司法考试，有效提升了团员青年整体素质和司法审判能力。 **有一种担当** 需要搬运物资？“我可以！”能不能换班？“我可以！”晚上安排执勤？“我可以！”临时安排备班？“我可以！”一句“我可以”成为深圳市中级人民法院团员青年刘高松的标签，也是深圳法院 400 余名身着蓝色防护服支援抗疫的青年们的共同标签。2022 年 3 月，传染性更强的奥密克戎变异毒株席卷深圳。党有号召，团有行动。疫情下，深圳法院团员青年闻令而动、第一时间响应号召，或加入百人抗疫先锋团、或组成青年突击队，或下沉街道、社区、城中村支援，参与核酸检测、物资保障、卡口管理等基层一线防控工作。早 8 点到晚 12 点，在社区指挥部综合组连轴工作一礼拜的“拼命助理”；支援志愿者中最年轻也是第一个报名百人抗疫先锋团的“00 后”；把平常法官助理工作中同当事人沟通的经验方法用到抗疫实践中的“流调小能手”；“不懂中文没关系，我说外语来帮您”的“翻译家”；“哪里需要我，我就去哪里”的“止纷调解员”……深圳法院的团员青年用青春之力，书写战“疫”担当。“谢谢哥哥姐姐们！”一张张充满希冀的小脸蛋挤在校门口，与留下 300 余册书籍离去的警车道别。“志愿蓝”的力量还传递到广东省和平县古寨镇古寨学校中，“情系山区，送书助学”成为深圳法院青年志愿服务队的保留项目。此外，“志愿蓝”们还持续开展了“福利院慰问困境儿童”“敬老院看望爱心妈妈”“爱护环境你我他”等形式多样的志愿活动，受到广大群众的一致好评。“不负韶华，不负时代，不负人民，深圳法院新时代团员青年们，将坚定理想信念，做坚持党的领导的拥护者，牢记初心使命，做维护公平正义的践行者，勇于担当作为，做改革创新的奋斗者！”深圳中院机关党委书记谢军表示。

【深圳中院发布证券虚假陈述责任纠纷审判白皮书　证券虚假陈述“追首恶”】2022 年 5 月 27 日，《深圳特区报》发表文章《深圳中院发布证券虚假陈述责任纠纷审判白皮书　证券虚假陈述“追首恶”》：5 月 26 日，深圳市中级人民法院发布《证券虚假陈述责任纠纷审判白皮书（2017—2021 年）》和“证券虚假陈述责任纠纷十大典型案例”。2017—2021 年，深圳中院共新收此类案件 4205 件，结案 4019 件，总体呈上升趋势。记者了解到，证券虚假陈述是资本市场违法行为的典型形式，也是严重损害投资者合法权益的易发多发行为。2017—2021 年，深圳中院接收、审理的此类案件中，涉及上市公司 23 家，涉及董监高 89 人；涉及证券公司 5 家，会计师事务所 5 家，评估机构 1 家；涉案标的额 14.23 亿元。深圳中院党组成员、副院长黄志坚表示，深圳中院创新证券纠纷审判机制，积极履行审判职能，近年来妥善处理了一大批证券虚假陈述责任纠纷，在保护投资者合法权益、引导和敦促市场参与各方归位尽责、防范化解金融风险等方面做了一系列卓有成效的工作。深圳中院在“诱空型虚假陈述的认定”“预测性信息安全港制度的参照适用”“投资者损失的核算方法”“董监高责任比例”“追首恶”等裁判规则方面作了积极探索，并结合证券虚假陈述责任纠纷案件的特点，构建“15233”

工作体系，在全国率先提出群体性证券纠纷的系统化解方案，大胆进行工作机制创新，形成了具有深圳特色的审判工作经验。下一步，深圳中院将切实履行审判职能，完善金融司法协同机制，推动证券类群体性纠纷的源头治理；高水平建设“一站式证券纠纷化解平台”，提升证券群体性纠纷化解的效率；探索证券期货类民事、刑事、行政案件“三合一”新型审判机制，努力推动深圳法院证券类纠纷审判工作进入一个新的发展阶段。**典型案例：“追首恶”，全国首例判令实际控制人作为第一责任主体案。**针对控股股东、实际控制人操纵上市公司实施虚假陈述行为屡禁不止的问题，证券监管部门多次强调要管好“关键少数”，在惩罚对象上“追首恶”。2022 年《虚假陈述若干规定》第 20 条明确规定发行人的实际控股股东、控制人组织、指使上市公司实施虚假陈述的，投资者可以直接起诉控股股东、实际控制人，请求其作为第一责任主体承担赔偿责任。在（2021）粤 03 民初 2361 号案件中，深圳中院查明，赵某作为 G 公司股份占比超过 50% 的实际控制人、董事长、总裁，在 2016 年 12 月至 2018 年 5 月期间，授意、指挥、指使副总裁杨某等人，通过虚构营业收入、利润总额和应收账款等方式实施诱多型虚假陈述违法违规行为，诱使投资者高位买入股票，并造成投资者损失。根据查明的前述事实及原告诉请，深圳中院判决 G 公司实际控制人赵某作为第一责任主体赔偿投资者的损失。该案系全国首例判令上市公司实际控制人作为第一责任主体的案件，为贯彻落实新司法解释和行政监管“追首恶”的要求，增加违法成本，震慑“关键少数”，维护证券市场秩序作了积极尝试。2022 年 5 月 15 日，该案被中国证监会评为“全国投资者保护八大典型案例”之一。**焦点问答：我市正建一站式证券纠纷化解平台。**深圳特区报：现行法律对追究上市公司财务造假中的“首恶”责任有何相应的制度安排？深圳中院：只有“首恶”得到惩罚，才能真正打击财务造假，净化市场环境。2019 年《证券法》第 85 条作出了原则性规定。最高人民法院 2022 年《虚假陈述若干规定》第 20 条明确细化了“追首恶”原则，该条第 1 款规定，在原告起诉请求直接判令相关控股股东、实际控制人依照本规定赔偿损失的，人民法院应当予以支持，免却嗣后追偿诉讼的诉累。同时，为进一步明确“首恶”的责任，第 2 款明确上市公司承担责任后，有权向负有责任的控股股东、实际控制人追偿上市公司实际承担的赔偿责任和诉讼成本，以进一步压实组织、指使造假的控股股东和实际控制人责任。深圳特区报：康美医药案件之后独立董事的责任问题成为社会关注的热点，当前法律对此有何规定？深圳中院：独立董事制度的目的，是希望借助独立董事的专业性与独立性，发挥独立董事对上市公司的监督作用，制衡大股东或实控人，维护中小股东利益，完善公司治理。从近年来社会上曝出的财务造假案件来看，部分独立董事未充分发挥制度预设的监督作用。普遍观点认为，根据独立董事制度的目的与市场实践现状，追究责任的重点在于那些迎合造假、严重违反注意义务等不当行为的独立董事；同时要注意打消勤勉尽责者的后顾之忧，如果让勤勉尽责的独立董事也承担其不应当承担的责任，就会出现所谓的独立董事辞职潮，这就走向了制度设计的反面。为此，2022 年新司法解释第 16 条专门列举了五种独立董事的具体免责事由，如果独立董事在公司虚假陈述行为过程中符合，就可以不承担责任。深圳特区报：白皮书中提到要“高水平建设一站式证券纠纷化解平台”，平台功能有哪些？何时上线运行？深圳中院：“一站式证券纠纷化解平台”为集成化、智能化、开放化的业务办理平台，主要用于支持证券类民商事案件的审理工作，集投资者身份确认、立案登记、多元调解、在线审理、审判辅助、执行赔付、公告及送达、数据交换以及代表人诉讼程序支持等功能于一体，为投资者提供“一站式”诉讼服务，便利审判人员办案和诉讼参与人依法行使诉讼权利。平台正在建设中，预计今年下半年上线试运行。

【守护老年人的“钱袋子” 深圳中院“三箭齐发”打击整治养老诈骗】2022 年 6 月 30 日，《南方都市报》发表文章《守护老年人的“钱袋子” 深圳中院“三箭齐发”打击整治养老诈骗》：认购高品质“养老套房”可月月返利，投资“收藏品”可增值养老……面对以“养老”为名花样百出的骗术，老年人往往缺乏警惕容易“中招”。聚焦养老诈骗违法犯罪，深圳法院在依法办案严惩涉养老诈骗犯罪的同时，坚持宣传教育和整治规范并重，“三箭齐发”为守护老年人的“钱袋子”贡献司法力量。**成立专班印发工作方案，全市法院专题会议推进。**全国打击整治养老诈骗专项行动开展以来，深圳中院迅速成立了打击整治养老诈骗案件专项行动群，明确各法院专项行动工作负责人、联络人等前期筹备工作。专项行动进入打击整治环节后，深圳中院制定《深圳法院关于开展打击养老诈骗犯罪专项行动的工作方案》，并成立了两级法院打击整治养老诈骗犯罪专项工作专班。这之后，为强化专项行动组织保障，增设深圳中院打击整治养老诈骗犯罪工作专班，下设多个小组统筹落实各项工作。围绕专项行动工作，深圳市中级人民法院党组书记、院长张应杰靠前指挥、全力推动，5 月 30 日，全市法院打击整治养老诈骗专项行动推进工作视频会议召开，张应杰部署推进全市法院专项行动打击整治环节具体工作，明确加强对养老诈骗案件的研判，从严高效办理养老诈骗案件，加大普法宣传力度等专项行动四大重点。随着全市法院推进工作会议的召开，深圳各基层法院也陆续成立专项行动领导小组，包括深圳市盐田区人民法院、深圳深汕特别合作区人民法院相继召开会议部署推进打击整治养老诈骗专项行动工作。**从严高效办理涉养老诈骗案。**在一宗由深圳市龙岗区人民法院原审、深圳市中级人民法院二审的集资诈骗罪案中，被告人董某以同伙名义申请设立了深圳某工艺品有限公司，宣称公司工艺品有巨大投资价值，并以承诺投资不仅退还本金，还支付利息、组织考察旅游等为噱头，半年多时间哄骗 31 名退休老人投资 300 多万元，终审判决董某构成集资诈骗罪，判处其有期徒刑十年两个月。深圳市福田区人民法院受理的一宗“古董骗局”案件中，以老年人为主多达 500 名的受骗人，同样陷入“藏品交易拍卖”的陷阱中，所谓“投资”往往都是在缴纳服务费、展览费等名目繁多的费用后便杳无音信，而“鉴定专家”“买家”等多是虚构或诈骗公司内部人员扮演，最终包括何某在内的多人以合同诈骗罪获刑。**持续开展防范养老诈骗讲座，法官编制防范简易口诀。**除了从严惩治犯罪和整治规范外，养老诈骗的“防范宣传”同样至关重要。专项行动以来，深圳中院积极拓展宣传形式，一方面依托新媒体平台，进行常态化普法宣传，5 月以来不仅推出了海报、漫画等系列文图，亦有短视频等老年人易接受易懂的形式。另一方面，深圳中院以线上线下相结合的形式，联合深圳市长青老龄大学开展了“防范养老诈骗法治讲座”专项宣传活动，面向深圳 735 家老年大学分课堂普及养老诈骗的常见套路，累计万余人次在线观看。主讲人、深圳中院刑二庭法官陈加云，此前就曾走进梅林街道办梅京社区，为辖区老年人开展防范养老诈骗的专题讲座。在 6 月 21 日举行的防范养老诈骗法治讲座中，陈加云介绍了专项行动重点整治的投资养老项目、销售养老产品等六种套路，还结合深圳法院的审判实践案例，总结了包括冒充身份类、黄昏恋类、中奖类等六类同样常见的涉老年人诈骗套路，指导他们如何加强防范，让不少老年人深感“长知识”。“通过专题法治讲座，能够让老年人认识了解当下的养老骗局手法，提升识骗防范的能力和水平。”陈加云介绍，我们还总结归纳了六条“小提示”，“像保持清醒头脑、克服贪欲心理，免费活动慎行等，简易的口诀便于老年人记忆诵读”。深圳中院刑二庭庭长俞宙表示，接下来将继续开展法官进社区、进老年群体以案释法活动，向广大老年朋友们揭露养老诈骗的套路手法，不断提升提高老年人识骗、防骗的能力，同时深圳法院将充分发挥刑事审判职能，加大依法从严高效审理各类养老诈骗刑事案件的力度。

【优化诉讼前端改革，为群众办实事解难题】2022 年 7 月 14 日，《南方日报》发表文章《优化诉讼前端改革，为群众办实事解难题》：7 月 11 日，深圳市中级人民法院正式揭牌成立“群众诉求服务处”，为群众诉求解决提供一站式服务，成为全国法院系统设立的首家群众诉求服务机构。据悉，诉求服务处的成立是深圳法院推行“优化诉讼前端”改革的阶段性成果，也是深圳法院切实为群众办实事的真实缩影。“诉讼前端”，是指在立案前或在审理执行过程中法院与群众打交道的“前台”工作。优化诉讼前端，就是要优化人民法院服务群众工作的质量，并保障后续进入法院审理的案件的质量。为解决人民群众在“诉讼前端”的堵点痛点问题，增强司法为民的服务意识，让人民群众感受到公平正义就在身边，深圳法院以推进“优化诉讼前端综合性改革”为契机，通过“受理案件依法规范、化解纠纷非诉多元、辅助事务集约高效、服务群众优质专业”等多项措施，全面整合机构职能，完善人力配置，改革运行机制，重构评价体系，不断提高诉讼服务质效、审判效率，全方位提升人民群众的获得感、幸福感、安全感，切实为群众办实事解难题，为深圳建设法治先行示范城市贡献力量。**推行机构职能改革，提供更优质的诉讼服务。**优化诉讼前端，是提供更加优质诉讼服务的需要，也是彰显新发展理念，以人民为中心的重要工作。为此，深圳法院大力推行机构职能改革，将诉讼服务打造成“前端把好入口、中端集约管理、后端评价反馈”的法院枢纽。目前，深圳法院已成立优化诉讼前端综合性改革领导小组，下设领导小组办公室，协助院领导统筹立案庭、群众诉求服务处、司法辅助中心工作等。“本次设立的群众诉求服务处，承担了一站式办理群众诉讼的职能，将更优质更深入地推动群众诉求的办理。”深圳中院立案庭法官丘庆均介绍，三个职能机构分工明确、配合紧密、运作高效。与群众诉求服务处不同，立案庭负责立案审查登记，诉前、仲裁保全的审理，再审审查案件，并指导两级法院的诉源治理和多元解纷工作。而司法辅助事务服务中心主要负责办理本院案件的集约排期、诉讼文书送达、司法鉴定等法院诉讼辅助性事务，以及技术调查官的管理。在机构改革的基础上，深圳法院还积极推行立案标准化工作，坚持诉讼服务和立案质量两手抓，明确审查立案的标准要求，加强对诉讼主体资格、管辖权、法律关系和虚假诉讼的审查和识别。目前，深圳法院已建立起完善的两级法院级别管辖、提级管辖、类型化案件集中管辖、事实查明、类案指导等机制。针对涉众型系列案件，深圳法院进一步加强立案前识别把关，优化涉众型纠纷的协同处置，通过府院联动、诉调对接等方式协同处置纠纷，做好典型涉众型群体纠纷的会商协作处置工作，妥善处理群众诉求，切实解决群众急难愁盼问题。**融入基层纠纷治理末梢，全链条推进诉源治理前端化解。**“谢谢法院，为我们解了燃眉之急。”2022 年 3 月的一天，一名公寓租客匆匆来到福田区人民法院诉调对接中心寻求帮助。原来，某房屋租赁公司因经营不善停业，20 多位租客因之前预付的租金与业主发生纠纷。经过调解员耐心引导，租客最终与业主达成和解，案件在一天内有序、安全地完成调解和司法确认。这是深圳法院全链条推进诉源治理前端化解的一个缩影。在“黄田多元调处诉服站”，居民家门口就能便捷解决纠纷；在商事主体众多的蔡屋围，首个“无讼商圈”建设正如火如荼铺开；而全市首家“诉源治理非诉解纷中心”在福田梅林街道落地，则意味着深圳法院融入基层纠纷治理末梢，使群众诉求就地解决……一直以来，深圳法院坚持把非诉讼纠纷解决机制挺在前面，发挥人民法庭在参与基层社会治理中的作用，把法院诉讼服务站、非诉解纷点、司法确认工作室融入街道人民群众矛盾纠纷调处建设中，推动更多法治力量向引导和疏导端用力，从源头上减少诉讼增量，把群众诉求化解在前端。目前，全市 74 个街道和深汕合作区 4 个镇全部设立法院诉讼服务站和诉源治理联络点，在社区、商圈、厂区等建立诉讼服务站、非诉解纷工作站、司法确认室共 346 个，实现诉调对接全覆盖，为人民群众提供了丰富快捷的纠纷解决渠道和一站式高品质的诉讼服务。针对金融、知识产权一审案件占比高的情况，深圳法院持续深化与监管部门、金融机构、行业协会、专业调解组织合作，通过大力培育行业调解组织、商业调解组织，支持行业协会和商会通过专业调解、行业自律、行业自治等方式实现各类纠纷妥善化解。

【蹄疾步稳谋新篇　奋楫争先再扬帆】2022 年 7 月 20 日，《南方日报》发表文章《蹄疾步稳谋新篇　奋楫争先再扬帆》：乘风扬帆正当时，继往开来谱新篇。2022 年是党的二十大召开之年，是进入全面建设社会主义现代化国家、向第二个百年奋斗目标进军新征程的重要一年。2022 年，深圳法院始终不忘初心、牢记使命，求真务实、开拓创新，奋力开创特区法院工作新局面，加快建设司法公信力、法治竞争力、改革创新力、国际影响力卓著的先行示范法院。“下半年，深圳法院将从严从实从细抓好风险防范化解各项工作，加强司法办案、服务大局，以每周定期召开一次全市法院工作督导会为抓手，有力推进各项工作落地落实。”深圳市中级人民法院党组书记、院长张应杰说。紧盯审判执行质效不放松、提供有力司法服务保障、全面推进司法改革、着力打造过硬法院队伍……刚刚结束的全市法院 2022 年上半年工作总结暨下半年工作推进会描绘了深圳法院下半年策马扬鞭、砥砺奋进的路线图，为法院工作谋篇布局、指明方向，为深圳加快建设中国特色社会主义法治先行示范城市提供坚强有力的司法保障。**优化审判执行质效提升司法公信力。**“经过一年多的持续攻坚、集中整治，系统发力、接续奋斗，全市法院审判执行工作取得长足进步。”张应杰在总结全市法院上半年工作时指出。统计显示，上半年深圳法院审判执行工作呈现“四升四降”的良好态势。结案数、结收案比、结案率、法官人均结案数大幅上升，受理案件数、新收案件数、未结案件数、法官人均存案数大幅下降。人民法院是国家审判机关，审判执行是硬道理，是第一要务。深圳法院坚持以提升审判执行质效为中心，紧盯攻坚指标不放松，围绕清案目标，压实管理责任，提高管理水平，确保审判执行工作任务圆满完成，力争用两三年时间实现各项质效指标走在全国法院最前列，努力让人民群众在每一个司法案件中感受到公平正义。下半年，深圳法院将深化推进“优化诉讼前端”综合性改革，着力推动受理案件依法规范、化解纠纷非诉多元、辅助事务集约高效、服务群众优质专业，努力破解审判执行难题；全面深化繁简分流改革，扩大小额诉讼程序适用，提高无纸化办案水平，全面提升办案效率。为树立精品意识，着力打造审判精品，深圳法院将加强审判专业化建设，高质量推进类案审理指南编纂工程，加强案件质量评查和总结分析，强化对下业务指导，加快构建裁判质量标准化体系。**服务保障“双区”发展，增强法治竞争力。**当前，深圳进入“双区”驱动、“双区”叠加黄金发展期，亦迎来深圳综合改革试点、全面深化前海改革开放“双改”示范和建设法治先行示范城市等重大战略机遇。服务保障大局是法院的应尽之责。下半年，深圳法院将围绕“双区”建设、“双改”示范和法治先行示范城市建设，充分发挥司法促发展、稳预期、保民生的职能作用，努力为经济社会发展提供有力司法服务保障。一方面，发挥在知识产权、金融、破产、涉外商事、涉外家事、环境资源等领域的专业化审判职能，保障创新驱动发展战略实施，保障供给侧结构性改革，促进绿色低碳发展，不断优化法治化营商环境。另一方面，坚持平等保护原则，加强反垄断、反暴利、反天价、反恶意炒作、反不正当竞争司法审判，服务构建全国统一大市场。此外，深圳法院将服务“六稳”“六保”，帮助中小微企业纾困解难，助力稳住经济发展基本盘，加快建立解决超标的查封、乱查封问题快速处理机制，尽可能减少对企业正常生产经营的影响。**挺进司法改革深水区，激发改革创新力。**惟改革者进，唯创新者强，唯改革创新者胜。改革创新是深圳历久弥新的时代特质，也是融入深圳法院血脉中的基因密码。深圳法院将以市中级人民法院建院 40 周年为新起点，继续破冰探路，攻坚克难，集中攻坚一批在全国具有示范性、影响力的改革项目，在更高层次、更高目标上全面系统推进司法改革，为全省、全国法院提供更多可复制、可推广的深圳经验。“全面深化司法体制改革，既要打好改革总体战，也要打好改革攻坚战和持久战。”张应杰表示。打好改革总体战，要统筹抓好各项改革任务落实，精心谋划新一轮改革规划；打好改革攻坚战，要强化改革担当精神，加大督查考核力度，深入推进四级法院审级职能定位改革试点，持续完善司法责任体系。同时，注重从“小切口”做好“微创新”，抓好改革传承，加强经验总结，做好宣传推广，提升深圳法院改革影响力，才能打好改革攻坚战。**打造高素质队伍，扩大国际影响力。**队伍建设是一项打基础、利长远的根本性建设。建设先行示范法院，人才是核心竞争力。一直以来，深圳法院坚持以政治建设为统领，全面提升队伍能力素质，教育引导政法干警增强“四个意识”、坚定“四个自信”、做到“两个维护”，深入开展“奋进新征程，建功新时代”主题学习宣传活动，营造喜迎党的二十大的浓厚氛围。为抢抓粤港澳大湾区建设高水平人才高地重要战略机遇，全面加强人才队伍建设，下半年深圳法院将以学习教育为引领，深入实施法院队伍素质培养“雏鹰计划”，坚持法官到信访窗口轮值制度，定期选派优秀年轻干部、新招录干警到群众诉求服务部门轮岗锻炼，全面提升群众服务工作能力。法院队伍建设贯穿着执法办案全过程。为此，深圳法院将深化以案促改，常态化开展纪律作风明察暗访，推动队伍纪律作风持续向好，坚持严管厚爱相结合，关心关爱干警，营造拴心留人的良好氛围，努力打造一支革命化正规化专业化职业化的高素质法院队伍。

【香港律师内地执业首案在深圳法院开庭】2022 年 8 月 18 日，澎湃新闻发表文章《香港律师内地执业首案在深圳法院开庭》：8 月 17 日下午，深圳市福田区人民法院通过微法院线上平台，开庭审理一宗香港特别行政区居民涉内地物业的合同纠纷案。该案由首批获准在大湾区内地九市执业的港澳特别行政区律师之一的何君尧作为诉讼代理人在线出庭应诉，这也是香港特别行政区律师获准内地执业后代理的首宗案件。庭审当天，原被告双方围绕涉案物业权属、案件法律适用等焦点问题展开举证、质证和辩论。最终，经过近 3 个小时的庭审，法官宣布休庭，择期再审。庭审结束后，何君尧说，他以前只到过内地法院参观，当天是第一次在内地法院出庭。对于自己的“首秀”，他坦言：“这次是全新的感觉，我觉得答得还可以，但由于缺乏经验还是有些紧张，还有改善的空间。”他表示，法庭主动调查争议案情的事实根据，并在开庭后询问双方是否有调解意愿等流程很严谨、人性化，给他留下了很深的印象。该案另一名代理律师介绍，案件双方当事人都是香港特别行政区永久性居民，争议标的在内地，适用准据法有争议。有大湾区律师参与其中，非常有帮助。他说：“这次法院允许当事人在香港律师办公室远程参与庭审活动，也是受疫情影响未通关情况下的一种便民措施和创新举措。”目前，大湾区律师可以办理适用内地法律的部分民商事法律事务，包括诉讼业务和非诉讼业务。该案承办法官田静静对港澳特别行政区律师到大湾区内地九市执业给予积极评价。他认为，这项创新举措能够更好地发挥大湾区律师熟悉港澳与内地法律和司法制度的优势，在域外法律查明、证据采信等方面为法官提供专业意见，有利于提升法院涉港澳案件审判质效。“大湾区律师与港澳当事人文化习俗相同，生活环境相近，语言文字相通，在与港澳当事人沟通方面存在天然优势，能更好地理解港澳当事人的诉求，更好地维护港澳当事人的合法权益。”田静静说。何君尧说：“百闻不如一见。大湾区律师可以积极参与内地的司法实践，发挥好桥梁作用，吸收两地法治建设的优点，促进粤港澳大湾区法律服务融合发展。”

【深耕破产制度综改“试验田” 擦亮法治先行金字招牌】2022 年 8 月 23 日，《南方日报》发表文章《深耕破产制度综改“试验田” 擦亮法治先行金字招牌》：辞去高薪工作回深创业，张先生的电商公司却因资不抵债进入破产清算程序。而深圳市中级人民法院的适时介入，给他带来一丝转机。经调解，债务双方达成和解。破产程序终结，原有业务得以延续。让身处困境的小微企业卸下债务重获新生，这是市中级法院深耕破产制度综合改革“试验田”的一个微小缩影。自试点破产制度改革以来，市中级法院在健全破产办理机构模式、建立个人破产制度、完善破产重整体系、推进跨境破产协作等重点领域先行先试，积极构建市场化、法治化、国际化的破产审判体系，取得积极成效，办结安琪月饼重整案、年富供应链跨境破产案、呼某个人破产清算案等一大批在全国全省具有重大影响的案件。**深耕试验田，创新重整规则焕发新生。**张先生经营着一家受政府扶持的跨境电商小微企业，曾供货华润万家等大型平台。2021 年 1 月，因不能清偿到期债务，进入破产清算程序。“虽然债务的数额不是很大，但张先生配合度非常好，表达了强烈的还款意愿，愿意主动代为偿还公司债务。”该案破产管理人彭幽寒认为，该电商公司是具有重生价值和机会的。经多方努力，债务双方最终达成和解协议，破产程序终结，原有业务得以延续。“该案的审结，能够最大限度地保护留学生的创业热情。”深圳破产法庭四级高级法官夏静表示，促成双方和解，既保障了债权人利益有效实现，又维护了企业的运营发展价值。在疫情的特殊时期，对保障民生福祉、恢复企业生机有着重大意义。如今，“法院裁判、机构管理、管理人执行、公众监督”四位一体的现代破产办理体系已在深圳逐步成型。自试点破产制度改革以来，市中级法院持续创新优化破产重整制度，全国首创重整事务专员，并不断完善重整价值识别、府院联动协调、案件信息沟通、合法利益平衡四方面破产审判工作，助力困境企业恢复竞争力，提振市场和投资者信心。据了解，府院联动机制通过政府统筹协调、法院主导实施、府院有效联动，共同推进破产案件审理，妥善解决因企业破产衍生系列社会问题。目前，深圳市福田区已率先搭建府、院、企联动平台，由政府相关部门跟踪困境企业经营状态，对有价值且急需通过司法重整、和解的企业进行调查筛选，建立困境企业预重整名录并形成定期通报机制，形成司法重整府院联动常态化工作机制。深圳已有 40 余家企业通过破产重整走出债务困境，其中包括安琪月饼、华瀚科技、西满塑料、飞马国际等一批知名企业。**勇闯无人区，破冰“个人破产”立标杆。**“本院作出民事裁定，宣告你破产。”2021 年 11 月 8 日，市中级法院将一纸通知书，送到了单亲妈妈呼某的手上，全国首个法律意义上的“破产人”在深圳产生。债务人呼某无固定工作，每月劳务收入约 5000 元，自 2013 年离异后独自抚养女儿。其现有财产不足以清偿 140 余万元债务，将进入为期三年的免责考察期。按《深圳经济特区个人破产条例》规定，通过三年免责考察期后，呼某可免去剩余债务。“感谢个人破产条例，让我有机会得到经济上的‘重生’。”呼某说。除裁定宣告全国首位债务人呼某破产，市中级法院还办结其他一批个破“首案”，意义重大。审结梁某个人破产重整案，诞生我国首位成功重整的自然人；审结张某个人破产和解案件，为组织债务人与债权人庭内和解，提供样本经验；委托破产署组织和解，裁定认可债务人魏某庭外和解协议，完成全国首例个人破产委托和解案件四宗“个破首案”实现了清算、重整、和解三大程序全覆盖，全面激活个人破产制度设计，用鲜活的典型案例普及诚实免责破产理念，进一步保护激发创新创业活力，为个人破产制度的全国实践积累了样本经验。为健全个人破产信息登记和公示制度，市中级法院上线了全国首个个人破产综合信息系统“深破茧”平台，实现个人破产案件全信息数据采集、全流程在线审理，实现程序参与人、破产管理人、法官掌上办案，无纸化审理；公布全国首个规范个人破产申请的指引——《加强个人破产申请与审查工作的实施意见》，实现个人破产信息从数据归集到信息公开环环相扣，严堵破产欺诈“漏洞”。据统计，截至 2022 年 2 月 28 日，市中级法院共收到个人破产申请 1031 件，每月平均收到申请 85 件。申请人的债务规模最小约 1.8 万元，最大约 16 亿元。“这种解救真的很及时，几年以后我们就可以和其他普通人一样了，政策法律是真的有温度的。”呼某接受媒体采访时如是说。**服务大湾区，跨境破产协作提振投资信心。**2022 年 1 月，市中级法院对全国首例申请认可和协助香港特别行政区破产程序案作出裁定：认可森信洋纸有限公司（以下简称森信公司）的香港特别行政区破产程序，认可其香港特别行政区清盘人身份。这意味着，香港清盘人有权作为森信公司的代表，在市中级法院的协助下，在内地开展破产清算的各项工作。据了解，森信公司 1981 年 3 月于香港注册成立。因母公司陷入流动性资金危机，森信公司出现经营困难。经股东决议，2020 年 8 月，森信公司启动债权人自动清盘程序。但其在内地存在大量资产。2021 年 7 月 20 日，香港特别行政区高等法院向市中级法院发出跨境破产协助请求信，请求认可森信洋纸香港公司清盘程序以及清盘人权利。近年来，特别是在粤港澳大湾区和深圳先行示范区建设中，深港两地互涉投资不断增多、经济融合度日益提高，企业在两地均有资产和负债的情况也越来越多。由于破产制度存在较大差异、破产程序效力范围无法直接及于对方，两地在应对互涉企业破产中面临较大困难和挑战。市中级法院加快跨境破产审判工作机制建设，全国首创破产财产跨境网拍模式、率先实现跨境破产裁定境外认可、积极推动深港跨境破产制度框架构建等，助力市场要素跨境流通、高效配置。2021 年 5 月，最高人民法院与香港特别行政区政府律政司在深圳签署《关于内地与香港特别行政区相互认可和协助破产程序的会谈纪要》，市中级法院成为首批跨境破产协作试点法院，深港跨境破产合作框架初步构建。香港特别行政区政府律政司相关负责人表示，跨境破产协作机制将增加债权人和投资者信心，完善两地的投资和营商环境；同时亦有助于提升以深港两地作为区域破产与债务重组枢纽的竞争力，并且进一步丰富两地民商事司法互助内容。

【“一号通办”真管用】2022 年 9 月 6 日，《人民法院报》刊登文章《“一号通办”真管用！》：2022 年 7 月 11 日，深圳中院正式揭牌成立“群众诉求服务处”，为解决群众诉求提供一站式服务，成为全国法院系统设立的首家专门群众诉求服务机构。服务处推行群众诉求“一号通办”工作机制，以专门机构、专业人员、专项通道，全面汇集通过来信、来访、来电、网络、媒体反映以及其他机关转送的群众诉求，为解决群众诉求提供一站式服务。**为民解忧有速度。**“感谢深圳法院，没想到解决问题如此高效、迅速。”深圳市民吴某于今年 7 月拍得一处法拍房，在“各付各税”实施过程中，由于他对相关税费承担政策理解不足，向群众诉求服务处求助。接到诉求后，工作人员耐心向其释法说明，并协调相关部门进一步落实法拍房税费问题，及时解决当事人困惑。2022 年以来，深圳中院深度聚焦人民群众急难愁盼问题，扎实推进“我为群众办实事”实践活动，坚持问题导向，不断健全群众诉求各项机制，进一步完善工作流程，以工单形成、推送、处理、满意度回访为闭环工作流程，为当事人提供“一站通办、一网通办、一号通办、一次通办”的诉讼服务。依托“一号通办”信息化平台，深圳中院对全市两级法院通过 12368 热线电话、群众来信来访、网络舆情信息，党政机关、社会团体、企事业单位或者人大代表、政协委员等以及其他渠道转来的群众诉求进行甄别复核、分类转办，并对办理结果进行评价督办、分析研判和考核问责。据了解，“一号通办”运行之初，最高峰期热线接听量达到每日 3300 件，群众诉求服务处对来件认真研判、精准归类，分类明确办理要求，梳理出 3 类共性问题，推动审判工作全方位改进，出台 21 项制度机制，制定完善 30 项便民措施，从源头上解决了一大批瓶颈难题。**诉求解决有力度。**为解决群众在咨询、办事、投诉过程中存在的找不到干警、无人接听电话、信息回复不及时等问题，提高群众对法院工作的满意度，深圳中院专门出台了《深圳市中级人民法院群众诉求“一号通办”工作规程》。这一制度要求，专门设立三级督办机制，每日统计来电处理数据，监督工单办理情况，对未按时完成回复的承办人及其所属部门实行三级督办机制，形成闭环管理，并根据群众诉求响应率、诉求解决率、群众回访满意率、规定期限内办理率、负面评价事项等指标进行量化打分。对普通诉求逾期未完成的，由群众诉求服务处催办，为一级督办；对加急诉求逾期未完成或反复提出仍未能有效办理的，转督察处催办，为二级督办；对特别紧急诉求逾期未完成或经专项督查仍未能落实的事项，提请院长或副院长督办，为三级督办。通过强化各级领导信访责任，切实发挥层级监督作用，以提高信访案件办理的质效。同时，根据改革需要，深圳中院通过设置信访案件的“易”“简”“繁”三分类，实现了繁简分流、缓急分道、闭环管理。对咨询、催办、联络法官等简易诉求，工作人员直接给予明确答复，当场解决群众疑惑；对涉及程序、实体处理的繁案分层管理、全程监督、通报研判、评价考核。据了解，“一号通办”运行一个月以来，热线电话的接听率达 100%，重复来电总数减少下降 30%，65% 至 70% 的来电诉求通过智能语音或 AI 虚拟座席解决，仅有 3% 的诉求无法即时答复办结需转承办人办理，转办率由 6% 下降至 3%，下降了 50%。承办人的限期内答复率从之前的 5% 上升至 100%，来电满意度达到 99.9%。群众诉求解决大大提速，带动投诉类同比大幅下降 50 %，使人民群众切实感受到公平正义就在身边。**为民服务有温度。**“深圳中院党组书记、院长张应杰同志在推进会、督导会上不断强调当前解决群众诉求工作的重要性，要求准确理解改革精神，增强改革斗志、凝聚力量、攻坚克难，以抓铁有痕、踏石留印的劲头，打造可复制、可借鉴的群众诉求服务工作模式。以高度的政治自觉做好群众诉求工作，依法维护群众权益已深入我们每个干警的意识深处。”深圳中院优化诉讼前端综合性改革领导小组办公室主任叶青表示。深圳中院“一号通办”机制建立以来，多次召开工作推进会和部署会，结合实际设置了内部组织架构及职能定位，合理安排人员分工，实现群众诉求工作的高质量发展。据了解，为确保群众来信办得快，深圳中院将“一号通办”作为“一把手”工程，院领导在每周院长督导会上专题讨论“一号通办”每周运行情况，亲自督导各类典型案例，做到事事有落实，件件有回应，及时处理群众急难愁盼问题。“‘一号通办’真管用。”“电话占线后还能接到 12368 的回访电话，这种体验感确实挺好！”“法警耐心细致的态度温暖了我，谢谢你们。”……一句句朴素的谢意背后，是人民群众最真挚的情感表达，也是对深圳中院的肯定和褒奖。张应杰表示，接下来，深圳中院将以群众诉求“一号通办”为抓手，构建纠纷解决和诉讼服务新模式，打造高质量司法的民心工程，真正做到想民之所想、急民之所急、解民之所忧，以实际行动和优异成绩迎接党的二十大胜利召开。

·编辑：严俊、李倩·

大事记

（2022 年）

Events (2022)

1月

4日　深圳市中级人民法院全体法官举行新年升旗仪式暨宪法宣誓活动。

5日　深圳市政协党组书记、主席林洁一行到深圳市中级人民法院调研。

14日　深圳市南山区人民法院制定出台《关于为南山区加快建成世界级创新型滨海中心城区，勇当深圳建设中国特色社会主义先行示范区标杆提供司法服务保障的实施意见》。

17日　深圳市宝安区人民法院发出全市首份家庭教育令、告诫书。

深圳市中级人民法院召开全国选调法官入职人员座谈会。

28日　深圳市中级人民法院召开党史学习教育总结会议。

29日　深圳市南山区人民法院“社区微法庭”项目获评“南都街坊口碑榜”治理创新金奖。

是月　深圳市中级人民法院个人破产改革获评最高人民法院首届“人民法院改革创新奖”。

2月

10日　深圳国际仲裁院到访深圳市中级人民法院，并举行业务交流座谈。

深圳市总工会到访深圳市中级人民法院。

11日　共青团深圳市委到访深圳市中级人民法院。

14日　深圳市妇联到访深圳市中级人民法院。

15日　深圳市中级人民法院召开深圳法院2021年度总结暨2022年工作部署会议、全市法院工作会议。

16日　深圳市罗湖区人民法院召开“风华四十载，接续争先锋”主题会议。最高人民法院第一巡回法庭、深圳市中级人民法院、罗湖区相关单位、各区法院主要领导及人大代表、政协委员等30余人应邀出席会议。

深圳市龙华区人民法院召开人民法庭参与诉源治理工作推进会。

24日　深圳市中级人民法院召开全市法院疫情防控工作会议。

3月

10日　深圳市南山区人民法院召开“先行示范 行在南山”大讨论活动动员部署会。

15日　深圳市中级人民法院组织百名干警，奔赴深圳市福田区上下沙、梅林、南园等一线支援疫情防控。

深圳市龙岗区人民法院发布该院首个《危害食品药品安全犯罪案件审判白皮书（2017—2021年）》。

20日　深圳市中级人民法院、深圳市盐田区人民法院“深圳市行政案件集中管辖改革”获评第六届“法治政府奖”。

23日　深圳市中级人民法院召开全市法院院长优化审判质效核心指标座谈会。

30日　深圳市中级人民法院举办首届司法辅助人员裁判文书评比活动。

31日　深圳深汕特别合作区人民法院联合辖区公安分局、妇联举行妇女儿童权益保护诉源治理“她·守护”活动启动仪式，签署框架协议。

4月

7日　深圳市中级人民法院举办深圳法院最美巾帼奋斗者表彰活动。

深圳市中级人民法院举办审判业务专家座谈活动。

13日　深圳市七届人大二次会议第二次全体会议高票通过深圳市中级人民法院工作报告。

14日　深圳市龙华区人民法院在观湖街道樟溪社区召开2021年度“无讼社区”授牌仪式暨诉源治理工作推进会，为龙华区首批“无讼社区”授牌。

19日　深圳市中级人民法院、市市场监管局知识产权纠纷多元化解机制合作协议签约仪式在市中院举行。

20日　深圳市中级人民法院召开全市法院深入开展领悟“两个确立”、做到“两个维护”主题教育动员会。

22日　深圳市中级人民法院举办深圳知识产权司法保护新闻发布会。

24日　深圳前海合作区人民法院在线举行区块链知产审判创新合作发布会，“至信知产云审系统”正式上线，实现知识产权案件全流程线上“快立、快审、快结”。

深圳市福田区人民法院发布《深圳市福田区人民法院知识产权司法保护状况(2017—2021年)》白皮书和2017—2021年知识产权保护十大典型案例。

深圳市龙华区人民法院举办“数字权益保护——以网络不正当竞争为切入点”知识产权高端论坛；召开新闻发布会，向社会公布《服务保障数字经济健康发展二十条措施》；九家单位代表共同签署举行《知识产权纠纷多元调解合作框架协议》。

25日　深圳市南山区人民法院与中国（深圳）知识产权保护中心签署《关于建立知识产权司法保护长效工作机制框架协议》。

26日　深圳市委组织部副部长、市公务员局局长曾乐非到深圳市中级人民法院调研。

深圳市宝安区人民法院、宝安区人民检察院、深圳市市场监管局宝安监管局及宝安区工商联共同签署《知识产权综合保护协作办法》，并为知识产权保护中心工作站揭牌。

深圳光明科学城知识产权巡回法庭揭牌启用。

29日　国家外汇管理局深圳市分局等四家金融监管机构到深圳行政审判中心参观调研。

是月　深圳市光明区人民法院搬迁至光明区恒泰裕大厦，拥有独立办公办案场所，司法服务环境显著改善，为群众提供一站式的诉讼服务。

5月

5日　深圳市中级人民法院召开环境资源审判庭成立座谈会。

6日　深圳市直机关工委常务副书记苗宁礼到深圳市中级人民法院调研。

12日　深圳市盐田区人民法院与中国移动通信签订彩铃业务协议，对失信被执行人定制开通“失信彩铃”业务。

13日　深圳市南山区人大常委会主任程正华一行到南山法院调研，并为该院执行事务中心揭牌。

18日　深圳市委政法委等举办深圳市“十大法治事件”“十佳最美政法干警”2021年度发布仪式，深圳法院吴南、栾媛获评“十佳最美政法干警”。

19日　深圳市南山区人民法院与南山区总工会、南山区人力资源局合作成立劳动争议联合调解工作室。

20日　深圳前海合作区人民法院发布《依法适用域外法审判商事案件白皮书（2015.02—2022.04）》和依法适用域外法审判商事案件十大典型案例，全面分析适用域外法审判商事案件的基本情况和特点。

24日　最高人民法院第一巡回法庭、深圳市中级人民法院、深圳市龙岗区人民法院开展“法治护航　伴你成长”模拟法庭进校园普法活动。

25日　深圳市龙岗区人民法院与淘宝（中国）软件有限公司举行拍辅服务深度合作签约仪式，推出“司法拍品快递到家”新服务，创新解决异地动产配送难题。

26日　全市法、检系统首家“家庭教育指导工作站”揭牌成立。

22日至27日　中国共产党广东省第十三次代表大会在广州召开。深圳市福田区人民法院互联网和金融审判庭党支部书记、庭长魏巍作为省党代会代表参加大会。

27日　深圳市中级人民法院召开全市法院党风廉政建设和反腐败工作会议。

深圳市南山区人民法院与深圳市前海“一带一路”法律服务联合会、深圳市前海国际商事调解中心签署《关于推进矛盾纠纷多元化解机制建设的合作协议》。

深圳市盐田区人民法院首次通过“深圳移动微法院”调解一宗跨国离婚案件。

30日　深圳市宝安区人民法院联合区检察院、区公安分局等七家单位发布《关于在涉未成年人案件中开展家庭教育指导工作的实施意见（试行）》。

31日　深圳职业技术学院到深圳市中级人民法院交流学习。

6月

1日　深圳市中级人民法院举行家庭教育法律指导工作站揭牌仪式。

深圳市中级人民法院举行“知事识人　序事辨才”座谈会。

深圳市盐田区人民法院召开打击整治养老诈骗专项

行动推进会。

2 日　广东省人民政府参事徐春建同志到深圳市中级人民法院调研。

深圳市南山区人民法院召开 2022 年党风廉政建设和反腐败工作会议、“先行示范　行在南山”大讨论活动汇报总结会。

3 日　深圳市福田区人民法院首次在该院继承纠纷案件中向遗产继承人发出遗产申报令。

4 日　“6・5”世界环境日前夕，深圳市龙岗区人民法院联合深大法学院举办“环境法治沙龙”，就“野生动物保护的习俗、法理与司法实践”主题开展交流研讨。

7 日　深圳市中级人民法院召开全市法院执行工作会议。

8 日　深圳召开全市市域社会治理现代化试点暨诉源治理工作推进会。

深圳市罗湖区人民法院举行“雏鹰计划”助飞项目启动仪式，最高人民法院第一巡回法庭分党组副书记、副庭长胡仕浩出席活动。

10 日　深圳市龙华区人民法院举行 2022 年深圳法院“风华杯”书记员业务技能竞赛初赛。

16 日　深圳市福田区人民法院在 2021 年度中国司法透明度指数评估中位列全国基层法院第一，实现“两连冠”。

17 日　广东省高级人民法院党组书记、院长龚稼立同志一行到深圳市中级人民法院调研。

20 日　山东省青岛市委常委、政法委书记程德智到深圳市中级人民法院调研。

21 日　深圳市中级人民法院召开全市法院民商事速裁审判态势分析暨案件发改情况通报会。

22 日　深圳市中级人民法院公开宣判童某某受贿、内幕交易一案。

25 日　深圳市光明区人民法院与光明区信访局共同打造矛盾纠纷化解府院联动模式，印发《光明区矛盾纠纷化解诉前联动机制的若干措施》。

7 月

6 日　全国首家实行第一审涉外涉港澳台家事案件集中管辖的审判中心——深圳涉外涉港澳台家事审判中心在龙华揭牌。

深圳市中级人民法院召开不动产网络司法拍卖“各付各税”业务研讨会。

11 日　深圳市中级人民法院举行“群众诉求服务处”揭牌仪式，召开全市法院信访工作会议。深圳市委常委、政法委书记余新国等出席活动。

13 日　深圳市龙华区人民法院召开书记茶话会暨企业问需座谈会。

15 日　深圳市中级人民法院召开全市法院 2022 年上半年工作总结暨下半年工作推进会。

19 日　新疆生产建设兵团第十二师中级人民法院到访深圳市中级人民法院。

最高人民法院第一巡回法庭到深圳市中级人民法院调研。

20 日　深圳市委常委、政法委书记余新国到深圳市中级人民法院调研。

21 日　深圳市委常委、宣传部部长张玲到深圳市中级人民法院调研。

25 日　深圳市龙岗区人民法院出台《关于深化民商事案件专业化审判工作机制改革的工作方案（试行）》。

27 日　深圳前海合作区人民法院在一件金融借款纠纷案件中首次适用香港特别行政区法律进行司法确认。

8 月

3 日　新疆维吾尔自治区高级人民法院党组副书记、院长巴哈尔古丽・赛买提一行到深圳调研，广东省高级人民法院党组成员、副院长赵菊花陪同。

4 日　深圳市纪委在深圳市中级人民法院召开健全“双重领导”司法机关廉政监督体制研究座谈会。

5 日　深圳市龙华区人民法院主办龙华区“法律创造价值”公益法律服务系列活动启动仪式暨“无讼数字园区”“数字合规服务中心”揭牌仪式。

12 日　深圳市中级人民法院召开全市法院调研、信息工作会议，通报全市法院第 33 届学术论文讨论会优秀组织单位及优秀论文获奖情况，并为全市法院信息工作先进个人颁奖。

16 日　深圳市人大常委会主任骆文智一行到深圳市中级人民法院调研《民法典》贯彻实施工作。

江西省宜春市中级人民法院到深圳市中级人民法院调研。

18 日　深圳市龙华区人民法院开展“平安龙华·法进军营”宣传活动，向部队官兵介绍《中华人民共和国英雄烈士保护法》。

19 日　广州铁路运输中级法院党组书记、院长胡鹰到深圳市中级人民法院调研。

深圳市中级人民法院举行“两个确立”主题教育政治轮训。

23 日　广东省人大常委会主任黄楚平一行到深圳前海合作区人民法院调研粤港澳大湾区法律服务情况。

24 日　深圳市中级人民法院举行全市法院信息工作培训会。

25 日　最高人民法院民二庭破产研究中心（深圳）调研在深圳市中级人民法院揭牌。最高人民法院副部级专职委员刘贵祥、广东省高级人民法院党组书记、院长龚稼立等参加活动。

26 日　深圳市中级人民法院、中山市中级人民法院在深圳中院举行司法合作框架协议签署仪式。

最高人民法院个人破产试点工作座谈会在深圳市中级人民法院召开。

深圳市盐田区人民法院与各区司法行政部门签署《关于构建行政争议多元化解机制的工作备忘录》。

9 月

14 日　深圳市龙岗区人民法院法官刘海娟获评“人民法院少年法庭工作先进个人”荣誉称号。

15 日　深圳市龙岗区人民法院大鹏人民法庭（环境资源法庭）获评全国法院环境资源审判工作先进集体。

深圳市南山区人民法院与南山区残联签署合作协议，联合创设全市首个区级“法律助残合作工作室”。

21 日　深圳市中级人民法院召开最高人民法院司法改革白皮书翻译工作动员会、“习近平法治思想鹏法英语说”暨岗位练兵大比武工作座谈会。

23 日　广东省委作出决定，授予全省 39 个单位“广东省依法治省工作先进单位”称号，深圳市盐田区人民法院获评称号。

27 日　深圳市龙华区人民法院召开第三届特约监督员聘任会。

深圳市委外办、市委组织部举办首届“雏鹰计划”公务员外语展示竞赛，深圳市龙岗区人民法院干警李宇洁获一等奖。

28 日　深圳市福田区人民法院与深圳市律师协会签订《关于建立婚姻家事疑难复杂案件调解机制备忘录》。

广东省高级人民法院党组书记、院长龚稼立调研深圳市中级人民法院群众诉求服务处。

10 月

8 日　深圳市中级人民法院举行 2022 年新招录公务员入职仪式暨“雏鹰·畅想”座谈会。

深圳市盐田区人民法院行政非诉审查案件诉源治理及纠纷实质性化解机制获评广东法院“抓示范促改革惠民生”优秀改革项目。

9 日　深圳市中级人民法院批复同意设立深圳知识产权法庭光明科学城巡回审判点。

10 日　深圳市中级人民法院召开 2022 年 1—9 月审判态势分析会。

深圳市中级人民法院举行全市法院常态化学习第一期培训集中授课《加强作风建设　激励担当作为》。

13 日　深圳市龙岗区人民法院与坪地街道商会签署《关于民营经济纠纷多元化解工作合作框架协议》，揭牌成立全市首个指导商会调解的工作平台。

13—14 日　深圳市中级人民法院举办首次全市法院新任院、庭长管理能力提升培训班。

14 日　深圳市南山区人民法院与中国（深圳）知识产权中心联合打造知识产权保护工作室。

16 日　深圳市中级人民法院组织领导干部观看党的二十大开幕会直播。

24 日　深圳市中级人民法院举办庆祝建院 40 周年书画摄影展。

26 日　深圳市罗湖区人民法院举行首届特约监督员聘任仪式。

28 日　深圳市中级人民法院、哈尔滨市中级人民法院司法交流框架协议签署仪式在线举行。

是月　深圳市光明区人民法院高标准建成全市首个基层法院廉洁文化中心。

11 月

1 日　深圳市中级人民法院举行深圳法院司法案例外语展示竞赛动员会。

7 日　深圳市中级人民法院召开传达贯彻党的二十大精神干部大会。

深圳市中级人民法院举行深圳法院首届“六优”评选活动成果、“十佳青年”颁奖仪式。

8 日　江苏省常州市中级人民法院到深圳市中级人民法院调研。

深圳市中级人民法院举办深圳法院首届“六优”暨“十佳青年”表彰活动。

10 日　深圳市中级人民法院召开全市法院“以案促改”动员大会。

深圳市宝安区人民法院与宝安区住房和建设局、深圳市前海国际商事调解中心、深圳市房地产业协会、福海街道等单位签署合作备忘录，并揭牌 3 个调解工作室。

15 日　深圳市普法办组织行政机关领导干部到深圳行政审判中心旁听行政案件审判。

深圳市坪山区人民法院审结该院首件拒不执行裁定罪。

16 日　深圳市委常委、政法委书记余钢到深圳市中级人民法院调研。

17 日　深圳市南山区人民法院驻蛇口街道家事纠纷、劳动争议非诉解纷工作室揭牌成立。

深圳市福田区人民法院率先应用区块链技术审判金融案件，案例入选 2022 深圳营商环境改革十大创新案例。

22 日　深圳市中级人民法院、北京金融法院、上海金融法院、成渝金融法院合作备忘录签署仪式在线举行。

28 日　深圳市宝安区人民法院石岩人民法庭服务市域治理相关经验入选最高人民法院“打造枫桥式人民法庭，服务基层社会治理”典型案例。

12 月

2 日　深圳市中级人民法院召开全市法院群众工作研讨会。

3 日　深圳前海合作区人民法院应邀参加由香港基本法教育协会主办的“一国两制”与“一带一路”倡议国际法律论坛。

6 日　首届“广东法院改革创新奖”评选结果揭晓，深圳市盐田区人民法院“审判辅助事务集约化改革”获提名奖。

深圳前海合作区人民法院“探索跨境商事规则衔接”获“广东法院改革创新奖”。

9 日　深圳深汕特别合作区人民法院为该院首批家事调解员和家事调查员颁发聘任书，并开展培训。

15 日　深圳前海合作区人民法院召开新闻发布会，发布《关于深入推进跨境商事诉讼规则衔接工作指引》及配套制度、《跨境商事法律规则衔接系列白皮书》。

28 日　深圳市中级人民法院成立 40 周年座谈会召开。最高人民法院党组成员、副院长杨万明，广东省委副书记、深圳市委书记孟凡利，广东省高级人民法院党组书记、院长龚稼立，深圳市委副书记、政法委书记余新国等出席会议。

是月　深圳市盐田区人民法院被最高人民法院评为“为群众办实事示范法院”。

·编辑：严俊·

概貌

Overview

全市系统情况

【辖区概览】深圳市中级人民法院辖区深圳市是我国第一个经济特区，为副省级城市、国家计划单列市。深圳市陆域面积1997.47平方公里，海域面积1145平方公里。截至2022年末，常住人口1768.16万人，其中常住户籍人口556.39万人，占常住人口比重31.5%。深圳下辖9个行政区和1个新区：福田区、罗湖区、盐田区、南山区、宝安区、龙岗区、龙华区、坪山区、光明区、大鹏新区。2017年9月，深圳全面主导管理深汕特别合作区。深圳是全国经济中心城市、科技创新中心、区域金融中心、商贸物流中心。2022年地区生产总值32387.68亿元，居内地大中城市第三位；地方财政一般预算收入4012亿元，居全国第三位。

【机构沿革】深圳市中级人民法院成立于1982年1月，下辖11个基层法院，包括福田、罗湖、盐田、南山、宝安、龙岗、龙华、坪山、光明9个行政区人民法院和前海合作区人民法院、深汕特别合作区人民法院，其中光明区法院和深汕特别合作区法院在党的十九大后成立。市中院现有内设机构27个，其中司法行政部门7个，审执业务部门20个（含三个副局级专业法庭），直属行政机构1个（司法警察支队），事业单位1个（司法辅助中心）。1979年，国务院国发〔1979〕63号文件决定撤销宝安县，建立深圳市。1979年3月，广东省高级人民法院决定撤销宝安县人民法院，建立深圳市人民法院。深圳市人民法院成立之初，设办公室（内设秘书、财务、行政3科）、刑庭、民庭、经济庭、研究室、信访室、人事科、执行庭。当时共有工作人员56人，李曼任代院长。1980年10月，全院共有部门7个，全院工作人员共60人。1982年，深圳市人民法院升格为深圳市中级人民法院，李曼任院长（第一任院长）。同年，组建罗湖区人民法院和宝安县人民法院。自此，深圳市两级人民法院的组织机构逐步健全，基本建设相应改善，审判工作全面开展，审判机构和审判方式改革不断深化。1984年2月至9月，深圳市中级人民法院先后筹建上步、南头、沙头角、蛇口区法院，调出业务骨干担任区院领导职务。院内机构未变，人数增编到120人。1985年，刑庭分为刑一、刑二庭。1986年至1987年，深圳市中级人民法院成立行政庭。1988年4月，王常营任深圳市中级人民法院院长（第二任院长）；7月，深圳市中级人民法院成立经济审判第二庭，是全国法院第一个专门审理涉外、涉港澳台经济纠纷案件的审判庭；11月，成立房地产庭，全院人员增编到168人。1989年，设立监察室。1990年，特区内行政区域调整并升格，基层法院的设置亦随之变化，罗湖、沙头角管理区法院合并，成立罗湖区人民法院，撤销上步管理区法院，成立福田区人民法院，南头、蛇口管理区法院合并，成立南山区人民法院。1991年，深圳法院系统新增编制50名，增编后特区内法院总编制为480人（市中级法院214人、福田区69人、罗湖区115人、南山区82人）；11月，深圳市中级人民法院增设立案处，为全国法院第一个专门的立案机构。1993年，撤销宝安县人民法院，组建宝安区人民法院、龙岗区人民法院。1994年，深圳市中级人民法院成立知识产权庭。1994年11月，许亮东任深圳市中级人民法院院长（第三任院长），全院人员编制为268人。1995年6月6日，深圳市中级人民法院政治处更名为政治部。1996年，深圳市中级人民法院告诉申诉庭更名为审判监督庭，立案处更名为立案庭。1998年6月，盐田区人民法院成立。1998年，深圳法院系统增编74人。1999年12月，深圳市中级人民法院搬迁到福田区彩田北路6003号新审判大楼办公。2000年6月17日，深圳市第三届人民代表大会第一次会议选举邓基联为深圳市中级人民法院院长（第四任院长）。至2000年，深圳市中级人民法院下辖罗湖、福田、南山、宝安、龙岗、盐田6个区法院。2001年5月，深圳市中级人民法院成立执行局（副局级），统筹协调全市法院执行工作，下设执行一、二庭和综合处（正处级）。2002年7月，政治部升格为副局级，管理干部处、教育培训处。2010年6月，许亮东院长退休。2011年11月28日，霍敏任深圳市中级人民法院党组书记。2012年1月12日，深圳市第五届人民代表大会第三次会议选举霍敏为深圳市中级人民法院院长（第六任院长）。2014年1月，深圳法院率先启动法院工作人员分类管理和法官职业化改革工作，对法官实行单独序列管理。全市法院共有1072名法官（不含中院院长）选择继续担任法官，并参加法官薪级套转。2014年7月3日，万国营任深圳市中级人民法院党组书记。2014年12月，设立深圳前海合作区人民法院。2015年6月3日，深圳市第六届人民代表大会第一次会议选举万国营为深圳市中级人民法院院长（第七任院长）。2015年6月30日，深圳市中级人民法院启动深圳市行政案件集中管辖改革，以区属行政机关为被告的行政诉讼案件统一由盐田区人民法院受理，其他基层法院不再受理以区属行政机关为被告的行政案件。2016年9月，深圳两级法院841名法官确认为入额法官。2017年9月，设立深圳市龙华区人民法院、坪山区人民法院。2017年12月，设立深圳知识产权法庭、深圳金融法庭。2018年8月，最高人民法院同意设立光明区人民法院。2018年11月，最高人民法院同意设立深圳深汕特别合作区人民法院。2018年12月，最高人民法院同意设立深圳破产法庭。2021年4月24日，深圳市六届人大常委会第五十次会议决定任命张应杰为深圳市中级人民法院副院长、代理院长。2021年5月19日，深圳市七届人大一次会议闭幕，张应杰当选深圳市中级人民法院院长（第八任院长）。

【司法办案】深圳的特殊区位和40多年来的快速发展，使深圳法院的案件结构和审判工作呈现一定特殊性：一是案件总量大。全市法院受理案件数从2016年的34万件，持续增长至2020年的69.5万件（2017年受理44.9万件，2018年48.3万件，2019年59.9万件），年均增长近20%。市中院受理案件数从2016年的5.2万件，增长至2020年的8.5万件（2017年5.4万件，2018年6.3万件，2019年7.9万件），年均增长13.1%。市中院案件量长期位居全国中院第一。2021年以来，持续加大诉源治理、多元解纷力度，当年全市法院收案63.9万件（市中院为9.4万件），为近10年来首次下降，案件持续快速增长态势迎来拐点曙光。2022年，全市法院收案57.7万件（市中院为8.7万件），其中新收案件46.8万件（市中院为6.3万件），同比分别下降9.7%、13.46%，新收案件降幅居全省第一。二是民商事诉讼和执行案件占据绝对多数。2022年全市法院新收的民商事诉讼案件和与之相关的执行案件超过案件总数的九成。诉讼案件中，民商事案件占90%，刑事案件和行政案件各占5%。三是涉外涉港澳台案件、知识产权案件较多。深圳作为对外开放的重要“窗口”和粤港澳大湾区核心引擎，外贸出口总额连续30年位居内地大中城市首位，同时深圳高新产业发达，国家高新技术企业突破2.1万家，PCT国家专利申请量连续18年居全国首位，相应产生的纠纷也较多。2022年，全市法院共审结一审涉外涉港澳台民商事案件5657件，占全省的26.5%、全国的11.5%；审结一审知识产权案件16612件，约占全省三分之一、全国十分之一。四是法官办案任务十分繁重。全市法院以全省法院十分之一的政法编制、七分之一的法官，需要承办全省法院五分之一的案件和大量司法改革任务，全市法院法官人均结案数长期位居全省法院第一。2022年，全市法院法官人均结案442件（系列案并案并剔除执保、执恢案件），超过全国平均水平200件。

【司法改革】党的十八大以来，深圳法院紧扣中央、省委、市委和上级法院部署，积极落实新一轮司法体制改革四项重点改革任务，深化司法体制综合配套改革，创下30余项全国法院第一。法院人员分类管理、司法责任制、人财物统管、司法职业保障等改革在全国率先落地实施，10项改革入选全国法院司法改革示范案例，破产制度改革获首届“人民法院改革创新奖”、首届“广东法院改革创新奖”特别奖。出版《人民法院改革开放40周年成就展——深圳法院卷》一书。一是全面落实司法责任制。在全国首批开展审判权运行机制改革，99.8%的案件由独任法官或合议庭直接裁判。制定全国首个系统化、全流程的《落实司法责任制工作指引》、首个《全面准确落实司法责任制工作指引》，明确各类人员权责清单，建立全程留痕的监督管理机制。在全国率先出台办案责任追究办法，邀请人大代表、专家学者参与案件评查，发现问题及时纠正、严肃问责。二是深化人员分类管理和司法职业保障制度改革。在全国率先开展法院人员分类管理和法官职业化改革，法官和司法辅助、司法行政人员均实行单独职务序列，办案力量向一线集中。近三年共遴选119名初任法官，逐级遴选27名基层法官到中院任职，从全国选调26名优秀法官。实行司法辅助人员单独职务序列管理、分途发展，推动劳动合同制司法辅助人员增资方案落地，提升岗位吸引力。出台全国首个《法院购买社会化服务暂行办法》，建立7类41项社会化服务购买目录清单，将一般性辅助类、技术类事务外包，优化司法资源配置。助力市委、市政府出台《保护司法人员依法履行法定职责的若干措施》，成立全市法官权益保障委员会，制定履职保护指引，支持干警依法履职。三是深化案件繁简分流改革。在全国率先实行全口径、系统化案件繁简分流改革，覆盖各审判领域和一审、二审、执行各环节，两级法院一并获评全国繁简分流改革示范法院。认真完成民事诉讼程序繁简分流改革试点，2 项经验被最高人民法院向全国法院推广。2021 年，协调市发改、财政部门，将小额诉讼案件受理费下调 50 %，5.1 万件小额纠纷一审终局、案结事了。四是深化多元化纠纷解决机制改革。坚持和发展新时代“枫桥经验”，与 78 个街镇、83 家行政机关联动协作，引入 320 家特邀调解组织、2876 名特邀调解员，推动 60 个街镇矛调中心实体化运行。全文代拟、推动出台《深圳经济特区矛盾纠纷多元化解条例》，凝聚多元解纷的社会共识和工作合力。2021 年，诉前化解纠纷 14.9 万件，是上年的 1.8 倍，诉前调解成功率达 43.6 %，深圳“万人成讼率”下降 14.65 个百分点。五是深化以审判为中心的刑事诉讼制度改革。在全省率先制定庭前会议、非法证据排除、法庭调查、证人出庭作证等“3+1 规程”，率先实现刑事案件律师辩护全覆盖，全面推广应用政法跨部门大数据办案平台。联合市纪委监委、市检察院制定《深圳市职务犯罪案件证据指引》，得到中央纪委国家监委、最高人民法院充分肯定。起草制定常见多发刑事案件 13 类犯罪取证指引、4 类犯罪证据标准，推动嵌入政法跨部门网上工作平台。六是率先探索专业化审判机制和执行改革。成立全国第一个金融法庭、破产法庭，率先成立知识产权法庭，成立全省首个中级法院“三合一”环境资源审判庭，率先实行行政案件集中管辖改革，成立全国第一个行政审判中心。目前，市中院已在知识产权、环境资源、证券期货等领域实行“三合一”审理，全市集中管辖案件范围覆盖涉外商事、涉外家事、环境资源、行政等多种类型。在全国最早提出率先基本解决执行难目标，制定全国第一个基本解决执行难实施标准，市中院被评为全国基本解决执行难样板法院。建立全国第一个执行财产网络查控平台，被中央政法委和最高人民法院推广到全国，执行信息化工作经验得到王沪宁同志批示肯定。2021 年，全市法院办结执行案件 18 万件，执行到位 1162.3 亿元，占全省 46 %，“基本解决执行难”成果持续巩固。七是实行审判组织体系改革。实行基层法院人财物市级统管，经费由市财政统一保障。先后成立 5 个基层法院和 3 个专门法庭，按照全新模式设置机构、配置资源。总结新设法院改革经验，全面开展基层法院内设机构改革，精简机构 20 %。前海法院实行司法行政事务管理权与审判权相分离，不设审判业务庭，遴选主审法官组建专业化审判团队，创设法官民主自治、自我管理的法官大会制度。最高人民法院 2 次将前海法院综合改革写入全国两会工作报告，认为前海法院是未来法院发展的样板。八是探索优化诉讼前端综合性改革。在全国法院率先成立群众诉求服务处，全面落实“每信必复”，实现信访件统一受理、集中办理、妥善办理。迭代升级 12368 诉讼服务热线，建立群众诉求“一号通办”机制，实现诉求集约规范受理、闭环高效办理，实质性办理诉讼事务，来电接通率 100 %，办理满意率达 99.89 %，相关工作经验被《人民日报》报道。组建司法辅助中心，实行诉讼材料收转、排期、送达等审判辅助事务集约办理，诉讼材料流转周期缩短三分之一，平均排期开庭周期缩短 52.8 天，庭审效率提高 20 %以上，现场送达首次成功率超过 60 %，公告送达率大幅下降，案件排期开庭时间长、送达难等问题有效缓解。九是深化涉外涉港澳台民商事审判机制改革。联合境内外仲裁、调解机构，成立全国首个“一带一路”商事纠纷调解中心，在全国最早选聘港澳调解员，调解案件 664 件。拓展港澳人士参与内地司法途径，32 名香港特别行政区人民陪审员累计参审案件 830 件。完善域外法查明和适用机制，适用国际公约和域外法办结案件 161 件，其中适用香港特别行政区法律 131 件，前海法院首次适用香港特别行政区法律进行司法确认。推动粤港澳大湾区法律规则衔接和机制对接，前海法院在全国首次发布内地与香港特别行政区法律规则比较清单，率先探索转交送达程序等诉讼机制对接。在最高人民法院支持下，成立大湾区司法研究平台，为粤港澳法治领域规则实现“软联通”提供有力支撑。十是建设现代化诉讼服务体系。落实立案登记制、跨域立案改革，诉讼立案“全城通办”“跨市通办”“跨省通办”。全面建成“一站通办”诉讼服务中心，实现全市诉讼服务无差别、标准化办理，建立“适老”“无声”等绿色通道，避免“数字鸿沟”。坚持线上线下融合，拓展“深圳移动微法院”功能，145 项诉讼事项实现“掌上办理”，让当事人足不出户打官司。深化司法公开，案件审判流程、执行信息公开率 100 %，市中院司法透明度保持全国中级法院前三，福田法院连续两年位居全国基层法院第一。2021 年以来，在最高人民法院“一站式多元解纷和诉讼服务体系建设”质效评估中，深圳法院连续 2 年居全省第一，去年位居全国 70 个大中城市第一。十一是加强智慧法院建设。在全国首创“JLEC”智慧法院建设模式。围绕“智慧服务”，完善网上诉讼服务平台，建立“深圳移动微法院”。围绕“智慧审判”，建成全省首个电子卷宗系统、E 网送达平台，在全国首家实现上诉案件一键移送电子卷宗，市中院高质量完成“电子文件单套归档和电子档案单套管理”试点任务，经国家档案局验收通过，全国仅 2 家法院。围绕“系统集成”，全力建设智慧法院一体化平台。时任最高人民法院院长周强评价，深圳智慧法院一体化平台建设，提出了智慧法院整体解决方案，为中国智慧法院建设提供了新路径。

【审判场所】1982—1985 年，深圳市中级人民法院在深圳市解放路广场北街的简易平房、宝安路红一村 7 栋法院宿舍审判办公。1985—1999 年，深圳市中级人民法院在罗湖区红岭中路 15 号审判办公。1999 年至今，深圳市中级人民法院在位于福田区彩田北路 6003 号的审判大楼办公（于 1999 年 12 月 25 日启用）。后由于案件量逐年增长，审判队伍不断壮大、审判场所渐趋不足，2007 年 1 月 4 日，位于深圳市南山区深云路 10 号的深圳市中级人民法院刑事审判区启用。2017 年 12 月 26 日，位于深圳市南山区前湾一路企业公馆的深圳金融法庭、深圳知识产权法庭启用。2018 年 9 月 26 日，位于深圳市福田区福华一路 1 号大中华国际交易广场内的深圳行政审判中心启用。2019 年 1 月 14 日，位于深圳市福田区彩田北路 6001 号深圳广电文创中心的深圳破产法庭启用。深圳市各区人民法院现址：1996 年，位于深圳市宝安区建安一路 3 号的宝安区人民法院审判大楼启用；1998 年，位于深圳市福田区福民路的福田区人民法院综合审判大楼启用；2002 年，位于沙头角深盐路 2008 号的盐田区人民法院审判大楼启用；2008 年，位于罗湖区沿河北路 2006 号罗湖司法大厦的罗湖区人民法院新址启用；2011 年，位于深圳市南山区玉泉路 26 号的南山区人民法院综合审判大楼启用；2017 年，位于深圳市坪山区马峦街道东城环路原坪山法庭旧址的坪山区人民法院审判大楼启用；2018 年，位于深圳市龙华区浪腾路 2 号的龙华区人民法院临时租赁审判大楼启用；2019 年，位于龙岗区中心城德政路的龙岗区人民法院新审判大楼启用；2019 年，位于深圳市南山区前海二路前海法治大厦的深圳前海合作区人民法院新址启用；2020 年，位于汕尾市海丰县赤石镇大百汇工业园的深圳深汕特别合作区人民法院审判大楼启用；2022 年，位于深圳市光明区同惠路恒泰裕大厦的光明区人民法院临时租赁审判大楼启用；2022 年，位于深圳市龙华区民塘路汇德大厦的深圳涉外涉港澳台家事审判中心启用。

【编制队伍】2022 年，深圳全市两级法院共有中央政法编制 2124 个，实有中央政法编制人员 1986 人；共有法官员额 1385 个；实有员额法官 1199 人。另有法官助理 232 人、执行员 106 人、司法警察 124 人、司法行政人员 325 人、事业编人员 16 人、工勤编人员 76 人、编外辅助人员 2911 人（包括劳动合同制、雇员、聘用制审判辅助人员）。深圳市中级人民法院共有中央政法编制 513 个，实有中央政法编制人员 483 人，设有内设机构 27 个，其中司法行政部门 7 个，审执业务部门 20 个（含知识产权法庭、金融法庭、破产法庭三个副局级专业法庭），另有直属行政机构 1 个（司法警察支队），事业单位 1 个（司法辅助中心）。共有法官员额 314 个，实有员额法官 263 人。另有法官助理 87 人、执行员 13 人、司法警察 25 人、司法行政人员 95 人、事业编人员 16 人，工勤编人员 11 人，编外辅助人员 572 人（包括劳动合同制、雇员、聘用制审判辅助人员）。队伍整体较为年轻，全市法院工作人员平均年龄 34 岁，其中政法专项编制干警平均年龄 40 岁，员额法官平均年龄 42 岁。队伍学历普遍较高，全市法院工作人员具有本科以上学历的有 4620 人，占比 88 %。员额法官全部具有本科以上学历，其中，具有硕士研究生以上学历有 534 人，占比 47 %。

·编辑：严俊、王晶晶·

组织机构及成员

深圳市中级人民法院

【深圳中院院领导班子】

党组书记、院长：张应杰
党组副书记、副院长、二级巡视员：邝肖华
副院长：傅新江
党组成员、机关党委专职书记、二级巡视员：谢　军（11月止）
党组成员、副院长：黄志坚
党组成员、副院长：江茂贤（4月起）
党组成员、纪检监察组组长：郭兴杰
党组成员、政治部主任：
高顺萍（女，11月起）
张　谦（9月止）

【深圳中院审判委员会专职委员、局级领导】

审判委员会专职委员：
赖秋姗（女，3月止）
审判委员会专职委员：
叶　青（女，12月起）
审判委员会委员：胡志光
审判委员会专职委员：肖宏开
审判委员会专职委员：叶若思
审判委员会专职委员：何连塘
审判委员会专职委员：
罗剑青（女，11月止）
审判委员会专职委员：曾瑞香（女）
一级调研员：陈新哲
机关党委副书记、一级调研员：
叶春霞（女）
深圳金融法庭庭长：
袁银平（12月止）
深圳破产法庭庭长：曹启选
深圳知识产权法庭庭长：（空缺）
执行局局长：（4月起空缺）

【深圳中院内设机构、直属单位及负责人】

办公室主任：李凤麟
政治部副主任：
高顺萍（女，11月止）　李子建
干部处处长：黄培泳（4月起）
组织教育处处长：陈厚铭
立案庭庭长：唐国林（4月起）
深圳知识产权法庭副庭长：
蒋筱熙（女）　邓晓琴（女，10月止）
刑事审判一庭庭长：涂俊峰
刑事审判二庭庭长：俞　宙
速裁庭庭长：吴心斌
民事审判庭庭长：刘　茹（女，6月起）许绿叶（女，5月止）
商事审判庭庭长：
慈云西（12月止）
涉外商事审判庭庭长：白全安
房地产审判庭庭长：王德军
劳动争议审判庭庭长：周最久
环境资源审判庭（4月起新成立）庭长：王　伟（4月起）
行政审判庭庭长：王惠奕（女）
审判监督庭庭长：郭勇忠
执行局副局长：王利萍（女）
吴兰桦
执行裁决处处长：张俊斌
执行监督处处长：史仲凯
执行实施处处长：吴兰桦（兼）
法律研究室主任：黄振东
审判管理办公室主任：翟　墨
群众诉求服务处（由原书记员处更名，7月起）处长：涂超群（9月起）
督察室主任：吴丽红（女，12月止）
机关党委办公室主任：张飞鸿
公共关系处处长：龚　萍（女）
科技信息处处长：范　列
司法警察支队支队长：
曹　勇（9月起）
司法警察支队政委：刘继新
司法辅助中心筹备组组长：
昝启英（女，7月起）

【深圳中院审判委员会全体委员会】

张应杰、邝肖华、傅新江、黄志坚、江茂贤、胡志光、赖秋姗（女，3月止）、肖宏开、叶若思、何连塘、罗剑青（女，11月止）、曾瑞香（女）、曹启选、白全安、袁银平（12月止）、涂俊峰、俞　宙、王德军、郭勇忠、慈云西（12月止）、吴兰桦、吴心斌、周最久、黄振东、翟　墨、王惠奕（女）、王利萍（女）、唐国林（6月起）、王　伟（6月起）、刘　茹（女，6月起）

【深圳中院民事行政执行专业委员会】

傅新江、黄志坚、江茂贤、胡志光、赖秋姗（女，3月止）、肖宏开、叶若思、何连塘、罗剑青（女，11月止）、曾瑞香（女）、曹启选、白全安、袁银平（12月止）、王德军、郭勇忠、慈云西（12月止）、吴心斌、周最久、黄振东、翟　墨、王惠奕（女）、王利萍（女）、唐国林（6月起）、王　伟（6月起）、刘　茹（女，6月起）

【深圳中院刑事专业委员会】

邝肖华、傅新江、黄志坚、江茂贤、赖秋姗（女，3月止）、肖宏开、叶若思、何连塘、罗剑青（女，11月止）、曾瑞香（女）、袁银平（12月止）、涂俊峰、俞　宙、郭勇忠、吴兰桦、吴心斌、黄振东、翟　墨、王惠奕（女）、唐国林（6月起）、王　伟（6月起）

【深圳中院特邀调解专家】
曾月英、毕经纬（中国澳门）、刘力钢（中国香港）、陈明星（中国台湾）、KUMBAYEVA AIGERIM（哈萨克斯坦籍）、徐晶（中国香港）、萧咏仁（中国香港）

【深圳中院《求法》特约撰稿专家】
王敬波、王欣新、张　平、张新宝、张建伟、邵　明、陈欣新、吴汉东、肖永平、蒋惠岭

深圳前海合作区人民法院

【前海法院院领导班子】
党组书记、院长：卞　飞
党组成员、副院长：
叶　青（女，12 月止）
党组成员、副院长：吴友彬
党组成员、副院长：
慈云西（11 月起）

【前海法院内设机构】
综合办公室（司法警察大队）、诉讼服务中心、执行局、审判管理办公室

深圳市福田区人民法院

【福田法院院领导班子】
党组书记、院长：詹旭伟
党组副书记、副院长、执行局局长：
丁　健
党组成员、副院长：王欣美（女）
党组成员、机关党委副书记、机关纪委书记、二级调研员：梁炳贤
党组成员、政治部主任：
肖　逢（女）
党组成员、副院长：周鹏盛

【福田法院审判委员会专职委员、处级领导】
陈肖娟　孙远军　马　斌　廖劲锋

【福田法院内设机构】
立案庭（诉讼服务中心）、刑事审判庭、民事审判一庭、民事审判二庭（速裁庭）、综合审判庭、知识产权审判庭、互联网和金融审判庭、执行局、审判管理办公室（研究室）、政治部（机关党委、督察室）、综合办公室、司法警察大队

深圳市罗湖区人民法院

【罗湖法院院领导班子】
党组书记、院长：杨　爽（女）
党组副书记、副院长：许保疆
党组成员、副院长：
尤　波（8 月止）
党组成员、副院长：许云兴
党组成员、副院长：
童　武（10 月起）
党组成员、纪检组长：郑雁超
党组成员、副院长：张新文（女）
党组成员、政治部主任：
张　薇（女）

【罗湖法院审判委员会专职委员、处级领导】
刘灵醒　肖曙辉　吴　坚　叶冠文
胡建忠　陆　璋　舒海燕（女）
周松华

【罗湖法院内设机构】
立案庭（诉讼服务中心）、刑事审判庭、民事审判一庭（婚姻家事庭）、民事审判二庭、民事审判三庭（知识产权审判庭）、综合审判庭、审判管理办公室（研究室）、执行局、政治部（机关党委）、综合办公室、督察室、司法警察大队

【罗湖法院派出机构】
清水河人民法庭

深圳市盐田区人民法院

【盐田法院院领导班子】
党组书记、院长：耿　焱
党组成员、副院长：郑春华
副院长：邓晓琴（女，10 月起）
党组成员、机关党委副书记：
黄梅苏
党组成员、副院长：
童　武（10 月止）
党组成员、副院长：林健权
党组成员、政治部主任：何　意

【盐田法院审判委员会专职委员、处级领导】
林茂增　封文智（女）　段　晖

【盐田法院内设机构】
刑事审判庭、民事审判庭、速裁庭、立案庭（诉讼服务中心）、行政审判一庭、行政审判二庭、执行局、审判管理办公室（研究室）、政治部（机关党委、督察室）、综合办公室（司法警察大队）

深圳市南山区人民法院

【南山法院院领导班子】
党组书记、院长：马文权
党组成员、副院长：任　强（9 月止）
党组成员、机关党委副书记、机关纪委书记：戴龙宁

党组成员、副院长：邱裕华
副院长：钟　华（女，10月起）
党组成员、副院长：姚　鑫
党组成员、政治部主任：曹振海

【南山法院审判委员会专职委员、处级领导】
贺冬红（女）　华　瑜（女）
王　远　韩悦秋

【南山法院内设机构】
立案庭（诉讼服务中心）、刑事审判庭、民事审判一庭、民事审判二庭、知识产权审判庭、执行局、审判管理办公室、研究室、政治部（机关党委）、综合办公室、督察室、司法警察大队

【南山法院派出机构】
蛇口人民法庭、西丽人民法庭、沙河人民法庭、粤海人民法庭

深圳市宝安区人民法院

【宝安法院院领导班子】
党组书记、院长：李久祥
党组成员、副院长：季　媛（女）
党组成员、副院长：张艳红（女）
党组成员、副院长：李文权
党组成员、机关委员会副书记、纪律检查委员会书记：徐世明
党组成员、副院长：颜浩民
党组成员、政治部主任：
卢　欣（女）

【宝安法院审判委员会专职委员、处级领导】
周　虹（女）　叶常春（女）
李秀珠（女）　阮志明　张　颖（女）　张湖清　王亚军

【宝安法院内设机构】
立案庭（诉讼服务中心）、刑事审判庭、民事审判一庭（速裁庭）、民事审判二庭、民事审判三庭、知识产权审判庭、家事少年审判庭、执行局、审判管理办公室（研究室）政治部（机关党委、督察室）、综合办公室司法警察大队

【宝安法院派出机构】
西乡人民法庭、福永人民法庭、沙井人民法庭、松岗人民法庭、石岩人民法庭

深圳市龙岗区人民法院

【龙岗法院院领导班子】
党组书记、院长：刘一粟
党组副书记、副院长：
许绿叶（女，6月起）
党组成员、副院长：
张国华（10月止）
党组成员、副院长：江　军
党组成员、副院长：涂超群（9月止）
党组成员、机关党委副书记、机关纪委书记：张太晃
党组成员、机关党委书记、政治部主任：王小波

【龙岗法院审判委员会专职委员、处级领导】
李浪花（女）　易旭红（女）　万丽华（女）　简建玲（女）　侯庆山

【龙岗法院内设机构】
立案庭（诉讼服务中心）、速裁庭、刑事审判庭、民事审判一庭、民事审判二庭（房地产审判庭）、知识产权审判庭、执行局、审判管理办公室（研究室）、政治部（机关党委）、综合办公室、督察室、司法警察大队

【龙岗法院派出机构】
布吉人民法庭、平湖人民法庭、横岗人民法庭、坪地人民法庭、坂田人民法庭、大鹏人民法庭（环境资源法庭）

深圳市龙华区人民法院

【龙华法院院领导班子】
党组书记、院长：师　玮
党组副书记、副院长：李育元（女）
党组成员、副院长：冯　健
党组成员、副院长：
曹　勇（9月止）
党组成员、副院长：汪泽洪
党组成员、机关党委专职副书记、机关纪委书记：彭卫祝
党组成员、政治部主任：
杨　芳（女）

【龙华法院审判委员会专职委员、处级领导】
马振军　吴庆林　王永强

【龙华法院内设机构】
立案庭（诉讼服务中心）、刑事审判庭、民事审判庭、综合审判庭、速裁庭、执行局、审判管理办公室（研究室）、政治部（机关党委、督察室）、综合办公室、司法警察大队

【龙华法院派出机构】
龙华人民法庭、观澜人民法庭

深圳市坪山区人民法院

【坪山法院院领导班子】

党组书记、院长：金闻秀（女）
党组成员、副院长：王作洲
党组成员、副院长：刘群英（女）
党组成员、副院长：戴少雄
党组成员、政治部主任：陈国华

【坪山法院内设机构】

立案庭（诉讼服务中心）、刑事审判庭、民事审判庭、速裁庭、执行局、审判管理办公室（研究室）、政治部（机关党委、督察室）、综合办公室（司法警察大队）

【坪山法院派出机构】

石井人民法庭、坑梓人民法庭

深圳市光明区人民法院

【光明法院院领导班子】

党组书记、院长：
袁银平（12月起）
杨克成（12月止）
党组成员、副院长：钟泽光
党组成员、副院长：
庞梅生（9月止）
党组成员、副院长：罗晓辉
党组成员、政治部主任：
郑素薇（女）

【光明法院审判委员会专职委员、处级领导】

张　琼

【光明法院内设机构】

立案庭（诉讼服务中心）、刑事审判庭、民事审判庭、综合审判庭、执行局、审判管理办公室（研究室）、政治部（机关党委、督察室）、综合办公室（司法警察大队）

【光明法院派出机构】

光明人民法庭

深圳深汕特别合作区人民法院

【深汕法院院领导班子】

党组书记、院长：时春蕾（女）
党组成员、副院长：曹　勇
党组成员、副院长：江　驰
党组成员、综合办公室主任：
香玉环（女）

【深汕法院内设机构】

立案庭（诉讼服务中心）、综合审判庭、执行局、综合办公室（司法警察大队）

【深汕法院派出机构】

鲘门人民法庭

·编辑：严俊、申思·

中级人民法院

Intermediate People's Court

◎ 2022 年 1 月 4 日，深圳市中级人民法院全体法官举行新年升国旗仪式、法官宣誓活动　（市中院 供）

综　述

【概况】 2022 年，深圳市中级人民法院紧扣“法治城市示范”战略定位，坚持服务大局、司法为民、公正司法，忠实履行宪法法律职责，各项工作取得新进展，共受理案件 8.7 万件，办结 6.2 万件。

【主要成果】 2022 年，深圳市中级人民法院 56 个案例入选全国、全省法院典型案例，2 个案例入选最高人民法院指导性案例。两级法院 12 个集体、24 名个人获省级以上表彰，3 名干警获评“全省五一劳动奖章”，涌现出“全国法院办案标兵”等一批先进典型。深圳市中级人民法院获评首届“人民法院改革创新奖”、第六届“法治政府奖”。

知识产权案件

【概况】 2022 年，深圳市中级人民法院充分发挥知识产权审判职能，依法保护创新、激励创造。全市法院审结知识产权纠纷案件 16612 件，严惩侵犯知识产权犯罪 207 件。出台全国首个数字经济知识产权司法保护意见，引导新技术、新业态、新模式在法治轨道上健康有序发展。加强平台治理和算法规制，审结“智搜公司诉光速蜗牛公司案”，在全国首次将算法作为商业秘密进行保护。首创“全流程嵌入式”技术调查官工作模式，确保侵权事实专业查明、权威认定。加大侵权行为惩治力度，累计作出惩罚性赔偿判决 29 件，判赔金额 1.69 亿元，3 个案例入选全省首批 6 个惩罚性赔偿典型案例。“打造最严格知识产权司法保护体系”被评为全市优秀改革案例。

【关键核心技术、重点领域知识产权案件】 2022 年，深圳市中级人民法院妥善审理涉及信息通信、芯片设计制造、生物医药、高端装备制造、新材料新能源等高新技术案件，加大对“卡脖子”关键核心技术、重点领域、前沿领域等知识产权司法保护力度，聚焦自主创新能力提升和技术成果转化应用，持续优化科技创新法治环境。2022 年，审结专利、计算机软件、技术秘密、集成电路布图设计等专业性较强的技术类案件 3916 件。审结深圳智搜公司与光速蜗牛公司侵犯商业秘密纠纷案，系首例将算法作为商业秘密进行保护的案件，有效地保护了互联网经营者的合法权益，激发了市场主体的创新活力，促进算法技术的良性发展与应用。审结维谛公司诉李某某、贝尔公司侵害技术秘密纠纷案，依法适用商业秘密举证责任的特别规定，有效解决了软件源代码技术秘密保护领域中“侵权比对难”的问题，充分体现了深圳法院加大对关键核心技术、重点领域知识产权司法保护力度的决心。

【新型数字业态知识产权案件】2022 年，深圳市中级人民法院积极探索完善大数据、人工智能、互联网信息等新型数字化知识产权财产权益保护规则，妥善审理涉互联网、物联网、车联网等新型数字业态的知识产权案件，引导新技术新业态新模式在法治轨道上健康有序发展。围绕市政府《建设营商环境创新试点城市实施方案》要求，开展新领域新业态知识产权保护试点工作，2022 年 4 月制定出台全国首个《关于加强数字经济知识产权保护的实施意见》，对数字经济知识产权司法保护的内容作了体系化梳理。充分发挥“人民法院知识产权司法保护调研基地”职能，承担并完成最高人民法院司法研究重大课题《司法服务保障数字经济发展问题研究》和全省法院重点调研课题《新型数字化知识产权司法保护研究》，深入研究数字知识产权司法保护中的新情况、新问题、新趋势。审结全国首例适用《个人信息保护法》的案例，规范互联网平台、App 服务商对用户数据的收集和使用，保障数字经济健康有序发展。

【滥用市场支配地位、不正当竞争案件】2022 年，深圳市中级人民法院深入贯彻落实党中央、省委、市委关于推进公平竞争政策实施的重要部署，严厉惩治各类扰乱竞争秩序的不正当竞争和垄断行为，积极营造市场化、法治化、国际化一流营商环境。2022 年，知识产权法庭审结滥用市场支配地位、不正当竞争案件 212 件，同比增长 47.2%。着力加强网络等重点领域不正当竞争的司法审判力度，妥善审理腾讯、抖音等大型互联网平台纠纷，加强平台治理和算法规制。积极参与《深圳经济特区不正当竞争条例》立法工作，依托深圳市反不正当竞争部门间联席会议，加强与行政机关、检察机关的沟通协作。积极推进反不正当竞争领域裁判体系专业化建设，完成侵害商业秘密纠纷和网络不正当竞争纠纷的类案审理指南编撰工作，全面统一司法裁判标准。成功审结腾讯公司诉云电公司、腾讯公司诉上海新茶公司等不正当竞争案件，有力打击虚假刷量、网络洗稿等“数据黑产”行为，维护公平竞争的市场环境。

【涉外涉港澳台知识产权案件】2022 年，深圳市中级人民法院坚持依法平等保护原则，知识产权法庭审结涉外涉港澳台知识产权案件 354 件，全力服务保障对外开放新格局，积极助力粤港澳大湾区建设，1 宗案例入选粤港澳大湾区跨境纠纷典型案例。积极应对高科技行业国际诉讼博弈，通过司法裁判推动完善相关国际规则，成功审结 OPPO 诉夏普标准必要专利案、美国 GPNE 公司诉美国苹果公司专利侵权案等重大涉外知识产权案件，OPPO 案首次确认中国法院对全球标准必要专利费率的管辖权，有效应对西方“长臂管辖”，入选全省法院十大案件。积极参与国际前沿知识产权法律问题研究，完成最高人民法院司法研究重大课题《涉外知识产权纠纷中国司法管辖权问题研究》并获评优秀调研课题。《建立标准必要专利相关制度　努力赢得知识产权国际法律斗争的主动权》，被《中国法学会信息》采纳，得到中央领导同志肯定性批示。

【知识产权司法保护与行政保护衔接】2022 年，深圳市中级人民法院积极加强与行政、检察机关的沟通协作，共享知识产权司法保护动态信息，促进知识产权司法保护与行政保护的有效衔接，在全市知识产权保护工作考核中获评 A 级，在全省营商环境评价中助力深圳市获评“知识产权创造、保护和运用”指标第一名。2022 年 1 月，与市市场监督管理局、市司法局、深圳国际仲裁院出台《关于进一步完善知识产权纠纷诉讼、行政裁决、仲裁、调解工作衔接机制的意见（试行）》，构建知识产权多元化纠纷解决机制共建格局，畅通知识产权纠纷化解各阶段衔接渠道。2022 年 4 月，与市市场监督管理局签署《关于协同推进知识产权纠纷多元化解机制制协议》，在诉前先行调解阶段引入行政执法先行介入程序并加大调解力度，促进知识产权行政执法标准和司法裁判标准统一，与市市场监管局联合出台《深圳市知识产权纠纷行政调解协议司法确认工作指引》，积极拓展以非诉方式化解知识产权的新路径，实现专利行政保护与司法保护的有效衔接，完善知识产权纠纷多元化解机制。

【“全流程嵌入”式技术调查官工作模式】2022 年，深圳市中级人民法院首创“全流程嵌入”式技术调查官工作模式，健全多元化技术查明机制经验被国家推广。自招录技术调查官以来，技术调查官共参与审理案件 596 宗，出具比对意见 170 份，参与证据保全 28 次，部分审理周期较长的疑难复杂案件经技术调查官参与后，平均 70 天即可审结，大大提升了审判效率。2022 年 10 月 26 日，国务院知识产权战略实施工作部际联席会议办公室公布“知识产权强国建设第一批典型案例”，深圳“创立技术调查官‘全流程嵌入式’模式，提供司法辅助”等做法入选，作为广东法院建立健全多元化技术事实查明机制的内容，供全国参考借鉴。

【知识产权审判“三合一”改革“深圳模式”】2022 年，深圳“三合一”改革经验在全省法院知识产权审判工作会议得到深入推广，并在全国两会期间由省法院领导向全国媒体重点提及。同时，知识产权法庭以四级法院审级职能定位改革试点为契机，推动光明法院、深汕法院取得知识产权民事、行政案件管辖权，知识产权案件管辖权覆盖至全市所有法院，并促使部分简单案件下沉基层法院审理，进一步优化全市法院知识产权审判机构布局和审判资源配置。深圳法院始终坚持不断深化专业化审判体制改革，从 2010 年 9 月起即在全国率先启动知识产权民事、行政、刑事“三合一”审判体制改革，改革成效多次被最高人民法院向全国推广。2022 年，“三合一”改革“深圳模式”日臻成熟，在两级法院得到了全面、统一、彻底的实施，基本建成具有深圳特色的知识产权专业化审判体系。

【“最严格”知识产权司法保护】2022 年，深圳市中级人民法院在专利、集成电路、计算机软件、商标等领域作出 1000 万以上判赔金额的案件 10 宗，判赔金额超 2.3 亿元。3 宗案件入选广东省高级人民法院首次发布的知识产权惩罚性赔偿典型案例，占获评总数的一半，小米科技公司诉深圳小米公司等侵害商标权及不正当竞争纠纷案，系全国首例适用书证提出命令适用惩罚性赔偿的案件，判赔金额高达 3000 万元，同时被评为全省法院十大知识产权案件，体现了人民法院加大惩罚力度加强知识产权保护的决心和能力，既引导被告从侵权行为人转变为创新拥护者，取得了良好的政治效果和社会效果，也加强了社会公众对惩罚性赔偿制度的认识，让“侵犯知识产权就是盗取他人财产”观念深入人心。知产法庭于 2020 年即牵头出台全国首个知识产权惩罚性赔偿的司法指导文件，自指引出台以来，深圳法院在司法实践中积极适用惩罚性赔偿，积累了丰富的审判经验，累计作出知识产权惩罚性赔偿判决 29 件，累计判赔金额达 1.69 亿元，显著提高侵权成本，有效震慑不法行为，让严重侵权者得不偿失，让遭受侵权者得到充分赔偿。

◎ 2022 年 4 月 19 日，深圳市中级人民法院与深圳市场监督管理局（知识产权局）签订知识产权纠纷多元化解机制协议（市中院 供）

金融案件

【概况】2022 年，深圳市中级人民法院共受理金融类纠纷案件 8459 件（旧存 951 件），审结案件 6419 件，同比增长 60.3%。2022 年 5 月，深圳市中级人民法院召开证券审判工作新闻会，发布《深圳市中级人民法院证券虚假陈述责任

◎ 2022 年 8 月 19 日，广州铁路运输中级法院党组书记、院长胡鹰到深圳市中级人民法院调研 （市中院 供）

纠纷审判白皮书（2017—2021）》和十大典型案例。

【重点领域金融案件】2022 年，深圳市中级人民法院妥善审理借款、证券、保险、票据纠纷以及新型金融纠纷等金融审判重点领域案件，稳定资本市场和金融审判工作的基本面。全年共审结证券类纠纷案件 2633 件，较 2021 年同比增长 46.2%，涉案标的金额 33 亿元，其中虚假陈述案件 2606 件，为中小投资者挽回损失 4.9 亿元。2022 年 1 月，深圳金融法庭审结了新司法解释施行后的全国首案，判令上市公司实际控制人作为第一责任主体，具有开创性、示范性意义。2022 年，全市法院审结民间借贷纠纷案件 28180 件，5 月开始，中院民间借贷案件归口至深圳金融法庭审理，金融法庭共审结该类案件 1299 件。2022 年，深圳市中级人民法院做好新型疑难案件审理工作，审结 80 件涉商业保理、供应链金融、金融衍生品等新型疑难案件，43 件期货、信托纠纷等疑难案件，26 件涉国银融资租赁系列复杂案件，努力形成具有示范参考意义的案例。

【“15233”群体性证券审判工作体系】2022 年，深圳市中级人民法院进一步完善“15233”群体性证券审判工作体系，该改革项目被提名为深圳市 2021 年度“十大法治事件”，获首届广东法院改革创新提名奖。“一站式证券纠纷化解平台”被省法院确定为“抓示范促改革惠民生”改革培育计划重点项目。2022 年 7 月 1 日起，在证券期货领域实行“三合一”新型审判机制改革试点工作，相应的民事、刑事、行政案件统一归口至深圳金融法庭集中审理，是全国首次探索尝试金融审判“三合一”新型审理机制。半年来共受理刑事案件 7 件，行政案件 3 件。

破产案件

【概况】2022 年，深圳市中级人民法院审结破产案件 687 件。2022 年，深圳破产改革荣膺最高人民法院首届“人民法院改革创新奖”、首届“广东法院改革创新奖”。森信公司清盘人申请认可和协助香港破产程序案，获评最高人民法院首届“人民法院涉港澳司法合作优秀成果”二等奖。

【个人破产改革】2022 年，深圳市中级人民法院深入推进个人破产改革，截至 2022 年 12 月 31 日，法院收到个人破产申请 1308 件，立案审查 171 件，启动破产程序 80 件，审结各类个人破产案件 249 件，成功审结各类型首案，全面激活个人破产程序制度适用，赢得社会高度关注和广泛肯定。梁某某个人破产重整案，入选 2021 年度人民法院十大案件；呼某某个人破产清算案、张某某个人破产和解案、森信公司香港破产程序认可和协助案等三个案例，获评年度十大“全国破产经典案例”。深圳中院裁定个人破产示范性案件，获评 2021 年度深圳十大法治事件。2022 年 8 月 25 日，最高人民法院在深圳中院召开个人破产试点工作座谈会，充分肯定深圳个人破产试点工作，高度评价深圳个人破产改革“为建立有中国特色的个人破产制度提供了极有说服力的实践样本”。一是探索“重整和解优先”裁判规则。破产法庭在条例实施中，严把准入关、利益关，要求清偿能力较好的债务人通过重整或者和解程序尽力偿债，提升债

◎ 深圳破产法庭　（市中院 供）

权人获得感；严格清算程序启动条件，只允许丧失清偿能力且难以恢复的债务人获得清算免责救济，防止破产程序滥用和系统性风险发生。截至 2022 年 12 月 31 日，在法院启动破产程序的 80 宗案件中，重整案件 69 宗，约占 86%；和解案件 4 宗，约占 5%；清算案件 7 宗，约占 9%。二是建立申请前辅导机制。深入开展个人破产事务咨询和法律援助服务，推动支持市破产管理署承接申请前的咨询辅导职能，将申请辅导作为独立环节，建立申请前辅导机制。2022 年 5 月 20 日，市破产管理署发布《关于开展个人破产申请前辅导的公告》，由市破产管理署开展的申请前辅导正式机制化运行。截至 2022 年 12 月 31 日，深圳破产法庭法官一对一面谈辅导申请人 642 人次，市破产管理署面谈 368 人次，申请前辅导与法院立案审查衔接运行顺畅。三是制度建设固定改革成果。通过一年半的司法实践，个人破产制度的运行模式与准入标准逐步确立定型。在总结深圳破产法庭办案经验的基础上，通过规范指引将改革成果固定，形成可复制、可推广的深圳经验。2022 年 5 月 17 日，深圳市中级人民法院发布《加强个人破产申请与审查工作的实施意见》，规范个人破产申请，防范破产欺诈行为，将诚信原则贯穿于破产程序始终，体现社会主义核心价值观，排除诸如奢侈消费、过度投资等偏离大众接受范围的行为。2022 年 10 月，制定《个人破产案件第一次债权人会议主要议程》《关于制定个人破产重整计划草案的注意事项》，规范第一次债权人会议流程，提示管理人、债务人在个人破产重整计划制定中的注意事项，切实兼顾债务人偿债能力和债权人权益保障，实现宽容的个人破产免责与激励债务人负起责任的双重目标等。

【破产快审】 2022 年，深圳市中级人民法院建立破产快审团队，通过繁简分流、快慢分道，实现破产案件办理降本增效。截至 2022 年 12 月 31 日，快审团队新收破产申请案件 1332 件，通过快审方式审结破产申请案件 1297 件，平均审查周期约 86 天；审结简易破产案件 343 件，最短审理周期 78 天，平均审理周期约 185 天。300 多家“僵尸企业”通过简易清算有序退出市场，30 家危困企业通过简易和解快速化解债务危机，1 家危困小微企业通过简易重整恢复经营，实现“快进快出”的资源高效释放和重新配置。

各类民商案件

【概况】 2022 年，深圳市中级人民法院贯彻实施民法典，妥善化解民商事纠纷，全市法院审结一审民商事案件 242885 件，标的额 3329.2 亿元。妥善处理因新冠疫情引发的劳资用工、购销合同、商铺租赁等纠纷，引导当事人平等协商、共渡难关，持续服务“六稳”“六保”。

【涉外涉港澳台民商事案件】 2022 年，深圳市中级人民法院坚持依法平等保护原则，全市法院审结涉外涉港澳台民商事案件 5657 件，6 个案例入选粤港澳大湾区跨境纠纷典型案例。简化涉港澳诉讼程序，审结首例大湾区内地执业港澳律师代理案件，适用国际公约和域外法办结案件 49 件，首次适用香港特别行政区法律进行司法确认。联动境内外调解组织，化解跨境纠纷 664 件，推动前海建设国际商事争议解决中心。提升司法协助案件办理效率，一件国际司法协助案件 12 天内即完成协助，2022 年，深圳两级法院共完成国际、区际相互委托送达、调查类司法协（互）助案件876件，同比上升27.88%。高规格筹建大湾区司法研究院，首次发布内地与香港特别行政区法律规则比较清单，推动规则衔接和机制对接。市中院“裁定全国首例申请认可和协助香港破产程序案”、前海法院“融合港澳资源促进矛盾纠纷多元化解”获评首届“人民法院涉港澳司法合作优秀成果”。

【环境资源案件】2022年5月5日，深圳市中级人民法院环境资源审判庭挂牌成立，成为全省首个实行环境资源案件“三合一”审理的中级法院专门审判机构。环资庭现有员额法官12名，法官助理19名，内设4个合议庭，集中管辖东江流域五市环境民事公益诉讼案件，主要负责审理全市环境资源类民事、行政、刑事案件以及买卖合同纠纷、侵权责任纠纷等民事案件。2022年，中院环资庭新收各类案件1534宗，结案2142宗。其中，环境民事公益诉讼一审案件9宗，生态环境损害赔偿诉讼1宗，环资类刑事案件2宗7人，环资类民事案件15宗，环资类行政诉讼案件12宗。“长园公司”案入选2022年广东省法院环境资源保护十大案例。深圳市生态环境局诉晖曜公司生态环境损害赔偿诉讼案一审宣判，是深圳市首宗生态环境损害赔偿案件。

【涉疫情劳动争议案件】2022年，深圳市中级人民法院在涉疫情劳动争议纠纷中坚持以“公正”“公平”“平等”为原则，兼顾劳动者弱势地位，合理平衡劳资双方利益，确保案件处理的法律效果和社会效果。为保障劳动者的生存权，对涉灵活就业的网约车司机、外卖骑手等疑难复杂案件，裁判前提交专业法官会议讨论，确定裁判标准，统一法律适用，防止出现类案不同判的现象。对没有严格执行涉疫特殊司法政策的一审判项依法改判，对过度保护一方利益的做法进行纠偏，将保基本民生、保工资、保运转的要求落到实处。通过采取上述措施，取得了良好的效果，因新冠疫情导致的劳动争议纠纷案件数量基本平稳，没有出现爆发式增长。

◎ 2022年5月5日，深圳市中级人民法院举行环境资源庭成立座谈会 （市中院供）

【房地产案件】2022年，深圳市中级人民法院以房地产纠纷诉源治理新阵地为平台，探索房屋租赁合同纠纷、房屋买卖合同纠纷、装饰装修合同纠纷等诉前联调新方式。对进入破产程序的房地产企业，积极发挥破产制度拯救功能，引导房地产企业通过司法重整化解巨额债务危机。在深圳市华讯方舟投资有限公司重整案中，通过债转股的债权人自救方式重整，妥善化解房地产企业高达169亿元债务危机。

【速裁案件智能识别】2022年，深圳市中级人民法院将民商事速裁案件识别标准由“智能＋人工”的二元识别调整为“智能”一元识别，纳入速裁的民事案件、商事案件、房地产案件、环境资源案件，一审裁定驳回起诉案件、一审适用简易程序的上诉案件、一审适用普通程序的系列案上诉案件，均由系统自动识别标“速”，无须进行二次筛选，繁简识别效率明显提升。

行政案件

【行政案件管辖改革】2022年，深圳法院“深圳市行政案件集中管辖改革”以选票排名并列第三的优异成绩获第六届“法治政府奖”。这是法院系统在本届评选中唯一一个获奖项目，也是“法治政府奖”举办六届以来全国法院系统第二个获奖的项目。继完成综合授权改革，

◎ 2022 年 6 月 21 日，深圳市中级人民法院举行全市民商事速裁审判态势分析会，并通报发改情况　　（市中院 供）

并在全国率先实施部分涉外一审行政案件管辖权改革后，经广东省高级人民法院批准，2022 年 1 月 1 日起，深圳市以中央直属行政机关驻深外派机关（构）为被告的一审行政案件（行政处罚、行政监管措施案件除外），由基层人民法院管辖，进一步实现诉讼便利与裁判公正的有机统一。

【行政审判职能延伸】 2022 年，深圳市中级人民法院发布 2021 年度行政审判工作报告和建院四十周年行政审判特刊，通报行政机关败诉案件和败诉率，指出行政机关在行政执法、应诉工作中存在的突出问题，并提出相应的建议，促进行政机关规范执法。针对司法审判中发现的问题，向行政机关发送司法建议 2 篇，结合行政审判经验，针对《深圳经济特区社会信用条例》《深圳经济特区审计监督条例》《深圳经济特区不动产登记条例》等立法草案、修订草案研复建议，促进立法机关、行政机关科学决策、依法履职。结合行政审判特色，面向市司法局、市国资委、龙华区行政机关等举办典型案例讲评会，提出依法行政、应诉建议。组织行政机关观摩示范庭审活动，安排全市行政机关 33 名处级领导以及光明区 10 位领导干部旁听行政案件庭审，助力提升依法行政。

执行案件

【概况】 2022 年，全市两级法院共办结执行案件 18 万件，执行到位 1162.3 亿元，占全省 46 %，“基本解决执行难”成果持续巩固。加强执行财产变现，出台网络司法拍卖辅助工作管理办法，网络拍卖成交 180.6 亿元，清场交付“法拍房”938 套。强化执行威慑，限制高消费 16.29 万人次，公开曝光失信被执行人 5.28 万人次，罚款、拘留 38 人。出台了《执行立案前督促履行及和解履行工作规程（试行）》，进一步深化执行案件繁简分流改革，试行执行立案前督促履行及和解履行工作。在全市实施网络司法拍卖不动产各付各税工作。联合市检察院、公安局出台《关于拒不执行判决、裁定刑事案件的办理规程》，惩处拒不执行判决、裁

◎ 2022 年 11 月 15 日，深圳市普法办组织市直机关领导干部在深圳行政审判中心旁听行政案件庭审　　（市中院 供）

定犯罪27人。完善失信名单分级分类管理和信用修复、正向激励机制，全面推广执行前督促履行与执行和解机制，1.4万名被执行人主动履行债务。创新“穿透式审查”执行模式，防止当事人利用新型金融工具等隐匿财产。

【财产保全】2022年，深圳市中级人民法院积极探索建立在依法及时保全的情形下，兼顾审慎保全问题的裁判标准，建立解决滥用保全、超标的查封、乱查封问题快速处理机制。2022年，深圳市中级人民法院组织开展财产保全超标的问题的调研，并研究下发《关于财产保全案件若干问题的通知》，开展财产保全案件类案办理指南编撰，有效规范两级法院的保全工作。

【网络查控】2022年，深圳市中级人民法院实现了中国证券登记结算有限责任公司深圳分公司的相关协助司法业务全流程线上办理，并积极推进支付宝账号司法查控网络化。协调市场监督管理信用中心共享商事登记信息数据库，准确查询企业股权权益，做到对被执行人的控制股权应查尽查，不留“信息查询盲区”；与市场监督管理局商谈股权查控协助司法事项，启动协助司法全程无纸化网络建设；促成市不动产评估中心向深圳中院开通不动产询价接口，切实解决被执行人名下不动产登记的主体数据信息不对称导致的无法询价和办理确保案件中，无法对不动产精准估价等难题；与市住房公积金管理中心调研查控协助自动化运行问题，优化业务流程及调整系统功能；与中国证券登记结算有限责任公司深圳分公司商讨增加证券网络查控平台特定证券查控功能，进一步扩大证券查控措施的网络化实施。

【司法拍卖】2022年，深圳市中级人民法院对网络司法拍卖不动产严格实行各付各税，并明确相关工作要求，有力促进了司法拍卖不动产工作的开展。与国家税务总局深圳市税务局、深圳市不动产登记中心共同签署了《关于建立不动产司法拍卖“各付各税”工作机制的会议纪要》，明确了各付各税工作机制的运行办法。2022年，深圳市中级人民法院出台网络司法拍卖辅助工作管理办法，规范网络司法拍卖辅助工作。

刑事案件

【概况】2022年，深圳市中级人民法院坚决贯彻总体国家安全观，维护国家政治安全，健全常态化扫黑除恶机制，坚持依法守护民生，推动建设更高水平的平安深圳，全市两级法院审结一审刑事案件11053件，同比下降30.4％。

【远程视频提审机制】2022年，深圳市中级人民法院完善两级法院远程视频提审机制，让法官不出办公区即可提审市两级看守所被告人，解决因疫情影响刑事审判工作的问题。2022年11月增设第二条连接市第二看守所的视频连线投入使用，有效破解了疫情期间开庭难、提审难的问题。采用科技手段，使用多媒体示证、实时呈现庭审笔录、电子签名等方式，全程录音录像，令庭审活动更加直观便捷。

【刑事快审】2022年，深圳市中级人民法院全方位推进刑事快审工作改革，构建标准化快审的全新工作体系。优先选拔年富力强、办案速度快的法官，成立具有战斗力的刑事案件快审团队。明确法官、跟案助理、书记员的工作职责，细化各类人员分工要点，各司其职，实现“以少量法官审结多数案件”的目标，缓解案多人少矛盾。深化刑事快审审判方式改革，通过庭前会议全面了解案件争议焦点，努力提高当庭宣判率；对简单案件统一排期开庭，集中时间多案同审、多案连审，实现批量案件的高效处理，确保类案同判。

【扫黑除恶专项斗争】2022年，深圳法院共受理一、二审严惩梁某某等涉黑涉恶犯罪10件；生效涉黑恶案件财产执行到位16465.73万元，入库4949.74万元，判决生效超三个月涉黑恶案件的财产处置到位率达100％。围绕《反有组织犯罪法》正式实施，制定《深圳法院贯彻实施〈反有组织犯罪法〉的工作方案》，开展《反有组织犯罪法》主题宣传月活动。

【“涉黄”“涉非”犯罪案件】2022年，深圳市中级人民法院共审结一、二审“涉黄”“涉非”犯罪案件300件，在审判“涉黄”“涉非”案件中认真负责、宽严相济，收到了良好的法律效果和社会效果。审理的被告人张某某等26人犯组织卖淫罪一案被认定为恶势力犯罪集团案件，审结后，深圳市中级人民法院向福田区沙头街道办发出司法建议函，剖析了该案的主要特点，并提出了加强外来流动人口管理等五条建议，获得福田区沙头街道办的积极反馈，该司法建议先后荣获“全省法院扫黑除恶‘十佳’司法建议”“全市法院‘十佳’司法建议”等表彰。

【打击侵害妇女儿童权利犯罪“春雷 2022”专项行动】2022 年，深圳市中级人民法院加大对拐卖妇女儿童等侵害妇女儿童权利犯罪的打击力度，制定《深圳法院关于开展打击侵害妇女儿童权益犯罪“春雷 2022”专项行动工作方案》，成立工作专班，摸清案件底数，建立工作台账，充分发挥刑事审判职能，突出打击重点，依法从严高效审理各类侵害妇女儿童合法权益刑事案件。2022 年，严厉打击侵害妇女儿童权利犯罪 1263 件；梳理出 12 宗重点侵害妇女儿童案件，依法重处猥亵儿童的教职人员许某，在全省首次宣告终身禁业。

【涉安全生产刑事案件】2022 年，深圳市中级人民法院审结涉重大责任事故罪二审刑事案件 4 宗 6 人，指导各基层法院审理涉安全生产一审刑事案件 27 宗 42 人，审结 24 宗 38 人，其中涉重大责任事故罪受理 19 宗 26 人，审结 17 宗 23 人；涉重大劳动安全事故罪受理 2 宗 2 人，审结 2 宗 2 人；涉危险作业罪受理 6 宗 14 人，审结 5 宗 13 人。以上涉安全生产刑事案件中，19 宗重大责任事故罪案件涉及 19 起重大责任事故，主要发生在装修作业、工程施工、驾驶特种车辆、井下作业等过程中，共造成 20 人死亡、1 人重伤和 2 人轻伤，伤亡原因包括触电、坠落、被撞、被砸、窒息等；2 宗重大劳动安全事故罪案件涉及 2 起重大劳动安全事故，发生在生产经营过程中，共造成 2 人死亡，死亡原因分别为触电和被砸；6 宗危险作业罪案件均涉及擅自从事散装汽油经营、存储作业。

◎ 2022 年 6 月 1 日，深圳市中级人民法院刑二庭举行刑事审判示范庭审

（市中院 供）

【职务犯罪案件】2022 年，深圳市中级人民法院充分发挥刑事审判职能作用，积极参与“打虎”“拍蝇”“猎狐”行动，保持惩治腐败的高压态势。2022 年，全市两级法院共审结贪污受贿等职务犯罪案件 35 宗 43 人（含旧存），审结了海南省委原常委、三亚市委原书记童某某案，广州中院审委会原专职委员何某某案，广州市委原常委、原常务副市长苏某某案。严格依照有关规定，完善县处级以上干部及政法系统干警职务犯罪案件的异地管辖指定工作，共办理市检察院商请指定管辖案件 36 件，办理省院指定管辖案件 13 件。严格规范本庭办理的职务犯罪案件裁判标准，增强量刑公开性，落实宽严相济刑事政策，实现量刑公正。

【电信网络诈骗案件】2022 年，深圳全市两级法院受理电信网络诈骗一审刑事案件 146 宗 314 人，审结 136 宗，一审涉案金额达 1 亿 8 千万元以上，追回赃款 1794 万余元，其中一审判处五年以上有期徒刑 21 人。以省高院、省检察院、省公安厅联合下发的《关于办理电信网络诈骗刑事案件若干问题的指导意见》为审判指引，依法快审、快判电信网络诈骗案件，对电信网络诈骗犯罪团伙的首要分子、骨干成员，以及累犯、惯犯、职业犯等，坚决用足法律，依法从严惩处。

◎ 2022年12月2日，深圳市中级人民法院举行全市法院群众工作研讨会

（市中院 供）

审判监督管理

【审判管理】2022年，深圳市中级人民法院出台专业化审判体系建设三年行动方案，全面组建专业庭或专业团队，全市集中管辖案件范围覆盖涉外商事、涉外家事、环境资源、行政等多种类型，已有9个人民法庭实现专业化审判，南山法院经验被省法院推广。启动类案标准化审理指南编撰工程，构建深圳法院裁判质量标准化体系，涵盖222个常见类案，首批高质量完成63个，计600余万字。专业化审判成效显著，56个案例被评为全国、全省法院典型案例。全省入选最高人民法院指导性案例的2个案件，均系深圳法院办理。出台《全面准确落实司法责任制工作指引》，将办案各节点要求嵌入信息化平台，实现案件全周期可视化、全过程制约监督。制定“四类案件”监督管理细则，厘清院庭长监督与干预过问案件界限，确保监督不缺位、不越位。实行发改案件预评查机制，既帮助基层法院提高案件质量，又规范监督二审发改权行使。案件质量评查经验被最高人民法院推广。

【案件评查】2022年，深圳市中级人民法院对全市两级法院发改案件、“五类”涉法涉诉信访案件、长期未结案件、指定分案、变更承办法官案件、专业法官会议召开是否符合流程规范、裁判文书评查等案件评查工作共计700余宗。制定《深圳市中级人民法院发改案件预评查机制实施细则》，由二审、再审审执部门在作出裁判时对一审案件审判质量进行同步评价。制定《深圳市中级人民法院关于邀请第三方人员参与案件质量评查的工作方案》，探索邀请人大代表、政协委员、专家学者及特约监督员等法律专业人员参与案件、庭审、文书质量评查及文书评选工作的制度。

【审判监督】2022年，深圳市中级人民法院坚持全面从严治党、从严治院，出台监督管理制度13项，巩固深化政法队伍教育整顿成果。组织召开全市法院党风廉政建设及反腐败工作会议、全市法院以案促改工作动员大会、全市法院警示教育大会，首次邀请干警家属、退休干部代表参加“以案促改”动员大会和警示教育大会。发挥廉政档案的监督作用，对全市法院干警提拔使用、职级晋升、评先评优等关键环节提出党风廉政审查意见，共出具廉政审查函165份。认真落实防止干预司法“三个规定”，开展司法掮客专项整治、离职退休人员违规从业专项治理，全市两级法院解除劳动合同2人，开除党籍、开除公职、取消退休待遇4人。编印《2022年审判机关“以案促改”警示教育材料》《2022年以案促改专项工作学习资料汇编》，组织干警学习讨论，深刻汲取龙光伟、姚辉等反面典型教训，全面梳理廉政风险点，建设廉政风险智能化防控平台，堵塞管理漏洞。

【产权保护】2022年，深圳市中级人民法院联合市检察院、市公安局、市司法局，制定《关于加强民营企业司法服务保障的工作意见》，充分发挥政法机关职能作用，维护民营企业和企业家合法权益，为深圳市经济高质量发展提供有力司法服务。该工作意见坚持树立平等保护、谦抑审慎、主动服务理念，从依法妥善办理涉民营企业刑事案件、及时处理涉民营企业民商事和行政案件、规范民事诉讼财产保全和执行工作三个维度出发，提出 30 条重点举措，为民营企业和企业家提供更加优质、高效、便捷的司法服务。

【律师调查令工作规程】2022 年，深圳市中级人民法院律师调查令工作的管理部门为法律研究室。为加强对全市法院律师调查令的管理和监督，充分发挥律师依法调查收集证据作用，切实保障和及时实现民事诉讼当事人合法权益，2022 年 1 月，深圳市中级人民法院实行《深圳市中级人民法院民事诉讼律师调查令工作规程（试行）》，共计 6 部分 25 条，包括律师调查令工作的总体要求，受理、审查和签发具体流程，实行统一编号管理的具体方式，对外发出调查令的注意事项，调查收集的证据范围，调查取证的程序性要求，证据材料移交、提交、归档，承办人、签发部门的监督职责，申请撤销调查令的方式，滥用调查令的惩戒措施，持令调查的司法保障，做好信息技术保障和宣传等内容。

优化诉讼前端

【概况】2022 年，深圳市中级人民法院深入贯彻实施《深圳特区矛盾纠纷多元化解条例》，全市两级法院与 78 个街镇、83 家行政机关联动协作，引入特邀调解组织 320 家、特邀调解员 2876 名，诉前调解成功率达 43.6 %，位居全省第一，深圳“万人成讼率”下降 14.65 个百分点。率先将诉源治理链条拓展到审判执行全流程，民商事案件诉中调解率 33.5 %，5735 件上诉案件在一审判后、二审审前调解。全面建设“枫桥式人民法庭”，推动更多矛盾纠纷化解在基层、化解在萌芽状态，宝安法院石岩法庭经验举措被最高人民法院评为“新时代人民法庭建设典型案例”，深圳法院诉源治理工作经验被省法院推广。

◎ 深圳市中级人民法院 12306 智慧热线运营中心 （市中院 供）

【诉源治理工作体系】2022 年，深圳市中级人民法院推动《深圳经济特区矛盾纠纷多元化解条例》颁布实施，及时出台《诉调对接工作办法》《调解组织管理办法》等 5 个配套制度。代拟《全市街道（镇）综治中心实体化建设的意见》《推动行业协会商会等参与矛盾纠纷诉源治理和多元化解工作的实施方案》《关于推进商事纠纷调解市场化收费实施方案》等 5 个文件提交市委政法委及有关单位论证讨论。指导前海法院建成涉外商事调解中心，与福田区政府共同建成国际商事调解中心，并纳入深圳营商环境首批改革试点项目。牵头推动全市 78 个街道（镇）、83 个行政机关与法院签订合作协议，开展纠纷化解府院联动工作，60 个街道开展了实体化调解工作。指导宝安法院出台首个“无讼社区”创建标准，出台《关于加强人民法庭诉源治理工作规程》，以系统化、规范化措施助力诉源治理。2022 年，深圳市中级人民法院继续加强与行政机关、仲裁机构对接，改善调解、仲裁、行政裁决、行政复议与诉讼的有机衔接。多次与司法局、知识产权局、证监局、银保监局、人社局等部门举行联席会议，就知识产权案件的行政调查前置、银行和证券虚假陈述类案件的类型化调解、劳动争议案件的裁调审一体化机制等理顺对接机制，从源头上预防纠纷发生。盐田法院向行政非诉审查案件较多的行政机关派驻调解人员协助开展调解等工作，市公积金管理中心及市交通局分别派驻工作人员常驻行政审判中心协助非诉案件相关工作，并在 4 个行政区司法局各派驻 1 名常驻人

◎ 深圳市中级人民法院群众诉求服务站工作人员为群众服务　（市中院 供）

员，引导行政争议诉前化解。

【重点领域诉源治理】 2022年，深圳市中级人民法院进一步加强与商事、行业、专业调解机构的合作。与市知识产权局、市住建局签订合作协议，在知产纠纷、房屋买卖租赁和装饰等行业开展了矛盾纠纷化解的新模式，并引入深圳房地产协会等5家行业协会作为深圳市两级法院的特邀调解组织。截至2022年底，全市法院共引入行业性专业性调解组织280个。建立优化涉众型纠纷立案和多元化解机制，将涉众型纠纷排查作为立案的必经环节，准确识别涉众型纠纷。针对辖区金融数量居高不下，信用卡纠纷和金融借款合同纠纷占比高的问题，与深圳市银行业消费者权益保护促进会等行业调解组织深入合作，推动设立了金融纠纷调解工作室大力推进金融案件诉前调解＋在线司法确认工作，强化行业调解和司法确认的全流程对接。协调深交所、深圳证监局等部门，建设“一站式证券纠纷化解平台”。推进证券虚假陈述案件在前端化解，与金融法庭一起开展的“示范判决＋多元化解”模式，通过示范判决明确裁判规则，引导当事人树立合理预期，共化解纠纷2568件。案件数量众多的新纶公司虚假陈述案形成了调解指引模板，“示范判决＋专业调解——新纶科技案”被中国证监会评为投资者保护典型案例。WS公司诉宏柏公司等合同纠纷——探索两地调解规则衔接两案入选广东法院第四批粤港澳大湾区跨境纠纷典型案例。

【诉源治理能力】 2022年，深圳市中级人民法院举办“多元纠纷化解云课堂”系列培训活动，推出《房屋租赁合同纠纷审理裁判要旨》等10个专题，围绕两级法院矛盾纠纷多发案由，由资深法官学者面向全市法院特邀调解组织、特邀调解员、人民调解委员会、人民调解员进行培训，共举办6期培训。此外，两级法院积极联合各类专业调解组织开展调解培训，如深圳市中级人民法院和市人大联合开展了前海合作区、龙华新区、证券行业三场《深圳经济特区矛盾纠纷多元化解条例》的辅导培训，联合市商事调解协会开展了商事调解员48小时在线入职培训。开展全市诉调对接工作先进集体和先进个人评选活动，对15个先进集体和85名先进个人予以通报表扬。将诉前和审前调解成功案件的加权折算数调整成与审理案件一致，提升了法官指导调解的积极性，推进商事纠纷的市场化调解机制，提升调解组织和调解员的积极性。此外，两级法院均将调解员完成送达、证据交换、无争议事实固定等诉讼辅助事务作为发放补贴的内容，提升了调解员参与的积极性。

【“一站式”建设质效评估】 2022年，全市法院“一站式”建设质效评估平均得分95.21分，为系统上线以来的最高分，在最高人民法院“一站式多元解纷和诉讼服务体系建设”质效评估中，深圳法院位居全国70个大中城市第一。深圳市中级人民法院制定《深圳法院全面推进现代化诉讼服务体系建设工作实施方案》《进一步推进和完善“一站式”诉讼服务体系建设工作实施方案》和《深圳法院“一站式”建设任务分解清单》，从制度上规范和指导两级法院“一站式”建设工作。

【群众诉求服务】 2022年7月，深圳市中级人民法院积极回应人民群众对诉讼服务等工作的新需求，成立群众诉求服务处，整合信访、诉讼服务、心理辅导、法律咨询等职能和力量，推行“一号通办”工作

© 2022 年 2 月 11 日，共青团深圳市委书记高大伟在深圳市中级人民法院诉讼服务中心调研志愿服务工作（市中院 供）

机制，出台《深圳市中级人民法院群众诉求“一号通办”工作规程（试行）》《深圳市中级人民法院涉诉信访工作规程（试行）》。2022 年，通过“一号通办”平台，共接听群众来电 465872 人次，其中智能接听 211601 人次、人工接听 254271 人次。实现 12368 热线来电接听率 100%、来电诉求即时解决率 97%、话务座席群众满意率 99.94%。通过“一号通办”平台登记信访事项 6318 件，办结 5905 件，办结率 93.46%。改造中院诉讼服务大厅，总面积达到 3468 平方米，设置来访接待、法治宣传、智慧法院体验、法律文化展示等 11 个功能区，设立 25 个窗口，为来院群众提供导诉、立案登记等 30 多项服务。

司法改革

【综合改革试点】2022 年，深圳市中级人民法院统筹协调重大改革制度成果巩固深化。市委深改委审议通过了《深圳全面深化破产制度改革实施方案》《深圳市关于开展新型知识产权法律保护试点建立法院技术调查官制度改革方案》。“建立新兴领域知识产权保护新机制”被国家发改委作为深圳综合改革试点首批授权事项 18 条典型经验和创新举措之一向全国推广。

【全面深化前海合作区改革开放】2022 年，深圳市中级人民法院围绕保障全面深化前海合作区改革开放，制定《贯彻落实最高人民法院关于支持和保障全面深化前海深港现代服务业合作区改革开放的意见重点任务工作分工方案》，报送一系列创新经验，系统性提升前海法律事务对外开放水平。探索建立高规格粤港澳司法研究平台，推动平台载体大湾区司法研究院落户深圳，市委机构编制委员会批准同意设立大湾区司法研究院。积极配合省委政法委、省高级人民法院推进深圳商事法院设立工作，进一步健全完善前海国际商事审判组织体系。

【司法责任制改革】2022 年，深圳市中级人民法院率先出台《全面准确落实司法责任制工作指引》，将办案各节点要求嵌入信息化平台，实现案件全周期可视化、全过程制约监督。制定“四类案件”监督管理细则，厘清院庭长监督与干预过问案件界限，确保监督不缺位、不越位。实行发改案件预评查机制，既帮助基层法院提高案件质量，又规范监督二审发改权行使。案件质量评查经验被最高人民法院推广。

【繁简分流改革】2022 年，深圳市中级人民法院完善案件繁简识别标准，覆盖各审判领域和一审、二审、执行各环节，全面提升办案效率，结收案比位居全省第一，超出全省平均水平 6.6 个百分点。协调市发展和改革委、财政局，将小额诉讼案件受理费下调 50 %，5.1 万件小额纠纷一审终局、案结事了。盐田法院落实小额诉讼制度改革经验，入选最高人民法院第十二批司法改革示范案例。

【四级法院审级职能定位改革】2022 年，深圳市中级人民法院积极参与最高人民法院重大司法改革优秀课题《案件提级审理标准和程序机制研究》。起草《广东法院完善案件提级管辖机制的指导意见》（建议稿），得到省高级人民法院充分采纳。推动仲裁裁决执行案件下沉基层法院管辖。出台《关于完善四级法院审级职能定位改革试点工作的实施细则（试行）》，明确提级管辖案件审查标准，截至 2022 年，共对操纵证券市场民事赔偿等 4 件新型疑难案件进行提级管辖。

【集约化改革】2022 年，深圳市中级人民法院组建司法辅助中心，集约办理审判辅助事务，为审判业务部门减负 30%。实行诉讼材料收转闭环管理，流转周期缩短约三分之一。探索集约排期开庭，让有限的审判法庭资源最大化利用，据统计平均排庭周期缩短 52.8 天，庭审效率提高 20 %以上。研发集约送达平台，试行送达事务跨法院统筹调度，送达效率大幅提高，使送达难问题得到缓解。

【技术调查官改革】2022 年，深圳市中级人民法院以深圳综合改革试点为契机，争取市委深改委支持，在全国首创实施事业编制技术调查官，形成专职、兼职、交流“三维互补”的技术调查官队伍和技术调查官、专家陪审员、技术咨询、技术鉴定“四位一体”的技术事实查明机制，为知识产权审判提供了稳定、多元、权威的技术事实查明力量。截至 2022 年底，技术调查官共参与审理案件 596 件，出具比对意见 170 份，参与证据保全 28 次。“全流程嵌入”式技术调查官工作模式，获评国家知识产权局、国务院知识产权战略实施工作部际联席会议办公室发布的“知识产权强国建设第一批典型案例”。

【司法辅警改革】2022 年，深圳市中级人民法院着眼司法警力总体数量不足，司法辅警素质参差不齐、待遇保障差、人员流动性大等问题，大力推动司法辅警改革。根据省有关部门和市职能部门的意见，改革方案进行多次修改完善，对辅警员额、改革成本等进行多次测算，深圳市中级人民法院牵头撰写司法辅警改革方案及起草说明，改革方案获市委常委会审议通过，历时 4 年的司法辅警改革正式落地。

【改革督察】2022 年，深圳市中级人民法院统筹开展法治先行示范城市、全面深化政法领域改革、全面提升前海法律事务对外开放水平、市域社会治理现代化改革试点等省、市级重点改革领域共计 334 项改革任务。开展改革任务落实情况专项督察，对 334 个改革项目的推进情况和存在问题、对策建议进行专门通报，督促指导改革项目全面落实见效。首次将改革创新工作纳入综合考核框架体系，制定考核细则，发挥考核评价的“指挥棒”和激励作用。

智慧法院

【移动“微法院”】2022 年，深圳市中级人民法院不断升级深圳移动微法院，全市两级法院利用微法院平台共完成立案 34690 宗，在线庭审 51473 宗，成功送达 6592356 件，两级法院承办法官 / 助理通过微法院回复当事人信息 2137607 条。出台《人民法院在线服务深圳平台在线诉讼规程（试行）》，制作配套的《人民法院在线服务深圳平台在线诉讼简明告知书》《人民法院在线服务深圳平台电子送达地址确认书》，保证在线诉讼活动规范有序开展，保障当事人诉讼权利，提升电子诉讼平台使用效能。与南山区人民政府签署战略合作协议，“移动微法院应用（深圳）研究中心”正式落地南山科技园并基本建成。

【电子卷宗系统】2022 年，深圳市中级人民法院优化电子卷宗系统，

© 2022 年 5 月 19 日，深圳市中级人民法院通过国家档案局电子档案管理试点工作验收 （市中院 供）

实现卷宗随案生成、类案智能推送、文书智能辅助、上诉案件一键移送，案件平均审理周期下降 14.2 %，上诉案件平均移送周期下降到 18.7 天。推进电子卷宗系统与最高人民法院司法链对接，实现卷宗材料上链存验，已存证卷宗 2296342 件，结构化数据 1892235 条。新增破产管理人等角色，上线律师调查令，全力保障无纸化办案工作。高质量完成“电子文件单套归档和电子档案单套管理”试点任务，经国家档案局验收通过，全国仅 2 家法院。

【“法智云端”系统】2022 年，深圳市中级人民法院“法智云端”系统新增线上文件发送接收、多机关答辩、查看回执文书等功能。升级“府院通”的线上沟通功能，支持调解案件的多机关单位送达，实现了行政案件全流程线上办理。全年新增接入行政单位 78 家，总数已达 455 家，立案 11950 宗，证据交换 56271 份。“法智云端”网上行政诉讼平台获评全国智慧法院创新案例。

【鹰眼执行系统】2022 年，深圳市中级人民法院开展鹰眼执行查控系统升级不动产查控功能，实现不动产查控全面转为线上。优化公积金自动化对接、申请人车辆录入、查询汇总表、最高人民法院失信限高文书和结构化数据下行等功能。对接最高人民法院总对总系统结构化数据，共完成 8 大项，50 小项的数据对接。全年查询房产 559104 次、控制房产 62086 次，过户 440 次，有效节省法官线下查封和处置时间。

◎ 2022 年，深圳市中级人民法院开展鹰眼执行查控系统升级不动产查控功能

（市中院 供）

队伍建设

【思想政治建设】2022 年，深圳市中级人民法院坚持和加强党对政法工作的绝对领导，以习近平新时代中国特色社会主义思想为指导，深入践行习近平法治思想，认真学习贯彻党的二十大精神，不断强化理论武装。扎实开展“两个确立”主题教育，坚决做到“两个维护”。坚持“第一议题”制度，组织党组理论学习中心组学习 10 次。全市法院干警开展习近平法治思想政治轮训，坚持以习近平法治思想为指引，坚守司法为民、公正司法的初心使命，毫不动摇走中国特色社会主义法治道路。2022 年，开展了《深刻领悟“两个确立”决定性意义 争做习近平法治思想的忠实践行者》讲座、“践行习近平法治思想 讲好深圳法治故事”深圳法院司法案例外语展示竞赛、“深入学习贯彻党的二十大精神 坚持人民至上践行司法为民”学习讨论活动，组织全市法院中层正职参加最高人民法院举办的 2022 年“人民法院大讲堂”辅导报告，深入学习贯彻习近平新时代中国特色社会主义思想。

【基层党组织建设】2022 年，深圳市中级人民法院机关党委组织 35 个党支部完成支部换届选举，新成立环资庭党支部。集中换届后，配齐配强党支部书记、委员共 157 名，基层党支部领导力量得到较大强化，基层党组织组织力进一步巩固提升。在审判团队设立 60 多个党小组，由审判长任党小组长，较好地发挥了骨干的带头作用。严把党员发展流程和质量，现有入党积极分子 18 人，组织 5 名干警参加市直机关工委“入党积极分子淬炼行动”，发展党员 5 名，办理预备党员按期转正 2 批 9 人。至 2022 年底，全市两级法院有中共党员

2298人，深圳市中级人民法院有中共党员601名。

【教育培训】2022年，深圳市中级人民法院开展首届群众工作“十佳典型案例”“十佳金点子”评选，编撰首本《深圳法院群众工作指南》，召开专场群众工作新闻发布会，在深圳特区报开设专栏，连续11期刊载群众工作典型案例。开展首次全市法院新任院、庭长管理能力培训，全市法院60余名新任院、庭长参加培训。组织首届深圳法院“六优”评选活动，获评市委组织部“争做人民满意公务员”活动特色项目。开展深圳法院首届司法辅助人员裁判文书评比，召开司法辅助人员裁判文书撰写经验分享会及表彰会，编撰《深圳法院司法辅助人员优秀裁判文书选编》。与市妇联联合举办首届“寻找深圳法院最美巾帼奋斗者”活动，评选出“深圳法院最美巾帼奋斗者”10名。深入实施审判业务专家“梯次培养”工程，6人获评全国、全省审判业务专家，组织召开全市法院审判业务专家座谈会。

【招录遴选】2022年，深圳市中级人民法院确定员额法官7名、初任法官62名、逐级遴选法官14名。2022年市中院共招录公务员19名，其中博士研究生7名，硕士研究生12名；基层法院共招录公务员42名，其中硕士研究生19名，大学本科23名。市中院面向全国选调优秀法官10名，其中博士研究生3名，硕士研究生6名，大学本科1名；基层法院面向全国选调公务员11名，其中硕士研究生9名，大学本科2名。

【党建活动】2022年，深圳市中级人民法院持续开展“诗文·歌曲·微视频·教材”四原创活动，获评“全国法院文化建设特色项目”。机关党委制定《深圳市中级人民法院关于开展“喜迎二十大建功新时代”系列活动的方案》，开展了“十大活动”：组织党组、机关党委、各党支部和群团组织，围绕“深刻领悟‘两个确立’决定性意义，坚决做到‘两个维护’”开展学习教育；用好党史学习教育基地、“四史”学习教育实践基地等资源，开展“回忆峥嵘岁月、点赞时代辉煌”主题党日活动；组织“感党恩、颂党情、跟党走”原创歌曲和红色经典歌曲演唱比赛、“致敬英模”主题宣传活动、“党旗飘扬风帆劲、踔厉奋发谱新篇”主题征文活动、“初心如磐、不负韶华”书画摄影活动等。结合“建院40周年”活动，开展《法耀鹏城——建院40周年图片展》；开展“我为群众办实事”实践活动，赴梅林、坂田街道慰问困难群众，开展社区志愿服务活动；结合庆祝建团100周年，开展“青春心向党 建功新时代”青年主题活动。

◎ 2022年12月8日，深圳市中级人民法院召开党史学习教育总结会

（市中院 供）

【疫情防控】2022年，全市两级法院3281人下沉街道社区支援抗疫，其中深圳市中级人民法院先后组织11批次552人分赴福田、沙头、南园、梅林、坂田等街道参与新冠疫情防控。在2022年3月、6月、11月的三次疫情期间，号召党员亮身份，积极投入“三区”开展疫情防控志愿服务。在市直机关中率先实施“两点一线”、“每日一报”、人员备班等制度，防疫抗疫工作经验被市委组织部宣传推广。潘建华等10名党员组建抗疫突击队，火速驰援南园街道，第一时间成立临时党支部，形成党建引领抗疫“1251”工作法，连续取得了沙埔头社区、巴登社区两场攻坚战的胜利，被《法治日报》、《人民法院报》、《南

◎ 2022 年 9 月 3 日，深圳市中级人民法院志愿服务队在对口支援街道参加抗疫志愿服务 （市中院 供）

方日报》、《南方都市报》、“南方+”等媒体多次集中宣传。在深圳市第五届“以人民为中心——党建引领基层治理”活动中，深圳市中级人民法院“赴南园街道抗疫突击队临时党支部”获评“先锋堡垒”六大优秀案例，是全市唯一入选的司法机关。

综合保障

【筹办建院 40 周年系列活动】2022 年是深圳市中级人民法院建院 40 周年。为回顾并总结 40 年来深圳法院改革发展成就和经验，深圳市中级人民法院制定了《深圳中院建院 40 周年活动工作方案》，政治部、办公室、研究室等部门联合成立工作专班，办公室、研究室负责筹办深圳市中级人民法院成立 40 周年座谈会，研究室负责汇编出版《“法耀鹏城”深圳中院建院 40 周年改革发展大事记》《建院 40 周年深化司法改革成就集》《建院 40 周年改革论文集》，策划刊发《求法》建院 40 周年特刊。机关党办负责筹办《法耀鹏城——建院 40 周年图片展》。研究室、公关处负责拍摄建院 40 周年改革宣传片、40 周年纪念片、系列短视频，邀请李曼、许亮东老院长担任顾问。深圳市中级人民法院此次筹办系列活动，是建院以来首次对各方面的历史、深圳法院系统的改革发展成就进行全面系统的整理。

【政务保障】2022 年，深圳市中级人民法院开展全院重点工作任务督导 40 项，成功筹办深圳市中级人民法院成立 40 周年座谈会、最高人民法院民事审判第二庭破产审判研究中心（深圳）调研基地揭牌仪式暨个人破产座谈会、“群众诉求服务处”揭牌仪式等重大会议活动 8 次，接待省部级领导 7 批 31 人次。

【调研管理】2022 年，深圳法院共 14 篇论文在全国法院第三十三届学术讨论会上获奖，其中二等奖 6 篇，三等奖 3 篇，优秀奖 5 篇，继续保持全省前列。开展学术论文选题培训、“一对一”辅导、集中答辩修改、评比激励等调研管理工作，做好全国、全省课题组织、管理、统筹。深圳市中级人民法院破产法庭承担的《跨境破产协作机制研究》荣获省法院 2021 年度优秀调研课题一等奖。开展 2022 年度市委、市政府重大调研课题及全面依法治市法治深调研课题《粤港澳大湾区法律规则衔接和机制对接研究》的研究。积极参与市委政法委《涉法涉诉信访问题调研》，高质量完成省法院、市委政研室、市委依法治市办等有关单位开展的全面依法治国课题、推进互联网司法建设、元宇宙与法治城市建设等专项调研报告。

【信息编报】2022 年，深圳市中级人民法院全年向省法院、市委、市委政法委、市依法治市办等上级单位报送近 360 篇次信息，提前完成市委信息工作任务，在全省法院排名前列。截至目前，被中办、最高人民法院采用信息 15 条，获省部级领导批示信息 17 条，《完善司法工作机制 增进台胞法治认同——深圳法院为深化深台融合发展提供司法服务的实践探索》被中央台办采用，获市委常委王强同志批示肯定。

【机关内刊】2022 年，深圳中院机关刊《求法》以深圳中院建院 40 周年、《求法》创办第 100 期为契机，围绕司法改革主线，扎根办案实践，深入策划挖掘原创内容，深耕专家

◎ 2022 年 8 月 12 日，深圳市中级人民法院召开全市法院调研、信息工作会议，表彰信息工作先进个人 （市中院 供）

稿源，开辟新栏目和新专题，成功出版创刊以来的首份特刊和首份专刊：邀请吴汉东、王欣新、张新宝、肖永平、张平、张建伟、蒋惠岭等 10 位国家级智库专家为杂志撰稿，实现办刊水平大幅提升。

法院设施

【审判设施】 2022 年，深圳市中级人民法院仍然面临审判办公场所、服务设施不足的问题，为此深圳中院协调推动审判业务大楼新建项目，金融法庭外租场地、立体停车库、现审判大楼综合整治等事项，为新组建的环资庭、群众诉求服务处、司法辅助中心等部门腾挪提供办公场地，完成院东大门修复工程、北门无障碍改善建设。扎实推进最高人民法院委托承建的第一巡回法庭建设项目，克服疫情影响等种种困难，主动协调上级法院、市政府各相关职能部门，按照施工流程有力有序、保质保量推进，于 2022 年 12 月底完成收尾和全面验收工作。

【法律图书馆】 2022 年，深圳市中级人民法院法律图书馆持续更新馆藏图书，图书馆现有藏书量 20996 册。2022 年购置自助查询和自助借阅系统，全年共外借图书 508 册，现场阅览达 2140 册。根据审判专业特点和读者关注点，全年订购境内报刊 312 种，境外法学期刊 23 种。强化检索法律信息资源库检索能力培训，组织开展“数字图书馆”业务培训，搭建好两级法院审判执行工作重要平台。

司法公开

【阳光司法】 2022 年，深圳市中级人民法院加大司法公开力度，在全国中级法院中国司法透明度指数评估中排名第三位。深圳市中级人民法院加强示范庭审建设，举办示范庭审培训，解读最高人民法院“百场优秀庭审”评选标准，打造点击量多、影响力大的精品直播案件。示范庭审包括首次适用“3+4”七人合议庭审理的刑事案件、首次对故意杀人罪犯当庭宣判无期徒刑的案件。召开“深圳法院群众工作首届

◎ 2022 年 12 月 4 日，深圳市中级人民法院举行深圳法院群众工作首届十佳典型案例新闻发布会 （市中院 供）

◎ 深圳市中级人民法院举办建院 40 周年图片展、书画摄影展　　（市中院 供）

十佳典型案例新闻发布会”，南方+、新浪微博、抖音全程直播，超 70 万网民在线观看，进一步提升深圳法院群众工作影响力。“走近知识产权”新闻发布会，最高阅读量达 50 万；每日更新 # 身边的鹏法 # 话题，精选两级法院高质量案例发布，日均阅读量 1.5 万。微视频《守望》获全国法院系统第九届“金法槌奖”微电影类优秀奖；《鹏法君说法》民法典专题动漫系列短视频获全省国家机关“谁执法谁普法”优秀创新创先项目，深圳市中级人民法院获评优秀组织单位。深圳市中级人民法院视频号共发布视频 145 个，总播放量超 31 万次；抖音号共发布视频 102 个，总播放量逾 71 万次；官方微信公众号粉丝数突破 60 万人。

【接受监督】2022 年，深圳市中级人民法院向市人大常委会专项报告了贯彻实施民法典加强民事审判工作情况，向市政协常委会通报了全年工作情况，共办理代表审议意见建议 107 条，办理代表建议 22 件、政协提案 8 件，代表委员满意度 100 %。制定《深圳市中级人民法院选聘特约监督员工作方案》，按照“自愿报名和单位推荐相结合”原则，在全市范围内选聘产生 105 特约监督员，其中包括 65 名市人大代表、15 名政协委员。全市两级法院邀请代表委员视察法院、旁听庭审、见证执行、参与听证等 847 人次。自觉接受检察机关法律监督，公正审理检察机关对生效裁判提出抗诉的案件，对出现新证据或确有错误的依法改判 10 件。创新“云端陪审”模式，随机抽取人民陪审员参审案件 1.2 万件。

【涉外涉港澳台交流】2022 年 5 月，深圳市中级人民法院破产法庭景晓晶线上参加由北京外国语大学法学院、英国国际法和比较法研究所等联合举办的“中外个人破产制度的立法和实践比较研讨会”，并作《深圳个人破产实践》主题发言；10 月，深圳市中级人民法院在南山区法院开展“同唱法治曲 共圆复兴梦”港澳台学生参访深圳法院活动，邀请了深圳大学法学院 10 名港澳台学生代表参访深圳法院；12 月，深圳市中级人民法院破产法庭庭长曹启选线上参加第十期“中法法律与司法交流周主题研讨会”，并作《〈深圳经济特区个人破产条例〉与个人破产清算首案解读》主题发言；12 月，深圳市中级人民法院、市台办联合举办“护航助发展 两岸一家亲”送法进台企活动，围绕台资企业关心的法律问题进行交流和讲解。

·编辑：严俊·

基层人民法院

Primary People's Courts

深圳前海合作区人民法院

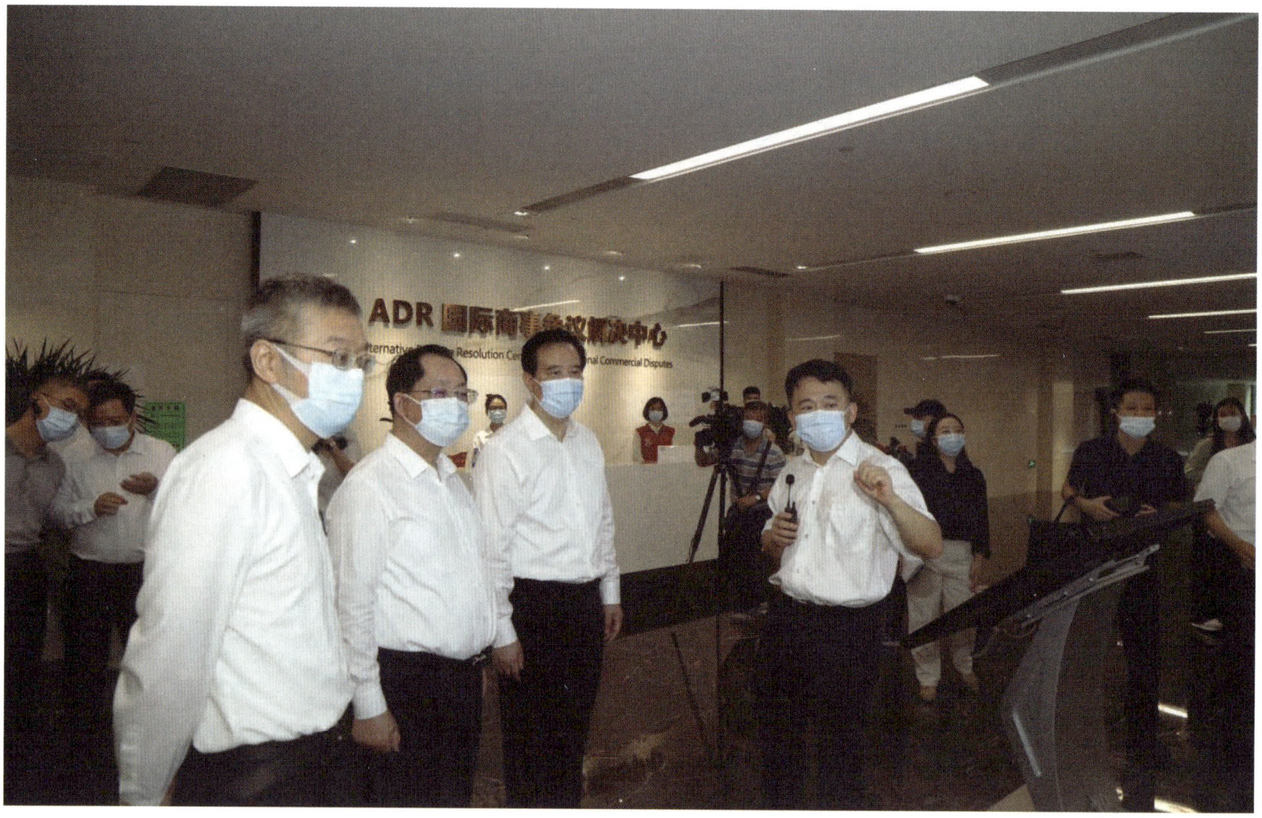

◎ 2022 年 8 月 23 日，广东省人大常委会主任黄楚平（中）到深圳前海合作区人民法院调研粤港澳大湾区法律服务情况，深圳市人大常委会主任骆文智（左二）等陪同调研（前海合作区法院 供）

【概况】深圳前海合作区人民法院辖区地处全面深化改革创新、建设高水平对外开放门户枢纽的前海合作区，深圳前海合作区人民法院是最高人民法院确立的司法改革示范法院，集中管辖全市应由基层法院管辖的第一审涉外涉港澳台商事案件及前海辖区内第一审民商事案件和知识产权案件。2022 年，深圳前海合作区人民法院深入贯彻落实中共中央、国务院《全面深化前海深港现代服务业合作区改革开放方案》（以下简称《前海方案》）、最高人民法院《关于支持和保障全面深化前海深港现代服务业合作区改革开放的意见》，严格公正高效司法，深化司法体制改革，全面提升前海法律事务开放水平，为前海合作区全面深化改革开放、粤港澳大湾区建设提供有力司法保障。

【民商事案件】2022 年，深圳前海合作区人民法院聚焦审判中心工作，办案指标全面提升。在收结案方面，2022 年，前海法院新收案件 15901 件，同比下降 6.81%；结案 18934 件，同比上升 36.38%；存案 2985 件，同比下降 50.40%。结案率 86.38%，同比上升 16.62 个百分点；结收案比 119.07%，同比上升 37.71 个百分点；法官人均结案 485 件，与去年同期相比增加 99 件。结案增速高于收案，案件迅猛增长的态势得到基本扭转。在审判质效方面，2022 年，前海法院案件平均审理周期 123.99 天，同比减少 50.38 天；速裁案件平均审理周期 79.96 天，同比减少 52.30 天。2022 年，民商事案件发改率 3.00%，同比下降 1.29 个百分点；服判息诉率 81.75%，同比上升 8.66 个百分点，较好地达到了准确查明事实、实质化解纠纷的效果。

【涉外涉港澳台商事案件】2022 年，深圳前海合作区人民法院受理涉外涉港澳台商事案件 4203 件，占民商事案件总数的 28.46%；受理的案件涉及民间借贷纠纷、买卖合同纠纷、运输合同纠纷等 153 个案由。其中，受理涉港案件 2433 件，占涉外涉港澳台商事案件总数的 57.89%，是全国审理涉港案件最多的法院。2022 年，“香港美达公司诉深圳达菲公司公司决议撤销纠纷案”等 3 个案例入选第五批粤港澳大湾区跨境纠纷典型案例。2022 年，前海合作区人民法院的一审涉外涉港澳台商事案件审判周期为 6.4 个月，在全国审理涉外涉港澳台商事案件法院中周期最短。

【执行工作】2022 年，深圳前海合作区人民法院执行类案件结案 6275 件，同比上升 38.92%。2022 年，深圳前海合作区人民法院加强执行规范化建设，以人员管理和质效管理为抓手，全面规范执行工作，提升执行工作质效。修订前海法院《执行员选任、管理规定》，调整执行员任职条件，扩充执行员选任范围，为执行工作储备力量。完善“一站式”案款处理机制，规范执行款物管理。对于无法提供或开立境内账户的港澳台地区及外国当事人，经外汇管理部门许可，允许其提供能收取人民币的境外账户，直接将执行款汇入当事人境外账户。2022 年，累计完成执行款划款 3352 笔，金额 8.53 亿元。2022 年，深圳前海合作区人民法院灵活运用信用修复手段，对被执行企业主动履行生效裁判文书义务的，及时屏蔽失信信息，配套信用修复证明、信用评级等正向激励机制，营造鼓励自动履行、支持诚实守信氛围。在一件民间借贷纠纷案件中，某公司因曾进入执行程序导致信用受损并在后续经营中出现困难，经严格审查后，前海法院向其出具《自动履行证明书》《信用修复证明书》，帮助被执行人恢复有序经营，彰显司法温度。2022 年，深圳前海合作区人民法院开展清场交付行动。打通执行拍卖与交付的“最后一公里”，深入排查群众反映强烈、可能引发负面舆情的“法拍房”清场交付案件，2022 年，共排查出 10 件需要清场交付的案件，逐件制定行动预案，顺利执结其中 7 件，及时保障当事人胜诉权益。

【知识产权案件】2022 年，深圳前海合作区人民法院新收知识产权案件 340 件，涉案标的额约 1.19 亿元。适用惩罚性赔偿等措施加大侵权违法成本，在“兰研公司诉百分百公司、科玮公司侵害商标权纠纷案”中，前海法院对适用惩罚性赔偿时如何认定故意、情节严重、赔偿基数等内容进行细化，该案入选“广东高院首批知识产权惩罚性赔偿典型案例”。规范智能视听屏应用下作品的信息网络传播权，在“文化传媒公司诉科技公司等侵害作品信息网络传播权案”中，前海法院准确认定智能视听屏生产商与智能软件的共同侵权责任，该案入选《中国法院 2022 年度案例》。

【金融案件】2022 年，深圳前海合

◎ 2022 年 8 月 17 日，深圳前海合作区人民法院、深圳市宝安区人民法院签订《交流合作备忘录》（前海合作区法院 供）

作区人民法院新收金融借款合同纠纷、追偿权纠纷等金融案件 4615 件，涉案标的额约 66.18 亿元。营造合法安全的金融投资消费环境，保护金融消费者合法权益，“丁某飞诉某银商业保理公司等合同纠纷案”入选“广东高院消费者权益司法保护典型案例”。立足金融案件审判实践，及时向微众银行等单位发出关于“提升互联网金融借款业务规范性”等司法建议，帮助企业提升金融风险防范能力。

【服务保障自由贸易试验区建设】 2022 年，深圳前海合作区人民法院充分彰显司法对营商环境的保障作用和对产业发展的引导功能。在“罗某某诉前海通利华公司、天津启隆公司买卖合同纠纷案”中，明确平行进口汽车销售商应承担严格的质量保障义务，认定经销商的行为构成欺诈，并适用惩罚性赔偿，督促经销商严格把关汽车质量、认真审核车辆来源。该案入选最高人民法院“人民法院服务保障自由贸易试验区建设典型案例”。

【港澳特别行政区人民陪审员、调解员】 2022 年，深圳前海合作区人民法院系统规范香港特别行政区人民陪审员制度，选任 19 名香港特别行政区人民陪审员参审涉外涉港澳台商事案件。截至 2022 年 12 月，香港特别行政区人民陪审员共参审案件 830 件。自行研发“陪审通”小程序，方便香港特别行政区人民陪审员使用小程序接收案件排期等相关庭审讯息。针对香港特别行政区人民陪审员来往深港不便的现实问题，在“深圳移动微法院”为香港特别行政区人民陪审员开通实名认证专项通道，支持其在线查阅陪审案件资料，履行陪审职责，促进涉港纠纷有效解决。2022 年，前海法院聘请 9 名香港特别行政区调解员、3 名澳门特别行政区调解员，截至 2022 年 12 月，港澳调解员成功调解案件 664 件。支持港澳调解员开展“线上 + 线下异地”融合调解，使调解工作不间断。在一件涉港民间借贷纠纷案件中，前海法院香港特别行政区调解员在香港特别行政区使用“深圳移动微法院”，在进行充分线上沟通的基础上完成了在线调解，并引导双方当事人在线签署了调解协议。

【港澳专家研究员、司法研修生】 2022 年，深圳前海合作区人民法院建立港澳专家研究员制度，分批次聘请来自香港大学、香港中文大学、澳门大学等港澳高校的学者以及香港大律师等担任港澳专家研究员，为前海法院司法改革、司法研究等方面提供智力支持。2022 年，拟聘请第一批 4 名来自香港大学等高校的法学专家，相关名单正层报上级法院。建立司法研修生制度，定期面向港澳和内地高校招录具有普通法、国际法等学习背景、外语水平和理论功底良好的在校硕士、博士研究生，到前海法院协助开展司法研究。2022 年，已招录第一批在校硕士研究生 3 名、博士研究生 1 名。

【涉港澳案件诉讼程序】 2022 年，深圳前海合作区人民法院简化港澳诉讼法人主体资格司法确认程序，通过香港公司注册处网上查册中心、澳门法务局商业登记讯息平台等官方在线渠道，查询确认港澳公司类当事人主体资料，大幅度减轻港澳当事人诉累。截至 2022 年 12 月，有 47 件适用简化主体资格司法确认的涉港澳案件已立案。依托“深圳移动微法院”等平台，远程在线见证港澳当事人身份与授权行为。截至 2022 年 12 月，在线见证当事人

◎ 2022 年 12 月 6 日，深圳前海合作区人民法院“探索跨境商事规则衔接”获评“广东法院改革创新奖”（前海合作区法院 供）

身份与授权行为795人次。建立转交送达机制，由港澳当事人或律师直接向对方送达文书。截至2022年12月，共有125件案件适用当事人转交送达。

【跨境商事法律规则衔接】2022年，深圳前海合作区人民法院依托“粤港澳商事法律规则衔接研究中心”，整合内地与港澳特别行政区法律资源，多维度创新跨境商事法律规则衔接机制，打通粤港澳商事法律制度壁垒。2022年12月，召开“推进跨境商事法律规则衔接 助力粤港澳大湾区融合发展”新闻发布会，发布推进跨境商事法律规则衔接制度成果与白皮书，受到社会公众广泛关注。吸收借鉴香港特别行政区律师费转付、属实申述、证据开示等有益经验，制定并发布《关于深入推进跨境商事诉讼规则衔接工作指引》总体工作指引和8个配套制度。发布《内地与香港地区公司股权转让规则比较白皮书》《内地与香港地区民间借贷规则比较白皮书》，并将持续推出更多商事实体法律规则比较白皮书，为域内外主体进行跨境商事活动提供价值性参考与指引，促进经济要素高效便捷流动。依托商事实体法律规则衔接成果，探索在涉港商事案件中引用香港特别行政区成文法或司法判例强化说理，拓宽商事法律规则比较路径。在一件涉港民间借贷合同纠纷案件中，因案涉其中两份合同适用香港特别行政区法律作为准据法，为厘清内地与香港特别行政区民间借贷规则异同，前海法院在判决书中引用香港特别行政区《放债人条例》及相关判例，弥合内地与香港特别行政区商事法律规则差异，增强商事主体信心。

【涉港澳案件送达机制】2022年，深圳前海合作区人民法院强化电子送达方式在涉港澳案件中的应用，积极引导港澳当事人选择“深圳移动微法院”小程序、电子邮件、短信等方式接收诉讼文书，缩短跨境送达时间。制定《关于涉港民商事案件司法文书转交送达的实施细则》，建立转交送达机制，由港澳当事人或律师直接向对方送达文书。截至2022年12月，共有125件案件适用当事人转交送达。

◎ 2022年，深圳前海合作区人民法院创新域外法查明与适用机制，打造域外法查明与适用的前海名片（前海合作区法院 供）

【司法改革】2022年，深圳前海合作区人民法院依法有序扩大独任制审理、简易程序适用范围，审判资源配置更加科学精准。对符合条件的涉外涉港澳台商事案件依法适用简易程序、普通程序独任审理，提高审理效率。2022年，适用普通程序独任制审结涉外涉港澳台商事案件2659件，占审结的涉外涉港澳台商事案件总数的78%；适用简易程序审结涉外涉港澳台商事案件90件，平均审理周期为95.93天。组建类型化专业化合议庭，提升审判专业化水平。完善专业法官会议机制，强化其作为统一法律适用平台、意见分歧解决平台的功能作用。健全审判委员会讨论决定重大、疑难、复杂案件法律适用问题机制。2022年，共召开审委会13次，讨论案件17件，讨论议题14件；召开各类专业法官会议42次，讨论案件64件。完善典型案例培育机制，以典型案例为改革工作提供实践支撑。

【审判监督管理】2022年，深圳前海合作区人民法院设立流程管理员，强化对送达、评估鉴定、程序转换等审判流程节点的跟踪监管。健全长期未结案件清理长效机制，做好跟踪和督办。截至2022年12月，一年以上长期未结诉讼案件数为 25 件，一年以上无正当理由的长期未结诉讼案件清零。在立案阶段加强对重大、敏感、新类型、适用域外法等类型案件的筛查、分类，及时做好风险研判等工作。细化“四类案件”台账，要求法官团队主动筛查、及时填报重大疑难复杂敏感案件，确保依法监督、全程留痕。定期开展案件常规评查、发改案件评查，对上诉率、发改率偏高案件类型进行深入分析。编写印发《审判通讯》，用好案件评查结果，及时通报问题，做好意见的收集反馈。

【诉讼服务】2022 年，深圳前海合作区人民法院研发“掌上阅卷”小程序，对接档案管理系统，打通电子案卷内外网数据链路，及时审批当事人阅卷申请并将案件材料推送至当事人，实现从“纸质阅卷”到“电子阅卷”的跨越。“掌上阅卷”开通以来，截至 2022 年 12 月，前海法院为当事人提供远程阅卷共 953 次。完善当事人诉求及时处理机制，严格要求法官及助理通过深圳微法院及时回复当事人诉求，提升对接当事人的方式方法。截至 2022 年 12 月，做到当事人私信即时回复。创新网络留言办理机制，加强对微信、微博、官方网站的后台留言日常收集、整理、答复工作，做到网络留言情况全面收集、全程跟踪、台账管理，根据留言内容、性质、涉及范围等因素划分不同等级，针对性启动各类应对机制。2022 年，共回复、转办各平台私信或留言 140 余条。

【智慧法院】2022 年，深圳前海合作区人民法院研发“金融云审”“知产云审”新系统，运用“区块链 + 人工智能 + 云计算”技术，全面实现两类案件线上立案、电子存证、区块链校验、线上开庭和一键生成裁判文书，实现知识产权案件、金融案件的全流程线上“快立、快审、快结”。截至 2022 年 12 月，“云审”系统共审理两类案件 1502 件。加强电子卷宗随案同步生成系统等平台的运用与维护，推动全流程数字化、无纸化、智能化办案办公。2022 年，电子化完成率为 100%，完成电子归档案件数 38905 件。推进语音识别系统，升级改造 25 个数字法庭，在线庭审 5399 件。

◎ 2022 年 11 月 2 日，深圳前海合作区人民法院、深圳市律师协会签订《关于推进新型法律职业共同体建设的合作备忘录》（前海合作区法院 供）

【阳光司法】2022 年，深圳前海合作区人民法院定期邀请社会各界人士参加“法院开放日”活动，2022 年 6 月，邀请 2022 年新聘任的多法域执业资格特邀调解员、多语种特邀调解员共 12 名代表参观前海法院，就探索创新跨境商事纠纷解决的新路径、新方式进行深入交流。2022 年 11 月，与深圳市律师协会签署《关于推进新型法律职业共同体建设的合作备忘录》，发挥合力优势，推动律师参与多元化纠纷解决，共同推进司法为民、公正司法。与深圳律师协会前海合作区律师工作委员会签署并发布《共建司法诚信治理体系倡议书》，发挥司法诚信治理合力。优化司法公开评价机制，定期通报裁判文书公开、庭审公开和审判流程公开情况，促进提升相关指标。2022 年，前海法院共有 3231 件案件进行庭审直播，观看量为 93.65 万人次。

【基层党建】2022 年，深圳前海合作区人民法院推进全面从严管党治院，重视基层党组织建设，“党旗引领，护航创新——打造知识产权保护新高地”被前海党工委评为“前海合作区基层党建‘一支部一品牌’优秀案例”。持续落实“为群众办实事示范法院”创建活动，推进掌

◎ 2022 年 4 月 24 日，深圳前海合作区人民法院举行区块链知产审判创新合作发布会 （前海法院 供）

上阅卷、集中开展清场交付等 10 个项目；先后有 100 余人次主动到社区参与疫情防控，切实发挥党组织的凝聚力、号召力和战斗力。运用新媒体渠道，开设青年故事“前法说”“奋斗圳当时”等宣传专栏，组织 2 次主题征文。前海法院相关经验举措被《人民法院报》《法治日报》等中央级媒体刊发报道 22 篇次；受到人民法院新闻传媒总社表彰，获评“司法宣传和通联工作先进单位”。

【队伍建设】2022 年，深圳前海合作区人民法院组织开展司法实务培训等 86 项培训，参训人员 3978 人次；组织法律英语培训 53 次，承办 2 次全市法院外语竞赛活动；邀请香港特别行政区高校法学教授以及香港特别行政区大律师开展香港普通法系列培训；开展 3 期“法官沙龙”，搭建交流业务、拓展视野的平台。组织编写《岗位说明书》，涵盖多类岗位，为法院新入职干警履职尽责提供明确清晰指引；确定帮扶导师，有针对性开展岗位实践锻炼。2022 年，前海法院 4 人荣立三等功，4 人被市中院专项嘉奖，3 人被深圳市中级人民法院通报表扬，26 人次在深圳法院“六优”评选活动中获奖，1 人入选深圳法院首届“十佳青年”。

·编辑：严俊、沈晶莹·

深圳市福田区人民法院

◎ 2022 年 11 月 18 日，深圳市福田区人民法院联合福田区司法局、福田街道办举行“学法有福”基层普法宣传联合行动

（陈丽丽 摄）

【概况】深圳市福田区人民法院辖区为深圳市中心城区，与区位功能、经济特点相适应，近年来案件数量保持高位运行，收、结案数连续多年位居全省基层法院首位。随着诉源治理工作的不断深化，近三年受理案件数量出现下降态势。案件结构特点突出，金融类案件占民商事案件总量近 70%，涉及新型社会关系和复杂矛盾的重大敏感案件多，社会关注度高，矛盾化解难度大。2022 年，福田区人民法院推进“司法能力提升年”活动，制定文化建设重点项目五年规划，推进“雏鹰计划”“知事识人”工作，建立初任法官和新进公务员导师制，实现人才择优培养。深入开展“福法三讲堂”，组织各类培训 60 余场，创新审委会法官领学机制，打造分类更精细、组织更有力的能力提升通道，推动队伍素能显著提升。连续三年获最高人民法院学术讨论会组织工作先进奖；13 个案例被评为全国、全省法院典型案例，《中国法院年度案例》入选案例数量位居全省基层法院首位，市级以上“六优”评选活动获奖数位居全市基层法院首位。优化“1+19”绩效考核体系，落实“一榜三令”高效执行机制，全院 8 个集体和 98 人次荣获市级以上各类表彰，涌现出广东省五一劳动奖章获得者、全市法院十佳青年等一批先进典型。

【政治工作】2022年，深圳市福田区人民法院深入学习贯彻习近平新时代中国特色社会主义思想，开展习近平法治思想政治轮训，扎实推进"深刻领悟'两个确立'决定性意义，坚决做到'两个维护'"主题教育，增强"四个意识"、坚定"四个自信"、做到"两个维护"。组织开展"深入学习贯彻党的二十大精神 坚持人民至上 践行司法为民"学习讨论活动，重点围绕党的二十大报告关于"六个必须坚持""以人民为中心"等重要论述组织集中研讨，征集、查摆和改进为民服务问题35条。落实《中国共产党政法工作条例》，制定重大事项请示报告制度实施细则，把党的领导贯穿到法院工作各方面全过程。深入推进基层党组织"标准+质量+示范"建设，创新开展党建工作"一季度一检查一评比"活动。强化政治理论学习。党组第一议题学习39次，各支部集中学习430余次，3名同志荣获福田区"学习强国"学习标兵称号。

人民日报 2022年3月24日 星期四 19 法治

法治头条·咱们的法治获得感①

公正司法 就在身边

从"审查"到"登记"，实现有案必立、有诉必理

全面深化改革，回应人民群众日益增长的司法需求

司法公开，以看得见的方式实现公平正义

金台锐评

让法治种子在青少年心中生根发芽

以案说法

非法获取房源信息出售获利构成犯罪

公安机关开展"断流"行动，打掉非法出境团伙1.1万多个

从根源上铲除电信网络诈骗滋生土壤

◎ 2022年3月24日，《人民日报》宣传报道深圳市福田区人民法院一站式多元解纷经验（陈丽丽 摄）

【立案工作】2022年，深圳市福田区人民法院坚持人民至上，持续优化诉讼服务。全年新收案件（含执、恢）107700件，较去年同期下降8.90%；全年新收案件93489件（扣执、恢），较去年同期下降11.45%。网上立案申请155127宗，网上立案率达到90%，移动微法院回复当事人信息93万条，成为当事人远程诉讼、联系法官主渠道。努力践行好"一次办好"承诺，2022年开具调查当事人身份信息的函件1628件，对全院律师调查令进行统一登记，立案阶段为代理律师开具调查令文书81份，全院为代理律师开具调查令文书980份，材料收转窗口接待来访当事人8718人次，收取材料5562份，发出材料3156份，司法专邮线下交付寄出邮件14049件，回执登记12498张，退件登记1279件；加大网上立案申请审核力度，优化网上立案分类和审核机制，提出在3日内完成首次审核工作要求，对诉求逐条登记，限时办结，确保件件有着落；大力整治诉讼服务热线联系不畅问题，设立群众诉求服务中心，将12368热线打造成群众诉求"总客服"，对当事人反映集中的问题进行汇总、梳理，12368专线服务队伍每日接听来电300余次，即时接通率达100%；增加微信预约数量，大幅增加微信预约立案号源，保证可预约至二日之后的现场号，并对预约及取消时限

进行调整：将时限要求从提前一日调整为提前一小时可预约及取消，极大地方便当事人诉讼。

【诉讼服务】2022 年，深圳市福田区人民法院深化“智慧诉服”建设，全面建设诉讼服务大厅、移动微法院、12368 诉讼服务热线、群众诉求服务中心“厅网线巡”格局。提升“一网便捷办”，网上立案率达到 90%，移动微法院回复当事人信息 93 万条，在线开庭 19000 余次。设立群众诉求服务中心，把 12368 热线打造成群众诉求“总客服”，每日接听来电 300 余次，接通率 100%，对诉求逐条登记，限时办结。拓宽“流码”系统案件推送节点，主动向当事人推送立案、保全等信息 45.2 万条，保证当事人及时知晓案件进展，获评全市法院群众工作十佳“金点子”。强化“信访用心办”，开通福法信访、福法执行、涉众金融信访工作微信号，实现全天候接访；院庭长带头接访，化解信访积案 178 件，帮助信访人解开“法结”“心结”。

【刑事案件】2022 年，深圳市福田区人民法院坚决维护社会安全稳定，依法惩处故意伤害、盗窃、诈骗等多发犯罪 540 件。深入治理“两卡”犯罪，判处帮助信息网络犯罪活动罪 87 件 115 人；护航医保基金安全，审结全市首宗医保“套现”案；严惩危害公共安全行为，顶替公交司机酒精检测案入选中国法院年度案例；严厉打击养老诈骗犯罪，从严判处全市基层法院首宗养老诈骗案。坚持罪刑法定、疑罪从无、证据裁判原则，依法宣告 4 名被告人无罪，裁定准许检察机关撤回起诉 2 人。积极构建刑事被害人权益保障机制，建立被害人诉讼权益告知机制，推行《被害人诉讼权利告知书》制度，加强被害人法律援助及心理援助。推进认罪认罚从宽实质化，对 568 名被告人适用从宽制度。常态化开展扫黑除恶专项斗争，加大《反有组织犯罪法》和涉黑恶典型案例宣传力度。在区委政法委领导下统一全区刑事涉案财物证据收集审查标准。全年审结刑事案件 1090 件，判处被告人 1291 人。

© 2022 年 3 月 7 日，深圳市福田区人民法院作出《家庭教育促进法》实施以来全市首例“法院 + 妇联”家庭教育指导 （罗雅茵 摄）

【民商事案件】2022 年，深圳市福田区人民法院审结民商事案件 57303 件。依法审理各类合同纠纷案件 35575 件，平均审理周期同比缩短 23%，助推法治化营商环境建设；开辟涉疫纠纷绿色通道，妥善办理涉疫情案件 262 件，帮助中小微企业和个体工商户纾困解难；妥善审理房地产企业债务纠纷案件，保障购房群众合法权益；坚持“房住不炒”定位，审结房屋买卖、租赁等纠纷案件 3160 件。审结婚姻家事案件 1219 件，48.7 %的家事案件通过调解达成和解、撤诉。注重司法人文关怀，为家事案件当事人提供心理咨询服务 245 人次；持续 9 个月跟踪修复离异家庭儿童心理创伤，入选全省未成年人司法保护典型案例；坚决制止家庭暴力，发出《人身安全保护令》31 份；帮助困难群众渡过难关，发放司法救助金 42 万元。守护未成年人健康成长，发出《家庭教育令》4 份，作出全市首例“法院 + 妇联”家庭教育指导，督促失职父母“依法带娃”；发出落实侵害未成年人案件强制报告制度司法建议，与公安、检察机关建立侵害线索移送机制。强化“法院 + 工会”联动解纷，审结劳动争议案件 1822 件，涉案标的 6.65 亿元；开展“根治欠薪”专项行动，追回劳动报酬 5504 万元，为

56位工人追回欠薪案获评深圳法院群众工作十佳案例。

【知识产权案件】2022年，深圳市福田区人民法院持续实施最严格知识产权司法保护政策，严厉打击侵权行为，依法审理“剧本杀”版权、“招财猫”商标等纠纷案；着力破解维权举证难，建立证据披露、证明妨碍排除和优势证据审查规程。发布《知识产权司法保护状况白皮书》暨十大典型案例，4件案例入选市级以上知识产权典型案例。在“黄道益”被侵权案中对香港商标知名度进行准确认定，获评粤港澳大湾区跨境纠纷典型案例。加强反不正当竞争，制止电商产品未经授权标注“华为”“荣耀”商标等傍名牌行为，认定恶意投诉“ANKER”（安克）品牌侵权案入选全国法院年度案例。从严惩治新型知识产权犯罪，在假冒“苹果”品牌耳机案中，对通过电子弹窗形式隐蔽使用他人注册商标的行为准确进行刑事定性，入选广东法院知识产权刑事典型案例。全年审结各类知识产权纠纷案件2118件。

【房地产案件】2022年，深圳市福田区人民法院积极参与城区全域治理，依托区委政法委的正确领导，进一步推进物业监管和物业纠纷调处司法行政联动机制建设，化解辖区重大信访隐患，不断深化与福田区住房和建设局交流与合作。2022年8月17日和10月8日，综合庭房产团队两次开庭审理了一宗香港特别行政区居民涉内地物业的合同纠纷案，该案由首批获准在大湾区内地九市执业的港澳特别行政区律师之一的何君尧作为诉讼代理人出庭应诉，这也是港澳特别行政区律师内地执业后代理的首宗案件。案件的庭审调查顺利完成，取得了很好的社会效果，也为港澳特别行政区律师内地执业参与内地法院诉讼活动提供了良好的司法体验和示范效果。

【劳动争议案件】2022年，深圳市福田区人民法院持续维护和谐劳动关系，深入践行司法为民理念，审结劳动争议案件1623件，追回劳动报酬等5066万元。2022年春节期间，开展“根治欠薪”冬季专项行动，线上集中宣判106件劳动争议案件，为涉农民工工资案件开辟“绿色通道”，有效提高审判效率，为劳动者正确维护劳动权益起到示范作用，让被拖欠工资的劳动者安“薪”过年。2022年劳动审判团队妥善审结深圳市学而思培训中心、深圳市悦舞圈文化发展有限公司、深圳市蝶讯网科技股份有限公司等与劳动者竞业限制纠纷案件，合理认定《竞业禁止协议》的效力，积极传播法治正能量。创新“调解+劳动”“法院+工会”劳动争议多元化解模式，一名同志被广东省总工会授予广东省五一劳动奖章。

【执行案件】2022年，深圳市福田区人民法院多措并举推进“切实

◎ 2022年1月24日，深圳市福田区人民法院开展根治欠薪冬季专项行动，集中发放执行款 （宋晓焕 摄）

◎《田小福学法记》系列视频获第四届广东省法治文化节"法治新时代——广东省 2022 年法治动漫微视频大赛"优秀奖 （福田法院 供）

解决执行难"。引入调解员参与执前督促和执行和解，促成执行和解 356 件；优化"执转破"衔接机制，加快出清"僵尸企业"，执行转破产立案审查 50 件，同比上升四倍。加速执行财产变现，成立房产速拍、涉众金融执行团队；开展不动产拍卖集中清场交付行动，完成不动产交付 265 件，强制清场 34 次；司法拍卖 2625 件，成交金额 50.28 亿元。深化执行多方联动，与公安机关建立常态化车辆查控联动机制，扣押车辆 202 台；与中国证券登记结算公司建立线上执行协助机制，协助全国法院办理涉证券执行业务 2223 件，全国首次协助执行兑付到期债券 1.87 亿元。保持执行高压态势，公开曝光失信被执行人 1112 人，限制高消费 37384 人次。全年执结案件 39291 件，执行到位金额 93.37 亿元。

【审判监督管理】2022 年，深圳市福田区人民法院持续加强办案周期管控，持续加大一年以上长期未结案件清理，无正当理由长期未结案件清零。强化督办落实，每月通报超审限案件和办案周期情况，持续提升司法质效。开展审执质效提升集中攻坚，全面加强办案指标动态管控，促进核心办案指标向好发展，年底存案同比下降 31.45%，实现连续四年存案大幅下降，上诉率和发改率等核心指标居全市法院前列。创新发改案件每案必评机制，全市率先研发发改案件评查系统，改革经验获最高人民法院推广；强化结果实质运用，每月发布发改案件台账列明一审、二审裁判要点，定期形成部门性和全院性发改案件分析报告，建立上级法院评查反馈机制，全年共发起评查流程 2007 件，有力统一裁判标准。加大精品案例培育，完善优秀案例评选和报送机制，13 个案例被评为全国、全省法院典型案例。

【司法警察】2022 年，深圳市福田区人民法院持续紧贴审判警务保障工作流程，深入贯彻习近平总书记在中国人民警察警旗授旗仪式上的重要训词精神，一体推进职能履行、实战训练、规范化建设和基础建设。全面加强机关安保工作，构建覆盖全院、责任到人、反应灵敏、处置高效的安保体系，组织安全检查 142229 人次，巡庭 73000 余宗次。强化司法人权保障，给予行动不便的当事人、被告人配备辅助设备及器械等暖心关怀。明确警务信息化、智能化方向，实现庭审全过程监控、警务远程指挥功能，契合诉讼参与人庭审实际需要，及时识别被告人的异常举动，强化司法警察在庭审中安全管理主体的定位。

【科技信息】2022 年，深圳市福田区人民法院继续深入推进智慧法院建设，无纸化办案全类型覆盖、全流程贯穿，通过电子卷宗系统办案 84365 件。远程诉讼成为常态，在线开庭 1.9 万次，同比增长 2 倍以上，实现疫情下司法审判不停摆。系统功能日趋完善，文书生成、智能纠错、上诉无纸化移送等功能逐步落地，智能生成法律文书 131.9 万份，同比上升 38.8%，助力案件办理提质增效。电子送达全面推广，移动微法院送达 60.3 万次，同比上升 117%，送达效率显著提升。积极引导当事人线上提交诉讼材料，实现电子卷宗全流程随案生成，电子归档率达 95.2%，纸质卷宗大幅减少。积极参与福田区跨部门政法大数据平台建设，推动涉案财物、赃证物管理实现线上业务协同。

·编辑：严俊、郭钟泽·

深圳市罗湖区人民法院

◎ 2022 年 5 月 10 日，深圳市委常委、政法委书记余新国一行到罗湖区诉源治理非诉解纷中心（蔡屋围无讼商圈）调研

（罗湖法院 供）

【概况】 深圳市罗湖区人民法院辖区位于连接广深港、辐射大湾区的“湾区枢纽”罗湖区。2022 年，深圳市罗湖区人民法院坚持以习近平新时代中国特色社会主义思想为指导，全面学习宣传贯彻党的二十大精神，深入践行习近平法治思想，紧紧围绕区委和上级法院的工作部署，坚持以人民为中心，忠诚履职，各项工作取得新进展。全年受理各类案件 67553 件，其中新收 56111 件，办结 62771 件，结收比为 111.9%，同比上升 15.6 个百分点，存案同比下降 58.2%，司法质效稳步提升。抓好审判执行第一要务，严格公正司法，依法履职尽责。审结各类刑事案件 978 件，判处罪犯 1288 人，刑事案件连续五年呈下降趋势，群众安全感切实增强。审结民商事案件 31081 件，保障创新驱动发展，办结知识产权案件 981 件，持续助推优化营商环境。执结案件 30707 件，执行到位金额 53.6 亿元，切实保障群众胜诉权益。深入推进执行指挥中心建设，健全执行联动机制，推动罗湖区《关于加强综合治理从源头切实解决执行难的实施意见》落地见效。秉持善意文明执行理念，说服 117 户居民自愿搬离，成功执结深圳市工人文化宫大型土地腾退案，保障文化宫整体改造工程有序推进。2022 年，罗湖法院设立“群众诉求服务站”，3 项便民

◎ 2022 年 6 月 8 日，深圳市罗湖区人民法院举行“雏鹰计划”助飞项目启动仪式，最高人民法院第一巡回法庭分党组副书记、副庭长胡仕浩等出席活动

（罗湖法院 供）

举措获评深圳法院首届十佳群众工作典型案例和“金点子”，率先在全市法院推行微法院在线办理律师调查令，“菜单式”普法项目被省法院列为精品普法培育项目。与最高人民法院第一巡回法庭合作，开展“雏鹰计划”助飞项目。全年获全国性表彰奖励 6 人次，涌现出“全国青少年普法教育先进工作者”“深圳市十佳最美政法干警”等先进人物。

【政治工作】2022 年，深圳市罗湖区人民法院坚持把政治建设摆在首位，确保法院工作正确政治方向，扎实开展全国法院“两个确立”主题教育，持续深化司法领域意识形态教育。第一时间掀起学习宣传贯彻党的二十大精神热潮，全院开展各类学习讨论活动 46 场次。常态化制度化推进全员政治学习，开展政治轮训 7 场次、覆盖 2100 余人次，不断增强干警忠诚捍卫“两个确立”、坚决做到“两个维护”的思想自觉与行动自觉。持续加强党的组织建设，圆满完成机关党委和纪委换届选举工作。坚持抓党建带队建促审判，打造“一支部一品牌”党建项目，形成 13 个具有支部特色的争优创先工作方案，“罗法护未队”“城 · 新向党”等项目初见成效。以建院 40 周年为契机，深入开展弘扬“先锋精神、奋斗文化”大讨论及实践活动，引导干警接续奋斗、担当作为。以“喜迎二十大、建功新时代”为主题，广泛开展岗位建功等活动 25 次，营造奋进新征程的浓厚氛围。扎实开展“知事识人、序事辨材”专题调研，深入了解考察识别人才。积极推进市委组织部指定的“公务员领导力养成”试点改革项目，出台审判业务专家培养方案，确定 17 名培养对象，加强专业化审判人才建设。坚持理论培训与实践活动相结合，组织各类培训 75 场 5500 余人次，举办首届司法辅助人员裁判文书评比、书记员业务技能竞赛等实践活动 7 场，提升干警业务水平。

【立案工作】2022 年，深圳市罗湖区人民法院进一步完善便民立案机制，为当事人提供多渠道多方式立案，实现“当场立、自助立、网上立、就近立”，共完成各类案件的立案受理 65430 宗，其中民商事立案 27113 宗，赔偿立案 4 宗，刑事立案 910 宗，执行立案 37403 宗。此外，还接收处理 13452 宗诉讼费退费申请，上诉窗口接收 4780 宗案件上诉申请。持续强化信息化建设，不断优化网上立案流程，引导当事人优先通过广东诉讼服务网等平台进行网上立案申请，为群众提供便利司法服务。全面推行案件无纸化立案，深化司法智能化建设。对于民商事案件，打破传统模式，依托自助填单立案系统，充分发挥广东省诉讼服务网与电子卷宗系统的数据联通功能，并借助深圳移动微法院送达立案文书，全面推行无纸化立案，全流程实现“无纸”操作，减少“人 + 纸质材料”交叉接触，深化立案登记制改革。

【刑事案件】2022 年，深圳市罗湖区人民法院审结各类刑事案件 978 件，判处罪犯 1288 人，刑事案件连续五年呈下降趋势，群众安全感切实增强。严惩新型网络犯罪，办结电信网络诈骗、跨境赌博等案件 142 件。审结李某 1.9 亿元集资诈骗案等涉众财产犯罪案件 30 件，维护人民群众财产安全。成立工作专班，依法打击养老诈骗违法犯罪活动，全力追赃挽损，通过发布典型案例、法官进社区等方式，营造不被骗、不能骗、不敢骗的良好氛围，切实守护好老年人的“钱袋子”。准确实施反有组织犯罪法，深入推进扫黑除恶常态化。认真贯彻宽严相济的刑事政策，落实刑事案件认罪认罚从宽制度，实现刑事辩护全覆盖，对 635 件案件的 858 名认罪认罚被告人适用从宽处理机制。优化刑事速裁程序运行机制，速裁案件平均审理周期由 2021 年的 14 天缩短至 5.8 天。积极运用最高人民法院“智能裁判辅助办案系统”成果，完善智能量刑辅助功能，统一简单案件量刑尺度，醉驾、盗窃等三类案件服判息诉率长期保持在 97% 以上。率先向上级法院提请管辖重大敏感刑事案件，为四级法院审级职能定位改革试点工作提供经验。深入开展“春雷 2022”专项行动，严厉打击侵害妇女儿童权益犯罪活动。认真贯彻“教育、感化、挽救”方针和“教育为主，惩罚为辅”原则，依法保护未成年人权益。

【民商事案件】2022 年，深圳市罗湖区人民法院继续做好民法典实施工作，审结民商事案件 31081 件。践行“法治是最好的营商环境”理念，平等保护各类市场主体财产安全，依法保护民营企业产权和企业家权益，办结物权纠纷案件 390 件、股东出资等与公司有关的商事案件 269 件。强化契约精神，保护诚实守信，审结买卖、租赁等合同纠纷案件 4420 件。助力规范金融秩序，办结金融纠纷案件 2479 件。依法规制高利放贷行为，审结民间借贷案件 2982 件，发挥裁判引导民间融资服务实体经济、促进中小微企业发展的作用。保障创新驱动发展，办结知识产权案件 981 件。促进家庭和谐，审结婚姻家庭纠纷案件 769 件，将心理疏导机制贯穿审判执行全过程，柔性破解离异夫妻子女探视权执行困局。落实家庭教育促进法，依法签发 4 份家庭教育令，对失职父母进行教育指导。调整优化各专业审判庭职责定位，将清水河法庭、综合审判庭作为审理金融易案、民事简案的专业部门，结案 19655 件，占全部民事案件的 63.2%，提升专业审判“水位线”。

◎ 2022 年 8 月 16 日，深圳市人大常委会党组书记、主任骆文智一行到深圳市罗湖区人民法院调研贯彻实施民法典加强民事审判工作　（罗湖法院 供）

【知识产权案件】2022 年，深圳市罗湖区人民法院审结知识产权民事、刑事案件共计 981 宗。牢固树立保护知识产权就是保护创新的理念，充分发挥知识产权司法保护职能作用，有力保障创新驱动发展。审理了具有典型意义的一批案件，开平金牌洁具有限公司诉深圳市金牌卫浴陶瓷有限公司侵害注册商标专用权及反不正当竞争案，对如何认定不规范使用注册商标、故意攀附他人商标的侵权行为，以及对权利人未注册的商标标识进行法律保护作出明确裁判；林某某销售假冒注册商标的商品罪案，首次在商标的真伪鉴定中引入技术调查官意见，以补强被害人陈述的证据效力，对深圳市华强北电子市场微小销售末端主体的经营行为具有规范与示范效力；诏安阿妮卡丹贸易有限公司诉深圳吉澳迈贸易有限公司“Calbee”商标侵权案件，明确了商品商标与服务商标的认定标准等。加强知识产权法官专业化培养，完善知识产权审判人才储备和遴选机制，苏宏法官获深圳市版权协会授予的“第十届深圳版权保护金奖”；潘燕清法官主审的（2021）粤 0303 民初 27753 号商标侵权案件，其庭审被评为 2022 年深圳法院首届“六优”评选活动“优秀庭审二等奖”。

【房地产案件】2022 年，罗湖区人民法院稳妥有序推进房地产企业涉诉纠纷案件审理，审结 1 宗历史

◎ 2022 年 8 月 10 日，深圳市罗湖区人民法院深入桂园街道人大代表之家召开城市更新和棚改法律问题研讨座谈会 （罗湖法院 供）

遗留缴纳 9800 多万元地价款的案件，妥善解决了长达三十年的历史遗留问题。审结 16 宗涉及港丰大厦迟延办证、“文和友”房屋租赁、“锦程国际”房屋买卖合同、“田贝路 15 号大院”历史分房等一批涉及历史遗留问题的重大案件。打造城市更新专业化审判品牌，制定《“城·新向党”党建品牌创建工作方案》，组建“城市更新”专业审判团队，搭建司法行政党建互动大平台，编写城市更新类案标准化审理指南，强化城市更新普法工作，将党建工作融入审判执行工作，立足工作实际，打造具有罗湖区人民法院民事审判三庭党支部党建品牌，为辖区城市更新提供司法保障，府院联动提前研判规避风险，发挥司法的行为指引功能，兼顾司法裁判的政治、法律、社会效果，助力城市更新工作高效高质量推进。

【劳动争议案件】2022 年，深圳市罗湖区人民法院审结劳动争议类案件 1056 件。坚持提质增效，成立劳动争议速裁审判团队，统一裁判标准，提升审判效率，推进劳动争议案件审判专业化建设。坚持能动司法，完善诉调对接和多元解纷协作机制，畅通劳动争议调解、立案、执行“绿色通道”，拓宽基层调解、救助、政府欠薪保障、劳动监察等救济途径，全面保障劳动者合法权益。坚持服务大局，稳妥化解涉房产、黄金珠宝、教育培训等领域劳资纠纷案件 428 件，促进劳资关系和社会稳定和谐。坚持司法为民，靶向扶助弱势群体，加强欠薪整治，审结拒不支付劳动报酬罪刑事案件 2 件，分别判处被告人有期徒刑七个月、一年二个月，着力提升司法威慑。

【审结案件执行】2022 年，深圳市罗湖区人民法院执结案件 30707 件，执行到位金额 53.6 亿元。办结执行监督案件 525 件，清理超期未付案款 6.59 亿元，涉及案件 1958 宗，执行款规范、高效管理水平不断提升。各项核心质效指标持续向好，首次执行案件实际执行到位率 32.21%，居全市法院第二，同比提高 19.2 个百分点，结案平均用时 86.92 天，相较 2021 年同期缩短 14.77 天，执行案件终本结案占比降至 46.04%，相较 2021 年同期下降 21.31%，一年以上长期未结案件数自 10 月起维持清零。完善网络司法拍卖制度，成交金额逾 9.9 亿元。健全失信名单分级分类管理和信用修复、正向激励机制，70 名被执行人主动纠正失信行为。强化执行威慑力，公开曝光失信被执行人 2362 人次，限制高消费 32020 人次。深入推进执行指挥中心建设，健全执行联动机制，推动罗湖区《关于加强综合治理从源头切实解决执行难的实施意见》落地见效。秉持善意文明执行理念，说服 117 户居民自愿搬离，顺利执结深圳市工人文化宫大型土地腾退案，保障文化宫整体改造工程有序推进，市总工会专门致信感谢。实现线上办理执行款领款手续，当事人可在线确认收款账户，18754 名申请执行人足不出户领款 19.6 亿元，该做法广受好评，荣获深圳法院首届十佳群众工作“金点子”。

【审判管理】2022 年，深圳市罗湖区人民法院开展提升审判执行质效核心指标攻坚活动，出台《2022 年审判执行工作质效集中攻坚目标提升指引》，针对 31 项审执质效目标提出优化管理措施，每月召开优化审执质效研判会议，深入分析短板弱项并研提改进措施，2022 年一审民商事普通程序当庭宣判率、结收比、司法品牌等 9 项核心质效指标居全市基层法院前列。建立常态化监督和定期通报机制，每周通报各部门清案任务完成情况，每日通报各法官收结案数据，由院庭长督办到人。组织开展超半年长期未结案件清理专项行动，每周公布各庭室超半年未结案件台账，院庭长分级逐案督办，切实把责任压实到部门和个人。全面准确落实司法责任制，不断完善配套工作机制。修订《深圳市罗湖区人民法院审判委员会工作规则》，进一步完善审判委员会工作机制，制定《深圳市罗湖区人民法院“四类案件”监督管理实施细则》，健全“四类案件”识别标准，优化全流程、精准化监管机制，确保院庭长监督不缺位、不越位、全程留痕。深化全口径繁简分流改革。建立“易案速审、简案快审、繁案精审”审判机制，细化民商事案件易、简、繁标准，扩大速裁案件范围，31.4% 的民商事案件适用小额诉讼程序一审终审、快速办结，居全市基层法院第一。

【司法警察】2022 年，深圳市罗湖区人民法院法警大队强化履职担当，提升保障质效。以派驻看守所封闭执勤模式全力保障庭审工作，累计派出 23 批 95 名干警进驻看守所，最长轮转周期长达 42 天。执行支队调警 86 次，累计出警 246 人次。配合执行工作，保障民事执行案件 96 宗，累计出警 265 人次，保障完成重大执行案件 4 起，积极参与车辆查扣联合行动，累计查扣车辆 4 台，出警 10 人次，为执行工作顺利开展提供警力支持。合力保卫机关安全，全年完成安保巡逻 423 小时，出警 726 人次，安全检查入院人数 86964 人次，收缴违禁物品 3 件，帮助解决特殊群体诉求 40 件，切实负担起法院安检工作主体责任。加强警用装备管理，对警用车辆保养维修 4 次，六专四室达标验收后常规修缮完善 8 次，对电子设备检查检修 11 次；结合日常警务风纪检查，对干警单警装备、安检应急区域装备检查 43 次，筑牢警务安全硬件基础。积极参与防疫工作，共计 30 多人下沉社区一线参与抗疫，支援社区开展核酸检测和防疫政策宣传工作，获得上级单位及院内表扬感谢共计 65 人次。

【监察督察】2022 年，深圳市罗湖区人民法院坚持全面从严治院，深入推进党风廉政建设和反腐败斗争，持续巩固政法队伍教育整顿成果。深化以案促改工作，结合严重违法违纪案例开展警示教育 7 次。加强廉洁文化建设，建立健全内部廉政提醒、外部廉洁承诺机制，构建亲清政商关系。推进特约监督员机制落地，选聘首批 38 名特约监督员对法院工作进行监督，有效建立健全法院外部监督机制。严格落实防止干预司法“三个规定”、新时代政法干警“十个严禁”等铁规禁令。常态化开展日常督察，进行专项督察 6 次，推动纪律作风持续改善。

【科技信息】2022 年，罗湖区人民法院围绕服务大局、执法办案和便民司法的现实需求，坚持问题导向，紧盯发展短板，强化基础设施，深入网络安全，确保信息化建设的科学性和可操作性。诉讼服务方面，依托广东法院诉讼服务网、“移动微法院”小程序等新兴技术和渠道，实现一部智能手机、一个微信账号即可立案、案件查询、调解、阅卷、送达的“指尖诉讼”，适应移动互联网时代的诉讼需求，让司法领域的“最多跑一次”甚至“一次都不用跑”成为可能。业务办案方面，积极试用政法跨部门大数据平

© 2022 年 10 月 26 日，深圳市罗湖区人民法院举行首届特约监督员聘任仪式

（罗湖法院 供）

台、智能裁判辅助办案系统、新综合业务系统等系统平台，在上级单位的统一部署下，协同配合，形成合力，逐步推进案件无纸化工作；拓宽线上开庭途径，推进远程庭审建设，支持与看守所、监狱等单位连线开庭、远程提讯。线上办公方面，拓展远程接访、视频会议、线上转播等技术手段，提供安全、便捷的交流平台；实现办公审批流向移动端发展，上线各类型流程应用，满足移动办公规范化、便捷化、可视化。基础设施方面，进一步完善加强硬件设备保障，夯实基础支撑能力，重点推进政府投资项目立项申报、设计规划以及实施验收。网络安全方面，加强对重点防护时期网络安全的实时保障，全面排查并整改安全隐患，配合做好攻防演练。

【无纸化办案工作】 2022 年，罗湖区人民法院以信息技术为抓手，有效赋能司法工作，形成了“诉讼服务网络化、审判流程数字化、执行管理信息化”的工作格局，以信息化建设优势全力保障审执效能提升。出台《深圳市罗湖区人民法院关于全面推进全流程无纸化办案工作方案》《深圳市罗湖区人民法院全流程网上办案工作规程》，将全流程无纸化办案工作作为年度重点工作和“一把手”工程，进一步提高审判工作的信息化水平，构建“网络化、阳光化、智慧化”的审判运行新模式。率先在全市推行线上办理“律师调查令”，借助信息化手段统一智能编号，实行电子化管理，成功发出 117 份律师调查令，实现“让数据多跑腿，让群众少跑腿”。推进电子归档工作，依托电子卷宗系统，不断完善归档功能，切实提高归档效率，完成电子归档 67645 宗，电子归档率达 94.77%。积极运用智能化电子送达平台，形成“线上为主，线下为辅”的送达模式，完成微法院等电子送达 27.6 万次，送达成功率 82.9%，同比提高 40.1 个百分点，有效提高送达效率。推进刑事案件全流程无纸化办案，基本实现主要办案环节电子化，非涉密刑事案件 100% 线上流转并同步生成电子卷宗。推进智联协同办案，借助电子卷宗系统、政法跨部门大数据平台等系统，形成立案侦查、批捕起诉、审判执行、上诉移送、刑罚执行司法闭环，在公安局、检察院、监狱等部门之间实现刑事案件数据线上流转、互通互享。实现简单刑案智能化辅助裁判，积极推进智能裁判辅助办案系统与电子卷宗系统、法信平台等系统平台的有机融合和深度应用，为法官提供文书生成、论据溯源、裁判辅助、类案推送等智能化办案辅助服务，有效提高法官办案效率。高起点规划、高标准建设、高要求推进省法院新综合业务系统本地化部署试点工作，在全市范围内率先确立了可推广可复制的 44 项办案业务审批流程，为实现新综合业务系统本地化全面部署提供“实验样本”，助力系统迭代升级，工作成效获得省法院、市中院的一致认可。

【审判监督】 2022 年，深圳市罗湖区人民法院组织对员额法官承办的案件进行日常常规评查、发改案件评查、长期未结诉讼案件评查，全年分别评查案件 492 宗、297 宗、24 宗，有效提高审判质效。根据上级要求对裁判文书进行自查及交叉评查，自查裁判文书 112 份，评查龙岗法院裁判文书 117 份，评查龙华区涉认罪认罚案件 50 宗，及时分析文书错漏原因，总结经验，提出改进建议。对督察室、信访室、法官权益保障委员会交办的 16 宗案件进行评查并及时反馈评查结论，确保案件处理结果、效果的正确认定。办理再审案件 5 件，审结再审案件 13 件；办理监督案件 16 件，审结监督案件 135 宗，做到错案必纠，构建权责有条、管理有序、制约有效的审判监督运行机制。按照最高人民法院《关于人民法院在互联网公布裁判文书的规定》《关于人民法院直播录播庭审活动的规定》等规定要求，常态化开展裁判文书上网和庭审直播，全年上网裁判文书 7993 份，庭审直播 12060 场，确保裁判文书及庭审按规定、依流程公开。

【纠纷调解】 2022 年，深圳市罗湖区人民法院持续完善一站式多元解纷机制，并主动延伸法院职能，推动人民法院一站式多元解纷体系与基层社会治理的对接。通过司法赋能，支持辖区内十个街道诉源治理联络站的实体化运作，根据纠纷化解需要，及时派出调解力量下沉街道社区研究纠纷调解方案，为非诉讼纠纷解决提供支持，并对接法院司法确认“绿色通道”，推动更多法治力量向引导和疏导端用力，实现多元调解互联互通、闭环流转。深入推进常态化“府院联动”机制，积极依靠党委建立强化府院联动机制，建立与行政主管部门、群团组织、行业协会、第三方机构等的联席会商和联动化解机制，通过源头疏导、宣传教育、人民调解等多种方式进行防范和化解，加大风险防范与化解力度。稳步推进“无讼商圈”项目开展，保障“蔡屋围无讼商圈”及其下设金融调解工作室的常态化运行，就地化解纠纷13910件，并引导完成司法确认1854宗。积极参与社会综合治理，切实发挥诉前调解高效便捷化解基层矛盾纠纷的“过滤器”作用，持续深化调解前置程序、开展线上解纷工作，提升网上群众服务能力，融平台委派诉前调解案件29725宗，结案28847宗（其中新收27078宗，旧存1769宗），调解成功15157宗，音视频在线办理的调解案件数量为11182件，调解案件平均办理时长12.97天，调解质效进一步提升。

【诉讼服务】2022年，深圳市罗湖区人民法院持续推进一站式诉讼服务中心建设，不断优化诉服方式，持续提升诉服质效。对外坚持履行“4+8”承诺、落实书面一次性告知原则、在诉讼服务中心启用“自助联络机”、推行无纸化自助立案、打造微笑服务品牌、优化党员先锋岗职能、提供导诉志愿服务、建立“急难事特快通道”“绿色服务窗口”等具体措施，切实推进为群众办实事。成立“群众诉求服务站”，通过群众诉求一号通办、诉讼服务、信访维稳等渠道，广泛收集群众诉求，对各类诉求分类梳理后，由群众诉求服务站、法院各职能部门按权限答复解决，同时对各类诉求的答复解决情况进行督办，着力解决群众日常司法需求和信访诉求，加大司法便民利民惠民工作力度，努力为人民群众提供一站式高品质的诉讼服务。对内全面推行案件无纸化立案，规范诉讼材料收转发，深化司法智能化建设，推进审判事务集约化，探索“大集约小中台”模式。前置卷宗编目，实现案件材料规范化编目、智能挂接，全年完成编目共17569宗；各小中台完成首次排期案件5449件，有效缩短集约排期周期；创新诉前电话辅助送达，完成当事人可联性初步排查5307次；开展集约送达工作，依托E网V3、移动微法院等多方信息化平台，完成电话、短信、邮箱、微法院等电子送达275719次，V3送达平台集中完成邮寄送达任务174972宗，送达成功55804宗。

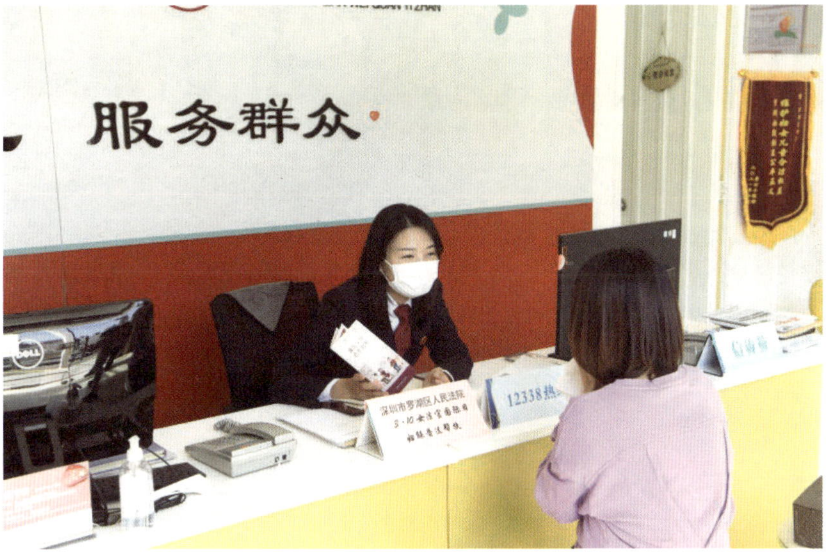

◎ 深圳市罗湖区人民法院法官进社区为妇女提供法律咨询　　（罗湖法院 供）

·编辑：严俊、王钊·

深圳市盐田区人民法院

◎ 2022 年 8 月 26 日，深圳市盐田区人民法院与各区司法局共同签署《关于构建行政争议多元化解机制的工作备忘录》

（杨佳峻 摄）

【概况】深圳市盐田区人民法院辖区位于“国家生态区”盐田区，自深圳市启动行政案件集中管辖改革以来，以区属行政机关为被告的行政诉讼案件统一由盐田区人民法院受理。2022 年，深圳市盐田区人民法院坚持服务大局、司法为民、公正司法，凝心聚力、攻坚克难，各项工作取得新进展，被最高人民法院挂牌命名为“为群众办实事示范法院”，被广东省委授予“依法治省工作先进单位”称号，涌现出广东省“三八红旗手”等先进典型，“深圳市行政案件集中管辖改革”荣获第六届“法治政府奖”，是全国唯一获奖的法院项目。2022 年，深圳市盐田区人民法院受理各类案件 18029 件，办结 16932 件，结收案比达 105.9%，同比增长 9.1 个百分点；未结案件降至 1097 件，同比下降 46.4%，均为历史最好水平。服务保障大局扎实有力，稳妥处理涉问题房企、城市更新等群体性纠纷，审结一批重大复杂敏感刑事案件，营造安全稳定发展环境。改革示范效应充分彰显，小额诉讼改革经验入选最高人民法院司法改革案例，最高人民法院组织开展的“定格法院非凡十年精彩瞬间”系列宣传报道，深圳行政审判中心创建被收录其中。“法智云端”网上行政诉讼服务平台及相关理论研究成果分别获评全国智慧法院创新案例和创新论

◎ 2022 年 8 月 26 日，2021 年度深圳市行政审判工作报告新闻发布会在深圳行政审判中心举行（杨佳峻 摄）

文。诉讼服务体系持续优化，审判辅助事务集约化改革荣获首届“广东法院改革创新奖”提名奖和“深圳法院改革创新奖”。在全国率先探索行政非诉案件实质化解机制，在广东法院“抓示范促改革惠民生”优秀改革项目评选活动中，在百个参评项目中以位列第八的成绩入选。

【行政案件】2022 年，深圳市盐田区人民法院坚持监督与支持并重，审结行政诉讼案件 3982 件，判决行政机关败诉 227 件。稳妥处理涉香蜜二村、布吉海鲜市场等城市更新领域纠纷，依法保障重大项目推进。妥善化解未婚妈妈生育津贴案等社会广泛关注案件，取得良好社会效果。深入推进行政争议实质化解，诉前化解行政争议 3262 件，同比上升 79%，诉中、判后实质化解行政案件达 44%。完善府院良性互动机制，与各区司法局签订行政争议化解合作备忘录，发出 10 份司法建议，推动“以案促建”“以案促治”。行政机关负责人出庭 373 人次，逾 200 名处级以上领导干部观摩行政案件庭审，促进强化“关键少数”法治思维。

【刑事案件】2022 年，深圳市盐田区人民法院坚持总体国家安全观，建设更高水平平安盐田。审结刑事案件 182 件 279 人，严惩电信网络诈骗、涉毒、抢夺、抢劫等犯罪行为，常态化开展扫黑除恶专项斗争，着力提升群众安全感。落实好特殊案件集中管辖任务，坚决维护政权安全、制度安全。保持反腐败高压态势，审结贪污贿赂犯罪案件 5 件 10 人，做到受贿行贿一起惩治。开展打击整治养老诈骗专项行动，全面排查养老诈骗违法犯罪线索，在全市率先发出 5 份司法建议，送法进社区、进商圈，坚持整治规范与宣传教育并举。立足于教育和保护相结合，成立专门负责团队，对未成年被害人、被告人进行针对性帮扶，深入学校开展普法宣传，有效加强未成年人犯罪预防。

【民商事案件】2022 年，深圳市盐田区人民法院全面贯彻新发展理念，服务保障高品质城区发展。助力营造安商稳商氛围，审结各类民商事纠纷 2478 件。妥善审理涉及辖区城市更新、教培机构、重点房企案件 33 件，实现法律效果和社会效果相统一。加大知识产权司法保护力度，落实惩罚性赔偿制度，审结案件 49 件，营造创新创业良好发展环境。主动了解企业司法需求，深入国家珠宝文化创意产业基地实地调研，提出规范意见降低企业涉诉风险。审结 9 件破产衍生诉讼案件，有效释放沉淀资源，提升资产配置效率。

【民生案件】2022 年，深圳市盐田区人民法院妥善审理民生纠纷，审结涉劳动、住房、医疗、教育等民生案件 2156 件，为劳动者追缴欠薪 366 万元，依法保障民生权益。积极主动提供诉讼服务，指引残障人士申请法律援助，庭审配备翻译人员，充分体现司法温度。加大反家暴力度，妥善处理家事纠纷 111 件，为家暴受害者签发人身安全保护令 4 份，并协同派出所、社区监督执行，筑牢妇女人身安全“防火墙”。

【执行案件】2022 年，深圳市盐田区人民法院坚决兑现胜诉权益，提升执行工作社会效益。执结案件 1789 件，执行到位 2.87 亿元，同比上升 25.7%。出台《执行实施案件关键节点时限管理规定》，确保办案规范高效，执行办案周期同比缩短 29.8%。克服疫情影响，连续奋战 12 小时异地执行 29 台重型车辆，坚决维护辖区企业合法权益。加大执行威慑力度，在全市率先为失信被执行人定制彩铃，精准打击失信行为，人民日报等多家媒体予以报道。深化执行联动机制建设，与区

◎ 2022 年 4 月 29 日，三家中央直属行政机关驻深外派机关（构）及国家外汇管理局深圳市分局共四家金融监管机构到深圳行政审判中心调研 （杨佳峻 摄）

公安分局、区社区网格管理中心建立协助执行机制，推动构建综合治理执行难大格局。

【审执质效攻坚行动】2022 年，深圳市盐田区人民法院针对制约司法公信力提升的审判质效短板，制定攻坚目标，细化 85 项攻坚措施，稳步提升公正司法水平。案件平均审理周期缩短 13.8 天，一年以上长期未结诉讼案件大幅减少至 8 件。案件发改率持续降低，6 件案件相关成果分别获评全市优秀案例、优秀文书及优秀庭审。疫情防控期间积极回应群众司法需求。审判委员会专职委员封文智连续一个月驻守单位，先进事迹得到省法院宣传。

【“一站式”诉讼服务体系建设】2022 年，深圳市盐田区人民法院坚持源头防治，加强对调解员业务指导，多渠道多形式提出纠纷防治建议。坚持重点施治，制定“无讼行政机关”创建标准，8 区司法局向盐田法院派驻工作人员，共同推进行政争议联动化解。坚持全程解纷，采取“诉前、诉中、判后”全链条调解模式，三个环节的调解成功率分别达到 54.1%、22.2% 和 25.7%，判后调解成功率居全市法院首位。坚持有效沟通，成立群众诉求“一号通办”工作专班，确保群众诉求“件件有落实、事事有回音”，群众工作经验入选深圳法院群众工作优秀案例、十佳“金点子”。

【审判权力运行体系】2022 年，深圳市盐田区人民法院严格落实司法责任制，出台“四类案件”监督管理工作规程，强化院庭长监督管理职责。完善审判权力和责任清单，做到有序放权、有效监督。细化专业法官会议运行机制，定期研讨重大疑难复杂案件，及时总结审判经验，促进法律适用统一。持续推进类案标准化、规范化审理，编撰类案审理指南，制定 24 类案件要素式庭审提纲，最大限度避免类案不同判现象发生。

【诉讼改革】2022 年，深圳市盐田区人民法院圆满完成民事诉讼程序繁简分流改革试点任务，探索出具有复制推广意义的小额诉讼改革经验，案件平均审理周期较改革前缩短 70.3%。发力审判周期管理，出台《长期未结案件风险防控操作规程》。深化审判辅助事务集约化改革，庭前准备时长减少 18 天，持续缩短办案周期。立足行政诉讼体制改革“试验田”定位，审慎办理以中央直属行政机关驻深外派机关（构）、地市级和区级政府为被告、涉外涉港澳台案件等管辖权下放案件 110 件，推动改革落地落实。

【智慧法院】2022 年，深圳市盐田区人民法院坚持系统思维，着力打造贯穿调、立、审、执、管各环节的智慧法院体系。全面推广“人民法院在线服务”平台，实现全范围全流程全天候诉讼服务，全年网上立案 10689 件，在线庭审 1574 次，电子送达率 76.3%，均创历史新高。探索域外电子送达模式，利用“深圳移动微法院”小程序调解跨国离婚纠纷，减轻当事人诉累。坚持自主研发，推进“法智云端”功能升级，累计 454 家行政机关注册使用该平台，全年新增 142 家。

【思想政治建设】2022 年，深圳市盐田区人民法院把学习贯彻习近平新时代中国特色社会主义思想和党的二十大精神作为首要政治任务，深入开展全国法院“两个确立”主题教育，分层次、全覆盖组织 18 期政治轮训，推动党史学习教育常态化。坚持向区委请示报告年度工作、重大案件、重要改革等重大事项。严格落实“支部建在庭上”要求，开展“红旗党支部”季度评选，切实把基层党组织建设成为有效实现党的领导的坚强战斗堡垒。在全市法院率先成立实习生临时党支部，组

◎ 2022 年 6 月 1 日，深圳市盐田区人民法院召开打击整治养老诈骗专项行动推进会 （杨佳峻 摄）

织多项主题党日活动，确保组织建设不留白。坚持以政治建设为引领，加强党风廉政建设和反腐败工作。选举产生第一届机关纪委，配齐配强纪检督察力量。深化“以案促改”，通报违纪违法典型案例，用“身边人身边事”引导干警进一步增强纪律意识，筑牢拒腐防变底线。坚持教育为本、预防为主、惩戒为辅，开展日常督察、专项督察，发出督察建议书 5 份，及时发现并纠正苗头性、倾向性问题，主动对违反组织纪律的一名同志进行党纪立案并予以诫勉处理。全年违法案件数、信访投诉查实率、审务督察通报数均为零。

【队伍建设】2022 年，深圳市盐田区人民法院全面开展“雏鹰计划”，制定“雏鹰计划”专业积分制实施细则，在干部培养上精准发力。与最高人民法院、西南政法大学等单位共建实习生研习基地，助力法治人才培养。开展各类业务培训 39 期，培优干警政治素养和司法能力。激励干警争当抗疫先锋，接力支援社区防疫，锤炼干警的担当品格、过硬作风。重塑考核机制体系，营造比学赶超氛围。坚持从优待警，解决干警实际困难，慰问困难党员干警。克服疫情影响丰富干警文化生活，院工会、团支部、妇委会组织开展健康讲座、团队建设、创意制作等活动 32 次，有效增强队伍凝聚力、创造力。

【接受监督】2022 年，深圳市盐田区人民法院积极开展代表联络活动，邀请代表视察法院、旁听庭审、座谈交流，及时回复人大代表的议案和意见建议。主动汇报法院重大工作进展，向区人大常委会专项报告行政案件集中管辖改革情况。在全市基层法院率先邀请人大代表列席审判委员会会议，创新接受监督方式，拓宽接受监督渠道。积极邀请政协委员视察交流，向区政协通报重点工作。组织召开群众工作座谈会，邀请 40 余名群众代表共同查找司法为民服务中存在的问题，增进对法院工作的理解和认同。认真办理检察建议 4 份，邀请检察长列席审判委员会会议，法检联合制定《关于建立民事行政诉讼法律监督协作机制的意见》，共同增强法律监督实效。支持和保障人民陪审员依法履职，人民陪审员参审案件 2933 件。通过“两微一网”、视频号主动宣传法院工作，共发布信息 845 条，点击量达 55 万余次。强化普法宣传，开展反有组织犯罪法、世界知识产权日、民法典宣传月等专项普法活动，营造尊法学法守法用法良好氛围。着力提升裁判文书公开、网络庭审直播质量，构建开放透明阳光的审判环境，不断提升司法公信力。

·编辑：严俊、陶颖琪·

◎ 2022 年 4 月 28 日，深圳市盐田区人民法院开展知识产权司法保护宣传活动 （杨佳峻 摄）

深圳市南山区人民法院

◎ 2022 年 1 月 4 日，深圳市南山区人民法院举行新年升旗仪式 （南山法院 供）

【概况】深圳市南山区人民法院的辖区南山区是深圳市的经济大区、科技大区，经济总量位于全国百强区第一，有境内外上市企业 182 家，商事主体 53 万户，PCT 国际专利申请量占全国八分之一。2022 年，深圳市南山区人民法院共受理各类案件 60501 件（含旧存 9331 件），结案 54904 件，结收案比 107.3%，31 项审判执行质效集中攻坚目标达标率居全市法院前列，存案降幅高达 40.02%；审结全国首例互联网平台侵害个人信息案，两案件获评“中国法院 2022 年度案例”，一案件入选司法部案例库。党建队建持续进步，全年开展全国法院“两个确立”主题教育，扎实开展“先行示范 行在南山”大讨论活动，全面深入学习贯彻党的二十大精神，全年获市级以上集体荣誉 6 项、个人荣誉 135 人次，涌现出“全省法院一级警队”“十佳最美政法干警”等先进典型。服务大局有力有效，出台司法服务保障实施意见。助力创优营商环境，一审民商事案件平均审理周期、首次执行案件结案平均用时同比分别减少 45.7 天和 25.7 天。护航创新驱动发展，与中国（深圳）知识产权保护中心深度构建“联调、联审、联动”工作机制。改革创新务实有成，创新打造“1+4+8+N”诉源治理体系，民商事案件调收比排名全市法院第一。“一站式速执”模式改革获评深圳市“法治先行示范城市创新成果”。无纸化办案模式改革、司法辅助事务集约化

◎ 2022年5月27日，深圳市南山区人民法院、南山区人民检察院共建的“家庭教育指导工作站”揭牌，南山区委副书记、政法委书记廖子彬等参加活动

（南山法院 供）

改革均富有成效。加强人民法庭建设，打造“一法庭一品牌”。在全市基层法院率先成立群众诉求服务中心，在全市首创“家庭教育指导工作站”“法律助残工作室”“劳动争议联合调解工作室”“家事执行工作室”等司法惠民品牌。

【政治工作】2022年，深圳市南山区人民法院坚持党的绝对领导，牢记人民法院政治属性，坚持“政法姓党”毫不动摇，全年开展全国法院“两个确立”主题教育。认真执行《中国共产党政法工作条例》，主动向区委、区委政法委请示报告重大事项62次80项。牢牢守住意识形态主阵地，严把立案审核、庭审直播、文书撰写、对外宣传“政治关”，抓牢抓实维稳安保工作，以“时时放心不下”的责任感，全力营造全区安全稳定的政治社会环境。强化政治理论学习。全面系统深入学习贯彻党的二十大精神，开展“坚持人民至上 践行司法为民”主题学习讨论活动，增强“四个意识”，坚定“四个自信”，做到“两个维护”。严格执行“第一议题”制度、政治要件闭环落实机制，推动党史学习教育常态化长效化，全覆盖政治轮训2444人次，院机关党委连续两年获评南山区“学习强国”先进单位。夯实基层党建基础。落实深圳法院党支部建设38项措施，开展“为群众办实事”等主题党日活动180余次，搭建“三位一体”党建学习教育基地，打造“政治导师制”“过政治生日·忆入党初心”等特色党建品牌。以党建带队建促审判，评选党员先锋岗、示范岗、突击队18个，开展“党员法官办案标兵榜”评比活动22期。

【服务大局】2022年，深圳市南山区人民法院围绕中心工作，出台司法服务保障实施意见，制定22项任务162条举措，将区委“实施五大战略、打造五个新标杆”工作部署落实到法院工作全过程、各方面，获区委、区政府主要领导批示肯定。坚持“疫情要防住、经济要稳住、发展要安全”，开展“暖企”专项行动，实施“活封”“活扣”“保全财产置换”等善意文明保全措施，在劳动争议案件审理中依法保护企业用工自主权。“活水养鱼”促成餐饮企业恢复偿债能力案，获省法院宣传报道。妥善审理各类涉重点房企纠纷案件。服务供给侧结构性改革，加速“僵尸企业”出清，移送“执转破”案件850件、涉及企业71家。“法徽红”变身“抗疫白”，组织干警驰援社区抗疫516人次。

【纠纷调解】2022年，深圳市南山区人民法院大力发展新时代“枫桥经验”，推动构建“1+4+8+N”分层递进诉源治理工作格局，铺设群众“家门口”解纷站点，将16922件纠纷化解于诉前。联合南山区总工会、南山区人资局创建全市首个劳动争议联合调解工作室，成功调处劳动争议纠纷151件。当好社会风险隐患“吹哨人”，建立涉众型纠纷诉前识别摸排机制，共摸排涉教育培训机构、家政公司等纠纷1586件、涉及市场主体124个，依托府院联动，多元化解矛盾纠纷。率先探索一审判后调解、执前和解和督促履行新机制，实现审执工作调解全覆盖。以调解、和解方式结案比率大幅提升，民商事案件调收比74.6%，居全市法院第一；诉前调解率50.16%、诉中调解率37.37%、一审判后调解率9.15%、执前和解率17.86%，均居全市法院前列。

【诉讼服务】2022年，深圳市南山区人民法院坚持疫情之下审判执行“不停步”“加速度”，全面构建立、审、执全链条网上办案新模式。引导5万余名当事人和律师注册“深圳移动微法院”，网上立案率达96.02%、电子送达30.7万余次、线上庭审1.5万余场、在线调解6.5万余次、在线答疑3万余人次、网上阅卷服务2.2万余人次。在线查控财产32.3万余次，网络司法拍卖标的物237件，成交金额10.8亿元。在全市基层法院率先成立群众诉求服务中心，搭建“三站两线一码”多维服务平台，“一站式”接办群众诉求；以专班、专线、专码、专栏，应对处置涉众金融信访类案，实现群众诉求“件件有落实，事事有回复”。来电即时办结率达94.9%，热线座席满意率达99%，涉诉信访量环比减少53.2%，涉众金融信访类案数环比下降59.8%。

◎ 2022年4月13日，深圳市南山区人民法院诉调对接中心及分中心授牌成立

（南山法院 供）

◎ 2022年5月13日，深圳市南山区人民法院执行事务中心成立，南山区人大常委会主任程正华等参加揭牌仪式

（南山法院 供）

【刑事案件】2022年，深圳市南山区人民法院审结刑事案件1278件1698人，成功办结涉87名被告人的邪教专案。贯彻实施反有组织犯罪法，健全常态化扫黑除恶机制。从重惩处故意伤害、抢劫、强奸等严重暴力犯罪案件79件79人。开展打击养老诈骗专项行动，依法守护好老年人的“钱袋子”。依法严惩涉众型经济犯罪，审结非法吸收公众存款、非法集资、电信网络诈骗案58件111人。审结“代办名校学位”诈骗案，有效维护就学秩序和教育公平。坚持宽严相济，依法对324名被告人适用非监禁刑。强化人权司法保障，为198名无辩护人的被告人指定辩护律师。

【民事案件】2022年，深圳市南山区人民法院审结民事案件26381件。坚持调判结合，以调解、撤诉方式结案9469件。切实解决群众“急难愁盼”，审结劳动争议、道路交通、教育、医疗、社保案件2801件。坚持情、理、法相融合，审结家事纠纷案件1167件。以裁判树规则，解决小区里的“糟心事”，审结房屋买卖、租赁、物业纠纷案件1475件。成功破解“法拍房”产权分割及使用难题，对卖方出售学位已被占用的学位房行为判令赔偿，判决物业公司协助业主安装新能源汽车充电桩，让老百姓切实感受到法律条文背后的力量、是非、温度。旗帜鲜明为见义勇为撑腰，在“救助摔伤老人案”中，判决驳回向热心助人者索赔的诉讼请求，入选市法院贯彻实施民法典工作报告典型案例篇。服务国际化城区建设，审结涉外涉港澳台民事案件89件，办理国际、区际司法协助（互助）案件59件、境外司法送达10件。

【商事案件】 2022年，深圳市南山区人民法院坚持打造一流法治化营商环境，优化司法程序，减少诉讼耗时，一审民商事案件平均审理周期、首次执行案件结案平均用时同比分别减少45.7天、25.7天。引导市场主体诚实守信，审结合同纠纷案件16768件，多元化解新能源企业“茂硕新能源”合同纠纷执行案，在省两会期间作为法治护航湾区发展典型案例，获《南方日报》专题报道。成功办理全市首例适用信用修复激励机制案件，以正向激励督促失信人纠错守信。对王某捏造事实、恶意制造虚假诉讼的行为，开出“诚信罚单”。延伸司法职能助推行业规范治理，向教育、金融、房地产等行业主管部门发送司法建议，回复率达100%。

【知识产权案件】 2022年，深圳市南山区人民法院实施最严格知识产权司法保护，审结各类知识产权案件1638件，对28名构成侵犯知识产权犯罪的被告人判处刑罚。审结全国首例互联网平台侵害个人信息案，入选全省法院互联网十大案件，并被写进省法院工作报告。与中国（深圳）知识产权保护中心签订框架协议，深度构建“联调、联审、联动”工作机制。及时回应新领域、新业态知识产权保护新需求，组建数字经济案件专审团队，选派法官赴区高层次人才知识产权研修示范班授课。“人脸识别技术法律保护”“新型数字化知识产权权益保护”等调研成果，分获全市法院及市委依法治市办优秀调研成果奖。

【执行案件】 2022年，深圳市南山区人民法院攻坚“切实解决执行难”，办结执行案件27093件，执行到位金额54.2亿元，执行质效指标均高于全市基层法院平均水平。成立专职“速拍”团队，加速涉案财产变现，“以拍促调”促成执行和解金额达2.6亿元。大力解决占用小区架空层、“法拍房”清场等执行难题，强制搬迁交付房地产面积达55200平方米。强化执行威慑，限制高消费18187人次、公开曝光失信被执行人5092人次，92名被执行人迫于失信惩戒压力主动履行义务。联动公安机关实施“惊雷”集中扣车专项行动，联合公安、检察机关出台办理拒执罪案件工作指引，移送涉嫌拒执罪案件14件，对虚假和解、规避执行的侯某判处有期徒刑8个月。制作“便民清单”，一次性告知执行全流程事项；开辟涉民生案件执行“绿色通道”，用执行“力度”呵护民生“温度”。

【司法为民】 2022年，深圳市南山区人民法院加强未成年人司法保护，创建全市法院首个家庭教育指导站，发出家庭教育指导信347份，在全市首次向罪错少年监护人发出家庭教育令，督促父母“依法带娃”。成立家事执行工作室，柔性破解离异夫妻探望子女难题，成功办理涉中美两国跨境“云探望”案件，获最高人民法院宣传。联合区残联成立全市首家“法律助残合作工作室”，全面开辟“无声”“无碍”诉讼通道。搭建便民“小花园”，推出“提前半小时服务”“夜间法庭”“周末开庭”等为民“微实事”，诉讼服务更贴心。组织法官走社区、进企业开展普法宣传，携手蛇口街道人大工委开展“民法典宣传月”活动，“社区微法庭”入选省法院“百项精品普法”培育项目。传递司法温度，发放司法救助款项56.3万元。

【审判管理】 2022年，深圳市南山区人民法院全面准确落实司法责任制。压实监督管理责任，组织评查案件646件，倒逼法官更严履职尽责；出台《重大敏感案件监督管理工作规程》，全流程监管“四类案件”办理，936件案件依程序登记备案；履责与督责并行，院庭长办案13545件，占结案总数24.7%。深化全口径繁简分流改革，打造“简案速裁、普案快审、繁案精办”新模式，4542件小额诉讼一审终局、案结事了。用好考核“指挥棒”，出台周期评价考核办法，高频度考评部门及干警办案质效。紧盯质效短板靶向发力，开展核心指标提升专项行动，制定审判管理制度13项，促进办案质效持续向好。民商事案件及刑事案件服判息诉率分别提升至82.2%和85.4%，无正当理由长期未结案件清零。

【监察督察】 2022年，深圳市南山区人民法院持续巩固政法队伍教育整顿成果，持之以恒全面从严治院。每周召开院长督导会，以钉钉子精神集中整治沉疴积弊，推动超审限长期未结案件、民商事案件上诉率及发改率偏高等问题有效整改。认真落实防止干预司法“三个规定”，开展司法掮客专项整治、离职退休人员违规从业专项整治。深化以案促改工作，以身边人、身边事开展廉政警示教育。实行定期家访制度，加强八小时外监督管理，促进廉洁司法。

◎ 2022 年 4 月 15 日，深圳市南山区人民法院举办“先行示范 南法有我”演讲比赛（南山法院 供）

【智慧法院建设】2022 年，深圳市南山区人民法院率先形成全流程、全要素、全覆盖的无纸化办案模式，一审民商事案件平均审理周期同比下降 30.6%、电子归档率提升至 87.9%。完善政法跨部门办案平台，实现公检法司跨部门业务协同、案件“一网流转”、办案全程留痕，一审刑事案件平均审理周期压缩至 30.74 天，居全市法院第一。设立司法辅助事务中心，实现诉讼材料收转、排期、送达等审判辅助事务集约化，庭前准备周期下降 50%。

【阳光司法】2022 年，深圳市南山区人民法院深入践行全过程人民民主，自觉接受监督，向区人大常委会专项报告诉源治理非诉解纷工作，4 名法官接受区人大常委会履职评议，积极配合区政协委派区法院民主监督小组开展工作，邀请代表委员视察工作、旁听庭审、见证执行、座谈交流 85 人次，编印代表委员联络专刊，每月向代表委员发送法院工作视频短信；认真办理、函复代表委员建议、议案、来信 26 件，代表委员满意度 100%；自觉接受检察机关法律监督，办理检察建议 4 件；保障人民参与司法，人民陪审员参审案件 436 件。

·编辑：严俊、赵玉婷·

深圳市宝安区人民法院

◎ 2022 年 12 月 8 日，深圳市宝安区人民法院在沙井开展法院开放日暨无纸化公开庭审活动　　（宝安法院 供）

【概况】深圳市宝安区人民法院辖区宝安地处粤港澳大湾区地理中心，是广深港南北发展轴和深中东西发展轴交汇的枢纽，常住人口数居全市之首，是深圳市的工业强区。2022 年，深圳市宝安区人民法院始终坚持以习近平新时代中国特色社会主义思想为指导，深入学习贯彻党的二十大精神，坚持党的绝对领导，积极弘扬伟大建党精神，激励全院干警在执法办案、服务大局、改革创新、司法为民中奋勇争先、担当作为，有力推进各项工作高质量发展。全年受理各类案件 84690 件，办结 74287 件，法官人均结案 523 件，同比分别下降 11.2%、3.4%、6.1%。未结案件同比下降 43.6%，结案率、结收比同比分别上升 7.1 个、9.8 个百分点，案件服判息诉率 87.6%，多项指标居全市基层法院前列，审执态势向上向好。队伍建设取得长足发展，全院 10 个集体、80 名个人获得市级以上表彰，涌现出全国法院办案标兵、全省法院信息工作先进个人等一批先进典型。诉源治理工作成效显著，继出台全省首个“无讼社区”创建标准后率先出台全市首个人民法庭诉源治理工作规程，石岩人民法庭立足城区法庭职能，探索服务市域治理新路径，相关经验入选最高人民法院“第四批新时代人民法庭建设案例”。

【刑事案件】2022 年，深圳市宝安区人民法院依法审结刑事案件

2264件2851人，案件数量同比下降46.4%，且连续6年下降，群众安全感持续提升。审结全区首例危险作业罪案，开展打击整治养老诈骗专项行动。严惩危害群众生命财产安全犯罪，审结故意伤害、强奸等严重暴力犯罪案件240件267人，盗抢骗、黄赌毒等多发性犯罪案件821件1136人。加强个人信息保护，审结侵犯公民个人信息犯罪案件8件16人。保障群众出行安全，审结醉酒驾驶等危害公共安全罪案件610件625人。服务系统性金融风险防控，依法审结非法吸收公众存款罪等涉众金融刑事案件46件93人。严惩涉民生犯罪，依法审结危害食品药品安全、制假售假案件8件14人。坚持从严反腐，审结贪污、受贿等职务犯罪案件2件2人。认真贯彻宽严相济政策，审结认罪认罚从宽刑事案件1588件1792人，依法判处缓刑等739人。

【民商事案件】2022年，深圳市宝安区人民法院妥善审结民商事案件43475件，结案标的额262.08亿元。妥善审结教育、就业、医疗、居住、养老等涉及群众切身利益的民事纠纷案件4637件，积极回应群众关切，切实解决人民群众急难愁盼的问题。坚持自愿原则和鼓励交易原则，审结各类合同纠纷案件21839件，引导市场主体诚信经营，营造稳定有序可预期的市场环境。审结民间借贷纠纷案件6215件，规范融资行为，引导民间融资服务实体经济，提升市场经济活力。主动对照产业集群发展“宝安方案”，妥善审理涉装备制造企业纠纷1127件，涉文化、旅游行业纠纷1951件，服务保障全区构建先进制造业与现代服务业相互赋能、“双轮驱动”新格局。

【执行案件】2022年，深圳市宝安区人民法院办结执行案件29050件，执行到位29.25亿元。优化执行机制，强化规范管理，全面完善立案、审判、执行工作衔接机制，执行保全15197件，探索开展执前调解，从源头减少执行案件数量。全面加强财产处置，开展网拍154次，成交金额4.81亿元。持续强化搜查、拘留、信用惩戒等措施，公开曝光失信被执行人14706人次，限制高消费20660人次，追究刑事责任5人。开展异地财产集约处置专项行动，依法办理王某非法吸收公众存款执行案等一批社会广泛关注的案件。高效执结同富裕工业区1.2万平方米清场行动，服务保障重点项目建设。贯彻善意文明执行理念，办理暂缓对某板材公司信用惩戒执行案等一批典型案件，服务巩固拓展疫情防控和经济社会发展成果。

【营商环境】2022年，深圳市宝安区人民法院积极优化法治化营商环境，服务保障辖区经济社会高质量

© 2022年5月30日，深圳市宝安区人民法院与7个部门举行《关于在涉未成年人案件中开展家庭教育指导工作的实施意见》联合签署仪式

（宝安法院 供）

发展。高度重视企业及企业家的司法保护，准确审慎适用刑事强制措施，依法审结各类涉民营经济纠纷案件，强化产权保护。深入推进“执转破”改革，裁定受理破产案件14件，推动30家“僵尸企业”有序退出市场。主动融入“宝安特色”知识产权全链条保护体系，审结知识产权案件2699件，联合检察机关及市场监管、工商联等单位构建知识产权综合保护协作与协调机制，大力推进“一站式”知识产权保护平台建设，推动在4个街道设立知识产权保护中心工作站，并依托现有7个知识产权保护站，将法律服务延伸至基层末梢，积极服务保障全区国家知识产权强县试点建设，推进法治化营商环境建设工作。

【司法服务保障】2022年，深圳市宝安区人民法院深入贯彻以人民中心的发展思想，着力打造高质量诉讼服务体系，加强民生司法保障。完善“一站通办”诉讼服务中心和“一网通办”诉讼服务平台建设，“一站式”质效平台得分常年居全省法院前列，全年网上立案59599件，网上立案率95%，为群众提供高效便捷诉讼服务。主动回应群众关切，畅通“12368热线”联络渠道，妥善办理群众诉求工单57729件，及时回复“移动微法院”平台信息，高效解决群众诉求。积极开展“为群众办实事示范法院”创建活动，组织司法为民学习讨论活动，落实17项便民利民措施。常态化开展涉民生案件专项集中执行行动，执结涉民生案件4506件，到位金额2.14亿元。依法发放司法救助金170余万元，有力彰显司法人文关怀。

【审判管理】2022年，深圳市宝安区人民法院以提高司法公信力为根本尺度，全面加强审判管理，促进司法公正高效。全面推进排期、送达、保全、鉴定等辅助事务集约化、标准化、社会化办理，民商事案件结案周期128.6天，同比缩短29.3%。狠抓“双超”治理，实施长期未结案件领导包案、定期评查等制度，强化上诉移送督促监管及预警频率，全院审限内结案率99.97%，清结一年以上长期未结案件694件，现存长期未结案件同比下降59%，上诉案件移送周期22.4天，同比下降8.6%，有效提升审判效率。全面落实审委会、专业法官会议议事规则，常态化开展案件质量评查，严格落实“四类案件”监管，积极完善智能监管平台，实现审判执行工作全程留痕。深化专业化审判改革，将类案交由专业审判团队审理，其中涉物流纠纷案件按照“一法庭一特色”交由福永法庭集中审理，有效统一裁判标准。充分发挥院庭长监管及带头示范作用，建立健全领导班子成员履职评价机制，院庭长全年办案16735件，占比22.3%，全面推进审判质量提升。

【司法公开】2022年，深圳市宝安区人民法院积极构建阳光司法机制。常态化开展直播庭审，认真推进裁判文书上网，不断提升司法公开水平。聚焦群众普法需求，开设“宝法一分钟”等普法宣传栏目，编撰民法典典型案例等宣传手册，开展国家宪法日、知识产权宣传周、青春法治护航等活动。全面提升法治宣传影响力，传统媒体刊发区法院报道110余篇次，区法院新媒体平台总阅读量、播放量共410万余次，普法宣传视频作品单篇播放量最高46万次，推文单篇阅读量最高11万次，4篇作品入选2021年度影响力法律融媒体作品、微博优秀基层案例，官方微博连续三年获评优秀基层政务微博，“原创短视频宣传矩阵”入选全省法院2022年度“百项

◎ 2022年6月29日，深圳市宝安区人民法院通过宝安日报“市民热线”倾听民声、反馈民意、解决民忧

（宝安法院 供）

精品普法”培育项目。

【服务社会治理】2022 年，深圳市宝安区人民法院延伸审判职能，主动融入社会治理体系。坚持和发展新时代“枫桥经验”，在全市率先出台加强人民法庭诉源治理工作规程，“1+5+N”多元解纷网络更加健全，区级多元调处中心新引入深圳市前海国际商事调解中心等 4 家调解组织，健全房地产及物流类纠纷专业化解模式，街道诉调对接中心实现全覆盖，并依托 48 个社区级多元调处平台，科学推动诉源治理资源下沉，取得良好成效，诉前成功调处矛盾纠纷 19168 件，同比增加 12020 件，完成司法确认 519 件，民商事、执行新收案件同比下降 9.3%，大量矛盾纠纷化解在基层、化解在萌芽。区多元调处中心入选全区矛盾纠纷源头预防多元化解工作调研点，在全市诉源治理工作会议上作经验介绍，多元解纷经验做法受到中央政法委高度关注。不断强化司法建议助力提升综合治理水平，全年发出司法建议 33 件，期限内回复率 100%，2 篇司法建议获评全市法院优秀司法建议。

【改革创新】2022 年，深圳市宝安区人民法院坚持以全局观念和系统思维推进司法改革。进一步深化全口径繁简分流机制改革，民商事案件适用小额诉讼程序结案 10524 件，同比上升 74.2%，适用独任制审结普通程序案件 14662 件，简易程序案件当庭宣判率为 69.4%，民商事速裁案件平均审理周期 67.1 天，同比缩短 53.1%，质效显著提升。刑事速裁案件持续保持“四个100%”，执行案件“简普专”分流模式更加完善，首执案件平均执行时间 86.1 天，同比缩短 24.5%。全院快审快执结案 48839 件，占结案总数 65.2%，有力提升审执效率。持续优化家事、少年审判改革，完善“25422”家事少年审判制度体系，发出全市首份家庭教育令、告诫书，联合区检察院、公安分局、司法局、教育局等 7 家单位在全市率先出台家庭教育指导工作实施意见，组建家庭教育指导工作站，对廖某发出的家庭教育令获评全省未成年人司法保护典型案例、全市未成年人关爱服务十佳案例，“青春飞扬法治护航”普法活动获评全省国家机关“谁执法谁普法”优秀普法项目。审结涉家事、未成年人案件 1885 件，提供心理疏导服务 207 次，完成社会观护报告 112 份，联合妇联、团委、民政等部门救助 21 人。“道交一体化”改革深入推进，高效审结道路交通事故损害赔偿案件 1186 件，充分发挥多部门联动、多元化调解、多方位保障的机制优势。

◎ 宝安法院官方微博连续三年获评新浪网优秀基层政务微博

（宝安法院 供）

【智慧法院建设】2022 年，深圳市宝安区人民法院不断完善无纸化办案体系进一步加强智慧法院建设。出台无纸化办案全覆盖工作方案及办案操作指引，通过政法跨部门大数据办案平台办理刑事案件 1967 件，实现无纸化办案全覆盖。积极回应互联网时代司法新需求，健全电子诉讼规则，在线开庭 23872 件，电子送达 143371 次，其中裁判文书电子送达 32226 次，电话、短信送达成功 37840 次，大幅提升审执质效，促进司法便民利民。不断强化电子卷宗随案生成系统深度运用，大力推广应用智审、文书自动纠错等系统，全年无纸化办案 86419 件，电子归档 92861 件，电子归档率 86.7%，实现全业务网上办理、全方位智能管理，有力提升办案质效，优化办案体验。

【党建工作】2022 年，深圳市宝安区人民法院落实全面从严治党。坚持用习近平新时代中国特色社会主义思想凝心铸魂，深入学习贯彻党的二十大精神，积极开展全国法院“两个确立”主题教育和政治轮训，切实增强“四个意识”、坚定“四个自信”、做到“两个维护”。全面提高机关党建质量，扎实开展党组第一议题、理论学习中心组，推进“三会一课”督查制度化、常态化。积极打造党建品牌示范案例，连续十年举办“五四青年进步论坛”，原创作品《我们正青春》获第六届平安中国“三微”优秀短视频奖，21篇视频作品在“学习强国”平台宣传转播，获评全区“学习强国”先进集体。积极完善风险防控体系，定期排查廉政风险点，正确运用监督执纪“四种形态”，坚持抓早抓小谈话制度，深入开展警示教育、以案促改活动，严格落实“十个严禁”“三个规定”等铁规禁令，确保司法公正廉洁。全面加强司法作风建设，大力开展突出问题集中整治，切实强化日常监管，全年开展专项督察2次、作风督察26次。深入开展“制度规范年”活动，完善制度149项，确保各项工作管长远、求实效。

【能力建设】2022年，深圳市宝安区人民法院全力锻造忠诚、干净、担当的法院队伍。将意识形态工作放在突出位置，充分发挥党管意识形态工作职能，出台贯彻意识形态工作责任制实施方案，制定意识形态工作要点，定期召开意识形态专题研究会，制定并落实重大敏感案件全流程备案制度，严格把好立案、庭审等关口，规范信息报送、新闻宣传审批，坚决维护司法领域意识形态安全和政治安全。完善线上线下教育培训体系，广泛开展岗位大练兵活动，组织开展文书评比、技能竞赛等活动。组织参加“六优”评比活动，在全国法院第三十四届学术讨论会上获评二等奖1篇，在全国第三届法庭高质量发展论坛征文中获评一等奖1篇、优秀奖1篇，12篇调研成果获市级以上奖励。全面强化人才梯次培养，制定青年人才培养“雏鹰计划”，实施青年干警导师制度，促进青年成长成才。在急难险重中锻炼队伍，设立29个党员先锋岗、示范岗，组建7支“攻坚克难”突击队，推进审执工作高质量开展，66名干警下沉社区抗疫一线，展现法院担当。

◎ 2022年6月15日，广东省委政法委副书记王光辉一行到宝安法院开展政法领域执法司法权运行机制改革专题调研并召开座谈会（宝安法院 供）

·编辑：严俊、吴泽玲·

深圳市龙岗区人民法院

◎ 2022 年 5 月 25 日，深圳市龙岗区人民法院与淘宝（中国）软件有限公司阿里资产举行拍辅服务深度合作签约仪式，就进一步提升网络司法拍卖的服务效能开展深度合作　　（龙岗法院 供）

【概况】深圳市龙岗区人民法院位于深圳东北部的龙岗区，辖区高新技术产业、战略性新兴产业位居全国工业百强区第一，下辖大鹏人民法庭（环境资源法庭）集中管辖全市一审环境资源案件。2022 年，深圳市龙岗区人民法院受理各类案件 67174 件，同比下降 11.83 %；结案 62188 件，同比下降 4.30 %；存案 4986 件，同比下降 55.49 %，降幅位列全市基层法院第二，超额完成 2022 年存案减半的目标，各项审判质效指标持续优化。

【刑事案件】2022 年，深圳市龙岗区人民法院共审结各类刑事案件 2797 件，判处罪犯 3662 人。常态化开展扫黑除恶专项斗争，审结王某组织、领导黑社会性质组织案等涉黑涉恶案件 3 件 11 人，确保除恶务尽。开展“春雷 2022”专项行动，审结侵害妇女儿童权益犯罪案件 405 件 437 人，切实维护广大妇女儿童合法权益。严惩涉疫违法犯罪行为，审结于某伤医案，充分保障医护人员合法权益。依法防范、严厉打击养老诈骗，审结以海底椰冒充特效药养老诈骗案，全力守护老百姓养老钱。

【民事案件】2022 年，深圳市龙岗区人民法院审结各类民事案件 37004 件。深入贯彻实施民法典，

◎ 2022年4月26日，深圳市龙岗区委、区政府领导率区属部门和街道领导干部到龙岗区人民法院旁听庭审（龙岗法院 供）

审结生命权、身体权、健康权等人格权纠纷案件455件，以司法力量保障人格权益，实现人民群众对良法善治的美好期盼。平等保护合法产权，审结财产损害赔偿、排除妨害、所有权确认等物权纠纷案件474件，让有恒产者有恒心。加大虚假诉讼整治力度，审结虚假民间借贷纠纷系列案8件，并对原告罚款40万元，依法维护诚信诉讼秩序。

【诉源治理】 2022年，深圳市龙岗区人民法院出台《关于进一步加强诉源治理工作的实施意见》，完善“全领域、全覆盖、全流程”诉源治理工作机制，最大限度将矛盾纠纷化解在诉前。制定《调解员管理办法》，规范调解员队伍管理，切实提高矛盾纠纷化解质量和效率。加强调解员调解技能培训，组织线上线下全方位业务培训76次，努力提升调解员纠纷实质化解能力。人民法庭、驻街道工作站全年指导、介入调处矛盾纠纷2129件，同比上升18.34%；诉前化解各类民商事案件18666件，同比上升76%，新收各类案件33232件，同比下降16.58%，推动更多矛盾纠纷化解在基层、解决在诉前，让当事人不打官司也能解决纠纷。

【司法建议】 2022年，深圳市龙岗区人民法院聚焦司法审判实务中发现的问题，针对行业监管漏洞、社会治理薄弱环节等发出司法建议19份，推动形成齐抓共管治理格局。在审理一批美术作品被烧毁巨额侵权赔偿系列案件中，就美术作品价值认定提出司法建议，获省部级两机关高度认可；针对涉未成年人性侵案件上升趋势发出司法建议，推进责任部门落实性侵未成年人强制报告制度；针对养老行业风险问题提出司法建议，推动提升养老服务品质，促进规范养老服务市场。

【营商环境保障】 2022年，深圳市龙岗区人民法院坚持法治是最好的营商环境，司法护航企业发展。全年共审结各类合同纠纷案件25702件，促进信用经济、法治经济建设。审结涉抖音群控系统不正当竞争、康视佳网络公司被商业诋毁等不正当竞争案件113件，营造统一开放、有序规范、公平竞争的市场环境。揭牌成立全市首个指导商会调解的工作平台——龙岗法院坪地街道商会调解指导中心，推动商人纠纷商会解，满足民营企业纠纷多元化解、快速化解和有效化解的实际需求。成立深圳法院首个财产保全事务中心，善意文明执行，依法保护、支持民营经济健康发展。

【知识产权案件】 2022年，深圳市龙岗区人民法院以专业审判守护智慧创新成果，审结知识产权案件2432件，助力龙岗区国家级知识产权强区试点建设。依法化解知识产权行政纠纷，审结知识产权行政案件4宗，支持、监督行政机关依法打击知识产权侵权行为。公正高效审理网店商户侵犯“樱花”商标专用权案等商标侵权案件705件，维护商标使用秩序，规范网络经营行为。组织法检“两长”知识产权案件示范庭审直播，展现知识产权审判公信力。

【环境资源案件】 2022年，深圳市龙岗区人民法院落实最严格生态环境保护制度，审结游某等买卖盗采海砂23.5万吨案等各类环境资源案件204件，保护深圳绿水、蓝天、净土的靓丽风景线。妥善审结德辉宝公司污染茅洲河行政处罚案，支持环保部门依法查处污染企业。院长公开开庭主审环境资源行政诉讼案，上好提升人民群众环保意识“公开课”。发布以案释法典型案例，引导公众保护生态环境。大鹏人民法庭（环境资源法庭）受最高人民法院表彰，获评人民法院环境资源审判工作先进集体。

【民生案件】2022 年，深圳市龙岗区人民法院审结涉及医疗、教育、交通等民生领域案件 1316 件，发布危害食品药品安全犯罪案件审判白皮书及十大典型案例，服务“六稳”“六保”。审结家事案件 1322 件，促进和谐家庭建设。审结劳动争议案件 2239 件，化解 214 名员工与深圳某机电公司重大劳资纠纷案，维护规范有序、互利共赢、和谐稳定劳动关系。探索“物业众议庭”模式，与街道携手圆满化解吉华街道茵悦之生花园上千户业主与开发商公共用房权属纠纷，守护安居生活环境。加强残疾人无障碍诉讼服务，付某某与谭某某民间借贷纠纷案获评广东法院残疾人司法保护典型案例。

【未成年人司法保护】2022 年，深圳市龙岗区人民法院妥善审结未成年人犯罪案件 58 件 66 人，依法审结侵害未成年人合法权益的刑事案件 142 件 148 人，落实落细特殊、优先保护政策。承办最高人民法院第一巡回法庭和深圳市中级人民法院主办的“法治护航，伴你成长——模拟法庭进校园”专题普法活动，推动提升法治校园建设水平。与区司法局、区教育局、区检察院联合开展“学法存敬畏 守法护成长”旁听庭审活动，营造关爱未成年人健康成长的浓厚氛围。少年法庭工作受最高人民法院肯定，一名法官荣膺“人民法院少年法庭工作先进个人”称号，为深圳法院系统唯一获此殊荣的个人。

◎ 2022 年 5 月 24 日，最高人民法院第一巡回法庭、深圳市中级人民法院、深圳市龙岗区人民法院联合举办“法治护航伴你成长”模拟法庭进校园普法活动

（龙岗法院 供）

【执行案件】2022 年，深圳市龙岗区人民法院全年共受理执行案件 22070 件，执行到位 28.6 亿元，基本解决执行难成果持续巩固。携手淘宝推出“司法拍品快递到家”邮寄物流新服务，进一步提升网络司法拍卖服务效能，维护胜诉当事人合法权益。探索民事执行新机制，发出全市首份《自动履行证明书》，强化主动履行正向激励。引入失信彩铃曝光机制，对失信被执行人开通失信彩铃业务，精准打击失信行为。深化执行联动，深圳、贵阳两地法院跨区域执行，10 余套拍卖房产成功交付。执行攻坚持续发力，组建专班办结建院以来退赔金额最大的刑事退赔执行案——“国湘”案，通过司法拍卖妥善处置成品酒 16.4 万箱、基酒 622.72 吨，执行到位 1.46 亿元；开展大型腾退清场专项行动近 30 次，腾退面积近 10 万平方米，大鹏 2000 平方米集体土地腾退执行案获《人民法院报》宣传报道。

【诉讼服务】2022 年，深圳市龙岗区人民法院揭牌成立全市首个基层法院群众诉求服务中心，整合日常诉讼服务和信访诉求办理功能，实现群众各类诉求一站式办理。推行群众诉求“一号通办”工作机制，严格规范群众诉求工单办理流程及时限，强化催办、督办，推动群众诉求服务提速升级。在大鹏新区信访大厅（群众诉求服务中心）筹备增设“东部诉讼服务分中心”，全面提供一站式诉讼引导、网上立案、司法确认、诉前调解等诉讼服务，方便当地居民参与诉讼。领导干部带头，认真做好彭某案、郑某某案

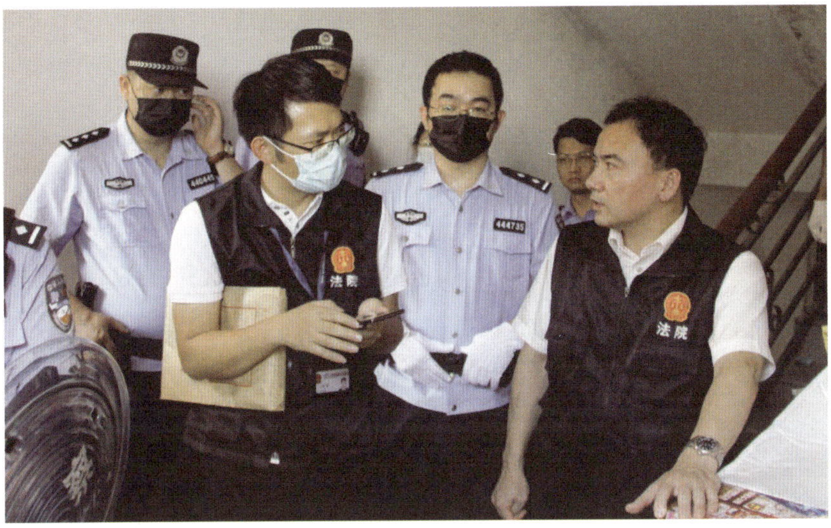

◎ 2022 年 7 月 20 日，深圳市龙岗区人民法院开展虎啸 2022 执行行动

（龙岗法院 供）

等重大信访案件实体化解工作，全力做好党的二十大等重要时间节点的安全保障。

【智慧法院】2022 年，深圳市龙岗区人民法院科技赋能促智慧法院升级。全面启用 E 网送达 V3 版本，试行跨域送达，初步形成民事、刑事、执行一体化送达格局，E 网送达平台获评省法院“抓示范促改革惠民生”优秀改革项目。推进“无纸化执行”，力推立案、审理及执行阶段全流程信息互通及协同，构建形成全流程无纸化办案格局。成立 12368 诉讼服务热线分中心，有力整合热线资源，实现来电接听率、来电办结率“双提升”，“联系法官难”投诉量、司辅人员事务性工作量“双下降”。

【司法改革】2022 年，深圳市龙岗区人民法院出台工作方案，深化民商事案件专业化审判工作机制改革，组建 8 个专业审判团队，优化司法资源配置，实现同类案件集中审理；优化特色审判领域的“两审合一”“三审合一”审理机制，落实归口审理机制，促进审判质效提升；优化调整人民法庭功能定位，打造“一法庭一特色”，推动人民法庭专业化建设。紧扣深圳市中级人民法院下发的 2022 年基层法院 35 项审判质效提升攻坚目标，查找短板，谋划举措，促进案件全面提质增效。开展“提升办案质效”系列讲座 5 讲，以训促学，提升司法办案能力。注重审判业务专家培养，评选 6 名龙岗法院审判业务专家，发挥示范引领作用。努力打造“六优”司法精品，在深圳法院“六优”评选活动中，获得优秀案例、优秀裁判文书等共计 10 个奖项，龙岗法院获评优秀组织单位。坚持问题导向，强化制度约束，提升规范化建设水平。出台《民事诉讼律师调查令实施细则》，加强律师调查令签发管理，规范保障律师执业权利。出台《关于财产保全工作流程的规定》，优化财产保全流程，提升财产保全质效。制定《关于“四类案件”监督管理的实施细则》，健全与新型审判权力运行机制相适应的监督管理体系，全面准确落实司法责任制。

【队伍建设】2022 年，深圳市龙岗区人民法院扎实开展全国法院“两个确立”主题教育，坚决做到“两

◎ 2022 年 6 月 24 日，深圳市龙岗区人民法院与多部门联合行动，采取果断措施，对一宗非法占用 2000 平方米集体土地的执行案展开腾退交付专项行动

（龙岗法院 供）

◎ 2022 年 10 月 12 日，深圳市龙岗区人民法院举行首届审判业务专家颁证仪式
（龙岗法院 供）

个维护”。坚持“第一议题”制度，组织党组理论学习中心组学习 10 次。开展政治轮训 3 期，组织意识形态专题培训，引导干警防范政治风险、增强斗争本领。紧抓青年理论学习，组建“青年理论学习小组”15 个，引导青年干警以学明思、以学促干。鼓励调研创新，荣获广东法院第三十三届学术讨论会组织工作先进奖。鼓励创优争先，进行办案之星、跟案之星季度评比，开展首届司法辅助人员裁判文书评比活动。注重“多面手”人才培养，2 名干警分别获评深圳市五一劳动奖章、深圳法院“十佳青年”称号，1 名干警在市委外办和市委组织部共同举办的首届“雏鹰计划”公务员外语展示竞赛中荣获一等奖。坚持正风肃纪，有效整治联系法官难、移动微法院信息处理不及时等群众反映强烈的突出问题。严格落实防止干预司法“三个规定”、新时代政法干警“十个严禁”等铁规禁令，以司法廉洁确保司法公正。持续开展警示教育，不断深化以案促改，巩固提升“以案释德、以案释纪、以案释法”警示教育成果。开展领导干部家访，推动养成良好家风，筑牢拒腐防变的家庭防线。

·编辑：严俊、郑晓慧·

深圳市龙华区人民法院

◎ 2022 年 8 月 5 日，深圳市龙华区人民法院主办的龙华区“法律创造价值”公益法律服务系列活动启动仪式暨“无讼数字园区”“数字合规服务中心”揭牌仪式在龙华区举办，助力辖区数字经济产业发展 （龙华法院 供）

【概况】深圳市龙华区人民法院所在的龙华区位于深圳城市发展中轴，是深圳的产业大区。2022 年，深圳市龙华区人民法院聚焦基层法院 35 项审判质效提升集中攻坚指标和“两清零、一提升、一减半”工作目标，全面推进审判质效提升，各项工作取得新成效。2022 年，深圳市龙华区人民法院受理各类案件 40110 件，同比下降 10.77%，审结 35473 件，同比下降 4.46%，法官人均结案 591 件，主要审判质效指标稳中向好。

【刑事案件】2022 年，深圳市龙华区人民法院审结刑事案件 1392 件，依法判处被告人 1823 人。常态化开展扫黑除恶，审结张某等 8 人恶势力集团犯罪案，判决张某等八人犯寻衅滋事罪、故意毁坏财物罪、非法拘禁罪，对 8 名被告人分别判处六年六个月至一年六个月不等有期徒刑。维护社会公共安全，审结放火、涉枪、重大责任事故等危害公共安全类犯罪 385 件。推动制定龙华区打击治理电信网络诈骗“迅雷行动”方案，严惩电信网络诈骗犯罪行为，审结电信网络诈骗案件 75 件 99 人。依法惩治侵害妇女儿童违法犯罪行为，审结强奸，强制猥亵、侮辱妇女，组织、强迫卖淫等刑事案件 541 件。严厉打击拐卖儿童犯罪，被告人唐某某为他人贩卖婴儿提供帮助，被依法判处有期徒刑三年六个月。开展打击整治养老诈骗专项行动，审结涉收藏品投资拍卖诈骗案2件9人，追赃挽损198万余元。落实《个人信息保护法》，审结侵犯公民个人信息案件4件14人。维护居民用电安全，审结“二房东”出租问题房屋导致租客触电身亡案，相应以案普法推文阅读量达10万次以上。

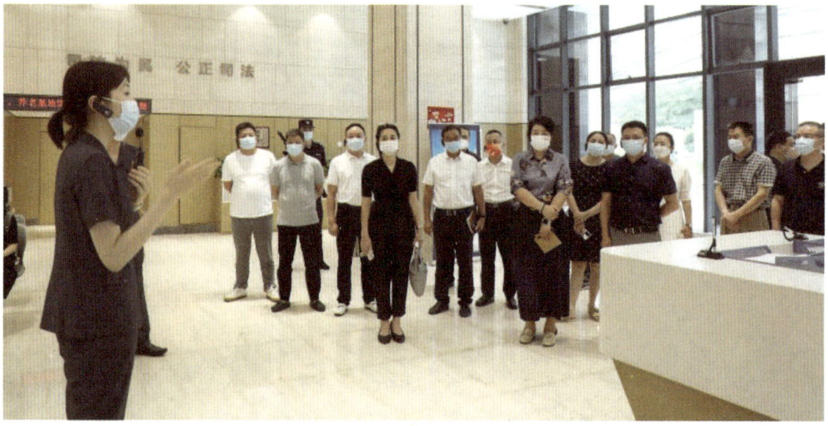

◎ 2022年7月13日，深圳市龙华区人民法院召开书记茶话会暨企业问需座谈会，邀请辖区民营企业代表到法院参观座谈，共商解决企业急难愁盼问题

（龙华法院 供）

【民事案件】2022年，深圳市龙华区人民法院审结各类民事案件19345件，涉案标的额116.67亿元。完善涉民生案件优先立案、优先审理、优先执行工作机制，审结劳动争议、医疗损害、交通事故、房地产等案件3057件。强化家事审判，构建和谐家庭关系，审结婚姻家事案件967件。依法预防和制止家庭暴力，发出人身保护令9件，13岁女孩申请人身安全保护令案获评深圳市未成年人关爱服务十佳案例。切实维护消费者权益，审结某机票代理机构恶意欺诈案，依法认定限制消费者权益的格式条款无效，获评广东法院消费者权益司法保护典型案例。

【商事案件】2022年，深圳市龙华区人民法院发挥商事审判指引、评价功能，审结各类商事合同纠纷案件7543件。依法平等保护民营企业产权和企业家权益，妥善处理股权转让、公司治理等涉公司类案件744件。全力防范和化解金融风险，审结金融借款、融资租赁案件389件。落实区“书记茶话会”制度，召开重点企业司法问需座谈会，提高司法服务措施的针对性、适配度。切实维护中小微企业合法权益，某投资公司与某物业公司房屋租赁纠纷案被评为广东法院助力中小微企业发展典型案例。

【知识产权案件】2022年，深圳市龙华区人民法院完善知识产权司法保护中心“1+N”运行机制，审结各类知识产权案件1911件。严厉打击侵犯知识产权犯罪，审结知识产权刑事案件18件，依法对24人作出有罪判决，判处罚金1075万元。加强企业技术信息保护，审结徐某某等5人侵犯商业秘密犯罪案。常态化开展4·26世界知识产权日法治宣传，强化典型案件庭审直播和以案说法。健全知识产权保护工作联动机制，与9家单位联合签署知识产权纠纷多元调解合作框架协议，主导建立知识产权立体式大调解平台。推动建成知识产权侵权信息数据库，构建知识产权领域以信用为基础的分级分类监管机制，强化知识产权全链条保护。

【执行案件】2022年，深圳市龙华区人民法院办结执行案件14465件，执行到位金额13.41亿元。完善执行繁简分流，加强执行事务集约化办理。设立执行事务接待室，执行信访办结率达100%。用足用好执行强制措施，全年限制高消费11358人次、失信惩戒9944人次。严厉打击拒执类犯罪，牵头制定《办理拒不执行判决、裁定罪案件工作指引》，移送追究拒执刑事责任12人。创新“冻结微信账户”财产保全方式，推动金融小额借贷纠纷案件批量化解。践行善意文明执行理念，坚持“放水养鱼”，妥善执结某金牌网店拖欠员工工资案，经验做法被《人民法院报》刊发报道。创新执行宣传方式，录制《龙华“执”播》栏目，在线收看人数达70万人次。

【基层治理】2022年，深圳市龙华区人民法院强化行政非诉执行案件办理，监督、支持行政机关依法行政，办结行政非诉执行案件72件。助力法治政府建设，与相关行政执法单位建立联络机制，推动既往行政处罚案件完成清理。服务全国基层法治示范区创建，强化司法建议工作，发出司法建议 12 份。关于完善审核高新技术企业优惠政策的司法建议获评全市法院优秀司法建议。区委颁发表扬信，表彰区法院“为创建全国基层法治示范区作出重要贡献”。

【诉讼服务】 2022 年，深圳市龙华区人民法院聚焦现行 12368 诉讼服务热线运行中存在的应答服务不足、信息阻塞不畅、实质化办理不够等问题，通过向制度要“执行力”、向科技要“创新力”、向集成要“生产力”、向监督要“约束力”，推动工作运行规范化、服务供给优质化、诉求解决专业化、机制运转实效化，持续优化升级 12368 诉讼服务热线功能、规范热线流程、拓展服务事项，实现“一号通转”向“一号通办”跨越，不断满足人民群众多元化诉讼需求。12368 话务分中心自运行以来，累计接听群众来电 32 万余通，总体办结率 99.8%，“联系法官难”投诉数量同比下降 68%，工作经验被市中院专刊推广。针对网上立案周期长、通过率低等问题，整理发布立案指引视频，多次进行专题宣传，有效改善群众线上立案体验。开通特殊群体诉讼服务绿色通道，保障“老弱病残孕”诉讼权益，《“无声”的诉讼服务》获评深圳法院群众工作十佳典型案例。

【数字经济案件】 2022 年，深圳市龙华区人民法院进一步完善数字经济审判中心运行机制，全年审结涉数字经济案件 4250 件。打造专业化审判团队。构建“审理专业化、司法数字化、保护严格化、规范标准化、服务全面化、保障联动化”的运行机制，不断完善数字经济治理体系。开发建设数字经济案件数据库，动态监测数字产业涉诉情况及诉源治理成效。加强调研交流，举办“数字龙华、智慧湾区”以及“数字权益保护”高端论坛，集思广益助推数字经济先行区建设。梳理总结 32 条涉数字经济案件审判经验和裁判规律，推动数字经济审判理念更新、机制变革。发挥服务大局功能。紧扣区委中心工作，研究制定《关于为全面打造“数字龙华、都市核心”提供司法服务与司法保障的意见》。召开新闻发布会，发布《服务保障数字经济健康发展二十条措施》，精准发挥司法的服务、引导和规范作用。举办以“数字权益保护——以网络不正当竞争为切入点”为主题的知识产权高端论坛，华傲、阿里巴巴、美团等头部企业线上参与交流。强化单位协作保护。联合市市场监督管理局龙华监管局，合作建立知识产权侵权信息数据库，打造知识产权侵权信息归集、共享、分析、预警、核查、评价、监管的闭环体系，实现知识产权全链条保护。与区检察院、区公安局、市市场监督管理局龙华监管局等 9 家单位签署《知识产权纠纷多元调解合作框架协议》，探索构建以司法调解为主导、行政调解为支撑、行业协会调解为补充、网络平台参与支持的知识产权联调新模式，高质高效化解知识产权纠纷。

【跨境家事案件】 2022 年，深圳市龙华区人民法院坚持最高标准和国际视野，仅用时 59 天就顺利完成深圳涉外涉港澳台家事审判中心装修建设。全国首家实行第一审涉外涉港澳台家事案件集中管辖的审判中心于 7 月 6 日揭牌成立，有关工作写入最高人民法院《党的十八大以来全国法院家事审判工作情况报告》，龙华区法院成为该报告中唯一提及的基层法院。加强跨境家事审判专业化建设。配齐配强专业化家事矛盾纠纷审判调处团队，大力培养选拔复合型国际化涉外审判人才，不断提升跨境家事审判质效。审判中心成立以来，共受理跨境家事案件 247 件，涉及 22 个国家和地区；结案 101 件，除 8 件判决外，其余均以调解、撤诉方式结案，调撤率达

◎ 2022 年 4 月 24 日，深圳市龙华区人民法院举办主题为“数字权益保护——以网络不正当竞争为切入点”的知识产权高端论坛（龙华法院 供）

◎ 2022 年 8 月 30 日，全国人大代表、全国妇联执行委员、香港特别行政区立法会议员陈曼琪一行到访深圳涉外涉港澳台家事审判中心　（龙华法院 供）

92.07%。加强跨境家事法律适用调研，《跨境婚姻家事案件法律适用问题研究》获全市法院优秀调研成果三等奖。建立一站式跨境家事诉讼“云平台”。探索线上跨境家事纠纷审理模式，依托深圳移动微法院开展“云诉讼”“云调解”“云探望”，推动建立包括在线授权见证平台、在线调解、网上立案等一站式跨境家事诉讼“云平台”，最大限度便利跨境家事纠纷当事人参与诉讼。成功审理第一宗香港特别行政区妻子起诉内地丈夫的离婚纠纷，让分隔深港两地、受疫情阻隔一年多的父女实现“云探望”。

【诉调一体】2022 年，深圳市龙华区人民法院牢固树立诉调一体理念，以“三个一体”为抓手，深入构建诉调对接新机制，全面优化法官与调解员工作衔接，推动诉调对接和诉前调解工作取得显著成效。坚持一体推动，全面压实责任。将诉调一体化改革确定为年度重点改革项目，制定《司法改革重点项目管理及推进工作规程》，定期听取改革项目进展。成立重点改革项目专项工作组，加强改革项目的组织领导和跟踪问效。制定《诉调对接工作规程实施细则》《调解员工作指引》，保障诉调对接机制规范运行，推动调解程序和诉讼程序互融共通。坚持一体运行，优化工作机制。优化诉前调解归口管理机制，由速裁庭全面负责诉前调解工作。构建诉调一体团队工作模式，调解员整体编入速裁庭办案团队，形成关系明确、分工明晰、组织有序、资源互补的团队作战模式。实行法官全流程介入诉前、诉中、判后各个环节，指挥、安排调解员和法官助理开展调解工作。全方位推动诉讼事项前置，在调解期间同步开展繁简甄别，节省立案后的二次甄别环节。推动诉前调解和后续诉讼的融通，夯实后期快速审判基础。坚持一体考核，激发工作动力。实行调解考核和办案任务考核相捆绑，明确法官、调解员每月的诉前调解任务及办案团队月度结案目标，把调解任务和办案任务完成情况同时纳入调解员及办案团队业绩考核。建立双向填补机制，调解任务数与结案任务数能双向流通抵扣。加强调解员队伍监督管理，定期开展专项督查，切实扭转调解员工作积极性不高、作风散漫等问题。2022 年诉前调解成功率 48.48%，同比上升近 17 个百分点。

【诉源治理】2022 年，深圳市龙华区人民法院坚持和发展新时代“枫桥经验”，突出源头预防、前端化解、多元防治，创新融合基层治理体系全资源全力量、贯穿矛盾纠纷发生全周期全过程的“融贯式”诉源治理机制，全年一审民商事新收案件数同比下降 15.13%，未结案件数同比下降 40.7%。优化矛盾纠纷多元化解格局。在全市率先推动基层治理平台与

◎ 2022 年 8 月 25 日，深圳涉外涉港澳台家事审判中心借助移动微法院，远程开庭审理第一宗跨境家事纠纷案件　（龙华法院 供）

法院解纷平台实现对接联动，强化多元主体责任落实。累计上传并分拨矛盾纠纷995宗，办结829宗，平均7天即可回传处理结果。推动完善诉源治理考核，细化平安建设诉源治理板块考评，将街道专业调解队伍、无讼社区建设情况和司法确认率纳入考核体系。强化法庭诉源治理功能。发挥法庭参与基层社会治理的桥头堡和主力军作用，出台实施方案，按照“一诉讼服务站一法庭专员”“一法庭专员一法庭法官”的模式，推动司法资源向街道、社区下沉。纵深推进庭街联建共治，推动街道成立由“一把手”担任组长、属地法庭庭长任副组长的诉源治理工作领导小组，建立诉源治理联席会议制度，实行“两列席两参加”。健全法官提前介入重大信访维稳纠纷调处机制，妥善化解某股份公司管理权移交案、某装饰公司资金困难欠款案、71户商铺要求返还押金案等多批群体性矛盾纠纷。积极打造“无讼”文化。创新“块数据+”应用，发布各街道、社区万人成讼率大数据分析报告，成功创建并揭牌三个“无讼社区”，获区领导批示肯定。与有关单位联合签订《关于创建“无讼数字园区”框架协议》，推动全区首个“无讼数字园区”试点单位揭牌。打造“观澜河畔调解故事”“阳台山下审判故事”等诉源治理宣传品牌，让“诉讼并非最佳解纷模式”观念深入人心。2022年度，全区四成以上社区实现“无讼少讼”。诉源治理工作经验两次获《人民法院报》专题报道。

【智慧法院】2022年，深圳市龙华区人民法院深度推进“深圳移动微法院”功能扩展与制度构建，全面提升“移动微法院”首选应用率和群众知晓率，工作经验获评2022年度深圳法院改革创新奖。持续优化无纸化办案系统，深入推进全流程无纸化办案。全面实施电子送达，率先使用“外呼+短信”功能，对当事人进行微法院注册引导，强化失联修复，畅通后续诉讼进程。全面应用智慧法院成果，在全省率先实现可连线省内22所监狱视频开庭。主动融入全区政法跨部门大数据办案平台建设，深入推进政法跨部门大数据办案平台推广应用，刑事案件网上电子换押率达100%。

【法治宣传】2022年，深圳市龙华区人民法院坚持让审判权在阳光下运行，常态化开展文书上网、庭审直播、审判流程信息、执行信息公开工作，召开新闻发布会、法院开放日等活动3次，邀请行政机关工作人员旁听庭审65人次。开展法官进社区、进校园、进企业、进机关活动32场。强化校园法治宣传，累计20名法官担任辖区20个学校的“法治副校长”。强化司法宣传，利用各种媒介资源推送宣传报道1888条，69篇原创作品获各类国家级媒体采用推广。“深圳龙华法院”南方号荣获“2021年度南方号权威首发奖”。

【接受监督】2022年，深圳市龙华区人民法院全面接受人大法律监督，向区人大专题报告未成年人司法保护工作情况。办理市、区人大代表建议5条，切实提高办理答复质效。认真接受政协民主监督，高效办结政协委员提案3件，向区政协通报法院工作情况。积极开展代表委员联络，邀请人大代表、政协委员参加座谈交流、旁听庭审、见证执行、调研视察等活动260余人次。依法接受检察机关诉讼监督，办理检察建议8件。主动接受社会监督，聘任第三届25名特约监督员。

【队伍建设】2022年，深圳市龙华区人民法院深入开展党的二十大精神学习宣传贯彻活动，扎实开展全国法院“两个确立”主题教育，创新党建工作方式，打造“五微”学习法，推出微知识、微动态、微培训、微党课、微创作85条（次）。创新“12345”主题教育特色工作机制，实现政治轮训全员覆盖。实施助理“10000小时”成长计划、全面推进文书助理培育机制、启动中层“头雁计划”领导力发展培训，为队伍整体素质提升蓄力赋能。制定非编人员分级分类管理办法，畅通薪资晋升和交流发展通道。加强对司法调研和优秀业务成果的鼓励激励，着力打造学习型、研究型法院。编印制度汇编手册，加强法院管理规范化、制度化建设。2022年以来共有7个集体、19名干警获区级以上荣誉46项；政治部被最高人民法院评为“人民法院政治工作先进集体”。持之以恒推进全面从严治院，在自我革命中锻造过硬队伍。深入落实中央八项规定精神和防止干预司法“三个规定”，扎实开展以案促改，用身边事教育身边人，开展警示教育19次。常态化开展审务督察，扎实开展司法作风突出问题集中整治，聚焦审判执行、纪律作风、内部管理、疫情防控等重点工作，发现问题33个，严格落实督促整改。

·编辑：严俊、胡枚丹·

深圳市坪山区人民法院

◎ 2022 年 9 月 19 日，深圳市坪山区人民法院组织干警向坪山实验学校新生讲授主题为“扣好人生第一粒扣子”的法治课

（坪山法院 供）

【概况】 深圳市坪山区人民法院辖区坪山区是全市生物医药发展核心区，坪山国家高新区正在建设世界一流高新技术产业园区。2022 年，深圳市坪山区人民法院以攻坚克难的决心实现审判执行质效新提升，全年受理各类案件 14928 件，办结 13027 件，法官人均结案 482 件；一年以上无正当理由长期未结诉讼案件 0 件，融平台无正当理由超期调解案件 0 件。

【刑事案件】 2022 年，深圳市坪山区人民法院受理刑事案件 522 件，审结 430 件。严厉打击侵害群众人身财产权利和社会安全的犯罪，提升群众安全感。准确适用认罪认罚从宽制度，依法对符合条件的被告人从宽处罚，有效矫治犯罪、提升诉讼效率。审结全省首例对性侵未成年人的教职人员依法宣告终身禁止从事密切接触未成年人工作的刑事案件，为未成年人保护增加“隔离带”和“防火墙”。

【民商事案件】 2022 年，深圳市坪山区人民法院受理民商事案件 8387 件，审结 7082 件，其中调撤结案 2831 件，调撤率达 33.7%。依法审理涉就业、医疗、教育、食品安全等民生案件，妥善处置徐某某等 400 余名家长诉树童教育公司教育培训合同纠纷，判决树童教育公司退还家长学费，维护家长合法权益。

调判结合有序化解涉京基物业公司、祥祺物业公司、安和园物业公司等物业服务合同纠纷，保障广大群众安居乐业。

【执行案件】2022 年，深圳市坪山区人民法院受理执行案件 5568 件，执结 5096 件，执行到位金额达 4.77 亿元。落实省法院、省公安厅《关于加强查人扣车、推进切实解决执行难工作的通知》，与公安机关建立查人扣车联动执行工作机制，提升财产到位率。积极破解职务犯罪案件刑事裁判涉财产部分执行难题，强化线上线下财产查控，主动加强与公安、检察、监狱等机关的协调配合，建立执行长效机制，确保不义之财“颗粒归仓”。职务犯罪案件刑事裁判涉财产部分案件执结率达 100%，执行到位 320 万余元。审结坪山首件拒不执行裁定罪，判处拒不执行生效民事裁定书的被告人有期徒刑六个月，强化执行震慑、维护法律权威。

【维护社会稳定】2022 年，深圳市坪山区人民法院常态化开展扫黑除恶专项斗争，严惩张某某为首的恶势力犯罪集团，维护辖区安宁。落实《信访工作条例》，实现“一个信访事项、一个牵头领导、一个承办部门、一个审判团队、一个工作方案”，稳步化解群众信访诉求 46 件。稳妥推进涉重点楼盘案件，妥善处理涉坪山综合市场等纠纷，提升涉众型案件处理水平，守牢不发生群体性风险底线。

【深化多元解纷】2022 年，深圳市坪山区人民法院深化多元解纷改革。

◎ 2022 年 5 月 27 日，深圳市坪山区人民法院开展强制移交土地专项行动，在区人大代表、政协委员以及公证人员的见证和相关联动单位的协助下，两个小时内收还国有土地 527 亩（坪山法院 供）

持续深化劳动争议调裁审一体化试点，畅通衔接机制，对 397 件劳动争议进行司法确认，使劳动者的权益通过便捷、零成本、有法律强制力的方式得到保障。深化诉源治理，与 6 个街道签署合作创建“无讼社区”框架协议，司法解纷力量直达社区，诉前联调成功化解了涉 88 户租户的房屋租赁合同纠纷。共诉前化解纠纷 4513 件，调解成功率达 40.58%。

【辖区重点工作保障】2022 年，深圳市坪山区人民法院服务创新坪山建设，受理知识产权案件 216 件，审结 190 件。与深圳市市场监督管理局坪山监管局签订《知识产权纠纷诉调对接工作合作框架协议》，共建便捷高效的知识产权纠纷多元化解机制。开展强制移交土地专项行动，依法收还 647 亩国有土地，有力推进我区智能网联交通项目、深汕铁路项目建设。

【疫情防控保障】2022 年，深圳市坪山区人民法院依托“深圳移动微法院”推广零接触式诉讼服务，在线立案 12448 件、在线开庭 2276 次、电子送达 75535 件，人民群众行使诉讼权利“不打折”。35 名党员干警主动投身社区防疫工作，为阻断疫情传播扩散风险、守护群众安全贡献坪法担当。组织法官走访比亚迪、新宙邦等企业，为疫情之下的企业发展提供司法智慧，护航坪山企业破浪前行。

【诉讼制度改革】2022 年，深圳市坪山区人民法院深化诉讼制度改革。率先实施新型轻罪快审机制，实行“三集中三简化”办案模式，共适用该制度审结轻罪案件 26 件，平均审理周期 3.86 天，比实施前缩短 7.34 天，上诉率为零，刑事审判效率大幅提升。在家事审判中引入心理诊疗机制，实施法律 + 心理“双干预”，有

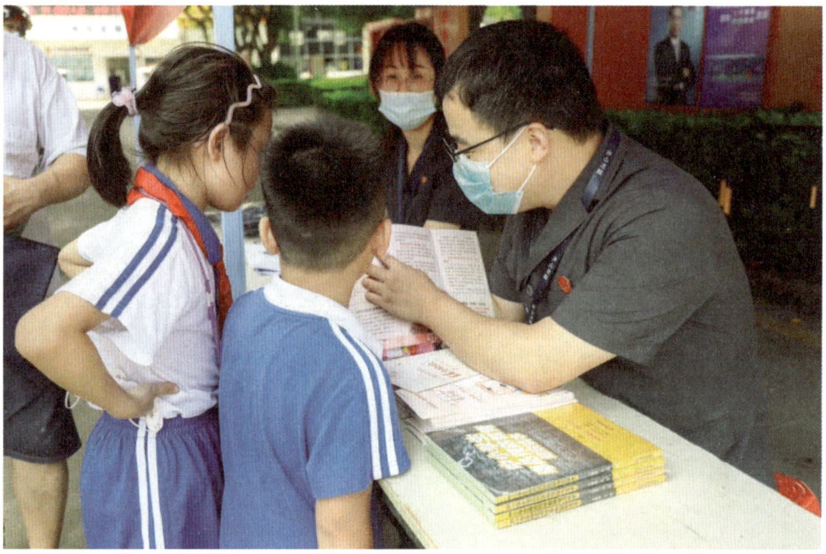

◎ 2022 年 6 月 24 日，深圳市坪山区人民法院法官深入江岭社区开展禁毒宣传活动（坪山法院 供）

效疗愈家庭创伤；向失职家长发出《家庭教育指导令》，责令其履行家庭教育责任。家事案件调撤率达 56%，保障婚姻关系良性发展、未成年人健康成长。推广民事判决书“微创新”举措，建立自动履行提示制度，强化审判与执行的衔接配合，实现“纠纷化解一锤定音、主动履行一案到底、权益保障一步到位”。

【审判管理】2022 年，深圳市坪山区人民法院在民事审判领域进行专业分工，由相应审判庭集中办理特定类型案件，在此基础上深化案件繁简分流，“既专又精、既快又好”的审判格局进一步夯实。物业纠纷、教培纠纷、劳动争议审判品牌逐步形成。编纂 15 万余字的《深圳法院财产损失保险合同纠纷类案审理指南》，推动全市法院统一裁判标准。群策群力破题疑难复杂案件，压缩评估、鉴定环节时间，大幅降低案件审理期限。

【诉讼服务】2022 年，深圳市坪山区人民法院健全“1 个诉讼服务中心 +2 个派出法庭 +8 个诉讼服务站点”的线下服务网络和 24 小时自助的线上服务平台，让诉讼服务触手可及。建立“12368 群众诉求一号通办中心”，进一步畅通联系渠道。出台《诉讼费用管理规程》，简化当事人退费流程。

【普法宣传】2022 年，深圳市坪山区人民法院发布各类典型案例及普法视频 90 余期，观看人数达 10 万人次，深入群众开展主题宣传活动 40 次，参与人数 3000 人次。创作四大名著系列普法微动漫、“坪坪说法”动画快板，通过演绎经典的方式传播反家暴、劳动权益保护等法律知识，获第九届“金法槌奖”三等奖。选派法官为 14 家中小学担任法治副校长，邀请深港澳青少年、南布社区中小学生走进法院参观体验，为 800 余名中小学生讲授“开学法治第一课”，引导青少年向上向善。

【接受监督】2022 年，深圳市坪山区人民法院自觉接受区人大及其常委会监督，向区人大常委会专题报告民事审判工作，接受区人大常委会法官履职评议。常态化开展代表委员联络，邀请人大代表、政协委员视察法院、出席会议、旁听庭审、见证执行、参与调解 68 人次，高质量办理代表委员提案建议 4 件，满意度 100%。保障人民参与司法，优化人民陪审员参审机制，人民陪审员共参审案件 346 件。主动接受社会监督，公布裁判文书 8665 份，网络直播庭审 2165 次，观看人数 123 万余人次，审判流程信息公开率 100 %。

【政治建设】2022 年，深圳市坪山区人民法院扎实开展全国法院“深刻领悟‘两个确立’决定性意义，坚决做到‘两个维护’”主题教育，共组织政治学习 312 次、专题党课 18 场、为群众办实事 52 件，切实筑牢法院队伍政治忠诚。坚持以党建带队建促审判，推进基层党建“标准 + 质量 + 示范”建设，完成党总支及下属 10 个党支部集中换届选举工作，配齐配强党组织领导班子，开展“一支部一品牌”创建活动，从严把关吸纳 3 名优秀青年干警加入党的队伍，推动党的建设不断取得新进展。

【廉政建设】2022 年，深圳市坪山区人民法院严格落实防止干预司法“三个规定”、新时代政法干警“十个严禁”等铁规禁令，开展司法作风突出问题集中整治专项行动，进行线上督察 32 次、线下督察 15 次，检查发现突出问题 19 项，全部完成

◎ 深圳市坪山区人民法院　　（坪山法院 供）

立行立改。健全审判权执行权运行监督管理机制，压实院庭长责任，完善对法官、审判辅助人员等的监管。抓早抓小，常态化开展谈心谈话，及时解决干警苗头性倾向性问题。强化监督执纪问责，对违反防疫纪律的干警敢于亮剑，严格落实以案促改要求，锻造忠诚干净担当的新时代政法铁军。

【能力建设】2022 年，深圳市坪山区人民法院有序推进“雏鹰计划”，开设“雏鹰训练营”，推行“专业积分制”，实施“战训结合”，组织干警跨部门学习锻炼，培养储备高素质专业化司法人才。青年干警审结案件占全院 81%。突出实战导向，开展各类专项培训、业务技能竞赛等教育培训 87 次，不断提升队伍整体素能。以 6 个社团为载体，开展文体活动 14 次，覆盖干警 700 余人次，为建设先行示范法院提供精神动力和文化支撑。

·编辑：严俊、牛瑞雪·

深圳市光明区人民法院

© 2022 年 4 月 26 日，深圳市光明区人民法院与市司法局等单位为光明区知识产权巡回法庭等机构揭牌

（光明区委宣传部 供）

【概况】深圳市光明区人民法院辖区位于广深科技走廊的重要节点，光明区正在打造世界一流科学城和深圳北部中心。2022 年，深圳市光明区人民法院忠实履行宪法法律赋予的职责，全力以赴固根基、补短板、强弱项、提能力，各项工作取得了长足的进步。2022 年，深圳市光明区人民法院搬迁至光明区恒泰裕大厦办公，作为未来 6 至 8 年过渡时期办公办案场所，全年共受理刑事、民事和执行各类案件 14353 件，审结案件 12001 件，收、结案数均创新高，结收案比提升至 110 %。其中受理刑事案件 722 件，审结 719 件；受理民商事案件 10030 件，审结 8093 件；受理执行案件 3485 件，办结 3187 件，首次执行案件结案率为 91.45%，法官年人均结案达 444 件。

【刑事案件】2022 年，深圳市光明区人民法院坚决维护社会和谐稳定。全年共审结刑事案件 719 件，结案率 86.63%。依法惩治基层高发犯罪，审结危险驾驶案件 180 件，审结盗窃案件 137 件。加大对重点领域犯罪打击力度，审结交通、涉枪、重大责任事故等危害公共安全类犯罪案件 186 件。切实保护人民群众生命财产安全，审结故意伤害、抢劫、强奸、聚众斗殴、寻衅滋事案件 96 件。依法严惩性侵未成年人犯罪，

◎ 2022 年 8 月 24 日，深圳市光明区人民法院开展“法院开放日暨普法共筑成长路”活动 （曾剑星 摄）

审结案件 32 件。严厉打击整治养老诈骗，为 6 名被害人追回养老资金。深入开展扫黑除恶专项斗争，推动长效常治，高效审结 4 件涉黑涉恶案件，通过“绿色通道”移送财产刑执行，加快“打财断血”进度。

【民商事案件】2022 年，深圳市光明区人民法院共审结民商事案件 8093 件，结案率 80.69%。坚持“调判结合”，共调解民商事案件数 2652 件，调撤率 33.45%。审结合同纠纷类案件 5199 件，弘扬契约精神，引导市场主体“守合同重信用”。审结劳动争议纠纷案件 632 件，既保护劳动者合法权益，也维护企业用工自主权。审结涉公司、证券、保险、票据等民事纠纷案件 250 件，高效化解金融领域矛盾纠纷。审结婚姻家庭、继承纠纷 246 件，妥善处理事关群众切身利益的矛盾纠纷。依法审理民法典施行后光明区首宗自然人无民事行为能力并指定监护人等一大批典型案件，保障人民群众权利。

【知识产权案件】2022 年 5 月，最高人民法院批准深圳市光明区人民法院获得知识产权民事、行政案件管辖权，为光明区知识产权司法保护体系筑牢根基。2022 年，深圳市光明区人民法院组建知识产权案件专门审理团队，完善“三合一”知识产权案件审判运行机制，全年审结 63 件知识产权民事案件。协调上级法院在光明区设立知识产权案件审判派驻机构，10 月 9 日，深圳市中级人民法院批复同意设立深圳知识产权法庭光明科学城巡回审判点，不断推进光明区知识产权司法保护体系建设。

【执行案件】2022 年，深圳市光明区人民法院办结执行案件 3187 件，首次执行案件结案率为 91.45%。强化执行威慑，保持打击拒执高压态势，公布失信被执行人名单 1753 人次，限制消费 2608 人次。及时推动执行财产变现，网络司法拍卖成交 47 次，成交额约 1.7 亿元。探索开展执行转破产移送工作，完善移送破产程序，促使 3 家“僵尸企业”有序退出市场，优化市场资源配置，释放市场主体活力。搬迁至新办公场所后，完成执行指挥中心值守系统工作站安装部署，严格落实执行指挥中心值班备勤制度，做好值守相关系统技术运维保障与应用，提升执行指挥中心实体化运行水平。

【审判质效提升】2022 年，深圳市光明区人民法院开展审执质效提升“百日攻坚”“清案冲刺”行动，狠抓 31 项审执质效指标集中提升落实。开展裁判文书评查与庭审评查，以抽查方式评查 2021 年以来已结案件，重点评查督办、涉访以及容易出现信访风险案件的裁判文书，组织观摩小组集中评查庭审 16 次，实现以评查促整改、以讲评促提升。

【诉讼服务】2022 年，深圳市光明区人民法院加大诉前调解工作力度，全年诉前调解成功案件 4357 件，调收比从 34% 提高到 63.3%，减轻人民群众诉累。完善一站式诉讼服务，推动办案服务标准化，努力实现诉讼服务事项“一次办好”。在新审判大楼配置 527 平方米诉讼服务大厅，着力营造宽敞、舒适、便利的诉讼环境。完善线上立案服务，线上立案率稳定在 95 %以上。新增 2 个信访电话，进一步畅通民意沟通渠道，妥善处理来电、来信、来访 11489 人次。在光明区群众诉求服务平台开通微法院在线司法确认渠道，已对 2014 件案件进行线上司法确认，人民群众可实现“指尖解纷”。

【民生保障】2022 年，深圳市光明区人民法院贯彻实施民法典，强化民生司法保障，及时回应群众关切。全年执结 485 件劳动争议案件，追回欠薪金额 1159.49 万元，将“纸上权益”兑现为“真金白银”。建立与行政部门的诉前联调机制，推动涉众型矛盾纠纷实质化解。强化涉民生审判，妥善化解某教育机构教培合同系列案等一批教培退费纠纷 89 件。运用司法手段阻断家庭暴力侵害行为，人身安全保护令签发率 100%。

【审判专业化建设】2022 年，深圳市光明区人民法院组建由已婚女法官牵头，家事调解员、家事调查员和家事心理疏导员“三员”分工合作的家事审判团队，提高家事案件审理的集约化、专业化水平。指定光明人民法庭专门审理劳动争议案件，成立劳动争议案件审理团队，定期与街道、社区、劳动站、仲裁院等单位沟通联络，加强对基层多发劳动争议纠纷的调解指导工作，统一处理标准，提高化解劳动争议纠纷专业化水平，为化解光明区劳资领域矛盾纠纷贡献力量。

【街道巡回法庭】2022 年，深圳市光明区人民法院在光明区 6 个街道的巡回法庭均挂牌使用，率先在全市实现街道巡回法庭“全覆盖”。按照“一街道一特色一品牌”的工作思路，开展街道巡回法庭对点建设工作，打造光明街道劳动争议、公明街道执前和解、马田街道反家庭暴力、新湖街道侨民司法保护、凤凰街道知识产权保护、玉塘街道未成年人保护巡回法庭，做实做细特色品牌巡回审判机制，打造人民群众“家门口”的法庭。

【法治宣传】2022 年，深圳市光明区人民法院依托“以案说法”“热剧普法”形式，推出普法文章 30 篇，被市、区级媒体转载 24 次，扫黑除恶宣传视频被“学习强国”平台转发。组织法官进社区、进学校、进企业开展主题普法，举办国家宪法日、知识产权宣传周、国际禁毒日等普法专项活动，汇聚法治“最大公约数”。推动巡回法庭进社区活动常态化制度化，全年共组织巡回审判 192 场次。努力实现“审理一案、宣传一片”的普法效果，营造学法、懂法、守法、用法的法治城区氛围。

◎ 2022 年 6 月 10 日，深圳市光明区人民法院举办“风华杯”书记员业务技能竞赛
（庞小春 摄）

【疫情防控】2022 年，深圳市光明区人民法院履行防控主体责任，严格执行“四个 100%”查验标准，织密常态化防控网络。积极响应上级党委号召，广大党员毅然决然奋战基层抗疫一线，参加市“堡垒 • 先锋”、区“光明虹”等党员志愿先锋行动 123 人次，为抗疫大局作出法院贡献。

【队伍建设】2022 年，深圳市光明区人民法院持续配齐配强审执队伍。2022 年，光明法院有 21 名干警荣获区级以上荣誉 27 项，其中司法宣传工作获得市中级法院专项嘉奖。有序完成审判委员会专职委员、庭室副职的选拔任用，有序进行公务员晋升、初任法官接收、公务员招录等各项人事工作，夯实新设法院干部队伍根基。继续壮大审执辅助队伍，招录劳动合同制和专干 53 名，接收调解员 30 名。全院共有政法编人员 47 名，其中员额法官 28 名、法官助理 8 名、法警 3 名、司法行政人员 8 名；其他非编工作人员共 98 名，其中雇员 3 名，劳动合同制司法辅助人员 63 名，专干 32 名。

◎ 2022 年 4 月 29 日，深圳市光明区人民法院举行新任审判员宪法宣誓仪式

（庞小春 摄）

◎ 2022 年 6 月 15 日，深圳市光明区人民法院召开“雏鹰·冲锋”重点项目改革攻坚启动会

（光明法院 供）

【能力建设】2022 年，深圳市光明区人民法院打造“雏鹰·冲锋”工作品牌，挑选巡回法庭建设、知识产权司法保护中心建设两个突击项目，组建辅导员团队与雏鹰突击队，锤炼过硬能力。强化干警能力培训，组织各类培训 81 场次。开展“岗位建功”评比活动，鼓励干警奋力争先创优，做到审判、培训两促进。参与编写深圳法院群众工作教材，总结提炼解决问题“金点子”。坚持以制度管人、管事、管案，审判管理、队伍管理、政务管理制度逐步健全。开展司法作风突出问题集中整治行动，自查自纠并整改 3 大类 9 小项问题。制定出台《关于进一步深化以案促改工作的实施方案》，细化完善“关键少数”监督、加强纪律作风建设等各项举措。持续正风肃纪反腐，全年共处理（处分）6 人次，坚决纠治不正之风。建设廉洁文化中心，常态化推进廉政警示教育，敦促干警廉洁自律、公正司法，推动法院纪律作风进一步好转。

·编辑：严俊、彭华·

深圳深汕特别合作区人民法院

◎ 2022 年 3 月 31 日，深圳深汕特别合作区人民法院与深汕公安分局、深汕妇联共同开展妇女儿童权益保护“她·守护”启动仪式 （周其丽 摄）

【概况】深圳深汕特别合作区人民法院辖区为深汕特别合作区，位于广东省汕尾市海丰县行政区域，由深圳主导建设管理，是中国首个特别合作区，被称为广东省探索区域协调发展的“试验田”。2022 年，深圳深汕特别合作区人民法院践行司法为民宗旨，坚持服务大局，推动各项工作取得新成效。全年共受理各类案件 1936 件，审执结 1834 件，结案率达 94.37%，结收比 100.11%。

【刑事案件】2022 年，深圳深汕特别合作区人民法院共审结各类刑事案件 68 件。刑事案件政法跨部门办案平台单轨制流转率 100%，促进刑事案件流转规范化，提高办案质效。重点打击危险驾驶、交通肇事等危害社会公共安全犯罪 43 件。严厉打击侵害公民人身财产权利犯罪，审结故意伤害、强奸、抢劫等人身财产权利刑事犯罪 15 件，切实增强人民群众安全感，有效推进“平安深汕”建设。积极回应群众关切，成立打击整治养老诈骗专项工作小组，守护老年人的“钱袋子”，其中深汕法院法官进村居为一众老年人宣讲“预防养老保险诈骗”工作被广东省高级人民法院官方微博转发。

【民商事案件】2022 年，深圳深汕特别合作区人民法院审结各类民商事案件 1587 件。妥善审理民间借

◎ 2022 年 12 月 9 日，深圳深汕特别合作区人民法院为首批家事调解员和家事调查员颁发聘任书，并开展首期家事调解员、家事调查员业务培训会 （魏鸣飞 摄）

贷、人身损害、农民工欠薪等民生案件 536 件，加强民生司法保障。深化家事审判改革，审结婚姻家庭纠纷案件 46 件，签发深汕特别合作区第一份人身安全保护令。开展“她·守护”妇女儿童权益保护计划工作，与公安、妇联等部门共同签署《关于推进妇女儿童权益保护诉源治理的框架协议》，完成家事调解员、家事调查员选任聘用，促进家事纠纷专业化、社会化、人性化解决。“她·守护”计划获得 2021—2022 年全省国家机关“谁执法谁普法”优秀普法项目、2022 年深圳党建引领基层治理“深圳之治”优秀案例。高效处理涉金融涉企纠纷 826 件，多元化解合同纠纷 717 件，弘扬诚实守信契约精神，为深汕建设新一代世界一流汽车城营造法治化营商环境。其中一件承揽合同纠纷入选“深圳法院群众工作首届十佳典型案例”，被法治日报等媒体刊载宣传。

【执行案件】2022 年，深圳深汕特别合作区人民法院执结各类案件 179 件。不断完善财产查控措施，依托“鹰眼执行综合应用平台”，全面查控被执行人财产。践行善意文明执行理念，加强执行立案前督促履行及和解履行工作，创新执行模式，深化执源治理，促进执行双方共赢。完善执行联动，其中一件联动海丰法院执结的涉企纠纷获三家当事人高度认可，为小微企业克服经济难关保驾护航，深入践行“我为群众办实事”理念。积极开展执行经验总结，撰写执行案例，提炼工作方法，指引后期执行工作，其中一篇执行工作案例入选“深圳法院群众工作首届十佳典型案例”。

【审判监督】2022 年，深圳深汕特别合作区人民法院全面落实司法责任制，实现院庭长一线办案，落实监督管理职责，细化履职指引，2022 年，院庭长超额完成年度办案任务。构建智能化精准监管体系，完善审执态势数据分析周报、月报工作机制，优化发改案件评查方案，加大重大敏感、疑难复杂等“四类案件”监督管理，提升审判监管效能。2022 年，民刑上诉案件发改率仅为 1.33%。初步形成“类案检索初步过滤、专业法官会议凝聚共识、审判委员会讨论决定”争议沟通解决机制，统一裁判标准。构建裁判文书“守关”责任，杜绝裁判文书“带病”出门。

【无纸化办案】2022 年，深圳深汕特别合作区人民法院依托“广东诉讼服务网”“移动微法院”以及 12368 诉讼服务热线等，实现诉讼事项、问题咨询全流程网上办理，当事人不进法院便可办理诉讼事宜。依托“融平台”，实现诉调对接信息化，汇聚多元解纷力量，为当事人提供一站式纠纷化解。2022 年，诉前调解成功案件 537 件。设立集约送达集约排期和司法鉴定前置引导工作机制，有序推进司法辅助事务组织架构重构和业务流程再造，有效缩短一审案件平均审理周期，提升办案速度，增加人民群众司法获得感。持续推进电子卷宗随案同步生成，结案同时同步归档，实现无纸化办案，为案件审理“提档加速”，2022 年电子卷宗归档率 97.93%。

【金融诉源治理】2022 年，深圳深汕特别合作区人民法院以“试点法院 + 试点银行”模式，开展金融消费纠纷全生命周期多元化解改革，打造金融治理高地。立足诉前、诉中、判后和执行四个节点，通过法官全流程介入指导调解、委托商事调解组织、制定个性化调解方案，实现金融消费纠纷高效和谐化解，帮助“诚而不幸”的当事人体面解决债务纠纷。2022 年，金融消费纠纷案件诉前调解成功率 39.44%，诉讼案件平均审理周期 35.8 天。实现金融类案网上立案、智能审核，通过格式化审理实现金融类案智慧审判，夯实办案基础，该项改革工作入选市委全面深化改革委员会首批改革宣传案例。

【参与社会治理】 2022 年，深圳深汕特别合作区人民法院立足深汕特别合作区实际，为经济社会高质量发展提供有力司法保障。《法治日报》用整版刊发《厚植法治根基 浸润法治底色 深圳深汕法院探索“飞地”司法模式服务保障一体化发展》的综合性报道。《“四维发力”赋能法治保障，助力基层治理服务乡村振兴》案例入选“圳·治 2022”中国式现代化深圳探索优秀案例。紧盯全方位推动深汕高质量发展的目标，对土地征地款纠纷开展专项调研，分析研判问题解决路径，形成两份调研报告和一份司法建议，推动区党工委、管委会成立工作专班并研究出台《深圳市深汕特别合作区农村集体经济组织成员身份确认工作指导意见》，有效指引村级组织开展征地补偿工作以及村集体经济组织成员资格认定。针对部分涉及深汕四家房地产公司相关纠纷，主动在诉前参与纠纷化解，在区党工委领导下，联动相关职能部门，建立工作专班，提供专业法律意见，助推化解关键时期群体性信访纠纷。积极参与依法治区工作，常态化开展未成年人保护、劳动权益、企业合规、乡村振兴等主题法治宣传“四进”活动、法治专题讲座 11 场次，惠及 1.2 万余人，营造深汕良好法治氛围。根据省市区关于疫情防控工作部署，统筹抓好疫情防控和审判执行工作，积极参与疫情志愿服务，共派出抗疫志愿者 346 人次，其中一人荣获“深汕青年五四奖章战疫专项”。

◎ 2022 年 2 月 24 日，深圳深汕特别合作区人民法院召开金融消费纠纷多元化解改革工作动员会，成立金融消费纠纷多元化解工作小组 （周其丽 摄）

【助力乡村振兴】 2022 年，深圳深汕特别合作区人民法院聚焦深汕城乡融合发展的研究部署，发布《深圳深汕特别合作区人民法院关于为全面推进深圳市深汕特别合作区乡村振兴提供司法服务和保障的意见》，构建乡村振兴“4+N”工作模式，即“党建 +、诉源治理、法治宣传、司法保障”四项工作职能 + 挂点镇政府辖区司法服务乡村振兴战略的工作机制。《深汕法院：构建“4+N”工作模式 助力乡村振兴》获《人民法院报》刊发，也在最高人民法院内网报道。积极参与党工委领导下的诉源治理工作，积极推动四镇诉讼服务站实体运行、巡回审判，为老幼病残等特殊群体提供身边司法服务，让更多司法服务走进田间地头、村庄社区，让人民群众有更多的获得感。依托与鲘门社区、红源村、红泉村党支部结对共建，在乡村振兴调研、法治宣传、联系困难群众等方面展开工作，解决 3 名困难户子女落户上学问题，赠送了 3 批次防疫物资、法律书籍、普法宣传册等，政法干部带队深入村、社区 30 余次。依托“她·守护”计划，以全面推进乡村振兴为着力点，深入四镇开展“反家暴 创平安 促和谐”专项普法活动，参与人数达 700 余人，发放宣传资料 3400 余册，提升深汕特别合作区妇女儿童发展的人文环境。为农村留守儿童引入心灵魔法课堂，为村委“四点半学校”开展绘画疗愈，爱心帮扶，增强留守儿童自我认同感，树立理想信念。

【作风建设】 2022 年，深圳深汕特别合作区人民法院深化从严治院，落实全面从严治党主体责任，严格执行中央八项规定及其实施细则精神、防止干预司法“三个规定”、新时代政法干警“十个严禁”等铁规禁令，持续整治“四风”问题。深化以案促改警示教育，以组织观看警示片、开展廉政心得分享会、开展廉政主题谈心谈话等方式，筑牢防腐拒变思想防线，营造风清气正廉洁氛围，进一步改进司法作风。

【政治工作】 2022 年，深圳深汕特别合作区人民法院始终坚持党对法院工作的绝对领导，持续推动学习贯彻习近平新时代中国特色社会主义思想走深走实，严格落实“第一议题”学习制度，深刻领悟“两个确立”的决定性意义，增强“四个意识”，坚定“四个自信”，做到“两个维护”，引导全体干警坚定政治立场，秉持理想信念，锻造司法忠诚。积极开展学习贯彻党的二十大精神主题活动，在全院掀起学习党的二十大精神风潮，推动党的二十大精神融入法院各项工作，树牢司法为民、人民至上的理念。狠抓意识形态工作，维护司法领域意识形态安全。2022 年共开展党组会“第一议题”学习 41 次，全国法院“两个确立”主题教育活动 13 次，党的二十大各类形式学习活动 33 次，意识形态党组会专题报告 2 场、主题大会 1 场。党建工作取得扎实成效，其中《深汕法院：“红色引擎”激活干事创业强大动能》新闻通讯稿刊发于最高人民法院内网，被人民日报客户端刊发，在法治日报刊发报道。

【党建促队建】 2022 年，深圳深汕特别合作区人民法院不断完善党组织架构，实现党支部升格为党总支，成立 3 个下属机关党支部，成立工会、团支部委员会、妇女委员会，为培养干部建巢筑屋。结合“雏鹰计划”，制定青年工作方案，创建“深汕法·青年说”“琅悦读书会”品牌，2022 年共开展 44 期业务学习会。开展智慧法院、急救技能、心理课程等培训若干场，为青年干警提供学习、发展的多元平台。完成市外选调公务员、市考公务员以及合同制审判辅助人员、事务员等批次人员招录工作，不断完善梯队人才队伍建设。深入践行“党建 +”系列活动，衔接乡村振兴、党员干部“普遍联系基层直接服务群众”等工作，开展党建活动 30 余场，让青年干部在党建中得到锤炼，实现党建促队建，为成长型法院人才发展奠定基础。2022 年度深汕法院团支部获评全市法院“五四红旗团支部”，1 人获评深圳法院首届“十佳青年”。

·编辑：严俊、伍晋贤·

◎ 深圳深汕特别合作区人民法院进村镇开展普法宣传活动 （周其丽 摄）

人物·荣誉

People · Honors

2022年度人物

【吕海云】2022年获评“全国法院办案标兵”。男，土家族，1979年8月出生，中共党员，大学本科学历，深圳市宝安区人民法院福永法庭副庭长、一级法官。曾多次获评先进工作者、办案能手，2020年被深圳市中级人民法院授予个人三等功，2021年获评“广东法院最美基层法官”。该同志自2003年8月参加工作以来，博学善思、立足本职夯实司法能力，逐步从书记员、法官助理成长为员额法官、部门副职领导，是经受住新时期人民法院高强度审判工作锤炼的优秀法官代表。自2013年6月轮岗到派出法庭，其扎根基层近十年，不仅恪守司法作风乐业奉献，办结案件近5000宗，无一宗违反廉洁纪律方面的信访投诉；还时刻牢记共产党员初心使命，担当有为作表率，主动承担了一批疑难复杂及重大敏感案件，带领团队攻坚克难历次超额完成清案及双超整治工作任务，受到全院表彰及市中院嘉奖，是具有团队管理能力及丰富基层工作经验的业务标兵。

【黄娟敏】2022年获评“第十七届全国职工职业道德建设先进个人”“第十七届全国职工职业道德建设标兵个人”。女，1978年3月出生，汉族，中共党员，硕士研究生，深圳市南山区人民法院审判委员会委员、四级高级法官，先后任该院知识产权审判庭庭长、民事审判一庭庭长。曾获“全国巾帼建功标兵”“广东省先进工作者”“南粤建功立业女能手”“广东省女法官业务能手”“深圳法院首届审判业务专家”“深圳法院最美巾帼奋斗者”“深圳市优秀女职工”“南山政法‘平安卫士’”等荣誉。2021年4月，当选深圳市第七次党代会代表。该同志政治过硬，立场坚定。从事审判工作后爱岗敬业，公正审判，连续多年无有效投诉信访，并带领团队审理了“中国AI写作第一案”、全国首例涉微信截图生成软件著作权侵权及不正当竞争案等业内影响重大案件。在担任知识产权审判庭庭长期间，以党建促队建，带领队伍争创一流：该庭审理的案件审判效果良好，先后获评“2020年人民法院十大案件”、最高人民法院“2020年度五十件知识产权典型案件”等；该集体也先后获评全国法院先进集体、全国青年文明号等4项全国荣誉、广东省五一劳动奖状等3项省级荣誉。该同志以卓有成效的工作，积极投身“双区”建设，为打造知识产权司法保护“南山品牌”不懈奋斗。

【朱　萍】2022年获评“全国审判业务专家”。女，汉族，1973年7月出生，江苏省扬州市人，全日制博士研究生毕业，深圳市中级人民法院涉外商事审判庭副庭长、三级高级法官。曾先后获“全市优秀法官”“全省审判业务专家”“全国涉外商事审判先进个人”等荣誉。朱萍同志审判经验丰富，理论功底扎实，长期注重研习国际条约、外国和我国港澳台地区相关规范，对仲裁司法审查、涉外法律适用等审判实务有系统化思考和深入研究。审判业绩突出，调研成果丰富，其审理的多宗案件曾入选2019年最高人民法院年度案例、2020年全国法院优秀案例及2021年人民法院案例。承担多项国家级、省级、市级重点调研课题，并多次获深圳法院调研成果特等奖、二等奖和三等奖，其主笔及参与执笔多项广东省高级人民法院、最高人民法院重点调研课题，其中部分调研成果已转化为裁判指引并成为重要的实践参考。

【王惠奕】2022 年获评“人民法院行政审判先进个人”。女，1978 年 9 月出生，中共党员，在职博士研究生，深圳市中级人民法院行政庭庭长、三级高级法官，获评广东省审判业务专家。先后获得“全国巾帼建功标兵”“全国法治教育宣传先进个人”“广东省五一劳动奖章”“十大鹏城政法英模”等荣誉，曾任广东省十二届妇女代表大会代表。担任法官以来，该同志个人审结各类行政及国家赔偿案件 2000 余宗。审结案件先后获评“全国行政不作为十大典型案例”、最高人民法院公报案例。该同志自 2015 年起全程推进深圳行政案件集中管辖改革。带领集体推行繁简分流、全国首家网上行政诉讼服务平台“法智云端”、深圳行政审判中心文化建设等多项举措。作为攻坚责任人率队落实深圳先行示范区综合改革试点首批授权事项“行政诉讼制度改革”，在全国率先实施基层法院管辖涉外涉港澳台行政案件。2022 年，集中管辖改革作为当届全国唯一法院项目及深圳唯一项目获评第六届“法治政府奖”。作为深圳市普法讲师团成员，该同志举办个人法治讲座 50 余场，听众逾 5000 人；荣获全国法院首届新闻发言人电视大赛“十佳新闻发言人”称号，在最高人民法院宪法日活动中作主题演讲，受到时任最高人民法院院长周强接见。

【张　薇】2022 年获评“全国青少年普法教育先进工作者”。女，1976 年 7 月出生，中共党员，北京大学公共管理硕士，深圳市罗湖区人民法院党组成员、政治部主任、二级调研员，兼任院关心下一代工作委员会主任、妇女工作委员会主任。2018 年至 2021 年连续四年考核优秀，荣立个人三等功，多次获评区优秀共产党员、巾帼文明岗创岗等先进个人。该同志勇于担当、主动作为，延伸司法职能，协调各方力量，积极推动法治宣传和教育工作，致力于做青少年法治宣传教育的耕耘者和践行者。在全市法院率先推出法官进校园进社区“菜单式”普法项目，由受众单位点单，2018 年以来组织开展各类定制普法活动 210 余场次，普法受众约 4.7 万人次，项目获评全省“百项精品普法”培育项目。主动延伸未成年人司法服务，用司法力度和温度护航未成年人健康成长，指导和推动未成年人权益保护普法微电影《礼物》，荣获庆祝中国共产党成立 100 周年全国法院优秀作品、第二届广东省法治文化节“最受大众喜爱的十佳微视频作品”，并在广东省高级人民法院官微进行展播。打造罗法“思 · 享会”文化品牌，举办 40 余期形式多样、内涵丰富的特色主题法治文化宣传活动，多期活动内容被《民主与法制》、《晶报》、《深圳晚报》、法治网等媒体报道。

【刘海娟】2022 年荣膺“人民法院少年法庭工作先进个人”。女，汉族，1981 年 10 月出生，民革党员，深圳市龙岗区人民法院民事审判一庭副庭长。刘海娟法官入职龙岗法院十六载，坚持在司法审判中保留一颗柔软的心，剑指邪恶，维护公平正义。审理的“深圳捡童案”等多宗案件受到媒体高度关注，曾被中央电视台《今日说法》栏目等各大媒体广泛报道，案件最终取得了良好的法律效果和社会宣传效果。多年来，作为一名专门审理未成年人犯罪案件的法官，她带领团队积极延伸少年审判职能，创新开启“五进”普法宣传模式，至今，已成功联合多所中小学校开展模拟法庭进校园活动 47 场，受众人数达 20 万余人次；邀请师生参加旁听庭审活动 30 余场，直击审判现场；开展法官进校园、进社区普法讲座 70 余场，以案释法；利用龙法微课堂等网络平台开展普法活动 15 场，受益人数达 60 万余人次；带领团队推动“四化”审判机制落实落地，推进审判专业化、做到审判科学化、做到审判柔性化、保障未成年人利益最大化；带

领团队积极探索帮教新路径，创新“三线”帮教模式，以线上帮教、线下接所、线上回访的方式对涉罪未成年人进行“一对一”“面对面”的督导和帮教，暖心助力涉罪未成年人回归社会。

【陈厚铭】2022 年获评“深圳最美退役军人”。男，1980 年 9 月参加工作，汉族，中共党员，大学本科，深圳市中级人民法院政治部组织教育处处长、一级调研员。2016 年至 2020 年连续五年考核优秀，荣立个人三等功，多次获评全市法院“优秀党务工作者”，市固本强基工作组优秀组长，并因下沉街道抗疫表现突出获专项嘉奖。陈厚铭同志政治工作和党建工作经验丰富，理论功底扎实，多年来在最高人民法院的《队伍建设》、市委组织部《特区实践与理论》、市中院《求法》等期刊发表党建和队伍建设文章数十篇，《从抗“疫”战中看中国答卷》专题党课先后在全市法院、南山党群服务中心宣讲，并在人民论坛网、市直机关工委《尖兵》等杂志刊发。该同志转业到法院后，24 年如一日，本色不变，初衷不改，在平凡岗位上彰显军人本色，积极推动深圳法院主题教育、教育培训、文化建设等工作，致力于做法治人才培养、司法创新实践的践行者和推动者，所带领的处室先后 7 次获评嘉奖集体，两次荣立集体三等功。

·编辑：严俊、陈惠苗·

国家级、省部级荣誉

集体（国家级）

人民法院改革创新奖

深圳市中级人民法院

法治政府奖

深圳市中级人民法院　深圳市盐田区人民法院

为群众办实事示范法院

深圳市盐田区人民法院

人民法院政治工作先进集体

深圳市龙华区人民法院政治部

人民法院环境资源审判工作先进集体

深圳市龙岗区人民法院大鹏人民法庭（环境资源法庭）

人民法院媒体融合工作先进集体

深圳市中级人民法院公共关系处

法院系统妇女岗位建功表现突出集体

深圳市中级人民法院司法辅助中心

司法透明度指数全国基层法院第一

深圳市福田区人民法院

全国法院文化建设特色项目

深圳市中级人民法院“诗文·歌曲·微视频·教材四原创”活动

个人（国家级）

全国法院办案标兵

吕海云　深圳市宝安区人民法院福永法庭副庭长

第十七届全国职工职业道德建设先进个人、标兵个人

黄娟敏　深圳市南山区人民法院民事审判一庭庭长

全国审判业务专家

朱　萍　深圳市中级人民法院涉外商事审判庭副庭长

人民法院行政审判工作先进个人

王惠奕　深圳市中级人民法院行政审判庭庭长

人民法院少年法庭工作先进个人

刘海娟　深圳市龙岗区人民法院民事审判一庭副庭长

全国青少年普法教育先进工作者

张　薇　深圳市罗湖区人民法院政治部（机关党委）主任

全国优秀应用法学论文

李文权　李　雯　黄丹媛　张艳红　朱　琳

全国法院第三十四届学术讨论会二等奖

李久祥　韩　磊　连　天　张丁方　黄源鑫　龙海燕

全国法院第三十四届学术讨论会三等奖

翟　墨　王菁华　李桂红　杨华鹏

全国法院第三十四届学术讨论会优秀奖

曾令省　杨俊洁　阳　文

集体（省部级）

全省法院改革创新奖一特别奖

深圳市中级人民法院（破产制度综合改革）

全省老干部工作先进集体

深圳市中级人民法院政治部组织教育处老干部工作组

广东省依法治省工作先进单位

深圳市盐田区人民法院

全省法院信息工作先进集体

深圳市中级人民法院　深圳市南山区人民法院

广东法院学术讨论会组织工作先进单位

深圳市中级人民法院　深圳市福田区人民法院　深圳市龙岗区人民法院

全省“抓示范、促改革、惠民生”优秀项目

深圳市龙岗区人民法院“E 网送达”平台

全省“抓示范、促改革、惠民生”良好项目

深圳市福田区人民法院“诉讼与非诉讼解纷实质性对接机制”改革项目

全省法院司法警察“实战化训练推进年”先进集体

深圳市罗湖区人民法院司法警察大队　深圳市南山区人民法院司法警察大队

全省法院司法警务规范化建设一级警队

深圳市南山区人民法院司法警察大队　深圳市罗湖区人民法院司法警察大队

全省法院司法警务规范化建设二级警队

深圳市中级人民法院司法警察支队

个人（省部级）

广东省五一劳动奖章

李兴旺　深圳市中级人民法院民事庭副庭长
潘梓璇　深圳市中级人民法院劳动庭书记员
张　瑛　深圳市福田区人民法院综合审判庭审判员

广东省三八红旗手

孙小玲　深圳市盐田区人民法院民事审判庭庭长

全省审判业务专家

王利萍　深圳市中级人民法院执行局副局长
王成明　深圳市中级人民法院行政审判庭副庭长
岳燕妮　深圳市中级人民法院破产法庭副庭长
王强力　深圳市中级人民法院行政庭审判员
赵　靓　深圳市中级人民法院刑一庭副庭长

平安广东建设先进个人

吴　军　深圳市中级人民法院刑事审判一庭法官助理

民法典宣传工作三等功

沈　炬　深圳市中级人民法院环境资源审判庭副庭长

全省法院信息工作先进个人

周　翔　深圳市中级人民法院研究室法官助理

吴泽玲　深圳市宝安区人民法院审判管理办公室（研究室）法官助理

广东信访铁军标兵

史谢华　深圳市中级人民法院群众诉求服务处法官助理

民法典宣传工作嘉奖

徐雪莹　深圳市中级人民法院民事审判庭审判员
陈云峰　深圳市中级人民法院民事审判庭审判员
吴　静　深圳市中级人民法院速裁庭审判员
邱艳红　深圳市坪山区人民法院速裁庭副庭长

全省法院司法警察“实战化训练推进年”先进个人

王　彬　深圳市罗湖区人民法院司法警察大队警员
张永林　深圳市南山区人民法院司法警察

民法典宣传工作通报表扬

张凌炜　深圳市福田区人民法院民事审判二庭（速裁庭）审判员
阳　文　深圳市福田区人民法院民事审判二庭（速裁庭）审判员
童琳琳　深圳市福田区人民法院民事审判一庭副庭长
刘敏峰　深圳市福田区人民法院民事审判一庭审判员
栾　媛　深圳市罗湖区人民法院民事审判一庭（家事审判庭）副庭长
李哲海　深圳市龙岗区人民法院速裁庭庭长

专案通报表扬

王　芳　深圳市中级人民法院破产法庭审判员

市级荣誉奖项

集体（市级）

深圳十大法治事件

深圳法院行政案件集中管辖改革获评第六届“法治政府奖”

深圳市巾帼文明岗、标兵岗

深圳市坪山区人民法院立案庭

深圳市巾帼文明岗

深圳市福田区人民法院民事审判一庭　深圳市龙岗区人民法院民事审判一庭少年家事审判团队

深圳市龙华区人民法院速裁庭　深圳市坪山区人民法院立案庭

人民法庭审判专业化建设三等功

深圳市南山区人民法院西丽法庭

清案攻坚嘉奖

深圳市中级人民法院知识产权法庭　深圳市龙华区人民法院执行局

诉源治理攻坚嘉奖

深圳市福田区人民法院立案庭（诉讼服务中心）

深圳市污染防治攻坚战贡献突出集体

深圳市中级人民法院民事审判庭

深圳破产制度改革嘉奖

深圳市中级人民法院破产法庭

“减假暂”案件专项排查嘉奖

深圳市中级人民法院审判监督庭

行政案件集中管辖改革嘉奖

深圳市盐田区人民法院行政审判二庭

2022 年度嘉奖集体

深圳市中级人民法院政治部干部处、审判管理办公室、立案庭、民事审判庭、环境资源审判庭

个人（市级）

深圳市 2021 年度“十佳最美政法干警”

吴　南　深圳市中级人民法院刑事审判二庭审判员

栾　媛　深圳市罗湖区人民法院民事审判一庭（家事审判庭）副庭长

深圳市 2022 年度“十佳最美政法干警”

尹　伊　深圳市中级人民法院立案庭审判员

赖　晖　深圳市南山区人民法院执行局副局长

深圳最美退役军人

陈厚铭　深圳市中级人民法院政治部组织教育处一级调研员

第十届深圳版权金奖

钟小凯　深圳市中级人民法院知识产权法庭审判员
梁　燕　深圳市福田区人民法院知识产权庭审判员
苏　宏　深圳市罗湖区人民法院知识产权庭审判员

北京冬奥会、冬残奥会和 2022 年全国两会期间保障工作先进个人

潘廷贵　深圳市南山区人民法院司法警察大队副队长

深圳市首届“雏鹰计划”公务员外语展示竞赛一等奖

李宇洁　深圳市龙岗区人民法院法官助理

深圳市五一劳动奖章

代盼盼　深圳市宝安区人民法院审判管理办公室（研究室）法官助理
裴红军　深圳市龙岗区人民法院审判管理办公室（研究室）副主任
周高远　深圳市龙华区人民法院司法警察

深圳法院最美巾帼奋斗者

钟　华　罗映清　彭雪梅　伍建卿　胡小烨　黄娟敏　魏泽琼　肖　逸　黄晶晶　程晓嫚

深圳法院十佳青年

杜佳鑫　王　杰　谢　雯　李　磊　谢羽鸿　陈盛超　余卫琦　冯书萌　许逸楠　杨海军

连续三年考核优秀记三等功

邝肖华　张　谦　杨　芳

连续三年考核优秀记三等功

刘乐文　王　杰　张苏柳　付璐奇　彭雪梅　许莹姣　唐　静　徐玉婵　李　静　王东兴　王晶晶　李桂红
史谢华　王　飞　王　芸　杨　雄　肖　英　郭　卫　叶　云　林　晔　刘　萌　濮晋文　王　松　汪　勤
何家纬　姚　兵　胡旬子　陈盛超　石登科　方　雪　张　敏　冼晓莉　叶小丽　李姗姗　伍圣权　杨爱华

全市法院清案攻坚三等功

陈　凯　陈明亮　李　飞　曲　卓　李安武　刘规海　林显志　曹　欣　段　晖　付　晓　张志平　杨继周
谢　燕　陈　波　张允健　黄丽仲　黄梅兰　方永梅　杨　烘　邱艳红　李晓霞　杨海军

全市法院诉源治理攻坚三等功

唐国林　沈洋洋　卢瑞苗　谢雯琦　韩　磊　肖旭耀

东方金钰专案三等功

尚彦卿　深圳市中级人民法院金融法庭审判员

类案标准化审理指南编撰三等功

罗映清　庄齐明　陈朝毅

全市法院疫情防控工作三等功

陈富强　潘建华　陈　伟　李凤麟　黄慧玲　魏　巍　左　昊　钟丹丹　王亚军　陈　静

民事诉讼文书送达完成标准化三等功

王菁华

深圳法院破产制度改革三等功

景晓晶

一站式多元化解纷三等功

金　靖

司法辅助人员裁判文书评比三等功

成　琳

全市法院疫情防控工作嘉奖

胡海平　陈君毅　杨恩道　蔡学武　刘玉霞　严　俊　王晶晶　肖　耿　周　稳　李汶浔　赵立昌　王　杰
李迪文　郭　亚　史谢华　李　慧　岳焕文　段昂尊　戴　斌　何　溯　吴　军　陈静旋　应　连　雷　
熊雪贺　张　华　胡绍峰　黄炜洁　刘源源　叶振传　郑　波　李占祥　林根志　谢羽鸿　王胜文　张善泽
陈柯名　汤尔胜　钟正亮

全市法院清案攻坚嘉奖

翟　墨　张文佳　林建益　陈锦辉　黄　新　王丹妮　江　慧　马莹莹　罗　巧　郑　松　陈柳波　陶　婷
李君男　阳　文　张凌炜　李　雯　朱淑乔　苏　宏　陈莹颖　万　婷　陈婉丹　张　雨　简增荣　罗小永
洪　川　雷英孝　朱宝玲　张庆荣　钟　雯　许立岸　康天鹏　张齐玥　王雪梅　彭福庄　李　逊　苑广玲
唐雨蒙　黄忠新　隋　戎　方　芳　曾海林　张智强　许逸楠　王　迪　廖灵觉　侯瑞林　许新惠　雷诗妍
杨海生　鲍忠琴　池　勇　梁俊辉　杨玉兰　杨瑞虹　杨　森

全市法院诉源治理攻坚嘉奖

吕豫军　胡绍峰　郭　卫　彭峥嵘　董学军　梁艳芳　陈江华　朱　梨　韩超宇　李　怡　赵坤东　江　涛
卢　好　邱碧媛　罗　俏

司法辅助人员裁判文书评比嘉奖

徐　娟　张　婷　陈奕敏　周忱晨　陈　璐　黎国玲　温敏玲　翁艳玲

前海通利华案专案嘉奖

陈柳波　深圳前海合作区人民法院审判员

一站式多元化解纷嘉奖

马　玲　陈琼敏

类案标准化审理指南编撰嘉奖

毛孟涛　陈楠芳

民事诉讼文书送达完成标准化嘉奖

成　琳　李广仪

深圳破产制度改革试点工作嘉奖

肖　耿

执行委托专项工作嘉奖

胡征兵

妇女儿童权益保护“她·守护”专项嘉奖

杨海军

深圳市“扫黄打非”工作先进个人

李君男

全市信息工作先进个人

周　翔

年度嘉奖

傅新江　袁银平　曹启选　詹旭伟　李子建　肖　逢　许云兴　张　薇　郑春华　林健权　任　强　李文权
李育元　戴少雄　郑素薇　香玉环

2022 年度嘉奖个人（公务员）

李迪文　杨恩道　刘　俊　毛孟涛　黄培泳　黄慧玲　吴泽彬　姚　望　曹筱楠　简代洋　唐国林　邓　婧
谢冰羚　尹　伊　叶金花　王媛媛　兰诗文　杨馥维　钟小凯　刘欢飞　尚彦卿　陈鹏飞　黄　新　白田甜
叶浪花　温锦资　张　薇　叶海情　李　想　姜君伟　袁　琰　王为明　连宣国　陈　凯　郭　成　杨　莹
贾祎祺　刘　茹　刘向军　李　飞　黎康养　庄齐明　王丹妮　陈楠芳　林建益　李立菲　陈明亮　张思懿
何　溯　王　伟　李东慧　王　健　陈　亮　寇秉辉　熊雨潇　袁劲秋　丁　婷　高　洁　杜佳鑫　肖伟光
赵　征　逄　政　赵仁叔　龙仲权　严　俊　田　娟　翟　墨　王菁华　张丁方　刘玉霞　何文鹏　朱　元
李　倩　杨　明　陈雅娟　林雄坤　朱　锋　魏满清　周　稳　任　洲

2022 年度嘉奖个人（老工勤）

梁国亮　曾　山

2022 年度嘉奖个人（雇员）

周　妮　易　婷　刘娃妮　付　丽　王晓楠　申明铭　余丽君　郭清河　刘志勤　刘永伟　武光霞　饶　远
陈丽诗

2022 年度嘉奖个人（劳动合同制司法辅助人员）

林惠英　李林怿　罗　滢　李嘉嘉　黄雅玲　兰　健　黄银椿　郑东明　蒋　浩　李　瑶　张丽绵　周梓萱
韩振亚　吴景花　祝万琛　翟丽诗　段昭莹　吴锋涛　罗炳达　毛倩婷　邢竞文　柯晓楠　郑俊芳　陈祖仪
谢欣琪　杨　妍　刘争光　刘绍君　房依蒙　邓超颖　何语峤　刘　佳　何小雨　刘　文　刘菀伊　赖佳宇
陈敏慧　刘惠惠　曾慧清　庄　园　陈永雪　黄琳瑶　陈　颖　戴　斌　李开宇　龙灵美　李　妍　陈娱芬
陈晓璇　曾牧山　陈少红　王茂娜　邓　懿　陈金洁　姜　睿　黄华聪　林　艾　杨秋蓉　陈兴恺　李兰兰
侯兰霞　杨小华　蔡林丽　颜海珊　唐裕兰　蔡小英　陈山龙　叶志桃　赵　琢　陈煜瑶　刘幸一　潘俊锋
刘燕妮　郑晓华　李秀秀　陈　媛　王玉洁　林夏彤　刘海韵　赵宇佳　闫园园　许　菲

2022 年度嘉奖个人（聘任制人员）

黄小红　郑泽雄　赖添勤　邹德琦　莫尚秋　赵恒华　梁上军　王忠琦　刘锦锦　封剑忠　孟祥斌　林财宏
林燕海　罗锦诚　赵子飞　方剑锋　张文静　马师帅　付　明　曾嘉瑜　罗肖丽　张家龙

·编辑：严俊、陈惠苗·

学术论文获奖名单

全国法院第 34 届学术讨论会获奖论文

二等奖

1.《诉源治理嵌入人民法庭绩效考评的基本逻辑及进路——以人民法庭嵌入基层社会治理体系建构新职能定位为视角》
　广东省深圳市宝安区人民法院　李久祥
　广东省深圳市宝安区人民法院　韩　磊
　广东省深圳市宝安区人民法院　连　天

2.《走出质量风险监控盲区：认罪认罚案件审理的现实困境与破解之道》
　广东省深圳市中级人民法院　张丁方

3.《何止网络司法拍卖：被执行人自主处置被查封财产的理论证成与制度构建——以“法拍房”为视角》
　广东省深圳市罗湖区人民法院　黄源鑫
　广东省深圳市南山区人民法院　龙海燕

三等奖

1.《市域社会治理现代化背景下的城区人民法庭专业化布局——以结构功能主义为视角》
　广东省深圳市中级人民法院　王菁华
　广东省深圳市中级人民法院　翟　墨

2.《“穿透式审判方法”运用泛化的合理规制——以“协同主义诉讼模式”的权责分配为进路》

广东省深圳市福田区人民法院　杨华鹏

广东省深圳市中级人民法院　李桂红

优秀奖

1.《未成年人犯罪记录封存制度功能性主导模式的微观重构——兼论犯罪记录封存的裁判中心主义》

广东省深圳市罗湖区人民法院　曾令省

广东省深圳市罗湖区人民法院　杨俊洁

2.《国际商事纠纷多元化解的中国方案及完善——以国际商事法庭“一站式”纠纷解决机制运行为视角》

最高人民法院　王雨晴

广东省深圳市中级人民法院　段昂尊

3.《空间正义视角下超大型企业案件特殊管辖的多阶构想》

广东省深圳市南山区人民法院　龙海燕

广东省深圳市福田区人民法院　阳　文

广东省深圳市中级人民法院　　李桂红

2022年全省法院学术论文研讨会获奖论文

一等奖

1.《诉源治理嵌入人民法庭绩效考评的基本逻辑及进路——以人民法庭嵌入基层社会治理体系建构新职能定位为视角》

广东省深圳市宝安区人民法院　李久祥

广东省深圳市宝安区人民法院　韩　磊

广东省深圳市宝安区人民法院　连　天

2.《走出质量风险监控盲区：认罪认罚案件审理的现实困境与破解之道》

广东省深圳市中级人民法院　张丁方

3.《何止网络司法拍卖：被执行人自主处置被查封财产的理论证成与制度构建——以“法拍房”为视角》

广东省深圳市罗湖区人民法院　黄源鑫

广东省深圳市南山区人民法院　龙海燕

二等奖

1.《市域社会治理现代化背景下的城区人民法庭专业化布局——以结构功能主义为视角》

广东省深圳市中级人民法院　王菁华

广东省深圳市中级人民法院　翟　墨

2.《“穿透式审判方法”运用泛化的合理规制——以“协同主义诉讼模式”的权责分配为进路》

广东省深圳市福田区人民法院　杨华鹏

广东省深圳市中级人民法院　李桂红

三等奖

1.《未成年人犯罪记录封存制度功能性主导模式的微观重构——兼论犯罪记录封存的裁判中心主义》

广东省深圳市罗湖区人民法院　曾令省

广东省深圳市罗湖区人民法院　杨俊洁

2.《国际商事纠纷多元化解的中国方案及完善——以国际商事法庭“一站式”纠纷解决机制运行为视角》

最高人民法院　王雨晴

广东省深圳市中级人民法院　段昂尊

3.《空间正义视角下超大型企业案件特殊管辖的多阶构想》

广东省深圳市南山区人民法院　龙海燕

广东省深圳市福田区人民法院　阳　文

广东省深圳市中级人民法院　李桂红

优秀奖

1.《风险控制矩阵：厘清法官主体办案和助理辅助办案责任——借鉴企业内控理论落实权责清单》

深圳市中级人民法院　黄振东

深圳市中级人民法院　刘　月

2.《从边缘到“C 位”：法院对合规有效性的审查及裁量标准——以知识产权刑事审判为视角》

深圳市罗湖区人民法院　蒋璐璐

3.《假冒注册商标罪的体系解释》

深圳市罗湖区人民法院　王碧蕾

深圳市罗湖区人民法院　苏　宏

4.《审级职能定位改革下诉讼收费机制优化路径——基于功能契合视角》

深圳市福田区人民法院　刘舒婷

深圳市福田区人民法院　阳　文

深圳市福田区人民法院　许　娟

5.《民事虚假诉讼案外第三人救济方式的反思与重构》

深圳市宝安区人民法院　李　静

深圳市宝安区人民法院　黄绪喜

6.《罪刑法定：“套路贷”案件中法律适用的分割判断模式之审视》

深圳市光明区人民法院　周文淼

深圳市光明区人民法院　黄凯云

7.《上诉率与发改率悖论透视与启示——以司法制度变迁为视角》

深圳市龙岗区人民法院　邓晶晶

8.《何以突围？个人破产准入制度的精细化构建》

深圳市南山区人民法院　李文琳

9.《新时代城区人民法庭建设：综合性与专业化融合发展——基于“以人民为中心”的市域治理职能》

深圳市宝安区人民法院　王　辉

深圳市宝安区人民法院　周　斌

深圳市宝安区人民法院　林小锐

10.《新时代人民法庭参与诉源治理的角色定位与路径选择》

深圳市龙华区人民法院　江　涛

深圳市龙华区人民法院　李春娜

深圳市龙华区人民法院　蓝美玲

11.《“父母本位”抑或“子女本位”：离婚诉讼中未成年子女最佳利益原则的审视与重塑》
深圳市南山区人民法院　吴奕盈

·编辑：严俊·

深圳法院首届“六优”评选获奖名单

全市法院优秀案例

一等奖

1. 深圳金融法庭（2020）粤 03 民终 20938 号案例（编写人：袁银平）；
2. 深圳市中级人民法院行政审判庭（2021）粤 03 行终 465 号案例（编写人：陈锦辉）；
3. 深圳市中级人民法院速裁庭（2020）粤 03 民终 20338 号案例（编写人：胡志光、何溯）。

二等奖

4. 深圳市中级人民法院审判管理办公室（2020）粤 03 民终 20422 号案例（编写人：王勇）；
5. 深圳知识产权法庭（2021）粤 03 民终 9583 号案例（编写人：蒋筱熙）；
6. 深圳市中级人民法院刑事审判第一庭（2020）粤 03 刑终 1563 号案例（编写人：温锦资）；
7. 深圳市中级人民法院民事审判庭（2021）粤 03 民终 34077 号案例（编写人：陈云峰）；
8. 深圳知识产权法庭（2020）粤 03 民初 1668 号案例（编写人：钟小凯）；
9. 深圳市中级人民法院速裁庭（2021）粤 03 民终 8006—8055、9343—9386、9399—9436 号案例（编写人：杨莹）；
10. 深圳市中级人民法院行政审判庭（2020）粤 03 行终 539、540 号案例（编写人：杨宝强）。

三等奖

11. 深圳市中级人民法院商事审判庭（2019）粤 03 民初 3592 号案例（编写人：陈朝毅）；
12. 深圳破产法庭（2021）粤 03 民初 5678 号案例（编写人：白田甜）；
13. 深圳市中级人民法院刑事审判第二庭（2022）粤 03 刑终 757 号案例（编写人：刘艾涛）；
14. 深圳市南山区人民法院（2021）粤 0305 刑初 372 号案例（编写人：张国辉）；
15. 深圳市盐田区人民法院（2020）粤 0308 民初 448 号案例（编写人：何家纬）；
16. 深圳市福田区人民法院（2020）粤 0304 民初 42566 号案例（编写人：吴爽）；
17. 深圳市中级人民法院行政审判庭（2020）粤 03 行终 1058 号案例（编写人：王惠奕）；
18. 深圳市中级人民法院商事审判庭（2020）粤 03 民终 22461 号案例（编写人：吴静）；
19. 深圳市福田区人民法院（2020）粤 0304 刑初 781 号案例（编写人：胡许晴）；
20. 深圳市龙岗区人民法院（2020）粤 0307 民初 10992 号案例（编写人：曾纯）。

优秀奖

21. 深圳破产法庭（2021）粤 03 破 618 号案例（编写人：岳燕妮）；
22. 深圳破产法庭（2020）粤 03 破 638 号案例（编写人：王芳）；

23. 深圳市福田区人民法院（2021）粤 0304 民初 56105—56109 号案例（编写人：魏巍）；
24. 深圳前海合作区人民法院（2020）粤 0391 民初 1392 号案例（编写人：林艳）；
25. 深圳市盐田区人民法院（2020）粤 0308 民初 1127 号案例（编写人：黄晶晶）；
26. 深圳知识产权法庭（2020）粤 03 民初 7080 号案例（编写人：张婷）；
27. 深圳金融法庭（2021）粤 03 民终 30683 号案例（编写人：刘欢飞、黄熔莹）；
28. 深圳市龙岗区人民法院（2021）粤 0307 民初 16775 号等 6 案案例（编写人：易旭红、杨文姣、司黎黎、曾海林）；
29. 深圳市福田区人民法院（2019）粤 0304 民初 47071 号、（2021）粤 03 民终 7723 号案例（编写人：李雯）；
30. 深圳市福田区人民法院（2019）粤 0304 民初 47069 号案例（编写人：张威）。

全市法院优秀裁判文书

一等奖

1. 深圳金融法庭（2019）粤 03 民初 4881 号判决书（承办人：尚彦卿）；
2. 深圳市中级人民法院行政审判庭（2020）粤 03 行终 1058 号判决书（承办人：王惠奕）；
3. 深圳知识产权法庭（2020）粤 03 民初 5073 号判决书（承办人：叶艳）。

二等奖

4. 深圳市中级人民法院速裁庭（2020）粤 03 民终 20338 号判决书（承办人：胡志光）；
5. 深圳市中级人民法院刑事审判第一庭（2019）粤 03 刑终 717 号判决书（承办人：温锦资）；
6. 深圳金融法庭（2021）粤 03 民终 35437—35453 号判决书（承办人：付璐奇）；
7. 深圳市中级人民法院商事审判庭（2021）粤 03 民终 9591 号判决书（承办人：罗映清）；
8. 深圳市龙岗区人民法院（2020）粤 0307 民初 26822 号判决书（承办人：肖逸）；
9. 深圳前海合作区人民法院（2021）粤 0391 民初 7589 号判决书（承办人：程晓嫚）；
10. 深圳市中级人民法院行政审判庭（2021）粤 03 行终 1325 号判决书（承办人：王强力）。

三等奖

11. 深圳市中级人民法院速裁庭（2021）粤 03 民终 8006—8055、9343—9386、9399—9436 号判决书（承办人：吴心斌）；
12. 深圳市中级人民法院商事审判庭（2020）粤 03 民终 22461 号判决书（承办人：吴静）；
13. 深圳知识产权法庭（2021）粤 03 民终 9583 号判决书（承办人：蒋筱熙）；
14. 深圳市中级人民法院刑事审判第一庭（2021）粤 03 刑终 1657 号判决书（承办人：钟华）；
15. 深圳破产法庭（2021）粤 03 民终 21810 号判决书（承办人：王芳）；
16. 深圳市中级人民法院行政审判庭（2022）粤 03 行终 52 号判决书（承办人：王成明）；
17. 深圳市南山区人民法院（2021）粤 0305 民初 623 号判决书（承办人：杨媚）；
18. 深圳市福田区人民法院（2021）粤 0304 民初 35318 号判决书（承办人：陈铃铃）；
19. 深圳市中级人民法院商事审判庭（2021）粤 03 民终 15025 号判决书（承办人：慈云西）；
20. 深圳市中级人民法院涉外商事审判庭（2021）粤 03 民终 2302 号判决书（承办人：许海锚）。

优秀奖

21. 深圳市中级人民法院刑事审判第一庭（2022）粤 03 刑初 36 号判决书（承办人：涂俊峰）；

22. 深圳市中级人民法院商事审判庭（2021）粤 03 民终 12739 号判决书（承办人：罗映清）；
23. 深圳市福田区人民法院（2020）粤 0304 民初 33069 号判决书（承办人：吴品芬）；
24. 深圳知识产权法庭（2020）粤 03 民终 24612 号判决书（承办人：刘燕）；
25. 深圳市龙岗区人民法院（2020）粤 0307 民初 39526 号判决书（承办人：林洋）；
26. 深圳市中级人民法院刑事审判第二庭（2021）粤 03 刑终 901 号判决书（承办人：吴南）；
27. 深圳市盐田区人民法院（2020）粤 0308 民初 1808 号判决书（承办人：罗鸣）；
28. 深圳市盐田区人民法院（2020）粤 0308 行初 1267 号判决书（承办人：孙静）；
29. 深圳市中级人民法院商事审判庭（2021）粤 03 民终 3594 号判决书（承办人：庄齐明）；
30. 深圳前海合作区人民法院（2020）粤 0391 民初 1392 号判决书（承办人：林艳）。

全市法院优秀庭审

一等奖

1. 深圳市盐田区人民法院（2021）粤 0308 行初 1991 号庭审（审判长、承办人：孙静，合议庭成员：陪审员耿月云、陪审员刘学军）；
2. 深圳市龙岗区人民法院（2022）粤 0307 刑初 662 号庭审（审判长、承办人：刘一粟，合议庭成员：林洋、陪审员刘永华）；
3. 深圳前海合作区人民法院（2021）粤 0391 民初 8054 号庭审（审判长：吴友彬，承办人：刘一瑶，合议庭成员：香港特别行政区人民陪审员吴琦）。

二等奖

4. 深圳市中级人民法院速裁庭 (2021) 粤 03 民终 8006—8055、9343—9386、9399—9436 号庭审（审判长：吴心斌，承办人、合议庭成员：杨莹、朱作平）；
5. 深圳市罗湖区人民法院（2021）粤 0303 民初 27753 号庭审（审判长：潘燕清，承办人：唐亦丽）；
6. 深圳市福田区人民法院（2021）粤 0304 民初 61743 号庭审（承办人：白松灵）；
7. 深圳市中级人民法院刑事审判第二庭（2020）粤 03 刑初 611 号庭审（审判长、承办人：吴南，合议庭成员：赵靓、肖艾新）；
8. 深圳市中级人民法院刑事审判第一庭（2022）粤 03 刑初 36 号庭审（审判长、承办人：涂俊峰，合议庭成员：李静、张薇、陪审员陈惠萍、陪审员马信义、陪审员郝宏、陪审员杨猛）；
9. 深圳市盐田区人民法院（2021）粤 0308 民初 1229 号庭审（承办人：孙小玲）；
10. 深圳市中级人民法院行政审判庭（2021）粤 03 行初 217 号庭审（审判长、承办人：王成明，合议庭成员：伍建卿、陈锦辉）。

三等奖

11. 深圳市中级人民法院民事审判庭（2022）粤 03 民初 3056—3087 号庭审（审判长：李兴旺，承办人、合议庭成员：李飞、陈云峰）；
12. 深圳金融法庭（2021）粤 03 民初 3613 号庭审（审判长：李飞，承办人：易静，合议庭成员：杜博）；
13. 深圳市中级人民法院刑事审判第一庭（2021）粤 03 刑初 378 号庭审（审判长、承办人：温锦资，合议庭成员：黄丹燕、叶海情）；
14. 深圳前海合作区人民法院（2021）粤 0391 民初 5294 号庭审（审判长：卞飞，承办人：林艳，合议庭成员：香港特别行政区人民陪审员黄耀武）；
15. 深圳市光明区人民法院（2022）粤 0311 民初 269 号庭审（承办人：李晓霞）；
16. 深圳市龙岗区人民法院（2021）粤 0307 民初 16095 号庭审（承办人：刘国欢）；
17. 深圳市中级人民法院行政审判庭（2021）粤 03 行初 102、103 号庭审（审判长：杨宝强，承办人：陈锦辉，合议庭成员：王琳）；
18. 深圳市福田区人民法院（2022）粤 0304 民初 4786 号庭审（承办人：李姗姗）；
19. 深圳市中级人民法院刑事审判第一庭（2021）粤 03 刑初 266 号庭审（审判长、承办人：昝龙应，合议庭成员：李生荣、江慧）；
20. 深圳市南山区人民法院（2021）粤 0305 民初 13982 号庭审（承办人：丁明君）。

优秀奖

21. 深圳破产法庭（2021）粤 03 民初 6131 号庭审（审判长、承办人：白田甜，合议庭成员：谢继宇、王芳）；
22. 深圳知识产权法庭（2020）粤 03 民初 3570 号庭审（审判长：胡志光，承办人：钟小凯，合议庭成员：陪审员王亚茹）；
23. 深圳市坪山区人民法院（2022）粤 0310 民初 918 号庭审（承办人：乐忠槐）；
24. 深圳市罗湖区人民法院（2021）粤 0303 刑初 871 号庭审（审判长、承办人：连亮，合议庭成员：陪审员解凯云、陪审员姚雪芬）；
25. 深圳市宝安区人民法院（2022）粤 0306 民初 10877 号庭审（承办人：韩超宇）；
26. 深圳市宝安区人民法院（2022）粤 0306 民初 17173 号庭审（承办人：柳海涛）；
27. 深圳市南山区人民法院（2022）粤 0305 刑初 176 号庭审（审判长、承办人：王励，合议庭成员：陪审员江爱丽、陪审员马小艳）；
28. 深圳前海合作区人民法院（2022）粤 0391 民初 2288 号庭审（承办人：李凯）；
29. 深圳破产法庭（2021）粤 03 民初 4666 号庭审（审判长、承办人：张睿，合议庭成员：夏静、唐姗）；
30. 深圳市坪山区人民法院（2021）粤 0310 刑初 234 号庭审（审判长、承办人：池勇，合议庭成员：陪审员赖泳宇、陪审员冯文华）。

全市法院优秀学术论文

一等奖

1.《两难中平衡：〈反外国制裁法〉第十二条反制裁诉讼的法律框架和程序规则适用设计探索》（作者：深圳市中级人民法院　谢冰羚、毛孟涛）；
2.《方法与技术并进：破解证券虚假陈述损失计算之困境——以因果关系与算法设计为切入点》（作者：深圳市中级人民法院　陈霞睿）；
3.《“四维契合”视角下诉讼收费标准机制优化路径——以民事诉讼程序繁简分流改革为切入点》（作者：深圳市福田区人民法院　阳文，深圳市中级人民法院　李桂红）；
4.《从外观主义到实质正义：“穿透式审判思维”的逻辑进路——以隐名股东案外人异议之诉为例》（作者：深圳市福田区人民法院　丁健、霍云波、许娟）；
5.《破除“圆形监狱”：物联网隐私权保护的现实困境与应对策略》（作者：深圳市龙岗区人民法院　邓晶晶）；
6.《社会主义核心价值观在家事调解话语中的叙事逻辑——从问题解决型调解到关怀型调解的转变》（作者：深圳市宝安区人民法院　张艳红、朱琳）。

二等奖

7.《适当介入：比例原则在公司司法解散中的适用——多元事由三步审查规则的建构》（作者：深圳市中级人民法院 陈朝毅、罗映清）；

8.《规制视角下金融司法回应金融监管的路径选择——以保底条款的效力认定为例》（作者：深圳市福田区人民法院 柏慧、罗娜）；

9.《强制性拍卖与市场化交易并行：执行案件财产变现的双轨化制度构建——以住宅用房网络司法拍卖为视角》（作者：深圳市罗湖区人民法院 黄源鑫，深圳市南山区人民法院 龙海燕）。

三等奖

10.《“无牙老虎”：我国上诉期间一审民事判决执行力问题的困局及对策——以标准必要专利平行诉讼为视角》（作者：深圳市中级人民法院 胡志光，深圳知识产权法庭 张苏柳、潘亮）；

11.《从“单向”到“双向”归责：机动车交通事故责任的反思与重构——以“优者负担原则”为中心》（作者：深圳市宝安区人民法院 王辉、周斌、黄绪喜、黄亚文）；

12.《困境与出路：债务人异议之诉的中国化图景》（作者：深圳市中级人民法院 李桂红）；

13.《业主共有权受侵害的司法救济困境与出路——以 171 篇裁判文书为研究样本》（作者：深圳市福田区人民法院 谢林杉）；

14.《预防腐败与腐败预防：监察国家赔偿制度的构建——以监察对象权利保护为视角》（作者：深圳市福田区人民法院 邱龙、李绎）；

15.《从咨询到法官自制：专业法官会议的功能定位及展开——兼论法官规制方式的变迁》（作者：深圳市龙岗区人民法院 裴红军）；

16.《隐私止于门外？工作场所劳动者隐私权社会法保护模式构建》（作者：深圳市中级人民法院 黄振东）；

17.《论域外法查明中专家意见制度有效供给的路径——兼论以法官为核心审查认定模式的确立》（作者：深圳前海合作区人民法院 谢雯，深圳市中级人民法院 田娟）；

18.《论高空抛物致害责任制度免责事由的证明——以加害人不明为中心》（作者：深圳市坪山区人民法院 乐忠槐）；

19.《双重股权结构中控股股东责任的司法规制与制度再造》（作者：深圳市福田区人民法院 张威、谭茜、刘舒婷）；

20.《破产遇到爱：个人破产程序中债务人配偶个人财产权的保护——以构建夫妻共同破产规则体系为立足点》（作者：深圳市龙华区人民法院 马玲、李甘，深圳市罗湖区人民法院 胡爱）；

21.《民间借贷案件中夫妻合意认定的现状检视与规则续造——以〈民法典〉第 1064 条的适用为立足点》（作者：深圳市龙华区人民法院 黄蕾、罗嘉淳）。

优秀奖

22.《区块链电子证据平台的实践检视与应用完善》（作者：深圳市龙华区人民法院 朱嘉蹊、王亚）；

23.《法治化营商环境背景下司法程序质量水平提升的破围进阶之道》（作者：深圳市中级人民法院 李桂红）；

24.《法经济学视角下民事执行公告送达的困境与出路》（作者：深圳市宝安区人民法院 张艳红、廖森林、连天）；

25.《意思自治下网络情谊行为的认定——兼论网络责任豁免规则体系的构建》（作者：深圳市福田区人民法院 李敏通、李泰仁）；

26.《既判力扩张视角下证券示范诉讼的程序再造》（作者：深圳市福田区人民法院 罗娜）；

27.《〈民法典〉视域下债务人配偶个人财产权的保护》（作者：深圳市龙华区人民法院 李甘、马玲、齐砺杰，深圳市罗湖区人民法院 胡爱）；

28.《实体问题程序化：民事案件繁简识别路径反思》（作者：深圳市坪山区人民法院 乐忠槐，深圳市罗湖区人民

法院　兰榕燕）；

29.《自愿原则的均质化：非诚信调解规制的逻辑与进路》（作者：深圳前海合作区人民法院　孔才池）；

30.《案件指征监测：二审独任制与合议制转换机制探索与构建——以 S 市中院实践为例》（作者：深圳市中级人民法院　杨莹）；

31.《破产程序民刑交叉的处理规则研究》（作者：深圳破产法庭　霍雨）；

32.《自发抑或赋能：〈新加坡调解公约〉背景下商事调解制度本土孵化的司法作为——以法经济学分析下的“自我执行”为视角》（作者：深圳市中级人民法院　时春蕾、金靖、黎子仪）；

33.《行政机关援引民事法律作为行政行为依据的评析及限制机制的构建》（作者：深圳市盐田区人民法院　孙小玲、何家纬、熊小芳）；

34.《电子送达问题研究——以 S 市 B 区法院司法实践为视角》（作者：深圳市宝安区人民法院　黄绪喜）；

35.《多元社会背景下“四类地区”调解模式的重构——基于法经济学的分析视角》（作者：深圳市光明区人民法院　黄凯云）；

36.《违约精神损害赔偿的实证研究与进路探索——以〈民法典〉第 996 条的适用为视角》（作者：深圳市福田区人民法院　杨华鹏）；

37.《老龄化背景下成年人意定监护制度的完善——以意思表达的辅助机制为视角》（作者：深圳市龙华区人民法院　黄蕾、何成、罗嘉淳）；

38.《合同僵局中的法律关系分析——以霍菲尔德的分析法学理论为视角》（作者：深圳市罗湖区人民法院　袁昕昊、邢远）；

39.《互联网新型不正当竞争行为司法规制》（作者：深圳市南山区人民法院　苏恒）；

40.《案外人执行异议之诉制度在保全救济中的适用与衡平——以涉房产案件为例》（作者：深圳市宝安区人民法院　冼晓莉、娄靓）。

优秀组织单位

深圳市中级人民法院商事审判庭　深圳市福田区人民法院　深圳市宝安区人民法院　深圳市龙岗区人民法院
深圳市龙华区人民法院　深圳市罗湖区人民法院

全市法院优秀调研成果

特等奖

1.《涉外知识产权纠纷中国司法管辖权问题研究》（课题组：深圳知识产权法庭，主持人：胡志光，成员：祝建军、潘亮、张苏柳，执笔人：胡志光、祝建军、潘亮、张苏柳）。

一等奖

2.《新型数字化知识产权司法保护研究》（课题组：深圳知识产权法庭，主持人：张应杰，成员：黄志坚、蒋筱熙、兰诗文、张婷，执笔人：兰诗文、张婷）；

3.《信息网络犯罪司法适用疑难问题研究》（课题组：深圳市中级人民法院刑事审判第二庭，主持人：吕志峰，成员：肖宏开、俞宙、赵靓、满涛、席倩文，执笔人：赵靓、满涛、席倩文）；

4.《跨境破产协作机制研究》（课题组：深圳破产法庭，主持人：邝肖华，成员：曹启选、岳燕妮、景晓晶、王芳、叶浪花、孟天一，执笔人：王芳、叶浪花）。

二等奖

5.《智慧送达一体化应用研究》（课题组：深圳市中级人民法院科技信息处，主持人：胡志光，成员：范列、涂超群、陈勇、王晓蓉、乔桑、洪洋洋，执笔人：胡志光、洪洋洋）；

6.《社会主义核心价值观融入裁判文书释法说理机制研究》（课题组：深圳市中级人民法院速裁庭，主持人：胡志光，成员：王畅、王健、杨莹、朱作平、金言兮，执笔人：王健）；

7.《信息网络犯罪产业链的治理困境和刑事规制问题研究》（课题组：深圳市罗湖区人民法院，主持人：尤波，成员：杨俊洁、洪沪松、连亮、曾令省、杨影叶，执笔人：曾令省）；

8.《繁简分流改革背景下民商事案件多维审限管理机制研究》（课题组：深圳市中级人民法院审判管理办公室，主持人：傅新江，成员：翟墨、王勇、李金洋、王菁华、黎国玲、王岩、黄璟嫣、李桂红，执笔人：李桂红）；

9.《法院专业辅助人员生成机制研究》（课题组：深圳市中级人民法院政治部干部处，主持人：张谦，成员：祁继、耿焱、蒋筱熙、张明军、王杰，执笔人：张明军、王杰）；

10.《切实解决执行难问题研究》（课题组：深圳市中级人民法院执行局执行裁决处，主持人：江茂贤，成员：高洁、赵征、林晓青，执笔人：高洁）。

三等奖

11.《粤港澳跨境商事纠纷诉讼规则衔接机制研究》（课题组：深圳前海合作区人民法院，主持人：卞飞，成员：马占举、谢雯、刘星雨、潘泽玲，执笔人：谢雯、刘星雨、潘泽玲）；

12.《代孕刑事法律问题研究》（课题组：深圳市中级人民法院刑事审判第一庭，主持人：邝肖华，成员：肖宏开、涂俊峰、钟华、赵靓、吴军，执笔人：赵靓、吴军）；

13.《人脸识别技术法律问题研究》（课题组：深圳市南山区人民法院，主持人：姚鑫，成员：王捷、王艳、许立岸、朱宝玲、何婉，执笔人：许立岸）；

14.《跨境婚姻家事案件法律适用问题研究》（课题组：深圳市中级人民法院民事审判庭，主持人：邝肖华，成员：许绿叶、刘杰晖、彭雪梅、陈云峰、赵曼琪、王蒙，执笔人：许绿叶、陈云峰、王蒙）；

15.《创新涉外商事纠纷管辖制度研究》（课题组：深圳前海合作区人民法院，主持人：卞飞，成员：马占举、谢雯、刘星雨、潘泽玲、叶春蜜，执笔人：谢雯、刘星雨、潘泽玲、叶春蜜）；

16.《小额诉讼程序适用激励机制研究》（课题组：深圳市罗湖区人民法院，主持人：许保疆，成员：彭峥嵘、陈柯名、兰榕燕、吴安安、董漉野，执笔人：兰榕燕）；

17.《诉讼收费制度改革研究》（课题组：深圳市福田区人民法院，主持人：丁健，成员：周鹏盛、唐春丽、阳文、李桂红、许娟，执笔人：阳文、李桂红、许娟）；

18.《示范诉讼程序完善研究》（课题组：深圳金融法庭，主持人：黄志坚，成员：袁银平、秦拓、罗娜、曾卓，执笔人：秦拓、罗娜、曾卓）。

优秀奖

19.《劳动争议处理机制改革研究》（课题组：深圳市中级人民法院劳动争议审判庭，主持人：邝肖华，成员：周最久、何溯、邢蓓华、罗巧，执笔人：邢蓓华、罗巧）；

20.《新型数字化知识产权权益保护研究》（课题组：深圳市南山区人民法院，主持人：姚鑫，成员：黄娟敏、周灵均、苏恒、黄宇鑫、陈艳欢，执笔人：黄娟敏、苏恒）；

21.《土地整备类行政案件法律适用疑难问题研究》（课题组：深圳市中级人民法院行政审判庭，主持人：傅新江，成员：王惠奕、杨宝强、王琳、吴文芬、赖普微，执笔人：杨宝强、王琳、吴文芬、赖普微）；

22.《行政争议实质化解中府院联动机制研究》（课题组：深圳市盐田区人民法院，主持人：童武，成员：董学军、简增荣、吴文芬、陈远立、许烁芳，执笔人：吴文芬）；

23.《创新诉源治理机制研究》（课题组：深圳市龙华区人民法院，主持人：蔡志满，成员：赵宏伟、马玲、江涛、王蒙、蓝美玲，执笔人：江涛、蓝美玲）；

24.《执行财产查控、变现模式改革研究》（课题组：深圳市中级人民法院执行局执行裁决处、实施处，主持人：江茂贤，成员：王利萍、高洁、李振宇、肖伟光、严俊涛、周建康、赵业雷、张薇炜，执笔人：高洁、周建康）；

25.《新加坡调解公约实施的司法应对研究》（课题组：深圳市中级人民法院立案庭、深圳前海合作区人民法院，主持人：胡志光、卞飞，成员：时春蕾、唐国林、刘哲、罗晓、张怡扬，执笔人：刘哲、罗晓、张怡扬）；

26.《创新顽瘴痼疾整治机制研究》（课题组：深圳市中级人民法院立案庭，主持人：胡志光，成员：时春蕾、赵靓、金靖，执笔人：金靖）；

27.《繁简分流改革背景下完善公告送达制度研究》（课题组：深圳市罗湖区人民法院，主持人：许云兴，成员：饶歆、黄源鑫、左雪贞、李林昌，执笔人：黄源鑫）。

全市法院优秀司法建议

1. 深圳市龙华区人民法院〔2020〕深龙法建第 39 号关于完善审核高新技术企业优惠政策的司法建议（撰写人：朱嘉蹊）；
2. 深圳市中级人民法院〔2021〕深中法建第 6 号关于督促司法鉴定机构严格依规进行司法鉴定的司法建议（撰写人：胡劭、深圳市宝安区人民法院王辉）；
3. 深圳前海合作区人民法院〔2021〕深前法建第 4 号关于完善私募基金管理的司法建议（撰写人：刘一瑶）；
4. 深圳市中级人民法院〔2021〕深中法建第 7 号关于改进收回国有土地使用权工作的司法建议（撰写人：王强力）；
5. 深圳市南山区人民法院〔2021〕深南法建第 1 号关于要求丰巢公司主动保障消费者知情权和选择权的司法建议（撰写人：邓理哲）；
6. 深圳市中级人民法院〔2021〕深中法建第 13 号关于加强对辖区银行代理保险业务合规管理的司法建议（撰写人：刘欢飞）；
7. 深圳前海合作区人民法院〔2020〕深前法建第 4 号关于加强对涉诉企业恶意注销行为防范及处罚的司法建议（撰写人：程晓嫚）；
8. 深圳市龙岗区人民法院〔2021〕深龙法建第 1 号关于加强网络监管的司法建议（撰写人：施东辉）；
9. 深圳市福田区人民法院〔2020〕深福法建第 3 号关于加强律师职业道德建设的司法建议（撰写人：周予晴）；
10. 深圳市宝安区人民法院〔2021〕深宝法建第 7 号关于构建和谐劳动关系的司法建议（撰写人：李璐）。

深圳法院群众工作十佳典型案例

特别奖

深圳市中级人民法院《“一号通办”为市民解烦忧》。深圳市中级人民法院在全国法院率先成立“群众诉求服务处”，实行“一号通办”机制，通过 12368 平台，集中受理人民群众各类诉求，以及其他机关转送的群众诉求，以专门机构、专业人员、专项通道为群众诉求解决提供一站式优质服务，用心用情做好群众工作。

十佳典型案例

1. 罗湖区人民法院《法官助理兼任“临时妈妈”小举动展现大温暖》。本案中，外籍女被告人带着两个不足一岁的婴儿，妈妈需接受审判，而孩子无人照料，法官助理们当起了“临时妈妈”，合法妥当温情地处理好“案子”和“孩子”，让外籍被告人感受到中国司法的温暖，真诚忏悔认罪，达到了法润人心的效果。
2. 福田区人民法院《不抛弃不放弃 为56位工友化解忧“薪”事》。本案中，某公司长期拖欠56名员工工资，老板跑路、工厂关门、账上没钱，执行陷入僵局。执行法官没有轻言放弃，没有把案件“一终了之”，而是坚持“民生大过天”，最终竭尽全力为56名劳动者追回了欠薪，真正把司法为民体现在案件办理中。
3. 龙岗区人民法院《深圳捡童案 法官“巧破”判驳两难困局》。本案中，原告路遇走失女童，寻找女童父母未果后带回家照顾，后通过女童父母悬赏广告平安送还，却因涉嫌拐卖儿童而被刑拘，后被无罪释放，其认为好心得不到好报而起诉女童父母索要悬赏金。承办法官以互爱、诚信、正义和宽容的道德感化当事人，经相关部门、办案人员多轮劝解说服，最终原被告双方达成和解，既化解了双方矛盾，又维护了社会公序良俗。
4. 龙岗区人民法院《环保禁令解民忧 司法建议促规范》。本案中，居民饱受小区餐馆违规排放油烟之苦，承办法官深入实地调查后，果断发出深圳首份环境保护禁止令，并向有关部门发出司法建议，有效治理了“油烟扰民”难题，既化解了老百姓“住”“食”冲突，又减少了对企业经营的影响。
5. 深汕特别合作区人民法院《三家法院联动 一揽子化解纠纷》。本案中，当事人一个诉的背后涉及多个诉相互交织，承办法官面对复杂的多纠纷案件，并非只见树木、不见森林，而是坚持系统考量和一揽子解决纠纷，抛弃就案办案的僵化思维，贯穿诉源治理和调解思维，助力纾困小微企业，为深汕特别合作区大建设大开发营造良好的法治化营商环境。
6. 深圳市中级人民法院《司法建议解民忧 府院联动化纠纷》。本案中，小区物业公司私设门岗占据公共道路，造成周边居民通行不便，引发居民集体起诉物业公司侵权。承办法官深入现场查清纠纷性质，并未因不属于法院受案范围而“一裁了之”，而是延伸审判职能，依法给予矛盾双方合理引导，发出司法建议提示行政机关及时介入，通过府院联动妥善化解矛盾，避免了群体性矛盾激化，维护了社会和谐稳定。
7. 前海合作区人民法院《勿以“案小”而“不为”：“小题大做”理法融情促和解》。本案中，原告给在美国读书的女儿寄送月饼，物流公司将包裹遗失而态度傲慢，原告遂提起诉讼。在案多人少矛盾突出的背景下，承办法官并未因标的额小、案情明了就简单处理，而是巧搭连心桥，促成原被告当庭和解，妥善化解了纠纷，在本案中真正落实了“让人民群众在每一个司法案件中感受到公平正义”的要求。
8. 深汕特别合作区人民法院《失婚患癌无钱看病“跑腿法官”奔波解纷》。本案中，申请执行人罹患脑癌急需救命钱，被执行人是收入微薄还要独自抚养孩子的单亲妈妈。面对“无钱看病”和“无钱生存”两难，承办法官在“情理法”之间寻找平衡点，多方奔走，一方面协调多方联动最终为申请执行人拿到执行款，另一方面为失去房产的被执行人协调申请廉租房，赢得双方当事人高度认可。
9. 深圳市中级人民法院《全力促成清算转和解 热心帮扶企业渡难关》。本案中，某公司被债权人申请破产清算。承办法官深入调查公司投资方向及偿债能力后，从尽可能促成企业保留营业、避免破产清算的角度出发，在全国首次引入第三方专业调解机构，成功促成破产清算转为破产和解，让不熟悉破产程序的市场主体，也能通过破产“保护”作用渡过难关、实现经济再生，保护了中小微企业，调整了营商环境。
10. 龙华区人民法院《“无声”的诉讼服务》。本案中，当事人是聋哑人，独自一人来到法院参加诉讼，承办人全程热情服务、耐心引导，当事人圆满顺畅办理了所有业务，并未因为自己是特殊群体而感到任何不便。本案是深圳法院为老弱病残孕等特殊群体提供优质诉讼服务，解决群众“打官司”中的难点痛点问题的一个缩影。

重点改革攻坚项目

1.“调整诉讼前端”综合性改革。调整机构职能和人力资源配置，重构评价体系，推动受理案件依法规范、化解纠纷非诉多元、辅助事务集约高效、服务群众优质专业。探索诉讼收费制度改革，构建诚信诉讼体系，全方位打造现代化诉讼服务新标准。

2. 专业化审判体系改革。突出“20+8”产业集群，回应产业特色需求，调整专业化审判体系。科学调整审级职能定位，下沉管辖与提级管辖有机结合，探索基层法院、人民法庭集中审理特定类型案件，中级法院提级管辖具有指导意义的案件，形成“一法院一品牌、一法庭一特色”的专业化审判新格局。

3. 涉外涉港澳台民商事审判机制改革。依法有序扩大涉外民商事案件管辖权，探索扩大约定适用域外法的涉外商事主体范围，完善域外法查明适用体系。推进粤港澳法律规则衔接和机制对接，探索涉港澳案件转交送达、程序简化，推动拓宽港澳人士参与司法途径，提升法律事务对外开放水平。

4. 新型知识产权法律保护制度改革。聚焦知识产权前沿性问题，构建数字知识产权司法保护机制，规制互联网平台不正当竞争行为，完善专利侵权案件“先行判决 + 临时禁令”机制，探索建立标准必要专利禁诉令制度，参与构建更加公正合理的全球知识产权治理体系，助力深圳打造知识产权争议解决优选地。

5. 金融纠纷一站式化解机制改革。建设好证券纠纷一站式化解平台，构建全链条多元化解机制。推广金融纠纷督促程序，完善群体性金融纠纷示范诉讼机制，构建更加符合金融健康发展规律、契合金融监管要求的金融纠纷化解新模式。完善证券期货案件刑事、民事、行政“三合一”审理机制，防范化解金融风险。

6. 破产制度综合改革。加快建设“法院裁判、机构管理、管理人办理、公众监督”的“四位一体”现代化办理破产体系，探索破产纠纷多元化解机制，推动实行破产领域民事、行政、刑事“三合一”审理，完善破产欺诈责任追究机制，探索构建深港跨境破产协作规则体系和运行模式，推动深圳形成破产重整中心地位，为国家完善破产法律体系提供深圳经验。

7. 构建解决执行难长效机制。推动出台解决执行难的若干意见及配套文件，联动基层治理组织，延伸查人找物触角，率先建立“多元共治、联动共享”的执行工作机制，构建综合治理执行难大格局。完善执行前督促履行与执行和解机制，推动被执行人主动履行债务，推进社会诚信体系建设。

8. 全面准确落实司法责任制。健全新型审判权力运行机制，调整审判团队工作模式。加强司法制约监督，内部监管和外部监督结合，实现 12368 群众诉求一号通办平台、审判流程管控和“四类案件”监管平台、廉政风险智能化防控平台有机衔接。加快推进类案标准化审理指南编撰工程，推动深圳法院裁判质量标准化体系更加成熟定型。健全完善考责问责追责制度机制，完善各类审判人员责任范围和追责程序。

法院系统改革创新名录

1.“建立新兴领域知识产权保护新机制”作为深圳综合改革试点典型经验和创新举措，被国家发改委向全国推广。

2. 在最高人民法院“一站式多元解纷和诉讼服务体系建设”质效评估中，深圳法院位居全国 70 个大中城市第一。

3. 深圳市中级人民法院“裁定全国首例申请认可和协助香港破产程序案”、前海合作区法院“融合港澳资源促进矛盾纠纷多元化解”2 项成果获评首届“人民法院涉港澳司法合作优秀成果”。

4. 小额诉讼改革经验被评为“全国法院司法改革示范案例”。

5. 宝安区法院石岩法庭建设“枫桥式人民法庭”经验被最高人民法院评为“新时代人民法庭建设典型案例”。

6.“法智云端”网上行政诉讼平台获评全国智慧法院创新案例。
7. 在全国率先实行发改案件预评查机制，案件质量评查经验被最高人民法院推广。
8. 深入实施“雏鹰计划”，完善青年干警导师制，建立专业积分、多岗位锻炼等制度，探索建立干部领导力评价培养模型，经验做法被最高人民法院推广。
9. 出台全国首个数字经济知识产权司法保护意见，引导新技术新业态新模式在法治轨道上健康有序发展。审结“智搜公司诉光速蜗牛公司案”，在全国首次将算法作为商业秘密进行保护。
10. 发布全国首个规范个人破产申请指引《加强个人破产申请以及审查工作的实施意见》。
11. 在全国率先出台《全面准确落实司法责任制工作指引》，实现案件全周期可视化、全过程制约监督。
12. 在全国率先出台“双碳”目标司法保障意见。
13. 编写全国法院首部《群众工作教材》，评选首批十佳群众工作典型案例。
14. 在全国首次发布内地与香港法律规则比较清单。
15. 在全国率先启动证券期货案件“三合一”审理机制改革。
16. 全国首创“全流程嵌入式”技术调查官工作模式。
17. 成立全国法院首个“群众诉求服务处”。
18. 成立全国首家涉外涉港澳台家事审判中心。
19. 高质量完成“电子文件单套归档和电子档案单套管理”试点任务，经国家档案局验收通过，全国仅 2 家法院。
20. 全国首次适用香港特别行政区法律进行司法确认。
21. 审结首例粤港澳大湾区内地执业港澳特别行政区律师代理案件。
22. 3 部普法作品获得全国法院“金法槌奖”，“鹏法君说法”等 3 个项目被评为全省国家机关优秀普法项目，深圳市中级人民法院获评全省优秀组织单位。
23. 深圳行政审判工作被最高人民法院“非凡十年”系列宣传报道。
24. 全国法院司法改革示范案例增加到 10 项，10 项改革入选全省法院“抓示范促改革惠民生”首批优秀改革项目，3 项改革获得首届“广东法院改革创新奖”。
25. 深圳法院诉源治理工作经验被广东省高级人民法院推广。
26. 罗湖区法院金融类案集约审理模式被广东省高级人民法院推广。
27. 出台专业化审判体系建设三年行动方案，已有 9 个人民法庭实现专业化审判，南山区法院经验被广东省高级人民法院推广。
28. 成立全省首个中级法院“三合一”环境资源专门审判机构。
29. 成立全省首个家庭教育法律指导工作站。
30. 在全省首次对猥亵儿童的教职人员宣告终身禁业。
31. 深圳市中级人民法院“打造国际区际商事争端解决平台”、福田区法院“应用区块链技术审判金融案件”入选“2022 深圳营商环境改革十大创新示范案例”。

·编辑：严俊·

典型案例

Representative Cases

2022年深圳法院获评全国全省法院典型案例

序号	案例	奖项	承办法院
全国法院典型案例			
1	深圳市实正共盈投资控股有限公司与深圳市交通运输局申请确认仲裁协议效力案	最高人民法院指导性案例	深圳市中级人民法院
2	高某某与深圳市云丝路创新发展基金企业、李某申请撤销仲裁裁决案	最高人民法院指导性案例	深圳市中级人民法院
3	呼某某个人破产清算案	全国破产经典案例 全省法院十大案例	深圳市中级人民法院
4	罗某某等假冒注册商标案	全国法院十大知识产权案件	龙岗区人民法院
5	森信洋纸有限公司清盘人申请认可和协助香港特别行政区破产案	全国破产经典案例	深圳市中级人民法院
6	张某某个人破产和解案	全国破产经典案例	深圳市中级人民法院
7	新纶科技公司证券虚假陈述责任纠纷系列案	全国投资者保护八大典型案例	深圳市中级人民法院
8	东方金钰证券虚假陈述案	全国投资者保护八大典型案例	深圳市中级人民法院
9	王某与深圳市腾讯计算机系统有限公司个人信息保护纠纷案	全国法院2022年度优秀案例分析/全省法院涉互联网十大案例	深圳市中级人民法院
10	罗某某诉前海通利华公司、恬静启龙公司买卖合同纠纷案	人民法院服务保障自贸区建设典型案例	前海合作区人民法院
11	重大责任事故罪的责任认定——赵某某重大责任事故案	中国法院2022年度案例	深圳市中级人民法院
12	执行担保和分期履行在罚金执行程序中的参照适用规则——曾某某罚金刑执行案	中国法院2022年度案例	深圳市中级人民法院
13	破坏计算机信息系统罪对直接经济损失的法理认定与路径——罗某某破坏计算机信息系统犯罪案	中国法院2022年度案例	深圳市中级人民法院
14	上市公司股权隐名代持合同效力与投资收益分配——李某诉肖某股权转让案	中国法院2022年度案例	深圳市中级人民法院
15	诱空型证券虚假陈述损害赔偿因果关系之认定——张某某诉某技术公司证券虚假陈述责任案	中国法院2022年度案例	深圳市中级人民法院
16	实物化福利待遇纠纷的货币化认定——黄某诉实业公司劳动合同案	中国法院2022年度案例	深圳市中级人民法院
17	将集体土地出租用于非农建设合同的效力认定——某建材公司诉某实业公司土地租赁合同案	中国法院2022年度案例	深圳市中级人民法院
18	数字合成图片作品类型的审查认定——文化传播公司诉刘某著作权权属、侵权案	中国法院2022年度案例	深圳市中级人民法院
19	不规范使用文字商标构成商标侵权的司法认定——某科技公司诉某电子公司侵害商标权案	中国法院2022年度案例	深圳市中级人民法院

（续表）

序　号	案　例	奖　项	承办法院
20	商标权惩罚性赔偿适用的司法认定 ——通信公司诉甲科技公司、乙科技公司侵害商标权案	中国法院 2022 年度案例	深圳市中级人民法院
21	离职员工违反保密协议使用原公司客户信息侵害商业秘密的司法认定——珠宝公司诉郭某某侵害商业秘密案	中国法院 2022 年度案例	深圳市中级人民法院
22	智能视听屏与智能软件共同侵权行为的认定 ——文化传媒公司诉科技公司等侵害作品信息网络传播权案	中国法院 2022 年度案例	前海合作区人民法院
23	执行特定标的物灭失应另行起诉请求赔偿损失 ——某电子工业公司与某科技公司执行异议案	中国法院 2022 年度案例	福田区人民法院
24	利用电商平台恶意投诉构成不正当竞争 ——甲科技公司诉乙科技公司、品牌管理公司不正当竞争案	中国法院 2022 年度案例	福田区人民法院
25	职务侵占罪与盗窃罪行为内容的区分——黄某某盗窃案	中国法院 2022 年度案例	福田区人民法院
26	安检员帮助公交车司机通过酒精检测构成以危险方法危害公共安全罪——刘某、邓某以危险方法危害公共安全案	中国法院 2022 年度案例	福田区人民法院
27	被保险人故意拖延确诊时间至观察期外应据实认定确诊时间 ——李某诉保险公司人身保险合同案	中国法院 2022 年度案例	福田区人民法院
28	公司章程中离职退股条款的效力及生效时间认定 ——徐某诉航天公司公司盈余分配案	中国法院 2022 年度案例	福田区人民法院
29	关于主观明知故意的认定 ——刘某某、吴某某销售有毒、有害食品案	中国法院 2022 年度案例	南山区人民法院
30	“套路贷”犯罪的定性、罪数区分及共犯认定 ——张某等诈骗、寻衅滋事案	中国法院 2022 年度案例	南山区人民法院
31	揭露违法行为应遵循法定方式 ——王某诉某派出所、某区政府行政处罚及行政复议案	中国法院 2022 年度案例	盐田区人民法院
全省法院典型案例			
32	OPPO 公司与夏普株式会社标准必要专利许可纠纷案	全省法院十大案例	深圳市中级人民法院
33	刘某某与某物业公司物业服务合同纠纷案	全省法院贯彻实施 民法典典型案例	福田区人民法院
34	WS 公司诉宏柏公司等合同纠纷案	粤港澳大湾区跨境纠纷典型案例	深圳市中级人民法院
35	德美公司诉光启公司仲裁程序中的财产保全	粤港澳大湾区跨境纠纷典型案例	深圳市中级人民法院
36	香港黄道益活络油公司诉深圳黄道益公司不正当竞争纠纷案	粤港澳大湾区跨境纠纷典型案例	深圳市中级人民法院
37	香港美达公司诉深圳达菲公司公司决议撤销纠纷案	粤港澳大湾区跨境纠纷典型案例	前海合作区人民法院
38	李某诉深圳兴北海公司买卖合同纠纷案	粤港澳大湾区跨境纠纷典型案例	前海合作区人民法院
39	魏某诉魏某某、胡某债权债务纠纷案	粤港澳大湾区跨境纠纷典型案例	前海合作区人民法院
40	小米科技公司诉深圳小米公司等 侵害商标权及不正当竞争纠纷案	全省法院知识产权司法保护十大案件 / 全省法院知识产权惩罚性赔偿典型案例	深圳市中级人民法院

（续表）

序　号	案　例	奖　项	承办法院
41	刘某某假冒注册商标刑事附带民事公益诉讼案	全省法院知识产权司法保护十大案件 / 全省法院消费者权益司法保护典型案例	深圳市中级人民法院
42	腾讯公司诉畅游云端公司、英雄互娱公司等侵害著作权及不正当竞争纠纷案	全省法院知识产权司法保护十大案件 / 全省法院涉互联网十大案例	深圳市中级人民法院
43	兰研公司诉百分百公司、科玮公司侵害商标权纠纷案	全省法院知识产权惩罚性赔偿典型案例	前海合作区人民法院
44	华为公司诉刘某某侵害商标权纠纷案	全省法院知识产权惩罚性赔偿典型案例	龙华区人民法院
45	姜某某等侵犯商业秘密案	全省法院保护商业秘密典型案例	深圳市中级人民法院
46	维谛公司诉李某某、贝尔公司侵害技术秘密纠纷案	全省法院保护商业秘密典型案例	深圳市中级人民法院
47	刘某某等跨境网络诈骗案	全省法院涉互联网十大案例 / 全省法院惩治电信网络诈骗犯罪典型案例	深圳市中级人民法院
48	某传媒公司诉李某劳动争议案	全省法院劳动争议十大典型案例	深圳市中级人民法院
49	长园公司大气污染民事公益诉讼案	全省法院环境资源司法保护十大典型案例	深圳市中级人民法院
50	某投资公司与某物业公司房屋租赁纠纷案	全省法院助力中小微企业发展典型案例	龙华区人民法院
51	某科技公司与某新能源公司买卖合同纠纷案	全省法院助力中小微企业发展典型案例	福田区人民法院
52	某电商公司破产和解案	全省法院助力中小微企业发展典型案例	深圳市中级人民法院
53	丁某某与某商业保理公司等合同纠纷案	全省法院消费者权益司法保护典型案例	前海合作区人民法院
54	吴某某与某航空服务公司等网络购物合同纠纷案	全省法院消费者权益司法保护典型案例	龙华区人民法院
55	付某某与谭某某民间借贷纠纷案	全省法院残疾人司法保护典型案例	龙岗区人民法院
56	廖某某被猥亵案	全省法院未成年人司法保护典型案例	宝安区人民法院
57	欧阳某某诉赵某离婚后财产纠纷案	全省法院未成年人司法保护典型案例	福田区人民法院

·编辑：严俊·

典型案例选编

香港 WS 公司诉深圳宏柏公司等合同纠纷案

【典型意义】本案引入了香港特别行政区调解员，调解过程中使用了香港特别行政区的调解规则，如促进式调解、情绪管理方法等，顺利引导当事人达成了调解协议并履行完毕，体现了粤港两地间的司法规则衔接。此外，本案当事人分布在内地、香港特别行政区、台湾地区，调解员大量使用在线无纸化调解，新技术的运用也为此类跨境纠纷的解决提供了新的工具。本案获评粤港澳大湾区跨境纠纷典型案例。

原告：Water Solutions（HK）Limited

被告：龙某某

被告：吴某某

被告：宏柏家电（深圳）有限公司

被告：深圳市宏宇大成投资有限公司

【案情】

2014 年 11 月，原告 Water Solutions（HK）Limited（以下简称 WS 公司，系香港公司）因与被告龙某某、吴某某、宏柏家电（深圳）有限公司（以下简称宏柏公司，法定代表人系我国台湾地区人士）、深圳市宏宇大成投资有限公司（以下简称宏宇公司）等发生纠纷，根据约定，WS 公司向美国仲裁协会国际争议解决中心国际仲裁庭申请仲裁，该仲裁庭作出仲裁裁决，裁决宏柏公司等向 WS 公司支付各类损失 3785550 美元。因宏柏公司财产在深圳市内，WS 公司遂向深圳中院申请承认和执行前述仲裁裁决。2018 年 5 月，深圳市中级人民法院作出承认并执行仲裁裁决的民事裁定书。2018 年 4 月至 7 月，宏柏公司与其他三被告配合，将宏柏公司的全部财产转移。2020 年 10 月，WS 公司作为原告提起本案诉讼，请求确认被告宏柏公司与其他三被告之间的土地、房产、股权、应收账款等转让行为无效。

【裁判】

深圳中院受理后将案件导入先行调解程序，委派香港特别行政区特邀调解员徐晶对案件进行调解。本案原告系香港公司，宏柏公司法定代表人长居我国台湾地区，调解员长居我国香港特别行政区，因受疫情影响，调解员和双方当事人通过深圳法院深融调解平台在线无纸化沟通调解事宜。调解过程中，徐晶通过香港调解中心教授的调解流程，有效展示调解技巧，推进调解程序，充分运用调解策略，鼓励双方拿出调解方案。调解员经过“挖掘当事人的背后信息”后了解，宏柏公司的台湾地区法定代表人张某于 2019 年 2 月被纳入失信被执行人名单且被限制出境，调解员在做好张某的“情绪管理”后采用“调解技巧”让当事人思考如何制定能让对方接受、自己可以让步的调解方案。沟通过程中调解员注重采用香港的“促进式调解规则”，着重引导当事人如何确认“无争议事实”，在引导各方当事人关注真正需求上做了很多工作。同时，调解员也注重做好当事人的“情绪管理”。通过在线多种沟通方式，给当事人制造一个发泄不满情绪的渠道，再寻找适当的时机将当事人带回到谈判的思域中，在线调解可以使调解员在虚拟空间陪伴当事人，带动当事人激发正能量，让当事人自己作出最大的努力去解决问题。最后双方达成了《和解协议》并实际履行完毕，原告申请撤回了起诉。

（文 / 市中院　唐国林）

刘某某假冒注册商标，黄某某非法制造、销售非法制造的注册商标标识案

【典型意义】该案系全国法院首例知识产权刑事附带民事公益诉讼案件，且系检察公益诉讼案件，涉及此类案件的特别性法律适用及特定程序要求，具有高度的典型意义。本案犯罪行为发生于全国新冠疫情防控紧张时期，口罩在当时属于“一罩难求”的紧缺抗疫物资，被告人利用“稳健口罩”的知名度，将“稳健”系列商标用于不符合细菌过滤效率的口罩，通过微信渠道向多地销售，主观恶意明显，危害社会公众健康，不利于疫情防控，通过刑事司法和民事司法程序同时要求其承担刑事责任及民事责任，具有较强的司法引导和教育意义。同时，该案系一起典型的刑事附带民事公益诉讼案件，程序完整、实体问题涵盖面广，且被告人主动履行民事责任，社会效果良好，彰显司法惩戒和教育功能，具有示范意义。

抗诉机关（原公诉机关）：深圳市龙华区人民检察院。

上诉人（原审被告人）：刘某某

【案情】

稳健医疗用品股份有限公司是注册商标“稳健医疗”“winner”的权利人，商标核定使用范围包括口罩。2020 年 2 月 13 日，被告人刘某某联系被告人黄某某，要求购买印有“稳健医疗”“winner”注册商标标识的口罩包装袋。黄某某随后按刘某某提供的样品订制并实际交付 24600 个假冒的“稳健医疗”品牌的包装袋。2020 年 3 月 8 日，刘某某从李某某处购买 46000 个无任何标识的一般防护口罩，装入假冒“稳健”包装袋中并进行封口，对外销售牟利。2020 年 3 月 12 日，公安民警将刘某某抓获，并缴获已封装完毕的假冒“稳健医疗”口罩 10960 个，印有“稳健医疗”“winner”标识的口罩外包装袋 15400 个，封口机器一台。经核实，2020 年 3 月，刘某某通过微信销售假冒的“稳健医疗”医用口罩 1 万余个，销售金额合计 37215 元。2020 年 3 月 19 日，公安民警将被告人黄某某抓获。经鉴定，刘某某假冒“稳健医疗”医用口罩的细菌过滤效率仅为 46%—50%，低于一次性使用医用口罩不小于 95% 的标准。

【裁判】

深圳市中级人民法院终审判决认为，上诉人刘某某未经注册商标所有人许可，在同一种商品上使用与其注册商标相同的商标，情节严重，其行为已构成假冒注册商标罪。同时，刘某某生产、销售假冒口罩的行为触犯假冒注册商标罪及生产、销售伪劣产品罪，应当择一重罪，按照假冒注册商标罪定罪处罚。原审被告人黄某某委托他人伪造注册商标标识并进行销售，数量在 2 万件以上，情节严重，其行为已构成非法制造、销售非法制造的注册商标标识罪。

关于刘某某的非法经营数额的问题，在案证据显示，刘某某已经完成交易的销售金额为 37215 元，根据约定价格计算现场查获的假冒口罩销售金额为 24112 元。此外，刘某某向李某某退还的 7500 个口罩均已经由刘某某使用带有“稳健医疗”“winner”两个注册商标标识的包装袋包装，该部分假冒注册商标的行为已经完成，李某某为此支付给刘某某的 17625 元应当认定为本案非法经营数额，故刘某某的涉案非法经营数额为 78952 元。

关于涉案被假冒的注册商标的数量问题，在案证据显示，黄某某接受刘某某的订购要求后，销售给刘某某的口罩包装袋上均使用了“稳健医疗”“winner”两个与注册商标相同的标识；刘某某所实际销售的口罩、现场查获的口罩、退还给李某某的口罩均由使用了“稳健医疗”“winner”两个与注册商标相同标识的包装袋包装。本案所涉犯罪行为均涉及两个完整的注册商标，二者之间相互独立，差异明显，各自具备商标的显著性特征。此外，并不存在由该两个商标组合而成的一个注册商标。因此，本案所涉注册商标数量为两个，应当据此对被告人进行量刑。

关于本案附带民事公益诉讼部分，深圳市龙华区人民检察院根据法律及司法解释的规定，提起民事公益诉讼，具有法律依据；一审法院根据本案事实及《消费者权益保护法》的规定，对附带民事公益诉讼起诉人的诉讼请求予以支持，处理正确，民事公益诉讼的各方当事人均未就此提起上诉，亦未提出异议，且刘某某已经实际履行了附带民事判决部分所确定的义务，二审法院确认一审判决民事部分已生效。

关于本案具体量刑问题，上诉人刘某某非法经营数额达 78952 元，且系在疫情防控期间假冒细菌过滤效率不符合标准的涉疫物资，社会危害性较大，应当从重处罚。同时，刘某某到案后对其基本犯罪事实如实供述，具有认罪认罚的从宽情节，一审宣判后主动履行附带民事判决部分所确定的赔偿及赔礼道歉义务，可酌情从轻处罚。抗诉机关提出的一审量刑不当的意见及量刑建议，二审法院予以采纳，对一审量刑予以纠正。一审法院对于黄某某的量刑符合罪责刑相适应原则，二审法院予以确认。

（文／市中院 叶艳）

王某某诉深圳市腾讯计算机系统有限公司个人信息保护案

【典型意义】该案系全国首例适用《个人信息保护法》的案例。该案针对互联网社交平台中产生的与自然人相关的信息事项，详细分析了个人信息与个人隐私的区别与重合；提出了判断与自然人相关的信息是否具有个人信息意义上的“识别性”的四个识别要素，即通过识别场景、识别主体、识别效果、识别作用界定自然人信息是否构成受法律保护的个人信息，为个人信息保护的应用提供了实际场景案例。该案首次明确互联网平台收集和处理个人信息遵循的法律原则。本案明确了合法、正当和必要原则的适用标准，丰富了个人信息保护的规则，为规范互联网平台、App 服务商对用户数据的收集和使用提供了司法审查的路径。本案获评全国法院系统 2022 年度优秀案例、2021 年全省法院涉互联网十大案例。

上诉人（一审原告）：王某某

被上诉人（一审被告）：深圳市腾讯计算机系统有限公司

【案情】

本案中，原告主张被告未经许可，在微视 App 中收集并使用原告在微信 App 中的性别、地区以及微信好友关系的行为侵害其隐私权以及知悉权和选择权。本案焦点问题有三：（1）被告在微视 App 中的相关收集、使用行为是否构成对原告隐私权的侵害；（2）被告在微视 App 中的相关收集、使用行为是否构成对原告个人信息权益的侵害；（3）若构成侵权，被告民事责任的承担。

【裁判】

深圳市南山区人民法院一审判决认为：（1）微视 App 是一款短视频社交类软件，其与微信 App 的实际运营主体都是被告。被告在符合法律规定的前提下，可以将其开发、运营微信 App 所积累的用户关系信息在其关联产品中合理利用。微视 App 收集、使用用户的性别、地区和微信好友关系信息主要是用于增加其社交分享的产品属性，符合其产品定位，故被告在微视 App 中的相关收集、使用行为不违反个人信息收集使用的必要性原则。（2）被告在微视 App 中的相关收集、使用行为，已保障用户的知情权、选择权和删除权。（3）被告在微视 App 中的相关收集、使用行为不构成对原告隐私权、个人信息权益的侵害，原告在本案中的诉讼请求不具有事实和法律依据，法院不予支持。

深圳市中级人民法院终审判决认为：

（1）从识别主体来看，互联网平台个人用户并不能同时掌握他人在互联网平台的所有信息，只要信息能够单独或者能与其他部分信息结合识别特定自然人，即属于法律规定的个人信息。在本案的具体场景中，上诉人王某某在微视中的地区、性别符合通过与其他信息结合识别特定自然人，属于《民法典》第1034条，《个人信息保护法》和《网络安全法》规定的个人信息。

（2）上诉人王某某没有举证证明他人知悉其“×××地区男性”，会如何影响其私人生活安宁；其次，上诉人王某某也没有举证证明自己不愿为他人知晓其为“×××地区男性”。上诉人王某某主张的微视App获取的微信用户地区、性别事项已经在微信上公布，但上诉人王某某未将“性别”“地区”进行编辑修改，从而达到不展示“×××地区男性”的效果，而是继续保持公开“×××地区男性”的状态，表明其对“×××地区、男性”信息不具有隐私保护期待。据此，二审法院确认一审法院认定本案中上诉人王某某微视App通过微信获取的地区、性别以及微信好友信息均构成上诉人王某某的个人信息没有不当。

（3）综合考虑互联网平台与个人用户就用户信息收集处理是否符合法律要求这一事实的举证能力、举证成本、当事人对证据的控制能力等因素，二审法院认为就个人信息收集和处理过程中是否符合合法、正当和必要性原则，应当主要由互联网平台举证证明。

（4）从本案查明的事实看，微视App获取用户“地区、性别”个人信息，但同时又允许用户在微信和微视App随意更改和填写，说明“地区、性别”信息的准确性、一致性并非使用微视App服务所必需。据此，二审法院认定被上诉人腾讯公司运营的微视App强制获取用户地区、性别信息未满足互联网平台收集处理用户个人信息的必要性原则，一审法院对此认定有误，二审法院予以纠正。

（5）微视App在上诉人王某某二次下载微视App未予授权的情况下继续使用其微信好友关系的行为并未获得有效的用户知情同意，不符合正当性要求。一审法院对此认定有误，二审法院予以纠正。在上诉人王某某通过微视App自行提出的征求选项中拒绝勾选同意微视App寻找其微信好友的行为表明其明确撤销之前的授权同意，微视App继续在后台保留其微信好友关系的行为不当。

二审法院判决如下：（1）撤销一审判决；（2）腾讯公司支付王某某参与诉讼的合理支出；（3）驳回王某某的其他诉讼请求。

（文／市中院　蒋筱熙）

小米科技有限责任公司诉深圳市小米贸易有限公司等侵害商标权及不正当竞争纠纷案

【典型意义】本案是全国首例在惩罚性赔偿中适用书证提出命令的案件，是适用三倍惩罚性赔偿、全额支持原告3000万元诉讼请求、原被告双方都服判的一审生效案件。本案获评广东省高级人民法院知识产权惩罚性赔偿典型案例、广东法院知识产权司法保护十大案例。

原告：小米科技有限责任公司

被告：深圳市小米贸易有限公司

被告：朱某某

【案情】

小米科技有限责任公司（以下简称小米科技公司）使用于手机商品上的涉案第8228211号某商标属于驰名商标，深圳市小米贸易有限公司（以下简称深圳小米公司）在114款类似商品的销售标题中标注“小米数码专营店”“小米专营店”“小米”的行为构成商标侵权，其使用“小米”字号、“深圳市小米贸易有限公司”企业名称、“小米数码专营店”店铺名称销售涉案182款商品的行为构成不正当竞争。经提取后台销售记录计算，深圳小米公司存在商标侵权行为销售的商品销售额为135014380.19元，存在不正当竞争行为销售的商品销售额为154389345.1元。小米科技公司在本案举证期限届满之前向法院提出书证提交了命令的书面申请，其申请披露的证据系以书面形式证明案件事实的证据，且因客观原因无法自行收集，符合书证提交命令的适用情形。法院认为，其申请提交的这些证据，对象明确，符合特定化的要求；该证据用以计算深圳小米公司的利润率，是计算深圳小米公司侵权获利的必需证据，对待证事实的证明及裁判结果具有重要性；该证据亦是深圳小米公司正常交易过程中必然会产生的证据，深圳小米公司也当庭承认其持有以上证据，责令深圳小米公司提供以上证据具有可行性。故法院作出书证提交命令的书面裁定，裁定深圳小米公司于指定期限内提交向他人购买涉案被诉侵权产品的进货交易的合同、支付凭证、发票。后因深圳小米公司无正当理由不提供书证提出命令责令其提交的证据，推定小米科技公司就该证据所涉证明事项的主张成立，即利润率以同行企业类似利润率30.78%计算。根据涉案商标的知名度、深圳小米公司的使用方式、经营方式，酌情认定涉案商标对被告获利的贡献率为30%、字号的贡献率为20%。深圳小米公司因其商标侵权行为的获利为135014380.19元×30.78%×30%，共计为12467227.87元；因其不正当竞争行为的侵权获利为154389345.1元×30.78%×20%，共计为9504208.08元。深圳小米公司明知涉案商标仍故意侵权，其侵权行为时间长、范围广、规模大，且存在明知商标侵权还结合多种行为实施、以招商行为扩大范围实施、在有被投诉经历后仍然对其他类似商标侵权行为予以实施等情节，属于情节严重，故对深圳小米公司的商标侵权部分适用三倍惩罚性赔偿，叠合深圳小米公司的不正当竞争赔偿部分及合理维权费用，深圳小米公司应赔偿小米科技公司4700余万元。由于该数额已经超出诉讼主张，故全额支持小米科技公司的赔偿诉请，判决深圳小米公司赔偿小米科技公司3000万元。

【裁判】

深圳市中级人民法院生效判决如下：

（1）被告深圳小米公司于判决生效之日起立即停止侵害原告小米科技公司第8228211号注册商标专用权的行为，即立即停止在销售的相关商品标题上使用“小米数码专营店”“小米专营店”“小米”；

（2）被告深圳小米公司于判决生效之日起立即停止不正当竞争行为，即立即停止使用“深圳市小米贸易有限公司”企业名称、“小米”字号；

（3）被告深圳小米公司于判决生效之日起十日内连续三十日在店铺首页刊登消除影响声明，声明内容由法院审定，如被告深圳小米公司拒绝履行，法院将在全国发行的报纸上刊登判决的主要内容，费用由被告深圳小米公司负担；

（4）被告深圳小米公司于判决生效之日起十日内赔偿原告小米科技公司经济损失及合理维权费用共计人民币3000万元；

（5）被告朱某某对被告深圳小米公司的前项赔偿责任承担连带责任；

（6）驳回原告小米科技公司的其他诉讼请求。

案件受理费191800元，财产保全费5000元，由被告深圳小米公司和朱某某负担。

（文／市中院　张婷）

华为技术有限公司诉刘某某侵害商标权纠纷案

【典型意义】本案获评广东高院知识产权惩罚性赔偿典型案例，是适用《最高人民法院关于审理侵害知识产权民事案件适用惩罚性赔偿的解释》审理严重侵犯知识产权案件的司法实践，也是贯彻《最高人民法院关于全面加强知识产权司法保护的意见》加大知识产权损害赔偿力度、实施最严格知识产权司法保护的具体体现。本案为商标侵权案件惩罚性赔偿基数的认定提供了有益的司法实践，同时厘清了知识产权刑民交叉案件的事实认定标准以及惩罚性赔偿倍数的不同适用情形，促进了刑民交叉案件的协同保护，对于此类案件的审理具有重要的指导意义。

原告：华为技术有限公司

被告：刘某某

【案情】

原告华为技术有限公司（以下简称华为公司）系第21534236号以及第21534095A号注册商标的商标权人，上述两商标核定使用商品类别为第9类，均包括触摸屏等。经过长期的宣传和使用，华为公司享有的注册商标具有较高的知名度。

被告刘某某未经原告华为公司许可，从2018年5月起购入液晶显示屏和带有标识的玻璃外屏等材料组装加工成屏幕总成并通过其经营的四家淘宝网店对外销售。2020年5月，深圳市公安局龙华分局抓获刘某某并当场查扣了带有相关标识的屏幕总成723件以及带有标识的玻璃外屏1269件，上述屏幕总成共计10个型号，刘某某在公安机关首次讯问中供述每个屏幕总成获利20元左右。2020年10月，检察机关就该案提起公诉。龙华区人民法院经审理查明，刘某某通过其经营的四家淘宝网店已销售的与现场扣押型号相同的假冒注册商标屏幕总成合计14139件，销售均价153.02元，合计销售金额2165871.11元，现场查获的假冒涉案注册商标屏幕总成及玻璃外屏的货值金额为177569.8元。龙华区法院经审理认定刘某某构成假冒注册商标罪，鉴于其如实供述罪行及自愿认罪认罚的态度，遂判处有期徒刑三年六个月，并处罚金120万元。该刑事判决已生效。

经当庭组织当事人发表比对意见，原、被告均确认被诉侵权屏幕总成上使用的标识与原告涉案注册商标完全相同。被告在庭审中述称涉案四家淘宝网店已于刑事案件案发后下架所有涉案侵权产品，原告当庭予以确认。

【裁判】

龙华法院生效判决如下：（1）被告刘某某于本判决生效之日起十日内赔偿原告华为公司经济损失50万元；（2）驳回原告华为公司的其他诉讼请求。

宣判后，原、被告均未提起上诉，一审判决发生法律效力。

（文 / 龙华法院　许逸楠）

宣告呼某某个人破产案

【典型意义】本案系全国首个宣告个人破产的案件，受到社会广泛关注，对个人破产制度发展具有重要意义。本案裁定确定了宣告个人破产的裁判标准，为后续个人破产清算案件审理工作奠定了基础，指明了方向，案件传递了“鼓励创新，宽容失败”的市场理念，引导构建诚信导向的社会信用体系。本案获评2021年广东全省十大案例、全国破产经典案例。

申请人：呼某某

破产管理人：广东华商律师事务所

【案情】

根据呼某某陈述，其在2014年至2016年间经营深圳市呼延文化发展有限公司（以下简称呼延文化公司），因新一佳超市有限公司（以下简称新一佳公司）倒闭，呼延文化公司不得不关闭，导致负债480多万元，包括工商银行借款225万余元、平安银行借款50万元、信用卡借款30多万元，向朋友借款90多万元，经营贷50万元以及利息、违约金等。前述借款均用于公司经营，因公司规模小，无法用公司的名义申请贷款。其在2018年卖掉了唯一住房，卖房款260万元全部用于偿还债务，之后坚持还债，但至今仍欠100多万元。

管理人对呼某某破产原因进行了调查，审查了呼某某提交的呼延文化公司与新一佳公司签订的租赁合同、新一佳公司东方华都店停业情况说明、呼延文化公司学费退费单等证据材料，并向债权人会议作了报告。管理人认为，呼某某的陈述符合事实，亦有相关证据佐证。

深圳市中级人民法院在（2021）粤03破417号（个11）之一民事裁定中查明，呼某某财产包括呼某某为其女儿购买的两份保险价值5万元、呼延文化公司60%股权价值231632.68元、工资、少量现金、家具、家电、手机等；7家债权人向管理人申报债权，债权总额为924146.87元。呼某某陈述，除上述债务外，其仍欠平安普惠融资担保有限公司50万元，截至管理人向法院申请确认债权表之日，平安普惠融资担保有限公司没有向管理人申报债权。

债权人对呼某某的陈述、财产报告均未提出异议。

【裁判】

呼某某为证明其破产、财产状况等事实，向法院提交了破产申请书、破产原因和经过说明、财产报告、债权债务清册以及相关证据材料。法院受理其破产申请后，依法指定管理人。管理人经调查认为，呼某某的陈述符合事实，债权人对呼某某的陈述和管理人的调查结论也未提出异议。呼某某因生产经营损失导致负债，资产不足以清偿全部债务，且在破产程序中遵守个人破产条例规定的相关义务，符合宣告破产的条件。依照《深圳经济特区个人破产条例》第2条、第84条、第95条、第96条的规定，裁定如下：宣告债务人呼某某破产。

（文／市中院　曹启选）

森信洋纸有限公司香港特别行政区破产程序认可和协助案

【典型意义】本案是《最高人民法院关于开展认可和协助香港特别行政区破产程序试点工作的意见》发布后，首例内地法院认可和协助香港特别行政区破产程序案件，是跨境破产协助机制从制度建立走向司法运行的首次个案实践。本案是2021年度广东全省法院十大案例。

申请人：黎嘉恩，森信洋纸有限公司清盘人，香港特别行政区居民。

申请人：何国樑，森信洋纸有限公司清盘人，香港特别行政区居民。

【案情】

森信洋纸有限公司（以下简称森信洋纸公司）于1981年3月在香港注册成立，是一家香港老牌纸制品贸易企业，年收入曾经超过50亿元港币。由于陷入流动性危机，森信洋纸公司于2020年8月14日经股东决议，在香港特别行政区启动债权人自动清盘程序并委任清盘人。

清盘过程中，清盘人调查发现森信洋纸公司在深圳等地还有多项资产。为接管处置森信洋纸公司在内地的资产，清盘人请求香港特别行政区高等法院向深圳法院商请协助。2021年7月20日，香港特别行政区高等法院发出协助请求函，商请深圳市中级人民法院予以协助香港破产程序。随后，森信洋纸公司清盘人于8月30日向深圳中院提出认可和协助申请。

收到申请后，深圳市中级人民法院依法推进立案、公告通知、听证调查等审理工作，严格适用《最高人民法院关于开展认可和协助香港特别行政区破产程序试点工作的意见》进行审查。2021年12月15日，深圳中院作出裁定，认可森信洋纸公司香港破产程序及其清盘人身份，并明确允许森信洋纸公司清盘人在内地的履职范围。

【裁判】

深圳市中级人民法院认为，森信纸业公司为森信洋纸公司的全资子公司，在深圳市注册成立，经营地址位于深圳市福田区。森信洋纸公司持有森信纸业公司全部股权，该资产为其在内地的主要财产。因此，法院依法对本案具有管辖权。

关于认可森信洋纸公司清盘程序及清盘人身份的问题。森信洋纸公司于1981年在香港注册成立，在香港从事纸制品贸易已有40多年，主要财产也在香港，应当认定香港为森信洋纸公司的主要利益中心所在地。森信洋纸公司资产负债状况表明，森信洋纸公司的资产不足以清偿全部债务。森信洋纸公司A类股股东于2020年8月14日通过书面决议，自愿将森信洋纸公司清盘，并委任黎嘉恩、何国樑为清盘人。森信洋纸公司债权人于2020年8月25日通过决议，确认清盘人的委任，并根据香港特别行政区《公司条例》《公司（清盘及杂项条文）条例》授权清盘人负责清盘事宜。

关于协助森信洋纸公司清盘人在内地履行职责的问题。森信洋纸公司清盘人黎嘉恩、何国樑申请允许其在内地履行职责，具体履职事项包括：（1）接管森信洋纸公司的财产、印章和账簿、文书等资料；（2）决定森信洋纸公司的内部管理事务；（3）决定森信洋纸公司的日常开支和其他必要开支；（4）管理和处分森信洋纸公司的财产。上述事项，均已获得森信洋纸公司债权人会议的授权，符合香港特别行政区法律有关规定，亦符合《中华人民共和国企业破产法》和《最高人民法院关于开展认可和协助香港特别行政区破产程序试点工作的意见》有关规定。

经审查，黎嘉恩、何国樑申请认可森信洋纸公司清盘程序及其作为森信洋纸公司清盘人的身份，并允许其在申请事项范围内履行职责，符合有关法律规定，亦未发现违反内地法律的基本原则或者违背公序良俗的情形，法院予以准许。裁定如下：

一、认可森信洋纸有限公司在香港特别行政区的债权人自动清盘程序；

二、认可黎嘉恩、何国樑作为森信洋纸公司清盘人的身份；

三、允许森信洋纸公司清盘人黎嘉恩、何国樑在内地履行下列职责：

（一）接管森信洋纸公司的财产、印章和账簿、文书等资料；

（二）决定森信洋纸公司的内部管理事务；

（三）决定森信洋纸公司的日常开支和其他必要开支；

（四）管理和处分森信洋纸公司的财产。

森信洋纸公司清盘人黎嘉恩、何国樑在履行上述职责时，如涉及放弃财产权益、设定财产担保、借款、将财产转出内地以及实施其他对债权人利益有重大影响的财产处分行为，须经人民法院另行批准。

（文/市中院　曹启选）

丁某某诉广东某商业保理有限公司、广东某资产管理有限公司合同纠纷案

【典型意义】本案是广东省高级人民法院消费者权益司法保护典型案例。老年人作为金融消费者往往金融知识欠缺、风险承受能力较差，在遇到违法违规金融产品时往往缺乏鉴别能力。本案明确了保理公司将应收账款分割成理财产品向若干个普通投资者发行以融入资金，是一种变相吸收存款、募集社会资金从事保理业务的行为，相关协议应认定为无效，并明确了金融产品销售者对产品合法合规性负有适当性义务，否则应承担连带赔偿责任。本案有效保护了老年消费者的合法权益，有利于构建更加合法、安全的金融投资消费环境。

原告：丁某某

被告：广东某商业保理有限公司、广东某资产管理有限公司

【案情】

原告丁某某系一名 67 岁的老年人，2017 年原告认购了被告某商业保理有限公司发行、被告某资产管理有限公司承销并管理的应收账款收益权产品 610 万元，该产品资金投向被告某商业保理有限公司持有的优质应收账款债权，应收账款债务人为某股份公司，期限为 1 年，300 万以上的预期年化收益率为 8.5%。但该产品到期后二被告未按约定兑付认购款项和利息，原告遂诉至法院。

【裁判】

深圳前海合作区人民法院一审生效判决认为：被告某商业保理有限公司作为商业保理公司，通过地方交易场所将应收账款分割成理财产品向若干个普通投资者发行以融入资金，是一种变相吸收存款、募集社会资金从事保理业务的行为，被告某商业保理有限公司将保理业务的风险转嫁到金融知识欠缺、风险承受能力较差的普通投资者身上，妨害保理行业的健康有序发展，如此种经营模式在整个保理行业得到普遍运行，还可能危及金融秩序和社会稳定，进而直接损害社会公共利益。因此，根据《合同法》第 52 条第 4 项（已废止）的规定，涉案原告与被告某商业保理有限公司签订的《认购协议》依法应认定为无效。合同无效后，二被告应当返还原告因此取得的财产 610 万元。导致涉案《认购协议》无效的过错方在被告某商业保理有限公司，被告某商业保理有限公司应对原告损失承担全部责任，原告主张按年利率 8.5% 计算利息的损失应属于原告客观合理的交易机会损失，属于缔约过失责任赔偿范围，以填补善良相对人信赖利益损失，这也是出于贯彻诚信原则，保护无过错方利益之考虑，被告某商业保理有限公司应向原告赔偿该笔利息损失。被告某资产管理有限公司作为承销人应当就其承销产品的合法合规性对投资人负责，其未尽到适当性义务，应当承担连带赔偿责任。

法院判决如下：（1）被告某商业保理有限公司应于本判决生效之日起五日内向原告丁某某返还款项 610 万元；（2）被告某商业保理有限公司应于本判决生效之日起五日内向原告丁某某支付利息（利息以本金 610 万元为基数，按照年利率 8.5% 的标准，自 2018 年 6 月 6 日起计至实际清偿之日止）；（3）被告某资产管理有限公司对被告某商业保理有限公司上述判项一、判项二确定的债务承担连带清偿责任；（4）驳回原告丁某某的其他诉讼请求。

（文 / 前海法院　林艳）

李某某诉肖某某股权转让案

【典型意义】上市公司股权隐名代持合同的效力问题一直是各方关注的焦点，本案对上市公司股权隐名代持合同的效力与投资收益分配问题作出了有效探索。民事法律行为因违背公序良俗而无效，体现了法律对民事领域意思自治的限制，但由于公序良俗的概念本身具有较大弹性，故在具体案件裁判中应当审慎适用，避免其被滥用而过度克减民事主体的意思自治。本案获评中国法院 2022 年度案例。

被上诉人（原告）：李某某

上诉人（被告）：肖某某

【案情】

2014 年 11 月 13 日，肖某某签订《股权转让合同》。根据该合同：肖某某系深圳市索菱实业股份有限公司（以下简称索菱公司）实际控股股东，持有后者 64.5896% 股权；肖某某向李某某转让其所持索菱公司 1.45% 股权（200 万股），股权转让款为 1000 万元；双方签订协议之日起，李某某即成为案涉股权实际所有者，李某某委托肖某某代持股权直至双方交易完成；双方按照 IPO 公开发行满一年后连续 10 个交易日的收盘均价为每股单价计算李某某总收益，且肖某某同意 IPO 公开发行满一年后回购总收益（扣除税费）的 30%，公开发行满二年后再回购总收益（扣除税费）的 30%，余款扣除税费在公开发行满三年后一次付清；目标公司不能在 2015 年 12 月 30 日前完成 IPO，则肖某某应按李某某购买价（扣除因股权所获收益）回购股权，同时按照年利率 12% 支付李某某投资资金使用利息。2014 年 11 月 13 日，李某某向肖某某转账支付股权转让款 1000 万元。2015 年 6 月 11 日，索菱公司 IPO 公开发行。根据合同约定，肖某某已于 2016 年 10 月及 2017 年 7 月向李某某支付了前两期的收益人民币 38362200 元，履行了合同部分义务。收益余款付款期限届满后，肖某某并未按时支付余款收益人民币 25574900 元，后李某某多次要求肖某某履行合同义务，但肖某某一直未予理会，故李某某起诉至法院，请求法院判令肖某某支付李某某股权收益及逾期支付的利息。

【裁判】

肖某某不服一审判决，提出上诉。广东省深圳市中级人民法院经审理认为：本案中，索菱公司上市前肖某某代李某某持有案涉股份，以自身名义参与索菱公司的上市发行，隐瞒了实际投资人的真实身份，李某某与肖某某的行为构成了发行人股份隐名代持，违反了证券市场的公共秩序，损害了证券市场的公共利益。故依据《中华人民共和国合同法》第 52 条第 4 项（已废止）的规定，案涉《股权转让协议》应认定为无效。肖某某该方面上诉主张成立，法院予以采纳。

案涉索菱公司的股份应归肖某某所有，其作为索菱公司股东围绕公司上市及其运营所实施的一系列行为有效。本案中不存在投资亏损导致案涉股份价值贬损而应适用过错赔偿的情形，故从理论上来说，如案涉股份归肖某某所有，则李某某向肖某某支付的投资款应予返还，但李某某在本案中仅请求肖某某支付《股权转让协议》约定的总收益的剩余部分，故法院仅审查李某某诉请肖某某支付的股权收益能否成立。本案中，虽然《股权转让协议》无效，但无效之原因系损害社会公共利益而非意思表示瑕疵，故协议中关于收益与风险承担的内容仍体现了双方的真实意思。一方面，肖某某仅为名义持有人，实际作出投资决策和承担投资后果的系李某某，若发生索菱公司上市失败或经营亏损情形，最终可能遭受投资损失的亦是李某某，故应由李某某获得系争股份投资收益的大部分。另一方面，肖某某在整个投资过程中起到了提供投资信息、配合公司上市等作用，为投资增值作出了一定贡献，可以适当分得投资收益的小部分。

深圳市中级人民法院判决如下：（1）变更深圳市罗湖区人民法院（2018）粤 0303 民初 25688 号民事判决为：上诉人肖某某应于本判决生效后十日内清偿被上诉人李某某股权收益 6393710 元及逾期付款利息（利息以 6393710 元为基数，按年利率 6%，自 2018 年 6 月 11 日起计至清偿之日止）；（2）驳回被上诉人李某某的其他诉讼请求。

（文／市中院　陈朝毅）

李某诉某传媒公司劳动争议案

【典型意义】近年来滴滴司机、主播、快递员等新就业形式大量出现，认定就业人员与平台、公司之间是否形成劳动关系应当审查双方之间是否具有人格从属性、经济从属性及组织从属性，避免用人单位以新就业形态为由或者签订其他合同形式规避劳动法上的责任。本案对于此类案件有参考意义，获评广东省高级人民法院劳动争议十大典型案例。

上诉人：李某

被上诉人：深圳某传媒有限公司

【案情】

李某与深圳某传媒有限公司（以下简称某传媒公司）于2019年6月6日签订了《艺人签约独家经纪合同》，约定李某为某传媒公司旗下艺人，某传媒公司为李某独家经纪人，李某按某传媒公司要求以个人名义在第三方平台注册网络虚拟账号，按照合同约定进行合作，李某应当遵守某传媒公司各项规章制度，全部服从某传媒公司的安排。李某的主要工作内容是出镜拍摄短视频，李某对视频拍摄安排没有选择权，对短视频内容制作、发布以及后续运营没有主动权、挑选权。李某每天工作8小时，实行大小周工作制，通过钉钉考勤，请休假应经过批准。某传媒公司在合同期间向李某转账备注为“工资”。签订合同当晚某传媒公司工作人员询问李某的入职时间，并发送了图片内容为“员工应缴资料”。李某主张其与某传媒公司于2019年6月6日至2020年3月23日期间存在劳动关系，某传媒公司主张双方系经纪演艺合同关系。

【裁判】

深圳市中级人民法院审理认为，虽然双方签订了《经纪合同》，但双方之间的法律关系应当考察实质形成的权利义务关系。某传媒公司对李某实行考勤管理，决定李某的工作内容、工作步骤、工作成果的展示方式，拥有李某的工作成果。李某应遵守某传媒公司的各项规章制度，对工作内容、步骤、成果等都没有决定权、控制权和主动权。某传媒公司对第三方平台账户产生的利益分配具有绝对的话语权，向李某发放工资。本案中没有证据证明某传媒公司履行了包装、宣传以及其他经纪合同义务。因此，某传媒公司招用李某成为某传媒公司的成员，对李某的工作具有极大的控制权和决定权，李某受某传媒公司管理并服从于某传媒公司，工作成果归属于某传媒公司，某传媒公司为李某发放报酬，李某的工作构成了某传媒公司的业务组成部分。因此，双方形成的是劳动关系。

（文/市中院　罗巧）

张某等人诈骗、寻衅滋事案

【典型意义】本案为深圳市首宗非法“校园贷”案件，被告人诈骗手段新颖，行为隐蔽，利用民间借贷的“合法外衣”，行违法犯罪之实，整个作案流程存在多个环节，有多个犯罪行为，涉及诈骗罪、寻衅滋事罪，不仅侵犯了学生和家长的人身权利、财产权利，也严重影响学校的正常教学秩序，扰乱了金融管理秩序、社会治安秩序，并引发舆论高度关注及社会各界强烈反响。本案的及时依法处理，对打击震慑此类犯罪、维护校园安宁有重要意义，在性质认定、罪数确定、共同犯罪及犯罪数额的认定上对同类案件也有一定的借鉴参考价值。本案获评中国法院2022年度案例。

公诉机关：南山区人民检察院

被告人：张某、吕某某、董某1、付某某、陈某某、董某2等

【案情】

被告人张某、彭某某曾经分别是不同借贷平台的高校业务员，他们在开展业务过程中接触到一些有借款需求的在校大学生，通过审查个人资料、家庭信息等，掌握了一批以深圳户口、家庭条件优越、有超前消费习惯、自控能力差等为特点的在校大学生资源。

为谋取非法利益，张某与董某1、吕某某、付某某、陈某某等人一起合作，专门针对在校大学生开展无抵押的高息短期借款业务，由董某1等人负责出资，张某负责物色客户（借款人）、出面签订合同和债务催收，所得利润六四分成，风险共担。一般的借款模式是，以1周或2周为借款周期，利息15%—25%不等，每日逾期费为借款金额的5%—10%不等，利息计入本金提前扣除（俗称“砍头息”），或者在转账后立即返还，并签订虚高的借款合同或者就同一笔借款签订多份借款合同；如果借款人到期未还，会被收取高额逾期费，在支付手续费后可续期一次，若仍未能偿还，张某等人便通过频繁威胁恐吓等方式介绍或要求借款人再借一笔钱以偿还之前的欠款，以此类推，通过借新还旧、转单平账的方式人为垒高借款人的债务，最终借款从几万元垒高到数百万元，被告人从中获利一百余万元。

在追讨债务过程中，彭某某等多次将借款人强行带离学校进行侮辱恐吓，并要求其母抵押房产还钱，借款人被迫休学；杨某某多次向借款人及其家人发送侮辱短信或使用“呼死你”等软件进行电话轰炸，以被害人在借款时拍摄的裸体视频相威胁，并采用上门用胶水堵塞锁孔、破坏门锁、贴字条等方式逼迫借款人父亲卖房还债。

以张某、吕某某、董某1、付某某、陈某某、董某2等人为主要成员的恶势力，和以彭某某、杨某某、谢某某、古某某等人为主要成员的恶势力，盘踞在高校周边，以非法占有为目的，假借民间借贷之名，实施“套路贷”的诈骗活动，严重危害大学生身心健康，扰乱校园的教学秩序，造成恶劣的社会影响。

【裁判】

深圳市南山区人民法院经审理认为：（1）关于被告人的行为定性，张某等人以非法占有为目的，有针对性地选取在校大学生进行高息、短期无抵押贷款，通过设置“砍头息”、高额利息、畸高逾期费、在多个借款人之间转单平账等方式制造“套路”恶意垒高借款，与被害人形成虚假债权债务关系，骗取被害人财物，实质就是假借民间借贷之名行非法占有之实，符合诈骗罪的构成要件。（2）关于对被告人应择一重罪处断还是数罪并罚，被告人彭某某、杨某某、谢某某为索取非法债务，多次将被害人从学校宿舍强行带走，以被害人被迫拍摄的裸体视频相威胁，用胶水堵塞被害人家门锁孔，发送侮辱短信，被告人对被害人及其家人实施的上述滋扰、纠缠行为已严重干扰到被害人正常生活、工作，不仅侵犯了社会管理秩序，也侵犯了被害人的人身权利，所实施的目的行为与结果行为之间并不具有内在的牵连关系，不应认定为牵连犯，辩护人所提应对被告人择一重罪处罚的意见不予采纳。（3）各被告人之间是否属于共同犯罪。各被告人在非法占有被害人财物目的的支配下，选用相同的操作手段向被害人放款并以击鼓传花的方式介绍其他债主加入，实际上是以一种心照不宣的方式形成了犯意联络，彼此的行为是有机联系的整体，属于共同犯罪。

被告人张某、吕某某、董某1、董某2、付某某、陈某某、彭某某、杨某某、谢某某、古某某、方某某以非法占有为目的，虚构事实、隐瞒真相，骗取他人财物，其行为均已构成诈骗罪；被告人彭某某、杨某某、谢某某为强索不受法律保护的债务，多次采用威胁恐吓、拦截他人、滋扰生事等方式，给被害人造成心理强制，严重扰乱社会秩序，其行为均已构成寻衅滋事罪。依法对被告人彭某某、杨某某、谢某某以诈骗罪、寻衅滋事罪数罪并罚。

（文/南山法院　张国辉　张庆荣）

罗某某破坏计算机信息系统案

【典型意义】本案处理的重点主要在于破坏计算机信息系统案件中对被告人造成的直接经济损失如何认定。本案中，认定被告人的行为造成直接经济损失的数额应按照以下顺序考量判断：第一，为及时恢复删除的图片而支出的必要费用。第二，若是图片无法恢复，则“及时”重新收集参赛选手的图片而支出的必要费用，成为替代性费用。第三，穷尽所有合理合法手段后，系统数据、功能、应用程序均无法恢复或者替换，被害人确已无法履行合同，因承担违约责任而实际应向合同相对方支付的赔偿金额。本案获评中国法院 2022 年度案例。

公诉机关：福田区人民检察院

被告人：罗某某

【案情】

2018 年 10 月至 2019 年 4 月，罗某某在深圳某某公司负责平台数据编写和维护工作，于 2019 年 4 月离职。因对离职待遇不满，为报复公司，罗某某于 2019 年 4 月 5 日编写脚本，利用其在公司工作时得到的公司阿里云账号密码，将公司存放于阿里云服务器的后台数据进行删除，共删除图片 1300 张（约 4.7G 数据被清空），造成合作方深圳某某俱乐部的选手图片无法显示，无法进行有效点击。案发后，深圳某某公司向深圳某某俱乐部赔付经济损失人民币 3 万元。罗某某家属代为向深圳某某公司赔偿人民币 3 万元，并取得谅解。

【裁判】

深圳市福田区人民法院依照《刑法》第 286 条第 1 款及第 2 款、第 67 条第 3 款、第 64 条的规定，作出如下判决：

（1）被告人罗某某犯破坏计算机信息系统罪，判处有期徒刑五年。

（2）扣押的苹果笔记本电脑（13 英寸、深空灰色）一部，依法予以没收，上缴国库。

罗某某以经济损失计定方式不精准为由提出上诉。深圳市中级人民法院经审理认为：原审判决认定事实不清、证据不足。深圳市中级人民法院依照《刑事诉讼法》第 236 条第 1 款第 3 项，作出如下裁定：撤销原判决、发回重审。

深圳市福田区人民法院经过重新审理认为，罗某某违反国家法律规定，对计算机信息系统中储存的数据进行删除，后果严重，其行为已构成破坏计算机信息系统罪。关于被告人的犯罪行为对被害单位造成的经济损失，依据被害单位法定代表人周某某的陈述，被害单位在恢复、收集被删除的图片上并未支出必要费用，且除赔偿涉案 3 万元款项外，未因本案再向合作方实际进行过赔偿。故依据本案现有证据，尚不足以证实被害单位因被告人的犯罪行为存在上述 3 万元以外的其他直接经济损失，对公诉机关指控的约 40 万元人民币的经济损失金额不予认定。

深圳市福田区人民法院依照《刑法》第 286 条第 1 款及第 2 款、第 67 条第 3 款、第 64 条的规定，作出如下判决：

（1）被告人罗某某犯破坏计算机信息系统罪，判处有期徒刑一年四个月。

（2）扣押的作案工具苹果笔记本电脑（13 英寸、深空灰色）一部，依法予以没收，上缴国库。

（文 / 市中院　涂俊峰　李静）

赵某某、周某某重大责任事故案

【典型意义】安全生产人命关天，本案可供有关生产单位和人员借鉴、反思，改革完善管理制度。危害生产安全犯罪，往往涉案人员较多，犯罪主体复杂，既包括直接从事生产、作业的人员，也包括对生产、作业负有组织、指挥或者管理职责的负责人、管理人员、实际控制人、投资人等，有的还涉及国家机关工作人员渎职犯罪。对相关责任人的处理，要根据事故原因、危害后果、主体职责、过错大小等因素，综合考虑全案，正确划分责任，做到罪责刑相适应。本案获评中国法院2022年度案例。

公诉机关：罗湖区人民检察院

被告人：赵某某、周某某

【案情】

被告人赵某某系涉案压路机所有人，其自2019年1月起便提供压路机及操作员为中南建设集团承包的深圳市东部过境高速第六标段第三工区部分路段作“石粉压实”作业。春节后，赵某某在明知被告人周某某没有压路机操作证的情况下，聘请周某某作为操作员。2019年2月26日，周某某到达施工现场与赵某某见面并试操作压路机（此前，周某某并未操作过同型号的压路机）。其间，周某某发现压路机震动坏了，告知赵某某。2019年2月27日、28日赵某某请来维修工为压路机进行保养。2019年3月1日上午，周某某首次操作压路机在罗湖区某某街道辖区深圳市东部过境高速公路第六标段第三工区作业。同日14时许，当周某某驾驶压路机在第三工区KB+1200通道完成高速右线水稳路面石粉压实作业时，压路机突然刹车失灵，周某某无法制动压路机，同时由于缺乏驾驶经验无法将压路机转向，致压路机向前滚动将正在前方第二合同段（中核华泰公司）K8+140通道涵处施工的被害人庹某某当场碾压身亡。事故发生后，赵某某、周某某当日被传唤归案。经广东司法鉴定所鉴定：涉案压路机制动系统存在安全隐患。经广东广正司法鉴定所鉴定：死者庹某某符合生前遭受重型机械碾压致中枢性、呼吸循环衰竭死亡。经深圳市罗湖区应急管理局一般事故调查组认定：赵某某对此起事故发生负有主要责任，周某某负有直接责任。案发后，中南建设公司赔偿了被害人庹某某家属的经济损失。

二审另查明，根据在案鉴定意见，涉案压路机转向系统未检见安全隐患。作为压路机所有人，赵某某对压路机的安检、使用负有责任，另根据赵某某和分包公司的约定，压路机司机聘请管理和压路机维修保养由赵某某负责。

【裁判】

广东省深圳市罗湖区人民法院于2019年8月5日作出（2019）粤0303刑初798号刑事判决：（1）被告人赵某某犯重大责任事故罪，判处有期徒刑一年六个月。（2）被告人周某某犯重大责任事故罪，判处有期徒刑一年六个月。

宣判后，原审被告人赵某某不服，提出上诉。广东省深圳市中级人民法院于2019年10月18日作出（2019）粤03刑终2430号刑事裁定：驳回上诉，维持原判。

法院生效裁判认为：上诉人赵某某的行为确已构成重大责任事故罪。上诉人赵某某系涉案压路机所有人和本案路段压路机作业的管理人员，其不仅应对压路机的安全情况尽到注意义务，而且要对操作人员执业资质情况负直接责任，基于上述分析意见，赵某某所应负的责任应当重于周某某，原审量刑已属偏轻。上诉人赵某某既已签署了《认罪认罚具结书》，却又不服所判刑罚。关于上诉人的其他量刑情节，原审已予考量，对上诉人赵某某及原审被告人周某某所处刑罚亦在法定幅度范围之内。上诉人赵某某及其辩护人的意见不能成立，不予采纳。

（文/市中院　涂俊峰　陈倩）

陈某某猥亵儿童案

【典型意义】本案通过对猥亵儿童罪基本犯的成立要件、“在公共场所当众猥亵儿童”和“情节恶劣”应当如何把握等三个方面进行阐释，既实现了对陈某某猥亵儿童犯罪行为的严厉惩处，又避免了因事实、情节的错误把握或不当升格而导致出现量刑畸重的情形，以最大限度实现惩罚犯罪与保障人权、法律效果与社会效果的有机统一。本案获评 2022 年深圳全市法院“六优”评选活动三等奖。

公诉机关：龙岗区人民检察院

被告人：陈某某

【案情】

2021 年 2 月 17 日 19 时 55 分许，被告人陈某某酒后在本市某小区羽毛球场附近的草坪处，拦住被害人赖某某（女，时年 10 岁），将赖某某按倒在地强行亲吻，赖某某挣脱后回家告诉家长，后小区保安将陈某某控制并移交公安机关处理。经深圳市康宁医院法医精神病司法鉴定所鉴定，被告人陈某某系边缘智力者，2021 年 2 月 17 日案发期间处于“急性醉酒（普通醉酒）”状态。案发后，被害人的法定代理人出具谅解书，对被告人陈某某表示谅解。

【裁判】

深圳市龙岗区人民法院于 2022 年 2 月 15 日作出（2021）粤 0307 刑初 3058 号刑事判决，认定被告人陈某某犯猥亵儿童罪，判处有期徒刑五年。宣判后，陈某某不服，提出上诉。

深圳市中级人民法院生效裁判认为：

（1）上诉人陈某某强行对未满 12 周岁的被害人实施亲吻脸部等猥亵行为，已构成猥亵儿童罪的基本犯。《刑法》对猥亵儿童罪的构罪标准并未规定情节，但根据《刑法》第 13 条的规定，犯罪是具有社会危害性、刑事违法性和应受刑罚惩罚的行为。因此，违法行为不一定都构成犯罪，只有依照刑法规定应当受到刑事处罚的行为才是犯罪；反之，如果情节显著轻微，危害不大，尚不够刑事处罚的，可依照《治安管理处罚法》的规定，由公安机关给予治安管理处罚。本案中，上诉人陈某某酒后在户外羽毛球场附近拦住未满 12 周岁的被害人，强行将被害人按倒在地并实施亲吻脸部等猥亵行为，在被害人挣扎反抗后仍不停止，且整个行为持续一定时间。综合来看，陈某某实施的猥亵行为具有强制性，在时间上具有一定的持续性，在猥亵对象上被害人又系未满 12 周岁的幼女，与一般的猥亵行为已有本质区别，其社会危害性已达到应受刑罚处罚的程度，其行为构成猥亵儿童罪的基本犯，应依法追究其刑事责任。

（2）本案符合“在公共场所当众猥亵儿童”的认定条件。基于严厉打击猥亵儿童犯罪的刑事政策需要，对于猥亵儿童罪中有关“公共场所当众”的认定，宜作从宽理解。本案中，案发现场位于羽毛球场、停车场附近，案发时灯火通明、有人来往，符合“公共场所”系不特定多数人所停留的场所的含义；关于“当众”的认定，并不以在场人员实际看到猥亵行为作为认定标准，而是只要场所具有相对公开性，有其他多人在场，猥亵行为有被他人看到、听到等感知可能性的，均可认定为“当众”。

（3）本案在认定构成猥亵儿童罪的基本犯，且属于“在公共场所当众猥亵”的情形下，不宜再认定为“情节恶劣”。2020 年《刑法修正案（十一）》对猥亵儿童罪增设了独立的法定刑，并设置了四种应处五年以上有期徒刑的情形。根据修改后的《刑法》第 237 条第 3 款第 2 项的规定，在公共场所当众猥亵儿童，情节恶劣的，处五年以上有期徒刑。根据新的规定，猥亵儿童构成基本犯，同时具有在公共场所当众猥亵儿童，且情节恶劣的，可以适用加重情节，法定刑升格为五年以上有期徒刑；对于那些虽然符合“在公共场所当众猥亵儿童”情形，但情节较为轻微的，不宜一概认定为“情节恶劣”，可在五年以下有期徒刑的法定刑幅度内予以从重处罚。

陈某某在公共场所当众猥亵儿童，其行为已构成猥亵儿童罪。陈某某猥亵的被害人系未满 12 周岁的幼女，且在公共场所当众实施，应依法从严惩处。

深圳市中级人民法院于2022年6月16日作出（2022）粤03刑终757号刑事判决，以原判适用法律有误，量刑偏重为由，撤销原判关于陈某某的量刑部分，以陈某某犯猥亵儿童罪，改判有期徒刑三年六个月。

（文/市中院　刘艾涛）

王某某诉深圳市公安局西乡派出所行政处罚及深圳市宝安区人民政府行政复议案

【典型意义】王某某发布虐童视频引发了社会广泛关注。虽然王某某一直声称自己的行为是伸张正义之举，但公安机关最终认定王某某构成偷窥、散布他人隐私并给予行政处罚，这也引起了激烈的讨论。社会上认为公安机关不应给予王某某行政处罚的观点也占有一定比例。因此，正确审理本案必须厘清隐私与未成年人权益保护之间的关系问题。本案获评中国法院2022年度案例。

上诉人（原审原告）：王某某

被上诉人（原审被告）：深圳市公安局西乡派出所

被上诉人（原审被告）：深圳市宝安区人民政府

【案情】

案外人刘某某与案外人陈某某为夫妻，两人育有一子一女。子女均系未成年人。

刘某某在案外人钟某某的手机上下载监控软件查看自己家中情况。钟某某因向刘某某索要被其修改的QQ密码未果，遂猜出刘某某的监控软件密码登录查看其家庭情况。2018年10月，王某某和钟某某多次登录该监控软件查看刘某某家庭情况。王某某下载部分视频进行剪辑合成。2018年12月22日，王某某给刘某某打电话，要求其归还钟某某的QQ密码，否则会将刘某某夫妻虐待女儿的视频发布到网上。因索要未果，王某某在微信公众号“某某某官网”上发布视频，被发布的视频为四次视频剪辑合成。后上述视频被广泛转发传播。

2018年12月23日，刘某某报案，深圳市公安局西乡派出所经调查，于2018年12月24日作出行政处罚决定，认定王某某偷窥、散布他人隐私，根据《治安管理处罚法》第42条第6项及第19条之规定，决定对王某某罚款500元。王某某不服，申请行政复议，后深圳市宝安区人民政府维持了西乡派出所作出的行政处罚决定。王某某不服，诉至法院，要求撤销行政处罚决定和行政复议决定。

另查明，西乡派出所认定钟某某偷窥、散布他人隐私，对钟某某罚款500元。

再查明，陈某某因涉嫌虐待儿童于2018年12月24日被采取刑事强制措施取保候审。

【裁判】

深圳市盐田区人民法院经审理认为，在案的视频资料、询问笔录、王某某手机上留存的聊天记录等证据显示，王某某多次登录刘某某家庭监控软件，偷窥刘某某的家庭生活；在索要QQ密码未果的情况下，将刘某某夫妻殴打女儿的视频剪辑合成后在网络散布以至被广泛传播，而未对女童的面部进行保护性处理。因此，西乡派出所认定王某某的行为属于偷窥、散布他人隐私，同时也认定王某某具有立功表现，遂对王某某作出罚款500元的行政处罚决定，认定事实清楚、适用法律正确、处罚幅度并无不当。一审法院遂判决：

驳回王某某的全部诉讼请求。

王某某不服，提起上诉。深圳市中级人民法院经审理，认为一审法院认定事实清楚，适用法律正确，遂判决：驳回上诉，维持原判。

（文/盐田法院　孙静）

曾某某罚金强制执行案

【典型意义】本案涉及被执行人财产不足以交纳罚金，执行法院能否准许分期履行、在罚金强制执行程序中能否参照适用民事执行中案外人提供担保和保证的规定等问题。本案处理的关键在于解决分期履行罚金与判决指定履行的期限的冲突，以及案外人提供保证和担保与罚金刑人身专属性之间的冲突。保证和担保作为民事执行中的制度，在罚金刑执行中能否适用，其障碍在于刑罚的人身专属性问题。本案例的典型意义之一是通过权利处分的意思自治和担保债务的最终承担，协调了保证和担保制度与罚金刑人身专属性之间的表面冲突，从而论证了民事执行的保证和担保制度在罚金刑执行程序中参照适用的正当性。本案获评中国法院 2022 年度案例。

被执行人：曾某某，香港特别行政区居民

【案情】

广东省深圳市中级人民法院（2016）粤 03 刑初字第 345 号刑事判决判处曾某某走私普通货物罪，有期徒刑八个月，并处罚金人民币 23 万元，并于 2016 年 10 月 13 日立案执行。执行过程中经查证未发现被执行人有可供执行的财产，在采取限制出境措施后，法院裁定终结该次执行程序。

2017 年 11 月 22 日，被执行人驾驶货柜车无法出境，到法院接受调查，其书面表示判刑后再无走私行为，但暂无能力缴纳全部罚金。同日，雇主代其交纳罚金人民币 5 万元。同年 12 月 13 日，案外人孟某书面为被执行人罚金的执行提供保证，并以其房产提供担保，被执行人书面承诺将以工资收入分期缴纳，在 2019 年 2 月底前交清罚金。执行法院解除了对其的限制出境措施。被执行人按照承诺分 5 期将剩余罚金实际交纳完毕。

【裁判】

广东省深圳市中级人民法院认为：

（1）被执行人无财产可供执行，已书面承诺分期交纳罚金并开始实际履行，是积极接受教育改造、遵守法治秩序的表现。在申请执行人缺位的情况下，法院可以依职权准许其分期履行的申请。

（2）案外人以自有财产为罚金的履行提供担保和保证，是其处分自身合法权益的意思自治行为，承担保证或担保责任后有权向被执行人追偿，最终由被执行人承担责任，因此可以参照民事执行的相关规定予以准许。

因此，法院认为（2016）粤 03 刑初字第 345 号刑事判决书确定的被执行人曾某某罚金刑内容已经全部执行完毕，本案依法予以执行结案。依照《最高人民法院关于刑事裁判涉财产部分执行的若干规定》第 16 条、参照《中华人民共和国民事诉讼法》第 154 条第 1 款第 11 项、《最高人民法院关于人民法院执行工作若干问题的规定（试行）》第 108 条第 1 项的规定，裁定如下：深圳市中级人民法院（2016）粤 03 刑初字第 345 号刑事判决确定的被执行人曾某某罚金刑内容执行完毕，本案予以结案。

（文 / 市中院　杜佳鑫　张锦滨）

· 编辑：严俊 ·

审判文献

Adjudication literature

深圳市中级人民法院民事诉讼文书送达完成标准

（深中法发〔2022〕1号）

为提高民事诉讼文书送达质量和效率，切实保障当事人和其他诉讼参与人的诉讼权利，维护司法公正，提升司法公信力，根据《中华人民共和国民事诉讼法》《最高人民法院关于适用〈中华人民共和国民事诉讼法〉的解释》《人民法院在线诉讼规则》《最高人民法院关于以法院专递方式邮寄送达民事诉讼文书的若干规定》《最高人民法院关于进一步加强民事送达工作的若干意见》等规定，结合深圳法院送达工作实际，制定本标准。

一、一般规定

1.【**适用范围**】深圳法院在民事诉讼（含诉前调解）过程中向当事人及其他诉讼参与人送达诉讼文书等材料的，按照本标准执行。

涉外、涉港澳台民事诉讼文书送达另有规定的，从其规定。

2.【**送达目的和原则**】送达应当以使诉讼主体知悉送达内容，保障审判工作有序进行为根本目的。

送达应当遵循合法、便捷、集约、有效、经济的原则。

3.【**送达主体**】人民法院依照法定程序和方式开展送达。具体送达事务可以由审判团队人员、司法警察、诉讼服务人员、其他经人民法院授权的机构或者人员进行。

4.【**送达对象**】受送达人是自然人的，送达对象可以是受送达人本人、法定代理人、委托诉讼代理人，或者其住所的成年家属等。

受送达人是法人或者非法人组织的，送达对象可以是受送达人的法定代表人、主要负责人、委托诉讼代理人，也可以是董事、监事、高级管理人员，或者行政前台、办公室、收发室和值班室的工作人员等。

如果前款规定的送达对象与受送达人在该案件中存在利益冲突，送达人员应当向送达人本人或者其他送达对象进行送达。

5.【**送达方式及顺序**】送达方式主要包括直接送达、留置送达、电子送达、邮寄送达、委托送达、转交送达、公告送达等方式。

送达方式以电子送达为优先，以邮寄送达和直接送达等为主要补充，以留置送达、委托送达、转交送达等为次要补充，以公告送达为最后手段。

二、送达地址

6.【**送达地址类别**】人民法院向当事人及其他诉讼参与人送达诉讼文书等材料的地址一般包括：受送达人确认的地址、受送达人的法定送达地址以及其他有效送达地址等。

7.【**“首接责任制”之一：引导原告（申请人）确认送达地址**】人民法院应当在登记立案时要求原告（申请人）填写送达地址确认书。

8.【**“首接责任制”之二：引导原告（申请人）提供地址线索**】人民法院在对一审案件登记立案时应当要求原告（申请人）填写被告（被申请人）或其他诉讼参与人的送达地址线索书，并且引导原告（申请人）尽量提供准确、翔实、丰富、具体的送达线索，相关送达线索应当记录在案。

9.【**送达地址线索书**】送达地址线索书应当包括原告（申请人）提供的送达地址线索、人民法院告知事项、受送达人对内容真实性的保证、送达地址线索书的适用范围和法律后果等内容。

送达地址线索书中应当提供的地址包括本标准第17、18条的地址，以及原告（申请人）所知悉的其他能够送达的地址。

10.【**立案时原告（申请人）提供地址线索瑕疵的处理**】人民法院依原告（申请人）送达地址线索书中的地址无法送达的，可以要求其补充被告（被申请人）或其他诉讼参与人的送达线索等必要的诉讼材料。

11.【**“首接责任制”之三：引导其他诉讼主体确认送达地址**】被告（被申请人）应诉答辩时，或者其他诉讼参与人首次参与诉讼活动时，人民法院应当要求其填写送达地址确认书。

被告（被申请人）或者其他诉讼参与人签署送达地址确认书后，人民法院应当按照被告（被申请人）或者其他诉讼参与人签署的送达地址确认书所提供的地址送达，不再适用送达地址线索书。

12.【送达地址确认书】送达地址确认书应当包括人民法院告知事项、受送达人提供的送达地址、受送达人对送达地址的确认、送达地址确认书的适用范围和变更方式等内容。

受送达人在送达地址确认书中提供的送达地址应当包括详细地址、联系电话等。同意电子送达的，应当提供并确认接收民事诉讼文书的传真号、电子信箱等电子送达地址。有诉讼代理人的，不仅应当提供诉讼代理人的送达地址，同时也要提供当事人的送达地址，并确认送达地址的适用顺序。当事人拒绝填写本人送达地址的，必须明确当该委托诉讼代理人委托关系解除或终止后的送达地址。

人民法院应当告知受送达人填写要求、注意事项、法律后果等内容，并要求受送达人对填写的送达地址及拒不提供送达地址、提供虚假地址或者提供送达地址不准确、送达地址变更未及时告知人民法院、受送达人拒绝签收的法律后果等事项进行确认。

13.【确认送达地址的时间效力】受送达人在送达地址确认书中确认的送达地址，适用于诉前调解、第一审程序、第二审程序、审判监督程序、执行程序等民事诉讼程序的各个阶段。受送达人变更送达地址，应当以书面方式告知人民法院。受送达人未书面变更的，以其确认的地址为送达地址。

14.【商事主体承诺确认送达地址的特别规定】受送达人是在广东省依法登记的商事主体，且未在本次诉讼中确认送达地址的，人民法院以其通过国家企业信用信息公示系统承诺的送达地址或者填报的电子邮箱为其确认的法律文书送达地址或者电子送达地址；未承诺送达地址或者填报电子邮箱的，以其登记的住所或者年度报告中的电子邮箱为其确认的法律文书送达地址或者电子送达地址。

15.【“视为送达”之一：因受送达人过错导致人民法院向其确认地址送达未被签收的处理】因受送达人自己提供或者确认的送达地址不准确、送达地址变更未书面告知人民法院、受送达人本人或者受送达人指定的代收人拒绝签收，导致诉讼文书未能被受送达人实际接收的，直接送达的，应当采用拍照、录像等方式记录送达过程，送达人员应当在送达回证上记录送达情况并签名，民事诉讼文书留在该地址之日为送达之日；邮寄送达的，文书被退回之日为送达之日。

受送达人能够证明自己在诉讼文书送达的过程中没有过错的，不适用前款规定。

16.【登记立案时原告（申请人）拒不确认送达地址或确认瑕疵的法律后果】登记立案时，原告（申请人）拒绝确认送达地址，或者提供的送达地址不真实不完整不规范的，人民法院应当告知其在指定期限内确认或者补正。

原告（申请人）在指定期限内没有确认或者补正的，人民法院退回诉状并记录在册；坚持起诉的，人民法院裁定或者决定不予受理、不予立案。

17.【“视为送达”之二：其他有效送达地址的认定】人民法院首次送达时，被告（被申请人）或者其他诉讼参与人拒绝确认送达地址或者以拒绝应诉、拒接电话、避而不见送达人员、搬离住所地、搬离经常居住地等躲避、规避送达，人民法院不能或者无法要求其确认送达地址的，可以分别以下列情形处理：

（一）受送达人在诉讼所涉及的合同、往来函件中对送达地址有明确约定的，以约定的地址为送达地址；

（二）没有约定的，以受送达人在本次诉讼中提交的书面材料中载明的自己的地址为送达地址；

（三）没有约定同时受送达人在本次诉讼中也未提交书面材料或者提交的书面材料中未载明地址的，以其一年内进行其他诉讼、仲裁案件中提供的地址或者一年内向有关机构确认的网格地址为送达地址；

（四）无以上情形的，以受送达人一年内进行民事活动时经常使用的地址为送达地址。

人民法院按照前款规定进行送达时，诉讼文书未能被受送达人实际接收的，直接送达的，应当采用拍照、录像等方式记录送达过程，送达人员应当在送达回证上记录送达情况并签名，民事诉讼文书留在该地址之日为送达之日；邮寄送达的，文书被退回之日为送达之日。

18.【法定地址】受送达人不存在本标准第 17 条情形的，自然人以其户籍登记的住所或者在经常居住地登记的住址为送达地址，法人或者非法人组织以其工商登记或者其他依法登记、备案中的住所地、经营地为送达地址。

19.【“视为送达”之三：首次有效送达后受送达人拒绝签收的处理】人民法院向受送达人首次送达后，受送达人应诉答辩或者参与其他诉讼活动时拒不提供送达地址，或者在后续送达中躲避、规避送达的，人民法院可以将首次送达的地址作为有效送达地址。人民法院向该地址送达诉讼文书，被告（被申请人）及其他诉讼参与人拒绝接收的，直接送达的，应当采用拍照、录像等方式记录送达过程，送达人员应当在送达回证上记录送达情况并签名，民事诉讼文书留在该地址之日为送达之日；邮寄送达的，文书被退回之日为送达之日。

三、电子送达

20.【电子送达的内涵】本标准所称电子送达，是指经受送达人同意，人民法院通过送达平台、移动微法院、中国审判流程信息公开网、诉讼服务平台等，向受送达人的移动微法院账号、诉讼平台专用账号、即时通讯账号、电子邮箱、电话等电子地址送达诉讼文书。

21.【电子送达的适用】受送达人登记立案、应诉答辩或者参与其他诉讼活动时，人民法院应当及时引导受送达人注册移动微法院，首先适用移动微法院送达。

受送达人未注册移动微法院的，可以适用受送达人同意的其他电子送达方式。受送达人不同意电子送达的，应告知受送达人到人民法院领取诉讼文书。

通过电子方式送达的判决书、裁定书、调解书，受送达人提出需要纸质文书的，人民法院应当提供。

22.【受送达人同意】具备下列情形之一的，人民法院可以确定受送达人同意电子送达：

（一）受送达人明确表示同意的；

（二）受送达人在诉讼前对适用电子送达已作出约定或者承诺的；

（三）受送达人在提交的起诉状、上诉状、申请书、答辩状中主动提供用于接收送达的电子地址的；

（四）受送达人通过回复收悉、参加诉讼等方式接受已经完成的电子送达，并且未明确表示不同意电子送达的。

23.【已确认电子地址的送达完成标准】人民法院向受送达人主动提供或者确认的电子地址送达的，送达信息到达电子地址所在系统时，即为送达。

受送达人能够证明到达特定系统时间与法院系统显示时间不一致的，以受送达人证明的到达时间为准。

受送达人在移动微法院、电子诉讼服务平台等特定系统主动登记注册并完成身份认证的账号及绑定的手机号码，视为其主动提供的电子送达地址。

24.【未确认电子地址的送达完成标准】受送达人未提供或者未确认有效电子送达地址，人民法院向能够确认为受送达人本人的电子地址送达的，根据下列情形确定送达是否生效：

（一）受送达人回复已收悉，或者根据送达内容已作出相应诉讼行为的，即为完成有效送达；

（二）受送达人的电子地址所在系统反馈受送达人已阅知，或者有其他证据可以证明受送达人已经收悉的，推定完成有效送达，但受送达人能够证明存在系统错误、送达地址非本人使用或者非本人阅知等未收悉送达内容的情形除外。

25.【电子送达凭证】人民法院开展电子送达，应当在系统中全程留痕，并制作电子送达凭证。电子送达凭证具有送达回证效力。

26.【送达生效时间】同一内容材料原则上只采取一种电子送达方式。根据实际需要，对同一内容的送达材料采取多种电子方式发送受送达人的，以最先完成的有效送达时间作为送达生效时间。

27.【电子送达通知】人民法院适用电子送达，可以同步通过电话、短信、即时通讯工具、诉讼平台提示等方式，通知受送达人查阅、接收、下载相关送达材料。

28.【移动微法院送达】人民法院通过移动微法院发送诉讼文书，送达信息到达受送达人的移动微法院账号，即为送达。移动微法院送达回证或电子送达凭证应当存卷备查。

29.【诉讼服务平台等送达】人民法院采用电子邮件、诉讼服务平台等方式送达的，应当将电子送达凭证存卷备查。

采用诉讼服务平台等方式送达时，人民法院可以事先通过电话、短信等方式辅助通知。

30.【电话送达】人民法院采用电话方式送达的，应当告知受送达人诉讼文书的内容，并记录拨打、接听电话号码、通话时间、通话内容。通话过程应当录音后存卷备查。

31.【传真送达】人民法院采用传真方式送达的，应当记录传真发送和接收号码、发送时间、送达诉讼文书名称，并打印传真发送确认单存卷备查。

四、邮寄送达

32.【邮寄送达的内涵】本标准所称邮寄送达，是指人民法院通过法院专递的方式，向受送达人送达诉讼文书。

33.【邮寄送达的适用】受送达人不同意电子送达，或者电子送达 2 个工作日内根据本标准第 23、24 条无法确认电子送达是否完成的，且受送达人亦未在人民法院指令期限内到人民法院领取的，进行邮寄送达。

邮寄送达应当先送达受送达人确认的送达地址，如受送达人未确认送达地址，则按照本标准第 17 条、第 18 条列举的地址进行送达。

34.【已确认邮寄地址的送达完成标准】以法院专递邮寄送达诉讼文书至受送达人、诉讼代理人或者代收人确认的送达地址，邮件回执上显示有人签收或者经查询邮政网络系统显示为妥投的，签收之日为送达之日。符合本标准第 15 条视为送达的情形而未妥投的，文书被退回之日为送达之日。

35.【未确认邮寄地址的送达完成标准】人民法院按受送达人未确认的地址进行送达时，下列人员签收的，签收之日为送达之日：

（一）受送达人在邮件回执上签名、盖章或者捺印的；

（二）受送达人是无民事行为能力或者限制民事行为能力的自然人，其法定代理人签收的；

（三）受送达人是法人或者非法人组织，法定代表人、主要负责人，董事、监事、高级管理人员，或者行政前台、办公室、收发室、值班室的工作人员签收的；

（四）受送达人的诉讼代理人签收的；

（五）受送达人指定的代收人签收的；

（六）受送达人的成年家属（一般包括受送达人的配偶、成年子女和其他共同生活的近亲属）签收的。

符合本标准第 17 条视为送达的情形而未妥投的，文书被退回之日为送达之日。

五、直接送达

36.【直接送达的内涵】本标准所称直接送达，是指受送达人到人民法院领取诉讼文书，或者送达人员在受送达人住所地或其他地址，将诉讼文书直接送达给受送达人的方式。

37.【直接送达的适用】电子送达、电话通知当事人到人民法院领取和邮寄送达均不能完成送达的，应当自确认未能送达之日起 5 个工作日内进行上门送达。

38.【受送达人到人民法院领取诉讼文书的完成标准】人民法院通知受送达人到人民法院领取诉讼文书的，受送达人领取时应当签署送达回证，拒绝签署送达回证的，视为送达，送达人员应当在送达回证上注明送达情况并签名。

39.【受送达人到人民法院领取诉讼文书的身份核实】自然人到人民法院领取诉讼文书，应当携带本人身份证明（居民身份证或者居住证、护照、驾驶证、社保卡等）。

自然人的委托诉讼代理人到人民法院领取诉讼文书，应当携带自然人本人签名的授权委托书及受托人的身份证明；律师作为委托诉讼代理人领取材料的，还应当提交其执业证及所在律师事务所的所函；自然人的法定代理人到人民法院领取诉讼文书，应当携带户口簿及受托人的身份证明；

法人或者非法人组织的法定代表人或负责人到人民法院领取诉讼文书，应当携带本人身份及职务证明；

法人或者非法人组织委托诉讼代理人领取材料的，应当携带加盖公章的法定代表人或负责人身份证明书、授权委托书及受托人身份证明；律师作为委托诉讼代理人领取材料的，还应当提交其执业证及所在律师事务所的所函。

40.【身份核实的特别规定】受送达人为自然人，其配偶、父母、成年子女等携带结婚证或者户口簿到人民法院领取诉讼文书，送达人员可以准许领取，但其配偶、父母、成年子女等为同一案件中另一方当事人或者在同一案件中与受送达人有利益冲突关系的除外。

受送达人为法人或者非法人组织，其工作人员或者有关人员虽未出具授权委托材料，但在送达回证上签字并加盖受送达人公章的，送达人员可以准许领取。

41.【智能材料收转柜送达】人民法院设置的智

能材料收转柜在诉讼文书送达时具有直接送达的法律效力。

送达人员将诉讼文书投递在智能材料收转柜，受送达人或者其委托、指定的相关人员根据系统发送的领取短信通知和身份证件在智能材料收转柜领取诉讼文书即视为送达。

42.【**送达人员在受送达人住所地或其他地址直接送达诉讼文书的完成标准**】人民法院在受送达人住所地或其他地址向受送达人直接送达诉讼文书，受送达人是自然人的，应由本人签收，本人不在交他的成年家属签收；受送达人是法人或者非法人组织的，应当由法人或者非法人组织的法定代表人、主要负责人，董事、监事、高级管理人员，或者行政前台、办公室、收发室和值班室的工作人员等签收；受送达人有诉讼代理人的，可以送交其诉讼代理人签收；受送达人已向人民法院指定代收人的，送交代收人签收。

受送达人的成年家属，法人或者非法人组织的收件人，诉讼代理人或者代收人在送达回证上签收的日期为送达日期。

符合本标准第 15 条、第 17 条视为送达情形的，应当采用拍照、录像等方式记录送达过程，送达人员在送达回证上记录送达情况并签名，文书留在该地址之日为送达之日。

六、留置送达

43.【**留置送达的内涵**】本标准所称留置送达，是指向受送达人送达诉讼文书时，受送达人拒绝接收，依法将诉讼文书留在送达地址，视为有效送达的送达方式。

44.【**留置送达完成标准**】在受送达人住所地或者所在单位直接送达诉讼文书，受送达人拒收的，送达人员可以邀请受送达人住所地的居民委员会、村民委员会、社区工作人员或者受送达人所在单位的工作人员等有关基层组织、所在单位的代表到场，说明情况，在送达回证上记明拒收事由和日期，由送达人员、见证人签名或者盖章，把诉讼文书留在受送达人的住所或者工作场所；也可以把诉讼文书留在受送达人的住所，并采用拍照、录像等方式记录送达过程，即视为送达。

在受送达人住所地或所在单位以外的地址向受送达人直接送达诉讼文书，受送达人拒收的，采用拍照、录像等方式记录送达过程即视为送达。

采用留置送达的，送达人员应当在送达回证上记录送达情况并签名。

45.【**排除留置送达的情形**】调解书应当直接送达当事人本人，不适用留置送达。当事人本人因故不能签收的，可由其指定的代收人签收。

七、委托送达

46.【**委托送达的内涵**】本标准所称委托送达是指人民法院在审理案件过程中，因受送达人在外地，为方便诉讼和提高效率，委托受送达人所在地人民法院代为送达的方式。

47.【**委托送达适用情形**】受送达人户籍地、经常居住地或者住所地、经营地在深圳市外，直接上门送达诉讼文书有困难，亦无电子送达条件，采用邮寄送达但受送达人拒绝签收，且不能视为送达的，可以委托外地人民法院送达。

48.【**委托送达完成标准**】委托外地人民法院代为送达诉讼文书，以受送达人在送达回证上签收的日期为送达日期。

受托法院送达人员未签名，但送达回证上显示的受送达人签名、盖章或者捺印无误的，视为送达。

若存在以下情形，则视为委托送达未成功，应及时采取其他方式送达：

（一）自委托送达超过 15 个工作日仍未收到受托法院送达情况反馈的；

（二）受托法院拒绝接受委托的。

49.【**存卷要求**】委托送达事项完成后，送达人员应当将委托送达函和受托法院反馈的送达回证、法院专递回单等材料存卷备查。

八、转交送达

50.【**转交送达的内涵**】本标准所称转交送达，是指人民法院向军人、被监禁的人、被采取强制性教育措施的人等特定受送达人送达诉讼文书，由相关单位转交的方式。

51.【**转交送达完成标准**】转交送达的，以受送达人在送达回证上的签收日期为送达日期。

九、公告送达

52.【公告送达的内涵】本标准所称公告送达，是指因受送达人下落不明或者通过民事诉讼法规定的其他方式无法送达时，人民法院通过网络、报纸、公告栏等刊登公告内容，经过法定期间视为送达的送达方式。

53.【适用公告送达的具体情形】受送达人下落不明，或者用本标准中的其他方式无法送达，具体表现为以下情形：

（一）自然人受送达人被宣告失踪的；

（二）公安机关或者其他有关机关出具该自然人下落不明的书面证明的；

（三）商事主体未确认送达地址，且已经搬离其登记备案的住所地，同时主要办事机构所在地、营业场所无人办公营业的，或者其已被纳入经营异常名录或者属于应当清算尚未成立清算组的，经过联系相关人员无法向其法定代表人、主要负责人送达诉讼文书的；

（四）受送达人户籍地、经常居住地或者住所地、经营地在深圳市内，拒不确认送达地址，或者躲避、规避送达，且无本标准第 17 条、第 19 条规定的地址，通过电子送达、邮寄送达、直接送达、留置送达均无法送达的；

（五）受送达人户籍地、经常居住地或者住所地、经营地在深圳市外，拒不确认送达地址，或者躲避、规避送达，且无本标准第 17 条、第 19 条规定的地址，通过电子送达、邮寄送达、委托送达均无法送达的。

54.【一审法院前置审查】一审法院适用公告送达前应当审查是否已采取直接送达、留置送达、电子送达、邮寄送达等送达方式无法送达。

一审法院公告送达的，应当制作送达情况报告，记明原因和经过，并存卷备查。

55.【二审法院审查】二审法院应对一审法院适用公告送达的合法性进行审查。若一审法院已查明受送达人下落不明或者采用其他方式无法送达，并有相关材料证明的，二审法院可以公告送达，但有下列情形之一的除外：

（一）一审法院公告送达程序有错误的；

（二）二审诉讼中受送达人出现的。

56.【公告送达的形式】公告送达可以在法院的公告栏和受送达人住所地张贴公告，也可以在报纸、信息网络等媒体上刊登公告，发出公告日期以最后张贴或者刊登的日期为准。对公告送达方式有特殊要求的，应当按要求的方式进行。公告期满，即视为送达。

人民法院在受送达人住所地张贴公告的，应当采取拍照、录像等方式记录张贴过程。

57.【公告送达的内容】公告送达应当说明公告送达的原因；公告送达起诉状或者上诉状副本的，应当说明起诉或者上诉要点，受送达人答辩期限及逾期不答辩的法律后果；公告送达传票，应当说明出庭的时间和地点及逾期不出庭的法律后果；公告送达判决书、裁定书的，应当说明裁判主要内容，当事人有权上诉的，还应当说明上诉权利、上诉期限和上诉的人民法院。

58.【公告送达完成标准】自发出公告之日起，经过 30 日，即视为送达。

十、其他规定

59.【受送达人妨害民事送达行为的惩戒】受送达人或者其他签收人向送达人员隐瞒自己的身份妨害送达的，可以按照民事诉讼法第一百一十四条第一款第（五）项的规定根据情节轻重对行为人予以罚款。

受送达人或者其他签收人以辱骂或者其他方式侮辱送达人员，可以按照民事诉讼法第一百一十四条第一款第（四）项的规定根据情节轻重对行为人予以罚款、拘留。

受送达人或者其他签收人拒绝签收并撕毁诉讼文书的，属于民事诉讼法司法解释“故意毁损、抢夺人民法院法律文书、查封标志的”情形的，可以按照民事诉讼法第一百一十四条第一款第（五）项的规定根据情节轻重对妨害民事诉讼的行为人予以罚款、拘留。

60.【案外人妨害民事送达行为的惩戒】受送达人居住的住宅小区物业管理人、租住的房屋所有权人、受送达人所在单位工作人员和其他案外人，无正当理由拒绝法院送达人员进入上述场所或以其他方式阻扰法院送达人员执行送达任务，可以按照民事诉讼法第一百一十四条第一款第（五）项的规定根据情节轻重对妨害民事诉讼的行为人予以罚款、拘留。

61.【冲突适用】本标准与法律、法规或司法解释不一致的，以法律、法规或司法解释为准。

62.【参照适用】除有关法律及司法解释另有规定

外，行政诉讼文书的送达可以参照本标准执行。

63.【解释机关】本标准由深圳市中级人民法院审判委员会负责解释。

64.【施行时间】本标准自印发之日起施行。

人民法院在线服务深圳平台在线诉讼规程（试行）

（深中法发〔2022〕2 号）

第一章　总则

第一条【人民法院在线服务深圳平台（原“深圳移动微法院”）定义】

人民法院在线服务深圳平台（以下简称“本平台”）是以人民法院信息系统为依托，充分运用移动互联网、云计算、区块链等先进技术，实现调解、立案、审理和执行等诉讼活动在线办理的移动电子诉讼平台，是深圳法院开展在线诉讼活动的主要平台之一。

第二条【在线诉讼活动效力】

在本平台上进行的在线诉讼活动与线下诉讼活动具有同等效力。

当事人及其他诉讼参与人认为其在本平台上进行的在线诉讼活动违背其真实意愿的，应当作出充分、合理的说明并承担举证责任。举证不能的，人民法院依法认定在线诉讼活动的效力。

第三条【适用范围】

人民法院综合考虑案件情况、当事人意愿和技术条件等因素，可以使用本平台在线办理以下案件：

（一）民事、行政诉讼案件；

（二）刑事速裁程序案件，减刑、假释案件，以及因其他特殊原因不宜线下审理的刑事案件；

（三）民事特别程序、督促程序、破产程序和非诉执行审查案件；

（四）执行实施案件、执行审查案件；

（五）其他适宜采取在线方式审理的案件。

对于上述案件，人民法院工作人员应当积极引导当事人使用本平台进行在线诉讼活动。

第四条【适用条件】

人民法院通过本平台内置的各类规程、协议、指引、告知书，充分告知当事人案件在线办理的具体环节、主要形式、权利义务和法律后果。当事人完成本平台实名注册的，视为接受本规程，同意使用本平台进行在线诉讼活动。

当事人接受本规程的，视为同意在所涉案件的全部诉讼环节使用本平台进行在线诉讼活动，包括一审、二审、再审和执行等。

部分当事人不同意使用或未使用本平台的，不影响同意使用的当事人使用本平台进行在线诉讼活动。

对人民检察院参与的案件使用本平台办理的，应当征得人民检察院同意。

第五条【在线诉讼与线下诉讼的转换】

在诉讼过程中，如存在当事人欠缺使用本平台开展在线诉讼的能力、不具备在线诉讼条件或者相应诉讼环节不宜采用本平台等情形之一的，人民法院应当将相应诉讼环节转为线下进行或通过其他在线诉讼平台进行。

当事人已同意通过本平台适用在线诉讼，但诉讼过程中又反悔的，应当在开展相应诉讼活动三个工作日前提出申请。经审查，人民法院认为不存在故意拖延诉讼等不当情形的，相应诉讼环节可以转为线下进行或通过其他在线诉讼平台进行。

在调解、证据交换、调查询问、听证、庭审等诉讼环节中，一方当事人要求其他当事人及诉讼参与人在线下参与诉讼的，应当提出具体理由。经审查，人民法院认为案件存在案情疑难复杂、需证人现场作证、有必要线下举证质证、陈述辩论等情形之一的，相应诉讼环节可以转为线下进行。

第六条【同意使用本平台的效力与范围】

当事人已同意使用本平台进行在线诉讼的，但无正当理由不参与在线诉讼活动或者不作出相应诉讼行为，也未在开展相应诉讼活动三个工作日前申请提出转为线下进行的，应当依照法律和司法解释的相关规定承担相应法律后果。

第七条【在线签名、确认和签收】

使用本平台在线诉讼的案件，各方诉讼主体可以通过在线确认、电子签章的方式，确认和签收调解协议、笔录、电子送达凭证及其他诉讼材料。

第八条【系统自动运行的法律效果】

本平台根据系统功能设置，主动或触发自动运行产生的具有类似人工操作的表现形式的运行结果，除有相反证据外，视为由当事人或法官操作的结果，人民法院可以不再另行确认。

本条第一款规定的情形，包括：

（一）根据用户确认的告知内容生成附加用户签名图样的告知书；

（二）根据用户提交的起诉状、答辩状、申请书等文书生成附加用户签名图样的相应文书；

（三）根据用户确认生成附加用户签名图样的笔录；

（四）自动生成附加用户签名图样的送达凭证；

（五）自动核验使用区块链技术存储的数据；

（六）其他由本平台根据系统功能设置主动或触发自动运行产生的具有类似人工操作的表现形式的运行结果。

第九条【数据管理】

人民法院根据职能活动的需要，在本平台中依法、合理地收集、存储、使用、加工、传输数据。

对成为诉讼参与人的注册用户，注册和使用本平台所产生的数据，属于人民法院在诉讼活动中形成的电子档案，由人民法院集中管理。

第十条【信息收集范围】

本平台可以向注册用户或当事人收集以下信息：

（一）姓名；

（二）实名手机号码；

（三）身份证件信息、护照信息、工商登记信息。注册用户使用非中华人民共和国居民身份证件完成实名注册的，本平台还将收集该用户录制的身份认证视频；

（四）有效送达地址和联系方式。

（五）在诉讼过程中向注册用户或当事人收集的其他相关信息。

上述信息仅用于诉讼活动。

第二章　用户注册

第十一条【自然人认证与注册】

本平台提供多项在线诉讼功能和辅助服务功能。使用本平台在线诉讼功能的自然人应当使用本人名下微信账号登录本平台，阅读本规程、身份认证、确认签署《人民法院在线服务深圳平台在线诉讼简明告知书》（附件 1）《人民法院在线服务深圳平台电子送达确认书》（附件 2）并预留签名图样。完成上述实名注册过程的用户，为本平台的注册用户。

本平台的注册用户的微信账号和密码即为其使用本平台的账号和密码。注册用户应当妥善保管账号和密码，除有证据证明存在账号被盗用或者系统错误的情形外，注册用户登录本平台中所作出的行为，视为注册用户本人行为。本平台的注册用户有义务提供真实、有效的注册信息。人民法院对成为诉讼参与人的注册用户，有权进行必要的信息核实。

人民法院根据案件审理需要，应当在在线立案、调解、证据交换、询问、听证、庭审等诉讼环节，采用人脸识别、证件比对、实时视频等方式再次验证诉讼主体身份。人民法院认为有必要的，可以要求在线下进一步核实相关诉讼主体身份。

第十二条【多号一人和借号注册】

用户可以使用其本人名下一个以上微信账号在本平台进行实名注册，但不同微信账号实名注册后，均对应其在本平台唯一的注册用户数据。

用户不得使用他人微信账号完成本平台实名注册，亦不得出借本人微信账号供他人完成本平台实名注册。上述行为可能导致的不利的诉讼后果，由用户自行承担。上述行为扰乱人民法院正常的诉讼活动的，人民法院可以根据法律规定予以处理。

第十三条【诉讼代理人的主体关联】

诉讼代理人使用本平台参与诉讼的，应当完成本规程第十一条规定的认证与注册。人民法院根据法律规定或委托代理授权，在本平台案件中将其与被代理的自然人、法人、非法人组织进行关联。

代理人与其被代理人在同一案件中均为当事人的，代理人应当明确其在本平台中的诉讼行为系本人行为或代理行为，未予明确的，视为同时为本人行为和代理行为。

第十四条【法人、非法人组织的主体关联】

法人、非法人组织的法定代表人、主要负责人使用本平台参与诉讼的，应当完成本规程第十一条规定的认证与注册。人民法院根据法人、非法人组织的主体信息和相关证明材料，在本平台案件中将其与法人、非法人组织进行关联。法定代表人、主要负责人在本平台中的诉讼活动，系法人、非法人组织的诉讼活动。

法定代表人、主要负责人与其代表的法人、非法人组织在同一案件中均为当事人的，应当明确其在本平台中的诉讼行为系本人行为或代表行为，未予明确的，视为同时为本人行为和代表行为。

法定代表人、主要负责人的诉讼行为与诉讼代理人的诉讼行为意思表示不一致的，承办法官应提示当事人予以明确。

第十五条【注册用户注销和停用】

注册用户在本平台参与的所有案件涉及的包括一审、二审、再审和执行等诉讼活动全部终结的，可以向人民法院申请停止服务或注销本平台账号；尚未终结的，不得停止服务或注销本平台账号。

停止服务后，本平台将不再主动向用户发送通知，注册用户可以向人民法院申请恢复使用本平台。

停止服务或注销本平台账号的，不影响已经进行过的在线诉讼活动的法律效力的认定。

第三章　在线立案和在线应诉

第十六条【在线立案的处理】

当事人通过本平台提交起诉材料的，人民法院应当在收到材料后的法定期限内，在线作出以下处理：

（一）符合起诉条件的，登记立案并送达相关诉讼文书；

（二）提交材料不符合要求，及时通知其补正，并一次性告知补正内容和期限，案件受理时间自收到补正材料后次日重新起算；

（三）不符合起诉条件或者起诉材料经补正仍不符合要求，原告坚持起诉的，依法裁定不予受理或者不予立案；

（四）认为有线下核查必要的，可通知当事人到诉讼服务中心面谈。

当事人已在线提交符合要求的起诉状等材料的，除法官认为有必要的情况外，人民法院不得要求当事人再提供纸质件。

上诉、申请再审、特别程序、执行、破产等案件的在线受理规则，参照本条第一款、第二款规定办理。

人民法院应从诉讼主体、管辖权、诉请事由、防范虚假诉讼等方面进行审查，查明起诉是否符合登记立案条件。

第十七条【诉讼材料的提交】

当事人可以通过本平台提交包括诉讼文书材料、证据材料等在内的诉讼材料。

诉讼材料为电子数据，当事人应当提交电子数据原件或与原件一致的副本。存储该电子数据的平台与本平台已实现对接的，当事人可以将电子数据直接提交至本平台。

诉讼材料为线下实体材料的，当事人可以通过扫描、翻拍、转录等方式，将线下的诉讼文书或者证据材料作电子化处理后上传至本平台。当事人提交电子化材料确有困难的，人民法院可以辅助当事人将线下材料作电子化处理后导入本平台。

当事人提交的诉讼材料应符合法律规定，以及相关文件的格式、体例、规范性和清晰度等要求。对于不符合要求的诉讼材料，人民法院做退件处理。

第十八条【诉讼材料的审核和核验】

本平台自动对当事人立案时提交的相关电子文件和信息进行审核，存在格式、体例、规范性和清晰度等问题时，向当事人予以提示反馈。

智慧服务系统相应平台和司法区块链自动对当事人提交的裁判文书等相关电子文件和有关案件的数据信息进行核验，存在与本平台数据库、当事人通过区块链平台提交的相关电子文件和数据等证据材料不一致的情况时，本平台向法官自动推送核验结果。

第十九条【原件、原物的提交】

当事人提交的电子化材料，经人民法院审核通过后，可以直接在诉讼中使用。诉讼中存在下列情形之一的，人民法院应当要求当事人提供原件、原物：

（一）对方当事人认为电子化材料与原件、原物不一致，并提出合理理由和依据的；

（二）电子化材料呈现不完整、内容不清晰、格式不规范的；

（三）人民法院卷宗、档案管理相关规定要求提供原件、原物的；

（四）人民法院认为有必要提交原件、原物的。

当事人提交的电子化材料，符合下列情形之一的，人民法院可以认定符合原件、原物形式要求：

（一）对方当事人对电子化材料与原件、原物的一致性未提出异议的；

（二）电子化材料形成过程已经过公证机构公证的；

（三）电子化材料已在之前诉讼中提交并经人民法院确认的；

（四）电子化材料已通过在线或者线下方式与原件、原物比对一致的；

（五）有其他证据证明电子化材料与原件、原物一致的。

第二十条【在线参与诉讼】

完成实名注册的当事人，应当自行关注本平台的系统通知并在案件受理后及时进入其参与案件的在线群组，人民法院不再另行通知。如当事人不同意相应诉讼环节继续使用本平台适用在线诉讼，可按照本规程第五条第二款的规定提出申请。

第四章　案件审理

第二十一条【案件在线群组的功能】

人民法院可以根据案件审理需要，在本平台的案件在线群组（显示名称为“掌上法庭”）内，指定当事人在一定期限内，以同步或非同步的方式开展调解、证据交换、调查询问、听证、庭审等诉讼活动。

第二十二条【案件在线群组内的行为后果】

当事人和其他诉讼参与人应当审慎、诚信地在案件在线群组内进行在线诉讼活动。当事人和其他诉讼参与人在案件在线群组内的各项活动，与在线下进行的相应活动具有同等效果。

当事人和其他诉讼参与人对于其在案件在线群组的不当言行，自行承担不利后果。上述行为构成妨害在线诉讼秩序的，人民法院可以根据法律和司法解释关于妨害诉讼的相关规定予以处理。

案件在线群组内的全部在线诉讼活动，人民法院均以电子档案的形式保存归档。

第二十三条【非同步审理的适用范围和条件】

经各方当事人同意，人民法院可以指定当事人在一定期限内，登录本平台、进入案件在线群组，以非同步的方式开展调解、证据交换、调查询问、听证、庭审等诉讼活动。

适用小额诉讼程序或者民事、行政简易程序审理的案件，同时符合下列情形的，人民法院和当事人在指定期限内，按照庭审程序环节分别录制参与庭审视频并上传至本平台的案件在线群组，非同步完成庭审活动：

（一）各方当事人同时在线参与庭审确有困难；

（二）一方当事人提出书面申请，各方当事人均表示同意；

（三）案件经过在线证据交换或者调查询问，各方当事人对案件主要事实和证据不存在争议。

第二十四条【在线询问的方式与效力】

人民法院根据案件情况，可以通过本平台向各方当事人发送在线询问通知，采取同步或者非同步的方式进行在线询问。

进行同步在线询问的，当事人应当在人民法院指定的时间进入本平台的案件在线群组，通过在线视频、语音、文字或者其他方式，对人民法院询问的内容发表意见，无正当理由逾期未进入案件在线群组或拒绝发表意见的，应视为对审判组织形式、审判人员组成均无异议，对询问内容无补充意见，并依法自行承担相应的法律后果。

进行非同步在线询问的，当事人应当进入本平台的案件在线群组，在人民法院指定的期限内对询问的内容发表书面意见，无正当理由逾期未发表意见的，应视为对审判组织形式、审判人员组成均无异议，对询问内容无补充意见，并依法自行承担相应的法律后果。

适用第二审程序的案件，进行上述在线询问后，人民法院可以不再另行组织开庭审理或其他形式的调查、询问。

第二十五条【在线证据交换方式与效力】

人民法院根据案件情况，可以通过本平台向各方当事人发送在线证据交换通知，通过同步或者非同步的方式在线交换证据。

双方当事人选择同步在线交换证据的，应当在人民法院指定的时间进入本平台的案件在线群组，通过在线视频、语音、文字或者其他方式，对已经提交或导入本平台中的证据材料或者线下送达的证据材料副本，集中发表质证意见，无正当理由逾期未进入本平台在线群组或拒绝发表质证意见的，应当视为放弃质证的权利。

双方当事人选择非同步在线交换证据的，进入本平台的案件在线群组，查看已经提交或导入本平台的证据材料，并在人民法院指定的期限内发表书面质证意见，无正当理由逾期未发表质证意见的，应当视为放弃质证的权利。

双方当事人对在线证据交换方式无法达成一致意见的，人民法院可以根据案件情况和当事人申请，决定在线证据交换的具体方式。

第五章　在线庭审

第二十六条【在线庭审适用范围、条件和方式】

人民法院开庭审理的案件，应当根据当事人意愿、案件情况、社会影响、技术条件等因素，决定是否使用本平台在线庭审，但具有下列情形之一的，不得进行在线庭审：

（一）各方当事人均明确表示不同意，或者一方当事人表示不同意且有正当理由的；

（二）各方当事人均不具备参与在线庭审的技术条件和能力的；

（三）需要通过庭审现场查明身份、核对原件、查验实物的；

（四）案件疑难复杂、证据繁多，适用在线庭审不利于查明事实和适用法律的；

（五）案件涉及国家安全、国家秘密的；

（六）案件具有重大社会影响，受到广泛关注的；

（七）人民法院认为存在其他不宜适用在线庭审情形的。

采取在线庭审方式审理的案件，审理过程中发现存在上述情形之一的，人民法院应及时转为线下庭审。已完成的在线庭审活动具有法律效力。

第二十七条【在线庭审活动】

使用本平台在线庭审的案件，应当按照法律和司法解释的相关规定开展庭前准备、法庭调查、法庭辩论等庭审活动，保障当事人申请回避、举证、质证、陈述、辩论等诉讼权利。

第二十八条【公告送达案件适用在线庭审】

需要公告送达的案件，人民法院可以在公告中明确线上或者线下参与庭审的具体方式，告知当事人选择使用本平台进行在线庭审的权利。被公告方当事人未在开庭前向人民法院表示同意在线庭审的，被公告方当事人适用线下庭审。其他同意适用在线庭审的当事人，可以在线参与庭审。

第二十九条【在线庭审环境】

使用本平台在线开展庭审活动，人民法院应当设置环境要素齐全的在线法庭。在线法庭应当保持国徽在显著位置，审判人员及席位名称等在视频画面合理区域。上述要求可以基于实体法庭环境实现，也可以使用虚拟背景等技术实现。

因存在特殊情形，确需在在线法庭之外的其他场所组织在线庭审的，应当报请本院院长同意。

出庭人员参加在线庭审，应当选择安静、无干扰、光线适宜、网络信号良好、相对封闭的场所，不得在可能影响庭审音频视频效果或者有损庭审严肃性的场所参加庭审。必要时，人民法院可以要求出庭人员到指定场所参加在线庭审。

出庭人员使用本平台参加在线庭审，应当提前测试手机和网络环境。网络应满足可以同时接入热点网络（Wi-Fi）和移动通信网络（4G/5G），手机应设置为可以使用热点网络和移动通信网络但无法接打电话的状态。

第三十条【在线庭审纪律】

出庭人员使用本平台参加在线庭审过程中，除运行本平台的手机外，应当保持通讯设备静音或关闭，尊重司法礼仪，遵守法庭纪律，不得作出《中华人民共和国人民法院法庭规则》所禁止的行为。

除确属网络故障、设备损坏、电力中断或者不可抗力等原因外，当事人无正当理由不按时参加在线庭审，视为“拒不到庭”；在庭审中擅自脱离庭审画面，视为“中途退庭”，分别按照相关法律及司法解释规定处理。出庭人员不听从法庭诉讼指挥，实施妨害在线庭审秩序的行为，经提醒、警告、训诫后，仍拒不改正的，人民法院可以依法采取强制关闭音视频功能、责令退出在线庭审、罚款、拘留等措施。

第三十一条【证人在线出庭】

证人通过在线方式出庭的，人民法院应当通过指定在线出庭场所、设置在线作证室等方式，保证其不旁听案件审理和不受他人干扰。当事人对证人在线出庭提出异议且有合理理由的，或者人民法院认为确有必要的，应当要求证人线下出庭作证。

鉴定人、勘验人、具有专门知识的人在线出庭的，参照前款规定执行。

第三十二条【在线庭审公开】

使用本平台在线庭审的案件，应当按照法律和司法解释的相关规定公开庭审活动。

对涉及国家安全、国家秘密、个人隐私的案件，庭审过程不得在互联网上公开。对涉及未成年人、商业秘密、离婚等民事案件，当事人申请不公开审理的，在线庭审过程可以不在互联网上公开。

未经人民法院同意，任何人不得违法违规录制、截取、传播涉及在线庭审过程的音频视频、图文资料。出现上述情形的，人民法院可以根据具体情况，依照法律和司法解释关于妨害诉讼等规定追究相关单位和人员法律责任，构成犯罪的，依法追究刑事责任。

第六章　在线调解

第三十三条【在线调解】

人民法院、特邀调解组织、特邀调解员可以通过本平台开展在线调解活动。在线调解应当按照法律和司法解释相关规定进行，依法保护国家秘密、商业秘密、个人隐私和其他不宜公开的信息。

本平台的在线调解依托本平台的案件在线群组和多方实时音视频技术，以文字或多方视频的形式进行。

第三十四条【在线调解协议】

各方当事人在本平台内签署的调解笔录及调解协议，与线下签署具有同等效力。

各方通过本平台进行实时多方视频达成即时履行完毕的调解协议，可以以本平台存储的多方视频文件作为调解笔录及调解协议。

第七章　电子送达

第三十五条【电子送达确认】

本平台在用户注册过程中，已经告知了电子送达的适用范围、效力、送达地址变更方式以及其他需告知的送达事项。用户在本平台完成实名注册的，视为同意通过本平台接收电子送达。

第三十六条【电子送达方式、范围和条件】

人民法院可以通过本平台向用户送达诉讼文书、证据材料、判决书、裁定书以及调解书。用户在本平台中的案件在线群组，是其受领送达的电子地址。

法人、非法人组织可以申请指定一个本平台注册用户账号作为其在本平台参与的所有案件的电子送达地址，送达信息到达其指定的注册用户账号，即为送达。

通过电子方式送达的判决书、裁定书、调解书，受送达人提出需要纸质文书的，人民法院应当提供。

第三十七条【电子送达生效标准】

受送达人已经注册本平台，人民法院向其所涉案件的案件在线群组中发送电子送达信息的，送达信息到达该案件在线群组时，即为送达。

受送达人尚未注册本平台，人民法院已经向本平台发出电子送达信息，如当事人在该电子送达信息失效前完成注册，则其注册时即为送达。

本平台根据本条第一款、第二款确定的标准，自动生成电子送达凭证并发送至案件在线群组内。

受送达人未进入所涉案件在线群组查看电子送达信息，不影响人民法院对电子送达是否有效的认定。

第三十八条【电子送达的附随通知】

人民法院使用本平台进行电子送达，可以同步通过短信、电话、本平台配套微信服务通知、微信公众号消息推送等方式，通知受送达人查阅、接收、下载相关送达材料。

第三十九条【电子送达的变更】

受送达人经人民法院同意就具体案件不再使用本平台在线诉讼的，应当书面提供其在该案件中的其他有效送达地址并确认。

第八章　其他

第四十条【电子证据和电子化材料的认定】

本平台中流转的电子证据、电子化材料的审查和认定，人民法院依据法律和司法解释的规定办理。

第四十一条【电子笔录】

案件使用本平台在线办理的，人民法院应当在调解、证据交换、听证、庭审、合议等诉讼环节形成电子笔录。电子笔录以在线方式核对确认后，与书面笔录具有同等法律效力。

第四十二条【电子卷宗档案】

本平台中的审理活动，全部同步生成电子卷宗，形成电子档案。人民法院按照档案相关法律法规，在线完成电子档案的收集、保存和提供利用。

案件无纸质材料或者纸质材料已经全部转化为电子材料的，第一审人民法院可以采用电子卷宗代替纸质卷宗进行上诉移送。

适用在线诉讼的案件存在纸质卷宗材料的，应当按照档案管理相关法律法规立卷、归档和保存。

第四十三条【数据保护】

参与在线诉讼的相关主体应当遵守数据安全和个人信息保护的相关法律法规，履行数据安全和个人信息保护义务。除人民法院依法公开的以外，任何人不得违法违规披露、传播和使用在线诉讼数据信息。出现上述情形的，人民法院可以根据具体情况，依照法律和司法解释关于数据安全、个人信息保护以及妨害诉讼的规定追究相关单位和人员法律责任，构成犯罪的，依法追究刑事责任。

第四十四条【关于代理人的适用】

本规程对当事人的各项规定，如未作特别说明，均适用于代理人。

第四十五条【在线执行】

使用本平台办理执行案件的在线立案、电子材料提交、执行和解、询问当事人、电子送达等环节，适用本规程的相关规定办理。

第四十六条【在线破产】

使用本平台以及人民法院认可的在线破产平台参加破产程序，包括但不限于立案、和解、材料提交、召开债权人会议、评估拍卖、送达公告等，适用本规程的相关规定办理。

第四十七条【附则】

本规程自公布之日起施行，由深圳市中级人民法院审判委员会负责解释。

深圳市中级人民法院
关于加强数字经济知识产权司法保护的实施意见

（深中法发〔2022〕3号）

为贯彻落实党中央、国务院关于发展数字经济的决策部署和深圳先行示范区综合改革试点工作，保障数字经济主体的合法权益，妥善处理数字经济知识产权案件，助力深圳建设国家数字经济创新发展试验区和全球数字先锋城市，提出如下意见：

一、总体要求

1. 指导思想。以习近平新时代中国特色社会主义思想为指导，全面贯彻落实习近平法治思想，深入贯彻党的十九大和十九届历次全会精神，紧紧围绕建设粤港澳大湾区、中国特色社会主义先行示范区和实施综合改革试点等要求以及深圳市国民经济和社会发展第十四个五年规划和二〇三五年远景目标纲要的工作部署，深入开展新型知识产权法律保护试点工作，倡导科技创新与科技伦理的协调发展，不断探索新类型数字化知识产权财产权益法律保护新模式，大力提升数字经济知识产权保护水平，为深圳数字经济高质量发展提供司法保障和服务。

2. 基本原则。坚持服务大局，忠实履行司法保护职责，把加强数字经济知识产权保护作为服务党和国家工作大局的重要任务，着力解决数字经济发展中出现的突出问题以及群众反映强烈、社会舆论关注的重点问题，把握好保护数据权益和促进数据应用的关系。坚持全面保护，以构建新发展格局为目标，严格保护创新成果，依法惩治涉数字经济知识产权犯罪，推动完善行政监管，形成全链条知识产权保护合力。坚持公平竞争，维护公平合理的市场竞争秩序，兼顾数据开发应用、消费者权益和公共安全，合理分配数字经济主体的权利义务，既打击侵权，又防范数据垄断，促进数字经济健康有序发展。坚持平等保护，坚持权利平等、机会平等和规则平等，平等保护数字经济主体，坚持不同的所有制性质、规模和经营方式的主体法律地位平等，推动形成开放合作的数字生态，妥善解决国际平行诉讼，积极参与互联网法治全球治理，通过司法裁判推动完善知识产权保护和利用的国际规则和标准。

二、保护数字经济创新创意成果

3. 加强数字发明创造保护。加强大数据、人工智能、区块链、云计算、5G移动通信技术、网络安全等新兴数字产业发明创造的知识产权司法保护力度，促进数字技术创新应用。结合数字产业的特点，准确界定权利要求保护范围，考量专利的技术贡献，兼顾社会公众信赖利益，使侵权损害赔偿数额体现数字发明创造的市场价值。妥善审理权属纠纷，充分考虑技术研发具有的连续性特点，兼顾用人单位合法权利和劳动者的择业自由，准确判断数字成果的权利归属。

4. 加强集成电路布图设计保护。探索完善集成电路布图设计司法保护规则，促进芯片等电子产业发展。准确界定集成电路布图设计保护对象，完善举证规则，权利人应明确其主张的集成电路三维配置的独创点，提供该独创点不属于常规设计的证据，并证明独创性部分应能独立地执行某种电子功能。

5. 加强计算机软件保护。加强工业软件等关键核心技术的保护力度，妥善处理计算机软件开发合同纠纷和侵权纠纷，保障软件行业发挥数字经济领头羊作用。在计算机软件著作权侵权判断中，遵循“接触加实质性相似”标准，不以源代码比对作为侵权判断的必备条件和必需环节。准确判断开源软件的著作权人，明确开源协议属性，合理确定商业合理使用范围。根据特定计算机软件生命周期短，产业迭代升级快等特点，综合考量软件的性质功能、知名度、开发成本、推广成本、侵权情节等因素确定侵权赔偿数额。

6. 加强数字商业秘密保护。对符合商业秘密构成要件的企业经营数据信息、数据库系统、编程算法等数字财产权益，根据数字经济商业秘密的秘密性、价值性和保密性的特点，界定商业秘密的内容和保密措施的合理性，尤其是云存储环境下保密措施的合理性，合理分配举证责任，细化举证责任转移、证据妨碍排除规则。妥善处理因员工离职引发的数据商业秘密案件，兼顾用人单位合法权利和劳动者的择业自由。根据被诉侵权人的故意和情节轻重情形积极审慎适用惩罚性赔偿，保护数字商业秘密的市场价值。

7. 加强数字文化成果保护。妥善处理互联网领域文化创作及传播的著作权保护新问题，准确判断短视频、体育赛事转播、表情包、字体、延时摄影等数字化成果的作品属性，妥善处理涉网络游戏、数字音乐、网络文学、网盘搜索、在线教育、图解电影、配音软件、视频直播、共享会员等著作权纠纷，探索完善数据库著作权保护规则。积极审慎适用行为保全，提高保全的精准性，及时有效遏制通过信息网络传播侵权作品的行为。

8. 加强商业标识保护。根据数字经济的特点，准确判断被诉侵权标识对应的商品或服务类别，根据该商品或服务的功能、用途、消费群体和服务目的等，综合考虑商品或服务的实质性特点。科学合理界定互联网环境下商标权权利边界与保护范围，保护经营主体正当使用通用名称的权利，处理好商标权人、市场主体和社会公众之间的利益关系。

三、维护数字市场公平竞争

9. 加强个人信息保护。促进规范个人信息的获取和使用行为。结合社会一般合理认知，判断个人信息收集行为是否遵循合法、正当、必要和诚信原则，是否符合用户的合理预判，综合考量识别场景、识别主体、识别效果、识别作用等要素判断相关信息是否具有“识别性”。依法规制未经同意将获取的个人数据与其他服务或第三方服务的个人数据合并使用，或者以合并个人数据为目的诱导、强迫用户登录并使用其他服务的行为。坚决制止过度采集、使用个人信息。

10. 促进数据依法合理有效利用。合理划分数据权益权属及边界，依法保护数据提供者、收集者和其他从事数据生产、分析主体的合法权益，促进数据合法有序开放、获取、流通与运用，促进公共数据的开发和利用，防范企业以从事公共服务为名获取并垄断公共数据。依法保护数据经营者在合法收集数据的基础上，充分利用数据、资金、人才、用户和技术等资源进行技术或商业模式的创新形成的竞争优势。根据数据的可获取性、可替代性、异质性和周期性特点确定数据价值。

11. 规制不当获取数据行为。依法规制经营者利用爬虫等技术手段，通过影响用户选择或者其他不正当方式，实施流量劫持、不当干扰、恶意不兼容等妨碍、破坏其他经营者合法提供的网络产品或者服务正常运行的行为。依法阻遏使用非法手段破坏数据主体的技术措施，违反行业普遍遵循的规则或商业惯例不当获取数据行为。

12. 制止仿冒混淆。依法惩治通过电子商务平台提供假冒、盗版等侵权商品或服务的行为。遏制经营者擅自使用他人有一定影响的 App 或小程序名称、网店装潢、软件用户界面、具备一定知名度并起到识别商品来源作用的游戏角色、装备、场景、表情包等元素，引人误认为是他人商品、服务或者与他人存在特定联系的混淆行为。依法规制将他人商业标识作为竞价排名关键词，使用引人误解的推广链接标题、描述，导致他人合法权益受到损害的行为。

13. 净化网络环境。依法阻遏经营者编造、传播虚假信息或者误导性信息，损害竞争对手商业信誉、商品声誉的商业诋毁行为。依法遏制经营者以不正当手段虚增网站访问量、视频播放量、广告点击量、网店浏览量、商品成交量与评价量等各类数据指标的方式欺骗、误导消费者，或帮助经营者实施上述虚假交易行为，或者为虚假交易行为提供便利条件。

四、加强平台治理及反垄断

14. 倡导平等、公平、开放原则。推进平台公平竞争示范作用，强化超大型平台经营者的义务，倡导平台平等对待平台自身和平台内经营者，提供具有可操作性的服务，为符合条件的其他经营者或用户获取服务提供便利。加强反垄断、反恶意炒作、反不正当竞争司法审判，依法审理网络等重点领域不正当竞争案件，明确不正当竞争行为判断标准，防范应对资本无序扩张。

15. 促进平台治理。合理确定平台责任，平衡平台、用户和第三方利益。引导平台遵循合理审慎原则，综合考虑权利性质、侵权行为，根据平台服务类型和服务内容，依靠技术能力和技术条件，采取必要措施制止侵权行为。

16. 探索平台算法规制。重点关注合成类、个性化推送类、排序精选类、检索过滤类、调度决策类等互联网信息服务中广泛适用的算法，倡导算法推荐服务提供者遵循公平、公正、透明的原则，遵守商业道德和科技伦理，维护消费者和其他经营者的合法权益，充分发挥算法服务正能量传播作用，弘扬社会主义核心价值观。依法制止平台利用算法屏蔽信息、过度推荐、操纵榜单或者检索结果排序、控制热搜或精选等破坏正常市场秩序的行为。

17. 准确界定互联网平台相关市场。考虑数字经济特点，通过需求替代分析和供给替代分析，综合考量平台功能、商业模式、用户群体、市场性质、技术壁垒、转移成本等因素，准确界定相关商品或服务市场。综合考虑多数用户选择商品的实际区域、用户的语言偏好和消费习惯、不同区域竞争约束程度等因素，准确界定相关地域市场。

18. 依法规制垄断协议。综合考虑经营者的市场力量、相关市场竞争状况、对其他经营者进入相关市场的阻碍程度、对消费者利益和创新的影响等因素，依法规制排除、限制竞争的协议、决定或者其他协同行为。依法制止经营者通过固定价格、分割市场、限制产（销）量、限制新技术或新产品、联合抵制交易等横向垄断协议或者经营者与交易相对人通过固定转售价格、限定最低转售价格等纵向垄断协议，排除、限制竞争的行为。探索完善分析判断经营行为是否阻碍实现积极的竞争效果或者社会经济效果的司法规则。

19. 惩治滥用市场支配地位行为。结合数字经济的特点，综合考虑经营者的市场份额以及相关市场竞争状况、经营者控制市场的能力、经营者的财力和技术条件、其他经营者进入相关市场的难易程度等因素，准确认定经营者是否具有市场支配地位。依法规制经营者通过不公平价格行为、无正当理由低于成本销售、拒绝交易、限定交易、搭售或者附加不合理交易条件、差别待遇等行为，以排除、限制竞争的行为。

五、积极应对新型纠纷

20. 加强前沿问题研究。密切观察数字经济发展情况，跟踪全球数字经济知识产权保护新动向，以新型知识产权法律保护试点工作为契机，研究数字领域知识产权纠纷新情况、新问题、新需求，为构建符合行业特点和行业惯例的数字经济知识产权司法保护机制提供理论支撑。

21. 探索人工智能生成物、虚拟现实应用等知识产权保护规则。研究人工智能、增强现实、虚拟现实等技术的特点，探索构建人工智能、虚拟现实等新型技术产生的知识产权纠纷解决路径，鼓励促进创新技术应用，平衡不同利益主体之间的法律关系，维护数字经济市场秩序。

22. 妥善处理标准必要专利纠纷。审慎应对涉 5G、物联网等通信领域标准必要专利纠纷，坚持诚信原则和公平、合理、无歧视原则，充分考虑权利人对创新的贡献，平衡权利人、实施者与社会公众的利益，平等保护国内外企业合法权益。完善标准必要专利纠纷禁诉令制度的裁判规则，维护我国司法主权和国家安全。

23. 探索完善跨境知识产权保护规则。充分考虑网络经济的特点以及因地缘关系产生的知名度辐射影响，加强粤港澳大湾区知识商业标识的法律保护。研究跨境电商对知识产权保护的地域性特征造成的影响，探索推进我国知识产权法律域外适用，切实保护我国公民、企业合法权益。

六、深化审判机制创新

24. 推进知识产权证据制度改革。探索在现有法律框架下，建立契合数字经济规律和知识产权审判规律的举证责任分配制度，完善证据披露、证据妨碍排除和优势证据规则，着力解决新型知识产权案件“举证难”问题。探索部分涉数据知识产权案件适用举证责任转移制度，明确可以适用举证责任转移的具体情形。

25. 完善技术事实查明机制。面对前沿复杂的数字技术难题，不断完善多元化技术事实查明机制，在发明、计算机软件、集成电路布图设计、技术秘密等技术性较强的案件的审理中，通过“1+2+3”模式，即“技术调查官”+“技术背景的人民陪审员”和“外聘专家咨询委员会”+“国家知识产权局专利局广东审查协作中心”“专家意见”和“司法鉴定”，相互交叉佐证，快速解决技术争议焦点，缩短复杂技术案件审理周期，提升审判质效。

26. 深化知识产权审判机制改革。深入总结“三合一”审判机制改革经验成果，发挥“三合一”司法保护典型案例的指引作用，进一步强化数字经济知识产权全链条保护，促进形成侵权案件民事、刑事、行政一体追究制度。促进数字领域知识产权行政执法和司法裁判标准统一，完善知识产权行政执法和司法衔接机制，加强与公安机关、检察机关的沟通协调，形成知识产权保护合力。优化“精审 + 快审 + 速裁”审理模式，缩短信息网络传播权纠纷及电子商务领域混淆行为等案件的审理周期，提升整体司法保护效能。

27. 构建数字化多元纠纷化解机制。不断推进多元化纠纷化解机制，构建“以司法引领推动多元共治，以信息协同智能多元化解”的深圳司法方案，通过线上线下相结合的方式，对诉前调解案件实现在线阅卷、E 键确认送达、远程视频对接、大数据类案推送、人工智能辅助调解等集约化管理，以数字化的方式化解数字纠纷。

七、保障措施

28. 加强组织实施。将数字经济知识产权保护工作纳入深圳法院司法体制综合配套改革和服务保障营商环境创新试点工作一体推进，助力完善数字经济治理体系，两级法院及各相关部门密切配合，形成合力，确保各项实施意见统筹推进，切实落地见效。

29. 完善协同机制。加强与党委、政府的沟通，加强与市公安局、检察院、市场监督管理局、海关、市发展和改革委员会、工业和信息化局、网信办、科技创新委员会以及知识产权保护中心、深圳国际仲裁院等单位的沟通合作，推动形成知识产权保护的整体合力。

30. 加强司法宣传。普及数字经济知识产权保护的法律常识，增进社会对数字经济知识产权保护的了解和认同。编辑发布涉数字经济知识产权典型案例，充分发挥司法裁判的指引和示范作用，增强全社会自觉遵守知识产权保护规则的法律意识。

深圳市中级人民法院
关于支持和保障营商环境创新试点的实施意见

（深中法发〔2022〕4号）

为深入学习贯彻习近平新时代中国特色社会主义思想，深入贯彻党的十九大和十九届历次全会精神，全面落实党中央、国务院关于深化“放管服”改革优化营商环境的决策部署，根据《国务院关于开展营商环境创新试点工作的意见》（国发〔2021〕24号）、《最高人民法院关于为改善营商环境提供司法保障的若干意见》及《深圳市建设营商环境创新试点城市实施方案》的工作要求，结合深圳法院工作实际，特制定本意见。

一、总体要求

1. 指导思想。以习近平新时代中国特色社会主义思想为指导，深入贯彻党的十九大和十九届历次全会精神，全面落实党中央、国务院关于深化“放管服”改革优化营商环境的决策部署，紧紧围绕建设国家营商环境创新试点城市，立足新发展阶段，贯彻新发展理念，构建新发展格局，充分发挥审判职能，全面优化法治化营商环境，推动深圳营造国际一流营商环境，为全国营商环境优化贡献可复制可推广的深圳法院经验。

2. 工作目标。全面铺开各项改革，“执行合同”“办理破产”“保护中小投资者”等营商环境评价指标大幅提升，各项审判执行工作更加深入服务“放管服”改革，助力深圳营商环境创新工作。

二、健全透明规范的市场主体准入退出机制，进一步加强破产制度机制建设

3. 优化破产企业土地、房产、在建工程处置程序。建立破产企业土地、房屋和在建工程处置特殊机制，推动与市住建局、市规自局联合出台专门文件，优化破产企业的土地、房屋和在建工程处置程序，建立破产企业土地、房屋和在建工程处置特殊容缺机制。

4. 优化破产财产查询、解封及处置机制。支持由市发展和改革委、市破产事务管理署牵头，建立破产事务常态化协调机制，切实发挥政府在破产办理中的综合协调以及政策指引功能，支持法院破产审判工作，保障管理人依法履职。推动与政府有关部门联合出台专门文件，依法积极支持和配合管理人行使接管、调查、管理、处分破产企业财产等职责，依托府院联动机制在工商查档、不动产登记、车辆管理、银行账户解封扣划、抵质押登记等方面给予管理人充分支持。支持与市破产事务管理署共同牵头，进一步牵头规范各职能部门及金融机构涉破产事务办理的标准和流程。

5. 进一步便利破产管理人查询破产企业财产、个人财产信息。支持由市发展改革委牵头，发挥破产事务管理署职能优势，整合政府各职能部门已建政务服务系统平台，联通土地、房产、车辆、税务、市场监管、社保等各政府部门数据，推动破产程序中的数据共享、业务协同，建设破产办理一体化联动平台，实现破产事务全流程线上“一网通办”。协调推动政府各职能部门在现有的官方网站、微信公众号、App小程序等公共服务平台设专门的破产事务办理入口，为管理人查询破产企业、个人财产和信息提供便利服务，实现破产信息“一键查询”。

6. 健全企业重整期间信用修复机制。建立破产信息联动公开公示机制。围绕破产案件信息、债务人信用信息、破产事务信息与政府各职能部门建立深度多向共享机制。探索建立破产信用管理制度，包括破产限制事项登记、信用核查协作、破产信用承诺免责。推动建立破产重整信用修复制度，实时更新现有信用系统记录，完善信用联合惩戒机制，试行临时信用赋权，积极配合推进《深圳经济特区社会信用条例》的立法工作。探索建立信息权益保障制度，明确救济主体和方式，依法开展信息公开。

7. 推进“智慧破产2.0”信息化配套改革事项。上线破产资产投融资综合服务系统，利用信息化手段，率

先打造“智慧破产”一体化办案模式，优化整合个人破产、企业破产案件办理平台，实现破产案件全流程线上审理，推进破产审理各环节线上线下深度融合、按需切换，推动“智慧破产”迭代升级。加快完善智慧破产办理联动平台，搭建以案件审理、资金监管、债权保护、监督评价四大核心功能为一体的智慧破产办理联动平台。在联动平台上接入相关金融机构，实现资产投融资综合服务和府院联动一站式服务。

8. 进一步完善破产管理人选任、预重整等制度。探索“推荐优先”的破产管理人指定机制。探索建立管理人市场化推荐模式，优先指定相关权利人推荐人选担任管理人，探索市场化商定管理人报酬模式，完善配套监督制约机制。探索建立破产预重整制度。加强庭外重组与破产重整程序的有序衔接，完善预重整标准化工作规则。试行预重整期间临时管理人、律师事务所、会计师事务所等专业服务机构工作延续至司法重整阶段。强化债务人财产的保护机制，探索优化预重整中的临时救济措施。

9. 完善司法重整的府院联动机制。全面加强府院联动工作机制。以个人破产专门领导小组为抓手，加强统筹协调，优化破产工作领导协调机制，通过常态化部门联席会议形式，强化府院联动措施督查指导，推进“四位一体”办理破产体系建设。切实保障管理人履职，完善破产援助资金制度，建立办理破产“堵点”“痛点”即时响应解决机制，推动建立涉及重整市场主体工商登记、税务事项、基本账户非正常事项一次性告知、协同办理模式，研究优化企业和个人重整税收征纳方式。加强破产信息登记公开机制与信用信息系统的深度衔接，实现破产办理平台与政务系统、金融银行系统、信用信息系统的充分对接、数据共享、分级使用和依法公开。建立破产事务一体化办理平台，整合职能部门系统对外服务模块，实现与省市政务数据和信用信息平台对接，实现破产财产查控、事务办理“一网通办”。

三、提升法律事务对外开放水平，建立健全多元化商事纠纷解决机制

10. 支持建立涉外商事一站式多元解纷中心。推动建立契合开放型经济发展的规则对接体系，为国际商事纠纷提供多元、高效、便捷解纷渠道。支持前海合作区人民法院（以下简称前海法院）整合已建成的前海“一带一路”国际商事诉调对接中心、前海法院国际商事案件多元化纠纷解决中心，挂牌建设“深圳市涉外商事一站式多元解纷中心”。打通在线调解和在线司法确认的各个节点技术障碍，探索国际商事案件在线“联合调解”“线上＋线下调解”等创新模式。优化司法确认工作流程，提高调解协议的审查效率。坚持“高精尖”导向，拓展国际商事及粤港澳司法人才交流渠道。

11. 建设适应开放型经济体制的国际化法律服务中心。配合市司法局设立粤港澳大湾区联合法律协调服务中心，根据需要派出人员参与服务中心业务运行指导。构建深港法律服务常态交流互鉴机制，邀请香港特别行政区资深大律师、退休法官等法律专业人士为内地涉外涉港澳台审判人员、律师讲解香港地区当前热点法律实践、司法规则等，相互交流借鉴，构建深港法律服务常态交流互鉴机制。支持深化前海深港现代服务业合作区内地与港澳特别行政区律师事务所合伙联营机制改革，支持外国和港澳特别行政区律师事务所在前海设立代表机构。积极配合市司法局出台政策，支持符合规定能够在前海法院参与诉讼的代表机构参加诉讼活动，确保通过相关执业资格测试可参与前海法院诉讼活动的外国和港澳律师享有同等的诉讼权利。

12. 高标准建设国际区际商事争议争端解决平台和队伍。引入权威调解机构，协调邀请优秀的调解机构入驻“商事纠纷一站式多元解纷中心”，全市法院特邀的涉外涉港澳台调解员实现资源共享，共用调解组织、调解员名册。依托智慧法院建设，提供一网通办、一站通办、一号通办等多元解纷和诉讼服务。优化司法确认工作流程提高调解协议的审查效率，依法扩大司法确认范围，促进国际商事纠纷“一站式”解决。支持建设国际商事争议解决中心，吸收借鉴域外先进解纷经验并探索第三方评估、微型审判等机制，组建由英美律师、香港特别行政区律师和国际留学生等组成的跨境商事争议解决队伍，满足粤港澳大湾区商事主体的多元解纷需求。配合推动设立深圳商事法院。

13. 拓展港澳区际司法协助。简化涉港澳主体资格司法确认和授权委托见证，依托信息化技术，为港澳特别行政区自然人当事人开通远程视频跨域身份确认和授权服务，并探索通过港澳地区企业注册登记官方机构在线平台查询和确认法人当事人的主体资料，方便港澳地

区当事人诉讼。拓宽涉港案件诉讼文书跨境送达。支持前海法院持续完善由当事人或律师转交送达诉讼文书制度，并探索香港地区调解员转送诉讼文书。拓宽域外法查明渠道，探索建立香港特别行政区法律查明委员会和组建域外法查明专家库，进一步完善港澳法律专家在前海法院出庭提供法律查明协助制度，并在审判实践中强化域外法适用。建设粤港澳司法研究平台和国际商事争议解决中心。支持建设粤港澳商事法律规则衔接研究中心，聘请有影响力的港澳学者担任专家研究员，强化三地法律规则的比较与衔接研究，促进三地规则衔接。

四、依法保护市场主体产权和合法权益，严守重点领域市场监管安全底线，加强政务诚信建设

14. 开展新领域新业态知识产权保护试点。探索完善数字知识产权财产权益保护规则，在现有诉讼制度和证据制度的基础上，探索人工智能、大数据、算法等新型数字化知识产权财产权益保护新模式，加强对创新成果的司法保护。规范互联网平台不正当竞争行为，建立公平竞争生态环境。对数据爬取、大数据"杀熟"、过度收集用户信息等新型不正当竞争行为及时甄别和制止，坚持发展和规范并重，落实平台主体责任，坚决打击网络黑灰产业，保障数字弱势群体的合法权益。建立健全技术调查官制度，打造"深圳特色"的技术事实查明机制。对游戏、体育赛事直播节目的可版权性进行调研探讨，创新司法保护方式，开展体育赛事知识产权保护裁判规则研究，对接国际通行的裁判做法，全面有效保护体育赛事转播领域的知识产权利益。开展新商业模式知识产权保护试点，探索完善游戏直播及短视频传播、实景游戏（剧本杀）等新型数娱游戏产业的保护规则。探索完善开源软件的司法保护，加强对开源许可证协议的属性、开源软件维权的主体、开源代码使用者违反许可证协议应承担的侵权责任的相关依据、侵权责任如何承担等问题进行调查、研究和探讨。

15. 探索实行惩罚性赔偿和内部举报人制度。在产品责任纠纷以及生态环境、食品药品安全领域民事公益诉讼以及知识产权案件中，强化惩罚性赔偿制度的适用，配合市人大常委会通过立法建立严重违法惩罚性赔偿和巨额罚款制度、终身禁入机制，构建最严格的民事权益与知识产权保护制度，维护公共利益。探索在食品、药品、疫苗、环保、安全生产等领域，配合市市场监管局、市生态环境局依法制定内部举报人制度的具体办法。

16. 建立健全政务诚信诉讼执行协调机制。建立健全政务诚信信用信息的共享机制，定期梳理涉及政府部门、事业单位失信被执行信息，依法依规将有关数据推送至公共信用信息资源管理系统。在深圳信用网开设政务诚信专栏，发布有关政务诚信的规章制度，依法依规公开政府部门、事业单位失信被执行信息。定期开展政务失信专项治理活动，将危害群众利益和损害市场公平交易等政务失信行为作为治理重点。

五、提升智慧法院司法服务水平

17. 推行人民法院档案电子化管理。全市法院全面推行电子文件单套归档和电子档案单套管理，建立差异化归档的制度规范，将电子归档纳入各业务部门的绩效考核范围，确保严格落实。建立法院数字档案馆，满足电子档案管理的安全性、规范性要求。

18. 开展电子送达集约管理改革。加强智慧法院建设，着力构建全流程在线送达机制，强化整体推进，推动送达流程再造。进一步充分发挥无纸化办案优势。持续引入专业化和社会外包服务。开展司法专递面单电子化改革，强化对商事主体的电子送达服务。

19. 推动政法跨部门大数据办案。配合市委政法委完善政法跨部门大数据办案平台，率先制定数据共享清单，推动有关案件、监管场所等信息、数据适时共享，实现案件信息的跨部门流转应用。

六、持续提升案件审理效能，完善案件评查机制，优化各项业务办理流程

20. 探索发回重审、改判案件"预瑕疵"评定处理机制。由市中院案件评查职能部门制定《关于发回重审、改判案件"预瑕疵"评定处理机制实施办法》，由二审审判执行业务部门在作出裁判时，对一审案件审判质量进行同步评价，实现发改案件质量评估全覆盖。再通过案件评查职能部门复核程序，监督二审裁判权的规范行使，促进法律统一适用，保障案件审理精准度。

21. 推进小额诉讼收费制度及程序监管机制改革。拓宽小额诉讼程序适用范围，降低小额诉讼程序案件收费标准，提高小额诉讼程序案件适用率。健全小额诉讼程序监督管理机制，运用信息化手段将监督管理嵌入办案流程。

22. 优化不动产登记业务办理流程。探索建立在非公证继承场合下遗产管理人对不动产遗产进行管理、清算、分配和流转的登记管理制度。研究制定遗产管理人作为申请人进行不动产遗产变更登记的实施细则和操作规范，实现不动产财产权利的有序高效移转，减少纷争诉累，维护涉遗产利益方的合法权益。

23. 优化有关法律文书及律师身份在线核验服务。研究出台法律文书在线核验规范，建立核验系统，完善核验流程。向各类组织机构提供律师调查令、立案文书信息在线核验。完善监督机制，利用大数据、区块链等技术，确保核验的有效性，数据的安全性。

七、加强组织保障

24. 加强组织领导。把优化法治化营商环境作为“一号改革工程”，市中院全面统筹创新试点工作，建立健全优化营商环境改革工作专班工作机制，更大力度协调推进创新试点工作。

25. 狠抓改革落实。建立工作台账和定期通报制度，及时通报改革任务完成情况，加快推进各项改革措施落地实施。建立情况报送和沟通协调制度，按市营商办的要求定期报送创新试点有关工作推进情况。加强监督考核，强化日常督查，将创新试点推进工作和落实情况作为督查督办重点。

26. 强化协调联动。加强与市优化营商环境改革工作领导小组办公室的上下联动，保持与市其他职能部门密切沟通，明确各项改革任务的目的和实施路径，深入研究指标细则，补短板、强弱项，力争最高最好最优评价结果，确保深圳营商环境保持全国领先地位。

深圳市中级人民法院诉调对接工作办法

（深中法发〔2022〕5号）

为深入推进矛盾纠纷的诉源治理和多元解纷工作，规范诉讼与先行调解的程序对接，推动司法为调解赋能，根据最高人民法院《关于人民法院进一步深化多元化纠纷解决机制改革的意见》《关于人民法院特邀调解的规定》《深圳经济特区矛盾纠纷多元化解条例》等规定，结合我市法院工作实际，特制定本工作办法。

第一章　总　则

第一条【先行调解】先行调解是指纠纷在登记立案前，特邀调解组织和特邀调解员接受人民法院委派进行调解（包括行政和解），促使当事人在自愿合法的基础上达成协议，化解矛盾纠纷的一种活动。

案件审理过程中、一审宣判后的上诉过程中、判决生效后的执行立案前，人民法院委托特邀调解组织和特邀调解员进行调解的，参照先行调解的有关规定。

第二条【特邀调解】先行调解组织和调解员应当从本院和上级人民法院建立的特邀调解组织和特邀调解员名册中选择。

第三条【调解原则】先行调解应当遵循下列原则：

（一）自愿、平等、合法；

（二）便捷、高效、利民；

（三）诚实信用；

（四）不损害国家利益、社会公共利益和他人合法权益；不违反公序良俗；

（五）未经当事人同意，调解过程和调解协议内容不得公开，法律另有规定的除外。

第四条【适用范围】先行调解适用于民商事纠纷、行政纠纷。但根据法律、法规不适宜进行调解、行政和解的纠纷除外。不适宜调解的纠纷有：

（一）经初步审查，可能损害国家利益、社会公共利益和侵害他人合法权益，以及违反法律和行政法规强制性规定的纠纷；

（二）婚姻关系、身份关系确认以及所有权确权纠纷；

（三）以物抵债纠纷；

（四）应当适用特别程序、公示催告程序和破产清算程序审理的纠纷；

（五）其他不适宜先行调解的纠纷。

执行立案前督促履行及和解履行的纠纷范围，另行规定。

第二章　权利义务

第五条【纠纷当事人】纠纷当事人的权利义务：

（一）有权接受、拒绝或者要求终止先行调解；

（二）有权选择或者接受指定的调解组织、调解员；

（三）有权申请调解员回避；

（四）有权表达真实意愿，提出合理要求，自愿达成调解协议；

（五）不得进行恶意串通，企图通过和解、调解方式侵害他人合法权益的虚假调解，不得提供虚假证明材料；

（六）遵守先行调解规则；

（七）不得泄露对方当事人的商业秘密或者个人隐私；

（八）不得有不利于解决纠纷、激化矛盾的言行；

（九）法律法规或本规则规定的其他权利义务。

第六条【特邀调解组织和特邀调解员】特邀调解组织、特邀调解员的权利义务：

（一）接受人民法院委派或委托依法独立开展调解工作；

（二）在接受委派或委托调解后与当事人联系，确认纠纷当事人身份，告知当事人权利义务及先行调解规则等事项；

（三）及时、认真制作先行调解工作记录并对当事人的调解意愿、配合程度、非诚信行为等予以评价；

（四）完成法院指定的送达、诉讼地址确认、司法鉴定、证据交换、无争议事实记载、繁简分流、引导双方当事人约定适用小额诉讼程序等辅助性工作；

（五）确有需要的，向委派法院申请调解员调查令，引导当事人申请诉前保全、司法鉴定等；

（六）按规定领取调解补贴。符合规定的商事案件，特邀调解组织可适当向当事人收取调解服务费；

（七）在规定期限内完成调解工作，终止调解后及时向委派或委托的人民法院反馈调解情况，并移送相关材料；

（八）不得强迫调解、违法调解，不得侮辱当事人；

（九）不得偏袒一方当事人，不得收受、索取当事人财物或者谋取其他不正当利益；

（十）保守调解秘密，未经许可，不得向任何组织或个人披露、私自复制或擅自使用调解过程中获取的案件信息，但法律法规另有规定的除外；

（十一）法律法规或本规则规定的其他权利义务。

第七条【诉调对接中心】人民法院诉调对接中心在先行调解中，承担以下工作职责：

（一）与党委、政府、社会组织、行业协会中开展矛盾纠纷的诉源治理和非诉解纷工作的机构组织开展诉调业务的对接；

（二）对案件进行甄别，对适宜调解的纠纷，积极引导当事人通过先行调解的方式解决；

（三）引导当事人对接调解机构，指导当事人选择或者指定特邀调解组织或者特邀调解员；

（四）办理委派和委托调解的相关手续；

（五）指导特邀调解组织和特邀调解员开展调解工作，做好特邀调解组织和特邀调解员的日常管理；

（六）为先行调解提供必要的场所、条件等相关服务；

（七）协调调解过程中的相关事项，办理与调解相关的诉前保全、调解调查令、司法鉴定、第三方评估等事务；

（八）对于可以约定适用小额诉讼程序的案件，积极引导双方当事人约定适用小额诉讼程序；

（九）达成调解协议的，根据当事人申请出具调解书或者司法确认裁定书等；未达成调解协议，当事人坚持诉讼的，移交登记立案；

（十）因示范判决、惩戒不诚信调解等需要，审理部分案件；

（十一）将先行调解相关信息及时录入案件信息管理系统；

（十二）管理先行调解流程，组织开展先行调解数据统计、分析和业绩考核；

（十三）组织调解员的业务培训；

（十四）承担其他与先行调解有关的工作。

第三章 先行调解流程

第八条【调解引导】当事人到诉讼服务大厅现场提交诉讼材料或者通过诉讼服务网、移动微法院等申请立案的，对经审查符合立案条件且适宜调解的纠纷，立案工作人员应积极引导当事人优先选择先行调解方式解决纠纷。

第九条【调解登记】凡在人民法院起诉且符合相关规定，适宜调解的矛盾纠纷，由立案工作人员予以诉前调解登记，编立"民诉前调""行诉前调""执调"字号，完成信息录入工作，向申请人送达《先行调解通知书》等。

第十条【诉讼时效】当事人向人民法院提起诉讼，人民法院将民事纠纷导入先行调解程序，诉讼时效在当事人提交起诉状之日起中断。人民法院将行政纠纷导入先行调解程序，在当事人提交起诉状之日起至调解终结期间不计算在起诉期限内。

当事人向依法成立的调解组织申请调解，调解组织受理之后并通知到对方当事人的，民事纠纷诉讼时效自通知到达对方当事人之日起中断。

第十一条【案件移送】立案工作人员向申请人送达《先行调解通知书》等材料之日起 3 日内，先行调解工作分案人员应确定调解指导法官并将案卷移交诉调对接中心。

专业化、类型化案件的调解指导法官一般由审判执行部门的法官担任，其他普通民商事案件的调解指导法官可由立案庭法官担任。

第十二条【确定调解组织或调解员】诉调对接中心收到案件当天，告知申请人可在 3 日内从受理案件的人民法院特邀调解组织或特邀调解员名册内自行选定调解组织或调解员，若不自行选定则由调解指导法官指定调解组织或调解员。

被申请人若不同意申请人选定的调解员，由当事人双方共同协商确定一名调解员。协商不成的，可以采用以下方式处理：

（一）各方当事人坚持由一名调解员调解的，由诉调对接中心或者调解组织指定；当事人不同意指定，或者连续两次不同意指定的调解员的，视为不同意先行调解；

（二）各方当事人要求或者同意由两名以上调解员共同调解的，各自选择一名调解员，并由诉调对接中心或者调解组织另行指定一名调解员主持。

调解组织接受调解委派或委托后，应当在 3 日内按照调解指导法官确定调解员的方法，指派该组织内的调解员负责案件调解。

调解员确定后，当事人有正当理由的，可以向诉调对接中心或者调解组织申请更换调解员。

第十三条【调解委派】在申请人确认调解组织或调解员的 3 日内，诉调对接中心应当将案件委派给调解组织或调解员，完成案卷交接。

第十四条【调解准备】调解员在收到案件材料 3 日内，要通知被申请人并送达《先行调解通知书》。

第十五条【告知事项】调解程序开始之前，调解员应当告知各方当事人权利义务、调解规则、调解程序、调解协议效力、司法确认申请等事项。同时，各方当事人应当承诺调解过程中无恶意串通、规避法律等虚假调解的行为。

第十六条【调解方法】调解员应当根据纠纷的具体情况采用适当的方法进行调解。可以通过共同协商或者单独沟通的方式进行；可以采用面对面沟通或者电话、视频等方式进行；可以邀请对解决纠纷有帮助的人员参与；可以提出解决争议的方案建议。

调解过程中，调解组织或调解员应当引导当事人固定诉辩主张和无争议事实，要求当事人及其委托代理人填写送达地址确认书、注册移动微法院、提供电子邮箱等，及时准确填写调解工作日志。

调解过程中需要人民法院指导或者帮助的，调解组织或调解员应当告知诉调对接中心，诉调对接中心应当及时安排。

第十七条【调解保全】在先行调解过程中，特邀调解组织和特邀调解员根据案件情况，认为当事人需要申请财产保全、证据保全、行为保全的，可建议并指导当事人向人民法院申请保全。人民法院审查后，认为符合诉前保全条件的，予以准许，并及时立案、出具相关法律文书。

第十八条【调解调查令】在先行调解过程中，当事人申请调查取证，特邀调解组织和特邀调解员经初步审查认为确有必要，其可向人民法院申请出具调查令。

第十九条【第三方评估】在先行调解过程中，双方当事人可以委托第三方中立评估机构，就事实认定、法律适用以及纠纷中涉及的专业性、技术性问题等提出中立评估意见，供当事人参考。中立评估机构可以引导当事人达成和解协议。

中立评估机构作出的评估报告，可作为调解和审判时的参考。

第二十条【示范判决】就类型化纠纷，特邀调解组织和特邀调解员可根据人民法院示范案例、行业惯例的相关规定，依照公平公正原则提出纠纷解决意见。

第二十一条【支付令】示范判决生效后，对相关案件中以金钱或者有价证券给付为内容的，当事人可以按照示范判决作出的认定，依法向人民法院申请支付令。

第二十二条【司法鉴定】在先行调解过程中，当事人申请司法鉴定，特邀调解组织和特邀调解员经初步审查认为确有必要的，可指导当事人向人民法院提交申请，调解指导法官应参照《深圳市中级人民法院司法委托工作管理规定（试行）》进行诉前司法鉴定，该鉴定意见与诉讼中的鉴定意见具有同等效力。

第二十三条【诉讼辅助】特邀调解组织和特邀调解员在先行调解过程中完成的当事人送达地址确认、向当事人送达起诉状和证据材料、引导双方当事人确定无争议事实、经当事人同意确认的证据交换等诉讼辅助工作，经人民法院审查，其效力及于诉讼、执行阶段。

第二十四条【调解协议】调解员主持各方当事人达成一致意见的，应当制作调解协议。调解协议应当载明以下内容：

（一）当事人基本情况；

（二）纠纷基本事实和争议事项；

（三）调解结果和协议生效条件。

调解协议应当由各方当事人和调解员签名、盖章；由调解组织主持达成调解协议的，还应当加盖调解组织印章或由负责人签字。

调解协议应当直接送达给各方当事人，并提交给诉调对接中心。

第二十五条【无异议调解方案认可】经调解未就所有争议事项达成协议，但当事人之间已就主要争议事项达成共识、分歧不大的，调解组织或调解员可以在征得双方当事人同意后，就已达成共识的主要争议事项提出调解方案并书面送达当事人；双方当事人收到调解方案后在 7 日内未提出书面异议的，该调解方案视为双方就主要争议事项达成的调解协议，并由双方当事人到场签名或盖章确认；提出书面异议或不签名、不盖章确认的，视为调解不成立。

第二十六条【无争议事实记载】无争议事实记载，是指特邀调解组织或特邀调解员调解纠纷，当事人未达成调解协议的，调解员在征得各方当事人同意后，用《无争议事实记载表》的形式记载调解过程中双方没有争议的事实，并告知当事人所记载的内容。经双方签字后，当事人无须在诉讼过程中就已记载的事实举证。在记载无争议事实时，应避免有下列情形，以免法院不予确认《无争议事实记载表》的证据证明力：

（一）违反法律强制性规定的；

（二）损害国家利益、社会公共利益、他人合法权益的；

（三）违背公序良俗的；

（四）违反自愿原则的；

（五）其他不予确认的情形。

人民法院经审查，认为《无争议事实记载表》所记载的事实不充分、不完备或者有疑义的，可以要求当事人限期补充陈述或者补充证明材料。必要时，人民法院可以向调解组织或调解员核实有关情况。

一方当事人提供《无争议事实记载表》主张某部分案件事实，另一方当事人反驳的，应当提供相反证据予以证明。

第二十七条【调解终止】有下列情形之一的，调解终止：

（一）当事人达成调解协议的；

（二）任何一方当事人明确表示不愿意参与调解的；

（三）当事人分歧较大，难以达成调解协议的；

（四）其他导致调解难以进行的情形。

特邀调解员终止调解的，应当向委派、委托的人民法院报告，并移送相关材料。

第二十八条【终止确认】调解终止的，特邀调解组织或者特邀调解员应当在 3 日内制作《调解工作记录表》《送达情况一览表》《调解评价表》《案件要素采集表》《同意适用小额诉讼程序确认书》等，反馈调解工作情况和结果，形成电子材料并导入电子卷宗系统后一并提交给诉调对接中心。

诉调对接中心应当在收到案件材料3日内，将调解结果录入诉前调解案件信息管理系统，确认调解终止。

第二十九条【调解评价】特邀调解组织和特邀调解员在调解结束后应对当事人参与调解的意愿、配合调解的情形、对调解承诺的履行等情况予以评价并书面记录在卷。双方当事人未达成调解协议，纠纷转入诉讼程序后，人民法院可以结合调解评价意见判决不配合和解、调解的一方当事人多承担案件诉讼费，并根据当事人的诉讼请求，判决有关滥用诉权的当事人赔偿对方当事人的律师费等损失。

第三十条【诉讼费用杠杆机制】符合下列情形之一的，人民法院可以依据当事人在推动适用和解、调解程序中发挥的作用及其胜诉比例，酌情增加不配合和解、调解的一方当事人的诉讼费用负担：

（一）一方当事人无正当理由拒不参加调解或者在调解中恶意拖延诉讼的；

（二）一方当事人无正当理由拒不接受对方当事人提出或同意的和解、调解方案，法院裁判结果未超过该方案数额的；

（三）人民法院认为其他可以调整诉讼费负担比例的情形。

第三十一条【律师费用杠杆机制】符合下列情形之一的，人民法院可以行使自由裁量权，确定由不配合和解、调解的一方当事人赔偿对方当事人的律师费用：

（一）一方当事人无正当理由不参加调解或者在调解中恶意拖延诉讼，对方当事人请求其承担律师费的；

（二）一方当事人无正当理由拒不接受对方当事人提出或同意的和解、调解方案，造成对方当事人诉讼成本增加，对方当事人提出律师费诉讼请求的；

（三）人民法院认为其他符合最高人民法院《关于进一步推进案件繁简分流优化司法资源配置的若干意见》第二十二条规定的情形。

第三十二条【调解期限】根据本办法进行一审诉前调解的期限为30日，从调解组织或者调解员收到相关材料时起算。一审上诉后审前调解的期限、一审法院和二审法院组织的调解期限均为15日。执行前调解的调解期限为30日。各方当事人同意延长调解期限的除外。

第三十三条【诉调衔接】诉调对接中心在收到《调解工作记录表》和相关材料后3日内，应当根据不同情形分别处理：

（一）达成调解协议，当事人申请放弃起诉的，出具书面通知后予以结案；申请法院出具司法确认裁定书、调解书或撤诉裁定书的，按先行调解字号移交调解指导法官审理；

（二）未达成调解协议，当事人坚持起诉的，移交登记立案。

第三十四条【案号管理】调解成功后当事人申请撤回起诉或上诉、申请法院出具调解书或司法确认裁定书的案件，可不再导入综合业务系统转立民（行）初（终）字案号，直接用先行调解案号出具法律文书。

第四章 审理中调解、上诉立案庭前和执行立案前的调解

第三十五条【诉中调解】案件审理过程中，主办法官认为需要委托调解或者当事人申请委托调解的，可由诉调对接中心在深融平台中编立“诉中调”案号再行委托特邀调解组织或者特邀调解员调解，诉中调解的有关工作参照先行调解开展。调解成功后用审理中的案号出具法律文书。

第三十六条【上诉案件审前调解】基层法院审理的一审民商事、行政纠纷宣判后当事人上诉的，在案件移交中院前，各区法院应委托特邀调解组织或特邀调解员开展判后调解工作。调解不成移交中院后，仍有调解必要的，市中院委托特邀调解组织或特邀调解员继续调解。

上诉案件审前调解的有关问题，另行规定。

第三十七条【执行前督促履行及和解履行】适宜调解的执行案件，在登记立案前可编立“执调”案号，由本院委派的特邀调解组织、特邀调解员开展督促履行及和解工作。

执行立案前督促履行及和解履行的有关问题，另行规定。

第五章 监督管理

第三十八条【调解回避】有下列情形之一的，调解员应当自行回避，当事人亦有权申请其回避：

（一）是一方当事人或者其代理人近亲属的；

（二）与纠纷有利害关系的；

（三）与纠纷当事人或者代理人有其他关系，可能影响公正调解的。

调解员有上述情形，各方当事人仍同意由其调解的除外。

第三十九条【业务培训】各级人民法院应当定期或者不定期对调解员进行业务培训，不断提高调解员的业务水平。

第四十条【指导监督】人民法院应当加强对先行调解组织、调解员工作的指导、监督，确保调解工作依法合规进行；上级人民法院应当加强对下级人民法院先行调解工作的指导、监督，及时总结经验，提高工作实效。

第四十一条【考核保障】人民法院应当建立特邀调解组织、特邀调解员管理制度和奖惩机制，依据调解案件信息管理系统中记录的调解工作信息，进行工作考评。

人民法院应当根据实际情况向特邀调解组织和特邀调解员发放相关补贴，对表现突出的调解组织和调解员给予物质或者荣誉奖励；支持相关单位、组织按照市场化运作，提供纠纷解决服务并适当收取费用。

第六章　附　则

第四十二条【期间】本工作办法所规定的期间届满日为节假日的，以节假日后的第一日为期间届满日。

第四十三条【适用范围】本工作办法适用于深圳市两级人民法院。

第四十四条【解释主体】本工作办法由深圳市中级人民法院审判委员会负责解释。

第四十五条【生效时间】本工作办法自印发之日起施行。

深圳市中级人民法院
关于进一步加强司法确认工作的实施意见

（深中法发〔2022〕6号）

为进一步加强和规范我市法院调解协议司法确认工作，健全矛盾纠纷多元化解机制，根据《中华人民共和国民事诉讼法》和相关司法解释、《深圳经济特区矛盾纠纷多元化解条例》等规定，制定本实施意见。

一、一般规定

第一条【司法确认】经依法设立的调解组织调解达成调解协议的，双方当事人可以共同向深圳市辖区内有管辖权的人民法院申请司法确认调解协议，人民法院应依法审查。

第二条【工作原则】调解协议司法确认工作应遵循合法、自愿、便民、高效的原则。

第三条【工作部门】市中级法院和下辖基层人民法院（以下简称两级法院）的立案庭或诉讼服务中心及经授权的派出人民法庭是具体办理调解协议司法确认的工作部门，并负责指导辖区内的诉调对接工作。

第四条【调解名册】两级法院应当建立特邀调解名册，按照规定的选任程序和条件，确定特邀调解组织和特邀调解员，并对名册进行管理。特邀调解组织和特邀调解员的选任和名册管理规范另行规定。

二、申请和管辖

第五条【申请期限】经依法设立的调解组织、特邀调解组织或者特邀调解员调解达成民事调解协议的，双方当事人或其授权的委托代理人可以自调解协议生效之日起三十日内共同向有管辖权的人民法院申请司法确认。

第六条【司法确认的地域管辖】司法确认案件按照以下规定依次确定管辖：

（一）委派调解的，由作出委派的人民法院管辖；

（二）当事人自行选择调解组织调解的，由当事人住所地、标的物所在地、调解组织所在地的基层人民法院管辖。

符合前项规定的情形，如两个以上调解组织共同参与调解的，各调解组织所在地基层人民法院均有管辖权。双方当事人可共同向其中任一基层人民法院提出申请，双方当事人共同向两个以上调解组织所在地基层人民法院提出申请的，由最先受理的人民法院管辖。

第一款第二项规定的情形中，涉外涉港澳台商事调解协议的司法确认由前海法院集中管辖。

第七条【司法确认的级别管辖】本意见第六条规定的司法确认案件在标的额、案件类型等方面符合《中华人民共和国民事诉讼法》及相关司法解释规定，应当由中级人民法院管辖的案件，由市中级法院管辖。

第八条【一审委托调解】一审案件登记立案后，人民法院委托特邀调解组织或特邀调解员调解，达成调解协议后双方当事人申请司法确认的，人民法院不予受理，并告知当事人依法申请法院出具民事调解书。

当事人自愿撤诉后，就特邀调解组织或特邀调解员调解达成的调解协议申请司法确认的，人民法院应当予以受理。

第九条【上诉期间委托调解】当事人不服基层人民法院一审裁判提起上诉后，二审人民法院经当事人同意委托特邀调解组织或特邀调解员调解达成调解协议，双方当事人申请司法确认的，人民法院不予受理，可告知当事人依法向二审人民法院申请出具民事调解书。

第十条【告知引导】调解组织或调解员在主持双方当事人达成调解协议后，应当告知双方当事人可以自愿向人民法院申请确认调解协议的效力，并指导帮助当事人填写相关资料。

第十一条【申请材料】当事人或经授权的委托代理人申请司法确认调解协议，应向人民法院提交以下材料：

（一）司法确认申请；

（二）调解组织或调解员主持调处达成的调解协议；

（三）调解笔录等可以证明调解组织或调解员主持调解的材料；

（四）当事人的个人身份证明或企业法人营业执照、组织机构代码证、统一信用代码证查询单、法定代表人职务证明及法定代表人个人身份证明；

（五）委托他人代为申请司法确认的授权委托书。代理人是普通公民的，还应提交其个人身份证明、与当事人存在身份关系的证明材料或者员工在职证明材料；代理人是律师的，应提交律师执业证明及律师事务所函；

（六）与调解协议相关的必要证据材料；

（七）填写完备的《送达地址确认书》；

（八）应当提交的其他材料。

当事人提交材料不完备的，人民法院应当要求当事人限期补齐。

第十二条【司法确认申请】本意见第十一条第一款第一项规定的司法确认申请，可以采用书面形式或口头形式。当事人口头申请的，人民法院应当记入笔录，并由当事人签名、捺印或者盖章。

司法确认申请除包含申请的具体内容外，还应当明确载明或声明以下内容：

（一）双方当事人出于解决纠纷的目的自愿达成协议，没有恶意串通、规避法律的行为；

（二）如因该协议内容而给国家、集体或他人造成损害的，愿意承担相应的民事责任和其他法律责任。

第十三条【立案登记】人民法院应当自收齐当事人提交的申请材料之日起三日内决定是否受理。

当事人要求通过在线系统进行司法确认的，由调解组织或调解员联系法院负责司法确认工作的工作人员，通过在线系统发起立案登记相关事宜。

三、审查

第十四条【不予受理】当事人申请确认调解协议，有下列情形之一的，人民法院裁定不予受理，并及时向当事人送达不予受理民事裁定书：

（一）不属于人民法院受理范围的；

（二）不属于收到申请的人民法院管辖的；

（三）申请确认婚姻关系、亲子关系、收养关系等身份关系无效、有效或者解除的；

（四）适用民事诉讼法规定的其他特别程序、公示催告程序、破产程序审理的；

（五）调解协议内容涉及物权、知识产权确权的；

（六）在调解协议生效之日起三十日后申请的；

（七）其他不宜由人民法院受理的情形。

对于不属于被申请法院管辖的确认调解协议案件，人民法院应当告知当事人向有管辖权的人民法院提出申请。

人民法院受理申请后，发现存在本条第一款不予受理情形的，应当作出驳回当事人确认申请的民事裁定。

第十五条【审判组织】调解协议司法确认案件一般由审判员一人独任审查。

第十六条【审查程序】人民法院依法审查调解协议内容是否违反法律规定，防止恶意串通虚假调解。

人民法院认为必要时，可组织当事人进行听证或到庭接受询问，各方当事人或其代理人应同时到场。一方当事人及其代理人无故缺席的，按照撤回司法确认申请处理。必要时人民法院可要求调解组织派员参加听证或接受询问。

第十七条【虚假调解防范】对司法确认申请进行审查，可参照《深圳市中级人民法院关于进一步加强防范和制裁虚假诉讼、恶意诉讼工作的通知》要求，着重从以下方面审查调解协议，切实防范虚假调解：

（一）对当事人在民间借贷、离婚析产、劳动争议纠纷等类型案件中达成的调解协议应从严全面审查；

（二）对可能存在虚假调解风险的，可要求当事人补充提交相关证据，也可适当加大依职权调查取证力度；

（三）重点审查调解协议内容是否违反交易习惯，是否符合常识常理，是否损害国家利益、社会公共利益或者案外人的合法权益；

（四）严格按照法律、司法解释规定，审查基础法律关系的真实性，准确认定涉纠纷合同的成立、效力及责任；

（五）利用信息化手段，通过当事人关联案件查询，了解当事人涉法、涉诉情况。

第十八条【在线审查】当事人在线申请司法确认，人民法院可通过人脸识别、远程视频听证、询问等信息化手段辅助审查。

第十九条【告知事项】人民法院审查调解协议，应当告知双方当事人及其代理人申请审判人员回避的权利；并询问双方当事人是否理解所达成协议的内容，是否接受调解协议产生的法律后果，是否愿意由人民法院通过司法确认程序赋予该协议强制执行的效力。

告知可以书面形式或口头形式进行，口头形式告知的应当记入笔录。

第二十条【材料补充】人民法院经审查，认为当事人的陈述或者提供的证明材料不充分、不完备或者有疑义的，可以要求当事人限期补充陈述或者补充证明材料。

第二十一条【调查情况】根据审查需要，人民法院可以调取调解组织留存的相关材料，或向调解人员调查了解调解的具体情况。

第二十二条【驳回申请】经审查，调解协议具有下列情形之一的，人民法院应裁定驳回司法确认申请：

（一）违反法律强制性规定的；

（二）损害国家利益、社会公共利益或他人合法权益的；

（三）违背公序良俗的；

（四）违反自愿原则的；

（五）内容不明确的；

（六）调解协议是由不具备相应民事行为能力的当事人，或者不具有合法代理权的代理人签订的；

（七）调解协议内容不属于当事人处分权范围的；

（八）调解组织、调解员存在严重违反职业道德准则的行为的；

（九）其他不能进行司法确认的情形。

司法确认审查过程中，应特别注意对调解协议内容显失公平、调解组织或调解员与案件当事人利害关系等事项的审查，慎重判断是否存在前款第一至九项规定的情形。

第二十三条【虚假调解惩戒】人民法院在审查调解协议司法确认申请过程中，发现存在虚假调解情况的，可以根据《中华人民共和国民事诉讼法》第一百一十五条和《最高人民法院关于防范和制裁虚假诉讼的指导意见》等规定，视情节轻重对当事人予以罚款、拘留；构成犯罪的依法追究其刑事责任。

当事人以虚假调解侵害他人民事权益并造成损害的，应当承担赔偿责任。

第二十四条【调解协议瑕疵处理】当事人提交的调解协议内容存在瑕疵的，人民法院应当进行释明。当事人同意修改瑕疵内容的，应当在修改后的调解协议或补正的调解条款上签字后，由原调解组织或调解员盖章或签名，人民法院按照修改或补正的调解协议进行司法确认审查。

当事人提交的调解协议仅存在语言不规范的问题，人民法院经当事人签字同意，在不改变调解协议原意和实质内容的情况下，对调解协议的文字性错误进行适当修改。调解协议修改后交当事人签字确认，并将相关情况记入笔录，人民法院按照修改或补正的调解协议进行确认。

第二十五条【司法送达】不予受理、确认调解协议或驳回申请的司法确认民事裁定书均适用直接送达、邮寄送达、电子送达等方式，可由当事人的指定代收人代收，但不适用留置送达。

采用电子送达方式送达上述民事裁定书的，应经受送达人明确表示同意。当事人提出需要纸质文书的，人民法院应当提供。

第二十六条【撤回申请】人民法院作出调解协议司法确认裁定前，有下列情形之一的，应当准许当事人撤回司法确认申请或者按撤回司法确认申请处理：

（一）一方或者双方当事人撤回司法确认申请的；

（二）当事人无正当理由未在限期内补充陈述、补充证明材料或者拒不接受询问的；

（三）一方当事人就调解协议的履行或者调解协议的内容另行提起诉讼，且经人民法院释明，仍然坚持起诉的。

符合前款第一、二项情形的，双方当事人仍可在协议生效后三十日内向有管辖权的人民法院重新申请司法确认。

第二十七条【审理时限】人民法院审查调解协议司法确认案件应自受理之日起十五日内办结。因特殊情况需要延长的，经分管院领导批准，可以延长十日。

第二十八条【裁判依据】司法确认民事裁定书在必要时可援引《授权决定》作为审查依据。

第二十九条【法律效力】司法确认民事裁定书送达双方当事人后发生法律效力。

确认调解协议的民事裁定具有强制执行力。一方当事人拒绝履行或者未全部履行的，对方当事人可以向作出确认调解协议民事裁定的人民法院或者被执行的财产所在地的基层人民法院申请强制执行。

第三十条【司法救济】当事人确有证据证明司法确认民事裁定存在错误的，可以在收到裁定之日起十五日内向作出确认裁定的人民法院书面提出异议。

利害关系人认为司法确认民事裁定确有错误，确认的调解协议侵害其合法权益的，可以在知道或者应当知道其民事权益受到侵害之日起六个月内向作出确认裁定的人民法院书面提出异议。

人民法院收到当事人、利害关系人依照上述第一款、第二款规定提交的书面异议，应另行组成合议庭审查。经审查发现发生法律效力的司法确认民事裁定确有错误的，应根据《最高人民法院关于适用〈中华人民共和国民事诉讼法〉的解释》第三百七十四条规定，裁定撤销或者改变原裁定；异议不成立的，裁定驳回。

第三十一条【办理费用】司法确认案件，不收取案件受理费。

四、附 则

第三十二条【适用范围】本意见适用于深圳市中级人民法院和下辖基层人民法院。

第三十三条【冲突适用】两级法院已出台的相关制度与本意见不一致的，按照本意见执行。

第三十四条【解释主体】本意见由深圳市中级人民法院审判委员会负责解释。

第三十五条【实施期限】本意见自发布之日起实施。

深圳市中级人民法院特邀调解员管理办法

（深中法发〔2022〕7号）

第一条【目的依据】为加强特邀调解员队伍管理，提高特邀调解工作质量和效率，有效化解矛盾纠纷，维护当事人合法诉讼权益，根据《最高人民法院关于人民法院特邀调解的规定》《深圳经济特区矛盾纠纷多元化解条例》等规定，结合全市法院工作实际，制定本办法。

第二条【定义】本办法所称特邀调解员是指经人民法院邀请加入或者根据个人申请加入特邀调解员名册的调解人员。

第三条【管理主体】人民法院诉调对接相关部门负责本院特邀调解员的聘任、续聘、解聘、考核及日常管理等工作。聘任市人大代表、政协委员或本院特约监督员时，应商本院负责联络工作的部门确定。聘任人员名单应报本院政工部门备案。

第四条【名册建立】人民法院应当建立本院的特邀调解员名册，上级法院建立的名册，下级法院可以使用。

第五条【入册条件】特邀调解员应当具备以下条件：

（一）具有良好的政治素质，遵守法律法规，尊重当事人的合法权益；

（二）公道正派，勤勉敬业，注重效率，志愿从事调解工作；

（三）具备必要的法律和专业知识；

（四）身体健康，能保证从事调解工作所必需的时间和精力；

（五）年龄28周岁以上，65周岁以下，有丰富经验的可适当放宽年龄；

（六）其他担任特邀调解员应当具备的条件。

第六条【入册排除】下列人员不得担任特邀调解员：

（一）曾因犯罪受过刑事处罚的；

（二）曾被开除公职的；

（三）近三年内受过严重行政处罚和行业处分、被列入失信被执行人名单的；

（四）其他不宜担任特邀调解员的情形。

第七条【入册方式】特邀调解员需进行资格认证，完成认证培训后方能入册成为人民法院的特邀调解员。认证分为培训和调解业绩。培训采用学时积分制度，一学时积一学分，人民法院提供培训视频，待入册调解员需完成不少于4学时的培训学时。同时调解员提供其过往调解业绩，由人民法院审核之后予以资格认定成为特邀调解员。

人民法院可以邀请人大代表、政协委员、人民陪审员、行业组织代表、专家学者、律师、仲裁员、退休法律工作者等符合条件的个人加入特邀调解员名册。

品行良好、公道正派、热心调解工作，具有一定沟通协调能力、符合条件的个人也可以申请加入特邀调解员名册。

第八条【任期】人民法院应向列入特邀调解员名册的调解人员颁发特邀调解员聘书。

特邀调解员的任期为三年，任期届满后可以续聘。

第九条【续聘】特邀调解员任期届满的，由负责诉调对接的部门结合调解业绩等情况研究决定是否续聘，应报本院政工部门备案。

第十条【职业准则】调解工作应当遵循以下原则：

（一）尊重当事人意思自治，当事人地位平等；

（二）遵循诚信原则，秉持诚实，恪守承诺；

（三）公平合理、高效便捷地化解纠纷；

（四）不得接受当事人请托，不得私下接触当事人；

（五）不得违背法律法规、国家政策和公序良俗；

（六）不得损害国家利益、社会公共利益和他人合法权益；

（七）不得公开调解内容及结果，不得泄露调解过程中了解的个人隐私及商业秘密，法律另有规定的除外。

第十一条【权利】特邀调解员调解纠纷享有以下权利：

（一）依法查阅案件材料，询问当事人，了解当事人的要求及其理由，了解案件相关情况；

（二）按照规定终止调解程序；

（三）接受业务培训、指导；

（四）获得工作补助，接受表彰和奖励；

（五）为开展调解工作应享有的其他权利。

第十二条【职责】特邀调解员在法官的指导下履行下列职责：

（一）每年参与调解一定数量的案件；

（二）接受人民法院委派或委托依法独立开展调解工作，促成双方当事人达成和解或者调解协议；

（三）在接受委派或委托调解后与当事人联系，确认纠纷当事人身份，告知当事人权利义务及先行调解规则等事项；

（四）及时、认真制作先行调解工作记录并对当事人的调解意愿、配合程度、非诚信行为等予以评价；

（五）完成法院指定的送达、诉讼地址确认、证据交换、无争议事实记载、繁简分流、引导双方当事人约定适用小额诉讼程序等诉讼辅助性工作；

（六）确有需要的，向委派法院申请调解员调查令，引导当事人申请保全、司法鉴定等；

（七）送达民事调解书、司法确认裁定书等法律文书；

（八）见证调解协议现场履行；

（九）在规定期限内完成调解工作，终止调解后及时向委派或委托的人民法院反馈调解情况，并移送相关材料；

（十）特邀调解员应承担的其他职责。

第十三条【信息公示】人民法院应当在官方网站、诉讼服务中心等平台、场所公开特邀调解员名册信息，供当事人查询、协商选定。

第十四条【选定调解员】当事人应当在收到通知后3日内在名册中协商确定特邀调解员；协商不成的，由特邀调解组织或者人民法院指定。当事人不同意指定的，视为不同意调解。

第十五条【调解准备】特邀调解员应当在接受委派或者委托调解后3日内将调解时间、地点等相关事项通知双方当事人，也可以通知与纠纷有利害关系的案外人参加调解。

特邀调解员应当在调解程序开始前告知双方当事人权利义务、调解规则、调解程序、司法确认申请等事项。

第十六条【回避】特邀调解员有下列情形之一的，当事人有权申请回避：

（一）是一方当事人或者其代理人近亲属的；

（二）与纠纷有利害关系的；

（三）与当事人、代理人有其他关系，可能影响公正调解的。

特邀调解员有第一款情形的，应当自行回避；但是双方当事人同意由该特邀调解员调解的除外。

第十七条【调解成功】委派调解达成协议，特邀调解员应当将调解协议送达双方当事人，并提交人民法院备案。当事人可以放弃或撤回起诉、上诉，也可以依法申请司法确认或请求出具民事调解书。

委托调解达成调解协议，特邀调解员应当向人民法院提交调解协议，由人民法院审查并制作调解书结案。当事人申请撤诉的，人民法院应当依法作出裁定。当事人达成执行和解协议的，人民法院可以出具民事裁定书予以确认。

第十八条【委派调解的司法确认】委派调解达成调解协议，当事人申请司法确认的，由作出委派的人民法院管辖。

中级人民法院诉前委派调解成功后当事人申请司法确认，调解过程中因减少标的额达不到级别管辖标准的，仍由委派调解的人民法院管辖。

第十九条【虚假调解防范】特邀调解员应当切实防范虚假调解风险，应当结合案件基础事实，注重审查调解协议是否损害国家利益、社会公共利益或者案外人的合法权益，特别是在民间借贷、离婚析产、以物抵债、劳动争议、公司分立（合并）、企业破产等虚假调解高发领域的纠纷调解中，应加大证据审查的力度，发现双方当事人涉嫌虚假调解可能的，应当中止调解，并及时向人民法院报告。

第二十条【调解终止】有下列情形之一的，特邀调解员应当终止调解：

（一）当事人达成调解协议的；

（二）一方当事人撤回调解请求或者明确表示不接受调解的；

（三）调解人员认为双方分歧较大且难以达成调解协议的；

（四）其他导致调解难以进行的情形。

特邀调解员终止调解的，应当向委派、委托的人民法院报告，并移送相关材料。

第二十一条【调解期限】特邀调解员接受委派调解的，应当在接收案件后30日内完成调解工作，无法达成调解协议当事人坚持起诉的，应当在5日内依法转交登记立案。

特邀调解员接受委托调解的案件，调解期限为15日。

各方当事人同意延长调解期限的，不受上述调解期限的限制。

在调解过程中，经当事人申请和人民法院同意，所进行的调查、证据交换、保全和鉴定、评估、审计等诉调对接辅助性工作所花费的时间，不计入前述调解期限。

第二十二条【业绩档案】人民法院建立特邀调解员业绩档案，设立工作台账，记录调解案件数量、规定期限内调解成功率、平均调解周期、自动履行率和完成的送达、诉讼地址确认、争议焦点整理、无争议事实记载、司法鉴定委托等诉讼辅助事务，并记录参加调解培训情况和奖惩情况等，定期组织开展特邀调解员考核工作。

第二十三条【培训】特邀调解员每年需参与定时定量的培训，将参与培训的情况记入特邀调解员的业绩档案。内容包括民商事调解知识理论、特邀调解员的工作职责和任务、特邀调解员的职业道德和工作纪律、特邀调解工作制度和工作程序、调解方法和调解技能、调解平台的操作流程、常见多发以及疑难纠纷法律规则等。

特邀调解员培训采取脱产培训与不脱产培训相结合、线下培训与线上培训相结合、集中培训与分散培训相结合等灵活多样的方式进行。

特邀调解员培训采用学时积分制度，1学时积1学分，特邀调解员年度培训需不少于20学时。

第二十四条【年度考核】特邀调解员的年度考核主要依据其业绩档案和工作作风，考核结果分为优秀、合格、不合格三个等次。

第二十五条【分级管理】对特邀调解员实行分级管理，根据年度考核结果将特邀调解员级别分为普通调解员、银牌调解员、金牌调解、钻石调解员。

（一）新入册和当年考核合格的特邀调解员为普通调解员；

（二）年度考核优秀的，授予银牌调解员称号；

（三）连续二年年度考核优秀的或有特别突出贡献的，授予金牌调解员称号；

（四）连续三年年度考核优秀或有其他突出贡献的，授予钻石调解员称号；

（五）年度考核不合格的，予以解聘。

钻石特邀调解员、金牌特邀调解员可以在人民法院依法设立个人调解工作室。

钻石特邀调解员、金牌特邀调解员优先调解重大疑难、复杂案件及系列案件。

普通、银牌、金牌、钻石调解员按不同金额额度领取调解补贴，调解补贴标准另行规定。

第二十六条【补贴】人民法院应当根据规定向特邀调解员发放补贴。特邀调解员的补贴经费应当列入本院财政预算，做到专款专用，不得挤占。

第二十七条【责任追究】特邀调解员有下列行为之一的，给予批评教育、责令改正；情节严重的，予以解聘，依法追究法律责任：

（一）无故不接受工作安排或业务指导、不遵守相关管理制度，造成严重后果的；

（二）强迫当事人调解的；

（三）偏袒一方当事人的；

（四）泄露当事人隐私、商业秘密的；

（五）因故意或者重大过失导致虚假调解的；

（六）索取、收受财物或者牟取其他不正当利益的；

（七）被开除公职或者被吊销相关从业资格的；

（八）受到刑事处罚的；

（九）其他违反法律规定、违反特邀调解纪律和职业道德行为的。

第二十八条【解聘通报】特邀调解员在聘期内被解聘的，应向其所在单位进行通报。

市中级法院名册内的特邀调解员在聘期内被解聘的，应及时向各基层法院通报。各基层法院名册内的特邀调解员在聘期内被解聘的，应及时向市中院备案。

第二十九条【港澳台地区和外籍调解员】香港地区、澳门地区、台湾地区和外籍调解员的管理，适用本办法。

广东省高级人民法院和最高人民法院对香港地区、澳门地区、台湾地区和外籍调解员的聘任及续聘有特殊规定和政策的，还应遵守相关规定和政策。

第三十条【参照适用】特邀调解组织接受人民法院委派或者委托后指派参与调解，尚未在特邀调解员名册中列明的调解员，参照适用本办法管理。

第三十一条【解释主体】本办法由深圳市中级人民法院党组会负责解释。

第三十二条【施行时间】本办法自印发之日起施行。

深圳市中级人民法院特邀调解员组织管理办法

（深中法发〔2022〕8 号）

为推进矛盾纠纷的诉源治理，规范全市法院特邀调解组织管理，提高调解工作的质量和效率，有效化解矛盾纠纷，维护当事人合法诉讼权益，根据《最高人民法院关于人民法院特邀调解的规定》《深圳经济特区矛盾纠纷多元化解条例》等规定，结合全市法院工作实际，制定本办法。

第一条 本办法所称特邀调解组织是指经过申请加入或者邀请加入，与人民法院签订协议或依上级法院指定列入特邀调解组织名册的调解组织。

第二条 本市两级人民法院应当建立自己的特邀调解组织名册，市中院应当健全全市各法院之间的名册信息交流机制，统一管理两级法院特邀调解组织汇总名册，各法院可从汇总名册中选定调解组织予以对接。市中院建立的名册并指定各区法院使用的，各区法院应该使用。

第三条 本院负责多元化纠纷化解的部门负责本院特邀调解组织聘任、管理、监督等工作。

第四条 特邀调解组织履行以下职责：

（一）接受人民法院的委派或者委托指派调解人员依法调解案件并完成人民法院指定的诉讼辅助性工作；

（二）在调解过程中当事人申请保全、司法鉴定的，及时向法院转递申请；

（三）调解组织具有第三方中立评估资质的，可以依当事人的申请，就事实认定、法律适用以及纠纷中涉及的专业性、技术性问题等提出中立评估意见，供当事人参考，可以引导当事人达成和解协议；中立评估报告可作为调解和人民法院审判时的参考依据；

（四）向人民法院推荐本组织中适合从事调解工作的调解人员加入特邀调解员名册；

（五）对其指派参加调解工作的调解人员进行监督管理。

第五条 特邀调解组织应当经司法行政部门同意，并依法登记为非营利组织。

特邀调解组织完成主体资格登记后方可开展调解活动。

本办法生效前已合法运作并与深圳市两级人民法院开展合作的特邀调解组织，可不按照第一款的规定办理。

第六条 特邀调解组织应当具备下列条件：

（一）依法成立，已履行登记备案手续；

（二）有固定办公场所、明确的负责人并拥有 3 名以上符合特邀调解员条件的专职或者兼职调解员；

（三）具备明确的组织章程和规范的运行流程制度；

（四）具备严格的职业道德标准、健全的投诉惩戒程序和监督管理制度。

第七条 依法成立的人民调解、行政调解、商事调解、行业调解及其他具有调解职能的组织，可以申请加入特邀调解组织名册。

符合条件的调解组织申请成为人民法院特邀调解组织的，应当提交申请书、依法成立的证明材料、调解规则和相关工作制度、调解人员基本情况介绍以及开展调解工作情况介绍等材料。

第八条 人民法院可以邀请符合条件的调解组织加入特邀调解组织名册。

司法行政部门和行业自治组织可以结合监督管理情况向人民法院推荐特邀调解组织，人民法院应该优先在推荐名单中遴选特邀调解组织。

第九条 人民法院应向列入特邀调解组织名册的调解组织颁发证书。

第十条 人民法院应当在官方网站、诉讼服务中心等平台、场所公开特邀调解组织名册信息，方便当事人查询、协商选定。

符合条件的特邀调解组织应当积极加入调解行业自治组织。行业自治组织依照法律、法规和章程对调解组织开展行业自律管理。

第十一条 特邀调解组织的聘期为三年，到期后可以续聘。

第十二条 特邀调解组织聘期届满的，根据工作表现及其意愿，由负责诉调对接工作的部门决定是否续聘。

第十三条 特邀调解组织原则上每年应当完成一定的调解任务。

第十四条 特邀调解组织接受委派或者委托调解后5日内将调解时间、地点等相关事项及时通知双方当事人，也可以通知与纠纷有利害关系的案外人参加调解。

特邀调解组织的调解人员应当在调解程序开始前5日内告知双方当事人权利义务、调解规则、调解程序、司法确认申请等事项。

第十五条 特邀调解组织指派的调解人员有下列情形之一的，当事人有权申请回避：

（一）是一方当事人或者其代理人近亲属的；

（二）与纠纷有利害关系的；

（三）与纠纷当事人、代理人有其他关系，可能影响公正调解的。

特邀调解组织及其指派的调解人员有第一款情形的，应当自行回避；但是双方当事人同意由该特邀调解组织及其指派的调解人员调解的除外。

特邀调解组织的负责人、管理人及对调解组织的经营运作产生重大影响的人，参照前款规定执行。

第十六条 特邀调解组织开展调解工作，不得违反法律、法规的禁止性规定，不得损害国家利益、社会公共利益和他人合法权益。

特邀调解组织应当切实防范虚假调解风险，应当结合案件基础事实，注重审查调解协议是否损害国家利益、社会公共利益或者案外人的合法权益，特别是在民间借贷、离婚析产、以物抵债、劳动争议、公司分立（合并）、企业破产等虚假调解高发领域的纠纷调解中，加大证据审查的力度，发现双方当事人存在虚假调解可能的，应当中止调解，并向人民法院报告。

第十七条 特邀调解组织在调解阶段，经当事人同意取得的送达地址确认书、送达回证、证据交换笔录、司法鉴定结论等，其效力可及于诉讼阶段。

第十八条 委派调解达成协议，特邀调解组织应当将调解协议送达双方当事人，并提交人民法院备案。

委托调解达成调解协议，特邀调解组织应当向人民法院提交调解协议，由人民法院审查并制作调解书结案。当事人申请撤诉的，人民法院应当依法作出裁定。

第十九条 委派调解达成调解协议，当事人申请司法确认的，由作出委派的人民法院管辖。

中级人民法院诉前委派调解成功后当事人申请司法确认，调解过程中因减少标的额达不到级别管辖标准的，仍由委派调解的人民法院管辖。

第二十条 当事人自行选择由特邀调解组织调解，达成调解协议后向人民法院申请司法确认的，由当事人住所地、标的物所在地、调解组织所在地的基层人民法院管辖；多个人民法院均有管辖权的，由最先立案的人民法院管辖；调解协议所涉纠纷应当由中级人民法院管辖的，司法确认申请向相应的中级人民法院提出。

第二十一条 有下列情形之一的，特邀调解组织应当终止调解：

（一）当事人达成调解协议的；

（二）一方当事人撤回调解请求或者明确表示不接受调解的；

（三）调解人员认为双方分歧较大且难以达成调解协议的；

（四）其他导致调解难以进行的情形。

特邀调解组织终止调解的，应当向委派、委托的人民法院报告，并移送相关材料。

第二十二条 特邀调解组织接受委派调解的，原则上应当在接收案件后30日内完成调解工作，无法达成调解协议当事人坚持诉讼的，应当在5日内移交人民法院依法登记立案。

特邀调解组织接受委托调解的案件，适用普通程序的调解期限为15日，适用简易程序的调解期限为7日。

双方当事人同意延长调解期限的，不受上述调解期限的限制。

在调解过程中，经当事人申请和人民法院同意，所进行的调查、证据交换、保全和鉴定、评估、审计等诉调对接辅助性工作所花费的时间，不计入前述调解期限。

前述调解期限从特邀调解组织接收人民法院移交材料之日起计算。

第二十三条 特邀调解组织应当根据人民法院的更换要求及时调整更换委派的调解人员。特邀调解组织自行更换委派的调解人员的，应事先与人民法院协商。

更换调解人员的，特邀调解组织及其委派的调解人员应当做好案件的交接工作。

第二十四条 各法院应当根据实际情况对表现突出的特邀调解组织给予物质或者荣誉奖励。

第二十五条 对特邀调解组织的奖励经费应当列入

本院财政预算，做到专款专用。

第二十六条 符合规定的调解组织开展调解工作的，可以按规定收取调解服务费。调解服务费用的相关规定，由本院另行制定。

第二十七条 特邀调解组织的考核由各法院负责诉调对接工作的部门负责，考核结果作为奖励、续聘、解聘的依据。

第二十八条 人民法院应当建立特邀调解组织业绩档案，设立工作台账，记录调解案件的数量、调解成功率、自动履行率等指标内容，定期组织开展特邀调解组织考核工作。

第二十九条 特邀调解组织的考核主要依据为其业绩档案，考核一般在年度结束后进行，考核结果分为优秀、良好、合格、不合格四个等次。

年度考核评为优秀等次的，聘任法院应当以适当的方式予以表彰奖励。

年度考核评为不合格等次的，聘任法院应当予以解聘，从特邀调解组织名册中除名，并通报业务主管部门、行业组织等相关单位。

第三十条 特邀调解组织有以下情形之一，由负责诉调对接工作的部门、政工部门对其进行提醒谈话；经谈话提醒仍不改正或者情节严重的，按规定解聘：

（一）经预约无特殊情况未按时组织调解的；

（二）在调解过程中，违反中立原则，强迫当事人调解的；

（三）接受当事人请客、馈赠或其他利益的；

（四）泄露案件信息、当事人隐私、商业秘密的；

（五）其他违反特邀调解纪律和职业道德的行为。

第三十一条 特邀调解组织违法调解，以及因故意或者重大过失导致虚假调解的，聘任法院应当将其从名册中除名。

特邀调解组织因第一款行为被除名的，不得再次被聘任入册。

特邀调解组织根据违法调解以及虚假调解程度、危害后果等因素，承担相应的法律责任。

第三十二条 特邀调解组织在聘期内被解聘的，所在法院应书面通知该特邀调解组织，并通报业务主管部门、行业组织等相关单位。

第三十三条 人民法院加强对特邀调解组织的业务培训和指导。

第三十四条 本办法适用于深圳市两级人民法院。

第三十五条 本办法由深圳市中级人民法院党组会负责解释。

第三十六条 本办法自印发之日起施行。

（文／市中院）

·编辑：严俊·

理论研究

Theoretical Research

2022年度深圳法院调研成果选编

证明妨碍排除规则在涉互联网知识产权侵权诉讼中的应用

——举证责任与举证能力的博弈

蒋筱熙[1]

【内容摘要】涉互联网知识产权的知识产权权利客体的无形性，权利与权利载体的分离等特点决定了权利人在知识产权维权诉讼中难以完整举证证明侵权行为及损害后果。控制证据方利用“谁主张谁举证”规则妨碍应当完成的证明义务，本质上是一种违反诉讼诚信的行为，阻碍了人民法院对案件事实的查明，亦损害了被妨碍一方当事人的实体权利，从而威胁到民事诉讼的结果公正。针对知识产权诉讼特点，在特定情形下适用证据妨碍排除规则旨在“避免通过证明责任作出判决”的技术以实现实质的诉讼公正。虽然相关部门法对证据妨碍排除作了规定，但具体的适用条件和适用路径，司法实践通过个案的探索作进一步梳理与探讨，不断完善和总结经验，通过证明责任的分配和证明标准的认定，发挥证据妨碍排除规则平衡“证据天平”作用，从而促进案件裁判结果公平公正，实现其程序及实体正义价值。

知识产权权利客体的无形性，权利与权利载体的分离，侵权与损害的不完全对应性等特点决定了权利人在知识产权维权诉讼中难以完整举证证明侵权行为及损害后果。随着我国互联网运用的不断深化，“产业互联网”首次上升到国家政策层面。“互联网＋经济”业态下，更多的行业将业务延伸到互联网平台，包括作品的在线传播、电子商务、线上金融等，由此也带来了更多的涉互联网知识产权侵权诉讼。就互联网上的知识产权侵权行为，受限于互联网平台运营者对平台的管理、网站开办者对后台数据的控制以及侵权行为可通过互联网多点同时发生等因素，权利人更难以获取证明侵权行为和侵权获利的完整、翔实的证据。若通过一般举证责任分配规范，以结果证明责任判定负证明责任的当事人败诉，即要求其为他人不当侵害自身证明权的行为“买单”，将引发诉讼不公。

建立一套符合涉互联网知识产权诉讼特点的举证责任分配体系，平衡权利人与侵权人的举证能力，合理分配举证责任、适用证据妨碍排除，显得尤为重要。

一、证据妨碍排除规则在涉互联网知识产权侵权诉讼中的适用依据

证明妨碍是指当不负有证明责任的一方当事人通过作为或者不作为，阻碍负有证明责任的一方当事人对其事实主张的证明时，行为人应为其妨碍行为承担相应后果的一种诉讼制度。证据妨碍排除，是指证明妨碍发生时，法院通过采取一定的救济与制裁手段，要求当事人承担一定法律后果，以消除或减轻证明妨碍对民事诉讼带来的危害。理论界对于证据妨碍排除的方式并无定论，本文从举证责任的分配角度探讨证据妨碍排除规则的适用。

我国民事诉讼体系采取当事人主义诉讼结构，其

1　作者简介：蒋筱熙，女，普通法硕士，时任深圳知识产权法庭副庭长，三级高级法官，广东省审判业务专家。原文为全省法院优秀调研课题成果，收录时有删减。

中证明责任制度是核心。《最高人民法院关于适用〈中华人民共和国民事诉讼法〉的解释》(以下简称《民事诉讼法司法解释》)第90条、第91条确定了举证责任分配的一般规则，即主张法律关系存在、变更、消灭的当事人，对其主张的基本事实承担举证证明责任。即以“谁主张谁举证”作为一般举证责任分配规范。最高人民法院认为，法官在举证责任的分配问题上适用法律的过程，是通过对实体法规范的分析发现法律确定的举证责任分配规则的过程，而非创造举证责任分配规则。

一般情形下，当事人应对自己的主张提供证据加以证明，当案件事实真伪不明时，当事人已穷尽证明手段仍无法证明其主张，适用证据裁判规则，根据结果证明责任的分配，判决由负证明责任一方当事人承担败诉风险即可。但这一证明责任分配规则预设当事人平等或有机会获取证据，在特定情形下，负有继续提供证据责任者必须考虑注入证据所持、举证成本、当事人态度、当事人相对地位、举证期待可能性等程序上的因素，而这些因素是不可能被非此即彼的证明责任分配规则所全部涵盖的，能涵盖这些情景性因素的应是具体举证责任。

“谁控制谁举证”则在特定情形下要求证据控制人承担举证责任，旨在“避免通过证明责任作出判决”的技术以实现实质的诉讼公正。“谁控制谁举证”规则的适用是法院为发现案件真实，在一定程度上介入当事人的举证活动并对当事人之间举证责任分配进行的调整。一方面，证据控制人具有举证的客观可能性；另一方面，证据控制人虽在一般情况下不负举证责任，但当其控制的证据影响案件事实的查明及实体正义的实现时，法院应适时调整举证责任的分配。需要说明的是，这种举证责任分配的调整仅指行为意义上的举证责任分配的调整，即证据控制人只负有证据提出责任。从结果举证责任来看，它并不改变结果责任的归属，如果证据控制人出示了证据，待证事实依然处于真伪不明的状态，此时败诉的风险仍继续由承担结果证明责任的对方承担。

二、证据妨碍排除规则的适用前提：证明妨碍行为的成立

尽管专门法律已经有明确规定，司法实务界仍缺乏对在知识产权侵权案件中适用证据妨碍排除规则的具体指引。适用该规则的前提是证据控制人存在证明妨碍行为。

认定证明是否构成妨碍行为，应当同时符合以下要件：

(一)权利人对于待证事实已尽必要举证责任

“谁控制谁举证”作为“谁主张谁举证”民事诉讼一般举证规则的补充性规则，应限制在特定情形下谨慎适用。笔者认为，“权利人对于待证事实已尽必要举证责任”是适用证据妨碍排除行为的前提条件，法院应当引导权利人积极完成自己的举证责任，否则权利人将承担举证不能的不利后果。只有在权利人已尽必要举证责任仍无法完全证明待证事实的情况下，才有“谁控制谁举证”的举证规则的适用空间。

(二)对方当事人已经举证证明或者根据生活一般经验，足以认定证据控制人控制了与待证事实相关的证据

只有在相关证据确实处于对方当事人控制之下时，才可能构成证明妨碍。《民事诉讼证据规定》第46条第2款规定，书证未在对方当事人控制之下时，法院不予准许当事人提出的书证提出命令申请；第45条第2款规定了在对方当事人否认控制书证的情况下，人民法院应当根据法律规定、习惯等因素，结合案件的事实、证据，对于书证是否在对方当事人的控制之下的事实作出综合判断。例如，侵权人掌握与侵权行为相关的账簿，即为根据生活一般经验足以认定的事实。《著作权法》第54条第4款规定：“人民法院为确定赔偿数额，在权利人已经尽了必要举证责任，而与侵权行为相关的账簿、资料等主要由侵权人掌握的，可以责令侵权人提供与侵权行为相关的账簿、资料等；侵权人不提供，或者提供虚假的账簿、资料等的，人民法院可以参考权利人的主张和提供的证据确定赔偿数额。”

(三)证据控制人所控制的证据应与查明案件基础事实关联

证据妨碍排除规则的适用是为了实现民事诉讼法“查明事实，分清是非”的立法目的，以更好地保护当事人的民事实体权利。只有该当事人控制的证据对于查明案件基础事实具有直接、重大关联的，一旦缺失这一环节的基础事实，将导致法院难以查明基本案情，或者导致案件审理结果可能出现重大偏差的，就有必要将该证据纳入适用证据妨碍排除范畴予以考量。如果证据控制人控制的证据对于查明案件基础事实没有实质性作

用，在案证据已经足以认定当事人是否构成侵权、如何承担赔偿责任等基础事实，就没有必要进一步要求该当事人提供其控制的证据。

（四）法院已向证据控制人充分释明其举证责任以及证明妨碍后果

按照“谁主张谁举证”的一般举证规则，证据控制人通常对于待证事实并不负有提出证据的义务，而证明妨碍发生时，法院对举证责任进行了重新分配，那么只有在法院已充分释明“谁控制谁举证”规则以及妨碍提交证据的法律后果时，法院才可以适用证据妨碍排除这一例外规则要求其承担相应法律后果，否则在程序法及实体法意义上都有失公允。

（五）证据控制人在合理期限内无正当理由拒交证据

法院在释明控制证据方负有提交证据的责任时，应当同时给予该方当事人一定的合理举证期限，以便该方当事人在举证期限内，对是否提交其控制的证据进行利弊权衡，对搜集、整理、提交证据进行必要准备，对是否有正当理由拒绝提交证据向法院进行说明。如果在合理期限内，证据控制人仍无正当理由拒交证据，甚至实施了毁灭证据的行为，法院就应当认定其构成证据妨碍，并依法要求其承担相应的法律后果。如果当事人因客观原因、非主观故意或者重大过失原因，无法提交证据，不在此列。另外，如果控制证据方提交的证据不符合证据的真实性、关联性要件，也应认定其无正当理由拒交证据。

三、证据妨碍排除规则的适用路径：证据妨碍排除的方式

（一）拟制真实

从司法解释的规定来看，拟制真实包括拟制被妨碍的证据内容为真实和拟制被妨碍人的事实主张为真实两种情况，前者如《民事诉讼法司法解释》第 112 条、《民事诉讼证据规定》第 48 条第 1 款，后者如《最高人民法院关于民事诉讼证据的若干规定》（以下简称《民事诉讼证据规定》）第 48 条第 2 款、《最高人民法院关于知识产权民事诉讼证据的若干规定》（以下简称《知识产权民事诉讼证据规定》）第 25 条。从《民事诉讼证据规定》第 48 条的两款规定可以看出，后者通常适用于更为严重的证据妨碍排除行为，如以妨碍对方当事人使用为目的的毁灭证据行为。这两种类型的拟制反映了不同的政策目标，拟制被妨碍的证据内容为真实，更多着眼于回复真实目标的实现，而拟制事实主张为真实，则更多地体现了证据妨碍排除救济与制裁制度的惩罚与预防功能。

《知识产权民事诉讼证据规定》第 25 条的规定赋予了法院拟制被妨碍人的事实主张为真实的权力，并且将适用的证据种类从书证扩大为所有的证据种类，更加有利于对知识产权权利人的保护，这也体现了国家在知识产权司法保护上降低维权成本，提升保护质效的政策目标。

（二）不利推定

不利推定作为一种证据妨碍排除方式，是指法院可以作出被妨碍证据的内容不利于妨碍者的推定。笔者认为，在法院已充分释明适用“谁控制谁举证”规则的情况下，如果“提交”对自己更为有利，证据控制人作为理性人，必然积极提交证据，避免法院适用证据妨碍排除规则。但若证据控制人经利益权衡后作出“拒交”的选择，说明证据控制人认为即使推定另一方当事人主张全部成立，其所得仍大于所失，其才会选择无正当理由拒绝提交证据。在这种情况下，不应当认为证据控制人的实体利益受到了损害。

《民事诉讼证据规定》第 95 条规定：“一方当事人控制证据无正当理由拒不提交，对待证事实负有举证责任的当事人主张该证据的内容不利于控制人的，人民法院可以认定该主张成立。”该条规定没有对证据种类做出限制，在排除结果上可推定证据内容不利于证据控制人，相较于该规定的第 48 条，具有更宽的适用范畴。在知识产权诉讼中，《知识产权民事诉讼证据规定》第 13 条、第 14 条对于证据保全中的妨碍行为亦包含了不利推定的排除后果，如果当事人无正当理由拒不配合或者妨害证据保全，致使无法保全证据的，或者对于人民法院已经采取保全措施的证据，当事人擅自拆装证据实物、篡改证据材料或者实施其他破坏证据的行为，致使证据不能使用的，人民法院可以确定由其承担不利后果。

（三）证据自由评价

相较于拟制真实和不利推定，证据自由评价的排除方式赋予了法官更大的自由裁量权。证据自由评价说在日本和德国占据了相关学说中的支配地位，该说认为，

法院在发生证明妨碍的情况下，仍应按照一般原则进行证据调查，根据调查结果，综合考虑与妨碍行为相关的各种因素以及现有的其他证据，对待证事实作出判断。在涉及知识产权侵权赔偿的问题中，我国的知识产权实体法在一定程度上也吸纳了该学说的观点。

《最高人民法院关于审理侵犯专利权纠纷案件应用法律若干问题的解释（二）》第 27 条规定："……侵权人无正当理由拒不提供或者提供虚假的账簿、资料的，人民法院可以根据权利人的主张和提供的证据认定侵权人因侵权所获得的利益。"随后修法中新增的《商标法》（2019 年修正）第 63 条第 2 款、《专利法》（2020 年修正）第 71 条第 4 款、《著作权法》（2020 年修正）第 54 条第 4 款，均表述为"侵权人不提供或者提供虚假的账簿、资料的，人民法院可以参考权利人的主张和提供的证据判定赔偿数额"。上述专利权纠纷司法解释与后续修法新增的实体法规定，差别在于由"根据……认定……"改为"参考……判定……"。

如果法院酌定的侵权人赔偿金额并非明显大于侵权人主张的侵权所得金额或者在案证据已经查明的侵权人所得金额，则有悖于法律赋予法官综合证据评价给予一定自由裁量权切实对侵权行为进行制裁的立法初衷，无法真正发挥证据妨碍排除规则的平衡"证据天平"作用。证据评价离不开证明标准：在具体的诉讼中，法官对于事实已经获得一定的事实信息，这时应当由谁负担提供证明尤其是提供反证的责任取决于证明评价。在具体案件中，法官对当事人提交的证据进行评价，确定达到证明标准能够证明待证事实时，证明责任转移给对方当事人。当事人提交了特定证据，证明一定基础事实成立后，则认定达到证明标准，可以认定待证事实成立。此时，主观证明责任转移给对方当事人。如果对方当事人拒绝提交证据，法官应根据自己的经验、理性、专业对证据的证据能力和证明力进行证据评价。

（四）减轻证明责任

在特定情形下，证明责任的分配需要考虑主张事实一方对待证事实所需证据的举证能力、举证成本、当事人态度、当事人与证据的相对距离等。

1. 降低证明标准

在具体案件中，法官需要对当事人提交的证据进行评价，法官对当事人主张的事实根据证明标准确认其主张是否成立。降低证明标准主要是基于经验法则并结合已经查实的证据进行逻辑推理，推认有关事实要件的成立。

在民事诉讼领域，大陆法系证明标准一般为"高度盖然性"。高度盖然性是指证据虽然没有达到使法官对待证事实确信为绝对真实的程度，但已经相信有极大可能为真实的程度。在英美法系，普通民事诉讼适用的证明标准一般采用"盖然性占优势"标准或"优势证据"，优势证据强调的是证据使人信服的力量，在认定某一事实存在比反对该事实存在更为可能或更有说服力。

我国民事诉讼法并未明确规定证据的证明标准，但按照《民事诉讼法》（2021 年修正）第 177 条关于上诉案件维持的相关表述，法官对案件事实的认定需要做到"事实清楚"。《民事诉讼法司法解释》和《民事诉讼证据规定》在总结了审判实践的经验后，对证明标准进行了相应修改。《民事诉讼法司法解释》第 108 条从本证和反证相互比较的角度出发进行了规定，本证需要达到高度盖然性，负有举证证明责任的当事人提供的证据，人民法院经审查并结合相关事实，确信待证事实的存在具有高度可能性的才能完成证明责任；反证当事人只需使本证对待证事实的证明陷于真伪不明状态，即达到目的。按照第 108 条的规定，负有举证责任一方的证明标准要求能使法官对争议事实查明时，内心确信该争议事实的存在具有"高度可能性"为高度盖然性标准，而非"更有可能"的盖然性优势标准。

证明标准的设定直接影响案件事实的认定，证明妨碍行为却可能使负举证责任一方当事人获取的证据无法达到高度盖然性证明标准，如果存在其他要件事实可以补强或支持负举证责任一方当事人所主张事实"更有可能"，降低证明标准也能够实现证据妨碍排除的目标。

2. 证明责任的转移

知识产权民事诉讼纠纷中，法律没有明确规定的情况下，法院可以根据公平原则和诚信原则，综合原被告证据持有情况、举证能力、所主张的事实发生的可能性等因素确定举证义务。负有证明义务方证明其主张事实具有一定可能性，非证明义务当事人被认定存在证明妨碍行为可以认定证明义务方已完成举证责任，课以对方当事人举证否认该事实存在的责任。即对于法律另有规定阻碍该法律效果产生的事实，主张权利的一方不负担该事实不存在的举证责任，而由对权利主张有异议的对方负担举证责任。

四、证据妨碍排除规则的诉讼价值

（一）证据妨碍排除规则的实体正义价值

证明妨碍本质上是一种违反诉讼诚信的行为，其阻碍了人民法院对案件事实的查明，不当损害了被妨碍一方当事人的证明权及相关实体权利，从而威胁民事诉讼的结果公正。尤其是在互联网领域侵害知识产权案件，侵权行为具有隐蔽性突出的特点，内部数据证据往往由网站的运营者掌握，构成侵权的证据往往不易取得或不易全部取得，其他当事人难以获得完整准确的信息。

在"谁主张谁举证"的一般证明责任分配原则下，负举证责任的被妨碍人如果因法律所许可的证明手段业已穷尽，仍无法使案件事实避免真伪不明的尴尬而面临败诉的风险，而控制证据的妨碍人却可因此获益，无疑是鼓励了这种诉讼不诚信行为，亦偏离了我国民事诉讼法"保证人民法院查明事实、分清是非、正确适用法律"的基本立法目标。故而有必要适用"谁控制谁举证"的特殊举证责任分配规则，通过证据妨碍排除规则回复案件真实，实现实质公正。在证明评价以及对规范的法律解释过程中，存在发挥实质性原则对举证责任分配的价值引导作用的空间，从而促进案件裁判结果更趋公平公正。

因此，在构成证明妨碍的情况下，使用证据妨碍排除规则可以成为法院查明事实的补充手段，成为法院分清法律事实是非的依据，有利于保护当事人的合法权利并制裁民事违法行为，保障民事诉讼的实体正义，实现我国民事诉讼法的基本立法目标，也有利于教育公民自觉遵守包括民事诉讼法在内的各项法律。

（二）适用证据妨碍排除规则的程序正义价值

适用证据妨碍排除规则符合我国民事诉讼法的基本原则和价值目标，是实现程序公正的应有之义。程序公正是现代各国民事诉讼的普遍价值追求，旨在保障各方当事人在民事诉讼中的参与性和平等性，我国《民事诉讼法》第2条亦将"保护当事人行使诉讼权利"作为民事诉讼法的首要任务，第8条亦明确了诉讼权利平等原则。基于诉讼证据在双方当事人之间的不平均分配，证明妨碍会导致当事人平等接近原始诉讼资料的权利受到侵犯，若仍遵循"谁主张谁举证"的举证责任分配规则显然不符合程序公正的要求。

适用"谁控制，谁举证"的证据妨碍排除规则，也是促使当事人遵循诚信原则的制度性安排。控制证据的一方当事人在主观上具有妨碍法院查明事实的故意，企图利用"谁主张，谁举证"规则导致"证据天平"发生倾斜，借助法院未能查明基础事实逃避应有的法律责任，证据妨碍排除规则即是对证据控制人这一操弄诉讼技巧、违背诚信原则行为的合理规制。

我国的民事诉讼制度承担着平等保障当事人诉讼权利，查清事实，保障民事实体权利的重要任务，考虑到证据控制人的证明妨碍行为对民事诉讼制度根本利益造成严重损害，法律应当对证据控制人自由处分财产的权利进行必要的限制。适用证据妨碍排除规则不仅在个案中可以让违背诚信原则当事人为其行为承担法律后果，而且可以让"证据天平"回归公正公平，保障知识产权权利人的合法权益得到充分保护。

五、结语

"谁主张谁举证"的一般举证规则，符合平等民事主体之间的诉讼博弈利益平衡。但是，"谁主张谁举证"并非完美无缺。当控制证据方利用该规则企图逃避应有的法律责任时，如果机械地适用"谁主张谁举证"显然有悖于我国民事诉讼法以及各项实体法的立法精神，造成"公平脱轨"。在涉互联网知识产权侵权诉讼中，权利人的"举证难"始终是困扰知识产权有效保护的障碍之一。尤其是在我国互联网运用持续深化的产业背景下，涉互联网知识产权侵权案件日益增长，知识产权权利人举证难的问题亟待解决。为此，我国不仅在国家知识产权保护制度顶层设计中多次强调建立证据妨碍排除规则，而且积极推动司法实践进一步完善知识产权诉讼举证规则，这对于提升知识产权保护水平具有重大而深远的实践意义。

·编辑：严俊·

深圳法院设置技术调查官的路径探讨

深圳市中级人民法院干部处课题组[1]

【内容摘要】2019年8月，中共中央、国务院印发《关于支持深圳建设中国特色社会主义先行示范区的意见》并下发了首批授权事项清单，其中，明确支持深圳“设立技术调查官”。作为新型知识产权法律保护改革试点中的重要一环，技术调查官的设置关系着改革试点任务的如期推进，关系着执法司法协同保护知识产权的实效。深圳高新企业众多，知识产权保护需求旺盛，技术类案件逐年递增，设立技术调查官，完善技术事实查明体系，提升案件审理的准确性、中立性已迫在眉睫。本文在梳理国内外技术调查官管理实践的基础上，以深圳市法院技术调查官的生成为例，探讨如何利用本土优势，平衡技术调查官的各类特性要求，生成符合本土特色的技术调查官类型。针对技术调查官生成后，如何测算其合理数量，如何保障其薪酬待遇，如何规范其参与诉讼活动等问题，本文也结合实际进行了探讨。技术调查官并非技术事实查明的唯一途径，在技术调查官生成之后，对如何处理各类技术事实查明手段之间的关系，也给出相应的建议。在日益强调专业化、职业化的今天，技术调查官的生成机制研究对法院其他类型技术人员、其他机关技术人员的生成均有一定的借鉴意义。

与深圳市高新技术产业蓬勃发展，专业技术类案件迅猛增长态势相比，深圳市法院知识产权技术查明手段相对匮乏。目前，深圳中院在审理知识产权案件需要技术查明协助时，主要通过购买服务或招录技术助理的方式解决。但由于购买服务方式可供选择对象有限、参与技术调查的时间不可控、案件数量相对较少（每年约100件），招录的技术助理由于薪资待遇较高，专业素养参差不齐且流动性较大，导致大量知识产权技术类案件积压，在一定程度上影响了深圳高新技术的发展，不利于深圳创新发展，也与深圳法治城市和创新城市的定位不相符，迫切需要通过设立技术调查官，推动构建完善的知识产权技术事实查明体系。

技术调查官如何生成，这是困扰很多法院的问题。关于技术调查官的选任方式，目前没有明确规定，相关制度依据主要源于最高人民法院发布的《知识产权法院技术调查官选任工作指导意见（试行）》。根据该指导意见，我国法院技术调查官的主要类型包括：聘任制公务员类型、挂职交流类型和兼职类型。聘任制公务员类型适合大多数法院，兼职和交流类型的技术调查官则需要一定的基础条件。鉴于不同类型技术调查官的优势、不足之处，深圳需要充分总结域内外的实践经验，紧密结合制度现实和实践需要，在技术调查官生成路径上进行尝试创新。

一、常任为主：深圳法院技术调查官生成的现实路径

综合考虑国内现有技术调查官的类型，结合深圳本地实际，我们认为，深圳市法院应当建立独立的技术调查官队伍，人员以常任为主，同时吸收部分交流或兼职技术调查官。在此基础上，通过购买服务的方式建立专家咨询制度，以满足日益扩展的技术类案件审查需要，最大限度发挥技术调查官的职能作用。主要基于以下三方面考虑：

1. 深圳缺乏建立大规模交流和兼职技术调查员队伍的地缘优势。不论北京、上海还是苏州，其设立兼职或交流的技术调查官均有一定的地缘优势。深圳高等院校较为缺乏，国家知识产权专利行政部门在深圳也未设立专利审查分支机构，难以建立大规模的兼职或交流技术调查官队伍。

1 本文为《院专业辅助人员生成机制研究——以深圳市法院技术调查官为例》课题成果的节选。课题主持人：张谦；课题组成员：祁继、耿焱、蒋筱熙、张明军、王杰；执笔人：张明军、王杰。收录时有删减。

2. 兼职和交流类型难以完成主要技术调查任务。交流技术调查官一般由专利行政管理部门派驻至法院，交流时间为1—2年，工作的连续性受到一定影响。兼职技术调查官由行业协会或有关单位推荐，在本职工作之外担任技术调查官，工作时间无法保证，无法全程嵌入办案，对案件了解程度不够，影响技术查明效果。此外，交流和兼职的技术调查官由于具有两种身份，时常需要申请回避，当事人也经常以要求其回避为由延缓审判进程，因此，交流和兼职的技术调查官无法完成法院知识产权审判技术事实查明的主要任务，北京、上海等法院大都将其作为一种补充或备用形式。

3. 法院技术调查官无法与其他单位共用。深圳市行政执法中的技术事实查明主要依靠兼职技术调查官完成，但作为司法机关，为避免引起当事人对技术查明工作的疑虑，法院技术调查官在司法审判前不能参与行政执法或检察的技术事实查明工作，不能与其他知识产权保护机构混同。

二、何以生成：深圳法院技术调查官需要考虑的因素

1. 技术调查官的编制类型。前文已述及，深圳市法院技术调查官的设置应当主要考虑常任类型。从全市目前已有的人员编制类型看，根据深圳市现有政策，技术调查官的类型仅可以从政法编、事业编、劳动合同制和员额编中进行选择。

究竟技术调查官应当选择何种类型，需要就技术调查官特性与各编制类型进行匹配度检验。为更加直观地反映以上四类编制类型相关特性的对比，则各类型人员优势对比可表示为图1。

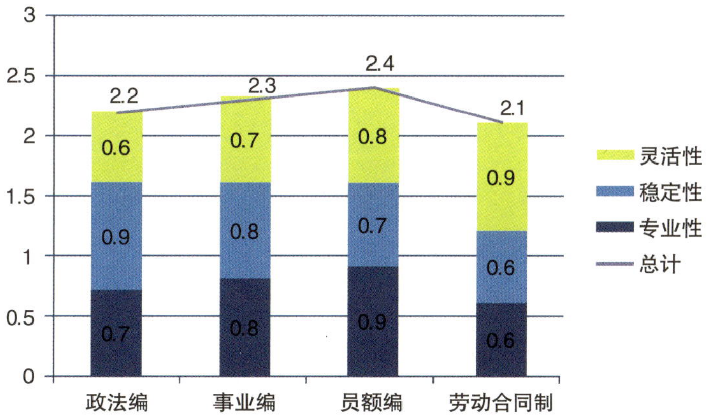

图1　各编制类型技术调查官的优势对比图

可以看出，员额作为一种专业性较强、灵活性较好、有一定稳定性、综合性能较高的用人方式，契合了技术调查官的整体需求。因此，深圳市法院技术调查官的身份类型可参照司法局法律专务和中国（深圳）知识产权保护中心预审员的模式，由编制部门为市中级人民法院配备一定的员额，专用于聘用技术调查官。

2. 技术调查官的功能定位。关于技术调查官的功能定位，《最高人民法院关于技术调查官参与知识产权案件诉讼活动的若干规定》和《深圳经济特区知识产权保护条例》均有明确规定。结合深圳法院审判工作实际，深圳市法院技术调查官职能可表述为：（1）对技术事实的争议焦点以及调查范围、顺序、方法等提出建议；（2）参与调查取证、勘验、保全；（3）参与询问、听证、庭前会议、开庭审理；（4）提出技术调查意见；（5）协助法官组织鉴定人、相关技术领域的专业人员提出意见；（6）列席合议庭评议、专业法官会议等有关会议；（7）完成其他相关工作。

3. 技术调查官的薪酬待遇。目前，深圳市关于员额的薪酬待遇标准主要有法律专务和预审员两种类型，两种类型对应不同的薪酬待遇。技术调查官的薪酬待遇可

以参考预审员相关标准。此外，为避免人员身份混同（主要是技术调查官与法官助理），技术调查官应当由专门的机构负责管理和调度，实现“管用分离”。2021年，市委编委同意在市中级人民法院设立司法辅助中心，集中办理全市法院司法辅助集约工作。技术调查官队伍建立后，可由司法辅助中心统一管理，按照市直财政拨款事业单位平均经费保障水平确定。

4. 技术调查官的配备数量。关于技术调查官配备数量，目前国内并无明确的统一标准，深圳市法院技术调查官的配备数量可参照北京、上海、广州、南京等知识产权法院（庭），按照法官数量或技术类案件数量两种方式进行测算。

（1）根据法官数量测算。目前世界上实行技术调查官制度的国家和地区中，大都将法官与技术调查官的配备比例控制在为 2∶1 至 1∶2 之间。综合考虑深圳市法院的案件数量、案件难度、法院级别，综合参考表 1 国内外技术调查官的配备比例，可将深圳市法院法官与技术调查官的配比设置在 1.5∶1 左右。目前，市中级人民法院知识产权法庭员额法官编制数为 21 名（尚不考虑后期人员补充），深圳市法院技术调查官的数量应在 14 名。

表 1　测算法官与技术调查官配备比例的参考数据表

法院	法官数量（名）	技术调查官数量（名）	法官与技术调查官数量之比
中国北京知识产权法院	22	20	1.1∶1
中国上海知识产权法院	18	13	1.4∶1
中国广州知识产权法院	27	17	1.6∶1
中国南京知识产权法庭	13	6	2.2∶1
中国苏州知识产权法庭	11	5	2.2∶1
中国深圳知识产权法庭	21	14	1.5∶1
日本东京高等法院	17	11	1.6∶1
日本东京地方法院	16	8	2∶1
日本大阪地方法院	5	3	1.7∶1
韩国特许法院	17	27	0.6∶1

注：以上技术调查官数量均不含兼职类和交流类，部分法院技术调查官尚未足额配备。

（2）根据技术类案件数量测算。以 2020 年的数据为样本，综合北京、上海、广州、南京、苏州五个知识产权法院（庭）的法官和技术调查官配比，考虑到深圳法治城市定位、知识产权审判影响力、知识产权案件难度、省内其他法院配备情况等，可将深圳市法院技术类案件与技术调查官的配比确定在 350∶1。2020 年，市中级人民法院知识产权法庭受理技术类案件 4862 件，则市中级法院需配备技术调查官 14 名。

综上，不论采用法官数量测算，还是采用技术类案件数量测算，深圳市法院技术调查官的配备数量至少应在 14 名左右。同时，考虑到知识产权案件近三年年均增长 36% 的趋势、未来深圳的产业布局，预计未来两到三年市中级人民法院受理的技术类案件将超过 7000 件，按照每名技术调查官每年参与 350 件技术类案件的办案量计算，深圳市法院技术调查官的最终配备数量应当不少于 20 名。

三、张力与合力："四位一体"技术事实查明机制的构建

目前，除技术调查官外，我国现有的技术事实查明机制还有专家陪审员、技术咨询专家和技术鉴定人等。作为知识产权审判中技术事实查明的"新宠"，技术调查官以高效、便捷等优点赢得越来越多的青睐。在技术调查官蓬勃发展的同时，我们也应当认识到相较于技术咨询专家、专家陪审员、技术鉴定人，技术调查官具有高效性、便捷性、中立性的制度优势，但这并不意味着技术调查官是对上述三者的替代。

技术调查、技术咨询、专家陪审、技术鉴定完全可以相互独立、相互协作，组成有机协调的"四位一体"技术事实调查认定体系，以达到提高知识产权案件技术事实查明的客观、准确和高效之目的。实际上，作为知识产权诉讼中查明技术事实的一种方式，技术调查官并不能解决所有的技术事实查明难题，从已有的审判实践看，技术调查官的主要职能应当定位于需要技术事实查明的一般案件，遇到技术调查官无法解决的技术难题，就需要其他技术查明机制予以补充。因此，技术事实查明制度之间应优势互补、协同配合，共同构建具有中国特色的技术事实查明制度体系，从而确保技术类知识产权案件审理的中立性、专业性和高效性。

在实际运用中，可以根据技术事实的难易程度，采用不同的技术查明手段。除法官自身可以查明的简单技术事实外，法官查明事实的主要助手是技术调查官，当事人的主要助手是专家辅助人，以达到控辩平衡。当技术调查官专业领域不匹配时法官可聘请专家陪审员，当出现重大、疑难、前沿的技术问题时以专家咨询为补充，必须借助仪器和设备检测、分析、比对才能查明时以技术鉴定为补充的协调机制。

结　语

不论立足现实需求，还是着眼于未来发展，在深圳市建立知识产权技术调查官制度已经刻不容缓。作为经济特区，作为中国特色社会主义先行示范区，深圳技术调查官的设立应当立足深圳的发展现实，体现深圳特色。从技术认定的权威性考虑，技术调查官应当具有法院工作人员身份，代表法院出具技术调查意见，体现其中立性；从工作的延续性考虑，技术调查官应当在一定时期内具备稳定性；从知识更新的角度出发，技术调查官的设置又应当具备一定的灵活性。员额作为一种新型的用人模式，契合了以上所有特性，是深圳技术调查官设置的最佳选择。同时，基于对技术调查官的专业技术要求，需要设置有吸引力的薪酬体系，深圳市日益增长的技术类案件数量以及未来技术布局，要求具有一定规模的技术调查官队伍。当然，我们也应当看到，技术调查官并不能解决所有的技术难题，因此，技术调查官队伍设置后，还应当着力构建法院主导的"四位一体"技术事实查明机制，不断提升技术事实查明的合力。

·编辑：严俊·

院外专家评论

国际知识产权诉讼“优选地”的“深圳样式”

吴汉东[1]

在全球化潮流的推动之下，知识产权国际保护已经成为国际经济、文化、科技、贸易领域中的基本法律秩序，其治理体系呈现出两大发展态势：一是一体化的知识产权立法。即通过各国政府之间进行全球性或区域性的多边协商机制，形成包含知识产权保护的实体性国际标准与程序性国际规则的多边条约，并通过各缔约方国内法加以推行，从而在缔约国内实现知识产权保护制度的趋同。二是跨境性的知识产权司法。即在知识产权的跨境流动中，如果不存在有效的仲裁协议，任何一方当事人都可以向有管辖权的缔约国法院提起诉讼，从而使得具有涉外因素或国际因素的民事诉讼成为知识产权司法活动的重要内容。

知识产权国际争端的诉讼地选择，是当事人意思表示自由的结果。对于权利主体而言，诉讼地的选择，是其对诉讼地司法保护的信赖利益和期待利益的追求。在国际社会，诉讼“优选地”的形成，是一国知识产权治理能力和水平的优势表现。一般而言，诉讼地健全的法律制度、有力的司法保障、良好的营商环境，往往是知识产权主体可推崇、可信赖、可选择的重要因素。可以认为，知识产权法治现代化水平，指引甚至决定了当事人选择诉讼地的基本取向。

中国高度重视知识产权国际保护。中共中央、国务院颁布《知识产权强国建设纲要（2021—2035年）》，要求“打造国际知识产权诉讼优选地”；最高人民法院发布《关于人民法院服务保障进一步扩大对外开放的指导意见》，强调“打造当事人信赖的国际知识产权保护和纠纷解决优选地”。改革开放四十余年间，特别是进入新时代以来，中国知识产权司法保护取得了长足的进步。中国法院已经成为世界上审理知识产权案件尤其是专利案件最多的法院，在国际知识产权保护领域的公信力、吸引力、影响力显著提升，外国当事人自愿选择中国法院作为诉讼地的知识产权案件不断增多。《美国外交官亚太时事杂志》曾发表一篇题为《中国如何成为全球创新和知识产权的领导者》的文章，对中国知识产权法院的建设情况给予高度评价，并称“由于司法程序快捷，中国现在也被视为知识产权诉讼较为可取的选择地”。知识产权诉讼“优选地”的司法现代化建设目标，具有国内、国际两个大局的重要意义：就中国本土而言，即充分落实创新驱动发展战略，促进知识产权创造与转化，提高知识产权保护水平，服务对外开放和国际合作，为我国高质量发展和综合国力提升提供司法保障；对国际社会而言，致力营造法治化的中国营商环境，提高中国在国际知识产权纠纷审判中的国际声誉，为深度参与知识产权全球治理体系改革和建设提供“中国方案”。

深圳作为中国改革开放的窗口和创新发展的高地，是中央批准建设的“中国特色社会主义先行示范区”，在城市发展战略定位中具有“法治城市示范”的特殊使命。深圳法院以中央授权深圳开展综合改革试点为契机，认真抓好“新型知识产权法律保护”综合改革试点

1 专家简介：吴汉东，我国著名知识产权专家，中南财经政法大学原校长、文澜资深教授、博士生导师，现任教育部人文社科重点研究基地知识产权研究中心名誉主任、教育部和外国专家局111引智项目中方首席专家，国家保护知识产权工作研究基地、国家知识产权战略研究基地、国家版权局国际版权研究基地主任，兼任教育部社会科学委员会法学学部委员、国务院反垄断委员会专家咨询小组成员、最高人民法院知识产权司法保护研究中心学术委员会副主任、国家知识产权战略咨询专家委员会成员。被英国《知识产权管理》（MIP）杂志评为“全球知识产权界最具影响力五十人”。本文原载于《求法》2022年第6期，版权声明：因年鉴体例等原因，编辑过程中已对原文引用的资料、注释进行删减，特此致歉。

项目落地实施，聚焦突出问题和重要环节，深化知识产权审判领域改革创新，强化知识产权司法保护效能，努力创建涉外知识产权司法保护的“深圳样式”。统筹国内法治和涉外法治的“深圳样式”，是中国法院致力涉外知识产权司法保护服务发展大局的生动写照，是深圳先行先试国际诉讼优选地建设的重要探索。在知识产权国际保护领域，凡符合国际公约规定而取得的知识产权，理应在相关缔约国内都能受到保护。如何寻求诉讼之道以维护权利或解决纠纷，即存在着诉讼地选择的问题。何为国际诉讼的“优选地”，“优选地”法院须具备何种司法要素，笔者试就“深圳样式”提出如下评述意见和发展建议。

一、存在涉外诉讼因素

高水平的对外开放和无形资产的跨境流动，使得涉外知识产权诉讼成为可能。在国际知识产权领域，根据人法、物法或者混合法的属地原则，当事人总是要选择特定国家作为自己的诉讼地。国际知识产权诉讼优选地形成，必然具有相当的涉外因素，包括：（1）诉讼主体涉外，即知识产权诉讼一方或者双方当事人是外国主体；（2）诉讼标的物涉外，即发生争议的知识产权依外国法取得；（3）诉讼标的法律事实涉外，即知识产权创造、利用等法律关系在外国地域发生。据统计，2016—2020 五年间，全国法院系统受理的知识产权案件中，涉外案件占比约为 20 %左右；自 2019 年最高人民法院知识产权法庭成立以来，三年间受理的技术类知识产权案件中涉外部分超过十分之一。而在深圳，涉外知识产权纠纷多发频发，2018 年至 2021 年，其审结的涉外一审知识产权案件占全省总量的 72 %。总体而言，外国人权利主体选择中国法院进行诉讼，甚至双方当事人同为外国人主体也寻求中国法院解决纠纷，表明了中国知识产权司法保护的国际化程度。可以认为，诉讼的涉外因素存在，特别是涉外案件的一定比例，是判断知识产权诉讼选择地是否为“国际”的重要尺度。

二、提供国民待遇保护

坚持平等保护，是知识产权主体地位平等和权利平等保护的民法原则体现。在我国《民法典》中，实行知识产权平等保护原则的法律依据是“民事主体在民事活动中的法律地位一律平等”（第 4 条）；“民事主体依法享有知识产权”（第 123 条）；“民事主体按照自己的意愿依法行使民事权利，不受干涉”（第 130 条）。在民事法律关系中，各类主体的法律地位平等，其知识产权受到法律平等保护。平等保护不仅是《民法典》规定的私法原则，也是知识产权公约所确认的国际规则，是“国民待遇原则”在国内法中的规范转化。国民待遇原则是诸多知识产权公约确认的首要原则，其基本含义是指在知识产权保护方面，各缔约方之间平等相待，使对方国民与本国国民享受同等待遇。它意味着依本国法律取得或者认可的知识产权，一律平等而无差别地受到保护。在主体诉讼地位及其法律适用方面，没有中与外的国籍之分，也没有公与私的性质之别。打造国际知识产权诉讼优选地，首要问题在于国民待遇原则和权利平等保护原则的贯彻落实。深圳法院坚持“权利平等、机会平等和规则平等”，在一大批涉外知识产权案件中，依法公正处理。深圳法院在知识产权审判中，坚持“中外平等”“外外平等”的无差别国民待遇原则。上述平等保护的做法，既不对外国当事人给予“超国民待遇”，也不对本国当事人提供“地方主义”特别保护，从而在外国当事人中形成可信赖利益，提升了司法保护的国际公信力。

三、尊重适用法律选择

在涉外案件审理中，知识产权诉讼地法院在维护司法主权的原则基础上，得充分尊重当事人选择，实行“意思自治＋最密切联系”原则，依法确定案件应当适用的准据法。根据法律属地主义原则，在中国领域内的民事活动包括知识产权有关事务，适用我国法律。但是，属地主义原则存有例外，即依照我国《涉外民事关系法律适用法》的有关规定，本国知识产权法的地域效力受到一定限制。具言之，有关涉外知识产权关系，依照上述法律适用以下规则：知识产权的归属和内容，适用请求地法律；当事人可以协议选择知识产权转让和许可适用的法律。当事人没有选择的，适用该法对合同的有关规定；知识产权的侵权责任，适用被请求保护地法律，当事人也可以在侵权行为发生后协议选择适用法院地法律。总之，知识产权诉讼地法院在查明适用准据法时，凡可以由当事人协议选择适用法律的，应保障其选择的意思自由，这既是我国涉外民事关系法律适用制度的规定，也是国际经贸领域的通行规则。

四、具备现代化审判能力

国际知识产权诉讼地的优选，其重要标准是优选地法院的高水平审判能力和审判质效。中共中央办公厅、国务院办公厅印发《关于加强知识产权审判领域改革创新若干问题的意见》，提出“要把加快知识产权审判体系和审判能力现代化”作为改革的主要目标。审判能力的提升，在于提高知识产权法官队伍的能力和素质。因此，诉讼地法院必须深入研究、充分尊重国际通行规范和主流做法，吸收、借鉴他国审判经验，大胆创新裁判规则，发挥“优选地”在知识产权全球治理中的司法引领作用。这是审判能力提升的目标要求。现代法治的重要任务之一，即应突出重点领域和重大需求，推动知识产权与经济、科技、文化、社会等方面深度融合发展；在加快大数据、人工智能、基因技术等新领域新业态知识产权立法的同时，高度重视相关前沿技术类案件的审判经验积累和裁判规则形成，提升“优选地”法院的国际化、现代化裁判水平。深圳是国家数字经济创新发展试验区。为此，深圳法院出台了全国首个“加强数字经济知识产权司法保护”的专门文件，积极应对新型纠纷，深化审判机制创新，保护数字经济创新成果。深圳市中级人民法院成功审结华为与三星标准必要专利侵权纠纷案，妥善处理高科技企业在不同国家同时提起的国际平行诉讼。上述司法活动表现了先行先试、勇于创新的审判能力，彰显了现代化的中国司法智慧。

五、给予有质效的权利救济

审判质效的评判标准，主要在于严格司法保护，实现有效权利救济。严格保护知识产权的基本要义是“加强救济、强化威慑”。根据《知识产权协定》的要求，缔约方应保证知识产权救济程序的及时性和威慑性。这是权利人选择和信赖诉讼地法院的重要事由。

（1）保证权利救济的及时性、有效性。诉讼地法院应积极、稳妥地适用诉前禁令、诉前证据保全、诉前财产保全等临时保护措施，及时而有效地制止侵权行为的发生和侵权损害的进一步扩大，避免权利人虽然事后胜诉，但却丧失“商机”和“市场”的后果发生。深圳法院探索侵权行为阻遏方式，作出全国首例专利诉讼“先行判决 + 临时禁令”裁判，即在侵权事实已查明但损害赔偿部分需要继续审理时，先行判令侵权人停止侵害，并发出临时禁令。上述救济措施是临时的，但具有足够的威慑力，受到司法界高度关注和社会好评。

（2）形成合理而权威的司法定价。损害赔偿是权利人最为关注的救济措施。知识产权损害赔偿数额的司法定价，以“合理性”为裁判标准，它既是一个市场标准，即考量知识产权的资产价值，以相关市场份额丧失或功能价值损害为计算基础；同时更是一个法律标准，需要法官根据个案进行裁量，即对侵权行为进行定性后而作出赔偿数额计量。在知识产权侵权诉讼特别是专利诉讼中，损害赔偿的司法定价，有所谓的“美国标准”“欧洲标准”，现受到国际社会关注的还有“中国标准”。提高违法成本和侵权代价，是中国法院“加大保护知识产权力度”的司法立场。深圳法院积极参与修订《深圳经济特区知识产权保护条例》，率先出台《关于知识产权民事侵权纠纷适用惩罚性赔偿的指导意见》，以及在“卡地亚”商标侵权案中的高额赔偿判决，为知识产权损害赔偿的司法裁判提供了许多有价值的思想资料。

六、完善多元化解决机制

多元共治、协同保护，是现代化国家治理的重要举措，也是中国知识产权保护政策的实践体现。知识产权领域的多元共治和协同保护，既是具协同性的知识产权保护体系，又是多元化的知识产权争端解决机制，主要有司法裁判、行政执法、专业仲裁、第三方调解、行业自治自律等方式。其中，司法裁判在知识产权保护体系中具有主导地位，并与其他保护模式保持衔接。深圳法院不断推进知识产权纠纷调解平台建设，完善国际化、专业化的纠纷解决机制，把非诉讼解决机制挺在前面；依法扩大司法确认范围，与中国（深圳）知识产权保护中心合作共建，积极促进当事人通过调解解决纠纷，并予以司法确认，赋予其法律强制执行力。上述做法有助于减少诉讼成本，便捷处理矛盾纠纷，提高社会治理水平。

“深圳样式”是中国法院致力知识产权诉讼优选地建设的宏图缩影和特区版本。我们看到，中国法院在统筹推进国内法治和涉外法治的司法进程中，不断提升审判能力和审判质效，正在打造国际知识产权诉讼优选地，以助力营造我国开放、公平、公正、非歧视的科技发展环境和法治化、国际化的营商环境。

“公正”“专业”：行政审判的价值追求和实践探索

——助力深圳法院打造先行示范法院

王敬波[1]

从1987年1月率先设立行政审判庭到2022年申报“深圳市行政案件集中管辖改革”项目获得“法治政府”奖之殊荣，深圳法院行政审判走在全国前列，时刻追求“公正”之精神，秉承“专业”之态度，推动我国行政诉讼审判走向卓越。在此背景下，本文试图以1989年1月最高人民法院公报刊登的首个行政诉讼案例“香港居民区某案”为切入点，以深圳法院构建集中管辖机制为枢纽，具体呈现深圳法院在行政审判实践中对“公正”“专业”价值理念的践行。同时，只有在审判实践中不断反思和积极探索，才能成为这场行政诉讼审判改革大潮流的“排头兵”，故而，本文在充分肯定当前深圳法院行政审判所取得的一系列成就的基础上，尝试在第三部分为推动深圳行政诉讼体制改革贡献绵薄之力。

一、回顾：香港居民区某案——行政诉讼的“定盘星”

我国行政诉讼之目的为纠纷解决、权利救济和监督权力，其中权利救济和监督权力充分体现了行政诉讼所区别于民事诉讼、刑事诉讼的对行政权力的监督和制约。1988年，深圳市中级人民法院审理的“香港居民区某诉九龙海关行政处罚复议决定”［（1988）深中法行审字第01号］一案是具有象征意义和开创意义的案例。一方面，深圳市中级人民法院在该案中以专业化的态度，率先对海关行政处罚案件进行司法审查，在解决纠纷的同时，充分体现了对公民权利的救济和对行政权力的监督，不仅为我国《行政诉讼法》的起草提供了鲜活素材，而且也象征着我国改革开放时期向法治化迈进的重大决心。另一方面，深圳市中级人民法院以实现公正为价值追求，率先在无行政诉讼法而是仅参照当时生效的《民事诉讼法（试行）》的情况下，对九龙海关行政处罚复议决定这一行政行为进行合法性审查，不仅开创了有别于民事诉讼、刑事诉讼的行政诉讼特殊审理模式的先河，而且也令行政诉讼成为平衡公民权利保护与公权力行使的“定盘星”。

二、践行：集中管辖机制构建的积极探索

2014年修正的《行政诉讼法》第18条第2款是对十八届三中全会决定要求“探索建立与行政区划适当分离的司法管辖制度”的回应，其为我国全面深化司法改革提供了法律依据。跨区划集中管辖机制的构建作为行政诉讼管辖改革的产物，是检验行政审判专业化程度的“度量器”，是保障行政审判公正的重要制度设计。深圳市中级人民法院和盐田区人民法院作为深圳市集中管辖机制建设的先行者，即深圳市中级人民法院牵头，盐

1　专家简介：王敬波，女，对外经济贸易大学副校长、二级教授，博士生导师，兼任中国机构编制研究会副会长，中国法学会行政法学研究会秘书长。本文原载于《求法》2022年第6期，版权声明：因年鉴体例等原因，编辑过程中已对原文引用的资料、注释进行删减，特此致歉。

田区人民法院具体承接行政案件集中管辖改革，以行动践行行政审判对“公正”“专业”的价值追求。具体表现如下：

其一，突破“主客场”之困局，彰显“司法公正”之精神。集中管辖机制是对司法权地方化的突破。相对集中管辖虽然属于异地管辖范畴，但是其实际是传统行政诉讼法异地管辖的创新，即其简化了异地管辖的程序，无须经中院指定，可直接由集中管辖法院受理异地行政案件。当前行政诉讼集中管辖大体可划分为普通法院集中管辖、专门法院集中管辖、跨行政区划法院集中管辖三种模式 。深圳采取普通法院集中管辖模式，即自2015年将原本由其他各基层法院管辖的一审行政案件集中至盐田区法院管辖，以打破传统行政审判实践中“地方干预和保护”的堡垒，突破传统行政审判划分“主客场”不利于司法公正的困局，实现依法公正审判的目的。另外，盐田区法院通过“为党委决策提供法律意见和法律咨询”“落实被诉机关负责人出庭应诉”“提供司法建议和案例引导”一系列举措，逐步形成了人民法院、党委政府相互联动的“源头预防→过程严格→反思总结”集中管辖模式，不断推进司法公正，提升司法公信力。

其二，全面考量人民群众之所需，实现行政争议实质性化解。依前所述，深圳市盐田区法院采取普通基层法院相对集中管辖模式，不可避免地会面临该模式普遍存在的共性问题，但是盐田区法院并没有停步不前，而是选择在实践中不断积极探索，将人民群众的需求作为政策制定和实施的出发点和落脚点，充分利用现有的司法资源，让人民群众及时享受行政诉讼体制改革的红利。例如，面对集中管辖法院由于案件数量增多导致审判压力增大的问题 ，盐田区法院抓住行政案件专业化特征，采取行政案件繁简分流的方式，形成了“简案快办、繁案精审”的独特审判模式，有效地优化了司法资源，实现司法流程的进一步简化。同时，盐田区法院通过不断健全“扩充简化文书使用案件范围”“统一类案处理标准”等一系列配套工作机制，以固化繁简分流改革成效。面对跨区划增加当事人诉讼成本的问题，盐田区法院充分体现“以人民为中心” ，通过设立审判中心、采取巡回审判就近办案、设立相对固定巡回审判点等方式以充分保障原告诉权，为民众提供最大化便利，推动行政争议实质性化解，不断追求公正司法。

其三，“科智”助力行政审判规范化和专业化。“没有信息化就没有现代化”。[1] 习近平总书记的深刻论断为司法体制改革提供了方向指引。盐田区法院作为集中管辖体制改革的优秀“示范者” ，充分释放信息化、科技化、数据化价值，不断加强智慧法院建设，建成“法治云端”网上行政诉讼服务平台，推动实体诉讼服务的信息化、数字化，实现行政审判的规范化。行政审判体制改革的关键在于法院法官的独立性和权威性 ，而权威性的重要影响因素是法官的专业化表现。为提高法院法官的独立性，盐田区法院通过出台《落实司法责任制工作指引》规范性文件的举措实现“责任倒逼法官保持独立性和督促行政审判能力提升”的目的。为提升法院法官的专业性和权威性，盐田区法院则通过组织年轻法官挂职锻炼、聘请法学专家担任人民陪审员、打造专业化审判团队、强化业务培训与指导、开展各类体现行政审判水平的评选活动等方式，有效地解决了行政审判力量薄弱和法官行政审判能力及素养较低等问题。

三、展望：如何成为行政诉讼体制改革的“排头兵”

相对集中管辖机制的构建一定程度上避免了“司法地方化”对行政诉讼顺畅运行的干扰。当前，虽然深圳打造了颇具地方特色的行政案件集中管辖机制，但是，相对集中管辖机制由于其本身是采取将行政案件集中至某个基层法院审理以此破除“司法地方化”的运行机理，因而其形式发挥作用大于实质效果。因此，在对相对集中管辖机制予以肯定的同时，应当进一步深入行政审判的实质，更加注重在行政审判实践中对公正、专业的追求，以此提高行政审判质量、效率和效果，推动行政争议的实质性化解。基于此，为推动深圳法院成为行政诉讼体制改革的“排头兵” ，特提出以下建议。

（一）在行政审判实践中不断深化对公正的追求

“追求司法公正”是指人民法院在行政审判实践中将人民群众的利益作为出发点和落脚点，依法独立行使审判权，作出公正裁决。即就外部要素而言，要求

1　习近平 2014 年 2 月 27 日在中央网络安全和信息化领导小组第一次会议上的讲话。

行政审判机关在不受任何外在压力干扰下作出公正审判。而就内部要素而言，要求行政审判机关时刻将人民群众的利益作为出发点和落脚点，推动“司法为民”的进一步实现。当前，相对集中管辖机制的构建在一定程度上不利于当事人的诉讼便利，以换取行政审判机关依法独立公正审判 。但是，依前所述，司法公正的实现需要兼具内部和外部要素，故而需要对司法公正内部要素予以补足。当前虽然深圳法院试图通过新建审判中心、巡回审判等方式，来弥补相对集中管辖机制中司法公正内部要素的欠缺，但是可以发现，其设立相对固定的巡回审判点大多是针对涉案人数较多、利益诉求重大、矛盾尖锐的案件，而对于当事人利益诉求较小的案件仍缺乏足够关注，其巡回审判工作机制常态化有待进一步提升。基于此，为进一步推动司法公正的实现，提出以下具体建议：其一，加强对利益诉求较小的案件关注，综合考量人口密集程度、区域面积、案件数量、经济发展、交通便利程度等因素，合理设立固定的巡回审判点，便于群众诉讼。其二，构建行政审判质效评估体系，将“依法独立审判”“案件审理正确率”“相关配套措施完善程度”等作为评估指标，以综合评估司法公正的实现程度。

（二）在行政审判实践中不断推动行政审判专业化

依前所述，行政审判的专业化是行政审判的关键，尤其在负责集中管辖的法院，这一特点更为突出。当前，深圳两级法院通过专业化审判团队组建、专家陪审员制度建立、业务培训指导强化等方式提升行政审判专业化水平，但是集中管辖法院仍存在“案多人少”“行政审判法官素质和水平参差不齐”等问题，为解决上述问题，提出以下具体建议：其一，根据案件事由对行政案件进行类型化划分，根据不同类型案件组建相关专业审判团队进行审理，以在保证审判质量的同时提高审判效率。其二，可根据上述不同案件类型的划分，合理配置行政审判法官及司法辅助人员，例如同一类型的行政案件，配备两名法官及四名司法辅助人员。同时，人员配置具体情况，可根据不同类型行政案件的复杂程度予以调整。其三，完善相关保障机制和绩效考核机制，从各个法院吸引优秀法官，充实集中管辖法院审判队伍，同时注重加强对法官的培训，提升法官的专业化水平。其四，可以定期召开相关研讨会、座谈会，由法院法官、行政机关工作人员、群众代表、行政法学专家等人员组成，可针对重大疑难案件解决、如何提高行政审判质效等问题进行讨论。

深圳法院不断提升国际区际司法公信力的经验及完善建议

肖永平[1]

作为我国对外开放的第一个“窗口”、粤港澳大湾区的“核心引擎”、“中国特色社会主义先行示范区”和“社会主义现代化强国的城市范例”，深圳的建设与发展离不开高水平国际化法治化营商环境。打造司法国际影响力、公信力、竞争力是其中的一个重要方面。30多年来，深圳法院在涉外民商事审判方面先行先试、不断创新，不仅为完善我国涉外民商事审判制度、丰富我国涉外审判经验提供了大量的深圳智慧，也为提升深圳国际区际司法公信力、保障深圳不断扩大对外开放作出了重要贡献。下面简要总结深圳法院提升国际区际司法公信力的主要经验，并就未来如何进一步完善相关制度谈几点建议。

一、主要经验

基于中央改革开放的大政方针和最高人民法院的

1　专家简介：肖永平，武汉大学特聘教授，国家高端智库国际法治研究院院长，教育部重点研究基地武汉大学国际法研究所所长、武汉大学法学院教授委员会主任。兼任中国国际私法学会常务副会长，中国国际法学会副会长，最高人民法院国际商事专家委员会委员等职务。本文原载于《求法》2022年第6期，版权声明：因年鉴体例等原因，编辑过程中已对原文引用的资料、注释进行删减，特此致歉。

授权，在广东省高级人民法院的指导下，深圳法院以建设国际一流法院为目标，在涉外民商事审判方面积极探索，不断提升国际区际司法公信力。主要经验可以概括为以下五个方面。

（一）审判机构专门化

1988 年 7 月，深圳市中级人民法院设立全国首家涉外经济审判庭，开涉外审判机构专门化之先河。深圳法院成功审理全国首宗信用证纠纷（1990 年）、首宗申请不予执行涉外仲裁裁决案件（1994 年）、首宗申请撤销涉外仲裁裁决案件（1996 年）、首宗申请承认和执行外国仲裁裁决案件（1999 年），为提高我国涉外民商事审判水平积累了经验，更为深圳作为改革开放的试验田营造了良好的法治环境。自此以后，深圳法院的涉外专业化审判水平一直走在全国前列。

2014 年 12 月 2 日，最高人民法院正式批复同意设立“深圳前海合作区人民法院”。2015 年 1 月 28 日，前海法院正式揭牌，前海法院集中管辖深圳市基层法院全部一审涉外、涉港澳台商事案件。2015 年至 2018 年 9 月，深圳市两级法院同期共受理一审涉外、涉港澳台商事案件 7014 件，前海法院占 75.11%，包括涉港商事案件 3100 多件，位居全国首位。前海法院的集中管辖为深圳法院前海深港现代服务业合作区的建设提供了充分的保障。

2021 年 12 月 14 日，最高人民法院批复同意指定深圳市龙华区人民法院集中管辖深圳市第一审涉外、涉港澳台家事案件，2022 年 7 月 6 日全国首个涉外、涉港澳台家事审判中心在龙华法院正式成立并运行，通过集中审理跨境离婚、继承、抚养等类型案件，着力打造立足深圳、辐射全国、面向世界的专业化家事审判平台。

（二）审判人员专业化

涉外案件具有专业性强、法律关系复杂、适用法律难、审理难度大、社会影响扩及域外等特点，它对涉外司法人员的素质提出了更高的要求，更需要法官具有高度的政治责任心、较高的政策水平、娴熟的审判技能、扎实的业务功底和丰富的审判经验。深圳法院长期重视涉外审判人才队伍建设。2001 年起，深圳法院组织法官参加由香港大学法学院与香港特别行政区政府律政司合作开设的香港大学普通法硕士项目，培养了一大批熟悉普通法裁判法律思维、熟悉国际法学理论、熟悉深港两地司法实务的专业人才，许多成为深圳涉外商事审判队伍的审判骨干和业务精英。

2017 年开始，深圳中院通过“普通法裁判思维研修班”的形式，对涉外审判人员开展普通法裁判模拟法庭活动，为开阔审判视野，拓展裁判思维，增强涉外审判能力提供互动平台。

另外，前海法院还推行香港特别行政区人民陪审员、我国港澳台地区调解员、外籍调解员制度，参与案件审理，充分回应跨境商事主体的多元司法需求，取得了较好的社会效果。深圳中院发布香港特别行政区人民陪审员工作指引等工作规程，规范深圳中院外籍、我国港澳台地区人民陪审员的选任和管理制，为涉外、涉港澳台纠纷的解决提供了多样化模式和多元化路径。

（三）当事人意思自治化

充分尊重当事人选择的管辖法院、所适用的法律和仲裁方式解决他们之间的纠纷，是提升司法公信力的有效方式。在处理这些问题时均以当事人意思自治为基本原则，适用和查明当事人选择的域外法，充分保障了当事人选法的权利。更为可喜的是，深圳中院在深圳市国英电器有限公司与 Competitive Sourcing Limited 买卖合同纠纷案、Water Solutions (Hong Kong) Limited 与宏柏家电公司确认仲裁协议效力纠纷案等一批案件中，通过适用英国仲裁法、美国判例法，确认当事人约定的临时仲裁条款的效力，充分体现了中国法院尊重当事人意思自治和积极支持仲裁的现代司法理念。

（四）域外法查明机制系统化

对于域外法的查明和适用，深圳法院经历了从回避适用、不敢适用、敢于适用、善于适用到建立起一套系统化域外法查明和适用机制的发展过程。目前，作为全国首家涉外审判业务庭，深圳中院涉外商事审判庭率先建立了一套完善的域外法查明机制，通过一系列的域外法查明规范和典型案例，确立了法律查明程序和认定规则，确保域外法“认得全”“查得明”“用得准”，有效提升域外法查明的规范化水平。

在查明途径方面，除通过当事人委托法律专家查明外，深圳法院充分利用最高人民法院授权的外国法律查明基地之一深圳市蓝海法律查明和商事调解中心、最高人民法院国际商事法庭提供的中外法律专家库、深圳前海“一带一路”法律公共服务平台提供的法律资源进行域外法的查明。同时，对类案中已就同一法律内容查明的结果，直接作为法院依职权查明外国法内容予以适用，在很大程度上减轻了查明成本。

（五）国际条约司法化

信守国际条约是国际法的基本原则。深圳法院根据《民法通则》第142条和最高人民法院的司法解释，准确理解和适用《蒙特利尔公约》《联合国国际货物销售合同公约》《纽约公约》等国际条约，充分展示了我国恪守条约义务的司法形象。例如，在深圳德威国际货运代理有限公司诉深圳市欧冠国际物流有限公司运输合同纠纷案中，深圳法院直接适用1999年《蒙特利尔公约》的赔偿责任限额进行裁判。按照《纽约公约》的规定，承认与执行了一批国际商事仲裁裁决和临时仲裁裁决案件，促进仲裁裁决的有效流通，树立了良好的国际司法形象。

深圳法院的上述经验不仅被我国相关立法、最高人民法院的司法解释和会谈纪要所采纳，对丰富和完善我国国际私法理论也发挥了积极作用。例如，我国国际私法关于法院选择协议的效力、关于仲裁协议的法律适用、关于域外法查明的程序与认定标准、关于国际条约的适用规则等问题的理论，都研究与提炼了深圳法院的实践经验。

二、完善建议

提高国际司法公信力是一项系统工程，它不仅涉及司法内部机制的优化改良，还牵涉外部环境的综合协调。因此，司法机关需要“内外兼修”。如果审判质量不高甚至判决不公，司法就难以为社会公众所信任，司法公信力的建设也就无从谈起。下面仅就法院内部工作的完善提出五点建议。

一是整合资源，实现涉外司法机构的专门化。涉外司法的专业化必然要求涉外司法机构的专门化。深圳法院通过涉外商事案件、涉外家事案件的集中管辖，极大提升了涉外案件的专业化审判水平。为推动涉外审判的“精品战略”，建议深圳法院进一步整合审判资源，加强涉外知识产权、行政、刑事等领域的专业化配置，优化两级法院在涉外案件中的审级职能定位，这是提高涉外民商事审判质量、推动相关改革措施落实的组织保障。

二是提高素质，不断创新涉外司法队伍的培训制度。要满足涉外司法的特殊需求，必须建设精英化涉外司法人才教育与培训体系。建议建立更加规范的常态化培训制度，注意发挥最高人民法院国际商事委员会的作用，可以考虑与中国国际法学会、中国国际私法学会等全国性学术组织合作开展专业培训，提高涉外司法人员的国际法律专业素养、外国法律查明与适用能力、境外证据识别能力、跨国纠纷解决技术与涉外庭审驾驭技术。

三是规范程序，实现涉外司法公正。司法公信力需要程序公正作保障。涉外司法需要坚持开放包容、平等保护原则，正确适用国际条约、国际惯例和外国法律，以程序公正保障实体裁判公正，不断提高我国司法的国际公信力。重点加强审判流程标准化建设，将涉外案件从立案到结案归档各节点的工作要点、时限要求、流程标准、岗位指引和文书样式嵌入信息化办案平台，实现对已完成事项的全程留痕、待完成事项的提示催办、将到期事项的定时提醒、有瑕疵事项的实时预警、违规事项的及时冻结等自动化、静默化辅助功能；完善证据开示和域外电子送达和取证制度、健全律师调查令制度、建立外籍专家辅助人、外籍技术调查官、第三方评估等制度；完善域外法查明意见的审查、采信与运用程序。

四是完善要求，实现涉外司法全面公开。没有司法公开，司法权的运行过程就无法取信于民。完善司法公开需要按照司法依据、审判过程、审判结果全公开的要求，建立阳光透明的司法公开制度。利用直播、VR、全息技术等手段，通过庭审全程录音录像，建立审判流程、裁判文书、执行信息公开平台，实行预约旁听庭审制度和庭审直播制度，实现可依法公开的生效判决书全部上网公开。裁判文书应如实记载和反映裁判过程，注重说明法律适用的推理过程，增强说理性，达到以理服人的效果。

五是利用现代科技，提高涉外司法宣传效果。涉外司法公信力的提高需要在中外当事人之间构建平等可及的交流平台。加强运用信息化和人工智能等现代科技手段，利用电子卷宗随案同步生成技术、庭审语音识别技术，建立跨境纠纷在线解决平台、裁判文书资源加工和智能运用机制、互联网专业化审判机制，提升涉外司法服务智能化水平，提高涉外司法宣传的客观性、全面性和及时性，为提高我国涉外司法公信力创造良好的外部环境。

评深圳法院破产制度改革创新的精神

王欣新[1]

破产是任何一个以市场经济（不管其有何种附加社会属性或运行演变）为基础的国家必然会出现的法律现象。中国的破产法是 1986 年在计划经济体制向市场经济体制成功转轨过程中诞生的，是在中国社会的改革开放中成长的。现行的 2006 年《企业破产法》是一个以市场经济为基础制定的法律，而今正在进行立法的修改完善。破产法作为市场经济之基础法律，其实施必然要求市场化的实施，而市场经济乃是法治化的经济，市场化的破产也必然是法治化的破产。深圳经济特区是 1980 年成立的，是中国最早实行对外开放的四个经济特区之一。深圳率先进行了市场取向的经济体制改革，并实现了由经济体制改革到全面深化改革的历史性跨越。当深圳经济特区的改革开放与市场经济的破产法在历史上交汇时，深圳法院秉承特区改革开放的精神，在破产审判制度综合改革与创新方面作出令人醒目的成绩。

一、深圳中院破产审判的改革与创新成绩

早在《企业破产法（试行）》实施期间，深圳市中级人民法院（以下简称深圳中院）就于 1993 年设立了全国法院的第一个破产审判专业庭。2019 年 1 月 14 日，深圳破产法庭正式揭牌，成为全国第一家破产专业审判机构。随着破产立法的不断更新与完善，深圳中院也在不断深化破产审判的改革与创新，在全国率先探索建立了集中管辖、专业审判、预重整、破产管理人分级管理、简易破产程序、执行转破产程序、破产信息公开、破产财产网拍新模式、个人破产制度、跨境破产协作等制度与机制，为全国法院破产审判机制的健全完善提供了先行先试的深圳经验。

2020 年深圳破产法庭受理破产案件 1358 件，占全国法院的十分之一。2020 年，中共中央办公厅、国务院办公厅印发《深圳建设中国特色社会主义先行示范区综合改革试点实施方案（2020—2025 年）》，提出“推进破产制度和机制的综合配套改革，试行破产预重整制度，完善自然人破产制度”要求。其后，中央以清单授权方式授权深圳开展试点，“破产制度综合改革试点”是中央部署的先行示范区综合改革试点首批清单任务。深圳两级法院再一次开启了破产改革的新征程，在健全办理破产机构模式、建立个人破产制度、完善破产重整体系、推进跨境破产协作等重点领域先行先试，并取得令人瞩目的成绩。2022 年 1 月，深圳中院“破产制度综合改革试点”被最高人民法院评为“第一届人民法院改革创新奖”。

二、深圳中院破产审判改革与创新的主要内容

深圳中院在破产制度的改革创新中，最为突出的成绩表现在以下方面。其一是个人破产制度的建立。深圳作为经济特区拥有较为完善的市场经济体系与相应的社会配套体系，有着迫切的个人破产立法需求。深圳中院向深圳市人大常委会提出个人破产立法的建议，并全程参加特区个人破产立法的起草工作，推动我国第一部地方性个人破产法规——《深圳经济特区个人破产条例》出台，并在条例施行后受理、审结了各种类型的个人破产案件，建立全国首个个人破产综合信息系统，完善个人破产的案件办理体系，提高办案效率，降低社会成本，建立公开的监督机制。

其二是跨境破产的协作互助。2021 年 5 月 14 日，最高人民法院与香港特别行政区政府律政司在深圳签署《关于内地与香港特别行政区相互认可和协助破产程序的会谈纪要》，并发布《关于开展认可和协助香港特

1　专家简介：王欣新，中国人民大学法学院三级教授，博士生导师，中国人民大学破产法研究中心主任。曾任全国人大财经委《企业破产法》起草工作组成员。现任全国人大财经委《企业破产法》修改起草组工作小组成员；最高人民法院《企业破产法》司法解释起草组顾问；联合国国际贸易法委员会破产法工作组（2015 年至今）中国政府代表团成员。本文原载于《求法》2022 年第 6 期，版权声明：因年鉴体例等原因，编辑过程中已对原文引用的资料、注释进行删减，特此致歉。

别行政区破产程序试点工作的意见》，明确深圳中院作为跨境破产协作试点法院，初步构建起跨境破产协作框架，率先实现深港跨境破产协作互助。2020年，深圳中院作出的年富供应链公司破产裁定和破产程序获香港特别行政区高等法院认可，在全国首次实现破产管理人跨境执业，成为首例获得香港特别行政区法院认可的跨境破产案。2021年12月15日，深圳中院裁定认可森信洋纸有限公司香港特别行政区清盘程序及其清盘人身份，并明确了允许香港特别行政区清盘人在内地的履职范围，这也是全国首例内地法院承认香港特别行政区法院破产裁定和程序的案件。

其三是健全、完善“府院联动”机制，积极解决企业破产难题与破产衍生社会问题。“府院联动”机制是目前在破产审判工作中解决企业破产难题与衍生社会问题的一种重要机制。破产法是市场经济的基础性法律，只有得到市场化、法治化的实施，才可能真正实现其立法目的。《2015年中央经济工作会议公报》强调指出，“要依法为实施市场化破产程序创造条件”。换言之，目前在中国要想完全市场化地实施破产程序，还有待努力创造各种社会条件。这是因为破产法是一个社会外部性极强的实践性法律，在企业破产程序中除了要解决债务清偿、财产分配、企业挽救等破产法上的问题外，还会产生一系列需要其他社会相关法律和各级政府履行职责解决的与破产相关的社会问题，如重整企业信用修复、涉破产税费缴纳与工商注销登记等问题。在许多市场经济国家中，经过长期的发展，诸多破产衍生社会问题都已通过制定相应的法律予以制度化、社会化、常态化解决，不需要再借道破产程序。而目前我国有关破产法市场化实施的各种社会配套法律与制度尚不完善，一些与破产相关的法律和制度往往仅着眼于对正常经营的常态企业的调整，而缺乏对处于债务困境与破产程序中的非常态企业进行常态化调整的理念和措施，难以对破产法的实施起到有机配套、衔接与融合的保障效应。要解决这些问题就需要在法律与制度不健全情况下，由各级地方政府通过“府院联动”机制直接或间接地提供支持与服务。

深圳中院在改革创新中积极推动“府院联动”机制转型升级，转变“一案一议”，以人际协调和会议为主的模式，推动深圳市政府全国首家独立运行的破产事务管理署成立，联合19家政府机构、部门出台4个办理破产府院联动工作意见，联合市税务局开发上线全国首个“区块链破产事务办理平台”。尤其是深圳中院在办理个人破产案件中推动全国首家个人破产事务管理机构——深圳市破产事务管理署成立，深化司法与行政两权依法分离，不仅探索了合理确定个人破产事务管理职能，厘清法院、政府在解决破产问题时的职能分工，而且为破产事务管理署将来在企业破产中充分发挥府院协调主导机制作用打下基础，健全了“法院裁判、机构保障、管理人执行、公众监督”的四位一体办理破产体系。

此外，深圳中院还在完善企业重整挽救制度，探索建立当事人自愿市场化谈判协商的预重整制度；完善管理人制度；加强反破产欺诈系统，与检察、公安机关建立欺诈线索移送查处机制；完善法律责任体系等方面进行了一系列改革创新。

三、破产创新是如何实现的

深圳法院在破产审判工作方面的改革创新，取得了很多令人瞩目的优异成绩。其中一些成绩是因为深圳作为经济特区有其独特的社会机遇和其他地区没有的外因性条件，如制定地区性个人破产的地方性法规等。但真正保障破产制度改革创新得以实现的，是深圳法院的破产法官们对法律与政策的正确理解与执行，是他们对破产审判事业的执着与热爱，是他们心中的社会责任与担当，是他们不断的辛勤付出与努力。

破产案件十分复杂，是需要花费大量时间与精力办理的案件，即使是在深圳这样市场化改革开放较为完善的地区，也会遇到诸多困难与难题。破产审判是一个综合性的工作，需要法官具有多方面的法律知识和实务工作能力，不仅是对法律的理解和适用能力，还要有更多的办事能力去协调解决各种与法律纠缠在一起的社会问题。面对各种难题与挑战，不畏难回避，不消极敷衍，秉承社会担当积极应对，以改革创新突破围城，深圳法院的亮丽成绩就是这样取得的。只有了解了钢铁是怎样炼成的，才能使深圳法院的破产经验在全国得到真正的推广。

习近平总书记2020年在深圳经济特区建立40周年庆祝大会上指出，一花独放不是春，百花齐放春满园。破产法的市场化实施是以有一个较为完善的市场化社会体系为前提和基础的，市场化是一个难以割裂的社会整体性的概念，这就使破产法的市场化实施程度往往要取决于整个社会的市场化程度。深圳中院对破产制度的改革创新经验不能仅限用于深圳，不能因地域或试点因素的影响而被局限化、碎片化，即使是在试点阶段也不能仅停留为展示一个花瓶，而是要努力推广至全国形成花海。为此要将深圳中院实践中的先行先试转化成全国普遍性的示范引领，要发挥破产法对市场经济的重要调整作用，全面提升我国的营商环境。

我国的改革开放在不断地深化，市场经济在不断地发展，破产制度的改革创新也需要不断进取。成绩只是新的起点，不是故步自封的终点。相信深圳法院也将继续深化破产制度的综合改革，为此要对已形成的规章制度和改革成果不断进行修改完善，不断提升破产审判工作的质量与效率。要有谦虚谨慎，不断自省提升的意识，要能够认清并抛开自身地位可能产生的潜在利益的不当诱惑，如仅为取得工作的便利、减少工作量、降低风险、获得业绩等利益，导致对法律理解与执行乃至制度建设上的偏差。要接受新的破产理论和实施经验，可以定期请专家学者、法官同仁、管理人等多方面的事业关系人对规章制度进行讨论完善，对办理的典型、疑难破产案件进行评议诊断，合作破产课题研究，接受批评与不同意见，在实践中不断学习、纠正和提高。凡改革创新者，难免会出现个别的不当之处，从来没有发生过错误的改革创新是不存在的。相信深圳法院能够在破产制度方面继续不断地先行示范、改革创新，并将创新的异军突起变成全国的普遍实施，为我国破产审判制度的健全完善作出更大的贡献。

正确阐释和适用法律：深圳市中级人民法院（2021）粤 03 民终 9583 号判决评述

张新宝[1]

引言

广东省深圳市中级人民法院（2021）粤 03 民终 9583 号民事判决书裁判的案件是王某某诉深圳市腾讯计算机系统有限公司（以下简称腾讯公司）个人信息保护纠纷上诉案，涉及“告知—同意”规则在具体应用场景中的理解、必要原则的适用以及侵害个人信息权益之侵权责任的认定等新问题。本案判决不仅解决了原被告之间的民事纠纷，同时也阐明了法律的规定，为正确理解与适用相关法律提供了一个范本。

一、案件事实与判决

2019 年 4 月，王某某首次通过微信登录微视 App，并勾选授权微视 App 获取其微信好友关系。其后，王某某卸载微视 App，恢复手机出厂设置并重新下载微视 App 和微信，再次通过同一微信号登录微视 App。登录时微视 App 申请获得的权限主要包括获取用户昵称、头像、地区、性别等公开信息以及获取用户微信好友关系，其中前者用户无法取消勾选，而后者用户可以选择取消勾选。王某某在第二次登录时通过取消勾选拒绝授

1　专家简介：张新宝，中国人民大学法学院教授、教育部长江学者特聘教授、中国法学会法学期刊研究会会长、中国法学会网络信息法学研究会副会长，曾担任《中国法学》杂志总编辑 10 年。现为全国政协参政议政专家委员会委员、最高人民检察院专家咨询委员会委员、最高人民法院执行专家咨询委员会委员。本文原载于《求法》2022 年第 6 期，版权声明：因年鉴体例等原因，编辑过程中已对原文引用的资料、注释进行删减，特此致歉。

权微视 App 获取其微信好友关系，但是在微视 App“通知推送”界面中“好友加入微视”默认为开启状态，“我的视频推荐给好友”“好友的视频推荐给我”等功能按钮亦处于默认打开状态。2020 年 5 月之前，用户可以通过在微信中关闭“微视的朋友关系”来撤销微视 App 中对微信好友关系的授权，但不能直接在微视 App 中操作撤销对微信好友关系的授权。2020 年 5 月之后，腾讯公司更新微视版本，用户可以在微视 App 中直接撤销对微信朋友关系的授权。王某某向一审法院提起诉讼，请求判令腾讯公司立即停止在微视 App 中使用其性别、地区及微信好友关系信息，并在服务器中彻底删除其全部个人信息，同时向其公开赔礼道歉，赔偿损失并承担诉讼费用。

一审法院审理后认为，王某某所主张的性别、地区和微信好友关系三类信息均形成于其使用微信软件的过程中，在一定范围内已公开。腾讯公司在微视 App 中使用此等个人信息的行为不会对王某某的私人生活安宁造成非法侵扰，不构成侵害王某某的隐私权。微视 App 收集使用用户的性别、地区和微信好友关系信息主要是用于增加其社交分享的产品属性，符合其产品定位。腾讯公司在收集使用王某某的个人信息时已取得王某某的授权同意，其行为已保障王某某的知情权、选择权和删除权，不构成侵害王某某的个人信息权益。故一审法院判决驳回王某某的全部诉讼请求。

二审法院审理后认为，王某某对性别、地区和微信好友关系信息不具有隐私期待，其不属于受法律保护的隐私。由于腾讯公司未举证证明地区、性别信息是微视 App 提供正常服务或实现完整业务功能所不可缺少的信息，微视 App 强制获取用户地区、性别信息不符合互联网平台处理用户个人信息的必要性原则。王某某在第二次登录微视 App 时取消勾选对微视 App 使用其微信好友关系的授权，故微视 App 继续使用其微信好友关系的行为未取得有效的个人同意。此外，在腾讯公司更新微视 App 版本之前，腾讯公司提供的撤回授权路径亦非便捷途径。鉴于腾讯公司在二审期间已经删除案涉个人信息，且王某某未举证证明腾讯公司使用其个人信息的行为造成严重后果或导致损害，二审法院判决腾讯公司支付王某某参与诉讼的合理支出一万元，同时判决驳回王某某的其他诉讼请求。

二、判决书中的释法

（一）区分隐私与个人信息

隐私权与个人信息权益保护的客体具有一定的重合性，但二者同时也存在本质区别。隐私权制度的重心在于防范个人的秘密不被披露，其内容主要包括维护个人的私生活安宁、个人私密不被公开、个人私生活自主决定等。与此相比，个人信息权益保护的对象不是个人信息的私密状态，而是自然人对其个人信息的支配与自主决定，从而保障自然人的人格尊严与人身财产安全等人格利益在个人信息处理活动中不受侵害。本案中，原告的微信好友关系已在其微信朋友圈中共享，原告的微信好友可通过“点赞”“评论”等互动方式自由获知原告的微信好友关系，故原告的微信好友关系信息不属于隐私。原告的性别信息和地区信息本身不具有私密性，同时在微视 App 允许用户变更自己的性别、地区信息的情况下，原告未对其性别信息和地区信息进行任何编辑修改，故原告的性别信息和地区信息亦不属于隐私。《个人信息保护法》第 4 条第 1 款规定：“个人信息是以电子或者其他方式记录的与已识别或者可识别的自然人有关的各种信息，不包括匿名化处理后的信息。”依照该条款的规定，对个人信息的界定以“可识别性”为主要特征，即某一自然人的身份能够通过相关信息直接或间接识别。本案中，微视 App 用户的性别、地区和微信好友关系信息与其他平台信息结合后，均具备识别特定自然人的可能性，故原告的性别、地区和微信好友关系信息均属于原告的个人信息。在此基础上，二审法院正确认定腾讯公司处理原告性别、地区和微信好友关系信息的行为不构成侵害原告的隐私权，但构成侵害原告的个人信息权益。

（二）“告知—同意”规则在具体应用场景的理解

依照《个人信息保护法》第 13 条的规定，通常情况下，个人信息处理者处理个人信息的合法性基础是其取得有效的个人同意。个人在具体场景中是否对个人信息处理活动作出同意及其同意是否有效，往往是判断个人信息处理行为是否具有违法性与权益侵害性的关键。本案中，原告在第一次登录微视 App 时授权微视 App 获取其微信好友关系信息，随后原告卸载微视 App，恢复手机出厂设置并重新下载微视 App 和微信，在第二次登录微视 App 时取消勾选对微信好友关系信息的授权。原告在第二次登录时取消勾选授权的行为，应当被解释为拒绝同意腾讯公司处理其微信好友关系信息的行为。而微视 App 基于原告在第一次登录时对微信好友关系信息的授权继续处理原告的微信好友关系信息，此等行为不符合个人信息处理的合法性与正当性要求。二审法院通过深入分析原告第二次登录时取消勾选授权行为的性质，准确地理解与适用了《个人信息保护法》和《民法典》所规定的“告知—同意”规则。

（三）必要原则的理解与适用

《个人信息保护法》第 6 条规定：“处理个人信息应当具有明确、合理的目的，并应当与处理目的直接相关，采取对个人权益影响最小的方式。”“收集个人信息，应当限于实现处理目的的最小范围，不得过度收集个人信息。”根据个人信息处理的必要原则，个人信息处理者应当在满足其服务或产品核心功能的必要限度内，收集最少类型和数量的个人信息，且个人信息处理者一旦缺少其收集的个人信息，将导致其无法正常提供服务或产品。国家互联网信息办公室秘书局等部门印发的《App 违法违规收集使用个人信息行为认定方法》第 4 条规定，个人信息处理者仅以改善服务质量、提升用户体验、定向推送信息、研发新产品等为由，强制要求用户同意收集个人信息的，其行为属于违反必要原则、收集与其提供的服务无关的个人信息的行为。本案中，原告在登录微视 App 时无法取消勾选对性别信息与地区信息的授权，但此等信息并非微视 App 提供正常服务或实现完整业务功能所不可或缺的个人信息。微视 App 收集使用性别信息与地区信息的目的仅仅是向用户提供更加个性化、更具市场识别度的服务。此外，微视 App 允许用户随意更改和填写其性别信息与地区信息，这也表明性别信息与地区信息并非用户使用微视 App 所必须提供的个人信息。基于此，二审法院正确认定腾讯公司在微视 App 中强制获取原告的性别信息与地区信息不符合个人信息处理的必要原则。

三、判决要旨评论

（一）关于停止侵害或删除的适用条件

依照《个人信息保护法》第 47 条第 1 款的规定，在个人信息处理者基于个人同意处理个人信息的情形，个人未作出同意或者撤回同意的，个人信息处理者应当主动或者根据个人请求删除个人信息。个人信息处理者删除个人信息不仅表明其已经停止了包括存储在内的个人信息处理活动，同时也有利于降低个人信息泄露或者被滥用的风险。《民法典》第 1167 条规定：“侵权行为危及他人人身、财产安全的，被侵权人有权请求侵权人承担停止侵害、排除妨碍、消除危险等侵权责任。”在个人信息处理者处理个人信息侵害个人信息权益的情形，个人请求个人信息处理者删除个人信息是其行使停止侵害、消除危险请求权的重要方式。与停止侵害、消除危险请求权相同，删除权的行使不以个人信息处理者有过错为要件。本案中，腾讯公司在二审期间已经主动删除原告的性别、地区和微信好友关系信息，因此对于原告要求腾讯公司在服务器中删除此等个人信息的诉讼请求，二审法院未予支持。

（二）关于损害赔偿的构成要件

《个人信息保护法》第 69 条第 1 款规定：“处理个人信息侵害个人信息权益造成损害，个人信息处理者不能证明自己没有过错的，应当承担损害赔偿等侵权责任。”个人信息处理者侵害个人信息权益之损害赔偿责任的构成，需要满足侵害行为、损害、因果关系和过错四项要件。

其一，个人信息处理者实施了侵害个人信息权益的个人信息处理行为。侵害个人信息权益的个人信息处理行为往往违反了《个人信息保护法》《民法典》《电子商务法》《网络安全法》等法律关于个人信息保护的规定，属于违法行为。

其二，被侵权人在个人信息处理活动中遭受损害。《个人信息保护法》第 69 条第 1 款所规定的损害既包括财产损失，也包括精神损害。但是，依照《民法典》第 1183 条第 1 款的规定，只有在侵权人侵害人身权益造成严重精神损害的情况下，被侵权人才有权请求精神损害赔偿。实践中，被侵权人证明其遭受的精神损害达到法律规定的严重程度存在一定困难。冯 • 巴尔教授指出，在人格权侵害案件中，财产损失只是例外情况。通常情况下，被侵权人只有在其人格权遭受“严重”侵害时才能得到侵权法的保护，这导致人格权的保护相较于财产权的保护而言处于不利地位。因此，在人格权侵害案件中，法院在准确认定侵害人格权造成的财产损失与精神损害之外，还可以判决侵权人承担“名义上的损害赔偿”（nominal damages），从而为人格权提供更完善的保护。

其三，个人信息处理者实施的个人信息处理行为与损害之间存在因果关系。鉴于个人与个人信息处理者在举证能力上的差异，在明确不实行因果关系推定的情况下，为了平衡保护被侵权人的诉讼利益，应当降低因果关系的证明标准。在侵害个人信息权益案件中缓和因果关系之“相当性”的证明负担，是指从宽理解“若有该行为，通常是否会产生该损害”，只要原告证明个人信息处理行为与损害之间存在引起和被引起的条件关系，即可认定存在因果关系。

其四，个人信息处理者具有过错。《个人信息保护法》第69条第1款明确规定侵害个人信息权益的损害赔偿责任适用过错推定责任。个人信息处理者实施违法处理个人信息的行为或者未尽到法律规定的个人信息保护义务，本身即表明个人信息处理者具有过错，除非其能够证明其个人信息处理行为不属于违法行为或者已经尽到个人信息保护义务，从而推翻对其过错的推定。

（三）关于赔偿数额的确定

《个人信息保护法》第69条第2款规定：“前款规定的损害赔偿责任按照个人因此受到的损失或者个人信息处理者因此获得的利益确定；个人因此受到的损失和个人信息处理者因此获得的利益难以确定的，根据实际情况确定赔偿数额。”在侵害个人信息权益案件中，被侵权人举证证明其遭受特定财产损失或者严重精神损害的，此等财产损失或者精神损害应当被认定为损害。在被侵权人无法对其遭受的财产损失或者严重精神损害进行举证的情形，一般理性人都认可必然存在的损失也应当被认定为损害。例如，个人信息处理者对个人信息的利用必然会为其带来商业利益。虽然此等利益的具体数额难以通过证据证明，但其同样属于个人信息处理者因侵权行为而获得的利益。此外，法院还可以根据案件的实际情况判决个人信息处理者承担“名义上的损害赔偿”。《最高人民法院关于审理利用信息网络侵害人身权益民事纠纷案件适用法律若干问题的规定》（法释〔2020〕17号）第12条规定：“被侵权人为制止侵权行为所支付的合理开支，可以认定为民法典第一千一百八十二条规定的财产损失。合理开支包括被侵权人或者委托代理人对侵权行为进行调查、取证的合理费用。人民法院根据当事人的请求和具体案情，可以将符合国家有关部门规定的律师费用计算在赔偿范围内。”“被侵权人因人身权益受侵害造成的财产损失以及侵权人因此获得的利益难以确定的，人民法院可以根据具体案情在50万元以下的范围内确定赔偿数额。”依照该条规定，被侵权人的维权成本，包括调查取证的合理费用和合理的律师费用属于侵害个人信息权益造成的财产损失。当损害的具体数额难以通过相关法律或者司法解释规定的标准或者方法确定时，法院可以综合考虑个人信息处理的目的、处理行为的类型、被侵害的个人信息的种类、被侵害的个人信息权益的类型和程度等因素，在50万元以下的范围内酌情确定赔偿数额。

结　语

个人信息保护的司法治理具有包容性、灵活性、示范性等特征，是我国个人信息保护法治体系的重要组成部分。作为一份论证说理清楚、适用法律正确的裁判文书，本案判决生动展现了司法活动对于信息产业合法合规经营的促进和引导作用。在本案原告起诉时，腾讯公司运营的微视App在其个人信息处理活动中存在未经个人同意处理个人信息、未提供便捷的撤回同意方式以及强制收集非必要个人信息等违法违规问题。随着案件审理工作的不断推进，腾讯公司于2020年5月、2021年10月和11月更新微视和微信版本，对其个人信息处理活动中存在的问题进行及时整改，二审法院对腾讯公司所作出的改进亦予以肯定。由此可见，法院在司法活动中正确解释和适用法律，可以为信息产业的健康发展指明方向。

二审法院认定，原告所主张的性别、地区与微信好友关系信息不属于敏感个人信息。敏感个人信息的判断除了应当采取法定判断标准，还应当兼采场景理论，即根据个人信息处理的具体情境判断个人信息是否具有敏感性。本案判决在论证说理的过程中，似乎可以在微视App处理用户个人信息的场景下，具体分析性别、身份与微信好友关系等个人信息是否具有敏感性，进而更加准确地阐释腾讯公司在个人信息处理活动中所应当尽到的保护义务。

深圳中院涉标准必要专利案件的引领性判决评析

张　平[1]

标准必要专利纠纷涉及某个行业在全球布局的若干专利组合及全球通用标准的实施，背后体现的是全球产业链分工与产业竞争中各种势力的较量。各国法院对相关案件的审判结果不仅在一个司法地域范围内产生效力，更会影响全球整个产业内的相关企业，包括专利权人、被许可人乃至消费者利益，甚至会改变整个行业的竞争态势。正因如此，各国法院在标准必要专利纠纷的管辖权、在“公平合理无歧视”（FRAND）的专利许可费计算标准以及对专利权人的禁令请求、专利被许可人的反垄断诉讼的立场上都在争取各自的司法影响力。深圳中院在涉标准必要专利纠纷的审判方面，特别是在管辖权、许可费率计算、禁令救济及反垄断的审理上都作出了诸多具有影响力的判决，为中国的标准必要专利纠纷案件提供了司法裁判基准。

一、许可费率的计算

尽管标准化组织在制定专利许可政策时限定专利权人必须承诺对标准必要专利实施 FRAND 许可，但实践中专利权人与作为被许可方的标准实施人在费率计算上往往达不成一致意见，以及许可费率的基数标准和计算方法不统一，导致各国法院在许可费率的确定上有不同的裁判结果。

深圳中院在华为诉 IDC 案中，运用了“可比协议法”设定了标准必要专利许可费率的确定标准，为后来广东省高级人民法院发布的《关于审理标准必要专利纠纷案件的工作指引（试行）》奠定了基础，在该工作指引中明确推荐了四种标准必要专利费率的计算方法：（1）参照具有可比性的许可协议；（2）分析涉案标准必要专利的市场价值；（3）参照具有可比性专利池中的许可信息；（4）其他方法。其中参照具有可比性的许可协议和分析涉案标准必要专利的市场价值这两种方法成为司法判决中的主要参照方法。

“可比许可协议法”是指通过对比分析当下或以往的专利许可协议中的许可费用，来确定涉案专利的许可费。由于被许可对象情况和许可条款具有差异性，这意味着 FRAND 原则对所有相似许可对象的许可费用及许可条件可能也存在差别。因重视市场主体自由协商达成的协议，可比许可协议法获得广泛认可。美国联邦巡回上诉法院在苹果诉摩托案中指出，通过选择具有充分可比性的许可协议以此来评估确定专利价值，具有可靠性。然而，面对当事人举出的既有许可协议，法院不是直接讨论其可接受性问题，而应着重进行证据和事实的比较。“可比许可协议法”的适用也存在一定的难点。第一，企业间许可协议中专利范围、专利数量、专利价值、许可时间、许可范围和条件等各方面情况具有差异性，很难直接进行比较；第二，即使获得第三方经自由协商达成的许可协议条款，这些许可协议通常需要经过“拆解”才能确保与争议许可具有可比性，而这种拆解的过程本身就具有很大的难度。具体而言，当涉及一次性预付款许可、交叉许可，涉及优惠条款的许可时，都需要一步步仔细地将其从协议中拆解。第三，一些新技术在推广之初可能难以找到较为适合的可比许可协议。

“自上而下法”是指为一个标准中包含的所有标准必要专利确定一个公平合理的总使用费，然后基于特定专利权人持有的标准必要专利组合相对价值在标准中所有标准必要专利总价值中所占比例，向该专利权人分配许可费 。自上而下方法可以防止专利费累积问题的出现以及能够让标准实施者对产品应缴纳的专利许可费有一定的预期，同时保证专利权人能够按照创新贡献获得合理的回报，避免高额的许可费 。该方法已在多个案件中被司法实践所采纳 。“自上而下法”的难点在于如何评

[1] 专家简介：张平，女，2018 年起担任北京大学粤港澳大湾区知识产权发展研究院执行院长。1991 年北京大学法学院硕士毕业留校任教，2004 年被聘为北京大学法学院雅虎 - 方正讲席教授及北京大学互联网法律中心主任，2009 —2021 年兼任北京大学知识产权学院常务副院长。本文原载于《求法》2022 年第 6 期，版权声明：因年鉴体例等原因，编辑过程中已对原文引用的资料、注释进行删减，特此致歉。

估标准必要专利和行业累积费率的确定，一般由当事人各方通过提交独立第三方的标准必要专利评估报告作为证据。

上述两种计算方法都存在各自的利弊，现行司法实践应当视个案情况具体分析，单独采用“可比许可协议法”或“自上而下法”或两者结合的方法计算许可费。

二、管辖权的确立

2020 年 8 月，英国最高法院在 Unwired Planet 诉华为案、康文森诉中兴案、康文森诉华为三起有关标准必要专利许可的纠纷案中作出最终判决，认定英国法院有权根据欧洲电信标准协会（ETSI）为跨国专利组合设定全球许可费率。法官认为：华为必须同意法院制定的全球许可条款，否则华为将被禁止在英国销售侵权产品。法官进一步认为，标准化组织的政策授权了国家法院可以根据全球商业惯例来决定什么情况是符合公平合理无歧视（FRAND）的条款。

针对英国法院的裁决，上述中国公司在中国提起了反制诉讼。2018 年，中兴公司对康文森公司向深圳市中级人民法院提起诉讼，请求法院就康文森公司持有的中国标准必要专利确定符合 FRAND 义务的实施许可条件。康文森公司提出了管辖权异议，最高人民法院最终裁定，驳回康文森公司上诉，维持深圳中院作出的管辖裁定。在我国最高人民法院的裁定中，首次明确了对于被告在中国境内没有住所的标准必要专利许可费纠纷中国法院具有司法管辖权。这一裁定涉及我国《民事诉讼法》第 265 条特殊地域管辖的具体执行以及国际民事纠纷管辖权合理性原则的确立。

2020 年 10 月 16 日，深圳中院对夏普株式会社、赛恩倍吉日本株式会社与 OPPO 广东移动通信有限公司、OPPO 广东移动通信有限公司深圳分公司涉标准必要专利许可纠纷管辖权异议一案作出裁定，深圳中院认为，“鉴于标准必要专利许可纠纷既非典型合同纠纷又非典型侵权纠纷这一特性，在确定管辖时也应考虑许可标的所在地、专利实施地、合同签订地、合同履行地等是否在中国境内，即标准必要专利许可纠纷是否与中国存在适当联系。只要前述地点之一在中国境内，则应认为该案件与中国存在适当联系，中国法院即对该案件具有管辖权”；关于全球范围的专利许可费的管辖问题，深圳法院认为“由法院裁判全球费率有助于整体效率提升，可以从本质上解决原、被告之间的纠纷，有效避免双方当事人在不同国家多次诉讼，也更符合 FRAND 原则的本意。”2021 年 8 月，最高人民法院就该案被告提出的管辖权异议上诉作出终审裁定，认为深圳法院的管辖权异议裁定法律适用正确，驳回上诉人的请求。这是我国最高审判机关首次明确对标准必要专利全球许可条件的管辖规则，对我国从防御型法治转向引领型法治、积极参与全球知识产权治理规则制定具有里程碑意义。

在上述案件中，中国法院明确了如下几个关键问题：

第一，诉讼标的物所在地原则。我国《民事诉讼法》第 272 条明确规定了被告在我国领域内没有住所的合同纠纷或其他财产权益纠纷案件的管辖适用规则，对涉外民事诉讼管辖问题予以清晰指引。上述几案中作为标准必要专利的标的为中国授权专利，有些专利还在进行专利有效性质疑，当发生标准必要专利纠纷时，应当优先考虑案件所涉专利的属地性质，即标准必要专利的授权地、专利有效性质疑地、专利许可谈判地等。所以，依据标的属地原则，中国法院具有管辖权。

第二，利益相关地原则。我国最高人民法院认为：“标准必要专利许可纠纷的核心是诉请法院确定特定许可条件或者内容，促使双方最终达成许可协议或者履行许可协议。在具体案件中，法院通常需要根据纠纷发生原因的不同，有针对性地确定许可标的、许可条件等。例如，在双方就许可标的发生争议时，法院需要审查所涉标准必要专利是否真正为实施特定标准所必需及其有效性如何。”在上述案件中，中国明确为案件所涉标准必要专利的实施地，中国的市场规模最大，如若在一个实施该标准必要专利市场占有率不高的国家来确立一个全球许可费率，显然专利权人有谋取不公平利益的嫌疑。所以，这些标准必要专利许可利益与中国具有更为密切的联系，应当由中国法院管辖。

第三，关于“不方便法院原则”的适用。在中兴公司案中康文森公司提到了“不方便法院”原则，我国最高人民法院在裁定中认为：“不方便法院原则的适用，需要同时满足《最高人民法院关于适用〈中华人民共和国民事诉讼法〉的解释》第 532 条的规定的六个条件，且主张适用该原则的被告应对此承担证明责任。本案中：（1）中兴公司的注册登记地在中国，本案涉及中国法人的利益。（2）争议的主要事实发生在中国境内，包括标准必要专利是否实施、作为许可标的的专利是否有效、是否标准必要专利等。（3）康文森公司所提交的证据不能证明中国法院在认定事实和适用法律方面存在重大困难。（4）康文森公司所提交的证据不能证明英国法院审理本案更为便利。本案涉及中国标准必要专利许可问题，在中兴公司对于许可标的是否标准必要专利及其效力问题提出质疑的情况下，英国法院对此问题的审理不比中国法院更为便利。”

三、禁令的适用

禁令是法律赋予专利权人维护其专利权实现的救济手段，不应因属于标准必要专利就当然排除禁令的适用范围，而是考虑专利权人和被许可人各自的过错程度。我国最高人民法院出台的《关于审理侵犯专利权纠纷案件应用法律若干问题的解释（二）》、北京市高级人民法院出台的《专利侵权判定指南（2017）》、广东省高级人民法院出台的《标准必要专利纠纷案件的工作指引（试行）》等司法文件中，都要求停止侵权请求的判定需要综合考虑专利权人和实施者双方的过错。专利权人的行为符合公平、合理、无歧视声明的要求，且实施者存在明显过错的，可以支持专利权人停止实施标准必要专利的请求。在华为与 IDC 一案中，深圳中院认为“公平、合理、无歧视”许可的前提条件是“许可”的存在，对于愿意支付合理使用费的善意的标准使用者，标准必要专利权人不得径直拒绝许可，否则将不恰当地将技术标准使用者排除在市场竞争之外，危及他人基于对技术标准的信任所作的各种投资的安全，有悖于专利法的宗旨以及技术标准的内在要求。该案虽未直接回答权利人请求停止侵权救济是否会因拒绝许可而受到限制的问题，但却表明了我国法院对待标准必要专利许可的一种观点，即作出 FRAND 许诺的专利权人在面对有达成许可意愿的实施者时不得径直拒绝许可。

在华为诉三星案件中，深圳中院于 2018 年 1 月 4 日判决三星公司停止侵害华为的专利权，判决的理由是：三星的生产制造、销售行为侵犯了华为的专利权；同时，双方标准必要专利交叉许可谈判的过程中，三星存在明显过错，违反了 FRAND 原则，而原告华为没有明显过错，没有违反 FRAND 原则。

美国法院的判决中尤其强调对颁发禁令的非歧视立场。美国专利商标局、国家标准技术研究院和司法部反垄断局共同发布的《关于标准必要专利禁令的联合政策声明》和美国司法部修改后的《IEEE 知识产权政策的商业评估函》中都认为获得禁令救济是法律赋予专利权人的专有权利，该权利不会因专利纳入标准后被剥夺。就目前而言，美国法院在处理涉及标准必要专利的永久禁令问题时，仍然以 e-Bay 案的“四要素”为重要参考因素：（1）是否存在不可弥补损失；（2）金钱赔偿是否不足以弥补专利权人的损失；（3）诉讼当事人双方的利益平衡；（4）禁令是否会对公共利益造成损害 。

欧洲对于禁令的适用在近年的判决中特别强调了实施者的谈判义务，2020 年，在西斯维尔（Sisvel）诉海尔案和诺基亚诉戴姆勒案中，德国法院认为由于标准实施者在标准必要专利专利权人发出侵权通知后仍没有充分表达自己取得许可的意愿，因此，不能对 FRAND 许可设立附加条件。英国法院则把禁令颁布标准与全球费率挂钩。2020 年英国最高院在无线星球（Unwired planet）诉华为案和康文森（Conversant）诉华为 / 中兴案中，认为损害赔偿金不能替代禁令救济的作用，颁布禁令能够促使实施者与专利权人进行磋商，并接受专利权人就其标准必要专利提出的 FRAND 许可协议，如果实施者不接受法院判决的全球费率就可以颁发禁令。

四、垄断行为的认定

标准必要专利的开放性、公共性与专利权的独占属性之间存在天然的“二律背反”，并由此引发在反垄断法上关于相关市场界定及滥用市场支配地位认定的难题，如单个标准必要专利能否构成相关市场以及具有市场支配地位、标准必要专利组合的统一许可是否构成滥用市场支配地位进行搭售、标准必要专利许可费是否构成垄断高价等，这些问题的出现将标准必要专利许可及其许可费定价机制与反垄断问题直面相连。

在华为诉 IDC 案中，深圳中院对判定标准必要专利权利人是否构成垄断的一些关键性问题，包括相关市场的界定、专利权人市场支配地位的评估、专利权人是否构成过高定价等进行了深入分析，为标准必要专利的全球治理提供了有益的探索。深圳中院认为，基于标准中每一个标准必要专利的唯一性和不可替代性，标准必要专利权人在相关市场中具有市场支配地位。如标准必要专利权人在标准必要专利使用费谈判中，违反公平、合理、无歧视的原则，比如，实施过高定价、歧视性定价、搭售等滥用市场支配地位的行为，将被认定为构成垄断民事侵权，应承担相应的法律责任。

2020年9月，在我国国务院反垄断委员发布的《关于知识产权领域的反垄断指南》中也回应了深圳中院在华为与IDC案中的主要观点：对标准必要专利权利人滥用其知识产权，要求不公平高价许可费、要求不合理的许可条件等排除、限制相关市场竞争的行为，明确应适用我国《反垄断法》进行规制。

小 结

深圳中院关于标准必要专利的司法案例，表明了中国司法机关的鲜明态度，在维护技术标准成为协调统一某领域的特定技术事项的技术规范价值基础上，为企业公平参与国际市场竞争提供了有力司法保障。这些案例体现了司法裁判者的专业和良知，展现了中国司法系统的理性、公正与谦逊；司法裁判作为企业救济的最后一道手段，深圳中院的裁判为促进科技创新，促进企业公平竞争，为构建透明、多元、开放的国际秩序作出了重要贡献。

治理之道——疏导

——评深圳法院建构多元化解纠纷机制的努力

邵 明[1]

在现代法治社会，国家治理的正常途径是“法治”，即“有善法且被遵行”。国家治理的基本方式有二：（1）“一般性治理”，即“有善法”，主要是通过立法制定法律规则。商鞅曾云：“为治而去法令，犹欲无饥而去食也，欲无寒而去衣也，欲东而西行也，其不几亦明矣”（《商君书·定分》）。（2）“具体性治理”，即“善法被遵行”，主要是根据法律规则解决具体纠纷或者处理具体案件。国家治理包含保护国民的内容，国家（机关）承担保护国民的责任，日常所言“司法为民”实为“司法保民”，即通过处理具体案件来保护国民的合法权益。

所谓“大道至简”，治理国家如“治水”“理玉”，因水之性而“治水”，顺璞之文而“理玉”（《说文解字》释：“理，治玉也”），以至“万物并育而不相害”（《中庸》）。在我国，从古至今，常将“民”比喻为“水”，所谓“民如水”“水能载舟、亦能覆舟”“军民鱼水情”等。“国家治理”包含纠纷解决的内容，如同“治水”，其法为“疏导”而不是“堵塞”。

深圳经济特区将纠纷多元解决纳入其治理体系中。对于纠纷多元解决，在一般性治理方面，深圳经济特区制定了《深圳经济特区矛盾纠纷多元化解条例》（自2022年5月1日起施行），在深圳经济特区架构起纠纷多元解决机制。在具体性治理方面，政府及其相关部门、人民法院、人民检察院、社会团体等单位明确职责分工，公证、和解、调解、仲裁、行政裁决与诉讼方式相互衔接相互协调，为当事人提供多样、便捷、高效的纠纷解决途径，符合“疏导”的治理之道。

在深圳经济特区治理体系中，深圳法院基于“共建”“共治”“共享”的理念，作出多方面的努力和多层次的实践。对此，笔者作出如下评价，仅供参考。

其一，深圳法院自觉地参加深圳经济特区一般性治理，为制定《深圳经济特区矛盾纠纷多元化解条例》提

1 专家简介：邵明，中国人民大学法学院教授，博士生导师；教育部人文社会科学重点研究基地中国人民大学民商事法律研究中心专职研究员。本文原载于《求法》2022年第6期，版权声明：因年鉴体例等原因，编辑过程中已对原文引用的资料、注释进行删减，特此致歉。

供较为成熟、充实的实践资料。比如，将法院诉源治理解纷点和诉讼服务站前移基层，能够最大限度地把矛盾纠纷化解在基层；人民调解、行政调解、司法调解的“三调”联动，优化诉调对接机制，推动在行业内开展诉源治理多元解决工作；对特邀调解员分级分类管理，设立选聘条件和确立工作职责，规定工作补贴和加大激励力度；在民商事领域，实行中立评估、调解保全、商事案件委派调解市场化等做法。

其二，深圳法院能够平衡保护纠纷当事人的“民商事纠纷解决选择权”与“民事诉权”。和解、调解、仲裁、行政裁决和民事诉讼等民事纠纷解决方式各有利弊，组成一个完整的纠纷解决体系，能够起到利弊互补的效果。和解、调解、仲裁、行政裁决等非诉讼纠纷解决方式（ADR）能及时解决纠纷，降低纠纷解决成本，减缓纠纷对法院的压力。因此，在法治框架内，国家法律对非诉讼纠纷解决方式给予了制度上的支持，比如我国《民事诉讼法》通过司法确认程序来支持调解；同时，允许纠纷当事人根据法律的规定和按照自身利益的需求，选择适当的纠纷解决方式，即当事人享有“民商事纠纷解决选择权”，比如纠纷当事人如果希望自己权益得以充分实现，就可以选择民事诉讼；如果不希望当事人之间关系破裂，就可以选择和解或调解。

当事人享有请求国家给予司法救济的诉权。法谚云：“有权利必有救济。”国家承担保护当事人诉权的职责，即“不得非法拒绝司法”或者“有告诉即受理”。在国际社会，诉权或者司法救济权被确定为基本人权，比如《世界人权宣言》第 8 条规定：“当宪法或法律赋予的基本权利遭受侵犯时，人们有权向有管辖权的法院请求有效的救济。”从“疏导”的治理之道来说，起诉条件不应严格而滥用诉讼的构成要件却应严格，以方便和保障当事人适时寻求司法救济。在民商事纠纷多元解决机制中，原则上适用非诉讼纠纷解决方式以不侵害当事人诉权为前提条件。若当事人依法选择适用非诉讼纠纷解决方式，则不构成对其诉权的侵害。

当然，对某些类型的纠纷，有必要对其诉权作出限制性规定，比如在许多国家和地区，有关亲属法和劳动法的纠纷，调解是其提起诉讼的前置程序，则不构成对当事人诉权的侵害。法律强制规定纠纷当事人必须采用非诉讼方式（被称为“强制 ADR”），则须有充足的根据。比如，对离婚纠纷、分家析产纠纷、扶养纠纷、赡养纠纷、抚养纠纷等有关婚姻家庭或者涉及身份关系的纠纷，通常以调解为诉讼审判的前置程序，其主要根据是调解能够不伤和气地解决纠纷，能够维护纠纷当事人之间的关系和睦和婚姻家庭关系的稳定。再如，商业长期合作伙伴之间发生的商事纠纷，根据自愿原则适用调解，能够维护双方当事人之间形成的长期合作伙伴关系，有助于促进商事交易的长期良性发展。

通常情况下，“强制 ADR”仅限于“适用”的强制，并非指纠纷当事人必须接受“强制 ADR”处理的结果，纠纷当事人不服处理结果的则可请求诉讼救济，所以不构成对纠纷当事人民事诉权的侵害。比如，我国《劳动争议调解仲裁法》第 48 条规定：劳动者对劳动仲裁裁决书不服的，可以自收到裁决书之日起 15 日内向人民法院提起诉讼。我国劳动争议仲裁属于法定的强制仲裁，强制仲裁由于缺少双方当事人之间达成的仲裁协议，即强制仲裁不是双方当事人自愿选择适用而是法律规定必须适用的，所以其仲裁裁决往往缺少终局性，当事人不服仲裁裁决的，可以提起诉讼。

从《深圳法院诉源治理、诉调对接暨审判态势分析报告》（2022 年上半年）和《全市法院立案和多元解纷情况月度态势分析报告》（2022 年 1 月至 6 月）中，可以看出，深圳法院在保障当事人民事诉权的基础上，按照当事人的意愿，引导当事人选择调解等非诉讼纠纷解决方式，尊重当事人的民商事纠纷解决选择权。

其三，深圳法院积极探索适应新型专业纠纷的解决方式，适时建构专业纠纷解决机构，从而实现纠纷的专业妥当性解决。通常将民商事纠纷区分为以下类型：财产纠纷与人身纠纷；普通纠纷与专业纠纷；私益纠纷与公益纠纷等。不同类型的纠纷，其解决方式相应不同，比如有关确认合同有效或者无效、确认或者否认亲子关系、确认婚姻无效等纠纷，就不得适用调解。不同类型的纠纷，有其较妥当的解决方式，比如有关专利、商标等民事纠纷，我国《专利法》《商标法》规定由相关职能部门解决，较能满足专业性的要求。对民商事纠纷作出合理分类，适用相应的解决方式，才能妥当适时地解决，符合“疏导”的治理之道。

针对深圳经济特区金融纠纷、知识产权纠纷总量大、增长快的实际情况，深圳法院适时推动诉源治理由普通纠纷向专业纠纷拓展，加强金融纠纷和知识产权纠纷诉源治理。深圳经济特区作为改革开放的前沿阵地，在经济社会飞速发展的同时，有关虚拟货币、供应链金融、数字安全等新型专业纠纷不断产生，就需要适时探索适应新型专业纠纷的解决方式，不仅对本地区的治理有积极意义，而且对全国其他地区也有引领或示范作用。

在商事纠纷解决领域，深圳法院推动更多商事纠纷前端调解，积极培育职业化、市场化调解组织。（1）协调50余家社会组织成立全国首个商事调解组织“深圳市商事调解协会”；（2）率先探索商事案件委派调解市场化收费模式，协议收取调解费，有效调动调解组织积极性；（3）加强专业培训指导，定期联合司法局主办纠纷多元解决云课堂系列公益网课，邀请法律学者、资深法官、资深律师、调解专家授课，提升调解员的专业素质和技巧。

深圳法院在纠纷多元解决方面的努力，在《深圳法院诉源治理、诉调对接暨审判态势分析报告》（2022年上半年）、《深圳法院审判态势分析报告》（2022年上半年）和《全市法院立案和多元解纷情况月度态势分析报告》（2022年1月至6月）均有比较全面的体现和分析，值得实务界和理论界借鉴。个人认为，对上述报告中的一些问题，可以进一步深入研究。比如，有些法院或者某些类型的纠纷的调解成功率不高，其原因是什么？由导入而调解不成是否延长纠纷解决的时间？如何进一步平衡保护纠纷当事人的“民商事纠纷解决选择权”与“民事诉权”？

荀子云：“人莫贵乎生，莫乐乎安。”我的理解是，在民商事纠纷解决领域，“安”主要包括：（1）对纠纷可以适用何种方式解决，（在法官的释明下）当事人可选择或者可预测，即纠纷解决的方式适用或程序开始之安；（2）对纠纷解决的过程或进程，当事人可预测，即纠纷解决的过程之安；（3）对纠纷解决的结果，（在一定程度上）当事人可预测，并且纠纷解决的结果能够得到确定，即纠纷解决的结果之安。深圳经济特区纠纷多元解决机制中，深圳法院和调解组织、政府部门等相互合作，平衡保护纠纷当事人的民商事纠纷解决选择权与民事诉权（属于纠纷解决的方式适用或程序开始之安），遵循纠纷解决的正当程序（属于纠纷解决的过程之安），合法妥当适时地解决纠纷（属于纠纷解决的结果之安），置身于深圳经济特区现代化治理，符合“疏导”的治理之道。

深圳如何加快建成“四力”卓著的先行示范法院

陈欣新[1]

“四力”即司法公信力、法治竞争力、改革创新力、国际影响力。为深入学习贯彻习近平新时代中国特色社会主义思想，全面贯彻落实习近平总书记在深圳经济特区建立40周年庆祝大会上的重要讲话精神，贯彻落实《中共中央 国务院关于支持深圳建设中国特色社会主义先行示范区的意见》（以下简称《意见》）和中共中央办公厅、国务院办公厅印发的《深圳建设中国特色社会主义先行示范区综合改革试点实施方案（2020—2025年）》（以下简称《实施方案》），2020年11月4日，最高人民法院制定《最高人民法院关于支持和保障深圳建设中国特色社会主义先行示范区的意见》（法发〔2020〕39号），明确提出，到2025年深圳法院“建成司法公信力、法治竞争力、改革创新力、国际影响力卓著的先行示范法院”。如何实现这一目标，需要进行认真的理论思考和实践探索。

1 专家简介：陈欣新，中国社会科学院台湾香港澳门法研究中心主任，中国社会科学院法学研究所研究员，任中国法学会香港基本法澳门基本法研究会副会长、中国法学会网络信息法学研究会常务理事、海峡两岸关系法学研究会理事、全国港澳研究会理事等职务。本文原载于《求法》2022年第6期，版权声明：因年鉴体例等原因，编辑过程中已对原文部分内容及其引用的资料、注释进行删减，特此致歉。

一、辩证认识“四力”的本质和提升“四力”的前提基础

（一）“四力”的本质是实现公平正义的能力

司法公信力、法治竞争力、改革创新力、国际影响力的核心本质是实现公平正义，习近平总书记在中央全面依法治国工作会议上明确提出努力让人民群众在每一个司法案件中感受到公平正义，法院只有具备通过司法行为实现公平正义的能力才能成为“四力”卓著的法院。

司法公信力体现为公众对司法机关及其行为的信任程度。而公众对司法的信任正是建立在公众对于司法机关能否维护公平正义，能否具备及时、有效、低成本地提供公众所急需的司法救济的能力的认可基础之上。法治竞争力体现为一个国家或地区产生和保持法治动态水平对生产力进步和社会综合发展以及满足人民日益增长的物质文化需求的促进能力相较其他国家或地区的优势。而促进作用的核心标志正是公平正义的实现程度及效率。改革创新力体现为冲破思想观念的束缚、突破利益固化的藩篱、破除体制机制障碍，激发生产力进步、推动经济社会持续快速健康发展或自我完善的能力。而社会公平正义的实现水平或效率低于人民的合理预期，激发或推动的作用就大打折扣甚至无从谈起。国际影响力体现为一个国家或地区或特定主体在国际社会或全球专业同行心目中的信誉水平和被认可程度以及号召引领能力。而司法机关的国际影响力正是以不受国籍差别影响，客观维护正当合法权益，并能让来自不同国家的案件当事人切实感受到公平正义为前提。

（二）法院“四力”提升以特定时空条件为前提和基础

首先，“四力”提升受制于当前客观国情条件下公众的意识和承受条件。中国社会主义仍然处于并将长期处于社会主义初级阶段，十九大提出的“新时代”也是社会主义初级阶段的“新时代”，而不是社会主义中级阶段或高级阶段的“新时代”。这一特定国情从根本上决定了当前乃至今后相当长时期的“特定时空条件”的性质和客观影响因素。而我们正在建设的法治也是处于社会主义初级阶段的法治，与理想状态下的社会主义法治相比，还存在很大差距，公众的经济条件和法治意识以及文化传统也受制于这一特定时空条件。因此，法院不能想当然地要求公众对于司法行为的理解和认可，建立在具有很强的法治意识，具备在足够长的时间内承担高成本的精细司法所需要的优越经济条件，甚至即便自己的切身利益受损也要严格按照法治的要求行事的基础之上。

其次，法院“四力”提升受制于当前客观国情条件下综合治理能力和体系。社会主义初级阶段的根本国情决定了我国整体的治理水平还不高，并且在短时间内也不可能有很明显的提升，这也是中央反复强调要提高治理水平，推进国家治理体系和治理能力现代化的原因所在。由于治理水平有限，所以对于提高“四力”所必需的治理条件和配套机制，也会有很大程度的制约，这意味着我们不能指望在比较短的时间内能够具备符合法治理想状态的配套机制和客观环境。相对而言，民众以及国家公职人员包括相当数量的地方各级党委和政府的领导干部在内，法治意识和观念以及按照法治原则和思维方式行事的能力也都有待提高。司法机关在各级政权架构中并不处于顶端位置，既需要自觉地接受各级党委的领导，也需要获得其他不同性质的政权机关的配合，否则无法仅凭司法机关自身力量，通过审判和司法执行等工作，为社会公众提供必要且适当的法律救济。这在相当程度上也会制约法院的“四力”提升。

再次，法院“四力”提升受制于当前客观国情条件下自身的主客观条件变化幅度。司法机关自身的建设和发展也受制于特定时空条件的限制。由于复杂的历史和现实原因，我国目前实行较为严格的公职人员退职退休制度，法官按照职级划定退休年龄，绝大多数法官的退休年龄不会超过 60 周岁，二级大法官不会超过 63 周岁。其中，属于改革开放以后通过高等学校招生考试进入高等院校接受教育并参加工作，家门出来进校门，校门出来进法院的人员又是大多数。辩证地看，优势是经历过系统的专业教育，法学知识背景和理论功底比较深厚，而且对于国际法律专业界的发展和前沿问题也有一定程度甚至很精准的了解，对于法条的理解在专业角度存在的问题较少；不足之处是，对于社会主义初级阶段法治发展存在的困境以及推进法治建设和法院工作可能面临的障碍以及存在的深层次问题如何破解，认识不够深刻。

自改革开放以来，深圳作为我国内地改革开放的先锋，不仅形成了以来自五湖四海的移民为主的区域性社会结构，而且绝大多数的市民不愿沉沦落后、不

甘终生受限于过去旧体制机制所构建的桎梏，勇于开拓、乐于创新，这种特定历史条件下形成的社会空间背景及环境在全国也是独一无二。法定职权职责决定了深圳市各法院绝大部分履职行为是为这个特定空间的公众服务，但司法工作又不仅仅是服务于这个特定空间。我国是单一制国家，遵行中国共产党领导下“全国一盘棋”的治理原则，地域性和特殊性必须以全国性和普遍性为基础。而这一点不是仅靠法学专业知识和技能就能够达到要求。

二、当前深圳法院建成“四力”卓著先行示范法院的探索建议

（一）适应主要发达国家集团的法治与中国法治之间的“接口”需求，有利于提升深圳法院的法治竞争力

深圳作为中国特色社会主义先行示范区，对内作为改革先锋，对外作为中国与主要发达国家集团之间直接往来的桥头堡，这样的战略功能决定了深圳必须既能为实行社会主义制度的中国内地企业和个人所信任，又能为实行资本主义制度的主要发达国家集团的企业和个人所信任，必须有足够的能力适应主要发达国家集团的法治与中国法治之间的接口需求。因此，要满足作为中国内地与主要发达国家集团之间直接交往桥头堡的需要，深圳的法治竞争力既要对标中国内地发展水平最高、速度最快、人才最多的城市，也要对标主要发达国家的国际金融经贸中心城市。因为只有这些城市才具备作为中国与主要发达国家之间桥梁和联络站的条件，也就是深圳真正的竞争对手和合作对象，而不是想象中的竞争对手。要成为改革开放先锋，深圳必须在法治建设中能做到相较于内地的主要发达城市，具有更好的法治环境和更高的法治专业水平，以及更远大的法治发展的预期优势。这就要求深圳司法机关不能仅仅把法治竞争力单纯地视为依靠法律专业知识和技能，尤其是裁判专业知识和技能，必须考虑到深圳的独特战略功能所需要的法治背景和环境，以及营造这样的背景和环境所需要的关键因素。主要发达国家集团实行资本主义制度，其法治观念和法治水平也由这样的基础制度和相应的社会发展水平所决定。主要发达国家集团的私有企业和个人，与他们的政府之间存在一定的区别，这些企业和个人与中国打交道的根本目的是获取私有利益，而不是获得国家战略利益，至少国家战略利益相较私有利益处于次要地位。对于他们而言，需要的是能够保证他们私有利益的司法公正和相应的司法信用，而不是与他们所属国家的政治制度和价值观念完全适应的司法功能。这恰恰是深圳法院乃至于我们所有的法院需要认真考虑的问题，那就是如何在中国特色的制度所决定的司法权力的性质和特征以及运行规律限定的框架内，提供与主要发达资本主义国家集团的法院相同或相似的维护司法公正的服务和信誉，并使国际社会和我们的民众都能切实感受到。只有能够做到这一点，我们才能从根本上建立在主要发达资本主义国家集团的企业和个人心目中的司法信用，也才能真正具有法治竞争力。

（二）在公法领域司法工作中注意妥善处理协调主要发达国家或地区的法治理念与当前我国的法治现实之间的差异，有助提升法院的国际影响力

作为中国特色社会主义先行示范区和我国“升级版改革开放”的先锋，未来深圳的一个重要战略功能应是，建成实行社会主义制度的我国内地与实行资本主义制度的主要发达国家集团之间直接交往合作的桥头堡，与以“一国两制”方式作为中国与主要发达国家集团之间桥梁和联络站的香港特别行政区形成犄角之势。这个重要战略功能决定了深圳必须要直面主要发达国家或地区的法治理念和现实与当前阶段我国内地的法治理念和法治建设现实之间的差异，并能够妥善处理和协调好这种差异，使之对于深圳的战略功能产生的不利影响减到最小。

实事求是地看，随着我国生产力水平和社会发展水平的不断提升，在民商事等私法领域，我国的法律创制和法律实施行为与主要发达国家和地区之间的差距逐渐减小，有很多领域差别已经不大。但在公法领域，不仅由于社会制度和政治制度的差异会充分体现出两者在法治观念和价值观念上的差别，而且在法治建设实践中的差异也体现得非常明显。这就要求深圳法院在公法领域的审判工作及改革实践中，必须高度重视这种差异可能对于深圳作为中国内地与主要发达国家集团之间直接交往合作的桥头堡的战略功能所产生的负面影响。这种影响虽然不可能完全消除，但可以通过深圳法院的努力，至少在审判工作中将其负面影响减至最低。实际上，在司法领域审判工作中所体现出的中国内地与主要发达国家集团之间的差异性，更多的也是公法领域的差异因素

造成的，只不过是在司法工作中更多地具体体现出来而已。例如，对于司法权的运作施加影响和监督的思维方式和行为方式不同，说到底是公法问题而不是私法问题。在这方面要秉持辩证思维，既不能一味地单纯强调与国际接轨，而忽略我国政治制度和社会制度从根本上对于司法权运行的影响；也不能一味地单纯强调国情差异，而忽视在法治理念上我们与主要发达国家集团之间还存在着一定的共识，只是由于社会发展水平和民间理念以及文化传统的不同而存在一定的差异性。只有充分认识到这种辩证思路的重要性才有可能使我们不被一时得失所困扰。

（三）明确区分商事和民事司法工作的改革思路，有助于提升法院司法公信力

民事法律关系和商事法律关系虽然都属于涉及平等主体之间的权利义务关系，但还是存在明显的区别。商事法律关系与全球性商业行为关系密切，商法的发展规律是要求全球各国家或地区的商事规则尽可能一致以降低经贸运营的成本和不确定性，确保交易安全。实践中往往是生产力发展水平高、国际经贸优势明显的国家也就是主要发达国家的商法规则引领国际经贸法律规则的发展趋势，并逐渐为全球各国家或地区所接受。相应地，在商事法律领域和国际经贸法律领域，不具有生产力发展水平和经贸活动优势的国家特别是发展中国家基于自己国情而制定的特色规则不易获得国际社会的认可。而很多民事法律规则往往与区域性、在地性民事行为的特征关系密切，受制于特定时空条件下的地域性文化传统习惯的程度也比较高，绝大多数民事行为的差异大小与行为主体所处地域的距离远近和社会发展水平差距大小呈正相关。尽管随着全球交往的日益密切，也会出现减少民事规则冲突和相互借鉴影响增强的情况，但是，更多情况下，复杂历史和文化因素的影响，特别是社会发展水平差距不易弭平，与人身权、财产权有关的民事行为和民事法律规则所具有的在地性烙印往往不易消除，也没有必要强求各国家或地区一致，否则“四力”反而会受到损害。

作为中国特色社会主义先行示范区，深圳在改革开放中处于先锋地位，与国际社会交往比较密切，很多为“改革开放升级版”服务的改革措施要进行大胆尝试，这些尝试在商事特别是国际经贸领域具有非常明显的必要性。相对而言，民事领域的观念和行为受制于地域性经济、社会发展水平特别是绝大多数民众收入和受教育水平的程度很高，与国家制度差异特别是社会制度及国家意识形态差异的相关性不是很大，宽容度可以很高，任何主体入乡随俗是国际惯例。因此，如果在民商事领域审判工作改革思路中不采取具体问题具体分析的方针，不加区分一味地强调与国际接轨，向发达国家或地区看齐，对正处于并将长期处于社会主义初级阶段的中国而言，是教条思维的体现，未必能产生有利于法治进步、促进经济社会发展的作用。深圳法院如果能根据不同法律规则的不同发展规律，在民商事领域采取区别对待的司法工作改革的思路和策略，在商事领域中更多地强调与国际接轨，大胆借鉴发达国家和地区的成功经验；而在民事领域中更多地强调尊重中国的传统文化和各地方的良俗、习惯，可能是更合适的做法，避免司法机关与具有较强封闭性的在地民间力量之间产生矛盾和冲突，更有利于缓和、减少社会矛盾和提高法治信用以及司法机关的威信。

（四）用好司法建议机制，使法院从被动的裁判者变为主动承担治理责任的主体，有利于提升深圳法院的改革创新力

司法建议机制是我国国情条件下，立法、行政、司法三种机关之间实现互相配合、互相制约以及司法机关主动参与社会治理的一种具有很强中国特色的积极机制。这种机制在主要发达国家集团和实行资本主义制度的发展中国家集团并不存在。如何在社会主义初级阶段的先行示范区用好司法建议机制是衡量和判断深圳司法机关“四力”的一个重要标志。

很多情况下，规则缺陷往往只有在实践中通过具体案件才会充分反映出来。而这一点恰恰是司法机关的强项，也就是司法机关能通过个案的审判过程发现规则缺陷的具体表现，而当事人由于利益关系，也会尽最大可能规避和利用规则的缺陷。这样的行为，也只有在具体审判工作中，在利益相对方的博弈中，才能够被充分揭示出来。

过去司法建议机制通常主要用于个案，而且是在司法机关的职权无法完全实现某些法治功能，又必须提醒其他有权机关或可以追究相应当事人其他责任的主体的一种途径，而对于制度创新、制度完善却很少使用。通常情况下，地方司法机关很少用司法建议提醒中央级立法机关、行政机关、监察机关和其他主体就一般性法律规则的完善或者具有普遍约束力的决定命令的修正提出建议，而这一点恰恰是中国特色社会主义先行示范区法院最需要做好的工作，在这方面深圳法院系统过去已有一些成功做法。如果司法机关仅仅满足于个案审判工作的案结事了，而不考虑到规则完善和创新问题具有一定的普遍性和前瞻性，实际上也不利于司法机关今后的工作。因为说到底很多问题最终还是会在司法审判这个环节爆发出来，法院如果不能积极参与规则的完善和创新，不仅不能省事反而会费事。相反，如果司法机关能不局限于具体个案的审判工作，而是把个案司法审判中发现的问题和总结出的解决矛盾的尝试方法归纳起来，并且通过司法建议的方式提醒规则创制机关和规则执行机关，能够在法律规则完善和创新以及行政执法中找到更好的解决办法，实际上不仅有利于避免更多的矛盾最后淤积在司法审判过程中，而且也有利于建立司法机关与立法机关、行政机关和监察机关之间的良性互动关系，这对于提升司法机关的公信力也极有好处。至少会让全社会明白司法机关并不拘泥于司法权的被动性基本特征，还会利用主观能动性在法治框架内作出贡献、有所作为。

（五）完善与主要发达国家法院及法官之间的常规专业交流机制

作为升级版改革开放先锋地区的法院，深圳法院应当注重研究主要发达国家或地区法院在新型社会关系、新型案件、新科技领域的典型案例判决中遇到的法律问题和新的裁判理由，并结合中国的实际情况作出适当转换后借鉴运用于中国特色社会主义先行示范区司法审判实践。在相当长时间里，我国法院系统与国外司法机构尤其是司法工作人员之间的交往，主要集中于高级别法院及其工作人员层面，并且很多都是普通的外事礼节性往来。相对而言，中基层法院及其工作人员与主要发达国家法院及其工作人员之间缺乏常规的专业交往机制。作为中国特色社会主义先行示范区，特别是承担中国内地与主要发达国家集团之间建立直接交往关系的桥头堡，深圳法院系统急需与国际社会司法机关及司法人员之间更为频繁的专业交往以便增进相互了解和信任，而不只是外事礼节性往来。由于地缘优势，深圳过往把与香港特别行政区法院之间的专业交往作为与发达国家和地区法院之间专业交往的重点窗口，并通过这种专业交往间接了解主要发达国家或地区集团特别是普通法系法域的司法专业发展情况。深圳法院及其工作人员与香港特别行政区法院及法官的交往固然是重要的，也是粤港澳大湾区融合发展的需要。但是，在新形势下已经明显不能满足深圳战略功能和法院“四力卓著”的发展目标对法院系统对外开放的要求。特别是随着国际形势的变化以及香港特别行政区自身出现的一些问题，很可能香港特别行政区在历史上作为中国内地与主要发达国家集团之间桥梁和联络站的功能，会受到一定程度的影响。况且，香港特别行政区实行普通法制度，至多只能作为与英美法系的主要发达国家或地区之间的桥梁，而与不实行英美法系的其他主要发达国家尤其是欧洲大陆的主要发达国家司法机关之间还存在着一定的差别。而深圳不仅仅是中国内地与普通法系国家集团之间直接交往的桥头堡，更是与非普通法系特别是大陆法系国家之间直接交往的桥头堡。这对于深圳与主要发达国家集团之间司法交往、互通有无是一种新的挑战，仅靠对香港特别行政区法律和司法机关行为的了解不足以满足这样复杂的战略功能的要求，这是深圳法院未来相当长时间内应予以高度重视的问题。事实上，在专业领域中增强深圳法院与主要发达国家集团法院特别是司法工作人员之间的专业交往，不仅仅有利于双方在业务上互通有无、互相借鉴，更有利于促使主要发达国家集团的法院及其法官对于深圳、对于中国特色社会主义先行示范区的法治有比较深刻的了解，能够在双方的社会制度和政治制度不同的前提下，增强相互之间的司法专业理解和职业公信力，也才能够使他们真正认识到深圳法院及其司法工作人员的专业水准和技能，长远而言，有利于增强深圳法院的“四力”。

法院工作报告

Report on Court Work

深圳市中级人民法院工作报告

——2023 年 2 月 15 日在深圳市第七届人民代表大会第四次会议上

深圳市中级人民法院副院长　邝肖华

各位代表：

受张应杰院长委托，我代表市中级人民法院向大会报告工作，请予审议，并请市政协委员和其他列席人员提出意见。

2022 年主要工作

2022 年是党的二十大召开之年，是进入全面建设社会主义现代化国家、向第二个百年奋斗目标进军新征程的重要一年。全市法院坚持以习近平新时代中国特色社会主义思想为指导，深入学习贯彻习近平法治思想，坚定拥护“两个确立”、坚决做到“两个维护”，紧紧围绕迎接党的二十大、学习宣传贯彻党的二十大精神，紧紧围绕习近平总书记、党中央赋予深圳的新时代历史使命和国家重大战略，紧扣“法治城市示范”战略定位，在市委坚强领导下，在市人大及其常委会有力监督下，在政府、政协和社会各界关心支持下，坚持服务大局、司法为民、公正司法，忠实履行宪法法律职责，各项工作取得新进展。

一年来，全市法院受理各类案件 576903 件，办结 500571 件。同时，坚持把非诉讼纠纷解决机制挺在前面，149120 件纠纷在立案前成功化解，是上年的 1.8 倍，显著降低群众、企业解决纠纷的时间成本、经济成本。全市法院受理案件和诉前化解纠纷总量 726023 件，比上年增加 3289 件。在最高人民法院“一站式多元解纷和诉讼服务体系建设”质效评估中，深圳法院位居全国 70 个大中城市第一。

一、坚持围绕中心、服务大局，保障经济社会高质量发展

全面贯彻新发展理念，落实“双区”“双改”等国家重大战略，“建立新兴领域知识产权保护新机制”作为深圳综合改革试点典型经验和创新举措，被国家发改委向全国推广。

优化法治化营商环境。高质量完成牵头负责的 21 项深圳营商环境创新试点任务，市中院“打造国际区际商事争端解决平台”、福田法院“应用区块链技术审判金融案件”入选“2022 深圳营商环境改革十大创新示范案例”。联合市检察院、公安局、司法局，出台民营企业服务保障措施 30 条，坚决防止将经济纠纷当作犯罪处理，坚决防止把民事责任变为刑事责任，保障民营经济健康发展。积极回应市场主体关切，建立超标的查封快速处理、保全方式灵活变通机制，降低对企业正常生产活动影响。加强反垄断和反不正当竞争司法，审结滥用市场支配地位、不正当竞争案件 624 件，严惩虚假诉讼犯罪 14 件，保护中小微企业生存发展空间。3 个案例入选全省助力中小微企业发展典型案例。

服务高水平对外开放。坚持依法平等保护原则，审结涉外涉港澳台民商事案件 5657 件，6 个案例入选粤港澳大湾区跨境纠纷典型案例。简化涉港澳诉讼程序，审结首例粤港澳大湾区内地执业港澳律师代理案件，适用国际公约和域外法办结案件 49 件，首次适用香港法进行司法确认。联动境内外调解组织，化解跨境纠纷 664 件，推动前海建设国际商事争议解决中心。高规格筹建大湾区司法研究院，首次发布内地与香港特别行政区法律规则比较清单，推动规则衔接和机制对接。在龙华法院设立全国首家涉外涉港澳台家事审判中心，实行案件集中管辖，推动大湾区融合发展。市中院“裁定全国首例申请认可和协助香港破产程序案”、前海法院“融合港澳资源促进矛盾纠纷多元化解”获评首届“人民法院涉港澳司法合作优秀成果”。

保障创新驱动发展。依法保护创新、激励创造，审结知识产权纠纷案件 16612 件，严惩侵犯知识产权犯罪 207 件。出台全国首个数字经济知识产权司法保护意见，引导新技术、新业态、新模式在法治轨道上健康有序发

展。加强平台治理和算法规制，审结“智搜公司诉光速蜗牛公司案”，在全国首次将算法作为商业秘密进行保护。首创“全流程嵌入式”技术调查官工作模式，确保侵权事实专业查明、权威认定。加大侵权行为惩治力度，累计作出惩罚性赔偿判决 29 件，判赔金额 1.69 亿元，3 个案例入选全省首批 6 个惩罚性赔偿典型案例。“打造最严格知识产权司法保护体系”被评为全市优秀改革案例。

服务供给侧结构性改革。发挥破产审判“积极拯救”和“及时出清”功能，审结破产案件 687 件，3 个案例入选全国破产审判十大经典案例。全面建立破产快审程序，破产审查周期缩短一半，130 家“僵尸企业”快速出清，精创公司等 20 家中小微企业实现快速重整、和解，成功恢复生产经营。联合 25 家单位出台 52 条举措，推动破产事务高效办理。审结“沃特玛公司破产清算案”，600 余名职工 4000 万元欠薪全额清偿。深化个人破产制度试点，让依法经营、诚实守信的债务人从头再来。建立反破产欺诈配套机制，对故意隐瞒债权债务、违反破产考察制度的闫某等依法处以罚款，坚决防止借破产之名逃废债。

促进金融市场健康发展。在全国首家实行证券期货案件“三合一”审理。依法严惩操纵市场、内幕交易、非法集资等金融犯罪 203 件，审结金融纠纷案件 56870 件，防范化解金融风险。建设一站式证券纠纷化解平台，探索部分金融案件适用督促程序，促进金融纠纷高效、低成本解决，罗湖法院金融类案集约审理模式被省法院推广。审结“东方金钰证券虚假陈述案”，在全国首次将上市公司实际控制人作为第一责任人追究民事责任，保护中小投资者合法权益。2 个案例入选全国投资者保护八大典型案例。

保障绿色低碳发展。坚持用最严格制度、最严密法治保护生态环境，组建全省首个中级法院“三合一”环境资源审判庭。依法严惩破坏环境资源保护犯罪 35 件，审结环境资源民事、行政案件 306 件，妥善审理东江流域环境民事公益诉讼案件 11 件。审结“德辉宝公司污染茅洲河行政处罚案”，支持环保部门依法查处污染企业。审结首例生态环境损害赔偿公益诉讼案，落实“谁污染谁治理、谁破坏谁赔偿”。率先出台“双碳”目标司法保障意见，“长园公司大气污染案”入选全省法院环境资源保护十大案例。龙岗法院环境资源法庭被评为全国环境资源审判工作先进集体。

二、坚持公正司法、忠实履职，推动法治先行示范城市建设

紧紧围绕法治先行示范城市建设，依法履行、主动延伸审判职能，更好发挥法治固根本、稳预期、利长远的保障作用。

坚决维护国家安全和社会稳定。贯彻总体国家安全观，推动建设更高水平的平安深圳，审结一审刑事案件 11053 件，同比下降 30.4 %。依法严惩煽动颠覆国家政权、间谍窃密、邪教等犯罪，坚决维护政权安全、制度安全。贯彻实施反有组织犯罪法，健全常态化扫黑除恶机制，严惩梁某某等涉黑涉恶犯罪 10 件。坚持受贿行贿一起惩治，审结贪污贿赂犯罪案件 34 件，严惩童某某等腐败分子，彰显正风肃纪、反腐惩恶的坚定决心。

妥善化解民商事纠纷。贯彻实施民法典，审结一审民商事案件 242885 件，标的额 3329.2 亿元。妥善处理因疫情引发的劳资用工、购销合同、商铺租赁等纠纷，引导当事人平等协商、共渡难关，持续服务“六稳”“六保”。审结民间借贷纠纷案件 28180 件，依法否定职业放贷、高利转贷、变相高息等行为效力，引导民间融资服务实体经济。依法稳妥审理房地产和金融领域重大债务纠纷案件，坚决守住不发生系统性风险底线。

推动法治政府建设。依法支持与监督并重，审结一审行政诉讼案件 3535 件，办结行政机关申请强制执行案件 8621 件。推动健全行政复议与行政诉讼衔接机制，促进行政争议源头预防、实质化解，行政相对人撤诉 804 件，行政机关撤回强制执行申请 162 件。发出司法建议 133 件，期限内回复率、采纳率均达 100 %。深圳行政审判工作被最高人民法院“非凡十年”系列宣传报道。盐田法院被省委授予“依法治省工作先进单位”称号。

推进社会诚信体系建设。坚持惩戒失信与褒奖诚信并重，完善失信名单分级分类管理和信用修复、正向激励机制，全面推广执行前督促履行与执行和解机制，1.4 万名被执行人主动履行债务。创新“穿透式审查”执行模式，防止当事人利用新型金融工具等隐匿财产。强化执行威慑，限制高消费 16.29 万人次，公开曝光失信被执行人 5.28 万人次，罚款、拘留 38 人。联合市检察院、公安局出台办理规程，惩处拒不执行判决、裁定犯罪 27 人。加强执行财产变现，网络拍卖成交 180.6 亿元，清

场交付“法拍房”938 套。共办结执行案件 18 万件，执行到位 1162.3 亿元，占全省 46 %，“基本解决执行难”成果持续巩固。

提升社会法治意识。坚持把庭审作为生动的普法教材，深入街道社区开展巡回审判，光明法院实现辖区街道巡回法庭全覆盖。开展法官进社区、进校园等活动 244 次，罗湖、宝安、坪山等法院选派法官担任中小学法治副校长，深汕法院建立校园法治宣传工作室。针对养老诈骗、校园欺凌等社会关切，创新动漫视频、舞台剧等形式，让法律知识喜闻乐见、法治意识深入人心，逾百万人次现场或在线观看，3 部普法作品荣获全国法院“金法槌奖”。“鹏法君说法”等 3 个项目被评为全省国家机关优秀普法项目，市中院获评全省优秀组织单位。

三、坚持司法为民、守护民生，增强人民群众法治获得感幸福感和满意度

积极回应人民群众新要求新期待，成立全国法院首个“群众诉求服务处”，编写全国法院首部《群众工作教材》，评选首批十佳群众工作典型案例，努力解决群众司法领域的急难愁盼问题。盐田法院被最高人民法院命名为“为群众办实事示范法院”。

优化诉讼前端。完善一网、一站通办机制，线上线下结合，当事人需要什么方式、选择什么方式就提供什么方式，网上立案率、电子送达率分别达到 91 %和 70 %，在线开庭 51454 件。全面建立“适老”“无声”等绿色通道，避免“数字鸿沟”。上线运行诉讼费管理系统，主动及时、“一键”办理胜诉当事人退费事宜。实行一号通办，12368 热线发挥诉讼“总客服”、诉求“直通车”作用，实质性办理诉讼事务，来电即时接通率 100 %，办理满意率达 99.89 %。每周召开院长督导会，一竿子插到底，法官电话难打、“移动微法院”平台信息处理不及时等群众反映强烈的突出问题得到有效整治。

守护民生安全。依法严惩重大责任事故、重大劳动安全事故、危险作业、高空抛物等犯罪 39 件，维护群众生产生活安全。严惩制售“毒花甲”“有毒减肥药”等危害食品药品安全犯罪 15 件，守护市民餐桌安全、用药安全。审结“杨某某等销售有毒有害食品刑事附带民事公益诉讼案”，依法重惩并判令支付赔偿金 173.2 万元。开展打击整治养老诈骗专项行动，严惩“投资养老”“保健品坑老”等犯罪 4 件，“吴某某等诈骗案”赃款全部被追回并退还受害人。严惩电信网络诈骗犯罪 136 件，追回赃款 1794 万元，“刘某某等跨境网络诈骗案”入选全省法院涉互联网十大案例。

保障民生权益。审结涉房屋买卖、出租、装修、物业等纠纷案件 12847 件。审结首例业主安装自用充电桩纠纷案，促进物业公司提高服务水平。坚持维护劳动者合法权益与促进企业生存发展并重，加强网络主播等新业态从业者权益保护，审结劳动争议案件 11922 件。加强消费者权益保护，3 个案例入选全省消费者权益司法保护十大典型案例。加强残疾人权益保护，南山法院成立“法律助残合作工作室”，“付某某与谭某某民间借贷纠纷案”获评全省残疾人司法保护典型案例。

保护妇女儿童。开展“春雷 2022”专项行动，严厉打击侵害妇女儿童权利犯罪 1263 件。依法重处猥亵儿童的教职人员许某，在全省首次宣告终身禁业，为未成年人健康成长筑起“防火墙”。成立家事审判社工工作站，将心理辅导贯穿审判执行全过程，审结家事案件 7392 件，45.2 %的家事纠纷调解撤诉。福田法院持续 9 个月跟踪修复离异家庭儿童心理创伤，入选全省未成年人司法保护典型案例。加大反家暴力度，及时签发人身安全保护令 71 份。落实家庭教育促进法，成立全省首个家庭教育法律指导工作站，发出家庭教育令 59 份，让“依法带娃”成为家长必修课。

四、坚持改革创新、破解难题，推进审判体系和审判能力现代化

围绕破解案多人少矛盾、全面提升司法公信，集中推出一批创新性引领性改革项目，全国法院司法改革示范案例增加到 10 项，10 项改革入选全省法院“抓示范促改革惠民生”首批优秀改革项目，3 项改革荣获首届“广东法院改革创新奖”。

全链条诉源治理。贯彻实施特区矛盾纠纷多元化解条例，与 78 个街镇、83 家行政机关联动协作，引入特邀调解组织 320 家、特邀调解员 2876 名，诉前调解成功率达 43.6 %，位居全省第一，深圳“万人成讼率”下降 14.65 个百分点。率先将诉源治理链条拓展到审判执行全流程，民商事案件诉中调解率 33.5 %，5735 件上

诉案件在一审判后、二审审前调解。全面建设“枫桥式人民法庭”，推动更多矛盾纠纷化解在基层、化解在萌芽状态，宝安法院石岩法庭经验举措被最高人民法院评为“新时代人民法庭建设典型案例”。深圳法院诉源治理工作经验被省法院推广。

全口径繁简分流。根据全国人大常委会授权，开展审级职能定位改革试点，逐步实现审判重心下沉、重大典型案件提级审理。完善案件繁简识别标准，覆盖各审判领域和一审、二审、执行各环节，全面提升办案效率，结收案比位居全省第一，超出全省平均水平 6.6 个百分点。协调市发展和改革委、财政局，将小额诉讼案件受理费下调 50 %，5.1 万件小额纠纷一审终局、案结事了。小额诉讼改革经验被评为全国法院司法改革示范案例。

全覆盖审判专业化。出台专业化审判体系建设三年行动方案，全面组建专业庭或专业团队，全市集中管辖案件范围覆盖涉外商事、涉外家事、环境资源、行政等多种类型，已有 9 个人民法庭实现专业化审判，南山法院经验被省法院推广。启动类案标准化审理指南编撰工程，构建深圳法院裁判质量标准化体系，涵盖 222 个常见类案，首批高质量完成 63 个，计 600 余万字。专业化审判成效显著，56 个案例被评为全国、全省法院典型案例。全省入选最高人民法院指导性案例的 2 个案件，均系深圳法院办理。

全周期审判监督管理。率先出台《全面准确落实司法责任制工作指引》，将办案各节点要求嵌入信息化平台，实现案件全周期可视化、全过程制约监督。制定“四类案件”监督管理细则，厘清院庭长监督与干预过问案件界限，确保监督不缺位、不越位。实行发改案件预评查机制，既帮助基层法院提高案件质量，又规范监督二审发改权行使。案件质量评查经验被最高人民法院推广。

全流程无纸化办案。优化电子卷宗系统，实现卷宗随案生成、类案智能推送、文书智能辅助、上诉案件一键移送，案件平均审理周期下降 14.2 %，上诉案件平均移送周期下降到 18.7 天。高质量完成“电子文件单套归档和电子档案单套管理”试点任务，经国家档案局验收通过，全国仅 2 家法院。“法智云端”网上行政诉讼平台获评全国智慧法院创新案例。

全方位集约化保障。组建司法辅助中心，集约办理审判辅助事务，为业务部门减负 30 %。实行诉讼材料收转闭环管理，流转周期缩短三分之一。探索集约排期开庭，让有限的审判法庭资源最大化利用，平均排庭周期缩短 52.8 天，庭审效率提高 20 %以上。研发集约送达平台，试行送达事务跨法院统筹调度，送达效率大幅提高，送达难问题得到缓解。

五、坚持政治引领、自我革命，锻造忠诚干净担当法院队伍

全面加强队伍革命化、正规化、专业化、职业化建设，全市法院 12 个集体、24 名个人获省级以上表彰，3 名干警荣获“全省五一劳动奖章”，涌现出“全国法院办案标兵”等一批先进典型。“知事识人、序事辨材”工作纳入深圳经验做法，被《人民日报》报道，中央组织部将市中院作为全市 2 家重点调研单位之一。

筑牢政治忠诚。持之以恒学习贯彻习近平新时代中国特色社会主义思想，扎实开展“两个确立”主题教育，实行习近平法治思想“每季一讲”，全覆盖政治轮训 2 万人次。开展“喜迎党的二十大、学习宣传贯彻党的二十大精神”系列活动，引导广大干警奋进新时代、建功新征程。坚持党对司法工作的绝对领导，严格执行市委坚决落实“两个维护”十项制度机制，就政治要件贯彻落实情况、重点工作安排、成立大湾区司法研究院等重大事项，主动向市委请示报告，确保法院工作正确政治方向。坚持抓党建带队建促审判，与南方日报社共建党建研究基地，与街道社区“一对一”结对共建，推动基层党组织全面进步、全面过硬。龙华法院被评为全国法院政治工作先进集体。

提升司法能力。加快建设“学习型、研究型”法院，实战化开展庭审驾驭能力、裁判文书撰写等专项培训 50 场，45 篇论文在省级以上学术讨论会上获奖，5 项课题获评省级以上优秀调研成果。制定审判业务专家培育计划，加强知识产权、涉外等专业化审判人才建设，新增全国、全省审判业务专家 6 名。深入实施“雏鹰计划”，完善青年干警导师制，建立专业积分、多岗位锻炼等制度，探索建立干部领导力评价培养模型，经验做法被最高人民法院推广。省委组织部专题调研前海法院年轻干部工作。

严肃纪律作风。坚持全面从严治党、从严治院，出台监督管理制度 13 项，巩固深化政法队伍教育整顿成果。认真落实防止干预司法“三个规定”，开展司法掮

客专项整治、离职退休人员违规从业专项治理，以零容忍态度惩治司法腐败。深刻汲取龙光伟、姚辉等反面典型教训，扎实开展以案促改，全面梳理廉政风险点，建设廉政风险智能化防控平台，堵塞管理漏洞。实行定期家访制度，加强八小时外监督管理，推动队伍纪律作风持续向好。

六、坚持人民民主、阳光司法，依靠人民改进法院工作

自觉践行全过程人民民主，倾听人民心声，接受人民监督，依靠人民推进公正司法，通过公正司法维护人民权益。

自觉接受人民监督。认真落实市七届人大二次会议决议，逐项办理代表审议意见建议 107 条。向市人大常委会专项报告贯彻实施民法典加强民事审判工作情况，向市政协常委会通报全年工作情况。认真办理代表建议 22 件、政协提案 8 件，代表委员满意度 100 %。定期向代表委员传送法院工作简讯，邀请代表委员视察法院、旁听庭审、见证执行、参与听证等 847 人次。深化司法公开，案件审判流程、执行信息公开率 100 %，市中院司法透明度保持全国中级法院前三，福田法院连续两年位居全国基层法院第一。

保障人民参与司法。创新“云端陪审”模式，随机抽取人民陪审员参审案件 1.2 万件。建立代表、委员、特约监督员列席审委会、参与案件质量和裁判文书评查制度，让司法体现民声民意。畅通人民参与司法决策渠道，技术调查官制度、小额诉讼案件受理费标准调整等重大改革举措，均组织座谈、走访调研，听取代表委员意见建议，紧紧依靠人民支持推动改革、改进工作。

依靠人民推进公正司法。认真贯彻实施市人大常委会立法，个人破产条例、知识产权保护条例等一系列重要领域和新兴领域特区立法，为特区法院公正司法提供了法律依据，有力推动了特区法院服务改革发展大局。认真落实市人大常委会决定，自觉接受检察机关法律监督，公正审理检察机关对生效裁判提出的抗诉案件，对出现新证据或确有错误的依法改判 10 件，共同维护司法公正。

各位代表，全市法院工作取得的发展进步，离不开市委的正确领导，离不开人大及其常委会的有力监督，离不开政府、政协和社会各界的大力支持，也离不开各位代表的关心帮助。一年来，各位代表以高度的责任感，监督支持法院工作，对法院工作提出了很多很好的意见建议，帮助法院呼吁解决困难问题，有力促进了深圳法院司法事业的新发展。在此，我代表全市法院表示衷心的感谢！

我们也清醒认识到，全市法院工作还存在不少问题和困难：一是案件总量依然高位运行，诉源治理、多元解纷力度仍待加强；二是司法改革的系统集成、协同高效还不够，优化法治化营商环境、服务保障高质量发展水平还需提升；三是高层次审判人才数量仍显不足，队伍从严教育、从严管理、从严监督还有薄弱环节，纪律作风建设还需常抓不懈，需要以更有力的举措满足人民群众对提高司法质量、效率和公信力的新期待。对此，我们将认真努力解决，也恳请各位代表和社会各界继续给予支持、帮助和监督！

2023 年工作安排

2023 年是全面贯彻落实党的二十大精神的开局之年。全市法院将坚持以习近平新时代中国特色社会主义思想为指导，全面系统深入学习贯彻党的二十大精神，深入学习践行习近平法治思想，深入学习贯彻习近平总书记对政法工作重要指示和对广东、深圳系列重要讲话、重要指示精神，坚定拥护“两个确立”、坚决做到“两个维护”，紧紧围绕习近平总书记、党中央赋予深圳的新时代历史使命，紧紧围绕“双区”建设、“双改”示范和深圳建设中国特色社会主义法治先行示范城市、粤港澳大湾区高水平人才高地等国家重大战略，认真落实市委七届六次全会、市委政法工作会议部署，坚持党的绝对领导，坚持以人民为中心，坚持改革创新，坚持发扬斗争精神，加快推进审判体系和审判能力现代化，加快建设司法公信力、法治竞争力、改革创新力、国际影响力卓著的先行示范法院，坚定不移以高质量司法服务高质量发展。重点做好七个方面工作：

一是坚持党的绝对领导。把学习宣传贯彻党的二十大精神作为首要政治任务，在全面学习、全面把握、全面落实上持续下功夫。坚持不懈用习近平新时代中国特色社会主义思想凝心铸魂，真学真信笃行习近平法治思想，扎实开展主题教育、政治轮训，严格落实“第一议

题”学习制度，严格执行市委坚决落实“两个维护”十项制度机制、政治要件闭环落实机制，进一步筑牢政治忠诚。严格执行政法工作条例、重大事项请示报告条例，把党对司法工作的绝对领导贯彻到法院工作全过程各方面，更好履行维护国家政治安全、确保社会大局稳定、促进社会公平正义、保障人民安居乐业的职责使命。

二是保障高质量发展。出台服务保障高质量发展行动方案，助力深圳建设全球领先的重要的先进制造业中心和具有全球重要影响力的科技创新中心、消费中心、物流中心、金融中心。认真落实促进消费、稳定就业、助力中小微企业发展等司法政策，提振个人、企业和市场信心。全面深化知识产权、金融、破产等重点审判领域改革创新，妥善审理涉及新技术、新产业、新业态、新模式案件，推动“科技—产业—金融”良性循环。率先探索环境公益诉讼、生态环境损害赔偿诉讼等裁判规则，推动经济社会发展绿色转型。完善涉外民商事诉讼管辖机制，建设好大湾区司法研究院，推动规则衔接和机制对接，服务全面深化前海合作区改革开放。

三是优化法治化营商环境。全面梳理、系统完善诉讼服务和审判执行工作制度，出台优化法治化营商环境务实举措。准确把握立案登记制，完善诉前调解与诉讼立案衔接机制，推动受理案件依法规范、化解纠纷非诉多元、服务群众优质专业。严格诉前、诉中财产保全审查标准，做到“该保才保”“应保尽保”。切实落实“两个毫不动摇”，弘扬契约精神和企业家精神，依法保护民营企业产权和企业家权益。深入企业、行业协会走访调研，了解法律服务需求，有针对性发布典型案例，帮助企业合规经营、防范法律风险。支持监督行政机关依法行政，推动法治政府建设。自觉接受人大、政协、检察、社会等各方面监督，不断改进法院工作。

四是提升司法公信。全面准确落实司法责任制，持续完善制约监督机制，确保充分放权和有效监管相统一。深化全口径繁简分流，全面推进审判辅助事务集约化，进一步提高办案效率，努力实现收结案动态良性循环。加快推进类案标准化审理指南编撰工程，推动深圳法院裁判质量标准化体系更加成熟定型。优化智慧法院体系，规范和加强人工智能司法应用，助力审判提速增效。完善审判精品培育、激励机制，努力打造更多标杆性案例、引领性裁判文书。加强律师执业权利保障，与律师行业常态化开展良性沟通，充分发挥律师促进公正司法和人权保障的重要作用。

五是保障民生权益。健全司法为民机制举措，推动为群众办实事常态化长效化。保持对危害食品药品安全、电信网络诈骗等涉民生犯罪高压态势，妥善审理涉教育、就业、医疗、住房等民生领域案件，加强妇女、儿童、老年人、残疾人权益保护，让人民群众切实感受到公平正义就在身边。加大涉诉信访矛盾化解力度，帮助群众解开“法结”“心结”。完善社会主义核心价值观融入司法审判工作机制，让新时代司法更加有力量、有是非、有温度。创新以案释法、动漫说法等形式，推动尊法学法守法用法在全社会蔚然成风。

六是深化司法改革。坚持改革创新不停步，出台新一轮司法体制综合配套改革行动方案，集中攻坚 8 项重点改革。深入推进审级职能定位改革试点，配套推进法院内设机构改革。优化专业化审判体系，探索“一法院一品牌、一法庭一特色”。深化以审判为中心的诉讼制度改革，探索刑行民交叉案件审理机制。推动出台切实解决执行难的若干意见及配套文件，率先建立“多元共治、联动共享”的执行工作机制。弘扬新时代“枫桥经验”，推动健全涉众型纠纷府院联动化解机制，深入推进诉源治理。推动各项改革更加系统集成、协同高效、相得益彰，助力深圳打造中国特色社会主义法治的“窗口”和“名片”。

七是打造过硬队伍。加强高层次法律人才引进和培养，加强干警政治历练、业务训练、实践锻炼、斗争锤炼，提升队伍司法能力和群众工作能力。深入实施“雏鹰计划”，推动优化法官培养、遴选等制度，让司法事业薪火相传。深化“知事识人、序事辨材”工作机制，营造风清气正的选人用人、干事创业氛围。坚持强基导向，推进力量配备和司法资源向基层倾斜，全面提升基层司法水平。深入开展以案促改，一刻不停推进全面从严治党、从严治院。坚持严管和厚爱结合、激励和约束并重，大力弘扬新时代特区法院文化，激励广大干警敢于担当、敢于碰硬、公正司法、秉公办案。

各位代表，实干开新局，奋斗创未来。新时代新征程，全市法院将踔厉奋发、勇毅前行，锐意进取、埋头苦干，为深圳加快打造更具全球影响力的经济中心城市和现代化国际大都市，建设好中国特色社会主义先行示范区，创建社会主义现代化强国的城市范例，提供坚强有力的司法保障！

附件

有关用语和案例说明

[1] **“一站式多元解纷和诉讼服务体系建设”质效评估：**由最高人民法院组织开展，2021 年开始施行，共设立案服务、审判辅助、诉源治理、多元解纷、分调裁审、涉诉信访等 6 大方面 92 项评估指标，评估数据全部通过全国法院统一的 10 大信息化平台自动提取，同时运用于全国大中城市营商环境评价，是全国最权威、最客观、最精准的多元解纷和诉讼服务质效评价系统。2021 年质效评估中，深圳法院位居全省第一。2022 年质效评估中，深圳法院蝉联全省第一，位居全国 70 个大中城市第一。

[2] **深圳营商环境创新试点任务：**2021 年 10 月，国务院印发《关于开展营商环境创新试点工作的意见》，确定北京、上海、重庆、杭州、广州、深圳等 6 个城市为首批试点城市。2022 年 1 月，市政府印发实施方案，细化安排 200 项首批改革事项，其中市中院牵头负责 21 项。市中院专门出台实施意见，21 项任务均已圆满完成。

[3] **首例粤港澳大湾区内地执业港澳律师代理案件：**该案由福田法院审理，判决已生效。2022 年 7 月，香港特别行政区律师何君尧成为全国首批获准在粤港澳大湾区内地九市执业的港澳特别行政区律师。何君尧律师接受 2 名香港特别行政区当事人的委托，代理其作为被告的一件确认合同无效纠纷诉讼案件。2022 年 8 月 17 日，法院公开开庭审理该案，何君尧律师通过“深圳移动微法院”在线出庭。法院依法查明和适用香港特别行政区法律作出判决，并通过电子送达方式向何君尧律师送达判决书。

[4] **智搜公司诉光速蜗牛公司案：**系全国首例将算法作为商业秘密进行保护的案件，由市中院审理，判决已生效。深圳市智搜信息技术有限公司（以下简称智搜公司）主张，光速蜗牛（深圳）智能有限公司（以下简称光速蜗牛公司）开发的“学点啥”App 采用了与其实质性相同的智能检索算法，侵犯了其商业秘密，向法院提起诉讼。法院审理认为，智搜公司请求保护的智能检索算法符合商业秘密的法定要件。两家公司的研发团队成员有重合人员，光速蜗牛公司有渠道、有机会获得案涉商业秘密，使用的算法与智搜公司的算法构成实质性相同，实施了侵害商业秘密的行为。生效判决判令光速蜗牛公司停止侵权，并赔偿智搜公司损失。

[5] **“全流程嵌入式”技术调查官工作模式：**近年来，技术类知识产权侵权案件日益增多，侵权事实查明专业性强、难度大。市中院在全国率先引入技术调查官，首创“全流程嵌入式”技术调查官工作模式，根据案件审理需要，技术调查官从分案开始即介入案件，深度参与调查取证、勘验、保全、庭审、调解、鉴定等诉讼程序，既确保侵权事实专业查明、权威认定，又大幅提高办案效率。

[6] **精创公司破产重整案：**该案由市中院审理。精创（深圳）装备有限公司（以下简称精创公司）是一家专注驱动半导体封装设备的中小微企业，获得国家高新技术企业认证。受下游客户资金影响，精创公司资金链出现断裂，无法兑付员工工资和清偿 140 家债权人债权共 3000 万元，多名债权人申请法院强制执行。精创公司员工人心浮动，经营几乎停摆，遂向法院申请破产重整。法院启动破产快审程序，考虑到精创公司负债金额相对小、自救意愿强、纾困后可能恢复清偿能力等实际，裁定精创公司破产重整。重整方案提供了清算状态下 1.93 倍的偿债资金，对职工债权全额清偿，对普通债权分段清偿。通过重整，精创公司员工士气大振，客户恢复信心，公司生产销售迅速恢复，营收由负转正，债务全部清偿完毕。

[7] **沃特玛公司破产清算案：**该案由市中院审理。深圳市沃特玛电池有限公司（下称沃特玛公司）于 2019 年 11 月停工停产进入破产程序，现金流几乎停滞，拖欠 600 余名职工薪资高达 4000 万元。法院协调坪山区人力资源局，通过欠薪保障基金垫付方式先行清偿部分职工工资 887 万余元，保障职工基本生活。同时，指导管理人提前处置沃特玛公司仓储费用高的存货资产，以变现款优先清偿职工债权 427 万余元；协调托管经营方以保证金提前清偿其余职工债权，600 多名职工 4000 万元欠薪全额清偿。

[8] **“三合一”审理：**是指同一审判庭（法庭）统一审理特定领域的刑事、民事、行政案件，既有利于加强审判专业化建设，统一裁判标准，又有利于综合发挥刑事、民事、行政审判职能，推动重点领域权益保护和社会治理。目前，深圳法院已在知识产权、证券期货、环境资源、未成年人保护等领域实行“三合一”审理。

[9] **东方金钰证券虚假陈述案：**系全国首例将上市公司实际控制人作为第一责任人追究民事责任的证券虚假陈述案件，入选全国投资者保护八大典型案例，由市中院审理。东方金钰股份有限公司（以下简称东方金钰公司）系上市公司，因证券虚假陈述行为被投资者起诉至法院。法院依法判令东方金钰公司实际控制人赵某作为第一责任主体赔偿投资者损失，彰显了对证券虚假陈述行为“追首恶”的理念。

[10] **德辉宝公司污染茅洲河行政处罚案：**该案由盐田法院一审、市中院二审，判决已生效。德辉宝电子（深圳）有限公司（下称德辉宝公司）厂区内存放废水和高浓度废液的收集池发生渗漏，对周边茅洲河土壤和地下水造成污染。市生态环境局宝安管理局决定对其罚款 100 万元。德辉宝公司不服，申请行政复议。市政府复议后，维持罚款决定。德辉宝公司不服，向法院提起行政诉讼。法院审理认为，德辉宝公司未严格落实水污染防治设施的防渗透、防腐蚀相关措施，导致污染物泄漏并污染周围环境，市生态环境局宝安管理局依法对其违法行为处以罚款，认定事实清楚，适用法律法规正确，程序合法。生效判决驳回德辉宝公司的诉讼请求。

[11] **首例生态环境损害赔偿公益诉讼案：**该案由市中院审理，判决已生效。深圳市晖曜金属表面处理有限公司（以下简称晖曜公司）主要从事五金加工，其厂区内含油废水渗漏，对区域土壤和地下水造成污染损害。市生态环境局坪山管理局对晖曜公司作出罚款 90 万元的行政处罚，晖曜公司未执行。后执法人员到晖曜公司厂区检查，发现厂区现场无人，车间大部分生产设备、设施及工位已搬空，污水处理站未运行，站内堆放大量污泥未处置，污水池内贮满工业废水未处理。市生态环境局向法院提起生态环境损害赔偿公益诉讼。法院审理认为，晖曜公司存在环境违法行为，依法应当承担消除危险、修复生态环境等法律责任。生效判决判令晖曜公司处置废弃危险废物、修复受损的土壤及地下水；如不履行相关义务，则向市生态环境局支付处置费用、土壤和地下水修复费用 234 万余元；另承担土壤检测费用、地下水检测费用、司法鉴定费用、应急处置费用、律师费共计 50 万余元。

[12] **长园公司大气污染案：**该案入选全省法院环境资源保护十大案例，由市中院审理，判决已生效。深圳市长园特发科技有限公司（以下简称长园公司）未按环保批文要求配套废气治理设施，直接排放废气造成大气污染。公益环保组织北京市丰台区源头爱好者环境研究所提起环境民事公益诉讼，请求判令长园公司赔偿损失。法院审理认为，长园公司违法排放废气污染大气环境，且拒不提供其持有的与排污事实相关的环境信息，导致实际排污量及生态环境实际损失难以认定，应承担不利后果。生效判决运用虚拟治理成本法，确认环境损失和环境功能损失，判令长园公司立即停止侵害、消除危险；向社会公开赔礼道歉；赔偿生态环境修复费用等损失 200 万元，支付至深圳市专项基金账户，用于生态环境保护；承担北京市丰台区源头爱好者环境研究所律师费、差旅费 2 万元。

[13] **梁某某等黑社会性质组织犯罪案：**该案由市中院一审，省法院二审。法院审理查明，20 世纪 90 年代初，梁某某纠集社会闲散人员，建立起以其本人为组织者、领导者，人数达 61 人，层级明确、骨干成员基本固定，在观澜一带具有重大影响的黑社会性质组织。该组织通过“看场”、“收数”、开设赌场、垄断大巴车线路营运等行为攫取非法利益，实施了故意伤害、强迫交易、抢劫、敲诈勒索等违法犯罪活动，严重破坏了当地社会经济秩序。一审判处梁某某死刑，缓期二年执行，剥夺政治权利终身，并处罚金 101 万元；对其他被告人分别判处无期徒刑、有期徒刑二十年至三年不等刑罚。

[14] **童某某受贿、内幕交易犯罪案：**该案由市中院审理，经省法院复核，判决已生效。童某某，海南省委原常委、三亚市委原书记，曾任中国证监会上市公司监管部副主任，发行监管部副主任，资本市场改革发展工作小组办公室负责人，国际合作部副主任、主任。法院审理查明，2004 年至 2020 年，童某某利用职务便利，为有关单位和个人在公司上市、企业经营、融资借款、职级晋升等事项上提供帮助，直接或通过特定关系人非法收受财物，折合人民币共计 2.74 亿余元。2006 年 8 月至 2007 年 4 月，童某某利用担任中国证监会发行监管部副主任期间获悉的股票内幕信息，指使其近亲属及关系密切人员买入相关股票，非法获利 338 万余元。生效裁判以受贿罪、内幕交易罪，判处童某某死刑，缓期二年执行，剥夺政治权利终身，并处没收个人全部财产，对童某某受贿、内幕交易所得财物及其孳息均予以追缴，上缴国库。

[15] **“穿透式审查”执行模式：**近年来，一些被执行人为逃避债务，利用他人的网上银行、支付宝等新型金融工具隐匿财产。法院密切关注被执行人的交易情况，发现被执行人名下无可供执行财产，但仍有频繁或大额交易活动的，及时扩大调查对象的范围，对被执行人家属及其他关系密切人员的网上银行、支付宝等账户进行调查，从而实现对被执行人的“穿透式审查”，坚决打击规避执行行为。

[16] **“鹏法君说法”：**是由市中院制作发布的动漫系列短视频普法节目，目前已推出 16 期。节目以实拍画面和微动画说法释意，通过还原一个案例场景、模拟一场案件等，从普法的角度分析案例、解释法律条文适用。节目在“学习强国”，市中院官方微信公众号、抖音号、视频号，市委政法委和市普法办官方微信公众号等平台广泛宣传，受到社会各界普遍欢迎。

[17] **杨某某等销售有毒有害食品刑事附带民事公益诉讼案：**该案由龙华法院审理，判决已生效。法院审理查明，2020 年 3 月起，杨某某、曹某某通过自营的多家淘宝店铺，向社会公众出售含禁止添加的西布曲明等成分的减肥胶囊，非法所得近 46 万元。生效裁判以销售有毒有害食品罪，分别判处二人有期徒刑，并处罚金，同时判令二人支付赔偿金 173.2 万元，责令二人在国家级新闻媒体上公开赔礼道歉。

[18] **吴某某等诈骗案：**该案由龙华法院一审、市中院二审，判决已生效。法院审理查明，吴某某设立深圳市贵谷投资咨询有限公司，招募马某、周某某，通过夸大收藏品投资价值，谎称投资到期后会高价回收或承诺帮助以更高价格转卖等方式，让客户以高于进货价一倍以上的价格购买公司收藏品，骗取 25 名受害人 198 万元，其中大部分受害人为老年人。生效裁判以诈骗罪，分别判处吴某某等三人有期徒刑十年至五年不等刑罚，并处罚金。本案赃款已全部追回，并退还 25 名受害人。

[19] **刘某某等跨境网络诈骗案：**该案入选全省法院涉互联网十大案例、依法惩治电信网络诈骗犯罪典型案例，由市中院审理，判决已生效。法院审理查明，2015 年 4 月至 2019 年 2 月，被告人刘某某伙同杜某某等 4 人在广州注册投资公司，并在马来西亚设海外事务部，非法搭建虚假期货交易平台，组织众多同案人（另案处理）以虚假宣传、安排“水军”发送盈利截图等方式，诱骗受害人进入微信群、直播间并到公司虚假平台开户，再通过诱导“交易”、预设参数等方法故意造成受害人亏损，要求受害人支付巨额“手续费”“差点”。441 名受害人损失共计 8571 万余元。生效判决以诈骗罪判处刘某某等人有期徒刑十三年至六年十个月不等刑罚，并处罚金。

[20] **首例业主安装自用充电桩纠纷案：**该案由南山法院审理，判

决已生效。雷某洪等三原告系南山区某小区业主，系小区停车场专有车位的合法使用人。三原告购买了新能源汽车，向物业公司申请安装新能源汽车充电桩，物业公司以资源浪费、需召开业主大会等理由拒绝三原告的申请，三原告遂向法院提起诉讼。法院审理认为，物业合同中虽未明确协助安装电动汽车充电桩是否属于物业服务范畴，但从民法典绿色原则和合同履行相关原则出发，电动汽车有利于节约资源、保护生态环境，符合“绿色、环保、节能”的可持续发展战略，安装自用充电桩设施具有较高的必要性，属于物业合同关系中物业公司应履行的义务事项。生效判决判令物业公司向三原告出具《同意安装充电桩》证明，并协助办理安装新能源汽车充电桩相关事宜。

[21] **付某燕与谭某武民间借贷纠纷案：** 该案入选全省法院残疾人司法保护典型案例，由龙岗法院审理。付某燕与谭某武均为聋哑人，双方因民间借贷发生纠纷，付某燕向法院提起诉讼。法院启动“助残绿色通道”，将无障碍服务贯穿诉讼全流程，庭前主动通过短信方式为当事人提供诉讼指导和释明，在征得双方当事人同意后，通过深圳移动微法院在线开庭，并安排手语老师全程手语翻译，保障残疾人平等、充分、方便参与诉讼活动。

[22] **许某猥亵儿童案：** 系全省首例对性侵未成年人被告人宣告终身禁业的案件，由坪山法院审理，判决已生效。法院审理查明，许某作为第三方外聘教师，被派遣至某小学任职。任职期间，许某利用学生午休时间，在教室对 4 名女生实施摸胸等猥亵行为。生效判决以猥亵儿童罪判处许某有期徒刑 5 年，并终身禁止其从事密切接触未成年人的工作。

[23] **跟踪修复离异家庭儿童心理创伤案：** 该案入选全省未成年人司法保护典型案例，由福田法院审理，判决已生效。欧阳某某与赵某产生离婚后财产纠纷，二人的未成年女儿赵某奕患有强迫症，成为纠纷化解的关键。法院引入心理咨询师进行心理干预和跟踪帮扶 9 个月，抚平父母离异对未成年人造成的心灵创伤，赵某奕强迫症状明显好转。在此基础上，法院依法对财产纠纷作出判决，双方均服从判决未上诉。

[24] **全国法院司法改革示范案例：** 2017 年以来，最高法院定期评选发布全国法院司法改革示范案例，目前已发布 12 批，深圳法院审判团队建设、繁简分流改革、“一带一路”国际商事纠纷化解机制、院庭长办案配套机制、法院购买社会化服务、优化司法确认程序、特邀调解员分类管理、跨境商事争议多元化解、审判辅助事务二元分道、小额诉讼制度等 10 项改革先后入选。

[25] **全省法院“抓示范促改革惠民生”首批优秀改革项目：** 2021 年 8 月，省法院印发《全省法院“抓示范促改革惠民生”改革培育计划实施方案》，着力培育打造 100 个改革示范项目。2022 年 8 月，省法院组织进行了评估验收，共评选产生 31 个优秀项目，其中深圳法院 10 个改革项目获评优秀，包括：市中院“完善审判权责清单制度”、“常见多发刑事案件个罪证据标准”、“‘执行难’综合治理、源头治理长效机制构建”、“粤港澳跨境破产程序认可与执行协作机制建设”、“破产制度综合配套改革”、“新型知识产权司法保护制度改革”，盐田法院“行政非诉审查案件诉源治理及诉前纠纷实质性化解机制”，龙岗法院“E 网送达一体化”，前海法院“粤港澳大湾区跨境纠纷多元化解机制”、“自贸片区法院一体化诉讼服务”。

[26] **首届“广东法院改革创新奖”：** 2022 年，省法院组织开展了首届“广东法院改革创新奖”评选活动，按照“改革措施全国首创、改革举措全国领先、改革效果全国公认”的原则，经省法院相关部门初评，最高法院、省委政法委和省人大代表、省政协委员、专家学者等复评，南方网公开投票等多环节严格评审，共评选产生特别奖 1 项、改革创新奖 8 项、提名奖 8 项。市中院“破产制度综合改革”获全省唯一的特别奖；市中院“全流程实现繁简分流”、前海法院“探索跨境商事规则衔接”2 项改革获改革创新奖；市中院“示范诉讼化解证券纠纷”、盐田法院“审判辅助事务全流程集约化”2 项改革获提名奖。

[27] **“枫桥式人民法庭”：** 20 世纪 60 年代初，浙江省诸暨市枫桥镇干部群众创造了“发动和依靠群众，坚持矛盾不上交，就地解决，实现捕人少，治安好”的“枫桥经验”。党的十八大以来，以习近平同志为核心的党中央高度重视坚持和发展新时代“枫桥经验”。党的二十大报告进一步强调，在社会基层坚持和发展新时代“枫桥经验”，及时把矛盾纠纷化解在基层、化解在萌芽状态。全市法院弘扬新时代“枫桥经验”，开展创建“枫桥式人民法庭”活动，22 个人民法庭主动融入共建共治共享社会治理格局，发挥立足基层、贴近群众的优势，与辖区街镇联动协作，广泛开展各类“无讼”创建活动，强化矛盾纠纷多元化解，推动社会治理现代化。

[28] **审级职能定位改革试点：** 经全国人大常委会授权，2021 年 10 月，最高法院印发《关于完善四级法院审级职能定位改革试点的实施办法》，在最高法院和广东等 12 个省、直辖市的人民法院开展为期两年的改革试点工作。试点任务包括完善行政案件级别管辖制度、完善案件提级管辖机制、改革再审程序等，在审判重心下沉的同时，将涉及重大国家利益、社会公共利益和具有普遍法律适用指导意义的案件交由较高层级法院审理，逐步实现基层法院重在准确查明事实、实质化解纠纷，中级法院重在二审有效终审、精准定分止争，高级法院重在再审依法纠错、统一裁判尺度，最高法院监督指导全国审判工作、确保法律正确统一适用。

[29] **最高法院指导性案例：** 经最高法院审委会讨论通过后，由最高法院公开发布，各级人民法院审判类似案例时应当参照，并可作为裁判理由援引。指导性案例的裁判须已发生法律效力，并符合以下条件：（一）社会广泛关注的；（二）法律规定比较原则的；（三）具有典型性的；（四）疑难复杂或者新类型的；（五）其他具有指导作用的案例。

[30] **“四类案件”：** 是指符合下列情形之一的案件：（一）重大、疑难、复杂、敏感的；（二）涉及群体性纠纷或者引发社会广

泛关注，可能影响社会稳定的；（三）与本院或者上级人民法院的类案裁判可能发生冲突的；（四）有关单位或者个人反映法官有违法审判行为的。根据最高人民法院的规定，院庭长对“四类案件”负有监督管理职责，但监督管理过程必须全程留痕，非经法定程序，不得直接改变合议庭意见，也不得明示或暗示合议庭接受自己的意见。院庭长按工作程序采取监督管理措施，不属于违反规定干预过问案件。

[31] **“电子文件单套归档和电子档案单套管理”试点：** 2020 年 4 月，市中院被国家档案局、国务院办公厅电子政务办公室、国家电子文件管理部际联席会议办公室确立为“全国电子文件单套归档和电子档案单套管理”试点单位。承担试点任务以来，市中院充分应用深圳移动微法院、电子卷宗、电子档案等智慧法院建设成果，全覆盖实行无纸化办案，改变同时使用传统载体和电子形式进行双套归档、管理的方式，实现仅以电子形式归档的单套归档模式。2022 年 9 月，市中院通过国家档案局验收，系全市唯一单位，全省仅 3 家单位，全国仅 2 家法院。

[32] **“法智云端”网上行政诉讼平台：** 系全国首个专门为行政案件当事人提供诉讼服务的网上平台，由承担全市行政案件集中管辖职能的盐田法院研发。该平台实现了行政案件网上流转、法院与行政机关案件数据跨部门传输，显著提升办理质效，荣获全国互联网 + 政务服务创新应用奖，获评全国智慧法院创新案例。

[33] **防止干预司法“三个规定”：** 是指 2015 年中共中央办公厅、国务院办公厅印发的《领导干部干预司法活动、插手具体案件处理的记录、通报和责任追究规定》，中央政法委印发的《司法机关内部人员过问案件的记录和责任追究规定》，最高人民法院、最高人民检察院、公安部、国家安全部、司法部印发的《关于进一步规范司法人员与当事人、律师、特殊关系人、中介组织接触交往行为的若干规定》。

深圳前海合作区人民法院工作总结

2022 年，中共深圳前海法院党组始终坚持以习近平新时代中国特色社会主义思想为指导，深入学习贯彻习近平法治思想，认真学习宣传贯彻党的二十大精神，深刻领悟“两个确立”的决定性意义，增强“四个意识”、坚定“四个自信”、做到“两个维护”。在市委的坚强领导下，在市中院的有力指导下，深入贯彻落实中共中央、国务院《全面深化前海深港现代服务业合作区改革开放方案》（以下简称《前海方案》）和最高人民法院《关于支持和保障全面深化前海深港现代服务业合作区改革开放的意见》（以下简称《前海意见》），严格公正高效司法，深化司法体制改革，全面提升前海法律事务对外开放水平，为前海合作区全面深化改革开放、粤港澳大湾区建设提供有力司法保障。

一、公正高效履行审判职能，服务经济社会高质量发展

（一）依法公正审理各类民商事案件

紧扣市中级人民法院“审判执行工作质效提升集中攻坚目标”，全力抓好审判执行中心工作，2022 年办案指标全面提升，多项关键指标名列全市基层法院第一。在收结案方面，2022 年，前海法院新收案件 15901 件，同比下降 6.81%；结案 18934 件，同比上升 36.38%；存案 2985 件，同比下降 50.40%。结案率 86.38%，同比上升 16.62 个百分点；结收案比 119.07%，同比上升 37.71 个百分点，在全市基层法院排名第一；法官人均结案 485 件，与 2021 年同期相比增加 99 件。结案增速高于收案，案件迅猛增长的态势得到基本扭转。在审判质效方面，2022 年，前海法院案件平均审理周期 123.99 天，同比减少 50.38 天；其中，速裁案件平均审理周期 79.96 天，同比减少 52.30 天。2022 年，民商事案件发改率 3.00%，同比下降 1.29 个百分点；服判息诉率 81.75%，同比上升 8.66 个百分点，较好地实现了准确查明事实、实质化解纠纷的效果。

（二）公正高效审理涉外涉港澳台商事案件

2022 年，前海法院受理涉外涉港澳台商事案件 4203 件，占民商事案件总数的 28.46%。其中，受理涉港案件 2433 件，占涉外涉港澳台商事案件总数的 57.89%，是全国审理涉港案件最多的法院。据统计，集

中管辖前，深圳市第一审涉外涉港澳台商事案件审判周期为17.2个月，2022年缩短为6.4个月，是全国审理涉外涉港澳台商事案件效率最高的法院。2022年，“香港美达公司诉深圳达菲公司公司决议撤销纠纷案”等3个案例入选第五批粤港澳大湾区跨境纠纷典型案例。

（三）公正高效规范善意执行

2022年，前海法院新收执行案件5662件，同比上升12.45%；结案6275件，同比上升38.92%。完善“一站式”案款处理机制，规范执行款物管理，2022年，累计完成执行款划款3352笔，金额8.53亿元。灵活运用信用修复手段，对被执行企业主动履行生效裁判文书义务的，及时屏蔽失信信息，配套信用修复证明、信用评级等正向激励机制，营造鼓励自动履行、支持诚实守信氛围。打通执行拍卖与交付的“最后一公里”，深入排查群众反映强烈、可能引发负面舆情的“法拍房”清场交付案件，2022年，共排查出10件需要清场交付的案件，顺利执结其中7件，及时保障当事人胜诉权益。

（四）服务保障合作区产业健康发展

一是服务保障创新驱动发展。公正高效审理知识产权类案件，2022年，前海法院新收知识产权案件340件，涉案标的额约1.19亿元。“兰研公司诉百分百公司、科玮公司侵害商标权纠纷案”入选“广东高院首批知识产权惩罚性赔偿典型案例”，“文化传媒公司诉科技公司等侵害作品信息网络传播权案”入选《中国法院2022年度案例》。

二是服务保障金融市场健康发展。2022年，前海法院新收金融借款合同纠纷、追偿权纠纷等金融案件4615件，涉案标的额约66.18亿元。立足金融案件审判实践，及时向微众银行等单位发出关于“提升互联网金融借款业务规范性”等司法建议，帮助企业提升金融风险防范能力。

三是保障新兴产业有序发展。彰显司法对新兴产业健康发展的引导和保障功能，“罗某某诉前海通利华公司、天津启隆公司买卖合同纠纷案”入选最高人民法院“人民法院服务保障自由贸易试验区建设典型案例”。

二、保障前海合作区全面深化改革开放，助推粤港澳大湾区融合发展

前海法院深入贯彻落实《前海方案》《前海意见》，制定14项33条具体改革措施，有序推进国际商事争议解决机制、跨境商事法律规则衔接等改革，取得明显成效。“融合港澳资源　促进矛盾纠纷多元化解”获评首届“人民法院涉港澳司法合作优秀成果”，“探索跨境商事规则衔接”获评首届“广东法院改革创新奖”。

（一）提升前海法律事务对外开放水平

一是保障域外法准确适用。截至2022年12月，适用域外法审理案件共166件，其中包括适用国际公约和国际通行规则审理案件35件，适用香港特别行政区法律审理117件，是全国适用香港特别行政区法律裁判案件最多的法院。完善法律专家协助查明域外法机制，制定《关于涉外涉港澳台案件中专家查明域外法工作指引》，确保域外法的准确适用。截至2022年12月，共有7名来自美国、柬埔寨等国及我国香港、澳门特别行政区的域外法查明专家出庭提供法律查明协助。将域外法查明工作延伸至诉前及调解阶段，在一件涉港金融借款合同纠纷司法确认案件中，委托香港特别行政区立法会议员、大律师梁美芬运用香港特别行政区法律进行中立第三方评估，该案是前海法院第一件适用香港特别行政区法律进行司法确认的案件。建立前海法院域外法适用案例库，为类案办理提供直接参考，提升查明与审理效率。发布《依法适用域外法审判商事案件白皮书》及十大典型案例，受到公众广泛关注。

二是实现香港特别行政区人民陪审员参审案件常态化、规范化。率先建立系统规范的香港特别行政区人民陪审员制度，选任19名香港特别行政区人民陪审员参审涉外涉港澳台商事案件，截至2022年12月，香港特别行政区人民陪审员共参审案件830件，司法公信力进一步提升。自行研发“陪审通”小程序，在“深圳移动微法院”为香港特别行政区人民陪审员开通实名认证专项通道，为香港特别行政区人民陪审员履职提供便利。

三是吸收港澳地区专业人士参与案件调解。聘请9名香港特别行政区调解员、3名澳门地区调解员，通过“线上+线下异地”的方式开展调解，截至2022年12月，

港澳地区调解员成功调解案件 664 件。四是聘任港澳地区专家研究员及接收司法研修生。建立港澳地区专家研究员制度，分批次聘请来自香港大学、香港中文大学、澳门大学等港澳地区高校的学者以及香港特别行政区大律师等人士担任港澳地区专家研究员，为前海法院司法改革、司法研究等工作提供智力支持。建立司法研修生制度，面向港澳地区和内地高校接收 4 名具有普通法、国际法等学习背景、外语水平和理论功底良好的在校硕士、博士研究生，参与前海法院司法研究。

（二）推进跨境商事法律规则衔接

依托“粤港澳商事法律规则衔接研究中心”，整合内地与港澳地区法律资源，打通粤港澳商事法律制度壁垒。2022 年 12 月，召开“推进跨境商事法律规则衔接助力粤港澳大湾区融合发展”新闻发布会，发布推进跨境商事法律规则衔接制度成果与白皮书，受到社会公众广泛关注。

一是推进跨境商事诉讼规则衔接。找准诉讼程序中主体资格认证、送达、答辩、证据交换、证人出庭等关键环节，系统梳理内地与香港特别行政区诉讼规则差异，吸收借鉴香港特别行政区律师费转付、属实申述、证据开示等有益经验，制定并发布《关于深入推进跨境商事诉讼规则衔接工作指引》1 个总体工作指引和包括简化诉讼程序、推进司法诚信体系建设、专家查明域外法、证人出庭、粤港澳大湾区律师代理案件等内容的 8 个配套制度，在法律框架内探索跨境商事诉讼规则的衔接方式与路径，促进粤港澳商事纠纷解决机制的协调与融合。2022 年，调研报告《粤港澳跨境商事诉讼规则衔接机制研究》获评全市法院 2021 年度优秀调研成果三等奖。

二是深化跨境商事实体法律规则衔接。立足涉外涉港澳台商事审判实践，面向域内外商事主体实际需求，选取民间借贷、公司股权转让、国际货物买卖及运输合同等纠纷类型开展内地与香港特别行政区实体法律规则比较研究，以点带面形成体系化比较研究成果，促进两地商事市场交往深度融合。2022 年，发布《内地与香港地区公司股权转让规则比较白皮书》《内地与香港地区民间借贷规则比较白皮书》，为域内外主体进行跨境商事活动提供价值性参考与指引。

三是加强涉港案件裁判文书说理。依托商事实体法律规则衔接成果，探索在涉港商事案件中引用香港特别行政区成文法或司法判例强化说理，拓宽商事法律规则比较路径。

（三）创新国际商事争议解决机制

一是健全“一站式”国际区际商事纠纷多元解决平台。积极推进前海法院 ADR 国际商事争议解决中心建设，与新加坡调解中心、香港国际仲裁中心、粤港澳商事调解联盟、香港和解中心等知名商事仲裁机构、商事调解组织建立对接机制，吸纳符合条件的港澳地区调解机构参与国际商事纠纷调解，建设诉讼、调解、仲裁既相互独立又衔接配合的国际区际商事争议解决平台。

二是构建高层次多梯队的商事争议解纷队伍。吸纳不同国家或地区、具有不同职业资格或语言背景人士组成专业、多元的解纷队伍。建立 ADR 中心决策理事会，拟聘任香港特别行政区政府律政司前司长袁国强、香港特别行政区立法会议员梁美芬等港澳及内地法律专家提供智力支持；建立多语种特邀调解员队伍，提供英语、法语、日语等八种外语服务；建立具有多法系律师执业资格的特邀调解员队伍，聘任 21 名具有域外律师资格的特邀调解员，执业资格涵盖美国、英国、澳大利亚等 10 多个国家或地区；面向已通过粤港澳大湾区律师执业考试的香港特别行政区政府法律执业者和澳门特别行政区政府执业律师，拟聘任 20 名特邀调解员，增强解纷力量。

三是拓宽国际商事案件多元解纷路径。吸收借鉴国际条约商事调解理念以及域内外先进商事调解经验，探索中立第三方评估、微法庭、简易陪审团等替代性纠纷化解模式，构建全路径国际商事纠纷解决方式。调研报告《新加坡调解公约实施的司法应对研究》获评全市法院 2021 年度优秀调研成果优秀奖。

三、持续深化司法体制改革，促进审判体系和审判能力现代化

（一）进一步全面落实司法责任制

一是审判资源优化整合。组建类型化专业化合议庭，审判长与合议庭内法官审理、评议案件，提升审判专业化水平。坚持一盘棋思想，优化人力资源配置，多

路径并行增加司法辅助人员人数，充实办案力量。

二是促进裁判尺度与标准统一。完善专业法官会议机制，强化专业法官会议作为统一法律适用平台、意见分歧解决平台的功能作用。健全审判委员会讨论决定重大、疑难、复杂案件法律适用问题机制，及时总结审判经验，构建标准化裁判体系。2022年，共召开审委会13次，讨论案件17件，讨论议题14件；召开各类专业法官会议42次，讨论案件64件。

三是着力打造审判精品。完善典型案例培育机制，全面把关立案初筛、分案识别、案件管理、案例编写等环节，以典型案例为改革工作提供实践支撑。2022年，前海法院2篇裁判文书获评深圳法院首届“六优”评选优秀裁判文书；发布“依法适用域外法审判商事案件十大典型案例”和“依法惩戒不诚信诉讼行为十大典型案例”，为商事活动和当事人诉讼提供司法指引。

（二）健全审判监督管理机制

一是强化审判流程管理。设立流程管理员，强化对送达、评估鉴定、中止审理、域外法查明、程序转换等审判流程节点的跟踪监管。健全长期未结案件清理长效机制，做好跟踪和督办，避免长期未结案件边清边积。截至2022年12月，一年以上长期未结诉讼案件数为25件，一年以上无正当理由的长期未结诉讼案件清零。

二是完善“四类案件”监督管理工作。在立案阶段加强对重大、敏感、新类型、适用域外法等类型案件的筛查、分类，及时做好风险研判和分类统计、立案专报等工作。细化“四类案件”台账，要求法官团队主动筛查、及时填报重大疑难复杂敏感案件，确保依法监督、全程留痕。

三是加大案件评查力度。定期开展案件常规评查、发改案件评查，完善案件质量评查办法，对上诉率、发改率偏高案件类型进行深入分析。编写印发《审判通讯》，用好案件评查结果，及时通报评查中发现的问题，做好意见的收集反馈。

（三）深化民事诉讼制度体系改革

一是深入推进完善四级法院审级职能定位改革试点工作。严格落实四级法院审级职能定位新要求，落实民商事案件级别管辖调整，完善案件提级管辖机制，提升准确查明事实以及多元化纠纷解决等方面的作用。

二是深化繁简分流改革成果。依法有序扩大独任制审理、简易程序适用范围，对符合条件的涉外涉港澳台商事案件依法适用简易程序、普通程序独任审理。2022年，适用普通程序独任制审结涉外涉港澳台商事案件2659件，占审结的涉外涉港澳台商事案件总数的78%；适用简易程序审结涉外涉港澳台商事案件90件，平均审理周期为95.93天。

四、依托智慧法院建设成果，建设具有竞争力的审判体系

（一）信息化助力涉港澳案件诉讼程序简化

一是建立涉港澳案件主体资格在线确认模式。制定《关于简化港澳诉讼法人主体资格司法确认的办法》，通过香港公司注册处网上查册中心、澳门法务局商业登记讯息平台等官方在线渠道，查询确认港澳公司类当事人主体资料，当事人无须再办理主体资格确认公证转递手续，大幅度减轻港澳地区当事人诉累。截至2022年12月，有47件适用简化主体资格司法确认的涉港澳案件已立案。

二是深化涉外涉港澳台案件授权委托在线见证模式。制定《关于域外诉讼主体在线视频见证办法》，依托“深圳移动微法院”、企业微信等平台，远程在线见证港澳当事人身份与授权行为，截至2022年12月，前海法院在线见证当事人身份与授权行为795人次。

三是完善涉港澳案件送达机制。积极引导港澳地区当事人选择“深圳移动微法院”小程序等方式接收诉讼文书，缩短跨境送达时间。制定《关于涉港澳民商事案件司法文书转交送达办法》，建立转交送达机制，由港澳当事人或律师直接向对方送达文书。截至2022年12月，共有125件案件适用当事人转交送达。

（二）完善智慧法院服务审判新机制

一是打造全流程在线审判新模式。依托互联网线上司法服务系统，全面实现网上立案、电子送达、远程调解、网上庭审和网上执行，为域内外当事人提供便捷、高效、低成本的纠纷解决服务。2022年，全流程网络办

理案件 20330 件。

二是研发“金融云审”“知产云审”新系统。运用“区块链 + 人工智能 + 云计算”技术，将知产和金融类案件导入“云审”平台，全面实现两类案件线上立案、电子存证、区块链校验、线上开庭和一键生成裁判文书，实现知识产权案件、金融案件的全流程线上“快立、快审、快结”。截至 2022 年 12 月，“云审”系统共审理两类案件 1502 件。

三是深入推进无纸化办案办公。加强电子卷宗随案同步生成系统、综合业务系统、办公办案平台的运用与维护，推动全流程数字化、无纸化、智能化办案办公。2022 年，电子化完成率为 100%，新收案件全部在电子卷宗随案同步生成系统上处理，完成电子归档案件数 38905 件。升级改造 25 个数字法庭，推进语音识别系统，探索试行庭审录音录像代替庭审记录方式改革。2022 年，在线庭审 5399 件。

五、提升司法为民水平，不断增强人民群众司法获得感

（一）完善诉讼服务便民利民新机制

一是完善“一站式”诉讼服务中心建设。健全“厅网线巡”立体化诉讼服务渠道，进一步形成网上立案、送达、保全、12368 诉讼服务等“一网通办”的智慧诉讼服务平台集群，2022 年，完成网上立案 20560 件，占全部立案总数的 90%。

二是积极回应群众诉讼需求。研发“掌上阅卷”小程序，及时审批当事人阅卷申请并将案件材料推送至当事人，实现从“纸质阅卷”到“电子阅卷”的跨越。“掌上阅卷”开通以来，截至 2022 年 12 月，为当事人提供远程阅卷共 953 次。完善当事人诉求及时处理机制，创新网络留言办理机制，完善对接当事人的方式方法，2022 年，共回复、转办各平台私信或留言 140 余条。

（二）构建开放、动态、透明、便民的阳光司法机制

一是自觉接受人大、政协与社会监督。2022 年，前海法院共接待 27 批 462 人次到前海法院调研，完成 5 件人大代表关注案件的跟踪落实。

二是推动建设新型法律职业共同体。2022 年 11 月，与深圳市律师协会签署《关于推进新型法律职业共同体建设的合作备忘录》，推动律师参与多元化纠纷解决，共同推进司法为民、公正司法。与深圳律师协会前海合作区律师工作委员会签署并发布《共建司法诚信治理体系倡议书》，发挥司法诚信治理合力。

三是深化司法公开。做好已结案件文书的上网工作，加强文书质量和上网审批把关。优化司法公开评价机制，定期通报裁判文书公开、庭审公开和审判流程公开情况，促进提升相关指标。2022 年，前海法院共有 3231 件案件进行庭审直播，观看量为 93.65 万人次。

六、推进法院队伍革命化、正规化、专业化、职业化建设，全力锻造法院铁军

（一）坚持以党的政治建设为统领

一是坚持党的绝对领导。坚决贯彻落实党中央决策部署，加强和规范重大事项请示报告工作，2022 年，前海法院党组向市委政法委、前海合作区党工委和市中级人民法院党组请示报告重大事项共 11 项。

二是推进全面从严管党治院。充分发挥院党组主体责任与院纪检监察部门的党内监督作用，确保公正廉洁司法。加强日常监察督导，2022 年共开展作风督察 25 次，发布检查情况通报 4 期。深入推进谈话提醒制度落实。进一步落实廉政审查制度，2022 年共出具廉政审查意见 84 份涉 648 人次。

三是维护司法领域意识形态安全。在立案、审判、执行等各环节加强意识形态把关，在疫情防控、涉访涉诉案件等突发事件和热点敏感问题上做好引导和管控工作，在文化宣传、简报信息、研讨交流等方面严格审核，增强政治敏锐性和鉴别力。

四是提升保密工作水平。落实保密专项检查整改，明确涉密岗位、涉密人员、派生定密责任人。扎实开展组织保密专题授课培训和警示教育。2022 年，共收办各类保密来文 179 份。

（二）深入学习宣传贯彻党的二十大精神

一是深入开展学习贯彻活动。依托党组理论学习中

心组、第一议题学习和党支部党员理论学习制度，采取线上学与线下学、集中学与个人学、集体领学与研讨交流相结合的方式，全面准确学习领会党的二十大精神，认真学习新修改的党章，严格执行《中国共产党政法工作条例》。2022 年共开展党组理论学习中心组学习 17 次，开展党组第一议题学习 26 次；各支部组织学习 214 次，支委讲党课 19 次，党员分享党史小故事 39 人次。

二是营造浓厚宣传氛围。结合全国法院“两个确立”主题教育，运用微信公众号等新媒体渠道，开设青年故事“前法说”“奋斗圳当时”等宣传专栏，组织 2 次主题征文。2022 年，相关经验举措被《人民法院报》《法治日报》等中央级媒体刊发报道 22 篇次。2022 年，前海法院受到最高人民法院新闻传媒总社表彰，获评“司法宣传和通联工作先进单位”。

三是推进“深入学习贯彻党的二十大精神，坚持人民至上，践行司法为民”学习讨论活动。广泛了解民情民意，通过举行座谈会、走访辖区内公司、律所、学校等方式，收集工作建议 26 条。梳理群众关心关注的问题 11 个，明确完成时限、责任部门和责任人。组织编写“群众诉求工作”金点子、典型案例，1 篇入选市中级法院“十佳群众工作典型案例”，1 篇入选“十佳群众工作‘金点子’”。

（三）全面加强基层党组织建设

一是夯实组织基础。严密组织 5 个党支部换届选举，选优配强支部班子，强化党支部组织功能。严格落实“三会一课”、组织生活会和民主评议党员等组织生活制度，丰富支部活动形式。推动支部党建品牌创建，“党旗引领，护航创新——打造知识产权保护新高地”被前海党工委评为“前海合作区基层党建‘一支部一品牌’优秀案例”。

二是发挥党员先锋模范作用。持续落实“为群众办实事示范法院”创建活动，围绕审判执行工作重点环节和群众关心关切问题，推进掌上阅卷、集中开展清场交付等 10 个项目。积极参与疫情防控，先后有 100 余人次主动到社区报到，切实发挥党组织的凝聚力、号召力和战斗力。

（四）加强高素质专业化人才培养

一是健全审判人才培养机制。2022 年，组织开展职业精神培训、综合素质培训、司法实务培训等 86 项培训，参训人员 3978 人次；组织法律英语培训 53 次，承办 2 次全市法院外语竞赛活动；邀请香港高校法学教授以及香港特别行政区大律师开展香港特别行政区普通法系列培训；开展 3 期“法官沙龙”，搭建交流业务、拓展视野的平台。

二是提升“传帮带”工作力量。组织编写《岗位说明书》，涵盖审判部门、综合业务部门多类岗位，为法院新入职干警履职尽责提供明确清晰指引。加强公务员试岗培养阶段培养，确定帮扶导师，有针对性开展岗位实践锻炼，激发工作潜力。

三是队伍建设成效明显。2022 年，前海法院 4 名个人荣立三等功，4 名个人被市中院专项嘉奖，3 名个人被市中院通报表扬，26 人次在深圳法院“六优”评选活动中获奖，1 人入选深圳法院首届“十佳青年”。

2023 年，中共深圳前海法院党组将始终坚持以习近平新时代中国特色社会主义思想为指导，深入学习贯彻习近平法治思想，认真学习宣传贯彻党的二十大精神，按照广东省委十三届二次全会、市委七届六次全会部署和上级法院的工作要求，公正高效履行司法职能，为深圳建设好中国特色社会主义先行示范区提供坚强有力的司法保障。一是坚持党的绝对领导。把坚持党对法院工作的绝对领导贯穿审判及改革工作全过程各方面，全面学习贯彻党的二十大精神，严格执行省委、市委坚决落实“两个维护”十项制度机制。二是全力抓好审判中心工作。严格监控重要流程节点和审限落实情况，加强审判质量管理，全面提升审判质效。用足用好专业法官会议机制，发挥审判委员会决策指导监督作用，统一裁判标准。三是服务保障社会经济发展大局。继续围绕《前海方案》《前海意见》要求，按照改革任务清单强化各项改革措施的深化和落地，强化国际公约和域外法的准确适用，深化跨境商事法律规则衔接，加快打造具有影响力的国际商事争议解决中心，争取打造一批精品改革案例。四是提升司法为民水平。完善当事人诉求处理机制，加强智慧法院建设，提升人民群众司法获得感。深挖审判和改革工作中的亮点题材，讲好法院故事。五是加强法院队伍建设。坚持以习近平新时代中国特色社会主义思想凝心铸魂，健全高素质审判人才培养、选拔、管理机制，系统化开展政治轮训和域外法查明与适用、法律英语等专业化培训，打造高层次司法人才队伍。

深圳市福田区人民法院工作报告

——2023 年 1 月 7 日在福田区第八届人民代表大会第三次会议上

深圳市福田区人民法院院长　詹旭伟

各位代表：

我代表福田区人民法院向大会报告工作，请予审议，并请列席会议的同志提出宝贵意见。

2022 年主要工作

2022 年，区法院坚持以习近平新时代中国特色社会主义思想为指导，深入学习贯彻习近平法治思想，紧紧依靠区委领导、区人大监督，紧紧依靠区政府、区政协和社会各界支持，忠实履行宪法法律职责，着力保稳定、护发展、惠民生，较好完成了各项工作任务。全年受理案件 106917 件，结案 97737 件，法官人均结案 619 件；司法透明度指数连续两年位列全国基层法院第一；6 篇案例入选《中国法院 2022 年度案例》，数量居全省基层法院第一。

一、优化高质效司法供给，推动更高水平的“首善发展”

服务新发展格局，紧密围绕深圳“双区”建设和福田“三大新引擎”建设，构建推动高质量发展的司法保障体系。

助推法治化营商环境建设。依法审理各类合同纠纷案件 35575 件，平均审理周期同比缩短 23%。助力粤港澳大湾区法治融合发展，妥善审结港澳律师获准大湾区内地九市执业后代理的首宗案件，为国家政策试点率先探路。依法平等保护民营企业产权和企业家权益，审结职务侵占犯罪 20 件 28 人；坚持为民营企业解难题、办实事，修订财产保全实务指引，严禁超标的、超范围保全，建立全天候保全快速处理机制，做到应保尽保、应解速解。提升高质量投资高地法治竞争力，落实全面深化营商环境改革举措，着力提升核心评价指标。

保障金融业健康稳定发展。审结金融案件 24285 件，标的额 139.3 亿元。防范化解金融风险，妥善办理集资诈骗、非法吸收公众存款等涉众型金融案件 100 件，助力依法处置 P2P 网贷平台、问题私募基金；审慎办理涉房企商业承兑汇票纠纷，严格规制非法贴现票据行为，防止次生金融风险隐患。规范金融借款服务，依法调整明显过高的利息费用，降低企业融资成本。创新金融纠纷化解机制，引入专业金融调解组织，联动三大电信运营商，构建“专业调解 + 失联修复 + 示范判决”高效解纷机制。推广金融类案智审系统，完善电子证据开示规则；在全市率先应用区块链技术审判金融案件，获评 2022 深圳营商环境十大创新案例。

服务创新驱动发展战略。审结知识产权案件 2118 件，发布《知识产权司法保护状况白皮书》暨十大典型案例，4 件案例入选市级以上知识产权典型案例。着力破解维权举证难，建立证据披露、证明妨碍排除和优势证据审查规程。激励自主创新，依法审理“剧本杀”版权、“招财猫”商标等纠纷案，加大对知识产权侵权行为打击力度。在“黄道益”被侵权案中对香港商标知名度进行准确认定，获评粤港澳大湾区跨境纠纷典型案例。加强反不正当竞争，制止电商产品未经授权标注“华为”“荣耀”商标等傍名牌行为，认定恶意投诉“ANKER”（安克）品牌侵权案入选全国法院年度案例。从严惩治新型知识产权犯罪，在假冒“苹果”品牌耳机案中，对通过电子弹窗形式隐蔽使用他人注册商标的行为准确进行刑事定性，入选广东法院知识产权刑事典型案例。

助力数字经济发展。审结涉互联网纠纷案件 27110 件。保障网购合法权益，依法认定电商平台“刷单”买卖无效，向淘宝、天猫平台发出完善“七天无理由退换”规则的司法建议。严厉打击虚拟货币非法行为，妥善审结假借租赁从事虚拟货币“挖矿”案。维护网络管理秩序，审结恶意抢拍域名系列侵权案，合理认定各方侵权责任。保护公民信息安全，严惩窃取倒卖通讯录、微信账号、患者信息等各类侵犯公民个人信息犯罪。

二、参与现代化全域治理，助力法治中国典范城区建设

立足审判主业延伸法治辐射力，充分发挥司法裁判规范引领作用，助力提升福田全域治理法治化水平，打造更高水平的平安中国示范区。

维护社会安全稳定。审结刑事案件1090件，判处罪犯1291人，依法惩处故意伤害、盗窃、诈骗等多发犯罪540件。深入治理“两卡”犯罪，判处帮助信息网络犯罪活动罪87件115人；护航医保基金安全，审结全市首宗医保“套现”案；严惩危害公共安全行为，顶替公交司机酒精检测案入选中国法院年度案例；严厉打击养老诈骗犯罪，从严判处全市基层法院首宗养老诈骗案。常态化开展扫黑除恶专项斗争，加大《反有组织犯罪法》和涉黑恶典型案例宣传力度。坚持罪刑法定、疑罪从无、证据裁判原则，依法宣告4名被告人无罪，裁定准许检察机关撤回起诉2人。推进认罪认罚从宽实质化，对568名被告人适用从宽制度。在区委政法委领导下统一全区刑事涉案财物证据收集审查标准。

弘扬社会主义核心价值观。通过高质量司法判决，在法治轨道上明规则树新风，为打造文明典范城区提供司法引领。3个案例入选全省贯彻实施民法典典型案例。妥善审理校园侵权纠纷案，厘清青少年合理限度内追逐嬉戏与校园霸凌的界限；严惩校车司机猥亵学生案，为未成年人撑好法律保护伞；依法裁判业主拒缴停车费案，制止车辆长期停放公共区域“占便宜”；对故意拖延确诊时间的被保险人理赔诉求不予支持，有力遏制保险投机行为；对虚假诉讼追究刑事责任，对恶意保全判处巨额赔偿，对恶意注销公司逃避诉讼进行罚款，对伪造证据的当事人开出高额罚单，通过严厉打击诉讼中的不诚信行为助力社会诚信体系建设。

强化执行震慑力。办结执行案件39291件，执行到位金额93.37亿元。保持执行高压态势，限制高消费37384人次，公开曝光失信被执行人1112人。优化“执转破”衔接机制，加快出清“僵尸企业”，执行转破产立案审查50件，同比上升4倍。加速执行财产变现，成立房产速拍、涉众金融执行团队；完成不动产交付265件，强制清场34次；司法拍卖2625件，成交金额50.28亿元。深化执行多方联动，与公安机关建立常态化车辆查控联动机制，扣押车辆202台；与中国证券登记结算公司建立线上执行协助机制，协助全国法院办理涉证券执行业务2223件，全国首次协助执行兑付到期债券1.87亿元。

营造尊法学法守法用法的社会氛围。落实普法责任制，构建“区街社”普法联动新模式，携手区司法局、各街道打造“学法有福”基层普法宣传联合行动。《田小福学法记》系列普法视频入选全省法院普法精品培育项目。大力宣传贯彻民法典，组织开展专题普法活动13场，4名法官获省法院民法典宣传工作专项表彰。坚持把文书、庭审作为生动的普法教材，网络公开裁判文书4.6万份，网络直播庭审2.8万场，2353万人次在线观看。

三、回应多元化司法需求，增强群众司法获得感幸福感

坚持以人民为中心，全方位提升司法服务水平，依法保障群众合法权益，让人民群众切实感受到公平正义就在身边。

推进诉讼服务优质化。提升“一网便捷办”，网上立案率达到90%，移动微法院回复当事人信息93万条，成为当事人远程诉讼、联系法官主渠道。做到“诉求立即办”，设立群众诉求服务中心，把12368热线打造成群众诉求“总客服”，每日接听来电300余次，接通率100%，对诉求逐条登记，限时办结，确保群众诉求件件有着落。实现“需求主动办”，拓宽“流码”系统案件推送节点，主动向当事人推送立案、保全等信息45.2万条，保证当事人及时知晓案件进展，获评全市法院群众工作十佳“金点子”。强化“信访用心办”，开通福法信访、福法执行、涉众金融信访工作微信号，实现全天候接访；院庭长带头接访，化解信访积案178件，帮助信访人解开“法结”“心结”。

全力服务“六稳”“六保”。积极响应区委号召，组织三百余名干警驰援上沙社区塘晏村、龙秋村等抗疫一线。开辟涉疫纠纷绿色通道，妥善办理涉新冠疫情案件262件，帮助中小微企业和个体工商户纾困解难；适当调整涉疫纠纷逾期违约责任案入选全省法院助力中小微企业发展典型案例；联动市中小企业服务局快速解封

账户帮助企业重回正轨案例获《人民法院报》报道。妥善审理房地产企业债务纠纷案件，保障购房群众合法权益；坚持“房住不炒”定位，审结房屋买卖、租赁等纠纷案件 3160 件。

提高民生司法保障水平。审结婚姻家事案件 1219 件，完善家事调解、家事调查、家事观察等配套机制，48.7 %的家事案件通过调解达成和解、撤诉。注重司法人文关怀，为家事案件当事人提供心理咨询服务 245 人次；持续 9 个月跟踪修复离异家庭儿童心理创伤，入选全省未成年人司法保护典型案例；坚决制止家庭暴力，发出人身安全保护令 31 份；帮助困难群众渡过难关，发放司法救助金 42 万元。守护未成年人健康成长，发出家庭教育令 4 份，作出全市首例“法院 + 妇联”家庭教育指导，督促失职父母“依法带娃”；发出落实侵害未成年人案件强制报告制度司法建议，与公安、检察机关建立侵害线索移送机制。强化“法院 + 工会”联动解纷，审结劳动争议案件 1822 件，涉案标的 6.65 亿元；开展“根治欠薪”专项行动，追回劳动报酬 5504 万元，为 56 位工人追回欠薪案获评深圳法院群众工作十佳案例。

四、坚持高标准深化改革，提升办案质效和司法公信力

纵深推进司法体制综合配套改革，向改革找出路，向科技要效能，让高质量司法成为首善法治的鲜明特质。

深耕多元解纷机制改革。坚持把非诉讼纠纷解决机制挺在前面，诉源治理成效日益显现，受理案件量同比下降 11.21%，“诉讼与非诉讼解纷实质性对接机制”改革获评全省法院抓示范促改革惠民生良好项目。区人大常委会对区法院诉前调解工作进行专题调研，有力促进调解工作高质量发展。强化诉源治理格局拓展，加强涉众型纠纷府院联动化解，与市律协、区妇联签署合作备忘录，实现矛盾发现在早、解决在小、预防在先，探索疑难复杂纠纷化解新途径。深化非诉解纷梅林模式，强化梅林诉源治理中心功能集成，诉前调解纠纷 10824 件；吸纳 28 名社区网格员成为调解员；在区委政法委支持下，协同区司法局、政数局、梅林街道建设扫码解纷系统，实现各类纠纷线上调解全覆盖。推进调解机制贯穿融合，创新推行“调解 + 速裁”“调解 + 劳动”团队运行模式，初步建成“诉前联调 + 诉讼跟调 + 执前督促 + 执行和解”的全链条调解体系，实现分段联动化解，34027 件案件通过调解、和解等方式解决，同比增长 22%，改革做法荣获深圳法院改革创新奖。

细化繁简分流机制改革。推进繁简分流实质化，51.5 %的案件通过速裁、快执程序办结，11231 件纠纷适用小额诉讼程序一审终局、案结事了，民商事案件速裁审理周期缩短 38.79%。推进简案快办标准化，编撰民商事速裁、商标权纠纷、信用卡类案等审理指南，深化要素式审理，构建标准化裁判体系。推进案件流转高效化，成立集约送达中心，对民商事案件集约送达排期；试行“门诊式”排期庭审，提升案件审理效率。

升级无纸化办案改革。全类型覆盖、全流程贯穿，通过电子卷宗系统办案 84365 件。远程诉讼成为常态，在线开庭 1.9 万次，同比增长 2 倍以上，实现疫情下司法审判不停摆。系统功能日趋完善，文书生成、智能纠错、上诉无纸化移送等功能逐步落地，智能生成法律文书 131.9 万份，同比上升 38.8%，助力案件办理提质增效。电子送达全面推广，移动微法院送达 60.3 万次，同比上升 117%，送达效率显著提升。积极引导当事人线上提交诉讼材料，实现电子卷宗全流程随案生成，电子归档率达 95.2%，纸质卷宗大幅减少。积极参与福田区跨部门政法大数据平台建设，推动涉案财物、赃证物管理实现线上业务协同。

创新监督制约体系改革。加强办案周期管控，持续加大一年以上长期未结案件清理，无正当理由长期未结案件清零。创新发改案件每案必评机制，全市率先研发发改案件评查系统，改革经验获最高人民法院推广。积极推进全流程审判监督管理平台建设，构建办案关键节点实时智能监控模式。开展审执质效提升集中攻坚，全面加强办案指标动态管控，促进核心办案指标向好发展，年底存案同比下降 31.45%，实现连续四年存案大幅下降，上诉率和发改率等核心指标居全市法院前列。

五、推进全方位从严治院，建设忠诚干净担当法院铁军

坚持自我革命永远在路上，长期坚持严的主基调，营造争先创优良好氛围，持续加强法院队伍思想、作风、能力建设。

学习宣传贯彻党的二十大精神。把学习贯彻党的二十大精神作为首要政治任务，按照“五个牢牢把握”重要要求，专门制定学习宣传贯彻工作方案，切实做到学懂弄通、学深悟透、入脑入心、见行见效，引领全体干警深刻认识法院在推进中国式现代化道路上的使命责任、目标定位，以强烈历史自觉在新征程上再出发。组织开展“深入学习贯彻党的二十大精神 坚持人民至上践行司法为民”学习讨论活动，重点围绕党的二十大报告关于“六个必须坚持”“以人民为中心”等重要论述组织集中研讨，征集、查摆和改进为民服务问题35条，以改进司法作风、优化群众工作方式方法、提高司法为民服务本领为出发点和落脚点，切实将党的二十大精神转化为司法为民生动实践。

坚决筑牢政治忠诚。深入学习贯彻习近平新时代中国特色社会主义思想，开展习近平法治思想政治轮训，扎实推进“两个确立”主题教育，增强“四个意识”、坚定“四个自信”、做到“两个维护”。加强对党忠诚教育、政治机关意识教育和警示教育，引导广大干警坚定信念、担当作为。落实《中国共产党政法工作条例》，制定重大事项请示报告制度实施细则，把党的领导贯穿法院工作各方面全过程。深入推进基层党组织“标准＋质量＋示范”建设，创新开展党建工作“一季度一检查一评比”活动。

持续深入正风肃纪。坚持全面从严治党、从严治院，制定修订规章制度22项，持续巩固队伍教育整顿成果。深入开展司法作风问题集中整治，群众反映强烈的突出问题得到明显好转。深刻汲取身边反面典型教训，深入开展以案促改，加强干警八小时外监督管理，以零容忍态度惩治司法腐败。优化“1+19”绩效考核体系，落实“一榜三令”高效执行机制，大力营造干事创业良好氛围，推动敢担当、肯奋斗、善作为，全院8个集体和98人次荣获市级以上各类表彰，涌现出广东省五一劳动奖章获得者、全市法院十佳青年等一批先进典型。

着力提升司法能力。深入推进“司法能力提升年”活动，制定文化建设重点项目五年规划，实施“雏鹰计划”“知事识人”实现人才择优培养，创新审委会法官领学机制，打造分类更精细、组织更有力的能力提升通道，推动队伍素能显著提升。连续三年获最高人民法院学术讨论会组织工作先进奖；13个案例被评为全国、全省法院典型案例，市级以上“六优”评选活动获奖数位居全市基层法院首位。

自觉主动接受监督。把发展全过程人民民主要求贯彻到法院工作各领域各环节。全面落实区八届人大二次会议决议，深入落实区人大常委会关于加强家事审判工作报告的审议意见，认真办理代表建议和政协提案10件，采纳代表委员建言献策45条，切实转化为改进工作的具体举措。定期向代表委员通报法院工作信息，邀请代表委员参加法院开放日、普法宣传、旁听庭审等活动14场124人次。积极支持检察机关履行法律监督职能，邀请检察长列席审判委员会5次，认真办理检察建议8件。落实司法民主，随机抽取人民陪审员参审案件1842件，聘任特约监督员35名。

各位代表，一年来，区法院坚持奋勇拼搏、真抓实干，各项工作取得显著成绩。这些成绩的取得，是区委坚强领导和区人大有力监督的结果，是区政府、区政协及社会各界大力支持的结果。在此，我代表区法院，向一直以来给予我们关心、支持的各位领导和各界人士，向为法院工作积极建言献策、帮助解决困难和问题的各位人大代表，表示崇高的敬意和衷心的感谢！

我们也清醒认识到，法院工作还面临不少问题和困难：一是服务经济社会高质量发展和满足人民群众多元化需求的司法能力有待提高，少数案件办理质量效率不高、效果不佳。二是队伍管理有待加强，个别干警廉洁自律和司法作风存在不足，合同制司法辅助人员待遇低、流动性大的问题较为突出。三是诉源治理作为社会系统性工程，多方参与的工作机制还未充分发挥作用，诉前解纷合力不足。四是基础设施严重落后问题尚未根本解决，制约诉讼服务质效提升和改革配套措施落地。对此，我们将采取积极有效措施，努力加以解决，也恳请各位代表和社会各界继续给予支持、帮助和监督！

2023年工作安排

2023年是全面贯彻落实党的二十大精神的开局之年。区法院工作总体思路是坚持以习近平新时代中国特色社会主义思想为指导，深入贯彻习近平法治思想，全面贯彻落实党的二十大精神，紧紧围绕深圳五大战略定位、福田“五个首善”发展目标，全面优调解精审判强执行，打造深化司法体制综合配套改革基层样板，推动司法审判更加公正高效权威，加快建设司法公信力、法治竞争力、改革创新力、国际影响力卓著的中心城区典范法院，为福田加快全面建设社会主义现代化典范城区和中国式现代化典范城区提供坚强有力的司法保障和服务。重点做好六方面工作。

一、在加强党的领导上争当典范。更加深刻领悟“两个确立”的决定性意义，全力打造中心城区法院“两个维护”忠诚品格。把深入学习贯彻党的二十大精神作为首要政治任务，按照“五个牢牢把握”重要要求，确保学懂弄通、学深悟透。全面加强党对法院工作的绝对领导，坚决贯彻《中国共产党政法工作条例》，严格落实重大事项请示报告制度，严格执行区委坚决做到“两个维护”十项制度机制。以高水平党建引领高质量司法，建强基层党建创新品牌，深化支部党建活动内涵，筑牢基层党组织战斗堡垒根基。

二、在服务保障大局上争当典范。紧密围绕学习贯彻党的二十大精神，深入落实市委、区委重大部署，在大局中定位司法、谋划司法、推进司法。拓宽诉源治理工作格局，推动非诉解纷工作纳入街道平安中心一体建设，打造街道特色化诉前联调中心，完善涉众型纠纷府院联动化解机制，推广扫码解纷系统，助力福田区建成法治中国、平安中国典范。构建数字知识产权司法保护机制，完善举证妨碍规则适用机制，规制互联网平台不正当竞争行为，为加快建设“创新福田”提供司法支撑。加强政法各部门联动，依法妥善处理涉众金融纠纷，确保涉众金融纠纷在法治轨道上妥善化解，坚决守住平安稳定的底线。主动创新，推动建设金融纠纷一体化处理平台，整合金融监管、行业协会和司法裁判资源，建立健全金融纠纷督促履行、中立评估、示范诉讼等化解机制，助力金融中心建设。推动设立河套深港科技创新合作区人民法庭，助力打造法治开放示范“窗口”。

三、在严格公正司法上争当典范。围绕全面准确落实司法责任制，优化审判团队工作模式，完善“四类案件”识别和监督机制，强化内部监管和外部监督机制。狠抓办案质效管理，全周期管控审判执行关键节点，健全审限管理、归档报结等制度体系，探索两级法院二审发改案件预评查线上衔接机制，完善差异化考评制度，进一步推动办案质量和效率实现良性循环。加强司法大数据在审判态势分析中的有效运用，推进司法指标精细管理，持续完善绩效考核体系，力争实现核心司法指标走在全国基层法院前列。实施司法精品工程，加大精品培育、激励和表彰力度，努力在全国性的司法调研、司法案例评选上取得新突破。

四、在深化司法改革上争当典范。全面深化司法体制综合配套改革，谋划一批新的改革项目，为建设公正高效权威的社会主义司法制度探索基层实践。统筹推进优化诉讼前端综合性改革，探索破解司法供需矛盾新路径。完善全链条调解体系，优化调解员分类分级分层管理模式，探索商事纠纷调解市场化收费、类型化纠纷调解前置等新型解纷机制，推动更多纠纷诉前实质化解。完善繁简分流智能标识、考核等配套机制，健全小额诉讼程序激励机制，充分发挥速裁、快审、快执优势。深化金融审判中区块链技术应用，推动“互联网＋金融”审判质效提升。实施全口径无纸化办案，构建全流程智能化监督管理机制，打造智能办案、服务、监管一体化新平台，推进审判体系和审判能力现代化。

五、在践行司法为民上争当典范。坚持以人民为中心司法理念，围绕努力实现更高水平的“首善民生”推出更多优质司法产品。依法妥善审理涉民生案件，加强消费、教育、就业、住房、养老等民生领域司法保障。深化少年家事审判改革，强化纠纷调处心理疏导，打造更具司法温度的解纷新机制。优化“一号通办”群众诉求解决机制，健全投诉举报处理时限及结果监督机制，畅通和规范群众诉求表达、利益协调、权益保障通道。优化智能化诉讼服务，拓展移动微法院功能，落实落细电子阅卷、诉讼费退费等便民利民措施。深化阳光司法机制，完善“区街社”基层联合法治宣传教育新模式，抓好弘扬社会主义核心价值观典型案例培育和宣传，努力使尊法学法守法用法在福田蔚然成风。

六、在打造过硬队伍上争当典范。牢牢把握自我革命的要求，一体推动政治建设、业务建设、职业道德建设全面发展。把坚定拥护“两个确立”、坚决做到“两个维护”体现到法院工作实效上。全面实施“雏鹰计划”，深化“福法三讲堂”培训品牌，常态化组织岗位练兵、技能竞赛，打造高层次审判人才梯队。坚持以严的基调强化正风肃纪，构建内外部衔接的廉政风险防控体系，严格落实防止干预司法“三个规定”、新时代政法干警“十个严禁”等铁规禁令，完善各类人员追责问责程序，推动区法院队伍全面进步、全面过硬。认真落实区人大常委会决定，自觉接受检察机关法律监督，拓宽代表监督渠道，探索建立邀请代表参加重大课题研究、改革项目论证、列席审判委员会会议等机制，常态化走访听取意见建议。

各位代表，努力让人民群众在每一个司法案件中感受到公平正义，是我们不懈奋斗的目标和追求。新的一年里，我们将全力推动党的二十大精神在区法院落地生根、见行见效，努力形成基层法院的生动实践。我们将忠诚履职、锐意进取、埋头苦干，不断提高司法为民、公正司法能力水平，为福田加快全面建设社会主义现代化典范城区和中国式现代化典范城区而努力奋斗！

附件

有关用语说明

[1] **司法透明度指数：**中国社会科学院法学研究所每年对全国法院上一年度的司法公开状况进行量化评估，涵盖审务信息公开、审判信息公开、执行信息公开、司法数据公开、司法改革信息公开等方面，以指标得分的形式评测出各法院司法透明度情况。在 2020 和 2021 年度中国司法透明度指数评估中，福田区法院连续两年位列全国基层法院第一。

[2] **港澳地区律师获准大湾区内地九市执业后代理的首宗案件：**2020 年 8 月 11 日，十三届全国人大常委会第二十一次会议通过决定，授权国务院在广东省广州市、深圳市等九市开展试点，符合条件的港澳地区律师可从事一定范围内的内地法律事务。2022 年 7 月 6 日，何君尧律师成为首批粤港澳大湾区执业律师，且系唯一的香港特别行政区律师。在福田区法院受理的刘某 1 诉林某某、刘某 2 确认合同无效纠纷一案中，何君尧律师代理一方当事人在线上出庭并获得胜诉。该案宣判后，双方当事人都服判息诉。该案审理适用了香港特别行政区法律，体现出大湾区的融合发展正逐步实现法律规则的良性衔接联通，审理过程受到全国各大媒体的广泛关注。

[3] **金融类案智审系统：**2021 年以来，福田区法院在深圳中院的大力支持和指导下，在全市率先试点运行金融类案智审系统。该系统创新打通法院与金融机构、第三方区块链存证平台端口，依托区块链、云计算、人工智能等技术，实现金融类案批量立案、智能分案、高效审理、快速裁判，为全流程线上解纷提供新样本，有力应对和满足日益增长的金融司法需求。

[4] **全市率先应用区块链技术审判金融案件：**金融纠纷电子证据数量多、认定难，严重影响金融纠纷案件处理效率。福田区法院依托金融类案智审系统，进一步架设电子证据区块链验证平台，率先实现通过自建系统自动核验区块链存证电子证据，同时运用电子证据开示审查机制确保电子证据安全性和真实性合法合规，在深圳开创应用区块链技术审判先河。

[5] **“黄道益”被侵权案：**香港黄道益活络油公司于 1994 年将黄道益活络油引入内地市场，2004 年、2009 年先后在内地取得注册商标。深圳黄道益健康产品有限公司及其法定代表人自 2005 年注册大量“黄道益”商标，经营“黄道益”医用退热贴、鱼油软胶囊等产品。福田区法院经审理认为，综合考虑香港黄道益活络油公司进入内地市场时间、深港两地商业来往便捷频繁、香港黄道益活络油公司字号和商标的较高知名度等情况，深圳黄道益健康产品有限公司具有明显的攀附故意，构成不正当竞争，判决停止侵权行为、赔偿相关经济损失和合理开支。二审维持原判。本案依法对香港特别行政区企业具有一定知名度的企业字号、注册商标予以保护，为内地与港澳地区知识产权法律衔接适用提供参考，有力维护公平竞争的营商环境。

[6] **恶意投诉“ANKER”（安克）品牌侵权案：**安克创新科技公司自 2011 年以来经营“ANKER”（安克）品牌，生产销售数据线等电子产品。超人公司于 2016 年申请注册商标经核准后，享有“ANKER”注册商标的专用权。自 2018 年起，超人公司在多个电商平台对安克创新科技公司发起投诉，致使该公司多个商品被下架。福田区法院经审理认为，安克创新科技公司经营的“ANKER”品牌在超人公司申请注册商标之前，已具有一定的知名度，超人公司在安克创新科技公司对商标提出无效宣告请求和提起诉讼后，仍继续向电商平台发起投诉，明显未对其投诉行为是否会损害安克创新科技公司合法权益尽到注意义务，构成不正当竞争，判决超人公司立即停止恶意投诉行为，登报公开消除影响，赔偿经济损失 50 万元。

[7] **假冒“苹果”品牌耳机案：**2019 年，被告人王某某通过深圳祥云科技有限公司销售假冒注册商标的耳机非法牟利。2019 年 11 月，公安机关抓获王某某，并当场查获 611 个假冒苹果品牌的无线耳机。其中，44 个耳机外观含有苹果品牌商标，567 个耳机连接设备使用时会显示含有“AirPods”商标的配对弹窗，价值 80 万余元。福田区法院经审理认为，上述 567 个耳机虽然在外表面未印有苹果品牌商标，但是配对弹窗中的“AirPods”标识具有识别商品来源的作用，属于商标性使用，且该标识与苹果公司的注册商标相同，会导致消费者对商品来源产生混淆。福田区法院以销售假冒注册商标的商品罪判处王某某有期徒刑二年六个月，并处罚金人民币 32 万元。市中级人民法院二审维持原判。本案涉及通过电子弹窗形式实施的新类型商标犯罪行为，福田区法院认定以电子弹

窗隐蔽使用他人注册商标的行为属于商标使用，进而认定被告人销售明知是假冒注册商标的商品，数额较大，构成销售假冒注册商标的商品罪，体现了对新型知识产权犯罪的从严惩治。

[8] **假借租赁从事虚拟货币“挖矿”案**：雷某为租赁“CHIA 矿机”挖币，向某云公司充值 2 万个泰达币用于支付租金，但并未实际获取租赁物。租赁期间，雷某获取挖币收益 6.12 个奇亚币。因要求返还租金无果，雷某诉至法院。福田区法院经审理认为，雷某为获取虚拟货币租赁“矿机”，租赁款项以虚拟货币结算，租赁物未实际交付，双方订立租赁合同实质属于投资虚拟货币的行为，违背公序良俗，应属无效，雷某因投资虚拟货币导致合同无效所产生的损失由其自行承担，判决驳回雷某全部诉讼请求。宣判后双方均未上诉。本案严格落实中国人民银行等十部委联合发布的《关于进一步防范和处置虚拟货币交易炒作风险的通知》文件精神，有力维护互联网金融交易秩序，引导投资者树立正确投资观念。

[9] **恶意抢拍域名系列侵权案**：因法律意识淡薄、怠于作为、遗忘等原因，网站域名备案主体在域名到期后既未续费，也未及时注销 ICP 备案，导致域名重新面向全社会开放，可由他人竞价获得。这类域名无须再次向主管部门进行 ICP 备案，极大降低了网站运营者准入门槛，被一些专门组织抢拍后，恶意改造成影视播放、小说阅读等网站，大量上传未经合法授权的作品，严重侵犯著作权人信息网络传播权，由此产生了系列侵权纠纷。这类纠纷因主管部门备案主体与实际运营主体不一致，权利人往往将域名原备案主体作为被告诉至法院。

[10] **全市首宗医保“套现”案**：熊某等 11 人形成了“收卡 + 套刷药品 + 转卖药品套现”的产业链，在医院、公交车站等人流密集的公共场所张贴“医保卡兑换现金”等字样的小卡片，利用收集到的医保卡前往医院、社康、药店进行套刷，获取高血压、高血脂、心脏病等处方药，再将药品以 6 折至 7 折的价格销售给药商，将卖药所得的 8% 至 10% 留作手续费，剩余价款交给医保卡所有人。经审计，熊某等 11 人以上述方式利用 231 张医保卡套取药品，导致社会医疗保险基金支出共计 115 万余元。福田区法院经审理认为，熊某等 11 人分别构成非法经营罪、掩饰隐瞒犯罪所得罪，判处有期徒刑六年至一年二个月不等刑罚，并处罚金。

[11] **全市基层法院首宗养老诈骗案**：詹某作为陈某保姆期间，获取了陈某银行卡和密码，并受到陈某信任，通过取现、转账等方式长期盗取陈某银行账户内资金 47 万余元，用于个人理财和个人使用。福田区法院经审理认为，陈某利用照顾老人的便利及老人对财产管理的疏忽进行盗窃，主观恶性较大，酌情从重处罚。判处詹某有期徒刑九年，并处罚金 2 万元。本案中，福田区法院依法准确定罪量刑，对危害老年人财产安全的行为予以严惩，为老年人安享幸福晚年营造良好环境。

[12] **对虚假诉讼追究刑事责任**：某银行与某公司、黄某、俞某金融借款合同纠纷执行案，福田区法院拟拍卖某公司厂房。某公司债权人樊某提出执行异议，提交了与某公司签订的《房屋租赁合同书》，要求中止对厂房的强制迁出、确认租赁权及优先购买权。经鉴定，樊某提交文件中的某公司公章与公安机关备案公章不一致。福田区法院经审理认为，樊某以捏造的事实提起民事诉讼，妨害司法秩序并严重侵害他人合法权益，构成虚假诉讼罪，判处有期徒刑三年，缓刑三年六个月，并处罚金人民币 4 万元。

[13] **执转破**：指人民法院在执行程序中，发现企业资不抵债时，经申请人或被执行人同意，将案件转入破产程序处理。2018 年 6 月，经广东省高院批准，在福田、宝安、龙岗三区基层法院实行“执转破”案件试点管辖。试点以来，区法院创新“执破衔接、快执快审、府院联动”三大机制，持续加快“执行不能”企业和“僵尸企业”市场出清，优化法治化营商环境。

[14] **群众诉求服务中心**：为加快建设群众诉求一号通办、一站式解决机制，解决人民群众在“诉讼前端”的堵点痛点问题，福田区法院根据深圳中院部署，于 2022 年 8 月成立群众诉求服务中心。中心集聚诉讼指引、政策咨询、法律援助、司法救助、心理辅导、法律志愿服务等功能，深度整合日常诉讼服务、12368 一号通办和信访诉求办理等工作，实现各类群众诉求归集梳理、甄别复核、分类转办，最大限度在一地一次及时解决群众合法合理诉求。

[15] **“流码”系统**：由福田区法院自主开发建设，2022 年以来进行了第四次迭代升级，紧紧围绕当事人最关心关注的内容，进一步扩大信息推送范围，涵盖立案受理、法官分配、排期、执保收结案、裁判文书送达、上诉移送等关键节点，实现审执流程变动、法官联系方式等关键信息短信自动推送，有效回应当事人关切，有力保障当事人及时了解案件进展。

[16] **适当调整涉疫纠纷逾期违约责任案**：某科技公司向某新能源公司采购锅炉设备，约定违约金为合同价格的千分之五。后某新能源公司存在部分货物逾期交付、安装施工延迟等情形。某科技公司起诉要求某新能源公司承担逾期交货违约责任 320 万元。福田区法院经审理认为，疫情对某新能源公司履行交付安装义务属于不可抗力，兼顾合同履行情况及双方过错程度等因素，将违约金标准调整为日万分之五，判决支付逾期交货违约金 17.5 万元。因疫情影响，中小微企业易出现违约，高额违约责任将导致企业经营困难甚至无以为继。本案根据公平原则适当调整违约责任，有力保障中小微企业生存发展。

[17] **持续 9 个月跟踪修复离异家庭儿童心理创伤**：赵某与欧阳某某离婚时约定，赵某每月向欧阳某某偿还 5 万元，直至还清 90 万元。因赵某逾期还款，欧阳某某诉至法院。赵某认为欧阳某某未履行对女儿赵某某的监管义务，女儿受到精神刺激患有强迫症，要求变更抚养权。福田区法院在审理过程中引入心理咨询师对赵某某进行心理干预和跟踪帮扶 9 个月，赵某某强迫症状况有了明显好转。在此基础上依法作出判决，双方均未上诉。本案表面看是离婚后财产纠纷，但未成年人身心健康才是双方矛盾根源。福田区法院注重与专业机构合

作，对未成年人权益进行全方位保护，以司法关怀护航未成年人成长。

[18] **全市首例“法院＋妇联”家庭教育指导：**《家庭教育促进法》于 2022 年 1 月 1 日起正式实施，首次规定司法机关及妇女联合会等单位有权对怠于履行家庭教育职责的监护人实施家庭教育指导。2022 年 3 月 7 日，福田区法院在一宗抚养费纠纷案件中对未按期支付子女抚养费且怠于履行家庭教育义务的父母发出家庭教育令，并联合福田区妇联共同对失职父母现场开展家庭教育指导，赠送相关家庭教育资料，引导履行家庭教育主体责任，成功促使父亲支付拖欠抚养费、母亲积极配合开展探视小孩。

[19] **为 56 位工人追回欠薪案：**张某等 56 名工人与银某公司劳动纠纷执行案，工人们被欠薪 890 万元。福田区法院将案件列入民生案件，抽调精兵强将提速办理。因公司房产已被东莞、普宁法院查封，执行陷入僵局。福田区法院通过三级法院协同执行机制，经深圳中院层报广东高院统一指挥，高效建立协同执行定期会商机制。仅仅一个月，56 名劳动者在春节前拿回血汗钱。本案是司法为民和全市全省执行工作一盘棋的生动体现，区法院没有简单地把案件一终了之，而是把保护劳动者基本生存权放在首位，积极争取上级法院支持化解困难，最终有效化解劳资矛盾，维护了社会稳定。

[20] **扫码解纷系统：**具备线上调解、人案智能匹配、法官在线指导、辖区矛盾纠纷动态分析等功能，实现人民调解、行业调解、商事调解等各类调解资源深度整合，为群众提供更专业、更精细、更高效、更便捷的解纷服务。系统操作简单方便，群众扫码提交调解申请后，后台将根据案件特点第一时间分配合适的调解员开展调解。目前系统已汇聚 56 家调解组织和 338 名调解员，调解范围广泛涵盖各类纠纷。

[21] **小额诉讼程序：**根据《中华人民共和国民事诉讼法》第一百六十五条的规定，基层人民法院审理事实清楚、权利义务关系明确、争议不大的简单金钱给付民事案件，可以适用小额诉讼程序审理，实行一审终审。小额诉讼程序具有效率高、成本低等特点，福田区法院持续加大适用力度，按照上级法院明确标准，对符合条件的 54023 元以下、54023 元以上 216090 元以下非涉外案件依法适用小额诉讼程序，进一步缩短办案周期，降低当事人诉讼成本。

[22] **创新发改案件每案必评机制：**福田区法院将案件评查作为完善司法监督制约体系的重要抓手，将严抓发改案件评查作为“一把手”工程强力推进，进一步规范审判权运行，有效提升裁判质量。坚持发改案件每案必评，率先成立案件质量评查委员会，将上级法院改判、发回重审、指令审理以及经本院再审改判生效的案件纳入逐案评查范围。推进发改案件线上评查，依托电子卷宗系统开发案件评查模块，实现评查全流程留痕可追溯。强化结果实质运用，每月发布发改案件台账列明一二审裁判要点，定期形成部门性和全院性发改案分析报告，将评查结果作为绩效考核的重要参考，建立上级法院评查反馈机制。2022 年，共发起评查流程 2007 件，有力统一了裁判标准。

[23] **全流程审判监督管理平台：**经深圳中院批复同意，福田区法院开展全流程审判监督管理平台试点工作，将基于现有智慧法院建设成果，对内实现关键节点的事前预警、事中管理、事后处置，对外实现实时司法公开，推动审判管理由人盯人、层层审批向全员、全过程实时动态管理转变，探索构建一套智慧管理监督全程可视的新路径。

[24] **党建工作“一季度一检查一评比”活动：**为促进党支部建设制度化、规范化和科学化，充分发挥党支部的战斗堡垒作用，福田区法院每季度对各支部党建工作落实情况进行量化考评，评选出季度优秀、良好党支部和年度星级党支部，实现培育一批样板党支部、总结一批党建成果、推出一批优秀人才的目标。

[25] **审委会法官领学机制：**为进一步提升审委会委员履职能力，带动促进全院法官司法能力提升，福田区法院建立审委会法官领学机制，围绕重点法律、司法解释以及实践中的热点难点新型问题，制定审委会学习计划，由各业务部门申报学习内容和主讲人，择优在审委会上进行领学。2022 年，福田区法院共开展审委会集体学习 30 次。

[26] **市级以上“六优”评选活动：**“六优”即优秀案例、优秀裁判文书、优秀庭审、优秀学术论文、优秀调研成果、优秀司法建议。2022 年 11 月 7 日，深圳中院组织开展首届“六优”评选活动，经过个人申报、逐级推荐、组织评审等程序，福田区法院共有 20 个奖项获奖，数量居全市基层法院首位，并获评“优秀组织单位”。

深圳市罗湖区人民法院工作报告

——2023 年 1 月 11 日在深圳市罗湖区第八届人民代表大会第三次会议上

深圳市罗湖区人民法院院长　杨爽

各位代表：

现在，我代表罗湖区人民法院向大会报告工作，请予审议，并请各位政协委员和其他列席同志提出意见。

2022 年主要工作

2022 年是党的二十大胜利召开之年，我院坚持以习近平新时代中国特色社会主义思想为指导，全面学习宣传贯彻党的二十大精神，深入践行习近平法治思想，贯彻新发展理念，在区委坚强领导、区人大及其常委会有力监督，区政府、区政协和社会各界的关心支持下，坚持以人民为中心，忠诚履职，各项工作取得新进展。

——司法质效稳步提升。全年受理各类案件 67553 件，其中新收 56111 件，办结 62771 件，结收比为 111.9%，同比上升 15.6 个百分点，存案同比下降 58.2%。民事案件平均审理周期同比缩短 15.6 天，刑事案件上诉率同比下降 8.6 个百分点，首次执行案件实际执行到位率同比提高 19.2 个百分点，司法公信力进一步提升。

——多元解纷纵深推进。强化诉源治理，就地化解纠纷 13910 件，推动万人成讼率下降 28.6%。完善全链条调解机制，积极主动引导当事人握手言和，诉前、诉中、判后三阶段成功调解案件 20551 件。

——改革创新成果显现。打造金融类案集约审理罗湖模式，实现金融类案标准化立案、集约化办理、简化裁判文书，有效提高审判质量和效率，获省法院充分肯定，并向全省法院推广。率先向上级法院提请管辖重大敏感刑事案件，为四级法院审级职能定位改革试点工作提供经验。

——科技赋能裁判统一。积极运用最高人民法院指定我院试点的“智能裁判辅助办案系统”成果，完善智能量刑辅助功能，统一简单案件量刑尺度，醉驾、盗窃等三类案件服判息诉率长期保持在 97% 以上。

——干警风貌持续改观。深入开展弘扬“先锋精神、奋斗文化”大讨论及实践活动，营造奋进新征程、再创新辉煌良好氛围。创新法院人才培养机制，与最高人民法院第一巡回法庭合作，探索开展“雏鹰计划”助飞项目，提升青年法官审判能力。全年收到锦旗和感谢信 31 件次，获全国性表彰奖励 6 人次，涌现出“全国青少年普法教育先进工作者”“深圳市十佳最美政法干警”等先进人物。

一、立足审判执行主业，公平正义得到有力捍卫

坚决维护辖区安全稳定。贯彻总体国家安全观，审结各类刑事案件 978 件，判处罪犯 1288 人，刑事案件连续五年呈下降趋势，群众安全感切实增强。严惩新型网络犯罪，办结电信网络诈骗、跨境赌博等案件 142 件。审结李某 1.9 亿元集资诈骗案等涉众财产犯罪案件 30 件，维护人民群众财产安全。成立工作专班，依法打击养老诈骗违法犯罪活动，全力追赃挽损，守护好老年人的“钱袋子”。准确实施反有组织犯罪法，深入推进扫黑除恶常态化。认真贯彻宽严相济刑事政策，落实刑事案件认罪认罚从宽制度，实现刑事辩护全覆盖，对 635 件案件的 858 名认罪认罚被告人适用从宽处理机制。

持续助推优化营商环境。做好民法典实施工作，审结民商事案件 31081 件。践行“法治是最好的营商环境”理念，平等保护各类市场主体财产安全，依法保护民营企业产权和企业家权益，办结物权纠纷案件 390 件、股东出资等与公司有关的商事案件 269 件。强化契约精神，保护诚实守信，审结买卖、租赁等合同纠纷案件 4420 件。助力规范金融秩序，办结金融纠纷案件 2479 件。依法规制高利放贷行为，审结民间借贷案件 2982 件，发挥裁判引导民间融资服务实体经济、促进中

小微企业发展的作用。保障创新驱动发展，办结知识产权案件 981 件。

切实保障群众胜诉权益。执结案件 30707 件，执行到位金额 53.6 亿元。完善网络司法拍卖制度，成交金额逾 9.9 亿元。健全失信名单分级分类管理和信用修复、正向激励机制，70 名被执行人主动纠正失信行为。强化执行威慑，公开曝光失信被执行人 2362 人次，限制高消费 32020 人次。深入推进执行指挥中心建设，健全执行联动机制，推动罗湖区《关于加强综合治理从源头切实解决执行难的实施意见》落地见效。执行款划付全流程线上审批，划付周期平均缩短 4.6 天。

二、展现服务大局担当，司法保障作用不断彰显

加强重大风险防范化解。设立专项工作领导小组，强化沟通协调，稳妥化解房地产、金融等领域矛盾纠纷。妥善处理阿卡索涉众型教育培训纠纷 6001 件，在区委和区委政法委的领导下形成统一工作方案，推进纠纷实质化解，2537 件案件以和解方式办结。加强和改进群众工作，扎实开展信访矛盾化解攻坚专项行动，成功化解一批信访“骨头案”。

助力释放城区发展空间。加强与职能部门沟通联络，提供专业法律意见，保障城市更新、棚改工作依法有序高效进行，审结相关案件 67 件。审慎处理 15 件涉及历史遗留问题的重大案件，稳妥高效办结涉 9800 多万元地价款缴纳案件，取得良好政治效果、社会效果和法律效果。助推辖区重大项目建设，组织房屋土地清场腾退 45 次，顺利执结 61993 ㎡国有土地返还案等一批疑难案件。秉持善意文明执行理念，说服 117 户居民自愿搬离，成功执结深圳市工人文化宫大型土地腾退案，保障文化宫整体改造工程有序推进，市总工会专门致信感谢。

统筹抓好疫情防控工作。健全常态化疫情防控诉讼服务机制，完成网上立案 53523 件、线上远程开庭 7083 次，进一步方便当事人诉讼，实现审判执行不停摆。每逢重大防疫节点，第一时间响应区委号召，迅速动员干警支援一线疫情防控，先后组织 473 名干警下沉社区参加疫情防控，得到群众广泛好评，191 名干警获市中级人民法院专项表彰。

强化矛盾纠纷源头化解。坚持和发展新时代“枫桥经验”，健全诉源治理和多元解纷机制，优化“蔡屋围无讼商圈”运行机制，助推提升市域社会治理现代化水平，就地化解纠纷 13910 件，推动矛盾纠纷化解在诉前、解决在萌芽状态，取得成效获相关市领导充分肯定。注重梳理司法审判中发现的社会治理问题，精准把脉，发送司法建议 9 份，为相关部门决策提供有益参考，从源头上防范矛盾发生。

三、厚植人民至上情怀，司法服务水平逐步提升

扎牢民生司法“保障网”。深入开展“春雷 2022”专项行动，严厉打击侵害妇女儿童权益犯罪活动。大力弘扬社会主义核心价值观，树立正确导向，审结涉医疗、养老等民生案件 7930 件，依法保障群众合法权益。加强灵活就业和新就业形态劳动者权益保护，办结劳动争议纠纷案件 1102 件。依法治理欠薪，为农民工追回工资 1 亿余元，执结嘉年华会涉众劳动争议案件，维护辖区社会稳定。促进家庭和谐，审结婚姻家庭纠纷案件 769 件，将心理疏导机制贯穿审判执行全过程，柔性破解离异夫妻子女探视权执行困局。落实家庭教育促进法，依法签发 4 份家庭教育令，对失职父母进行教育指导。

跑出公平正义“加速度”。深化全口径案件繁简分流，优化我院“易案速审、简案快审、繁案精审”审判机制，细化民商事案件易、简、繁标准。引导当事人适用小额诉讼程序，31.4% 的民商事案件一审终审、快速办结，居全市基层法院第一。优化刑事速裁程序运行机制，速裁案件平均审理周期由 2021 年的 14 天缩短至 5.8 天。深化执行案件繁简分流改革，成立速控速执团队，执行案件结案平均用时同比缩短 24 天。

提升专业审判“水位线”。调整优化各专业审判庭职责定位，将清水河法庭、综合审判庭作为审理金融易案、民事简案的专业部门，结案 19655 件，占全部民事案件的 63.2%。优化 14 个专业审判团队配置，加强专业审判力量。助力全市法院全面构建类案标准化体系，编撰 8 个类案审理指南，促进统一法律适用和事实查明标准。结合辖区发展定位，在城市更新、金融、黄金珠宝、未成年人保护等领域，打造专业审判品牌，出台 5

个配套方案，19项业务成果获市级以上奖励。

优化便民利民“服务区”。完善一站式多元解纷机制和诉讼服务体系，设立“群众诉求服务站”，提供立案咨询、流程查询等一站式服务。畅通12368热线电话等联系渠道，及时了解回应当事人诉求。听取人大代表建议，积极采取有效措施，简化诉讼费退费手续，全年退费7017万元，提升人民群众司法获得感。法官助理化身“临时妈妈”，帮助参加庭审的当事人照料小孩，促使被告人真诚认罪悔罪，获评深圳法院首届十佳群众工作典型案例。实现线上办理执行款领款手续，当事人可在线确认收款账户，18754名申请执行人足不出户领款19.6亿元，该做法广受好评，荣获深圳法院首届十佳群众工作“金点子”。

拓展普法宣传“辐射圈”。持续升级“菜单式”普法项目，打造21个普法课程，由各单位“点单”送法上门；根据个性化需求，创新推出“定制菜单”，普法精准度和广泛性更加凸显，开展“四进”活动44场次，深受学生、群众和企业欢迎，该项目被省法院列为精品普法培育项目。8名法官出任法治副校长，推动强化未成年人法治教育。推出防范养老诈骗等专题宣传，58篇次推文和投稿获市级以上媒体转载刊发。积极打造普法“云课堂”，拍摄原创普法视频54个，不断扩大普法受益面，其中45个普法短视频被“学习强国”平台选用。

四、增强改革创新动力，助推司法办案提质增效

健全司法制约监督体系。全面准确落实司法责任制，优化制约有效、监督到位、权责统一的新型审判权力运行机制。制定并完善重大疑难复杂等“四类案件”监督管理规定，确保院庭长监督不缺位、不越位、全程留痕。完善统一法律适用机制，修订审判委员会规则，发挥审判委员会、专业法官会议统一裁判尺度作用。强化目标导向，出台《2022年审判执行工作质效集中攻坚目标提升指引》，优化管理措施，8项核心质效指标居全市基层法院前列。

加快推进智慧法院建设。不断完善办案辅助系统功能，实现全流程无纸化办案，当事人可以线上立案、提交材料、签收文书、远程开庭，办案更便捷、更高效。完成省法院新综合业务系统本地化部署试点工作，提出44项办案业务审批流程节点意见建议，进一步完善审判监督管理。在全市法院率先推行微法院在线办理律师调查令，开具调查令133份，有效缩短举证周期，帮助当事人提高诉讼能力。

完善辅助事务集约办理机制。承担全市法院优化电子送达改革试点工作，打造“大集约、小中台”工作模式，积极推进送达、排期等司法辅助事务集约化改革，切实节约人力资源、提高工作质效。案件排期开庭等待时间平均缩短17.5天，电子送达27.6万次，送达成功率82.9%，同比提高40.1个百分点。探索司法鉴定事项前置，涉鉴定案件审理周期平均缩短95天，有力提高审判效率。

五、夯实管党治院根基，打造一流过硬法院队伍

学思践悟筑忠诚。坚持把政治建设摆在首位，确保法院工作正确政治方向，扎实开展“两个确立”主题教育，持续深化司法领域意识形态教育。第一时间掀起学习宣传贯彻党的二十大精神热潮，全院开展各类学习讨论活动46场次。常态化制度化推进全员政治学习，开展“第一议题”学习601次，政治轮训7场次、覆盖2100余人次，不断增强干警忠诚捍卫“两个确立”、坚决做到“两个维护”的思想自觉与行动自觉。

党建引领争先锋。持续加强党的组织建设，圆满完成机关党委和纪委换届选举工作。坚持抓党建带队建促审判，打造“一支部一品牌”党建项目，形成13个具有支部特色的争优创先工作方案，“罗法护未队”“城•新向党”等项目初见成效。以建院四十周年为契机，深入开展弘扬“先锋精神、奋斗文化”大讨论及实践活动，引导干警接续奋斗、担当作为。以“喜迎二十大、建功新时代”为主题，广泛开展岗位建功等活动25次，营造奋进新征程的浓厚氛围。

提升能力强本领。扎实开展“知事识人、序事辨材”专题调研，深入了解考察识别人才。积极推进市委组织部指定的“公务员领导力养成”试点改革项目，出台审判业务专家培养方案，确定17名培养对象，加强专业化审判人才建设。坚持理论培训与实践活动相结合，组织各类培训75场5500余人次，举办首届司法辅助人员裁判文书评比、书记员业务技能竞赛等实践活动

7场，提升干警业务水平。

正风肃纪明底线。坚持全面从严治院，深入推进党风廉政建设和反腐败斗争，持续巩固政法队伍教育整顿成果。深化以案促改工作，结合严重违法违纪案例开展警示教育7次。加强廉洁文化建设，建立健全内部廉政提醒、外部廉洁承诺机制，构建亲清政商关系。严格落实防止干预司法“三个规定”、新时代政法干警“十个严禁”等铁规禁令。常态化开展日常督察，进行专项督察6次，推动纪律作风持续改善。

严管厚爱拴人心。切实发挥法官权益保障委员会作用，妥善处置3起当事人威胁法官事件，依法保障干警合法权益。走访慰问困难党员群众、一线防疫干警、扶贫干部等46人次，协调解决干警后顾之忧。组织心理健康评估，开展形式多样的健康知识讲座，帮助干警保持身心健康。持续举办“罗法思·享会”特色文化主题活动，满足干警精神文化需求。

六、真诚接受各方监督，不断加强改进法院工作

自觉接受人大监督。主动接受区人大及其常委会监督，依法报告法院工作，向区人大常委会报告贯彻实施民法典全面加强民事审判工作情况。积极配合区人大开展法官履职调研，3名法官作履职报告，及时让人大代表了解、监督我院员额法官履职情况。邀请人大代表观摩庭审、见证执行、见证接访、视察调研等57人次。认真听取、办理代表意见建议，推动完善工作。

广泛接受社会监督。扎实做好审判流程、执行信息公开，常态化开展裁判文书上网和庭审直播。向区政协常委会通报全年工作情况，听取政协委员意见建议。召开2场征求意见座谈会，向各界人士征求意见建议23条，并转化为具体工作举措。建立特约监督员制度，聘任38名市、区代表委员为特约监督员，近距离监督法院工作。强化司法民主，贯彻实施人民陪审员法，扩大参审范围，落实随机抽取制度，人民陪审员参审案件1028件。

依法接受检察监督、配合监察工作。支持检察机关履行法律监督职能，认真审理抗诉案件、办理检察建议，共同维护司法公正。贯彻监察法及其实施条例，自觉接受监察机关对法院工作人员的监督。

各位代表，过去一年我院工作的发展进步，离不开区委的坚强领导，区人大及其常委会的有力监督，区政府的大力支持，区政协的民主监督，以及社会各界和广大人民群众的关心支持。在此，我代表区法院表示衷心的感谢！

同时，我们也清醒地认识到工作中还存在一些问题和挑战：一是精准服务辖区经济社会高质量发展和及时充分满足人民群众司法需求的能力需进一步提升；二是对新时期司法实践中的新情况新问题研究不够，办理具有全国影响力的案件不多；三是司法改革的系统集成、协同高效有待加强，运用现代科技赋能审判执行工作的成效还不明显；四是司法辅助人员不稳定、流动性大，人员分类改革还需深化。对此，我们将采取更有效措施加以解决，也恳请各位代表和社会各界继续给予支持、监督和帮助！

2023年工作任务

2023年是全面贯彻落实党的二十大精神的开局之年，我院将坚持以习近平新时代中国特色社会主义思想为指导，深入学习贯彻党的二十大精神，按照区委八届二次全会部署，认真落实本次大会决议，以公正司法为主线提高审判能力，以司法为民为关键增强司法公信力，以司法改革为重心扩大创新效能，加快建设湾区先锋法院，为打造“三力三区”，奋力谱写社会主义现代化可持续发展先锋城区新篇章提供更加有力的司法服务和保障。重点做好以下六个方面工作：

一是把牢正确工作方向，在政治建设上攀登新高度。牢牢坚持党对司法工作的绝对领导，坚定不移走中国特色社会主义法治道路，持续深入学习宣传贯彻党的二十大精神，巩固全国法院“两个确立”主题教育成果，不断增强“四个意识”、坚定“四个自信”、做到“两个维护”。坚决贯彻《中国共产党政法工作条例》，严格贯彻落实上级各项决策部署。坚持以党建带队建促审判，优化“一支部一品牌”特色党建项目，积极将党建品牌建设成果转化为推动法院发展的不竭动力。

二是助推辖区产业发展，在服务大局上诠释新担当。坚定不移贯彻总体国家安全观，依法惩治各类犯罪，对养老诈骗、电信网络诈骗等犯罪保持高压态势，常态化开展扫黑除恶，夯实平安罗湖建设基础。妥善处

理重点房企纠纷，保障房地产市场平稳健康发展。围绕优化法治化营商环境，平等保护各类市场主体合法权益。大力推广“蔡屋围无讼商圈”先进经验，探索适应新商圈消费特点的快速解纷新机制。加大知识产权司法保护力度，探索建立以多元解纷为目标的黄金珠宝知识产权保护新平台，助力水贝珠宝品牌能级提升。规范金融秩序，促进我区金融业健康有序发展。力争清水河人民法庭早日建成投入使用，实现重点片区纠纷有效防范、快速化解，助力罗湖北部门户枢纽建设。

三是不断提升办案质效，在公正司法上迈出新步伐。强化目标导向，建立科学的考核体系，持续开展提升审判执行质效指标攻坚活动。巩固提升全口径繁简分流改革成效，推进优化电子送达改革试点工作，健全“大集约、小中台”工作模式，深化司法辅助事务集约化改革，进一步提高办案效率。统一类案裁判标准，规范行使自由裁量权，促进类案同判，提高审判质量。加快智慧法院建设，构建全流程无纸化办案体系，持续打造智慧审判、智慧执行、智慧服务、智慧管理新模式，让数据多跑腿，人民群众享受更多数字便利。

四是聚焦人民群众需求，在司法服务上展现新作为。不断加强一站式多元解纷机制和诉讼服务体系建设，发挥“群众诉求服务站”实效，畅通群众诉求表达、利益协调、权益保障通道。强化诉源治理，推动完善党委领导下的涉众型纠纷案件化解机制，促进矛盾纠纷实质化解。加强诉前调解工作，健全诉调对接机制，落实立案登记制，简化立案流程和手续。妥善审理就业、养老等民生案件，增强人民群众司法获得感。完善“切实解决执行难”长效机制，加大执行力度，更好兑现当事人胜诉权益。深化司法公开，健全阳光司法机制。加大深港诉讼程序规则对接力度，完善区际司法协助机制，着力向港澳人员宣传社会主义法治优越性，让罗湖成为解决涉港澳争端优选地。

五是持续深化司法改革，在创新发展上增添新动能。全面准确落实司法责任制，健全“四类案件”识别标准，优化全流程、精准化监管机制。完善专业化审判机制，打造具有影响力的专业审判精品项目。深入推进四级法院审级职能定位改革试点工作。深化以审判为中心的刑事诉讼制度改革，完善刑事犯罪涉案财物权属查明、性质认定和依法处置程序。加强互联网司法工作研究，探索完善刑事在线诉讼规则。持续推进家事审判专业化，健全家事调解和心理评估疏导机制，促进和谐家庭建设。

六是锻造过硬法院铁军，在队伍建设上焕发新气象。压紧压实全面从严治党主体责任，持续巩固落实中央八项规定精神成果，持之以恒纠治“四风”问题，严格落实防止干预司法“三个规定”等铁规禁令。自觉接受人大监督、政协民主监督和社会各界监督，促进司法权力依法规范运行。深入推进“公务员领导力养成”试点项目，持续开展“雏鹰计划”助飞项目，大力培养知识产权等领域高层次审判业务专家。健全人才全链条“选育管用”培养体系，强化履职保障，不断提升队伍凝聚力、向心力、战斗力。

战鼓催征马蹄疾，扬帆奋进正当时。各位代表，新的一年，我院将在区委的坚强领导下，在区人大及其常委会的有力监督下，主动担当、守正创新，踔厉奋发、勇毅前行，奋力推动法院工作再上新台阶、再创新佳绩，为打造社会主义现代化可持续发展先锋城区作出更大贡献！

附件

报告相关用语说明

[1] **首次执行案件实际执行到位率**：首次执行案件实际执行到位率＝首次执行案件实际执行到位金额 ÷ 首次执行案件申请标的总额 ×100%。

[2] **万人成讼率**：万人成讼率＝居住在辖区内的自然人、注册在辖区内的法人和非法人组织作为当事人在本辖区所在的基层法院发生诉讼的案件数 ÷ 辖区内全部居住人口 ×100%。

[3] **四级法院审级职能定位改革试点工作**：最高人民法院于2021年9月27日印发《关于完善四级法院审级职能定位改革试

点的实施办法》，规定各级人民法院应当根据实施办法，健全工作衔接机制、完善内设机构设置、优化审判力量配置，在实现审判重心进一步下沉的同时，推动将涉及重大国家利益、社会公共利益和具有普遍法律适用指导意义的案件交由较高层级法院审理，逐步实现基层人民法院重在准确查明事实、实质化解纠纷；中级人民法院重在二审有效终审、精准定分止争；高级人民法院重在再审依法纠错、统一裁判尺度；最高人民法院监督指导全国审判工作、确保法律正确统一适用。通过依法有序开展试点工作，充分发挥四级两审审级制度优势，加快推进审判体系和审判能力现代化，为全面建设社会主义现代化国家提供有力司法服务和保障。试点工作为期两年。

[4] **"雏鹰计划"助飞项目：** 由最高人民法院第一巡回法庭头雁领航，让我院优秀青年干警到更广阔的平台去学习、去锻炼、去成长。与一巡法庭建立短期跟班学习机制、青年法官培养交流机制，委派优秀干警到一巡法庭接受全脱产学习，组织观摩一巡法庭案件庭审，邀请一巡法庭法官开展专题授课、开展办理"四类案件"业务培训以及指导我院"六优"培育评选工作等多种方式，完善专业人才培养机制，不断提升青年法官专业能力和理论水平，为特区司法事业培养建设者和接班人。

[5] **《反有组织犯罪法》：** 于 2022 年 5 月 1 日正式施行，是我国第一部反有组织犯罪的专门法律，该法的出台是总结扫黑除恶专项斗争经验，加强制度建设，保障在法治轨道上常态化、机制化开展扫黑除恶工作的重要举措。

[6] **深圳市工人文化宫大型土地腾退案：** 该地块涉及深圳市工人文化宫整体改造，2022 年被列入深圳市国土空间保护与发展"十四五"规划项目。被执行人拒不履行后案件进入执行阶段。由于被执行人在无权占用案涉场地期间曾以公寓形式对外招租，导致该场所居住了 117 名租客。罗湖法院秉持善意文明执行原则，研究制定了释法沟通优先，争取住户主动退租搬离的工作方针，并主动向区委政法委汇报案件情况。区委政法委迅速组织协调公安、街道、物业管理和工会等部门召开会议，协助法院开展释法劝离工作。最终在没有采取强制手段的情况下，说服全部居民自愿搬离，成功将 4906 ㎡的土地交还深圳市工人文化宫，为重点市政工程用地提供了有力司法保障。

[7] **"枫桥经验"：** 20 世纪 60 年代初，浙江省诸暨市枫桥镇干部群众创造了发动和依靠群众，坚持矛盾不上交，就地解决。实现捕人少、治安好的"枫桥经验"，为此，1963 年毛泽东同志就曾亲笔批示"要各地效仿，经过试点，推广去做"。习近平指示强调"把'枫桥经验'坚持好、发展好，把党的群众路线坚持好、贯彻好"，"枫桥经验"是全国平安建设和全国政法战线的一面旗帜。

[8] **"蔡屋围无讼商圈"：** 罗湖区首家诉源治理非诉解纷中心，由罗湖区委政法委牵头，罗湖法院与罗湖区司法局、桂园街道办共同建设和推进，打造深圳首个"无讼商圈"。该中心主要任务为服务蔡屋围商圈企业依法决策、服务蔡屋围商圈转型升级、助力企业技术创新、助力蔡屋围商圈社会治理等提供支持，有针对性地为商事主体提供法律服务，健全蔡屋围商圈企业法律风险预警防范和矛盾化解机制，助推蔡屋围商圈企业可持续发展。

[9] **嘉年华会涉众劳动争议案：** 深圳市嘉年华会实业有限公司为破产企业，企业员工讨薪意愿强烈，劳资纠纷牵涉人员甚广。罗湖法院会同相关部门认真做好矛盾化解工作，顺利执结 63 宗劳动争议案，并协助相关部门发放垫资款，帮助核对劳动者身份信息和债权金额，同时重点向劳动者做好释法说理工作，尤其是解释说明公司移送破产也将优先保障职工债权，充分打消劳动者的顾虑，从源头处防范因当事人对执转破程序理解不当引发的投诉信访，既确保案件顺利执结，也为辖区稳定提供司法保障。

[10] **家庭教育令：** 2022 年 1 月 1 日，《中华人民共和国家庭教育促进法》正式施行。根据该法第四十九条的规定，人民法院在办理案件过程中，发现未成年人存在严重不良行为或者实施犯罪行为，或者未成年人的父母或者其他监护人不正确实施家庭教育侵害未成年人合法权益的，根据情况对父母或者其他监护人予以训诫，并可以责令其接受家庭教育指导。

[11] **"菜单式"普法：** 罗湖法院按照不同层次、不同对象、不同人群对法律的不同需求，以"菜单"形式编制出普法清单，学校、社区、企业等群体根据实际需要看单"点菜"。通过对不同群体、不同需求开展差异化普法，从而提升普法精准度和实效性，力争达到"按需精准普法"的目的。

[12] **"四进"活动：** 是指进校园、进社区、进企业、进机关开展普法宣传活动。

[13] **"四类案件"：** 是指符合下列情形之一的案件：重大、疑难、复杂、敏感的；涉及群体性纠纷或者引发社会广泛关注，可能影响社会稳定的；与本院或者上级人民法院的类案裁判可能发生冲突的；有关单位或者个人反映法官有违法审判行为的。

[14] **全国法院"两个确立"主题教育：** 根据最高人民法院党组统一部署和上级法院党组通知要求，在全院深入开展"深刻领悟'两个确立'决定性意义，坚决做到'两个维护'"主题教育，引导广大干警深刻领悟"两个确立"的决定性意义，不断提高政治判断力、政治领悟力、政治执行力，增强"四个意识"、坚定"四个自信"，做到"两个维护"的政治自觉、思想自觉、行动自觉，坚决做到维护核心、绝对忠诚、听党指挥、勇于担当。

[15] **"公务员领导力养成"试点改革项目：** 指在公务员经过较完整周期历练，走上单位中层领导岗位时，及时抓好领导能力培养。该项目为《深圳市公务员素质培养"雏鹰计划"（试行）》试点示范重点项目，市委组织部指定我院开展该项目试点工作。

[16] **"三个规定"：** 即《领导干部干预司法活动、插手具体案件处

理的记录、通报和责任追究规定》《司法机关内部人员过问案件的记录和责任追究规定》和《关于进一步规范司法人员与当事人、律师、特殊关系人、中介组织接触交往行为的若干规定》。

[17] **“十个严禁”**：2022 年 1 月 11 日，中央政法委、最高人民法院、最高人民检察院、公安部、国家安全部、司法部联合印发《新时代政法干警“十个严禁”》，“十个严禁”指严禁搞两面派、做两面人；严禁有令不行、有禁不止；严禁放任错误思潮侵蚀影响；严禁不当交往、干预执法司法；严禁玩忽职守、徇私枉法；严禁违规参与营利活动；严禁包庇纵容黑恶势力；严禁滥用执法司法权；严禁不作为乱作为、耍特权抖威风；严禁跑风漏气、失密泄密。

深圳市盐田区人民法院工作报告

——2023 年 2 月 3 日在盐田区第六届人民代表大会第三次会议上

深圳市盐田区人民法院院长　耿焱

各位代表：

现在，我代表盐田区人民法院向大会报告工作，请予审议，并请列席会议的同志提出意见。

2022 年主要工作

2022 年是党的二十大胜利召开之年，是进入全面建设社会主义现代化国家、进军第二个百年奋斗目标新征程的重要一年。一年来，盐田法院坚持以习近平新时代中国特色社会主义思想为指导，深入学习宣传贯彻党的二十大精神，紧紧依靠区委坚强领导、区人大有力监督，区政府、区政协及社会各界大力支持，坚持服务大局、司法为民、公正司法，凝心聚力、攻坚克难，各项工作实现新进展，被最高人民法院命名为“为群众办实事示范法院”，被广东省委授予“依法治省工作先进单位”称号，涌现出广东省“三八红旗手”等先进典型。

——审判执行质效显著提升。全年受理各类案件 18029 件，办结 16932 件，结收案比达 105.9%，同比增长 9.1 个百分点；未结案件降至 1097 件，同比下降 46.4%，均为历史最好水平。结案率、电子送达率等指标位居全市基层法院前列，在全国行政审判优秀业务成果、中国法院年度案例等多个业务评比活动中获奖。

——服务保障大局扎实有力。稳妥处理涉问题房企、城市更新等群体性纠纷，审结一批重大复杂敏感刑事案件，营造安全稳定发展环境。“深圳市行政案件集中管辖改革”荣获第六届“法治政府奖”，是全国唯一获奖的法院项目。

——改革示范效应充分彰显。小额诉讼改革经验入选最高人民法院司法改革案例，取得三年两项改革案例入选的优异成绩。为迎接党的二十大胜利召开，最高人民法院组织开展“定格法院非凡十年精彩瞬间”系列宣传报道，深圳行政审判中心创建被收录其中。“法智云端”网上行政诉讼服务平台及相关理论研究成果分别获评全国智慧法院创新案例和创新论文。

——诉讼服务体系持续优化。审判辅助事务集约化改革荣获首届“广东法院改革创新奖”提名奖和“深圳法院改革创新奖”。在全国率先探索行政非诉案件实质化解机制，在广东法院“抓示范促改革惠民生”优秀改革项目评选活动中，在百个参评项目中以位列第八的成绩入选。

一、聚焦主责主业，在服务中心工作大局上取得新进展

坚持总体国家安全观，建设更高水平平安盐田。审结刑事案件 182 件 279 人，严惩电信网络诈骗、涉毒、抢夺、抢劫等犯罪行为，常态化开展扫黑除恶斗争，着力提升群众安全感。落实好特殊案件集中管辖任务，圆满审结一批涉邪教案件，坚决维护政权安全、制度安

全。保持反腐败高压态势，审结贪污贿赂犯罪案件 5 件 10 人，做到受贿行贿一起惩治。开展打击整治养老诈骗专项行动，全面排查养老诈骗违法犯罪线索，在全市率先发出 5 份司法建议，送法进社区、进商圈，坚持整治规范与宣传教育并举。立足于教育和保护相结合，成立专门负责团队，对未成年被害人、被告人进行针对性帮扶，深入学校开展普法宣传，有效加强未成年人犯罪预防。

全面贯彻新发展理念，服务保障高品质城区发展。助力营造安商稳商氛围，审结各类民商事纠纷 2478 件。妥善审理涉及辖区城市更新、教培机构、重点房企案件 33 件，实现法律效果和社会效果相统一。加大知识产权司法保护力度，落实惩罚性赔偿制度，审结案件 49 件，营造创新创业良好发展环境。主动了解企业司法需求，深入国家珠宝文化创意产业基地实地调研，提出规范意见降低企业涉诉风险。审结 9 件破产衍生诉讼案件，有效释放沉淀资源，提升资产配置效率。

监督支持依法行政，促进法治先行示范城市建设。监督与支持并重，审结行政诉讼案件 3982 件，判决行政机关败诉 227 件。稳妥处理涉香蜜二村、布吉海鲜市场等城市更新领域纠纷，依法保障重大项目推进。妥善化解未婚妈妈生育津贴案等社会广泛关注案件，取得良好社会效果。深入推进行政争议实质化解，诉前化解行政争议 3262 件，同比上升 79%，诉中、判后实质化解行政案件达 44%。完善府院良性互动机制，与各区司法局签订行政争议化解合作备忘录，发出 10 份司法建议，推动“以案促建”“以案促治”。行政机关负责人出庭 373 人次，逾 200 名处级以上领导干部观摩行政案件庭审，促进强化“关键少数”法治思维。

坚决兑现胜诉权益，提升执行工作社会效益。执结案件 1789 件，执行到位 2.87 亿元，同比上升 25.7%。出台《执行实施案件关键节点时限管理规定》，确保办案规范高效，执行办案周期同比缩短 29.8%。克服疫情影响，连续奋战 12 小时异地执行 29 台重型车辆，坚决维护辖区企业合法权益。加大执行威慑力度，在全市率先对失信被执行人定制彩铃，精准打击失信行为，《人民日报》等多家媒体予以广泛报道。深化执行联动机制建设，与区公安分局、区社区网格管理中心建立协助执行机制，推动构建综合治理执行难大格局。

二、站稳人民立场，在为群众办实事上实现新突破

开展审执质效攻坚行动。针对制约司法公信力提升的审判质效短板，制定攻坚目标，细化 85 项攻坚措施，稳步提升公正司法水平。案件平均审理周期缩短 13.8 天，一年以上长期未结诉讼案件大幅减少至 8 件。案件发改率持续降低，6 件案件相关成果分别获评全市优秀案例、优秀文书及优秀庭审。疫情防控期间积极回应群众司法需求，干警或坚守单位逆行隔离，或居家带病线上办案，力保审判工作不停摆，质效提升不减速。审判委员会专职委员封文智连续一个月驻守单位，先进事迹得到省法院宣传。

持续强化民生司法保障。妥善审理民生纠纷，审结涉劳动、住房、医疗、教育等民生案件 2156 件，为劳动者追缴欠薪 366 万元，依法保障民生权益。积极主动提供诉讼服务，指引残障人士申请法律援助，庭审配备翻译人员，充分体现司法温度。加大反家暴力度，妥善处理家事纠纷 111 件，为家暴受害者签发人身安全保护令 4 份，并协同派出所、社区监督执行，筑牢妇女人身安全“防火墙”。与市台办、宝安区司法局等多部门协调联动，化解 101 件台资企业劳动者住房公积金缴存案件，切实提升人民群众获得感。

推进一站式诉讼服务体系建设。坚持源头防治，加强对调解员业务指导，通过研判信息、司法建议、座谈交流等多渠道多形式提出纠纷防治建议。坚持重点施治，制定“无讼行政机关”创建标准，盐田、福田、南山等 8 区司法局向我院派驻工作人员，共同推进行政争议联动化解。坚持全程解纷，采取“诉前、诉中、判后”全链条调解模式，三个环节的调解成功率分别达到 54.1%、22.2% 和 25.7%，判后调解成功率居全市法院首位。坚持有效沟通，成立群众诉求“一号通办”工作专班，2022 年 7 月以来 12368 热线办理群众来电 3500 余件，确保群众诉求“件件有落实、事事有回音”，群众工作经验入选深圳法院群众工作优秀案例、十佳“金点子”。

三、深化司法改革，在赋能审判质效提升上干出新成果

完善审判权力运行体系。严格落实司法责任制，

出台“四类案件”监督管理工作规程，强化院庭长监督管理职责。完善审判权力和责任清单，做到有序放权、有效监督。细化专业法官会议运行机制，定期研讨重大疑难复杂案件，及时总结审判经验，促进法律适用统一。持续推进类案标准化、规范化审理，编撰挂靠经营、商事登记、违法建筑等类案审理指南，制定 24 类案件要素式庭审提纲，最大限度避免“同案不同判”现象发生。

全面深化诉讼制度改革。圆满完成民事诉讼程序繁简分流改革试点任务，探索出具有复制推广意义的小额诉讼改革经验，案件平均审理周期较改革前缩短 70.3%。发力审判周期管理，出台《长期未结案件风险防控操作规程》，严防拖延办案。深化审判辅助事务集约化改革，扩大诉前集约事项范畴，庭前准备时长减少 18 天，持续缩短办案周期。立足行政诉讼体制改革“试验田”定位，审慎办理以中央直属行政机关驻深外派机关（构）、地市级和区级政府为被告、涉外涉港澳台案件等管辖权下放案件 110 件，推动改革落地落实。

拓展智慧法院建设成果。坚持系统思维，着力打造贯穿调、立、审、执、管各环节的智慧法院体系。全面推广“人民法院在线服务”平台，实现全范围全流程全天候诉讼服务，全年网上立案 10689 件，在线庭审 1574 次，电子送达率 76.3%，均创历史新高。探索域外电子送达模式，利用“深圳移动微法院”小程序调解跨国离婚纠纷，减轻当事人诉累。坚持自主研发，推进“法智云端”功能升级，累计 454 家行政机关注册使用该平台，全年新增 142 家。

四、全面从严治院，在建设过硬法院队伍上获得新提升

坚持党的绝对领导。把学习贯彻习近平新时代中国特色社会主义思想和党的二十大精神作为首要政治任务，深入开展全国法院“两个确立”主题教育，分层次、全覆盖组织 18 期政治轮训，推动党史学习教育常态化。坚持向区委请示报告年度工作、重大案件、重要改革等重大事项，把党的领导贯穿法院工作全过程。严格落实“支部建在庭上”要求，开展“红旗党支部”季度评选，切实把基层党组织建设成为有效实现党的领导的坚强战斗堡垒。在全市法院率先成立实习生临时党支部，组织多项主题党日活动，确保组织建设不留白。

加大人才培养力度。全面开展“雏鹰计划”，制定“雏鹰计划”专业积分制实施细则，在干部培养上精准发力。与最高人民法院、西南政法大学等单位共建实习生研习基地，助力法治人才培养。开展各类业务培训 39 期，培优干警政治素养和司法能力。激励干警争当抗疫先锋，接力支援社区防疫，锤炼干警的担当品格、过硬作风。重塑考核机制体系，做到凡工作必有考核、凡考核必有奖惩，营造比学赶超氛围。

持之以恒正风肃纪。坚持以政治建设为引领，加强党风廉政建设和反腐败工作。选举产生第一届机关纪委，配齐配强纪检督察力量。深化“以案促改”，通报违纪违法典型案例，用“身边人身边事”引导干警进一步增强纪律意识，筑牢拒腐防变底线。坚持教育为本、预防为主、惩戒为辅，开展日常督察、专项督察，发出督察建议书 5 份，及时发现并纠正苗头性、倾向性问题，主动对违反组织纪律的一名同志进行党纪立案并予以诫勉处理。全年违法案件数、信访投诉查实率、审务督察通报数均为零。

切实加强人文关怀。始终坚持从优待警，解决干警实际困难，慰问困难党员干警 57 人次。克服疫情影响丰富干警文化生活，院工会、团支部、妇委会组织开展健康讲座、团队建设、创意制作等活动 32 次，有效增强队伍凝聚力、创造力。

五、主动接受监督，在践行全过程人民民主上展现新作为

自觉接受区人大及其常委会监督。积极开展代表联络活动，邀请代表视察法院、旁听庭审、座谈交流，及时回复人大代表的议案和意见建议。主动汇报法院重大工作进展，向区人大常委会专项报告行政案件集中管辖改革情况。在全市基层法院率先邀请人大代表列席审判委员会会议，创新接受监督方式，拓宽接受监督渠道。

自觉接受民主监督和各界监督。更加主动地接受政协民主监督，积极邀请政协委员视察交流，向区政协通报重点工作。组织召开群众工作座谈会，邀请 40 余名群众代表共同查找司法为民服务中存在的问题，增进对法院工作的理解和认同。认真办理检察建议 4 份，邀请检察长列席审判委员会会议，两院联合制定《关于建立

民事行政诉讼法律监督协作机制的意见》，共同增强法律监督实效。支持和保障人民陪审员依法履职，人民陪审员参审案件2933件。

不断拓展司法公开广度和深度。通过“两微一网”、视频号主动宣传法院工作，共发布信息845条，点击量达55万余次。强化普法宣传，开展反有组织犯罪法、世界知识产权日、民法典宣传月等专项普法活动，营造尊法学法守法用法良好氛围。着力提升裁判文书公开、网络庭审直播质量，构建开放透明阳光的审判环境，不断提升司法公信力。

各位代表，过去一年我们工作取得的进步，离不开区委的正确领导，离不开区人大及其常委会的有力监督，离不开区政府、区政协以及社会各界的大力支持。各位代表对法院工作给予了充分的理解、信任和关心，有力推动了法院工作的发展。在此，我代表区法院表示衷心的感谢！

同时，我们也清醒地认识到，工作中还存在一些不足：应对风险挑战、服务高质量发展等方面的司法能力还需提高；部分类型案件审判质效有待进一步提升，司法供给质量与人民群众的期盼还有差距；执行联动机制效能有待进一步发挥等。对于这些问题，我们将采取有力措施，认真加以解决。

2023年工作安排

2023年是全面贯彻落实党的二十大精神的开局之年。今年工作的总体思路是坚持以习近平新时代中国特色社会主义思想为指导，全面贯彻落实党的二十大精神，认真贯彻习近平总书记对政法工作的指示精神，坚定不移走中国特色社会主义法治道路，全面提升服务大局、司法为民、公正司法水平，奋力推进新时代新征程盐田法院工作高质量发展，依法保障产业兴盐、创新驱动，为盐田加快建设全球海洋中心城市核心区和沙头角深港国际消费合作区，加快高质量全面建成宜居宜业宜游的现代化国际化创新型滨海城区提供优质司法服务。

一、坚定不移加强党的绝对领导。深入学习贯彻党的二十大精神，坚定不移用习近平新时代中国特色社会主义思想凝心铸魂、引领前行，毫不动摇沿着习近平法治思想指引的方向阔步前行，切实把智慧和力量凝聚到贯彻落实党的二十大提出的目标要求和工作任务上来。严格执行省委、市委坚决落实“两个维护”十项制度机制，坚决贯彻党章和政法工作条例，全面落实重大事项请示报告制度，将党的领导贯彻落实到法院工作全过程、各方面，始终在思想上政治上行动上同以习近平同志为核心的党中央保持高度一致，确保人民法院工作的正确政治方向。

二、坚定不移保障社会发展大局。坚持贯彻总体国家安全观，落实好特殊案件集中管辖任务，常态化开展扫黑除恶斗争，严厉打击影响群众安全感的犯罪行为，切实维护社会稳定。扎实提升知识产权审判水平，出台支持科技创新、加强知识产权保护意见，全力保障创新生态、创新平台发展。依法处置涉港口物流纠纷，推动类案审理指南编撰工作，指引辖区企业规范经营行为，助力高标准建设港口型国家物流枢纽。开辟涉旅游、消费纠纷诉讼绿色通道，充分发挥在线诉讼服务、小额速裁程序等优势，推动案件快立、快审、快结。提升涉及区重点项目、优势产业、新兴产业纠纷审判质效，加强典型问题、前沿问题研究，发挥司法裁判指引作用，为“核心区”“合作区”建设提供法治保障。深化院领导挂点联络各街道机制，加大法官参与或指导街道、社区调解纠纷力度，就近、就地化解基层矛盾纠纷，助力提升辖区基层社会治理水平。

三、坚定不移深化司法体制改革。全面准确落实司法责任制，强化监督制约，严格公正司法。积极落实四级法院审级职能定位改革试点任务，探索先行示范经验。持续擦亮行政案件集中管辖改革“金字招牌”，巩固依法治省先进单位创建成果，加强行政复议与行政诉讼程序衔接。开启新一轮智慧法院建设，加快推进“法智云端”与行政复议平台互联互通，实现行政案件跨部门办案。强化行政争议诉源治理，提升诉讼服务站、行政争议协调化解中心运行实效，深入落实行政争议多元化解机制，打造“无讼行政机关”诉源治理品牌。

四、坚定不移提升司法为民水平。强化全链条解纷，深化全口径繁简分流改革，大力提升审判质效，打造公正高效便捷的纠纷解决渠道。积极参与“优化诉讼前端”综合性改革，完善群众诉求解决机制，加大涉诉信访案件化解力度。认真贯彻实施民法典，妥善审理涉教育、就业、医疗、住房、婚姻家庭等民生案件，强化司法服务保障措施，切实增强人民群众获得感幸福感。贯彻家庭教育促进法，积极发出家庭教育指导令，为未成年人健康成长提供更好的法治环境。完善执行联动机制，发挥公安机关、基层自治组织、社区网格系统优势，合力解决执行难。践行全过程人民民主，深化司法公开，更加主动接受社会监督。加强法治宣传，走进社区、企业、学校开展“定制式”精准普法。拓宽代表委员监督法院工作路径，常态化落实检察长列席审判委员会会议制度，开展多种形式的法院开放日活动，积极回应群众关切。

五、坚定不移锻造过硬法院队伍。持续落实新一轮基层党建三年行动计划，推进基层党组织“标准 + 质量 + 示范”建设。坚持以严的基调强化正风肃纪，严格落实防止干预司法“三个规定”、新时代政法干警“十个严禁”等铁规禁令，建设绝对忠诚、绝对纯洁、绝对可靠的人民法院铁军。完善审判团队专业化建设，深入实施公务员素质培养“雏鹰计划”，做优专业积分制试点项目，健全人才培养和激励机制。加强“六优”精品培育，不断推出优秀司法成果。深入推进法院文化建设，塑造新时代法院文化形象，提升司法宣传成效。

各位代表，新时代催人奋进，新征程任重道远。盐田法院将紧紧依靠区委的坚强领导，夯实司法担当，勇挑改革重担，接续奋斗，踔厉奋发，为深圳建设好中国特色社会主义先行示范区，为盐田高质量全面建成宜居宜业宜游的现代化国际化创新型滨海城区作出新的贡献。

附件

有关用语说明

[1] **为群众办实事示范法院：**为充分发挥典型示范作用，经报中央批准，最高人民法院开展“为群众办实事示范法院”创建活动，通过评选一批示范法院，推出一系列典型经验，引导全国法院积极创新司法为民举措，密切同人民群众的血肉联系。2022 年 12 月，最高人民法院对符合创建标准的 100 个法院挂牌命名为“为群众办实事示范法院”。盐田法院系广东四家之一、深圳唯一一家获此殊荣的法院。

[2] **依法治省工作先进单位：**为表彰先进、充分发挥先进典型引领示范作用，2022 年 9 月，广东省委决定授予 39 个单位“广东省依法治省工作先进单位”称号，盐田法院作为广东法院两个单位之一获此殊荣。

[3] **法治政府奖：**“法治政府奖”由中国政法大学法治政府研究院发起设立，至今已举办六届。本届评选共有来自全国各地的 218 个项目参与角逐，仅有 35 个项目入围终评，“深圳市行政案件集中管辖改革”最终以选票排名并列第三的优异成绩成为获奖的 15 个项目之一，是“法治政府奖”举办六届以来全国法院系统第二个、全省法院系统唯一获奖的项目。

[4] **小额诉讼改革：**2020 年 1 月，根据全国人大常委会授权和最高人民法院决定，盐田法院作为试点法院之一开展了为期两年的民事诉讼程序繁简分流改革，依托全流程无纸化办案优势，实现庭前科学分流、庭审智能高效、判决书立等可取，做到提效率不减权利，小额诉讼案件审理步入“简、快、准”良性轨道。2022 年 9 月，最高人民法院发布《人民法院司法改革案例选编（十二）》，盐田法院小额诉讼改革经验成功入选，系广东法院唯一入选的改革案例。

[5] **三年两项改革案例入选：**2020 年 11 月，盐田法院审判辅助事务集约化改革经验入选最高人民法院发布的《人民法院司法改革案例选编（十）》。2022 年 9 月，盐田法院小额诉讼改革经验入选最高人民法院发布的《人民法院司法改革案例选编（十二）》。

[6] **“法智云端”网上行政诉讼服务平台：**由盐田法院与技术公司合作自主研发的全国首个专门针对行政诉讼的网上平台，于 2017 年 7 月 12 日正式上线运行，实现法院与行政机关案件数据跨部门传输，行政案件办理效率显著提升，获评全国“2020• 互联网 + 政务服务创新应用”奖。2022 年 12 月，法治日报社公布“2022 年政法智能化建设创新案例和论文征集宣传活动”评选结果，该平台获评智慧法院创新案例，相关理论成果获评智慧法院创新论文。

[7] **审判辅助事务集约化改革：**为顺应全流程网上办案要求，将材料收转、排期、送达、保全、追加当事人、鉴定、庭审记录、归档、上诉、裁判文书上网等十项非核心审判辅助事务从审判业务部门剥离，统一集约至诉讼服务中心办理，有效释放提升审判质效的新动能。2022 年 12 月，首届“广东法院改革创新奖”评选结果揭晓，共评选出特别奖 1 项，改革创新奖 8 项，提名奖 8 项，盐田法院“审判辅助事务集约化改革”获提名奖。

[8] **行政非诉案件实质化解机制：**在行政非诉审查案件中，通过纠纷化解立案前筛查程序，把适宜化解的行政非诉审查案件纳入纠纷化解范围，通过调解方式做到行政非诉案件的定分止争。该机制入选广东法院“抓示范促改革惠民生”百个司

法培育案例，并以积分第八的成绩成为全省法院 31 个优秀改革项目之一。

[9] **行政争议多元化解合作备忘录：**为加强行政争议化解中诉讼方式与非诉方式的衔接，综合发挥行政资源和司法资源作用，2022 年，盐田法院与深圳市各区司法行政部门制定《关于构建行政争议多元化解机制的工作备忘录》，商定在建立常态化联络机制、行政争议先行处理机制、行政争议诉前化解机制、行政诉讼法律援助机制等方面加强合作，促进行政争议多元化解、实质化解。

[10] **对失信被执行人定制彩铃：**为依法加大失信曝光力度，发动社会力量监督失信被执行人，盐田法院先后与中国移动、中国联通、中国电信三大通信集团深圳分公司签订彩铃业务协议，在全市法院率先对失信被执行人定制开通“失信彩铃”业务，任何人拨打失信被执行人手机均会收到彩铃（或铃声）提示，以此督促失信被执行人尽快履行生效法律文书确定的义务。

[11] **一站式诉讼服务体系：**2019 年初，最高人民法院党组贯彻落实习近平总书记关于“把非诉讼纠纷解决机制挺在前面”重要指示，将一站式多元解纷和诉讼服务体系建设确立为人民法院一项重点和亮点工程，旨在为人民群众提供丰富快捷的纠纷解决渠道和一站式高品质的诉讼服务，全方位提升人民群众的获得感、幸福感和安全感。

[12] **群众诉求“一号通办”工作专班：**该专班依照集约化、专业化、信息化、社会化的工作原则，建立“三级”督办与“三级”协调机制，管理好群众诉求服务信息化平台和 12368 热线电话及配套管理系统，协调相关部门，为群众提供咨询、查询、催办、联系法官、信访、举报投诉、意见建议等方面的诉讼服务。

[13] **“雏鹰计划”专业积分制：**自深圳市委组织部部署实施公务员素质培养“雏鹰计划”以来，盐田法院深度拓展专业积分制建设，确定参加专业教育或培训、阅读专业书籍、发表专业文章、教授专业课程、完成专业工作五方面的分数构成并设定评分标准，将积分值作为评价专业能力水平的重要依据，并作为年度考核的评价指标，以激发年轻公务员加强学习和钻研的热情，营造良好专业学习和比学赶超氛围。

[14] **“六优”评选：**2022 年，深圳中院在全市统一开展优秀案例、优秀裁判文书、优秀庭审、优秀学术论文、优秀调研成果、优秀司法建议等“六优”评选活动，以提高法官司法能力和职业化水平，促进司法公正、传播司法理念，强化研究成果转化、服务科学决策。

深圳市南山区人民法院工作报告

——2023 年 2 月 28 日在深圳市南山区第八届人民代表大会第三次会议上

深圳市南山区人民法院院长　马文权

各位代表：

我代表区法院向大会报告工作，请予审议，并请各位列席同志提出意见。

2022 年主要工作

2022 年是极不平凡的一年。一年来，区法院坚持以习近平新时代中国特色社会主义思想为指导，在区委坚强领导、区人大有力监督、上级法院正确指导下，在政府、政协和社会各界关心支持下，紧紧围绕区委工作目标和要求，统筹做好疫情防控和审判执行工作，攻坚克难、顽强拼搏，各项工作取得新进展。

——**服务大局全面发力。**围绕全区中心工作，出台司法服务保障实施意见，制定 22 项任务 162 条举措，将区委“实施五大战略、打造五个新标杆”工作部署落实到法院工作全过程、各方面，获区委、区政府主要领导批示肯定。

——**解纷能力整体跃升。**强化诉源治理减增量，全年受理各类案件 60501 件（含旧存 9331 件），同比下降 3.5%；结案 54904 件，同比上升 2.9%；结收案比 107.3%，创历史新高；法官人均结案 482 件，同比人均多结 30 件；年底存案首次大幅下降，降幅达 40.02%；全市法院审判执行质效集中攻坚目标达标率居全市基层法院前列，办案质效全面向好；两案件获评“中国法院 2022 年度案例”，一案件入选司法部案例库。

——**智慧战“疫”卓有成效。**坚持疫情之下审判执行“不停步”“加速度”，全面构建立案、审判、执行全链条互联网办案新模式，网上办案各项数据创历史新高。引导5万余名当事人和律师注册“深圳移动微法院”，网上立案率达96.02%、电子送达30.7万余次、线上庭审1.5万余场、在线调解6.5万余次、在线答疑3万余人次、网上阅卷服务2.2万余人次。在线查控财产32.3万余次，网络司法拍卖标的物237件，成交金额10.8亿元。

——改革创新动力澎湃。创设法律助残工作模式、创建“枫桥式人民法庭”、创新诉源治理工作格局等改革举措，分别被最高人民法院、省法院、市法院作为“学习宣传贯彻党的二十大精神”典型案例广泛宣传。“一站式速执”模式改革获《人民法院报》报道，并获评深圳市法治先行示范城市创新成果。

——队伍面貌焕然一新。全院获市级以上集体荣誉6项、个人荣誉135人次，涌现出“全省法院一级警队”“深圳政法群英榜”“深圳法院最美巾帼奋斗者”“深圳法院十佳青年”等一批先进集体和优秀个人。

一、坚持政治为首，着力把握“法治之舟”正确航向

坚持党的绝对领导。牢记人民法院政治属性，坚持“政法姓党”毫不动摇，全年开展全国法院“两个确立”主题教育。认真执行《中国共产党政法工作条例》，主动向区委、区委政法委请示报告重大事项62次80项。牢牢守住意识形态主阵地，严把立案审核、庭审直播、文书撰写、对外宣传“政治关”，抓牢抓实维稳安保工作，以“时时放心不下”的责任感，全力营造全区安全稳定的政治社会环境。

强化政治理论学习。全面系统深入学习贯彻党的二十大精神，开展“坚持人民至上 践行司法为民”主题学习讨论活动，增强干警“四个意识”，坚定“四个自信”，做到“两个维护”。严格执行“第一议题”制度、政治要件闭环落实机制，推动党史学习教育常态化长效化，全覆盖政治轮训2444人次，院机关党委连续两年获评南山区“学习强国”先进单位。

夯实基层党建基础。落实深圳法院党支部建设38项措施，开展“为群众办实事”等主题党日活动180余次，搭建“三位一体”党建学习教育基地，打造“过政治生日·忆入党初心”等特色党建品牌。以党建带队建促审判，评选党员先锋岗、示范岗、突击队18个，开展“党员法官办案标兵榜”评比活动22期。

二、坚持大局为重，助力描绘“南山之治”精彩画卷

落实“路线图”，保障辖区重点工作。坚持“疫情要防住、经济要稳住、发展要安全”，开展“暖企”专项行动，实施“活封”“活扣”“保全财产置换”等善意文明保全措施，在劳动争议案件审理中依法保护企业用工自主权。“活水养鱼”促成餐饮企业恢复偿债能力案，获省法院宣传报道。妥善审理各类涉重点房企纠纷案件。服务供给侧结构性改革，加速“僵尸企业”出清，移送“执转破”案件850件、涉及企业71家。“法徽红”变身“抗疫白”，组织干警驰援社区抗疫516人次。

筑牢“防火墙”，护航创新驱动发展。实施最严格知识产权司法保护，审结各类知识产权案件1638件，对28名构成知识产权犯罪的被告人判处刑罚。审结全国首例互联网平台侵害个人信息案，入选全省法院互联网十大案件，并被写进省法院工作报告。与中国（深圳）知识产权保护中心签订框架协议，深度构建“联调、联审、联动”工作机制。及时回应新领域、新业态知识产权保护新需求，组建数字经济案件专审团队，选派法官赴区高层次人才知识产权研修示范班授课。“人脸识别技术法律保护”“新型数字化知识产权权益保护”等调研成果，分获全市法院及市委依法治市办优秀调研成果奖。

抬高“标尺线”，助力创优营商环境。坚持打造一流法治化营商环境，优化司法程序，减少诉讼耗时，一审民商事案件平均审理周期、首次执行案件结案平均用时同比分别减少45.7天、25.7天。引导市场主体诚实守信，审结合同纠纷案件16768件，多元化解新能源企业“茂硕新能源”合同纠纷执行案，在2022年省两会期间作为法治护航湾区发展典型案例，获《南方日报》专题报道。成功办理全市首例适用信用修复激励机制案件，以正向激励督促失信人纠错守信。对王某捏造事实、恶意制造虚假诉讼的行为，开出“诚信罚单”。延伸司法职能助推行业规范治理，向教育、金融、房地产等行业主管部门发送司法建议，回复率达100%。服务国际化

城区建设，审结涉外涉港澳台民事案件89件，办理国际、区际司法协助（互助）案件59件、境外司法送达10件，圆满承办“港澳台地区学生参访深圳法院”活动。

打造“好枫景”，服务基层社会治理。大力发展新时代“枫桥经验”，推动构建“1+4+8+N”分层递进诉源治理工作格局，铺设群众“家门口”解纷站点，将16922件纠纷化解于诉前。联合区总工会、区人资局创建全市首个劳动争议联合调解工作室，成功调处劳动争议纠纷151件。当好社会风险隐患“吹哨人”，建立涉众型纠纷诉前识别摸排机制，共摸排涉教育培训机构、家政公司等纠纷1586件、涉及市场主体124个，依托府院联动，多元化解矛盾纠纷。率先探索一审判后调解、执前和解和督促履行新机制，实现审执工作调解全覆盖。以调解、和解方式结案比率大幅提升，民商事案件调收比74.6%，居全市法院第一；诉前调解率50.16%、诉中调解率37.37%、一审判后调解率9.15%、执前和解率17.86%，均居全市法院前列，显著减少当事人诉累、节约司法资源，相关工作成效获《法治日报》、《人民法院报》、光明网等多家媒体报道。

三、坚持以民为本，倾力传递“天平之光”正义能量

严惩刑事犯罪护民安。贯彻总体国家安全观，全年审结刑事案件1278件1698人，成功办结涉87名被告人的邪教专案。贯彻实施反有组织犯罪法，健全常态化扫黑除恶机制。从重惩处故意伤害、抢劫、强奸等严重暴力犯罪案件79件79人。开展打击养老诈骗专项行动，依法守护好老年人的“钱袋子”。依法严惩涉众型经济犯罪，审结非法吸收公众存款、非法集资、电信网络诈骗案58件111人。审结“代办名校学位”诈骗案，有效维护就学秩序和教育公平。坚持宽严相济，依法对324名被告人适用非监禁刑。强化人权司法保障，为198名无辩护人的被告人指定辩护律师。

调判民事纠纷化民忧。全面准确适用民法典，审结民事案件26381件。坚持调判结合，以调解、撤诉方式结案9469件。切实解决群众“急难愁盼”，审结劳动争议、道路交通、教育、医疗、社保案件2801件。坚持情、理、法相融合，审结家事纠纷案件1167件。以裁判树规则，解决小区里的“糟心事”，审结房屋买卖、租赁、物业纠纷案件1475件。成功破解“法拍房”产权分割及使用难题，对卖方出售学位已被占用的学位房行为判令赔偿，判决物业公司协助业主安装新能源汽车充电桩，让老百姓切实感受到法律条文背后的力量、是非、温度。旗帜鲜明为见义勇为撑腰，在“救助摔伤老人案”中，判决驳回向热心助人者索赔的诉讼请求，入选市法院贯彻实施民法典工作报告典型案例篇。

加大执行力度解民难。攻坚“切实解决执行难”，办结执行案件27093件，执行到位金额54.2亿元，执行质效指标均高于全市基层法院平均水平。成立专职“速拍”团队，加速涉案财产变现，“以拍促调”促成执行和解金额达2.6亿元。大力解决占用小区架空层、“法拍房”清场等执行难题，强制搬迁交付房地产面积达55200平方米。强化执行威慑，限制高消费18187人次、公开曝光失信被执行人5092人次，92名被执行人迫于失信惩戒压力主动履行义务。联动公安机关实施“惊雷”集中扣车专项行动，联合公安、检察机关出台办理拒执罪案件工作指引，移送涉嫌拒执罪案件14件，对虚假和解、规避执行的侯某判处有期徒刑8个月。制作“便民清单”，一次性告知执行全流程事项；开辟涉民生案件执行“绿色通道”，用执行“力度”呵护民生“温度”。

改进司法服务暖民心。加强未成年人司法保护，创建全市法院首个家庭教育指导站，发出家庭教育指导信347份，在全市首次向罪错少年监护人发出家庭教育令，督促父母“依法带娃”。成立家事执行工作室，柔性破解离异夫妻探望子女难题，成功办理涉中美两地跨境“云探望”案件，获最高人民法院宣传。联合区残联成立全市首家“法律助残合作工作室”，全面开辟“无声”“无碍”诉讼通道。搭建便民“小花园”，推出“提前半小时服务”“夜间法庭”“周末开庭”等为民“微实事”，诉讼服务更贴心。组织法官走社区、进企业开展普法宣传，携手蛇口街道人大工委开展“民法典宣传月”活动，“社区微法庭”入选省法院“百项精品普法”培育项目。传递司法温度，发放司法救助款项56.3万元。

四、坚持创新为要，奋力答好“人民之需”时代考卷

全面准确落实司法责任制。压实监督管理责任，组织评查案件646件，倒逼法官更严履职尽责；出台《重大敏感案件监督管理工作规程》，全流程监管“四类案件”办理，936件案件依程序登记备案；履责与督责并行，院庭长办案13545件，占结案总数的24.7%。深化全口径繁简分流改革，打造“简案速裁、普案快审、繁案精办”新模式，4542件小额诉讼一审终局、案结事了。用好考核“指挥棒”，出台周期评价考核办法，高频度考评部门及干警办案质效。紧盯质效短板靶向发力，开展核心指标提升专项行动，制定审判管理制度13项，促进办案质效持续向好。民商事案件及刑事案件服判息诉率分别提升至82.2%和85.4%，无正当理由长期未结案件清零。

创新群众诉求服务机制。加大涉诉信访矛盾化解力度，在全市基层法院率先成立群众诉求服务中心，搭建“三站两线一码”多维服务平台，“一站式”接办群众诉求；以专班、专线、专码、专栏，应对处置涉众金融信访类案，实现群众诉求“件件有落实，事事有回复”。来电即时办结率达94.9%，热线座席满意率达99%，涉诉信访量环比减少53.2%，涉众金融信访类案数环比下降59.8%。聚焦群众诉求个案“解剖麻雀”，针对发现的工作短板，及时建章立制、标本兼治，联系法官难、诉讼费退费难、管辖权审查移送不规范等一批群众反映强烈的问题得到有效整治。

加强人民法庭建设。制定《关于进一步加强新时代人民法庭建设的工作方案》，强化城区人民法庭职能优势，打造“一法庭一品牌”，全面优化人民法庭审判专业化布局，分别集中审理家事少年、道路交通、劳动争议、民间借贷等类型化案件，工作经验获省法院推广。充分发挥人民法庭诉源治理“桥头堡”作用，西丽法庭、蛇口法庭联合蛇口街道成立家事纠纷和劳动争议非诉解纷工作室；沙河法庭打造“社区微法庭”，荣获第九届“南都街坊口碑榜治理创新金奖”。

提速智慧法院建设。致力创造更高水平的数字正义，在全市法院率先形成全流程、全要素、全覆盖的无纸化办案模式，一审民商事案件平均审理周期同比下降30.6%、电子归档率提升至87.9%。完善政法跨部门办案平台，实现公检法司跨部门业务协同、案件“一网流转”、办案全程留痕，一审刑事案件平均审理周期压缩至30.74天，居全市法院第一。设立司法辅助事务中心，实现诉讼材料收转、排期、送达等审判辅助事务集约化，庭前准备周期下降50%，案件排期开庭时间长、送达难等问题得到较好解决。

五、坚持素能为基，大力积蓄“先行之势”强劲动能

主题讨论凝共识。对标建设“四力”卓著先行示范法院目标，开展“先行示范　行在南山”主题大讨论活动，通过研讨座谈、演讲征文、书写心愿等形式，查短板、找差距、谋对策。汇集意见建议128条、形成改进举措245条、评选“金点子”11个、立项“为民办实事”项目20个，切实洗礼干警思想，明确前进方向，凝聚起全院奋进力量。

多措并举提素能。深入实施“雏鹰·繁星计划”，建立青年审判英才培养机制，公开述职选拔初任员额法官，“揭榜挂帅”确定重点改革项目负责人，全面贯彻实施“知事识人、序事辨材”，极大激发了干部队伍干事创业热情。开展“岗位大练兵”“裁判文书评比”“书记员业务技能竞赛”等系列活动，分类分级定向提升各类人员专业技能。定期举办“博约”法官沙龙活动，邀请资深法官分享审判实务经验。组建学术调研兴趣小组，推动审判实践和理论调研相互“催化”，市级以上“六优”评选活动获奖22项，居全市基层法院前列。

严抓细管强作风。持续巩固政法队伍教育整顿成果，持之以恒全面从严治院。每周召开院长督导会，以钉钉子精神集中整治沉疴积弊，推动超审限长期未结案件、民商事案件上诉率及发改率偏高等问题有效整改。认真落实防止干预司法“三个规定”，开展司法掮客专项整治、离职退休人员违规从业专项整治。深化以案促改工作，以身边人、身边事开展廉政警示教育。实行定期家访制度，加强八小时外监督管理，促进廉洁司法。

一年来，区法院深入践行全过程人民民主，自觉接受监督，切实改进工作，向区人大常委会专项报告诉源治理非诉解纷工作，4名法官接受区人大常委会履职评议，积极配合区政协委派区法院民主监督小组开展工

作，邀请代表委员视察工作、旁听庭审、见证执行、座谈交流 85 人次，编印代表委员联络专刊，每月向代表委员发送法院工作视频短信；认真办理、函复代表委员建议、议案、来信 26 件，代表委员满意度 100%；自觉接受检察机关法律监督，办理检察建议 4 件；保障人民参与司法，人民陪审员参审案件 436 件。

各位代表，回首过去一年，区法院始终坚持与区委区政府大局工作同向发力、同频共振，努力做到党委政府决策部署到哪里，司法服务就跟进到哪里，倍道兼程、团结拼搏，为推动南山法治进步、促进改革发展作出积极贡献。特别在新冠疫情期间，全院干警始终坚持“公平正义不迟到”，与时间赛跑、与病毒竞速，与全区人民一道“硬刚”这场世纪抗疫大战。那些居家开庭、带娃加班、封闭值勤、驻庭办案的日日夜夜，都一同镌刻进全区上下砥砺奋进的年轮，诠释着法院人对党和人民矢志不渝的赤胆忠心。我们深知，区法院工作取得的点滴进步，离不开区委坚强领导、区人大及其常委会有力监督、上级法院正确指导，离不开政府、政协和社会各界的大力支持，更离不开各位代表的关心帮助。在此，我代表区法院表示衷心的感谢和诚挚的敬意！

在总结成绩的同时，我们也清醒地看到，区法院工作与党和人民的要求和期待尚有差距：一是少数法官综合素质、司法理念有待加强，就案办案、机械司法的现象依然存在；二是司法改革的系统集成、协同高效有待加强，利用改革释放潜力、激发活力、破解“人案矛盾”的能力有待提升；三是队伍建设有待加强，合同制司法辅助人员流动性大，干警宗旨意识不强、司法作风不严不实等问题仍然突出。对此，我们将采取有力措施破难题补短板，也恳请各位代表和社会各界继续给予支持、帮助和监督。

2023 年工作任务

2023 年是全面贯彻落实党的二十大精神的开局之年，是实施“十四五”规划承上启下的关键一年。区法院将坚持以习近平新时代中国特色社会主义思想为指导，认真践行习近平法治思想，深入学习贯彻党的二十大精神，认真落实区八届二次党代会部署和本次大会决议，加快建设与中心城区发展相适应的司法公信力、法治竞争力、改革创新力、国际影响力卓著的先行示范法院，为南山经济社会高质量发展提供强有力司法服务保障。重点做好以下五方面工作。

一、坚持举旗铸魂，以更高站位把牢政治方向。把政治建设摆在首位，以党建带队建，切实把忠诚拥护“两个确立”、坚决做到“两个维护”贯穿法院工作全过程。大力实施“雏鹰计划”，抓好素能培育，形成高层次审判人才梯队。严格落实防止干预司法“三个规定”和新时代政法干警“十个严禁”等铁规禁令，以“零容忍”态度严惩司法腐败。坚持严管厚爱并重，强化法官权益保障，深入实施“暖心工程”，大力弘扬新时代人民法院文化，营造拴心留人的工作氛围。

二、坚持围绕中心，以更强担当护航发展大局。贯彻总体国家安全观，常态化开展扫黑除恶专项斗争，严厉打击各类犯罪，全力防范化解各类风险隐患，推进更高水平的平安南山建设。围绕“双区”建设等国家重大战略实施、辖区党委政府中心工作，找准司法工作切入点、发力点，以高质量司法服务高质量发展。厚植营商沃土，依法保护民营企业产权和企业家权益，能动司法、善意执行助力企业纾困解难，“送法进企”“上门问需”引导企业合规经营，筑牢实体经济根基。落实最严格知识产权司法保护，联动市、区知识产权保护中心等强化保护合力，助力南山加快建设具有全球影响力的中央智力区。

三、坚持权责统一，以更优质效捍卫公平正义。牢牢守住案件质量生命线，坚持专业化和大众化相结合，兼顾国法天理人情，全面准确落实司法责任制。严格监督规范审判权力运行，健全“四类案件”全流程识别、监督机制，加大案件评查力度，统一裁判尺度，切实纠正偏离人民立场、机械办案的错误做法，不断提升司法公信力。紧紧抓住绩效考核“牛鼻子”，紧盯审执质效指标，固优势、强弱项，努力打造更多司法审判的南山品牌。充分发挥法治对道德的保障作用，把法律的专业判断与群众朴素的公平正义观融合起来，让公平正义更加可感可触。

四、坚持人民至上，以更实举措践行司法为民。守护人民群众针尖上、舌尖上、头顶上、脚底下、钱袋子安全，妥善审理各类涉民生案件，让人民群众切实感受到公平正义就在身边。依法审理生产、分配、流通、消费、就业等领域纠纷，推动实现稳增长、稳就业、稳物价。加大财产查控、失信惩戒和拒执打击力度，有效兑现胜诉权益。努力打造法庭专业化审判品牌，大力创建“枫桥式”人民法庭。加大涉诉信访矛盾化解力度，及时回应群众合法合理诉求。坚持有案必立、有诉必理，大力拓宽线上线下各类立案渠道，最大限度提升群众立案便捷度和满意度。深入创建“为群众办实事示范法院”，推出一批司法为民“微实事”。自觉接受人大、政协、检察、社会等监督，持续优化司法服务，让中国特色司法为民之路越走越宽。

五、坚持敢为人先，以更大力度深化司法改革。深化司法体制综合配套改革，深入推进法院审级职能定位改革，努力打造公正、高效、权威的社会主义司法制度示范样本。持续优化诉讼前端综合性改革，推动实现受理案件依法规范、纠纷化解非诉多元、辅助事务办理集约高效、服务群众优质专业。推动健全涉众型纠纷府院联动机制，织密解纷服务站点，打造“微法庭＋”系列解纷品牌，畅通司法确认渠道，全面提升诉源治理效能。深化智慧法院建设应用，加快实现“智服、智审、智执、智管”，不断推进审判体系和审判能力现代化，让司法工作在数字时代实现质的飞跃。

各位代表，岭南春早，战鼓催征。全省、全市、全区吹响了高质量发展的冲锋号角，又一个充满生机、大有可为的春天扑面而来。区法院将更加紧密地团结在以习近平同志为核心的党中央周围，更好发挥法治固根本、稳预期、利长远的保障作用，更稳托举全区发展大局和人民美好生活，为南山区加快建成世界级创新型滨海中心城区、勇当深圳建设中国特色社会主义先行示范区标杆作出新的更大贡献！

附件

有关用语说明

[1] **司法服务保障实施意见：**为深入贯彻落实南山区第八次党代会精神和区委八届二次全会精神，全面落实区委“实施五大战略、打造五个新标杆”决策部署，2022 年 1 月 14 日，南山法院印发《深圳市南山区人民法院关于为南山区加快建成世界级创新型滨海中心城区、勇当深圳建设中国特色社会主义先行示范区标杆提供司法服务保障的实施意见》（以下简称《意见》）。《意见》提出五大方面共 22 项具体工作安排：一是完整、准确、全面贯彻新发展理念，服务保障南山打造产业强区新标杆；二是统筹安全和发展两件大事，服务保障南山建设更和谐的法治城区；三是提升司法为民工作实效，服务保障南山打造和美宜居新标杆；四是坚持勇当司法改革尖兵，服务保障南山打造改革开放新标杆；五是全面从严治院锻造司法铁军，服务保障南山打造基层党建新标杆。《意见》上报至南山区委后，获区委、区政府、区委政法委主要领导批示肯定。南山法院党组高度重视，积极将区委指示批示精神落到实处，提出 162 项具体落实举措，均已按期完成并将长期坚持。

[2] **全市法院审判执行质效集中攻坚目标：**为推动全市法院审判执行工作质效整体提升，2022 年 2 月，深圳中院出台《2022 年全市法院审判执行工作质效提升集中攻坚目标》，涉及基层法院的共有诉源治理、审判效率、审判质量、长期未结诉讼案件、繁简分流改革、执行工作、精品培育等七大类 35 项，其中涉及南山法院的有 31 项（除去 4 项行政案件指标）。截至 2022 年底，南山法院达标指标 23 项，达标率在全市 11 个基层法院中排名第二，8 项指标在全市基层法院中排名前三，其中民商事案件调收比、刑事案件平均审理周期、首次执行案件结案平均用时等 3 项指标在全市基层法院排名第一。与 2022 年初相比，民商事案件调收比、民商事案件平均审理周期、结收案比、首次执行案件实际执行到位率、首次执行案件结案率等 12 项指标由不达标转为达标，办案质效显著提升。

[3] **深圳移动微法院：**深圳移动微法院是具有网上申请立案、诉讼缴费、诉前调解、手机阅卷和法规查询等功能的微信小程序。借助深圳移动微法院开展电子送达、线上庭审等活动，既能让人民群众享受便捷的诉讼服务，也能提高司法效率，是人民法院落实以人民为中心理念的生动实践。

[4] **法律助残工作模式：**南山法院与南山区残联联合创设全市首个区级“法律助残合作工作室”，合力打造法律助残工作新模式。主要举措包括：建立涉残案件联席会议制度，共管共解涉残纠纷；完善无障碍诉讼硬件设施和优化涉残诉讼服务；引导残障人士用好法律援助；为残障人士诉讼开辟“绿色通道”，对涉残案件实行便捷立案、优先调解、快审精办、强力执行；落实司法人文关怀，做好“送法”助残等服务，提升残障人士司法获得感。相关工作举措获最高人民法院微信公众号宣传。

[5] **枫桥式人民法庭：**20 世纪 60 年代初，浙江省诸暨市枫桥镇干部群众创造了“发动和依靠群众，坚持矛盾不上交，就地解决。实现捕人少，治安好”的“枫桥经验”。党的十八大

以来，以习近平同志为核心的党中央高度重视坚持和发展新时代“枫桥经验”。党的二十大报告进一步强调，在社会基层坚持和发展新时代“枫桥经验”，及时把矛盾纠纷化解在基层、化解在萌芽状态。人民法庭作为人民法院最基层单位，处于司法为民最前沿、化解矛盾第一线。2022 年 2 月，中共中央、国务院明确提出创建“枫桥式人民法庭”。南山法院 4 个人民法庭主动融入共建共治共享社会治理格局，与辖区街道联动协作，在街道社区广泛设立非诉解纷工作站，广泛开展各类“无讼”创建活动，强化矛盾纠纷多元化解，积极推动社会治理现代化。其中西丽法庭集中审理南山全域范围内的婚姻家事案件和涉未成年人刑事案件，以妥善化解家事少年矛盾纠纷为“小切口”，撬动诉源治理“大文章”，走出一条独具特色的城区人民法庭发展之路，相关工作经验被省法院、市法院作为“学习宣传贯彻党的二十大精神”典型案例广泛宣传。

[6] **创新诉源治理工作格局：**南山法院认真贯彻习近平总书记关于“把非诉讼纠纷解决机制挺在前面”的重要指示精神，深入落实《深圳经济特区矛盾纠纷多元化解条例》，以“五个一”举措发展新时代“枫桥经验”，形成诉源治理新格局。即：铺设一个体系，构建“1+4+8+N”分层递进诉源治理体系；加强一体协作，形成联动解纷整体合力；深入一线服务，就地化解矛盾纠纷；争创一流示范，全力打造解纷特色品牌；打通“最后一公里”，实现调解信息化即时化。相关工作举措获《中国审判》等权威媒体报道及市中级人民法院微信公众号宣传。

[7] **“一站式速执”模式改革：**为实现执行提速增效，更加有力有效兑现当事人胜诉权益，南山法院实施速执机制综合改革，突出一站、集约、集成、在线、融合五个关键，努力构建适应强制执行特点的司法服务模式、简案快办机制和财产快速拍卖处置流程，逐步形成以“执行事务中心＋速控工作室＋速执团队＋速拍团队”为核心的“一站式速执”模式。

[8] **全国法院“两个确立”主题教育：**2022 年，为深入学习贯彻习近平新时代中国特色社会主义思想，坚持党对司法工作的绝对领导，切实筑牢法院队伍政治忠诚，以实际行动迎接党的二十大胜利召开，根据最高人民法院党组统一部署、省法院党组及市中院党组通知要求，南山法院围绕“举旗帜、铸忠诚、赞成就、担使命”的目标要求，深入开展“深刻领悟‘两个确立’决定性意义，坚决做到‘两个维护’”主题教育，该项主题教育贯穿全年，重点落实 4 个方面 17 项具体任务，取得良好效果。

[9] **“坚持人民至上　践行司法为民”主题学习讨论活动：**为深入学习贯彻党的二十大精神，全面践行以人民为中心的发展思想，市中院部署开展了“深入学习贯彻党的二十大精神　坚持人民至上　践行司法为民”学习讨论活动。活动时间为 2022 年 11 月中旬至 11 月 30 日，参加人员为全市法院干警，重点突出中层副职以上领导干部，活动分动员部署、学习教育、征求意见、广泛讨论、巩固提升等环节。南山法院扎实落实市中院部署，细化实施方案，全面梳理收集到的意见建议，抓好问题整改、建章立制、正向激励和能力提升，学习讨论活动取得良好效果。

[10] **“三位一体”党建学习教育基地：**2022 年，南山法院高标准推进党建文化阵地建设，充分利用公共空间，创新党建元素，丰富党建文化，营造浓厚党建学习氛围，在院部公众法律图书馆成功打造党建阅读角、青年加油站、二十大学习基地“三位一体”党建学习教育基地。

[11] **过政治生日・忆入党初心：**2022 年，南山法院进一步创新党员过“政治生日”制度，结合法院工作实际和特色，以“不忘初心、牢记使命”为主题，开展“过政治生日・忆入党初心”活动 141 人次。在党员入党纪念日当天，通过举办重温入党誓词仪式、颁发贺卡、播放党员政治生日 PPT 等方式，引导全院党员忆入党初心、燃奋进激情，有效提升党内政治生活质量，增强党组织凝聚力、感召力。

[12] **“活封”“活扣”：**“活封”“活扣”是指法院在执行过程中，允许被执行企业在正常生产范围内使用被查封的企业厂房、机器设备等财产，但告知企业不得对这些财产进行转移、出租等处置行为。“活封”“活扣”是践行“柔性执法”理念、保护企业正常生产经营活动、为企业纾难解困的重要举措。2016 年 11 月，最高人民法院印发《关于在执行工作中规范执行行为　切实保护各方当事人财产权益的通知》，要求对能采取“活封”“活扣”措施的，尽量不“死封”“死扣”，使保全财产继续发挥其财产价值，防止减损当事人利益。2020 年，最高人民法院下发通知，要求在常态化疫情防控背景下，有效运用“活封”“活扣”措施，服务保障“六稳”“六保”。

[13] **保全财产置换：**指财产保全的被保全人提供其他等值担保财产且有利于执行的，人民法院裁定变更保全标的物的一种善意文明保全措施。

[14] **执转破：**指法院在执行过程中发现，作为被执行人的企业法人不能清偿到期债务，并且资产不足以清偿全部债务或者明显缺乏清偿能力，经申请执行人之一或者被执行人同意，将案件移送有管辖权的法院，对作为被执行人的企业法人进行破产审查的制度。该机制是人民法院充分发挥审判职能，服务供给侧结构性改革，推动建立健全市场主体救治和退出机制的重要举措，能够有效化解相关矛盾纠纷、破解执行难。

[15] **“联调、联审、联动”工作机制：**2022 年 4 月，南山法院与中国（深圳）知识产权保护中心签订框架协议，设立知识产权联合保护工作室。双方探索建立“联合调解＋联合审判＋联合行动”的知识产权联合保护长效机制，通过深入合作，形成知识产权“严保护、大保护、快保护、同保护”工作格局。

[16] **“1+4+8+N”分层递进诉源治理工作格局：**2022 年 3 月 10 日，南山法院出台《优化诉源治理非诉解纷工作方案》，推动构建党委领导、府院联动、各方参与、法治保障的

"1+4+8+N"分层递进诉源治理工作格局。其中,"1"是指在南山法院院部建立 1 个非诉多元解纷中心;"4"是指在 4 个人民法庭分设非诉多元解纷分中心;"8"是指在南山区 8 个街道设置负责纠纷化解和群众诉求服务的机构;"N"内涵广泛,既包括基层社区,也包括大学城、高新技术园区、商圈等具有解纷需求的地点。该解纷体系能够有效减少进入诉讼通道的纠纷数量,逐步降低"万人成讼率"。

[17] **劳动争议联合调解工作室:** 为推动形成各方资源整合、信息共享、联动调处劳动争议纠纷的常态化工作模式,2022 年 5 月 19 日,南山法院与南山区总工会、区人力资源局签订框架协议,联合成立全市首个劳动争议联合调解工作室,在全市率先形成劳动争议案件"源头预防—基层排查—仲裁前调解—诉讼前调解"的全链条式处理模式。工作室刚一成立就成功调解了一批涉及 21 人的高新技术企业与员工之间的劳动争议系列案。截至 2022 年底,工作室累计调解成功劳动争议纠纷 151 件。

[18] **执前和解和督促履行新机制:** 指在首次执行实施案件登记立案前,法院将符合调解条件的执行申请导入融平台,委派特邀调解员,在执前团队的指导和监督下,督促当事人主动履行或者在合法、自愿的基础上达成和解,使胜诉当事人权益尽早兑现。

[19] **"速拍"团队:** 系南山法院为规范法院网络拍卖工作设立的集中办理财产拍卖执行案件的专业化团队,是深化执行繁简分流机制改革的创新举措。通过专业化团队运作,全面提升网络拍卖财产成交量,有效提升执行工作质效,有力保障胜诉权益兑现。

[20] **家庭教育指导信:** 法院在审理涉及未成年子女抚养案件时,及时对父母双方或其他监护人提供具体的教育指导,并随结案文书一并发放《家庭教育指导信》,提醒其牢记对孩子的爱与责任,督促其为未成年人提供良好的家庭教育环境,促进未成年人健康成长。

[21] **家庭教育令:** 指法院在案件办理过程中,发现未成年人存在严重不良行为或者实施犯罪行为,以及未成年人的父母或其他监护人不正确实施家庭教育、侵害未成年人合法权益的,根据案件具体情况对父母或其他监护人发出家庭教育令,依法训诫责令其接受家庭教育指导,纠正怠于履行家庭责任、不正确实施家庭教育以及其他侵害未成年人合法权益的行为。

[22] **社区微法庭:** 系人民法院利用互联网技术,深入社区一线打造的一种微型法庭。它通过线上线下相结合的方式,促进法院和街道社区的解纷资源有效整合,让社区居民对法庭审判、纠纷解决、司法调解等加深认识,并使社区调解员在调解社区纠纷时有更多裁判参考,工作重点更加明确,开展调解工作更加得心应手。2021 年 9 月,"前海社区微法庭"在前海社区正式揭牌。2022 年 7 月 14 日,南山法院在沙河街道高发社区开展"社区微法庭"活动,公开审理一起教育培训合同纠纷案件并当庭宣判。南山区党代表、人大代表以及来自教育培训行业的从业代表和社区群众代表到现场旁听了案件审理。此外,南山法院与高发社区签订协议共建侨城坊"商圈微法庭",采取"微法庭 + 庭后分享"法治教育新模式,达到"审理一案,教育一片"效果。2022 年 6 月,南山法院"社区微法庭"项目成功入选省法院 2022 年度"百项精品普法"项目。

[23] **四类案件:** 指符合下列情形之一的案件:(一)重大、疑难、复杂、敏感的;(二)涉及群体性纠纷或者引发社会广泛关注,可能影响社会稳定的;(三)与本院或者上级人民法院的类案裁判可能发生冲突的;(四)有关单位或者个人反映法官有违法审判行为的。根据最高人民法院的规定,院庭长对"四类案件"负有监督管理职责,但监督管理过程必须全程留痕,非经法定程序,不得直接改变合议庭意见,也不得明示或暗示合议庭接受自己的意见。院庭长按工作程序采取监督管理措施,不属于违反规定干预过问案件。

[24] **周期评价考核办法:** 2022 年,南山法院建立了办案业绩周期评价机制,对各部门和法官的审执质效实行周积分、月评价和季考核,即:每周对审执部门和法官的办案数量情况进行积分排名;每月对审执部门的 8 项审判质效、7 项执行质效重点指标进行打分评价;每季度对审执部门和法官的 15 项审判质效和 8 项执行质效指标进行全面评价。该工作机制根据各阶段的工作重点,客观、公正地评价了全院各审执部门、法官各阶段的工作业绩,在全院范围内营造了争先创优的良好工作氛围。

[25] **三站两线一码:** "三站"为群众诉求服务站、法官联络服务站、涉法涉诉信访接访站,"两线"为南山法院诉讼服务热线、12368 诉讼服务热线,"一码"为群众诉求服务二维码。南山法院通过搭建"三站两线一码"平台,全时段、多渠道、立体化服务群众各类诉求。

[26] **专班、专线、专码、专栏:** 南山法院针对涉众金融案件群众诉求服务工作特点,成立工作专班、设置专线电话、设立受理群众诉求二维码,并在本院官网开通信息发布专栏,专门吸附化解涉众金融案件群众诉求。

[27] **无纸化办案模式:** 指在立审执各工作环节,以电子卷宗系统为支持,依托法院综合业务系统、执行案件流程信息管理系统等办案系统,实现电子卷宗随办案进程同步流转。改变纸质档案归档传统模式,实行以电子档案为主、纸质档案为辅的案件归档方式,减少并最终去除纸质诉讼材料,实现"全业务网上办理、全流程依法公开、全方位智能服务"的信息化办案工作闭环,构建"网络化、阳光化、智能化"法院。

[28] **政法跨部门办案平台:** 2018 年 6 月,深圳市委政法委选取南山区作为政法跨部门大数据办案平台试点区。政法跨部门大数据办案平台建设以协同办案和数据共享为主线,按照"电子卷宗制作 + 业务协同平台 + 智能辅助办案"模式,

使立案侦查、批捕起诉、刑事审判、刑罚执行整个司法闭环真正实现网上业务协同、信息共享和全程监督，具有电子换押“一键秒批”、电子卷宗跨部门流转、平台协同信息资源共享、电子阅卷、文书智能生成等功能和优势，打破了公检法司各部门之间的“信息孤岛”，打通了刑事案件全流程网上协同办案的“智能立交桥”。改革以来，南山法院依托该平台试行刑事简易程序案件单轨制办理，审判质效显著提升。

[29] **“先行示范　行在南山”主题大讨论活动：**为激发全院干警干事创业、奋勇争先的工作热情，激励干警在南山区加快建成世界级创新型滨海中心城区、勇当深圳建设中国特色社会主义先行示范区标杆新征程中勇担当、善作为，2022 年 3—4 月，南山法院围绕“建设‘四力’卓著先行示范法院，我能干点啥？”主题，结合全市法院审判执行质效集中攻坚目标以及本院打造“受人尊敬的幸福法院”愿景，在全院范围内集中开展“先行示范　行在南山”大讨论活动。活动以部门、分管线和群团组织为单位，以分层级讨论、干警代表座谈、演讲比赛、征文比赛、意见征集等多种形式展开。全院干警通过谈认识、找差距、补短板，深刻查找了审判执行、队伍建设、行政管理、为民服务、后勤保障等各项工作中存在的短板，精准制定了切实可行的改进举措，形成了“先行有实招，示范见行动”的良好局面。

[30] **雏鹰·繁星计划：**是南山法院按照市委组织部“雏鹰计划”相关部署，结合本院“先行示范　行在南山”大讨论活动提出的人才培养创新方案。该计划依托“知事识人、序事辨材”体系发现一批年轻“雏鹰”人才，并对其开展一系列有计划、有步骤的培树，助力其成长为审判执行之星、司法辅助之星和综合行政之星；采取“揭榜挂帅”等方式，让优秀年轻干警主动担当作为、牵头改革攻坚项目，结出丰硕改革成果，最终形成人才之星和改革创新项目璀璨绽放、繁星满天的生动局面。

[31] **知事识人、序事辨材：**2022 年，按照市委组织部工作部署，市中级法院在全市法院系统开展“知事识人、序事辨材”干部专题调研工作。在市中院的统筹安排下，南山法院组建专题调研组，着眼于服务“双区”建设，在审判执行前沿和司法改革一线识别考察干部，发现敢于担当、善于作为的领导干部，识别各类别、各层次的优秀年轻干部，分析南山法院干部队伍建设中的短板，为市中级法院党组和南山法院党组选人用人提供决策参考，推动形成“知事识人、以事择人、依事选人”的良好局面。

[32] **“六优”评选活动：**“六优”即优秀案例、优秀裁判文书、优秀庭审、优秀学术论文、优秀调研成果、优秀司法建议。市中院将“六优”评选获奖数量纳入全市法院审判执行质效集中攻坚目标，设立两项考核指标，即“全国、省、市‘六优’评选活动获奖数”和“最高人民法院统一组织的‘六优’评选活动获奖数”。2022 年，南山法院上述两项“六优”评选考核指标分别位居全市基层法院第三和第二，其中 2 篇案例入选《中国法院 2022 年度案例》，2 篇学术论文分获全国法院第 34 届学术讨论会二等奖、优秀奖。

[33] **院长督导会：**指市中院于 2022 年 7 月中旬开始实施的一项司法政务机制改革，旨在发挥法院党组把方向、管大局、抓落实的领导作用，进一步畅通政令、提高效率，通过一周一次、重点情况通报、跟踪反馈、归纳总结等常态化督导举措，推动法院各项重点工作部署落地见效。南山法院紧跟上级步伐，于 2022 年 7 月底开始，每周一次召开本院院长督导会，明确督导事项“一事一报”，截至 2022 年底，共计召开本院院长督导会 16 次，通过强力督导，推动超审限长期未结案件、民商事案件上诉率及发改率偏高等一批沉疴积弊有效整改。

[34] **防止干预司法“三个规定”：**指 2015 年中共中央办公厅、国务院办公厅印发的《领导干部干预司法活动、插手具体案件处理的记录、通报和责任追究规定》，中央政法委印发的《司法机关内部人员过问案件的记录和责任追究规定》，最高人民法院、最高人民检察院、公安部、国家安全部、司法部印发的《关于进一步规范司法人员与当事人、律师、特殊关系人、中介组织接触交往行为的若干规定》。

深圳市宝安区人民法院工作报告

——2023 年 2 月 10 日在深圳市宝安区第七届人民代表大会第三次会议上

深圳市宝安区人民法院院长　李久祥

各位代表：

我代表区法院向大会报告工作，请予审议，并请列席同志提出意见。

2022 年，是党的二十大召开之年，是实施“十四五”规划、全面建设社会主义现代化国家的重要一年。一年来，区法院始终自觉坚持党的绝对领导、弘扬伟大建党精神，激励干警在执法办案、服务大局、改革创新、司法为民中奋勇争先、担当作为，有力推动各项工作取得新进展。全院审执态势向上向好，全年受理各类案件 84690 件，办结 74287 件，法官人均结案 523 件，同比分别下降 11.2%、3.4%、6.1%。未结案件同比下降 43.6%，结案率、结收比同比分别上升 7.1 个、9.8 个百分点，案件服判息诉率 87.6%，多项指标居全市基层法院前列，审执工作步入高质量发展轨道。队伍建设取得长足发展，全院 10 个集体、80 人次荣获市级以上表彰，涌现出全国法院办案标兵等一批先进典型。人民法庭建设取得重大突破，石岩法庭立足城区法庭职能定位，探索服务市域治理新路径，入选全国法院新时代人民法庭建设案例。

一、坚定不移贯彻总体国家安全观，全力服务保障国家安全和社会稳定

服务保障平安宝安建设。依法惩罚犯罪，审结刑事案件 2264 件 2851 人，案件数量连续 6 年下降，群众安全感持续提升。严惩危害群众生命财产安全犯罪，审结故意伤害、强奸等严重暴力犯罪案件 240 件 267 人，盗抢骗、黄赌毒等多发性犯罪案件 821 件 1136 人；审结电信诈骗案件 14 件 33 人，合同诈骗案件 32 件 72 人，开展打击整治养老诈骗专项行动。坚持从严反腐，审结贪污、受贿等职务犯罪案件 2 件 2 人。认真贯彻宽严相济政策，审结认罪认罚从宽刑事案件 1588 件 1792 人，依法判处缓刑等 739 人。

助力提升公共安全治理水平。积极服务保障安全生产，审结全区首例危险作业罪案，审结重大劳动安全事故罪案件 2 件 2 人、重大责任事故罪案件 2 件 2 人。加强个人信息保护，审结侵犯公民个人信息犯罪案件 8 件 16 人。保障群众出行安全，审结醉酒驾驶等危害公共安全罪案件 610 件 625 人。服务系统性金融风险防控，依法审结非法吸收公众存款罪等涉众金融刑事案件 46 件 93 人。助力提升综合治理水平，全年发出司法建议 33 件，期限内回复率 100%，2 篇司法建议获评全市法院优秀司法建议。

服务保障完善社会治理体系。坚持和发展新时代“枫桥经验”，在全市率先出台加强人民法庭诉源治理工作规程，“1+5+N”多元解纷网络更加健全，区级多元调处中心新引入深圳市前海国际商事调解中心等 4 家调解组织，健全房地产及物流类纠纷专业化解模式，街道诉调对接中心实现全覆盖，并依托 48 个社区级多元调处平台，科学推动诉源治理资源下沉，取得良好成效，诉前成功调处矛盾纠纷 19168 件，同比增加 12020 件，完成司法确认 519 件，民商事、执行新收案件同比下降 9.3%，大量矛盾纠纷化解在基层、化解在萌芽，区多元调处中心入选全区矛盾纠纷源头预防多元化解工作调研点，在全市诉源治理工作会议上作经验介绍，多元解纷经验做法受到中央政法委高度关注。

二、完整、准确、全面贯彻新发展理念，主动服务保障全区经济社会高质量发展

精准服务保障全区中心工作。对照产业集群发展“宝安方案”，妥善审理涉装备制造企业纠纷 1127 件，涉文化、旅游行业纠纷 1951 件，服务保障全区构建先进制造业与现代服务业相互赋能、“双轮驱动”新格局。对标前海合作区改革开放工作部署，与前海法院签署交流合作备忘录，围绕调解资源共享、业务交流等开展合

作。对照全区高品质产业空间发展要求，妥善审理涉土地整备、城市更新等民事案件，高效执结同富裕工业区1.2万平方米清场行动，服务保障重点项目建设。对照“六稳”“六保”工作重点，妥善审结涉疫情案件31件，贯彻善意文明执行理念，办理暂缓对某板材公司信用惩戒执行案等一批典型案件，服务巩固拓展疫情防控和经济社会发展成果。

全面聚焦优化法治化营商环境工作。妥善审结民商事案件43475件，结案标的额262.08亿元，办结鸿福花园系列案等一批社会广泛关注的案件。高度重视企业及企业家的司法保护，准确审慎适用刑事强制措施，让各类市场主体放心经营、安心创业；审结各类合同纠纷案件21839件，积极弘扬契约精神和企业家精神，引导市场主体诚实守信；审结民间借贷纠纷案件6215件，引导民间融资服务实体经济；审结涉公司纠纷案件823件，规范公司治理；深入推进“执转破”改革，裁定受理破产案件14件，推动30家“僵尸企业”退出市场。

主动融入“宝安特色”知识产权全链条保护体系。审结知识产权案件2699件，其中审结刑事案件28件，依法惩处被告人45人。积极服务保障全区国家知识产权强县试点建设，联合检察机关及市场监管、工商联等单位构建知识产权综合保护协作与协调机制，大力推进“一站式”知识产权保护平台建设，推动在4个街道设立知识产权保护中心工作站，并依托现有7个知识产权保护站，努力将法律服务延伸至基层末梢。

三、始终坚持以提高司法公信力为根本尺度，全面加强审判管理促进司法公正高效

不断提高办案效率。狠抓任务落实，定期组织审判执行态势分析，常态化召开督导会，审执任务完成率居全市基层法院前列。狠抓效率提升，全面推进排期、送达、保全、鉴定等辅助事务集约化、标准化、社会化办理，民商事案件结案周期128.6天，同比缩短29.3%。狠抓“双超”治理，实施长期未结案件领导包案、定期评查等制度，强化上诉移送督促监管及预警频率，全院审限内结案率99.97%，清结一年以上长期未结案件694件，现存长期未结案件同比下降59%，上诉案件移送周期22.4天，同比下降8.6%。

全面提升办案质量。全面落实审委会、专业法官会议议事规则，常态化开展案件质量评查，严格落实“四类案件”监管，积极完善智能监管平台，实现审判执行工作全程留痕。深化专业化审判改革，将类案交由专业审判团队审理，其中涉物流纠纷案件按照“一法庭一特色”交由福永法庭集中审理，有效统一裁判标准。充分发挥院庭长监管及带头示范作用，建立健全领导班子成员履职评价机制，院庭长全年办案16735件，占比22.3%。

积极完善执行机制。办结执行案件29050件，执行到位29.25亿元，开展异地财产集约处置专项行动，依法办理王某非法吸收公众存款执行案等一批社会广泛关注的案件。强化规范管理，全面完善立案、审判、执行工作衔接机制，执行保全15197件，探索开展执前调解，从源头减少执行案件数量。全面加强财产处置，开展网拍154次，成交金额4.81亿元。持续强化搜查、拘留、信用惩戒等措施，公开曝光失信被执行人14706人次，限制高消费20660人次，追究刑事责任5人。

四、深入贯彻以人民为中心的发展思想，促进人民群众获得感、幸福感、安全感更加充实、更有保障、更可持续

打造高质量诉讼服务体系。开展“为群众办实事示范法院”创建活动，组织司法为民学习讨论活动，落实17项便民利民措施，2项措施分别入选全市法院首届群众工作十佳典型案例、“金点子”。坚持群众需求导向，积极完善“一站通办”诉讼服务中心和“一网通办”诉讼服务平台建设，“一站式”质效平台得分常年居全省法院前列，全年网上立案59599件，网上立案率95%，为群众提供高效便捷诉讼服务。主动回应群众关切，畅通“12368热线”联络渠道，妥善办理群众诉求工单57729件，及时回复“移动微法院”平台信息，高效解决群众诉求。

全力加强民生司法保障。严惩涉民生犯罪，依法审结危害食品药品安全、制假售假案件8件14人。积极回应人民群众关切，妥善审结教育、就业、医疗、居住、养老等涉及群众切身利益的民事纠纷案件4637件。构建多部门联动、多元化调解、多方位保障的“道交一体化”审判模式，高效审结道路交通事故损害赔偿案件1186件。常态化开展涉民生案件专项集中执行行动，执

结涉民生案件 4506 件，到位金额 2.14 亿元。坚持因案施策，依法发放司法救助金 170 余万元，有力彰显司法人文关怀。

不断提升司法公开水平。积极构建阳光司法机制，常态化直播庭审，认真推进裁判文书上网。聚焦群众普法需求，开设“宝法一分钟”等普法宣传栏目，编撰民法典典型案例等宣传手册，开展国家宪法日、知识产权宣传周、青春法治护航等活动。全面提升法治宣传影响力，传统媒体刊发区法院报道 110 余篇次，区法院新媒体平台总阅读量、播放量共 410 万余次，普法宣传视频作品单篇播放量最高 46 万次，推文单篇阅读量最高 11 万次，4 篇作品入选 2021 年度影响力法律融媒体作品、微博优秀基层案例，官方微博连续三年获评优秀基层政务微博，“原创短视频宣传矩阵”入选全省法院 2022 年度“百项精品普法”培育项目。

五、坚持以全局观念和系统思维推进司法改革，全面提升司法质效和公信力

深入推进全口径繁简分流机制改革。民商事案件适用小额诉讼程序结案 10524 件，同比上升 74.2%，适用独任制审结普通程序案件 14662 件，简易程序案件当庭宣判率为 69.4%，民商事速裁案件平均审理周期 67.1 天，同比缩短 53.1%，质效显著提升。刑事速裁案件持续保持“四个 100%”，执行案件“简普专”分流模式更加完善，首执案件平均执行时间 86.1 天，同比缩短 24.5%。全院快审快执结案 48839 件，占结案总数的 65.2%，有力提升审执效率。

不断完善无纸化办案体系。出台无纸化办案全覆盖工作方案及办案操作指引，通过政法跨部门大数据办案平台办理刑事案件 1967 件，实现无纸化办案全覆盖。积极回应互联网时代司法新需求，健全电子诉讼规则，在线开庭 23872 件，电子送达 143371 次，其中裁判文书电子送达 32226 次，电话、短信送达成功 37840 次，大幅提升审执质效，促进司法便民利民。不断强化电子卷宗随案生成系统深度运用，大力推广应用智审、文书自动纠错等系统，全年无纸化办案 86419 件，电子归档 92861 件，电子归档率 86.7%，实现全业务网上办理、全方位智能管理，有力提升办案质效，优化办案体验。

持续优化家事、少年审判改革。完善“25422”家事少年审判制度体系，发出全市首份家庭教育令、告诫书，联合区检察院、公安分局、司法局、教育局等 7 家单位在全市率先出台家庭教育指导工作实施意见，组建家庭教育指导工作站，对廖某发出的家庭教育令获评全省未成年人司法保护典型案例、全市未成年人关爱服务十佳案例，“青春飞扬法治护航”普法活动获评全省国家机关“谁执法谁普法”优秀普法项目，审结涉家事、未成年人案件 1885 件，提供心理疏导服务 207 次，完成社会观护报告 112 份，联合妇联、团委、民政等部门救助 21 人。

六、始终坚持党建引领落实全面从严治党，全力锻造忠诚、干净、担当法院队伍

深入推进新时代党的建设。坚持不懈用习近平新时代中国特色社会主义思想凝心铸魂，深入学习贯彻党的二十大精神，认真贯彻习近平法治思想，积极开展全国法院“两个确立”主题教育和政治轮训，切实增强“四个意识”、坚定“四个自信”、做到“两个维护”。全面提高机关党建质量，扎实开展党组第一议题、理论学习中心组学习，推进“三会一课”督查制度化、常态化。积极打造党建品牌示范案例，连续十年举办“五四青年进步论坛”，原创作品《我们正青春》获第六届平安中国“三微”优秀短视频奖，21 个视频作品在“学习强国”平台宣传转播，获评全区“学习强国”先进集体。

坚定不移落实全面从严治院。积极完善风险防控体系，定期排查廉政风险点，正确运用监督执纪“四种形态”，坚持抓早抓小谈话制度，深入开展警示教育、以案促改活动，严格落实“十个严禁”“三个规定”等铁规禁令，确保司法公正廉洁。全面加强司法作风建设，大力开展突出问题集中整治，切实强化日常监管，全年开展专项督察 2 次、作风督察 26 次。深入开展“制度规范年”活动，完善制度 149 项，确保各项工作管长远、求实效。

建设堪当重任的高素质队伍。完善线上线下教育培训体系，广泛开展岗位大练兵活动，组织开展文书评比、技能竞赛等活动。组织参加“六优”评比活动，在全国法院第 34 届学术讨论会上获评二等奖 1 篇，在全国第三届法庭高质量发展论坛征文中获评一等奖 1 篇、

优秀奖1篇，12篇调研成果获市级以上奖励。全面强化人才梯次培养，制定青年人才培养“雏鹰计划”，实施青年干警导师制度，促进青年成长成才。在急难险重中锻炼队伍，设立29个党员先锋岗、示范岗，组建7支“攻坚克难”突击队，推进审执工作高质量开展，66名干警下沉社区抗疫一线，展现法院担当。

一年来，区法院积极完善接受监督机制，大力配合区人大常委会组织的智慧法院建设专项视察，1名副院长向区人大常委会报告履职情况，高质量办理代表建议、委员提案5件，并认真结合实际，将多条意见建议纳入全年工作要点刚性督促落实。主动加强同新一届人大代表、委员联络，邀请代表、委员视察法院、旁听庭审、见证执行以及参加法院组织的新闻发布会37人次，编印代表、委员专刊2期。我院石岩法庭与石岩街道人大联络站打造的“人大代表＋法官”纠纷化解模式逐渐形成品牌效应，受到众多主流媒体关注。

各位代表，区法院工作的发展进步，是区委坚强领导、区人大及其常委会有力监督，政府、政协和社会各界大力支持的结果。各位代表以高度的使命感和责任感，认真监督和大力支持区法院各项工作，共同推动和见证了全区法治事业的新发展，在此，我代表区法院表示衷心的感谢和诚挚的敬意！

同时，我们也清醒地认识到工作中还存在一些问题和困难：一是基础设施建设短板仍然比较突出，智慧法院建设还有薄弱环节，制约区法院高质量发展；二是队伍建设仍有短板，少数干警司法作风不扎实，司法服务质量与群众司法期待还有差距；三是部分重点改革项目推进力度还不够，以改革方式提升司法审执质效、解决司法供需矛盾的力度还有待加强。对此，我们将认真研究，加大攻坚力度，切实加以解决。

各位代表，2023年是贯彻党的二十大精神的开局之年，是进入全面建设社会主义现代化国家、向着第二个百年奋斗目标进军新征程的重要一年。区法院将以党的二十大精神为引领，全面贯彻习近平新时代中国特色社会主义思想，按照区七届二次党代会部署，围绕“422133”宝安发展主框架，抢抓“双区”驱动、“双区”叠加、“双改”示范重大机遇，自觉在大局中定位、谋划、推进法院工作，切实在司法实践中推进司法为民、公正司法，加快建设司法公信力、法治竞争力、改革创新力、国际影响力卓著的先行示范法院。

一是坚定正确政治方向，全力建设德才兼备高素质队伍。深入学习贯彻党的二十大精神，全面贯彻习近平新时代中国特色社会主义思想，切实增强“四个意识”、坚定“四个自信”、做到“两个维护”。始终坚持党对司法工作的绝对领导，主动向区委、区委政法委汇报工作，紧紧依靠区委、区委政法委开展工作。全面落实从严管理各项措施，组织开展“司法作风提升年”“制度规范年”活动，严格落实防止干预司法“三个规定”“十个严禁”等铁规禁令。全面提升干警政治素养和业务能力，大力开展“雏鹰计划”，积极加强专业人才、审判业务专家的培养。

二是狠抓执法办案要务，坚决守好公平正义的最后一道防线。坚持精细化管理，充分发挥信息化、集约化、社会化作用，持续优化集约排期、集约送达改革，不断提升审执效率，高质量完成质效目标任务。持续强化评查结果运用，全面发挥审委会、专业法官会议指导以及院庭长监管作用，探索建立常见案件标准化裁判体系，加大对“六优”成果激励和表彰力度，全面提升办案质量。不断提升执行质效，认真贯彻善意文明执行理念，多措并举降低终本案件占比，推进完善综合治理执行难工作大格局。

三是自觉强化大局意识，切实服务保障全区高质量发展。紧扣“三城”目标，认真围绕服务前海合作区改革开放谋划工作，持续推进“执转破”改革，全面服务保障市场化、法治化、国际化营商环境。主动聚焦全区发展规划，探索建立重点企业司法联动机制，妥善审结涉装备制造企业以及现代物流、文化、旅游行业的纠纷。积极参与基层社会治理，探索推动建立涉众型纠纷府院联动机制，积极完善“1+5+N”多元调处体系，不断扩大社区多元调处平台数量，推进“无讼”社区、园区创建，切实把矛盾纠纷解决在最前端、最基层。积极参与国家知识产权强县试点建设，助力打造知识产权司法保护高地。

四是保障增进民生福祉，积极回应人民群众司法新期待。持续推进“为群众办实事示范法院”创建，紧盯群众司法需求，在立案、审判、执行、信访等各环节把司法为民落到实处。完善“一站通办”诉讼服务中心和“一网通办”诉讼服务平台，畅通12368热线，强化信访投诉、联络事项跟踪督办力度，不断提升诉讼服务水平。推进扫黑除恶常态化，依法严惩群众反映强烈的各类违法犯罪活动，常态化开展涉民生执行行动。切实改善基础设施建设短板，加大力度推进已列入深圳市政法事业“十四五”规划的区法院审判大楼，福永、石岩法庭大楼项目选址落实。

五是不断深化司法改革，持续推进审判体系和审判能力现代化。积极打造“智慧法院”先行示范模式，深入推进司法审判和数字科技的深度融合。持续完善繁简分流改革，健全小额诉讼程序激励机制，不断提升当庭宣判率，充分发挥速裁、快审优势助力审判执行提质增效。持续深化家事、少年审判机制改革，完善升级青少年法治教育基地，拓展反家暴“互联网+”模式，强化部门联动，开展家庭教育指导工作，形成未成年人保护合力。不断加强人民法庭专业化审判建设，完善沙井法庭“道交一体化”与福永法庭集中审理涉物流案件机制，积极打造特色法庭。

各位代表，风雨多经志弥坚，关山初度路犹长。面对新形势新任务，区法院将在区委的坚强领导和区人大及其常委会的有力监督下，在区政府、区政协和社会各界的大力支持下，牢记初心使命，矢志不渝传承好宝法精神，敢担当、善作为，埋头苦干、奋勇前进，为宝安加快建设世界级先进制造城、国际化湾区滨海城、高品质民生幸福城作出更大贡献！

附件

有关用语说明

[1] **全区首例危险作业罪案：**自 2021 年 3 月起，被告人许某与全某（另案处理）在未取得危险化学品、成品油经营资质的情况下，从事非法销售汽油活动。全某负责进购汽油，之后交由许某负责销售，许某通过微信收款并转账给全某或全某指定的账户，许某每月从全某处领取工资。至被抓获时止，非法销售汽油营业额为 888933.28 元。经鉴定，涉案的汽油属危险化学品。2022 年 3 月，宝安区法院经审理认为，被告人许某违反国家有关安全管理规定，未经过国家有关部门许可，擅自从事危险化学品汽油经营、储存作业活动，具有发生重大伤亡事故或者其他严重后果的现实危险，其行为已构成危险作业罪，鉴于其系从犯、初犯，并自愿认罪认罚，认罪态度较好，判处其有期徒刑六个月。宣判后，被告人未上诉。

[2] **同富裕工业区 1.2 万平方米清场行动：**法院生效判决要求承租方将同富裕工业区 06 小区地块返还给出租方，而承租方已将土地使用权作为出资转让给案外人，案外人拒不履行返还义务，并将土地提供给第四方使用。2022 年 12 月 5 日，出租方申请强制执行，次日宝安区法院组织多方协调主动腾退，但未能达成一致意见。沟通无果后，12 月 12 日，宝安区法院组织干警实施强制清场行动，并于当日成功将涉案地块交付申请人。该涉案地块是全区公益项目“工业上园”试点土地，此次行动既服务保障了全区民生公益项目建设，又彰显了区法院加快实现切实解决执行难的信心和决心。

[3] **暂缓对某板材公司信用惩戒执行案：**2022 年 3 月，申请执行人某贸易集团因被执行人某板材公司未履行法律文书确定的义务，向宝安区法院申请强制执行，执行标的额约 1696 万元。宝安区法院依法受理，冻结了某板材公司银行账户。被执行人因账户被冻结，519 名员工工资无法按时发放，且账户冻结极易引发信用危机，因此，向承办法官提出暂缓申请。承办法官经调查发现，被执行人是一家经营十八年的大型企业，企业诚信记录较好，但受新冠疫情影响，业务量严重下降，资金周转不畅陷入困境，而被查封的账户是员工工资账户，且该企业因经营需要已向银行申请贷款，账户一旦冻结，银行可能以企业出现风险为由提前收回贷款而导致企业资金链断裂。宝安区法院在保障权利人合法权益不受损失的前提下，考虑被执行人合理诉求，多次组织沟通协调。最终，申请执行人接受案外人某投资公司以保证金形式提供的担保，并接受被执行人的还款方案，同意暂缓对被执行人采取信用惩戒等强制执行措施。某板材公司如期发放 500 多名员工的工资，在正常经营的情况下依约履行还款义务，顺利度过生存危机，形成“被执行企业起死回生，民生难题解决，执行案件突破”的三赢局面。该案件是宝安区法院贯彻善意文明执法、柔性执法理念，保护市场主体、助企护企纾困解难的一次生动实践。

[4] **鸿福花园系列案：**深圳市福华金属有限公司开发建设鸿福花园，与多人签订“鸿福花园确认书”，并以“合作建房款”名义收取购房款。2014 年鸿福花园被相关部门认定为违法建筑，要求限期拆除。2022 年，先后有 43 名与福华金属有限公司签订买卖合同的购房者起诉要求福华金属有限公司返还合作建设款及利息。宝安区法院审理认为，双方签订的“鸿福花园确认书”约定，成立房屋买卖合同关系，但约定交易的房屋系违法建筑，属禁止流通物，所达成的买卖合同因违反法律、行政法规的强制性规定，应认定无效，判决深圳市福华金属有限公司返还合作建房款及利息。目前该判决已生效。该案件属重大信访案件，宝安区法院充分发挥法治引领和保障作用，促进信访案件在法治轨道上解决。

[5] **王某非法吸收公众存款执行案：**宝安区法院受理王某非法吸收公众存款执行案件，涉及投资人超过5200人，遍布全国23个省市，投资人损失高达7.8亿元。自受理该执行案件之后，宝安区法院积极协调7家法院统一移送涉案归集款项和投资人名单，归集处置1400余名投资人的款项，统一处理6家法院协助扣划的赃款。该案先后进行6次审计，发布5次公告，案件受理情况、审计结论、补充审计情况、清退方式、发放方式均同步公示。2022年11月，本案正式启动清退工作，确认可清退人员3909人，第一批次清退金额约1.72亿元。

[6] **“双超”治理：**指针对案件超审限长期未结、上诉案件超期移送问题开展专项治理提升审判质效的行动。

[7] **“四个100%”：**即刑事速裁案件实现100%远程视频庭审，100%采用录音录像方式记录，100%法定审限内结案，刑事辩护覆盖率100%。

[8] **完善“25422”家事少年审判制度体系：**指宝安区法院结合家事审判与少年审判“理念相通、程序相似、功能互补”等特点，打造涵盖家事审判、未成年人刑事及民事审判、家事调解、家事调查、心理疏导、社会观护、经济救助、教育帮扶、普法宣传等多领域、全方位、立体式的家事少年审判工作机制。主要内容是：“2个审理规程”：家事少年民事案件、未成年人刑事案件审理规程；“5个工作规程”：家事少年调解、调查、心理疏导、社会观护、社会帮教与综合救助工作规程；“4个普法活动”：共享阳光行动、青春法治护航行动、重启幸福家庭成长计划行动、法润少年·共护成长活动；“2个实施细则”：人身安全保护令、家庭教育令实施细则；“2个管理办法”：法润少年关爱基金、罪错青少年教育基地管理办法。

[9] **对廖某发出的家庭教育令：**廖某作为未成年人的监护人，在有监护能力的情况下，忽视所监护的未成年人患有中度抑郁症的状况，让其单独居住，未尽照料看管义务，对其人身安全造成隐患，致其身心未得到最基本的监护，且放任未成年人长期休学，未能接受义务教育，对其身心健康发展造成伤害，属于未成年人保护法中“不依法履行监护职责”的行为。宝安区法院向廖某发出家庭教育令，并提出严正告诫，督促其严格履行监护义务，帮助被监护人回归生活和学习的正轨。该教育令系全市首份家庭教育令，以法治框架筑牢家事教育理念，获评全省未成年人司法保护典型案例。

深圳市龙岗区人民法院工作报告

——2023年1月13日在龙岗区第七届人民代表大会第三次会议上

深圳市龙岗区人民法院院长　刘一粟

各位代表：

我代表区人民法院向大会报告工作，请予审议，并请列席会议的同志提出意见。

2022年主要工作情况

2022年，区法院坚持以习近平新时代中国特色社会主义思想为指导，认真学习贯彻党的二十大精神，在区委坚强领导，上级法院悉心指导，人大有力监督和政府，政协以及社会各界大力支持下，坚持服务大局、司法为民、公正司法，忠实履行宪法法律赋予的职责，各项工作取得新进展。全年受理各类案件67174件，同比下降11.83%；结案62188件，同比下降4.30%；存案4986件，同比下降55.49%，超额完成市中级人民法院下达的2022年存案减半的目标，各项审判质效指标持续优化。

一、不断强化司法担当，助推高效能社会治理

严厉打击刑事犯罪，保大局稳定。全年共审结各类刑事案件2797件，判处罪犯3662人。常态化开展扫黑除恶专项斗争，审结王某组织、领导黑社会性质组织案等涉黑涉恶案件3件11人，确保除恶务尽。开展“春雷2022”专项行动，审结侵害妇女儿童权益犯罪案件405件437人，切实维护广大妇女儿童合法权益。严惩涉疫违法犯罪行为，审结于某伤医案，充分保障医护人员合法权益。依法防范、严厉打击养老诈骗，审结以海底椰冒充特效药养老诈骗案，全力守护老百姓养老钱。

妥善解决民事纠纷，稳社会秩序。全年共审结各类民事案件37004件。深入贯彻实施民法典，审结生命权、身体权、健康权等人格权纠纷案件455件，以司法

力量保障人格权益，实现人民群众对良法善治的美好期盼。平等保护合法产权，审结财产损害赔偿、排除妨害、所有权确认等物权纠纷案件 474 件，让有恒产者有恒心。加大虚假诉讼整治力度，审结虚假民间借贷纠纷系列案 8 件，并对原告罚款 40 万元，依法维护诚信诉讼秩序。

深入推进诉源治理，促社会和谐。出台《关于进一步加强诉源治理工作的实施意见》，完善全领域、全覆盖、全流程诉源治理工作机制。制定《调解员管理办法》，规范调解员队伍管理，切实提高矛盾纠纷化解质效。加强调解员调解技能培训，组织线上线下全方位业务培训 76 次，努力提升调解员纠纷实质化解能力。人民法庭、驻街道工作站全年指导、介入调处矛盾纠纷 2129 件，同比上升 18.34%；诉前联调化解各类民事案件 18666 件，同比上升 76.46%；新收各类民事案件 33232 件，同比下降 16.58 %，推动更多矛盾纠纷化解在基层、解决在诉前，让当事人不打官司也能解决纠纷。

主动延伸审判职能，聚共治共防合力。聚焦司法审判实务中发现的问题，针对行业监管漏洞、社会治理薄弱环节等发出司法建议 19 份，推动形成齐抓共管治理格局。在审理一批美术作品被烧毁巨额侵权赔偿系列案中，就美术作品价值认定提出司法建议，获省部级两机关高度认可；针对涉未成年人性侵案件上升趋势发出司法建议，推进责任部门落实侵害未成年人案件强制报告制度；针对养老行业风险问题提出司法建议，推动提升养老服务品质，促进规范养老服务市场。

二、持续优化司法服务，护航高质量经济发展

坚持法治是最好的营商环境，司法护航企业发展。全年共审结各类合同纠纷案件 25702 件，促进信用经济、法治经济建设。审结涉“抖音”群控系统不正当竞争、康视佳网络公司被商业诋毁等不正当竞争案件 113 件，营造统一开放、有序规范、公平竞争的市场环境。揭牌成立全市首个指导商会调解的工作平台——区法院坪地街道商会调解指导中心，推动“商人纠纷商会解”，满足民营企业纠纷多元、快速、有效化解的实际需求。成立全市法院首个财产保全事务中心，善意文明执行，依法保护、支持民营经济健康发展。

坚持创新驱动发展，严格知识产权保护。以专业审判守护智慧创新成果，依法审结知识产权案件 2432 件，助力建设国家知识产权强区。妥善审结知识产权行政案件 4 件，支持、监督行政机关依法打击知识产权侵权行为。公正高效审理涉“华为”“贵州茅台”“樱花”等商标侵权纠纷案件 705 件，维护商标使用秩序。组织法检“两长”知识产权案件示范庭审直播，展现知识产权审判公信力。

保障绿色低碳发展，助力美丽中国建设。落实最严格生态环境保护制度，审结游某等买卖盗采的海砂案等各类环境资源案件 204 件，保护绿水、蓝天、净土靓丽风景线。审结德辉宝公司污染茅洲河行政处罚案，支持环保部门依法查处污染企业。院长公开开庭主审环境资源行政诉讼案，上好提升人民群众环保意识“公开课”。发布以案释法典型案例，引导公众保护生态环境。大鹏人民法庭（环境资源法庭）受最高人民法院表彰，获评人民法院环境资源审判工作先进集体。

三、始终站稳人民立场，强化高品质民生保障

全心全情扎牢民生司法保障网。审结涉医疗、教育、交通等民生领域民事案件 1316 件，发布危害食品药品安全犯罪案件审判白皮书及十大典型案例，服务“六稳”“六保”。审结家事案件 1322 件，促进和谐家庭建设。审结劳动争议案件 2239 件，化解 214 名员工与康铨机电公司重大劳资纠纷案，维护规范有序、互利共赢、和谐稳定劳动关系。探索“物业众议庭”模式，与吉华街道携手，圆满化解茵悦之生花园上千户业主与开发商持续 10 余年的公共用房权属纠纷，守护安居生活环境。加强残疾人无障碍诉讼服务，付某与谭某民间借贷纠纷案获评广东法院残疾人司法保护典型案例。

善作善成深化未成年人司法保护。妥善审结未成年人犯罪案件 58 件 66 人，依法审结侵害未成年人合法权益的刑事案件 142 件 148 人，落实落细特殊、优先保护政策。承办最高人民法院第一巡回法庭和市中级人民法院主办的“法治护航，伴你成长”模拟法庭进校园专题普法活动，推动提升法治校园建设水平。与区检察院、区司法局、区教育局联合开展旁听庭审活动，营造关爱

未成年人健康成长的浓厚氛围。少年司法工作受最高人民法院肯定，一名法官荣膺“人民法院少年法庭工作先进个人”称号，为深圳法院系统唯一。

久久为功切实解决执行难。全年共办结执行案件22070件，执行到位28.6亿元，基本解决执行难成果持续巩固。携手淘宝推出“司法拍品快递到家”新服务，进一步提升网络司法拍卖服务效能，维护胜诉当事人合法权益。探索民事执行新机制，发出全市首份自动履行证明书，强化主动履行正向激励。引入失信彩铃曝光机制，对失信被执行人开通失信彩铃业务，精准打击失信行为。深化执行联动，深圳、贵阳两地法院跨区域执行，10余套拍卖房产成功交付。执行攻坚持续发力，组建专班办结建院以来退赔金额最大的刑事退赔执行案——“国湘”案，通过司法拍卖妥善处置成品酒16.4万箱、基酒622.72吨，执行到位1.46亿元；开展大型腾退清场专项行动14次，腾退面积近10万平方米，大鹏2000平方米集体土地腾退执行案获《人民法院报》宣传报道。

干在实处推动诉讼服务升级。揭牌成立全市首个基层法院群众诉求服务中心，整合日常诉讼服务和信访诉求办理功能，实现群众各类诉求一站式办理。推行群众诉求“一号通办”工作机制，严格规范群众诉求工单办理流程及时限，强化催办、督办，推动群众诉求服务提速升级。在大鹏新区信访大厅（群众诉求服务中心）筹备增设“东部诉讼服务分中心”，全面提供一站式诉讼服务，方便当地居民参与诉讼。领导干部带头，认真做好彭某案、郑某案等重大信访案件实体化解工作，全力保障党的二十大等重要时间节点安全。

四、不断深化司法体制综合配套改革，实现高水平公平正义

聚力改革促审判专业化。出台工作方案，深化民商事案件专业化审判工作机制改革，优化司法资源配置。组建少年家事、人格权等8个专业审判团队，实现同类案件集中审理。完善特色审判领域的“两审合一”“三审合一”审判机制，促进审判质效提升。优化调整人民法庭功能定位，打造“一法庭一特色”，推动人民法庭专业化建设。

有的放矢促质效提升。紧扣市中级人民法院下发的2022年基层法院35项审判质效提升攻坚目标，查找短板，谋划举措，促进案件办理全面提质增效。开展“提升办案质效”系列讲座5讲，以训促学，提升司法办案能力。注重专家型人才培养，评选6名区法院审判业务专家，发挥审判业务领军人才示范引领作用。努力打造“六优”司法精品，在深圳法院“六优”评选活动中，获得优秀案例、优秀裁判文书等共计10个奖项，获评优秀组织单位。

建章立制促常治长效。坚持问题导向，强化制度约束，提升规范化建设水平。出台《民事诉讼律师调查令实施细则》，加强律师调查令签发管理，规范保障律师执业权利。出台《关于财产保全工作流程的规定》，优化财产保全流程，提升财产保全质效。制定《关于“四类案件”监督管理的实施细则》，健全与新型审判权力运行机制相适应的监督管理体系，全面准确落实司法责任制。

科技赋能促智慧法院升级。全面启用E网送达V3版本，试行跨域送达，初步形成民事、刑事、执行一体化送达格局，E网送达平台获评省法院“抓示范促改革惠民生”优秀改革项目。实现刑事案件、执行案件无纸化办理，形成全类型、全流程、全要素无纸化办案格局。成立12368诉讼服务热线分中心，实现来电接听率、来电办结率“双提升”，联系法官难投诉量、司法辅助人员事务性工作量“双下降”。

五、全面从严管党治警，建设高素质法院队伍

旗帜鲜明讲政治。以习近平新时代中国特色社会主义思想为指导，认真学习贯彻党的二十大精神，深入践行习近平法治思想，不断强化理论武装。扎实开展全国法院“两个确立”主题教育，坚决做到“两个维护”。坚持“第一议题”制度，组织党组理论学习中心组学习10次。开展政治轮训3期，组织意识形态专题培训，引导干警防范政治风险、增强斗争本领。紧抓青年理论学习，组建“青年理论学习小组”15个，引导青年干警以学明思、以学促干。

岗位练兵强素质。鼓励调研创新，荣获广东法院第三十三届学术讨论会组织工作先进奖。鼓励创优争先，进行办案之星、跟案之星季度评比，开展首届司

法辅助人员裁判文书评比活动。注重“多面手”人才培养，2 名干警分别获评深圳市五一劳动奖章、深圳法院“十佳青年”称号，1 名干警在市委外办和市委组织部共同举办的首届“雏鹰计划”公务员外语展示竞赛中荣获一等奖。

一以贯之抓作风。坚持正风肃纪，有效整治联系法官难、移动微法院信息处理不及时等群众反映强烈的突出问题。严格落实防止干预司法“三个规定”、新时代政法干警“十个严禁”等铁规禁令，以司法廉洁确保司法公正。持续开展警示教育，不断深化以案促改，巩固提升“以案释德、以案释纪、以案释法”警示教育成果。开展领导干部家访，推动养成良好家风，筑牢拒腐防变的家庭防线。

六、自觉接受各方监督，打造高水准阳光司法

始终自觉把审判工作置于党的领导和社会各界监督之下。主动接受人大监督，认真落实区人民代表大会会议决议和代表提出的意见建议，向区人大及其常委会作民事审判工作专题报告。依法办理代表关注案件 9 件，邀请人大代表、政协委员参加旁听庭审、见证执行等活动 62 人次，增进代表、委员对法院工作的理解与支持。依法接受法律监督，邀请检察长列席审判委员会 6 次，共同维护司法公正。充分发挥人民陪审员参与、监督司法的重要作用，人民陪审员参审案件 2035 件。积极回应社会关切，通过《法治日报》《人民法院报》《深圳特区报》、微博、官网等各类报刊网站发布宣传文章 880 余篇次。

各位代表，过去的一年，区法院以强烈的责任心和高度的使命感，攻坚克难、勇毅前行，圆满完成了各项工作任务。这些成绩的取得，是区委坚强领导、上级法院悉心指导、人大有力监督的结果，是区政府、政协和社会各界关心帮助的结果，是各位代表、委员监督支持的结果。在此，我代表区法院表示衷心的感谢和崇高的敬意！

同时，我们也清醒地认识到，法院工作还存在不少困难和问题：一是诉源治理工作推进不平衡，在矛盾纠纷实质化解方面还需进一步用力；二是审判权力运行机制有待优化，司法能力水平还需进一步提升；三是智慧法院建设存在短板，全流程无纸化办案还需进一步深化。对此，我们将知难而进、迎难而上，采取有力措施，切实加以解决。

2023 年主要工作思路

各位代表，2023 年是全面贯彻党的二十大精神的开局之年，是龙岗区建区 30 周年，也是区法院建院 30 周年。奋进三十载，再踏新征程。2023 年区法院的基本工作思路是坚持以习近平新时代中国特色社会主义思想为指导，全面学习贯彻党的二十大精神，深入践行习近平法治思想，认真落实区委工作部署和本次大会决议，坚持党对法院工作的绝对领导，坚持以人民为中心，坚持稳中求进工作总基调，坚持统筹发展和安全，加快建设司法公信力卓著、全面服务高水平深圳东部中心发展的先进法院，为龙岗、大鹏经济社会高质量发展作出新的更大的司法贡献。重点做好以下六个方面工作。

一、提高政治站位，筑牢政治忠诚

坚持不懈用习近平新时代中国特色社会主义思想凝心铸魂，坚决落实习近平总书记对政法工作的重要指示，深刻领悟“两个确立”的决定性意义，增强“四个意识”、坚定“四个自信”、做到“两个维护”。把全面学习贯彻党的二十大精神作为当前和今后一个时期的首要政治任务和头等大事，集中力量抓好学习培训，切实把学习成效转化为推动法院高质量发展的具体举措。始终坚定正确政治方向，严格落实意识形态工作责任制，坚决维护司法领域意识形态安全，确保法院队伍绝对忠诚、绝对纯洁、绝对可靠。

二、严格公正司法，助力经济社会高质量发展

依法惩治各类刑事犯罪，坚决捍卫国家政治安全和社会大局稳定。常态化开展扫黑除恶专项斗争，防止黑恶势力“死灰复燃”。保障各类市场主体依法平等使用生产要素、公开公平公正参与市场竞争、同等受到法律保护，服务加快构建新发展格局。加大新领

域新业态知识产权司法保护力度，打造“智慧廊桥”，助力数字创意产业发展。深化环境资源审判专业化、规范化建设，充分发挥大鹏人民法庭（环境资源法庭）集中管辖优势，深入构建集理论实务研究与普法宣传教育为一体的生态文明法治实践基地，助力深圳生态文明先行示范建设。

三、发挥司法职能，促进社会治理现代化

持续深化诉源治理工作，推动实现“无讼社区”全覆盖。完善涉众型纠纷府院联动防范化解机制，把更多矛盾纠纷化解在前端、解决在源头。强化司法在商会纠纷化解中的引领、推动和保障作用，推动更多街道商会建立调解组织。加强执源治理，健全执前督促履行及和解履行机制。全面铺开失信彩铃曝光工作，推行诚信履行白名单制度，强化失信惩戒和自动履行正向激励。稳妥推进重点案件风险处置，不断完善风险防控、发现、反馈、处置机制，严密防范化解重大风险。

四、夯实司法为民举措，满足群众司法新需求

始终把实现好、维护好、发展好最广大人民根本利益作为出发点和落脚点，妥善审理民生重点领域案件，着力保障民生权益。加强消费者和生产经营者权益保护，维护诚信公平的市场环境，为促进消费提供有力司法保障。推动落实就业优先政策，依法保障用人单位和劳动者权益，为稳定就业提供优质司法服务。加强未成年人司法保护，正确贯彻家庭教育促进法，用好家庭教育指导令。纵深推进普法宣传，努力提高传播力、影响力，用法治力量引导人民群众向上向善。

五、深化司法体制综合配套改革，提升审执工作质效

全面准确落实司法责任制，充分发挥审判组织、专业法官会议和审判委员会职能，健全审判权力运行机制。优化民商事案件专业化审判格局，深化案件繁简分流，完善案件评查工作机制，不断提升司法能力水平。努力打造“六优”司法精品，持续增强司法公信力和影响力。加快推进智慧法院建设，进一步拓展全类型、全流程、全要素无纸化办案的广度和深度。加强 12368 群众诉求“一号通办”平台建设，优化诉讼前端，提升群众诉讼服务体验。

六、强化队伍建设，锻造法院铁军

坚持全面从严管党、从严治院，深入推进党风廉政建设和反腐败斗争，抓好纪律教育学习，夯实廉政思想根基。始终把党的政治建设摆在首位，高标准、多形式开展“党建带队建”活动，提升党内政治生活规范化水平。注重审判业务专家培养，依托“雏鹰计划”专项活动，做好审判执行、改革创新人才储备。落实落细“暖警爱警”行动，关心关爱干警身心健康。落实法院干警履行法定职责保护机制和不实举报澄清机制，加强干警履职保障。结合建院 30 周年，进一步加强法院文化建设，激发干警干事创业热情，增强队伍凝聚力。

各位代表，号角催征新时代，奋斗不辍新征程。在全面贯彻党的二十大精神的开局之年，区法院将切实肩负起新时代赋予的职责和使命，勇当改革创新的先行者、司法为民的示范者、务实担当的引领者，在继往开来中砥砺奋进，在接续奋斗中再谱新篇，努力在新的赶考之路上交出更加优异的司法答卷。

附件

有关典型案例

[1] **以海底椰冒充特效药养老诈骗案：**2021 年 3 月至 12 月，被告人肖某伙同刘某、李某（二人均在逃），低价购入海底椰等材料冒充高档药材，夸大吹嘘特效药具有治疗癌症等功效，专门面向老年人高价出售，先后在深圳宝安、龙岗、福田等地骗取 3 名被害人钱财 7000 元。2022 年 6 月 9 日，肖某被抓获归案。经审理，龙岗区法院依法认定肖某犯诈骗罪，依法判处有期徒刑六个月，并处罚金 3000 元。该判决现已生效。

[2] **虚假民间借贷纠纷系列案：**现代众车在线金融公司因涉嫌非

法吸收公众存款罪被公安机关立案调查。案外人张某 1 受委托，去找该公司经营者王某要求退还投资款，王某后将其对案外人温某的债权转让给张某 1。为与上述非法吸收公众存款罪案脱开关系，张某 1 等人经过精心策划，安排其员工即原告张某 2 分别与 8 名“债务人”（温某的员工）签署《借款合同》，虚构出 8 起民间借贷纠纷，金额达 1700 万元，试图以“干干净净的纯粹的民事纠纷”追回损失。在案件审理过程中，龙岗区法院经多方细致调查，还原事实真相，认为原告的行为已构成虚假诉讼，判决驳回原告的全部诉讼请求，并对原告作出共计 40 万元的罚款决定。市中级人民法院维持了一审判决和决定后，原告主动缴纳罚款 40 万元。

[3] **美术作品被烧毁巨额侵权赔偿系列案：**2019 年 6 月 8 日深夜，被告恒顺祥公司法定代表人欧阳某指使员工陈某在该公司一厂房内违规进行电焊作业，高温焊渣掉落引发火灾，导致存放在该地附近的 392 幅美术作品全部被烧毁。原告郭某等 113 人要求恒顺祥公司、浦良公司、三鼎时代公司、欧阳某等赔偿损失 3071.22 万元。目前我国尚无被毁美术作品价值评估统一标准，龙岗区法院两次委托评估鉴定机构出具被毁美术作品损失价值的鉴定意见未果，遂向各级美术行业及其主管单位、文化艺术管理机关、价格认定主管部门寻求专业支持与帮助。最后，龙岗区法院依据广东省发展和改革委员会价格认定中心推荐的广州艺术品行业商会出具的《艺术作品价值评估鉴定专业报告》，认定 392 幅美术作品在火灾发生日市场价值区间的中间值共计 625.62 万元，判决恒顺祥公司、欧阳某承担全部赔偿责任，出租人浦良公司、转租人三鼎时代公司分别承担 30%、20% 的补充清偿责任。后部分原告、被告提出上诉，市中级人民法院维持一审判决。

[4] **涉“抖音”群控系统不正当竞争案：**原告北京微播视界科技有限公司（“抖音”App 运营方）认为被告豪斌科技公司开发运营的“创联智控”群控系统对原告构成不正当竞争，遂诉至龙岗区法院。龙岗区法院经审理认为，被告运营的手机群控系统，利用技术手段自动化、批量化操作，实现系统养号、粉丝互相关注、转发视频、点赞私信、截流、群发等功能，制造大量虚假流量、数据，意图达到其所宣称的“暴力推送”和“引流”效果，妨碍“抖音”产品和服务的正常运行，损害原告的整体商誉及市场竞争优势，破坏短视频行业公平竞争市场秩序。案件审理过程中，龙岗区法院依申请发出“诉中禁令”，裁定被告立即停止宣传、推广、销售、运营针对“抖音”App 的群控系统，及时制止了可能扩大的侵权行为损失。龙岗区法院依法判决被告停止侵权，并赔偿原告损失 60 万元。该判决现已生效。

[5] **游某等买卖盗采的海砂案：**2020 年 5 月起，被告人游某伙同周某（未到案）、林某（另案处理）等人租赁 3 艘船只，先后指使被告人黄某、杜某单独前往我国台湾地区浅滩（发端于福建省东山岛，向东延伸至台湾海峡中部，再向东北直至我国台湾地区西部）附近海域，收购并载运非法采矿所得的海砂至珠江口一带销售，累计近 30 万吨，价值 2300 余万元，其中已出售约 23.5 万吨。经审理，龙岗区法院依法认定游某、黄某、杜某构成掩饰、隐瞒犯罪所得罪，判处有期徒刑十个月至五年不等，处罚金 5000 元至 20 万元不等，并追缴违法所得，扣押的涉案海砂拍卖后所得价款依法上缴国库。后游某提出上诉，市中级人民法院维持一审判决。

[6] **德辉宝公司污染茅洲河行政处罚案：**德辉宝公司系生产多层线路板的大型企业，其在厂区内设有 7 个地下收集池，用于储存和转运生产过程中所产生的高浓度废液。因其未按规定做好防止渗漏的设计施工，亦未对污染防治设施及时检查和维修，导致浓废液渗漏后进入土壤及地下水，其中部分排入城市管网，严重污染茅洲河流域的生态环境。深圳市生态环境局宝安管理局对其处以罚款 100 万元，深圳市人民政府复议维持了该行政处罚决定。德辉宝公司不服行政处罚及复议结果，向龙岗区法院提起行政诉讼。龙岗区法院经审理认为，生态环境部门作出行政处罚所依据的事实清楚，证据充分，适用的监测技术规范和环境保护法律正确，裁量依据和处罚金额并无不当，复议机关作出维持原行政行为的行政复议决定亦符合法律规定，遂依法驳回德辉宝公司的全部诉讼请求。后德辉宝公司提出上诉，市中级人民法院维持一审判决。

[7] **吉华街道茵悦之生花园上千户业主与开发商公共用房权属纠纷：**2009 年起，吉华街道茵悦之生花园的上千户业主与开发商之间，围绕小区内 4000 平方米公共用房的权属问题，产生了持续 10 余年的系列纠纷，涉案各方矛盾长期积累，涉及民事案件 100 多件。2021 年 5 月，经“无讼社区”负责法官反复沟通，小区业主向开发商明确了诉求。此后的半年，龙岗区法院与吉华街道在实践中探索了旨在促进涉房产矛盾纠纷诉前化解的“物业众议庭”模式，邀请业主代表、街道社区、执业律师、物业公司等多次召开协调会，在案件事实基础上分析利弊并释法说理，引导各方进行谈判，逐渐缩小分歧。2021 年底，在“物业众议庭”磋商模式下，业委会和开发商签署了解决纠纷的一揽子协议。同时，业委会在法院的建议下组织召开业主大会，对协议内容进行公示、投票。2022 年 6 月，协议最终经业主大会表决通过，对全体业主生效。同年 7 月，就涉及法院强制执行的部分诉讼案件，法官组织小区业委会与开发商签署了执行和解协议，相关执行案件以执行和解方式结案。至此，本系列纠纷得到圆满解决。

[8] **付某与谭某民间借贷纠纷案：**付某与谭某均为聋哑人。2021 年 9 月，谭某向付某出具借条，载明借款金额、还款时间及维权费用负担等问题。因谭某被多次催促后仍未按照约定还款，付某遂诉至法院。诉讼过程中，考虑到作为特殊困难群体的残疾人参加诉讼存在出行、信息交流等诸多障碍，案件承办法官庭前主动通过短信方式为残疾当事人提供诉讼指导，在征得双方当事人同意后，采用移动微法院方式进行线上庭审，并安排手语老师全程手语翻译。龙岗区法院经审理认为，借条中的约定为双方真实意思表示，谭某应当按照约定履行还款义务。故判决谭某向付某支付借款本金 27300 元、维权费用 3500 元及逾期还款利息。该判决现已生效。

[9] **“国湘”刑事退赔执行案：**刘某等人犯非法吸收公众存款罪一案，法院判定前海国湘金融公司、国湘集团公司、刘某

退赔全部集资参与人集资款项 9200 余万元。进入执行阶段后，很多集资参与人因各种原因在审判时没有及时申报债权，进而群体性投诉、上访。经 2 次补充申报，确定集资参与人为 1193 名，需退赔总金额为 1.86 亿元。前期侦查阶段，公安机关查封、扣押了国湘集团公司存放于华南城二期四楼仓库、卓德物流两处的成品酒 16.4 万箱及存放于贵州省仁怀市茅台镇的基酒 622.72 吨。在区委政法委的全程指导下，龙岗区法院与公安、检察、金融等相关部门通力合作，成立专班并指派经验丰富的执行法官承办该案。通过依法扣划 88 个银行账户内的存款和评估、拍卖上述查封、扣押的成品酒及基酒，共执行到位 1.46 亿元，各集资参与人受偿比例达到 67.33%。该案为龙岗法院成立以来退赔金额最大的一宗刑事退赔执行案件。

[10] **大鹏 2000 平方米集体土地腾退执行案：**申请执行人将涉案 2000 平方米土地出租给廖某用作临时停车场和货场，廖某未经同意搭建简易屋棚，招揽社会人员及晒鱼户入住，违法收取租金。租赁合同到期后，廖某依然非法占用该土地，既不搬离，也拒绝再交纳租金。申请执行人起诉后，市中级人民法院终审判决廖某自行拆除违建，并支付占用费用。但廖某置若罔闻，强烈对抗，拒不迁出，还特意将老人、小孩安置进去，随意堆放大量杂物，用电用气很不规范，存在极大安全隐患。涉案土地于 2020 年纳入大鹏新区城市储备土地范围。龙岗区法院联合多部门于 2022 年 6 月 27 日依法采取强制执行措施，先后出动工作人员 63 人、车辆 12 台、特种机械 8 台套，经过 7 个小时的努力，最终于当天傍晚完成清退工作，顺利交付申请执行人。针对部分租户反映的学龄儿童居住及上学问题，龙岗区法院还积极协调有关部门为其安排了临时过渡住所。

深圳市龙华区人民法院工作报告

——2023 年 5 月 31 日在深圳市龙华区第二届人民代表大会第三次会议上

深圳市龙华区人民法院院长　师　玮

各位代表：

我代表区人民法院向大会报告工作，请予审议，并请列席会议的同志提出意见。

2022 年工作回顾

2022 年，区法院在区委坚强领导下，在区人大及其常委会有力监督下，在区政府、区政协和社会各界关心支持下，坚持以习近平新时代中国特色社会主义思想为指导，深入学习贯彻党的二十大精神，全面贯彻落实习近平法治思想，以不避艰险、迎难而上的勇气，开拓进取、敢为人先的锐气，蓬勃向上、奋发有为的朝气，围绕制约法院高质量发展的难点问题，影响人民群众司法获得感的痛点问题，思破题之策，寻解题之法，行答题之道，推动各项工作取得新进展、新成效。全年受理各类案件 40110 件，同比下降 10.77%；审结 35473 件，同比下降 4.46%；结收比 109.54%，同比上升 11.31%；法官人均结案 591 件，同比减少 28 件；主要审判质效指标稳中向好。

一、聚焦区委中心工作，全面保障“数字龙华、都市核心”建设

加强服务保障整体性谋划。落实区委全面打造“数字龙华、都市核心”决策部署，制定司法服务保障意见，从六大方面提出 32 项举措，获区领导批示肯定。围绕“三位一体”数字龙华建设，开展党组专题学习研讨 5 次，服务龙华全域数字化发展。统筹疫情防控和经济社会发展，组成党员战疫先锋队，累计 540 人次下沉街道社区参与疫情防控，12 名干警驰援全市抗疫一线。

强化数字经济司法保护。进一步完善数字经济审判中心运行机制，审结涉数字经济案件 4250 件。制定《服务保障数字经济健康发展二十条措施》，精准发挥司法的服务、引导和规范作用。开发建设数字经济案件数据库，动态监测数字产业涉诉情况及诉源治理成效。加强调研交流，举办“数字龙华、智慧湾区”以及“数字权益保护”高端论坛，集思广益助推数字经济先行区建设。

强化知识产权司法保护。完善知识产权司法保护中

心“1+N”运行机制，审结各类知识产权案件 1911 件。严厉打击侵犯知识产权犯罪，审结知识产权刑事案件 18 件，依法对 24 人作出有罪判决，判处罚金 1075 万元。加强企业技术信息保护，审结徐某某等五人侵犯商业秘密犯罪案。常态化开展 4·26 世界知识产权日法治宣传，强化典型案件庭审直播和以案说法。健全知识产权保护工作联动机制，与九家单位联合签署知识产权纠纷多元调解合作框架协议，主导建立知识产权立体式大调解平台。推动建成知识产权侵权信息数据库，构建知识产权领域以信用为基础的分级分类监管机制，强化知识产权全链条保护。

服务法治化营商环境建设。发挥商事审判指引、评价功能，审结各类商事合同纠纷案件 7543 件。依法平等保护民营企业产权和企业家权益，妥善处理股权转让、公司治理等涉公司类案件 744 件。全力防范和化解金融风险，审结金融借款、融资租赁案件 389 件。落实区“书记茶话会”制度，召开重点企业司法问需座谈会，提高司法服务措施的针对性、适配度。切实维护中小微企业合法权益，某投资公司与某物业公司房屋租赁纠纷案被评为广东法院助力中小微企业发展典型案例。

二、依法维护社会稳定，全力推动建设更高水平的平安龙华

严厉打击刑事犯罪。审结刑事案件 1392 件，依法判处被告人 1823 人。常态化开展扫黑除恶，审结张某等八人恶势力集团犯罪案。维护社会公共安全，审结放火、涉枪、重大责任事故等危害公共安全类犯罪 385 件。推动制定龙华区打击治理电信网络诈骗“迅雷行动”方案，严惩电信网络诈骗犯罪行为，审结电信网络诈骗案件 75 件 99 人。依法惩治侵害妇女儿童违法犯罪行为，审结强奸，强制猥亵、侮辱妇女，组织、强迫卖淫等刑事案件 541 件。严厉打击拐卖儿童犯罪，被告人唐某某为他人贩卖婴儿提供帮助，被依法判处有期徒刑三年六个月。开展打击整治养老诈骗专项行动，审结涉收藏品投资拍卖诈骗案 2 件 9 人，追赃挽损 198 万余元。落实个人信息保护法，审结侵犯公民个人信息案件 4 件 14 人。维护居民用电安全，审结“二房东”出租问题房屋导致租客触电身亡案，相应以案普法推文阅读量超过 10 万次。

依法维护民生权益。审结各类民事案件 19345 件，涉案标的额 116.67 亿元。完善涉民生案件优先立案、优先审理、优先执行工作机制，审结劳动争议、医疗损害、交通事故、房地产等案件 3057 件。强化家事审判，构建和谐家庭关系，审结婚姻家事案件 967 件。依法预防和制止家庭暴力，发出人身保护令 9 件，13 岁女孩申请人身安全保护令案获评深圳市未成年人关爱服务十佳案例。切实维护消费者权益，审结某机票代理机构恶意欺诈案，依法认定限制消费者权益的格式条款无效，获评广东法院消费者权益司法保护典型案例。

积极参与基层治理。强化行政非诉执行案件办理，监督、支持行政机关依法行政，办结行政非诉执行案件 72 件。助力法治政府建设，与相关行政执法单位建立联络机制，推动既往行政处罚案件完成清理。服务全国基层法治示范区创建，强化司法建议工作，发出司法建议 12 份。关于完善审核高新技术企业优惠政策的司法建议获评全市法院优秀司法建议。区委颁发表扬信，表彰区法院“为创建全国基层法治示范区作出重要贡献”。

三、坚持以人民为中心，深入创建“为群众办实事示范法院”

持续增强诉讼服务实效。紧盯人民群众在“打官司”过程中的急难愁盼和痛点堵点问题，着力优化诉讼服务体系，实现一号通办、网上好办、特事专办。构建 12368 热线多功能、交互式、集成化服务模式，累计接听群众来电 32 万余通，总体办结率 99.8%，“联系法官难”投诉数量同比下降 68%，工作经验被市中院专刊推广。针对网上立案周期长、通过率低等问题，整理发布立案指引视频，有效改善群众线上立案体验。开通特殊群体诉讼服务绿色通道，保障“老弱病残孕”诉讼权益，《“无声”的诉讼服务》获评深圳法院群众工作首届十佳典型案例。

切实保障当事人胜诉权益。办结执行案件 14465 件，执行到位金额 13.41 亿元。完善执行繁简分流，加强执行事务集约化办理。设立执行事务接待室，执行信访办结率达 100%。用足用好执行强制措施，全年限制高消费 11358 人次、失信惩戒 9944 人次。严厉打击拒执类犯罪，牵头制定《办理拒不执行判决、裁定罪

案件工作指引》，移送追究拒执刑事责任 12 人。创新“冻结微信账户”财产保全方式，推动金融小额借贷纠纷案件批量化解。践行善意文明执行理念，坚持“放水养鱼”，妥善执结某金牌网店拖欠员工工资案，经验做法被《人民法院报》刊发报道。创新执行宣传方式，录制《龙华“执”播》栏目，在线收看人数达 70 万人次。

全面深化司法公开和司法宣传。坚持让审判权在阳光下运行，常态化开展文书上网、庭审直播、审判流程信息、执行信息公开工作，召开新闻发布会、法院开放日等活动 3 次，邀请行政机关工作人员旁听庭审 65 人次。开展法官进社区、进校园、进企业、进机关活动 32 场。强化校园法治宣传，累计 20 名法官担任辖区 20 个学校的“法治副校长”。强化司法宣传，利用各种媒介资源推送宣传报道 1888 条，69 篇原创作品获各类国家级媒体采用推广。“深圳龙华法院”南方号荣获“2021 年度南方号权威首发奖”。

四、前移纠纷治理端口，系统打造“融贯式”诉源治理特色品牌

优化矛盾纠纷多元化解格局。坚持和发展新时代“枫桥经验”，突出源头预防、前端化解、多元防治，创新融合基层治理体系全资源全力量、贯穿矛盾纠纷发生全周期全过程的“融贯式”诉源治理机制，一审民商事新收案件数同比下降 15.13%，未结案件数同比下降 40.7%，工作经验两次获《人民法院报》专题报道。在全市率先推动基层治理平台与法院解纷平台实现对接联动，强化多元主体责任落实。累计上传并分拨矛盾纠纷 995 宗，办结 829 宗，平均 7 天即可回传处理结果。推动完善诉源治理考核，细化平安建设诉源治理板块考评，将街道专业调解队伍、无讼社区建设情况和司法确认率纳入考核体系。

强化法庭诉源治理功能。发挥法庭参与基层社会治理的桥头堡和主力军作用，出台实施方案，按照“一诉讼服务站一法庭专员”“一法庭专员一法庭法官”的模式，推动司法资源向街道、社区下沉。纵深推进庭街联建共治，推动街道成立由“一把手”担任组长、属地法庭庭长任副组长的诉源治理工作领导小组，建立诉源治理联席会议制度，实行“两列席两参加”。健全法官提前介入重大信访纠纷调处机制，妥善化解某股份公司管理权移交案、某装饰公司资金困难欠款案、71 户商铺要求返还押金案等多批群体性矛盾纠纷。

积极打造“无讼”文化。创新“块数据 +”应用，发布各街道、社区万人成讼率大数据分析报告，成功创建并揭牌 3 个“无讼社区”，获区领导批示肯定。与有关单位联合签订《关于创建“无讼数字园区”框架协议》，推动全区首个“无讼数字园区”试点单位揭牌。打造“观澜河畔调解故事”“阳台山下审判故事”等诉源治理宣传品牌，让“诉讼并非最佳解纷模式”观念深入人心。2022 年度，全区四成以上社区实现“无讼少讼”。

五、主动担当积极作为，推动深圳跨境家事审判工作实现跨越式发展

建成深圳涉外涉港澳台家事审判中心。坚持最高标准和国际视野，仅用时 59 天就顺利完成审判中心装修建设。全国首家实行第一审涉外涉港澳台家事案件集中管辖的审判中心于 2022 年 7 月 6 日揭牌成立，有关工作写入最高人民法院《党的十八大以来全国法院家事审判工作情况报告》，区法院成为该报告中唯一提及的基层法院。

加强跨境家事审判专业化建设。配齐配强专业化家事矛盾纠纷审判调处团队，大力培养选拔复合型国际化涉外审判人才，不断提升跨境家事审判质效。审判中心成立以来，共受理跨境家事案件 247 件，涉及 22 个国家和地区；结案 101 件，除 8 件判决外，其余均以调解、撤诉方式结案，调撤率达 92.07%。加强跨境家事法律适用调研，《跨境婚姻家事案件法律适用问题研究》获全市法院优秀调研成果三等奖。

建立一站式跨境家事诉讼“云平台”。探索线上跨境家事纠纷审理模式，依托深圳移动微法院开展“云诉讼”“云调解”“云探望”，推动建立包括在线授权见证平台、在线调解、网上立案等一站式跨境家事诉讼“云平台”，最大限度便利跨境家事纠纷当事人参与诉讼。成功审理第一宗香港特别行政区妻子起诉内地丈夫的离婚纠纷，让分隔深港两地、受疫情阻隔一年多的父女实现“云探望”。

六、深挖司法改革潜能，全面提升审判体系和审判能力现代化水平

系统谋划重点改革举措。加强改革系统集成，制定龙华法院五年发展规划纲要，全面梳理未来五年的发展目标、重点工作，为当前和今后一个时期全院工作的高质量发展提供路径和指引。深化司法责任制综合配套改革，制定《司法改革重点项目管理及推进工作规程》，明确年度改革重点项目，加大跟踪问效。打造重点改革项目三级协调机制，确保改革任务相互协调，改革进程前后衔接。

纵深推进诉调对接机制改革。坚持“诉调一体”理念，优化诉前调解归口管理机制，制定《诉调对接工作规程实施细则》《调解员工作指引》，推动调解程序和诉讼程序互融共通。加强新型诉调对接团队建设，实行法官全流程介入和调解员“一跟到底”机制，形成分工明晰、组织有序的团队作战模式。全方位推动诉讼事项前置，将诉前调解与繁简分流相结合，确保案件调解失败后快速准确进入审理程序。2022 年诉前调解成功率 48.48%，同比上升近 17 个百分点。

持续强化智慧法院建设。深度推进“深圳移动微法院”功能扩展与制度构建，全面提升移动微法院首选应用率和群众知晓率，工作经验获评深圳法院改革创新奖。持续优化无纸化办案系统，深入推进全流程无纸化办案。全面实施电子送达，率先使用“外呼 + 短信”功能，对当事人进行微法院注册引导，强化失联修复，畅通后续诉讼进程。全面应用智慧法院成果，在全省率先实现可连线省内 22 所监狱视频开庭。主动融入全区政法跨部门大数据办案平台建设，深入推进政法跨部门大数据办案平台推广应用，刑事案件网上电子换押率达 100%。

七、坚持勇于自我革命，全面打造新时代高质量法院队伍

突出政治引领。深入开展党的二十大精神学习宣传贯彻活动，扎实开展全国法院“两个确立”主题教育，创新党建工作方式，打造“五微”学习法，推出微知识、微动态、微培训、微党课、微创作 85 条（次）。创新“12345”主题教育特色工作机制，实现政治轮训全员覆盖。

加强能力建设。实施助理“10000 小时”成长计划、全面推进文书助理培育机制、启动中层“头雁计划”领导力发展培训，为队伍整体素质提升蓄力赋能。制定非编人员分级分类管理办法，畅通薪资晋升和交流发展通道。加强对司法调研和优秀业务成果的鼓励激励，着力打造学习型、研究型法院。编印制度汇编手册，加强法院管理规范化、制度化建设。2022 年以来共有 7 个集体、19 名干警获区级以上荣誉 46 项；政治部被最高人民法院评为“人民法院政治工作先进集体”。

严明纪律规矩。持之以恒推进全面从严治院，在自我革命中锻造过硬队伍。深入落实中央八项规定精神和防止干预司法“三个规定”，扎实开展以案促改，用身边事教育身边人，开展警示教育 19 次。常态化开展审务督察，扎实开展司法作风突出问题集中整治，聚焦审判执行、纪律作风、内部管理、疫情防控等重点工作，发现问题 33 个，严格落实督促整改。

主动接受社会各界监督。全面接受人大法律监督，向区人大专题报告未成年人司法保护工作情况。办理市、区人大代表建议 5 条，切实提高办理答复质效。认真接受政协民主监督，高效办结政协委员提案 3 件，向区政协通报法院工作情况。积极开展代表委员联络，邀请人大代表、政协委员参加座谈交流、旁听庭审、见证执行、调研视察等活动 260 余人次。依法接受检察机关诉讼监督，办理检察建议 8 件。主动接受社会监督，聘任第三届 25 名特约监督员。

各位代表，过去一年区法院取得的成绩，得益于区委的坚强领导和区人大的有力监督，得益于区政府、区政协的大力支持，得益于各位人大代表、政协委员的关心帮助。在此，我代表区法院，向一直以来给予我们监督、关心、支持的各位领导和各界人士，特别是为法院工作建言献策、积极呼吁、帮助我们解决诸多困难和问题的各位人大代表，表示崇高的敬意和衷心的感谢！潮涌天地阔，奋进正当时。区法院高度重视人大代表提出的批评、意见和建议，我们将立足审判职能，以绵绵用力、久久为功的毅力与干劲，奋力谱写司法为民、公正司法新篇章。

知不足而奋进，望远山而力行。回顾 2022 年，我们清醒认识到，区法院工作还存在一些差距和不足：一是案多人少矛盾尚未发生根本性改变，法官办案压力依

旧非常大。二是面对人民群众日益增长的司法需求，司法供给能力、诉讼服务水平有待进一步提升。三是审判专业化建设有待进一步增强，个别审判质效指标与上级法院要求还存在差距。

2023 年工作思路

2023 年是全面贯彻党的二十大精神的开局之年，是开启中国式现代化建设新征程的关键之年。区法院的总体工作思路是坚持以习近平新时代中国特色社会主义思想为指导，深入学习贯彻党的二十大精神，全面贯彻落实习近平法治思想，在区委坚强领导下，围绕“公正与效率”永恒主题，坚持稳中求进、守正创新，坚持司法为民、公正司法，加快建设司法公信高质量彰显、司法服务高质量供给、司法品牌高质量引领的全国一流法院，努力建设更高水平的平安龙华、法治龙华，为全面打造“数字龙华、都市核心”提供更加优质高效的司法服务和司法保障。重点做好以下六方面工作：

一是筑牢政治忠诚，开拓政治建院新征程。深入学习贯彻党的二十大精神，引导干警切实坚定理想信念、筑牢政治忠诚。完善 1+1+5 党建制度体系，进一步提升党支部标准化规范化建设水平。严格落实重大事项向党委请示报告制度，及时向区委请示报告重大事项、重点工作，切实把党的领导贯彻到法院工作全过程，确保法院工作正确的政治方向。

二是紧扣区委部署，展现服务大局新作为。落实省、市高质量发展大会精神，聚焦高质量发展首要任务，全面优化法治化营商环境。完善司法保障工作机制，增强服务“数字龙华、都市核心”建设实效。强化数字经济审判中心建设，打造数字龙华司法保障新格局。健全知识产权保护工作联动机制，实施最严格的知识产权司法保护。深度参与基层社会治理，深入推进平安龙华、法治龙华建设，服务全面创建全国基层法治示范区和市域社会治理现代化试点。

三是维护公平正义，实现审判质效新提升。贯彻总体国家安全观，依法惩治各类刑事犯罪。准确贯彻民法典，妥善化解各类民商事纠纷，大力弘扬社会主义核心价值观。优化执行权运行机制，强化执行难源头治理。聚焦质量、效率、效果三个维度，全面加强审判管理。强化典型案例总结和类案指导，统一裁判尺度。优化四类案件监督管理机制，定期开展案件质量评查，全力提高审判质量。

四是回应群众期待，建设司法为民新高地。妥善审理教育、医疗、养老等民生领域案件，严惩危害公共安全、危害食品药品安全等群众反映强烈的犯罪。持续完善现代化诉讼服务体系，增强为群众办实事能力，不断优化人民群众司法体验。深入开展法官进社区、进校园、进企业、进机关、进网格活动和巡回审判，拓宽宣传渠道和平台，强化普法效果。

五是持续改革创新，打造司法改革新名片。完善跨境家事审判机制，建设跨境家事案件域外法查明平台，积极选任港澳台地区及外籍调解员、港澳台地区人民陪审员，探索引入公证力量参与家事调查与送达。创新域外送达新模式，制定跨境家事案件司法文书送达工作指引，提高文书域外送达质效。完善“融贯式”诉源治理机制，落实多元化解主体责任，强化平台对接和分拨办理，持续压降万人成讼率。

六是坚持严管厚爱，彰显法院队伍新风貌。坚持以政治建设为统领，引导干警深刻领悟“两个确立”的决定性意义，坚决做到“两个维护”。完善四大人员分类管理平台，持续打造专家型法官、专业化审判辅助人员和高素质司法行政队伍。完善文书助理制度，健全非编人员晋升积分机制，激励非编人员担当作为。强化纪律作风建设和反腐败斗争，以永远在路上的坚忍执着，持续锻造忠诚干净担当法院队伍。

各位代表，蓝图绘就，正当扬帆破浪；重任在肩，更须策马扬鞭。区法院将以“本色不变得始终”的初心、“咬定青山不放松”的决心、“长风破浪会有时”的信心，奋力跑出法院建设“加速度”，打开审判事业新局面，为全面打造“数字龙华、都市核心”提供更加坚强有力的司法保障！

附件

有关用语说明

[1] **为全面打造“数字龙华、都市核心”提供司法服务与司法保障的意见**：为深入落实习近平总书记“不断做强做优做大我国数字经济”重要指示，贯彻区委关于全面打造“数字龙华、都市核心”决策部署，龙华区法院结合工作实际，出台《关于为全面打造“数字龙华、都市核心”提供司法服务与司法保障的意见》，从强化使命担当、坚持“三位一体”、围绕高质量发展、聚焦共建共治共享、践行为民初心、健全工作机制六大方面提出 32 项举措，全力服务保障龙华全域数字化发展。

[2] **“三位一体”数字龙华**：龙华区第二次党代会作出全面打造“数字龙华、都市核心”的重大部署。“数字龙华”是以数字化发展为核心的战略路径，是数字经济、数字城区、数字治理“三位一体”的发展策略。

[3] **《服务保障数字经济健康发展二十条措施》**：2022 年 4 月 24 日，龙华区法院召开新闻发布会，向社会公布《服务保障数字经济健康发展二十条措施》，从建强数字经济诉讼平台、深化智慧法院数字运用、全面护航数字经济发展、强化数字经济综合调研、构建多方联动保护机制、开展多维普法宣传六大部分二十条具体措施出发，明确服务保障数字经济发展各项工作内容，为加快建设数字经济先行区，全面打造“数字龙华、都市核心”提供司法服务保障。

[4] **知识产权司法保护中心“1+N”运行机制**：“1”指知识产权司法保护中心总体运行规定，即《知识产权司法保护中心运行机制》；“N”指知识产权司法保护中心运行配套工作规程，即《知识产权“三合一”工作规程》《知识产权民事诉讼程序繁简分流工作规程》《知识产权民事案件诉调对接工作规程》《关于审理侵权纠纷批量维权类型化案件的咨询意见》《知识产权民事诉讼程序繁简分流工作配套文书样式》《知识产权民事案件诉调对接工作配套文书样式》等。

[5] **徐某某等五人侵犯商业秘密犯罪案**：被告人徐某某、陈某、乐某某、刘某于 2009 年至 2016 年期间就职于被害单位乔合里公司并与公司签署保密协议。2018 年初，徐某某从乔合里公司离职后成立连得公司。此后，徐某某等人利用乔合里公司的设计图纸进行生产，其间，陈某、乐某某将乔合里公司的内部商业资料等提供给徐某某、被告人慈某某用于生产经营。刘某于 2020 年 4 月从乔合里公司离职后进入连得公司，并在徐某某指示下对乔合里公司的图纸修改后投入生产牟利。经委托评估，连得公司销售被诉侵权产品合计非法获利 600 万元。龙华区法院经审理认为，徐某某违反保密义务获取并非法使用乔合里公司商业秘密，其余四被告人明知徐某某上述行为仍非法使用涉案商业秘密，与徐某某共同实施侵犯乔合里公司涉案商业秘密的行为，给乔合里公司造成特别严重后果，构成侵犯商业秘密罪。考虑五被告人积极赔偿被害单位并获得谅解的情节，判处五被告人六个月至三年二个月不等有期徒刑，并处 5 万元至 480 万元不等罚金。

[6] **某投资公司与某物业公司房屋租赁纠纷案**：某投资公司与某物业公司签订《房屋租赁合同》，将厂房出租给某物业公司使用，后某物业公司将厂房改造后转租给 100 多家中小微企业。双方因厂房移交面积、租金起算时间产生争议，某投资公司诉至区法院。龙华区法院根据调解优先、测绘评估辅助调解的思路，最大限度减少对企业生产经营的影响，依法委托测绘机构对厂房移交面积进行测绘，核算厂房租金和管理费等费用。联合信访局、供电局、街道办、派出所等单位妥善处理公司账户冻结、工业园区电力不足等问题，集体调解 20 余次，最终促成和解，某物业公司退出工业园区的管理，95 户中小微企业与某投资公司重新签订租赁合同，整个工业园区平稳交接。

[7] **张某等八人恶势力集团犯罪案**：2012 年起，被告人张某纠集被告人董某某、包某某等人组成恶势力犯罪集团，其中被告人张某在恶势力违法犯罪活动中起组织、策划、指挥作用，被告人董某某、包某某等人为积极参加者，实施多宗恶势力违法犯罪活动。该恶势力犯罪集团长期盘踞在龙华周边区域，并多次实施故意伤害、故意毁坏财物、非法拘禁、寻衅滋事、妨害公务等违法犯罪活动，为非作歹，欺压百姓，严重扰乱经济、社会生活秩序，造成恶劣的社会影响。龙华区法院经审理，判决张某等八人犯寻衅滋事罪、故意毁坏财物罪、非法拘禁罪，对八名被告人分别判处六年六个月至一年六个月不等有期徒刑。

[8] **唐某某拐卖儿童案**：2009 年 7 月，李某某开始从事拐卖儿童犯罪活动，并让被告人唐某某为其介绍运送婴儿的妇女，并承诺每成功一单给唐某某 3000 元。同年 10 月，唐某某结识张某某，并将其介绍给李某某，由张某某帮其贩运婴儿到指定地点，每次可得 3000 元酬劳。10 月 16 日，张某某运送被贩卖的婴儿时，热心群众发现可疑并举报，在深圳市机荷高速鹤州收费站将其抓获归案，并当场解救一名被贩卖的女婴。2022 年 6 月 9 日，唐某某在福建省泉州市被抓获归案，对其犯罪事实供认不讳且认罪认罚。龙华区法院经审理认为，被告人唐某某无视国家法律，明知他人贩卖婴儿还为其提供帮助，其行为已构成拐卖儿童罪，但在共同犯罪中起次要、辅助作用，系从犯，应当从轻、减轻处罚，故依法判处其有期徒刑三年六个月，并处罚金人民币 5000 元。

[9] **“二房东”出租问题房屋导致租客触电身亡案**：2017 年 7 月起，被告人吴某某承租了龙华区城中村的某栋楼房用于转租。其间，社区工作站要求吴某某对该楼栋电路进行检测整改，但吴某某为节省开支，未按要求委托有资质的电路公司对电路进行整改，而是雇用持伪造电工证的电工陈某某简单实施整改工作。后社区工作站经检测发现该楼栋电路仍不符

合安全标准，同时该楼栋其他租客也频繁反映房间出现断电、漏电问题，吴某某在明知用电安全不达标的情况下，仍未对该楼栋进行有效整改并继续出租。2021 年 11 月 24 日 0 时许，居住在该楼栋 705 室的廖某某在洗澡时触电身亡。经勘查检测，该楼栋 602 室因超负荷用电导致电表击穿，由于楼栋总开关失去漏电保护功能，无法切断电源，致使地线带电，最终导致廖某某在准备洗澡并触碰热水器时出现触电事故。2021 年 12 月 1 日，被告人吴某某投案自首，后与被害人家属达成了调解协议，向被害人家属共计赔偿 153 万元，被害人家属对被告人吴某某表示谅解。龙华区法院依法以过失以危险方法危害公共安全罪，判处被告人吴某某有期徒刑二年，缓刑三年。

[10] **13 岁女孩申请人身安全保护令案：**13 岁女孩小彭在父母离异后随父亲和奶奶共同生活，因长期受父亲打骂、罚站、罚跪，女孩呈现焦虑抑郁状态，并伴有自残自伤倾向。2021 年 4 月 10 日晚，女孩与父亲再次发生冲突，被父亲赶出家门。随后女孩向学校老师求助，学校老师向所在社区派出所报案，经派出所核查其父亲确有多次罚站、罚跪以及用衣架打女孩的家暴行为，并对女孩手臂伤痕进行伤情鉴定，构成轻微伤，公安机关于 2021 年 4 月 19 日向女孩父亲出具《反家庭暴力告诫书》，告诫严禁再次实施家庭暴力行为，之后女孩母亲代女孩向龙华区法院提交人身安全保护令申请。法院受理后第一时间向大浪派出所、社区组织、学校老师了解情况，及时作出人身安全保护令，向女孩父亲送达的同时，向所在社区派出所、社区组织、学校以及救助站一并送达了人身安全保护令，全方位保护未成年人的合法权益。

[11] **某机票代理机构恶意欺诈案：**2019 年 11 月，吴某某在某 App 上购买两张机票，并支付费用 14426 元，上述两张机票由某商旅公司向机票代理商采购。同年 12 月，某商旅公司擅自将上述两张机票作退票、退款处理，每张机票均只退款 1 元，且并未告知吴某某。后吴某某在值机时被告知无机票预订信息，导致其不能如期出行。龙华区法院经审理认为，某 App 提供的“放心出行保障有我”承诺，明显限制了买家依法获得超过 5000 元违约金的合法权利，属于限制消费者权利的不合理内容，应依法认定无效，遂判决某商旅公司返还机票款 14426 元并支付赔偿款 43278 元。后某商旅公司、某软件公司提起上诉，市中院组织双方达成调解协议，某商旅公司同意履行上述赔付义务。

[12] **《无声的诉讼服务》：**该案例主要讲述的是龙华区法院立案人员通过全流程“指尖”沟通为一名特殊困难群众提供优质诉讼服务的故事。通过履行“一次办好”承诺清单、不断改进窗口诉讼服务等方式，龙华区法院为特殊群体提供既有专业性又个性化的诉讼服务，着力解决特殊群体在参与诉讼中遇到的难点、痛点问题，让他们参与诉讼不再成为“难”题。

[13] **某金牌网店拖欠员工工资案：**2021 年 12 月 18 日，蔡某向龙华区法院申请强制执行深圳某创科技有限公司拖欠的 5 万元工资，因未查询到该公司可供执行的财产而陷入僵局。2022 年 4 月 9 日，龙华区法院执行员发现该公司仍有一家正在经营的 9 年金牌网店。考虑到直接查封很可能影响店铺日常经营，造成申请执行人与被执行人两败俱伤，执行员坚持不懈通过网店客服联系网店负责人并向其阐明拒不执行的法律后果。最终，该公司负责人被善意执行举措感化，主动将拖欠的劳动报酬汇至法院执行款专户。

[14] **某股份公司管理权移交案：**2022 年上半年，某上市集团公司的控股子公司创始人拒绝向集团公司移交管理权，并违反财务管理规定，导致集团公司被证券交易所发函作退市警示处理。在公司交接过程中，多次发生数百人在公司门口对峙的情况。龙华区法院高度重视，在街道邀请下，与公安、证券以及工信等部门共同参与纠纷调处，经过多次分析研讨、现场调处，最后推动双方平稳完成公司管理权交接。

[15] **某装饰公司资金困难欠款案：**2022 年 6 月，某装饰公司因资金周转出现困难，引发员工欠薪、货款拖欠、工程停工等系列性矛盾纠纷。龙华区法院充分发挥非诉解纷机制，通过三级解纷数字平台强化与区、街道等部门的沟通联络，依法提前介入重大矛盾纠纷调处。设立现场处置和司法确认裁定两个小组，按照“5+2”模式投入人力 121 人次，对矛盾纠纷摸底排查，精准分析介入，参与现场维稳、司法确认等工作。截至 8 月 19 日，龙华区法院仲裁调解及司法确认合计 885 件，金额达 5251.05 万元。

[16] **71 户租户要求返还押金案：**深圳某股份公司通过网络平台招标，将位于龙华区福城街道某社区的 7000 多平方米的房屋出租给深圳某有限公司，约定不得转租。其后，某有限公司违反合同约定将房屋分租给小业主租户经营。后因无法按时支付租金，双方于 2022 年 5 月签署《解除合同协议》，约定解除租赁合同，并须退还小业主租户保证金。因资金周转出现问题，某有限公司未能按时退还租户保证金，涉及 71 户小业主，总金额 180 多万元。龙华区法院将该案通过诉前联调引入行政调解程序。龙华区行政调解中心立即介入该案，组织区法院、区住房和建设局、福城街道办事处等部门召开案件研讨会，共同沟通具体事项。分工明确后，各有关部门派出骨干人员实地走访、落实职责，反复与各方当事人沟通协调，最终促成当事人达成调解协议并进行司法确认。

[17] **深圳涉外涉港澳台家事审判中心：**2021 年 12 月 14 日，最高人民法院批复同意指定深圳市龙华区人民法院集中管辖深圳市第一审涉外涉港澳台家事案件。审判中心位于深圳市龙华区民塘路 385 号汇德大厦 30 楼，毗邻深圳北站，紧邻地铁 4 号线、5 号线、6 号线，地理位置优越，交通设施便利。审判中心建设得到龙华区委区政府的高度重视和大力支持，仅用 59 天就完成各项建设工作。审判中心是为落实改革工作部署而成立，集中办理第一审涉外涉港澳台家事案件的一站式、专业化解纷平台，有利于推动打造国际一流法治化营商环境，为粤港澳大湾区和深圳先行示范区建设提供更加坚强有力的司法服务和司法保障。

[18] **香港特别行政区妻子起诉内地丈夫的离婚纠纷：**此案为深圳涉外涉港澳台家事审判中心开庭审理的首宗跨境家事纠纷案

件，原告为香港特别行政区居民。考虑到疫情影响，承办法官在征求原、被告双方意见后，将庭审设置在深圳涉外涉港澳台家事审判中心互联网法庭，依托“深圳移动微法院”开展线上庭审，便利在港原告参与诉讼。

[19] **五年发展规划纲要：** 为全面落实习近平法治思想和习近平总书记视察广东、深圳重要讲话精神，龙华区法院聚焦湾区建设所需，立足深圳改革之势，紧扣“全国一流法院”目标定位，结合工作实际，出台《深圳市龙华区人民法院五年发展规划纲要（2022—2026）》，从坚持党的绝对领导、健全服务大局、司法为民、公正司法、司法改革综合配套、队伍管理、法院管理、基层基础制度机制等八个方面提出 51 条目标举措，为龙华区全面打造“数字龙华、都市核心”提供有力司法保障。

[20] **“12345”主题教育特色工作机制：** “1”指各部门指定专人“每周一报”本部门主题教育动态；“2”指建立“向上报告、向内通报”的“两级报送”机制，畅通信息双向流通通道；“3”指紧扣关键少数、绝大多数、责任落实“三个抓手”，找准主题教育着力点；“4”指研讨学习、集体学习、专题学习、云端学习“四学联动”，全方位加强干警理论武装；“5”指创建“五微学习法”，深挖主题教育潜力效能。

[21] **1+1+5 党建制度体系：** 第一个“1”指《院党组落实全面从严治党主体责任清单》，第二个“1”指《关于加强党支部建设的实施意见》，“5”指政治、思想、组织、作风、廉政建设等 5 个方面的制度。

[22] **四类案件：** 指重大、疑难、复杂、敏感的；涉及群体性纠纷或者引发社会广泛关注，可能影响社会稳定的；与本院或者上级人民法院的类案裁判可能发生冲突的；有关单位或者个人反映法官有违法审判执行行为的等四类案件。

[23] **域外法查明平台：** 在涉外涉港澳台案件审理中，会存在案件应适用哪个法域实体法进行处理的问题。域外法查明平台通过整合域外法查明案例、域外法律法规、涉外裁判文书等资源库，可帮助法官和当事人准确快捷查明案件处理应适用的法律，从而提高审判质效。

深圳市坪山区人民法院工作报告

——2023 年 2 月 24 日在深圳市坪山区第二届人民代表大会第三次会议上

深圳市坪山区人民法院院长　金闻秀

各位代表：

现在，我代表区人民法院向大会报告工作，请予审议，并请列席人员提出意见。

2022 年主要工作

2022 年，在区委坚强领导，上级法院精心指导，区人大及其常委会有力监督，区政府、区政协和社会各界大力支持下，区法院坚持以习近平新时代中国特色社会主义思想为指导，深入学习宣传贯彻党的二十大精神，坚持公正司法、服务大局、司法为民，忠实履行宪法法律赋予的职责，各项工作取得新进展。全年受理各类案件 14928 件，办结 13027 件，法官人均结案 482 件，一审刑事案件发改率、一审民商事案件服判息诉率、首次执行案件实际执行到位率等多项质效指标位居全市法院前列，6 个案例获《法治日报》《人民法院报》报道。最高人民法院一站式多元解纷和诉讼服务体系建设质效评估得分位居全省法院并列第一。池勇等 22 名干警荣获市级以上表彰奖励；立案庭获评 2022 年度深圳市巾帼文明岗标兵岗，系全市唯一获奖的司法机关。

一、聚焦审判职能，维护公正坚定不移

严厉惩治刑事犯罪。 受理刑事案件 522 件，审结 430 件 488 人。其中审结故意伤害、强奸、抢劫、危险驾驶等严重侵害群众安全的犯罪 191 件 201 人，全力维护社会安定、人民安宁。审结电信网络诈骗、侵犯公民个人信息、帮助信息网络犯罪活动等网络犯罪 49 件 64 人，决不让网络空间成为法外之地。严惩针对未成年人的暴力、性侵、遗弃等犯罪，审结 21 件 22 人，用司法力量护“未”成长。准确适用认罪认罚从宽制度，依法对 388 名被告人从宽处罚，全面落实宽严相济刑事政策。

妥善化解民事纠纷。受理民商事案件 8387 件，审结 7082 件，结案标的额 26 亿元，其中调解、撤诉结案 2831 件，调撤率达 40%。审结涉就业、医疗、教育、食品安全等民生案件 1331 件，妥善审理徐某某等 400 余名家长诉树童等公司教育培训合同纠纷，判决树童等公司退还家长学费共计 1051.1 万元，维护家长合法权益。审结信用卡纠纷、金融借款合同纠纷、民间借贷纠纷 2433 件，结案标的额 4.3 亿元，有力维护金融秩序。调判结合化解涉京基御景印象、祥祺滨河名苑、新城东方丽园等小区物业服务合同纠纷 264 件，维护和谐安居环境。

全力推进执行攻坚。受理执行案件 5568 件，执结 5096 件，执行到位金额 4.77 亿元。落实省法院、省公安厅《关于加强查人扣车、推进切实解决执行难工作的通知》，与公安机关建立查人扣车联动执行工作机制，提升财产执行到位率。依法发出限制消费令 3695 例，发布失信被执行人信息 1042 例，保持失信惩戒高压态势。严厉打击拒执行为，审结坪山首件拒不执行裁定罪案件，强化执行震慑、维护法律权威。织密“线上 + 线下”财产查控网，加强部门协作，破解职务犯罪案件涉财产部分执行难题，该类案件执结率达 100%，执行到位 320.74 万元，有力巩固了反腐成果。

二、服务中心大局，推动发展精准有力

促进坪山经济高质量发展。服务创新坪山建设，受理知识产权民事案件 216 件，审结 190 件；受理知识产权刑事案件 22 件，审结 17 件 22 人；与深圳市市场监督管理局坪山监管局签订《知识产权纠纷诉调对接工作合作框架协议》，共建便捷高效的知识产权纠纷多元化解机制。开展强制移交土地专项执行行动，在人大代表、政协委员见证下，依法收回 647 亩国有土地，有力保障我区智能网联交通项目、深汕铁路项目建设。审结与公司、证券、保险、票据等有关的民事纠纷 141 件，结案标的额 4.2 亿元，进一步优化法治化营商环境。移送“执转破”案件 21 件，推动 21 家“僵尸企业”有序退出市场，促进市场主体优胜劣汰。

维护社会大局稳定。常态化开展扫黑除恶专项斗争，审结涉黑涉恶犯罪 2 件 6 人，严惩张某某为首的恶势力犯罪集团，切实增强人民群众安全感。落实《信访工作条例》，实现“一个信访事项、一个牵头领导、一个承办部门、一个审判团队、一个工作方案”，有效化解信访件 46 件。稳妥推进涉众案件风险处置，审结涉及重点房企案件，结案标的额 2.16 亿元，维护房地产市场秩序稳定。

全力服务疫情防控。利用“深圳移动微法院”推广“零接触式”诉讼服务，全年在线立案 11386 件、电子送达 75535 次、在线开庭 2276 次，保障人民群众在新冠疫情期间诉讼权利“不打折”。35 名党员干警主动投身社区防疫工作，为阻断疫情传播扩散风险、守护群众安全贡献坪法力量。组织法官走访比亚迪、新宙邦等企业，为疫情之下的企业发展提供司法智慧，提升企业在劳资关系、知识产权等方面的法律能力，护航坪山企业破浪前行。

三、树牢宗旨意识，司法为民务实高效

持续优化诉讼服务。健全“1 个诉讼服务中心 +2 个派出法庭 +8 个诉讼服务站点”的线下服务网络和 24 小时自助的线上服务平台，让诉讼服务触手可及。建立“12368 群众诉求一号通办中心”，进一步畅通联系渠道，共接听来电 3194 人次，群众评价满意度 100%。简化当事人退费流程，共为当事人退还诉讼费 1006.12 万元，便利当事人诉讼。发放司法救助金 7 人 27.92 万元，让困难群众切身感受到法律温暖。

弘扬社会主义核心价值观。通过司法弘扬平等、公正、法治、诚信等精神，凝聚社会价值共识。线上，利用新媒体发布各类典型案例及普法视频 93 期，观看人数达 10 万余人次；线下，结合重要节日节点，深入群众开展主题宣传活动 40 次，参与人数 3000 余人次。创新普法形式，创作四大名著系列普法微动漫、“坪坪说法”动画快板，通过演绎经典的方式传播反家暴、劳动权益保护等法律知识，获全国法院第九届“金法槌奖”三等奖。持续开展青少年社会主义核心价值观教育，选派法官担任 14 家中小学法治副校长，邀请深港澳青少年、南布社区、六和社区中小学生走进法院参观体验，为 800 余名中小学生讲授“开学法治第一课”，增强港澳同胞对祖国的向心力，引导青少年向上向善。

全方位接受监督。主动接受区人大及其常委会监督，向区人大常委会专题报告民事审判工作，落实区人

大常委会法官履职评议要求。自觉接受政协民主监督，定期向区政协通报工作情况，配合开展民主协商。常态化开展代表委员联络，邀请人大代表、政协委员视察法院、出席会议、旁听庭审、见证执行、参与调解 68 人次，高质量办理代表委员提案建议 4 件，满意度 100%。认真接受区检察院法律监督，邀请检察长列席审判委员会会议，保障法律正确统一实施。推动人民参与司法，优化人民陪审员参审机制，人民陪审员共参审案件 346 件。积极接受社会监督，实现审判信息全流程公开，公布裁判文书 8665 份，网络直播庭审 2165 次，观看人数超过 123 万人次。

四、全面深化改革，司法效能不断提升

深化多元解纷改革。畅通劳动争议调解、仲裁、诉讼之间的相互衔接，缩短争议处理链条，努力让劳动争议化解在基层、消弭于萌芽。通过该机制对 397 件劳动争议进行司法确认，使劳动者的权益通过便捷、零成本、有法律强制力的方式得到保障。与 6 个街道签署合作创建“无讼社区”框架协议，司法解纷力量直达社区；推广“法院 +”模式，联合人大代表、社区党员成功化解了涉 88 户租户的房屋租赁合同纠纷。积极探索执行前调解，试运行以来调解成功案件 80 件，履行率 100%，纠纷解决由“强制”变为“主动”。着力构建“互联网 +”调解模式，提高纠纷解决效率，共有 3826 件案件在线调解成功。诉源治理效果日益凸显，全年诉前化解纠纷 4513 件，调解成功率达 40.58%。

推动审理机制改革。联合区检察院、区公安分局实施新型轻罪快审机制，实行“三集中三简化”办案模式，共适用该制度审结轻罪案件 26 件，平均审理周期 3.86 天，比实施前缩短 7.34 天，上诉率为零，刑事审判效率大幅提升。在家事审判中引入心理诊疗机制，实施法律 + 心理“双干预”，有效疗愈家庭创伤，家事案件调撤率达 56%；向“失职家长”发出家庭教育指导令，责令其履行家庭教育责任，呵护未成年人健康成长。推广民事判决书“微创新”举措，建立自动履行提示制度，强化审判与执行的衔接配合，实现权益保障一步到位。

狠抓案件质效提升。在民事审判领域进行专业分工，由相应审判庭集中办理特定类型案件，在此基础上深化案件繁简分流，“既全又专、既快又好”的审判格局进一步夯实。编纂 15 万余字的《财产损失保险合同纠纷类案审理指南》，推动全市法院统一类案裁判标准。群策群力破难案，压缩评估、鉴定环节时间，大幅降低案件审理期限，民商事案件平均审理周期 83.97 天，比全市平均周期少 22.55 天，位居全市法院第二。开展执行工作“提升质效攻坚战”，执行案件质效明显提升，首次执行案件结案平均用时缩短 13 天，执行完毕率等 5 项重点指标位居全市法院前三。

五、坚持从严治院，法院队伍坚强有力

旗帜鲜明加强政治建设。高举习近平新时代中国特色社会主义思想伟大旗帜，坚持党对法院工作的绝对领导，不断增强“四个意识”、坚定“四个自信”、做到“两个维护”。出台《学习宣传贯彻党的二十大精神工作方案》，通过举办专题学习讨论活动、院长讲专题党课、党组理论学习中心组和各支部、各部门集体学习等方式，掀起学习宣传贯彻党的二十大精神热潮。扎实开展全国法院“深刻领悟‘两个确立’决定性意义　坚决做到‘两个维护’”主题教育，共组织政治学习 312 次、专题党课 18 场，筑牢法院队伍政治忠诚。

多措并举加强能力建设。有序推进“雏鹰计划”，推动年轻同志在重点、难点工作中“揭榜挂帅”，组织干警跨部门学习锻炼，培养储备高素质专业化司法人才。青年干警审结案件占全院 81%，参加防疫、志愿、公益等活动 106 人次，生力军作用日益发挥。突出实战导向，开展各类专项培训、业务技能竞赛等教育培训 87 次，不断提升队伍整体素能。开展文体活动 14 场次，覆盖干警 700 余人次，为建设先行示范法院提供精神动力和文化支撑。

持之以恒加强廉政建设。严格落实防止干预司法“三个规定”、新时代政法干警“十个严禁”等铁规禁令，持续肃纪倡廉。开展司法作风突出问题集中整治专项行动，进行线上督察 32 次、线下督察 15 次，检查发现问题 19 项，全部立行立改。巩固政法队伍教育整顿成果，常态化开展顽瘴痼疾排查整治工作，锻造忠诚干净担当的新时代法院铁军。

各位代表，过去一年区法院取得的成绩，得益于区委的正确领导和上级法院的悉心指导，得益于区人大的

有效监督和区政府、区政协的关心支持，得益于各位人大代表、政协委员及社会各界的有力协助。在此，我代表区法院表示崇高的敬意和衷心的感谢！

在看到成绩的同时，我们也清醒地认识到，区法院工作还面临不少问题和挑战：一是坪山经济社会发展迅速，进入诉讼或需要法院参与解决的矛盾纠纷日益增多，执法办案和多元解纷的压力不断增大，司法供需矛盾较为突出，多元解纷机制有待进一步完善。二是新类型、疑难复杂案件层出不穷，人民群众司法需求日益多元，法院队伍能力素质尚不能完全适应新时代新需求。三是面对“创新坪山、未来之城”的战略擘画，区法院推出的服务保障措施不够丰富，精准性和实效性需进一步增强。对此，我们将在今后的工作中积极应对、努力解决。

2023 年工作思路

2023 年，区法院要高举习近平新时代中国特色社会主义思想伟大旗帜，深入学习宣传贯彻党的二十大精神，紧紧围绕区二届二次党代会部署，奋力推进新时代新征程区法院工作高质量发展。

一是在政治建设上提升新高度。把深入学习贯彻党的二十大精神作为首要政治任务，引导广大干警学深悟透笃行党的二十大精神。深刻领悟“两个确立”的决定性意义，把坚定拥护“两个确立”、坚决做到“两个维护”体现到法院工作实效上。坚持党对法院工作的绝对领导，严守政治纪律和政治规矩，确保法院发展正确方向。

二是在司法办案上取得新突破。完善新型轻罪快审机制，加强未成年人审判工作，提升刑事审判质效。认真贯彻实施民法典，优化专业分工机制，提升民事审判专业化水平。加快推进执行难综合治理、源头治理，拓展查人找物渠道，完善网络查控功能，从快从严打击失信被执行人，让更多“真金白银”装进胜诉当事人口袋。简化工作流程，下大力气整治长期未结案件，稳步压缩审理周期。着力提升审判质量，有效统一裁判标准，努力打造审判精品。

三是在服务大局上展现新作为。升级关于优化法治化营商环境的工作方案，推出惠民惠企司法措施，保障营商环境不断优化。丰富对实体经济的服务举措，推动我区打造先进制造业集聚区和未来产业试验区。对行业共性法律问题进行分析总结，为企业提供前瞻性法律指导，提升企业特别是中小微企业的避险和维权能力。加大对土地回收案件的执法力度，保障东部中心城区建设。加强知识产权司法保护，加大对技术企业的法律服务，促进科技创新发展。全面贯彻总体国家安全观，合力建设更高水平的平安坪山。深度融入基层治理，推动我区基层社会治理法治化现代化。

四是在司法为民上推出新举措。拓展“一号通办”平台功能，加快移动微法院迭代升级，进一步简化诉讼费退费流程，优化当事人、律师的立案和送达体验，让群众享受更加便捷、优质、低成本的诉讼服务。努力满足人民群众在教育、就业、住房、医疗等方面的司法需求，助力坪山打造更高品质、更显公平的民生幸福标杆。自觉接受区人大及其常委会监督、政协民主监督、社会各界监督，邀请人大代表、政协委员进一步融入法院工作，践行全过程人民民主。深入企业、学校、社区等进行普法宣传，多途径拓展法院普法阵地，提升企业和群众的法律能力和法治意识。

五是在司法改革上打造新亮点。推动完善多元解纷机制，强化府院联动，助推调解员队伍和社区调解组织建设，针对信用卡纠纷、劳动争议、物业纠纷、征地拆迁等多发易发纠纷深化诉源治理，努力实现矛盾纠纷源头化解。强化司法制约监督，健全重大案件快速识别、全面监督机制，细化各类审判人员责任范围和追责程序，做到放权不放任。深化智慧法院建设，健全智慧审判、智慧执行、智慧服务、智慧管理新模式，推动办案提速增效。

六是在队伍建设上迈出新步伐。深入实施“雏鹰计划”，常态化开展“知事识人、序事辨材”，面向新时代需要强化能力培养，锻造专业化审判队伍。落细落实谈心谈话制度，进一步发挥廉政监察员作用，创新廉政教育形式，以零容忍态度正风肃纪反腐。建立干警身心健康保护机制，落实干警履行法定职责保护机制和不实举报澄清机制，为审判人员依法履职撑腰打气。

各位代表，新的一年，区法院将以更加开阔的视野、更加昂扬的斗志、更加务实的作风，奋力谱写司法为民、公正司法新篇章，为“在更高起点、更高层次、更高目标上加快建设创新坪山、打造未来之城”作出新的更大贡献！

附件

有关用语说明

[1] **树童等公司教育培训合同纠纷：**2022 年 1 月，坪山区法院受理了 400 余名学生家长起诉树童等公司系列案，要求退还学费、利息等。各原告均未委托诉讼代理人，诉讼能力较弱，且情绪较为激动。审理部门多次召开全体会议，研究破解方法和审判思路，耐心细致与当事人沟通，在 3 个月内高效审结了上述 400 余件案件。由于服务细致、审判高效，当事人均服判息诉，该批案件无一上诉和投诉，有效维护了群众合法权益，保障了社会和谐稳定。

[2] **坪山首件拒不执行裁定罪：**被执行人蒋某在案件执行过程中，拒不主动履行生效裁定，多次违反限制消费令，通过微信账号频繁大额转账，为防止所得款项被法院划扣，还利用妻子的银行卡和微信账号收取高额货款。坪山区法院认为，蒋某有能力执行而拒不执行，情节严重，其行为已构成拒不执行裁定罪，一审判处其有期徒刑六个月。该案作为坪山区惩治拒执犯罪的首件案件，打击了失信被执行人的嚣张气焰。

[3] **强制移交土地专项执行行动：**坪山区两处国有土地出让出租期满后，占有人拒不返还土地，土地权利人向区法院申请强制执行。前述土地共计 647 亩，涉及坪山区智能网联交通项目、深汕铁路项目建设。坪山区法院紧紧依靠区委政法委领导和区政府支持，多次召开案件协调会议，研究制定执行方案，在人大代表和政协委员的见证下，最终依法收回 647 亩国有土地，有力推进坪山区产业和交通发展。

[4] **“执转破”：**即执行转破产，指在执行过程中，作为被执行人的企业法人符合《企业破产法》第二条第一款规定的情形（被执行人不能清偿到期债务，并且资产不足以清偿全部债务或者明显缺乏清偿能力），经被执行人或者有关被执行人的任何一个案件的申请执行人书面申请将执行案件移送破产审查的程序。

[5] **张某某为首的犯罪集团涉恶案：**以张某某为首的恶势力犯罪集团纠集多人，长期在坪山区龙田街道南布社区采取敲诈勒索、寻衅滋事等手段谋取非法利益，为非作歹、欺压群众，严重扰乱当地的经济、社会秩序，造成恶劣的社会影响。坪山区法院审理后，认定张某某等人犯敲诈勒索罪、寻衅滋事罪，分别判处一年九个月至十二年不等有期徒刑，并处罚金，有力维护了群众安全。

[6] **涉 88 户租户的房屋租赁合同纠纷：**曾某某将位于坪环社区的 88 套房屋租赁给深圳市某房地产公司用于经营公寓。租期届满后，双方对于房屋返还的期限产生分歧。由于协商未果，深圳市某房地产公司遂向法院提起诉讼。该案涉及 88 户租户的切身利益，调解法官联合人大代表、社区党员，将“情理法”融于一体进行调解，逐步消弭当事人分歧，最终达成各方满意的房屋返还协议，实现曾某某、深圳市某房地产公司及租户“三方共赢”，取得了良好的法律效果和社会效果。

[7] **“三集中三简化”办案模式：**为提高诉讼效率，实现刑事案件的“繁简分流、快慢分道”，坪山区法院联合区检察院、区公安分局，创新轻罪案件快速处理机制，实行“三集中三简化”办案模式，即相对集中移送审查起诉、相对集中提起公诉、相对集中开庭审理，简化文书制作、简化审批程序、简化庭审程序，实现了刑事审判效率的有效提升。

[8] **自动履行提示制度：**司法实践中，民事判决发生法律效力后，相当一部分债务人出于不知对方收款账号、担心履行义务后对方不认账等原因怠于履行，导致案件进入强制执行程序。这些因素加大了债权人申请强制执行的概率，增加了双方当事人的诉累。坪山区法院在民事判决书中创设“自动履行提示”，明确自动履行信息，明示拒不履行后果，有效提升民事判决履行效率。

[9] **民事审判领域专业分工：**为进一步优化审判资源配置，提升民事审判专业化水平，坪山区法院重构审判格局，形成以民事审判庭集中办理不动产纠纷、婚姻家庭纠纷、公司证券类纠纷、执行异议之诉等类型民事案件，坑梓人民法庭集中办理劳动争议、人身损害赔偿纠纷、医疗纠纷等类型民事案件，石井人民法庭集中办理知识产权民事纠纷、建设工程纠纷、执行异议等类型民事案件的专业化审判模式，打造“全而精”的审判品牌。

深圳市光明区人民法院工作报告

——2023年1月12日在深圳市光明区第二届人民代表大会第一次会议上

深圳市光明区人民法院代理院长　袁银平

各位代表：

现在，我代表光明区人民法院，向大会报告工作，请予审议，并请政协委员和其他列席人员提出意见。

过去四年主要工作

2018年9月区法院挂牌成立以来，始终坚持以习近平新时代中国特色社会主义思想为指导，全面贯彻落实党的十九大、十九届历次全会和党的二十大精神，深入贯彻习近平法治思想，紧紧围绕“努力让人民群众在每一个司法案件中感受到公平正义”的目标，在区委的坚强领导、区人大及其常委会的有力监督下，在区政府、区政协和社会各界的关心支持下，忠实履行宪法法律赋予的职责，全力以赴固根基、补短板、强弱项、提能力，各项工作取得了长足的进步。

——克服困难确保正常履职。2018年9月至2020年12月筹备过渡期间，在人员编制、办公场所尚未到位的特殊情况下，区法院迎难而上、勇于担当，会同宝安区法院对光明法庭工作实施双重管理。其间，指导光明法庭受理民商事、执行案件18180件，办结15047件，确保辖区司法服务不缺位、不断档。

——艰苦创业筑牢发展根基。坚持一手抓筹建，一手抓办案，有条不紊推进人员配备、案件接收、场地装修等各项工作。2021年1月，区法院正式受理案件，平稳过渡至全面运转状态。2022年4月，整体搬迁至新审判大楼，作为未来几年过渡时期办公办案场所，司法服务环境显著改善。

——真抓实干办案质效稳中有进。2021—2022年，共受理各类案件24250件，办结21898件。开展办案质效提升集中攻坚行动，2022年法官人均结案444件，结收案比提升至110%，一年以上长期未结诉讼案件清零，有财产案件期限内执结率、执行案件结案平均用时等指标处于全市基层法院前列。

——凝心聚力队伍建设成效显著。强化制度建院，出台监督管理制度63个。7个集体、60人次获得区级以上表彰，其中司法宣传工作获得市中级法院专项嘉奖，11名干警分别获评个人三等功、光明区十大政法英模、专项嘉奖等表彰奖励。

一、严惩刑事犯罪，扎实推进平安光明建设

坚决维护社会大局稳定。受理刑事案件1821件，审结1707件，判处罪犯2346人。严厉打击严重暴力犯罪和危害公共安全犯罪，审结故意伤害、抢劫、强奸、聚众斗殴、寻衅滋事案件228件，尹某等4人破坏易燃易爆设备，被依法判处二年四个月至三年四个月有期徒刑。依法惩治多发性犯罪，审结危险驾驶、盗窃案件787件。维护疫情防控期间社会秩序，惩处防疫物资诈骗等涉疫犯罪3件。落实“断卡”专项行动，审结电信网络诈骗犯罪案件74件。严厉打击整治养老诈骗，为6名被害人追回养老资金。审结光明区首宗高空抛物入刑案、首宗跨境赌博入刑案等一批典型案件，切实保障人民群众生命财产安全。

深入开展扫黑除恶专项斗争。审结涉黑涉恶案件7件，其中唐某某等人重大涉黑案，15名被告人均被判处有期徒刑，组织者、领导者唐某某被判处有期徒刑二十年，并处没收个人全部财产；某街道基层执法人员恶势力团伙敲诈勒索案，多名被告人被判处二年至三年六个月有期徒刑。加大“打财断血”力度，通过“绿色通道”移送财产刑执行，执行到位金额超过1亿元，坚决铲除黑恶势力经济基础。推动线索清仓、行业清源，移交犯罪线索4条，发出司法建议29份，促进源头治理、标本兼治。

不断完善人权司法保障。坚持依法办案，不枉不纵，积极推进以审判为中心的刑事诉讼制度改革。落实宽严相济刑事政策，坚持教育挽救方针，对15名未成

年被告人判处缓刑；严惩侵害未成年人权益的犯罪行为，从严从重判处 42 人。落实刑事案件律师辩护全覆盖制度，与司法行政机关共建长效合作机制，为 353 名未委托辩护人的被告人指定辩护律师，切实保障刑事被告人的辩护权利。对 141 件涉及个人隐私的刑事案件依法不公开审理，严格保护当事人合法权益。

二、聚焦中心工作，服务保障高质量发展

优化法治化营商环境。坚持各类市场主体一律平等，加大对民营企业保护力度，办结涉民营企业案件 10745 件。提高涉企案件办理质效，慎用查封、扣押、冻结、拘留等强制措施，尽力维护企业正常生产经营。严格区分正当融资与非法集资、合同纠纷与合同诈骗等界限，坚决防止把经济纠纷认定为刑事犯罪。审结合同纠纷类案件 10544 件，审结涉公司、证券、保险、票据等商事纠纷案件 507 件，引导市场主体坚守契约精神，防范化解金融领域风险。探索开展执行转破产移送工作，推动"僵尸企业"进入破产程序，优化市场资源配置，释放市场主体活力。与区工商联建立直联工作制度，主动走访企业，就健全规章制度、合同风险防范提出建议，助力企业合规建设。

保障创新驱动发展战略。层报最高人民法院批准获得知识产权民事、行政案件管辖权。组建专门审理团队，建立知识产权案件"三合一"审判机制，推进知识产权案件审判专业化。审结知识产权案件 73 件，其中民事案件 58 件、刑事案件 15 件，有力维护市场经济秩序，保护企业创新成果。参与制定《关于加强光明区知识产权司法保护工作的意见》，在凤凰街道巡回法庭加挂光明科学城知识产权巡回法庭牌子，申请并获市中级人民法院批复同意设立深圳知识产权法庭光明科学城巡回审判点，建立知识产权纠纷多部门协同、快速调解、快速审理等机制，不断优化完善知识产权司法保护体系。

助力基层社会治理。融入群众诉求服务"光明模式"，形成"1+6+31+N"多元化矛盾纠纷解决体系。区法院多元解纷中心对接全区"31+N"个远程司法确认点，对 4547 件以非诉方式解决的纠纷进行司法确认，及时巩固人民调解、行政调解成果。建立府院联动机制，积极推动、妥善化解 24 起涉众型纠纷，有效防范重大风险隐患。率先在全市实现街道巡回法庭"全覆盖"，按照"一街道一特色一品牌"工作思路，打造光明街道劳动争议、公明街道"执前和解"、马田街道反家庭暴力、新湖街道侨民司法保护、凤凰街道知识产权保护、玉塘街道未成年人保护巡回法庭，做实参与基层社会治理的平台。

服务法治示范城区建设。推动巡回审判常态化、制度化，到街道巡回法庭开庭超过 900 次，邀请基层工作者、人民群众"围观"庭审，培养尊法学法守法用法的良好习惯。强化普法宣传，定期在"两微"平台发布"以案说法"等专栏文章，2 个刑事案例刊载于最高人民法院主办的《人民法院报》，扫黑除恶宣传视频被"学习强国"平台编发。组织法官进社区、进学校、进企业开展主题普法 29 场，举办国家宪法日、知识产权宣传周、国际禁毒日等普法专项活动，汇聚法治"最大公约数"。

三、厚植为民情怀，增强人民群众司法获得感

不断优化诉讼服务。加大诉前调解工作力度，调解成功案件 5766 件，促使矛盾纠纷在诉前解决，减轻人民群众诉累。完善一站式诉讼服务，推动办案服务标准化，努力实现诉讼服务事项"一次办好"。在新审判大楼配置 527 平方米诉讼服务大厅，着力营造宽敞、舒适、便利的诉讼环境。开通线上立案服务，实现 24 小时立案"不打烊"，线上立案率稳定在 95 %以上。畅通民意沟通渠道，建立法官联络站，落实院（庭）长、法官定期轮值接待制度，妥善处理来电、来信、来访 11489 人次。

切实保障民生权益。贯彻实施民法典，强化民生司法保障，及时回应群众关切。审结劳动争议案件 1041 件，既依法保护劳动者合法权益，也依法保护企业用工自主权。妥善调处教培退费纠纷 89 件，某教育机构拖欠 70 名学生培训费及时得到清退。把社会主义核心价值观融入司法裁判，审结艾某停工留薪期待遇案等一批典型案例，引领社会风气向上向善。妥善解决家庭内部矛盾，审结婚姻家庭、继承纠纷案件 370 件，包括光明区首宗未成年人变更监护人案、首宗申请指定遗产管理人案；运用司法手段阻断家庭暴力侵害行为，人身安全保护令签发率 100 %，肖某某遭受家庭暴力案入选全市法院未成年人权益保护十大案例。

努力攻坚“执行难”。受理执行案件4921件，办结4623件，执行到位金额超过4亿元，基本解决执行难成果持续巩固。开展整治欠薪专项行动、南粤执行风暴等，执结611件劳动争议案件，其中地铁13号线征地搬迁案109名工人工资全部追回，将“纸上权益”兑现为“真金白银”。坚决维护司法权威，判处拒不执行判决、裁定罪6人，罚款、拘留失信被执行人43人次，将被执行人纳入失信名单1636人次，限制高消费3649人次。及时推动执行财产变现，网络司法拍卖成交1.9亿元。

四、优化工作机制，提高审执工作质效

强化繁简分流改革。实施民事诉讼程序繁简分流改革，组建民商事案件速裁团队，实现案件繁简分流、轻重分离、快慢分道，速裁案件平均审理周期大幅缩短，简易程序适用率提高到85%。扩大民商事案件小额诉讼程序适用范围，4920件案件在基层法院“定分止争”。制定刑事案件简案快审操作指引，明确简案快审审理标准，组建刑事快审团队，快速办结简单刑事案件1164件。

创新执行工作机制。推行事务集约、繁简分流、团队办案三项机制，让执行办案走上“快车道”。强化源头解决执行难，在全市首先试点“执前和解”制度，在公明巡回法庭设立“执前和解”工作站，促成和解、督促主动履行201件，实现“案结事了人和”。运用“穿透式审查”执行模式，成功查控被执行人王某某隐匿财产，并对其违法行为进行罚款，依法惩处逃避执行、规避执行行为。

推进审判专业化建设。建立由女法官牵头，家事调解员、家事调查员和家事心理疏导员“三员”分工合作的家事审判团队，实现家事案件审理集约化。指定光明法庭专门审理劳动争议案件，成立劳动争议案件审理团队，定期与街道、社区、劳动站、仲裁院等单位沟通联络，加强对基层多发劳动争议纠纷的调解指导工作，统一处理标准，提高化解劳动争议纠纷专业化水平。

深化司法责任制改革。抓好司法责任制这一司法体制改革的“牛鼻子”，出台《落实司法责任制工作指引》等系列规范性文件，明确各类审判组织的职权与责任，做到“让审理者裁判，由裁判者负责”，健全权责统一的司法权力运行机制。落实院庭长办案机制，院庭长办案4250件。完善“四类案件”监督管理工作机制，压实院庭长监督管理责任，确保监督与放权有机统一。

五、强化自我革命，打造过硬法院队伍

持续加强政治建设。坚持以习近平新时代中国特色社会主义思想凝心铸魂，深刻领悟“两个确立”的决定性意义，增强“四个意识”、坚定“四个自信”、做到“两个维护”。扎实开展“不忘初心、牢记使命”主题教育、“三项队建”活动、政法队伍教育整顿、党史学习教育、全国法院“两个确立”主题教育等，广大干警受到全面深刻的政治教育、精神洗礼。压实党建工作责任，坚持“支部建在庭上”，陆续建立9个党支部，实现“抓党建带队建促审判”。

持续加强能力建设。有序进行干部选任、初任法官接收、公务员招录、辅助人员招聘等各项人事工作，夯实新设法院干部队伍根基，干警队伍人数从筹备初期的12人增至138人。搭建系统化培训管理体系，制定干警轮训计划，共组织各类培训4907人次。开展“岗位建功”竞赛，打造“雏鹰·冲锋”工作品牌，挑选巡回法庭建设、知识产权司法保护中心建设两个突击项目，组建辅导员团队与雏鹰突击队，鼓励干警奋力争先创优，在实践中练就过硬本领。

持续加强作风建设。积极响应号召，广大党员毅然决然奋战基层抗疫一线，参加市“堡垒·先锋”、区“光明虹”等党员志愿先锋行动126人次，为抗疫大局作出法院贡献。坚持以制度管人、管事、管案，审判管理、队伍管理、政务管理制度逐步健全。严格落实“三个规定”，定期填报落实情况，健全防止干预司法办案长效机制。扎实开展司法作风突出问题集中整治，开展审务督察87次，建设廉洁文化中心，常态化推进廉政警示教育，敦促干警廉洁自律、公正司法。

各位代表，过去四年，区法院自觉摆正监督与被监督的关系，依法充分保障人民参与监督司法活动的权利，定期向区人大及其常委会报告法院工作，人大代表建议、政协提案全部按期办结。邀请人大代表、政协委员参加“执行案款集中发放日”、走访调研等活动11次，征集人大代表、社会各界、人民群众意见建议50条，对改进完善法院工作起到积极促进作用。贯彻落实人民陪审员制度，随机选取人民陪审员参与庭审429

次。健全完善外部监督机制，选聘 17 名特约监督员。落实检察长列席审委会制度，及时办理检察建议，主动接受检察监督。

各位代表，过去四年，区法院坚持“筚路蓝缕启山林”的创业劲头，实现司法办案步入正轨，法院整体搬迁，队伍逐步充实，重点任务圆满完成，职能作用充分发挥。这些成绩的取得，离不开区委的正确领导、区人大及其常委会的有力监督，离不开区政府、区政协和社会各界的大力支持。在此，我谨代表区法院表示衷心的感谢！

我们也清醒地认识到，区法院工作仍存在一些问题和困难：一是个别法官实践历练不够，做好群众工作、应对风险隐患的经验不足，对新媒体形成的舆论环境还不完全适应。二是个别案件审理质量不高、效果不好，案结事了、服判息诉工作有待加强。三是信息化建设短板突出，诉讼服务的便捷性受到一定影响。四是受制于极度短缺的政法专项编制，区法院现有工作人员中，绝大部分为劳动合同制人员以及区里支持的其他人员，这些人员流动性强，工作连续性受影响，给司法办案工作带来严峻挑战。针对这些问题和困难，区法院将高度重视、逐步解决，也恳请各位代表给予大力支持！

下一步工作思路

党的二十大报告描绘了法治中国建设美好蓝图，指明了新时代新征程全面依法治国的前进方向和实践路径，对法院工作提出了更高要求。区第二次党代会谋划部署了未来五年光明发展的目标任务，法院服务保障光明高质量发展责任重大。下一步，区法院工作的总体思路是坚持以习近平新时代中国特色社会主义思想为指导，深入学习贯彻党的二十大精神，深入践行习近平法治思想，对标对表区委“1+2+3+4”工作体系，聚焦聚力法院主责主业，强化司法担当，勇于改革创新，着力打造党委放心、群众满意、与光明核心目标定位相匹配的新型现代化法院，为建设世界一流科学城和深圳北部中心提供坚强有力的司法服务和保障。重点做好以下六方面的工作。

一、坚持筑牢政治忠诚，确保正确政治方向

强化审判机关首先是政治机关的定位，旗帜鲜明把党的政治建设摆在首位，真学真信笃行习近平新时代中国特色社会主义思想，深刻领悟“两个确立”的决定性意义，坚决做到“两个维护”。严格落实《中国共产党政法工作条例》，发挥党的领导这一最大优势，严格执行重大事项请示报告制度，在党的领导下坚定不移走中国特色社会主义法治道路。

二、坚持紧贴中心工作，彰显法院作为担当

正确认识、准确把握法院在光明新的发展阶段所肩负的历史使命，自觉在大局下思考、在大局下行动，努力做到区委部署到哪里，司法服务就跟进到哪里。紧扣打造世界一流科学城的目标定位，完善光明知识产权司法保护中心建设，发挥知识产权民事、刑事、行政案件“三合一”审判机制的优势，落实最严格的知识产权司法保护制度，协同上级法院和其他部门形成知识产权创造、运用、保护、管理、服务“全链条”体系，打造知识产权司法保护新高地和当事人信赖的争端解决优选地。紧扣深圳北部中心的目标定位，贯彻总体国家安全观，依法惩治各类犯罪，常态化开展扫黑除恶专项斗争，坚决维护国家安全和社会稳定，助力打造更高水平的平安光明；依法保护企业产权和企业家权益，持续优化法治化营商环境，让更多企业在光明扎根、发展、壮大；加强民生权益司法保护，及时回应群众司法需求，抓好婚姻家庭、医疗卫生、教育就业、劳动保障、食品药品安全等涉民生案件的审判执行工作，让群众感受到公平正义就在身边、美好生活更有保障，更愿意在光明安居乐业。

三、坚持加强审判管理，提升办案质量效率

遵循审判工作规律，构建科学的案件质量控制体系，提高审判管理精细化水平。建立完善审判质效分析制度、二审案件发回重审或改判及再审案件分析研判制度、典型案件通报制度、审判经验交流制度、庭审观摩评议制度以及案件质量、庭审、裁判文书“三评查”制度，下大力气提升审判执行工作质量，不断提高群众认可度和司法公信力。进一步规范审判执行工作流程，全面推行集约排期、集约送达，切实提高审判效率。完善“综合治理执行难”大格局，及时兑现当事人胜诉权益。

四、坚持勇于改革创新，持续破解发展难题

积极参与光明“非诉矛盾纠纷化解示范区”建设，深化府院联动机制，推动群众诉求服务“光明模式”迭代升级，落实司法作为维护社会公平正义最后一道防线的定位。推进“智慧法院”建设，不断深化一站式多元解纷和诉讼服务体系建设，完善诉讼引导、查询咨询、判后答疑“一号通办”制度，加快提升诉讼服务的信息化水平，让群众享受到更加便捷的网上服务、掌上服务。做实做细特色品牌巡回审判机制，打造人民群众“家门口”的法庭。全面准确落实司法责任制，细化审判权力和责任清单，完善“四类案件”识别、监督机制，努力探索符合司法规律的配权、行权、监督、追责等示范经验。积极配合区委完善加强对法院工作领导的体制机制，摸索可资借鉴的进一步深化司法体制综合配套改革的光明经验，推动完善中国特色社会主义司法制度。

五、坚持以人为本理念，夯实未来发展基础

要立足长远育能力，坚定不移推进人才强院战略，深化学习型法院建设，按照“立足岗位、服务实践、全员参与、注重实效”的原则，有计划、有重点地开展业务培训和岗位练兵，加快专家型、复合型人才培养步伐，为法院工作持续健康发展打下坚实基础。要惩防结合养定力，教育引导广大干警切实端正工作作风，时刻绷紧党风廉政建设这根弦，坚决维护制度纪律的严肃性；以规范司法权力运行为核心、以加强制度建设为重点、以现代信息手段为支撑，健全完善廉政风险防控机制，最大限度消除监督管理盲区。要多策并举激活力，拓展干警职业发展空间，关爱干警成长，努力让每一位干警都能在合适的岗位上各展所长、各尽所能，努力增强干警的归属感。要与时俱进增动力，大力加强法院文化建设，打造具有时代特征、光明特点、法院特色的司法文化，全面提升干警职业修养和职业形象。

六、坚持自觉接受监督，不断改进法院工作

牢固树立自觉接受监督意识，更加主动接受人大监督，更加广泛接受社会监督。健全代表联络制度和“全方位、全覆盖”的代表联络工作格局，院长作为代表联络工作第一责任人，定期向代表通报法院工作情况，邀请代表旁听庭审、见证执行、信访听证，多渠道听取代表对法院工作的意见建议。贯彻落实本次大会决议，对人大代表提出的意见建议，严格落实统一交办、限时办结等制度，及时整改存在的问题。

各位代表，光明寓意着阳光、正气，蕴含着人们对美好生活的向往；法院代表着公平、公正，承载着群众和当事人的期待。光明区人民法院将不辱使命、勇于担当，振奋精神、奋发有为，在新时代新征程上奋力推进法院工作高质量发展，为光明加快打造世界一流科学城和深圳北部中心作出新的更大贡献！

附件

有关用语说明

[1] **结收案比：**指在一定统计周期内，审结的案件数量与新收案件数量的比率。近年来，上级法院要求以“结收案比”取代“结案率”指标，作为考核法院审执工作的依据之一。

[2] **尹某等 4 人破坏易燃易爆设备罪案：**光明区公明街道李松蓢西区 378 栋燃气改造工程于 2020 年 1 月 15 日通过验收。验收后，被告人尹某、黄某某、梁某、杨某某为牟利，私自组织施工人员将上述燃气管道改接至厨房，共改接 112 户。尹某、黄某某、梁某、杨某某均从中获利不等。2021 年 4 月，燃气公司发现此楼房违规用气，并有 4 户出现漏气情况，据管道泄漏事故后果模拟分析显示，符合模拟条件时极易引燃泄漏的天然气，造成火灾爆炸事故。2022 年 8 月 12 日，光明区法院一审判处被告人杨某某有期徒刑三年四个月；判处被告人尹某有期徒刑三年二个月；判处被告人黄某某有期徒刑三年；判处被告人梁某有期徒刑二年四个月。

[3] **“断卡”专项行动：**2020 年 10 月 10 日，国务院打击治理电信网络新型违法犯罪工作部际联席会议部署开展以打击、治理、惩戒开办及贩卖“两卡”（手机卡、银行卡）违法犯罪团伙为主要内容的“断卡”行动，要求各地各部门要坚持以打开路，以打促治，以打促防，综合采取多种措施，集中抓获一大批非法开办贩卖“两卡”违法犯罪团伙，整治一大批“两卡”违法犯罪猖獗的重点地区，惩戒一大批“两卡”违法失信人员，全力斩断非法开办贩卖“两卡”产业链，坚决铲除电信网络诈骗犯罪滋生土壤。

[4] **打击整治养老诈骗专项行动：**2022 年 4 月，中央政法委部署开展全国打击整治养老诈骗专项行动，坚持依法打击、整治规范、宣传教育“三箭齐发”，依法严惩养老诈骗违法犯罪，延伸治理侵害老年人合法权益的涉诈乱象问题，为广大老年人安享幸福晚年营造良好社会环境。

[5] **唐某某等人重大涉黑案：**2004 年以来，以唐某某为首的涉黑团伙多次采取暴力、威胁等手段，有组织地实施聚众斗殴、

寻衅滋事、故意伤害、非法拘留、强迫交易、敲诈勒索等违法犯罪活动。同时利用组织影响力，开设赌场、收取保护费、垄断部分行业，攫取非法利益。2020 年 10 月 29 日，法院一审判决，被告人唐某某犯组织、领导黑社会性质组织罪以及强迫交易罪、故意伤害罪、非法拘禁罪、敲诈勒索罪、聚众斗殴罪、寻衅滋事罪、开设赌场罪、包庇罪 9 项罪，数罪并罚，决定执行有期徒刑二十年，并处没收个人全部财产。对其他 14 名被告人分别判处二年至十年六个月不等刑罚及相应财产刑。

[6] **某街道基层执法人员恶势力团伙敲诈勒索案：**2020 年 7 月至 2021 年 5 月，某街道外包执法队员与社会人员勾结，利用社区管理漏洞，多次实施敲诈勒索违法犯罪活动，为非作恶、欺压群众，严重侵害群众的身心健康和财产权利，极大降低了社会公众生活安全感，扰乱正常社会生活秩序。光明区法院一审判处多名被告人二年至三年六个月有期徒刑。

[7] **“打财断血”：**根据最高人民法院、最高人民检察院、公安部、司法部联合印发的《关于办理黑恶势力刑事案件中财产处置若干问题的意见》，为彻底铲除黑恶势力犯罪的经济基础，防止其死灰复燃，公安机关、人民检察院、人民法院在办理黑恶势力犯罪案件时，在查明黑恶势力组织违法犯罪事实并对黑恶势力成员依法定罪量刑的同时，要全面调查黑恶势力组织及其成员的财产状况，依法对涉案财产采取查询、查封、扣押、冻结等措施，并根据查明的情况，依法作出处理。

[8] **以审判为中心的刑事诉讼制度改革：**最高人民法院、最高人民检察院、公安部、国家安全部、司法部发布《关于推进以审判为中心的刑事诉讼制度改革的意见》，明确未经人民法院依法判决，对任何人都不得确定有罪。人民法院、人民检察院和公安机关办理刑事案件，应当分工负责，互相配合，互相制约，保证准确、及时地查明犯罪事实，正确适用法律，惩罚犯罪分子，保障无罪的人不受刑事追究。

[9] **执行转破产：**指人民法院在执行程序中，发现作为被执行人的企业法人不能清偿到期债务，并且资产不足以清偿全部债务或者明显缺乏清偿能力，经被执行人或者有关被执行人的任何一个执行案件的申请执行人书面同意，将执行案件移送被执行人住所地法院进行破产审查的制度。

[10] **“1+6+31+N”多元化矛盾纠纷解决体系：**“1”指的是在法院建立 1 个多元解纷中心，“6”指的是在 6 个街道建立巡回法庭，“31+N”指的是在社区以及矛盾纠纷高发点接入远程司法确认平台，对以调解方式解决的矛盾纠纷予以司法确认。

[11] **艾某停工留薪期待遇案：**艾某系被告深圳市某工程有限公司员工。2019 年 12 月 24 日，艾某在上班途中因交通事故受伤。深圳市劳动能力鉴定委员会作出鉴定结论，认定艾某停工留薪期为 2019 年 12 月 24 日至 2020 年 6 月 24 日。在停工留薪期内，艾某自行恢复工作并获取报酬，深圳市某工程有限公司据此拒不支付艾某停工留薪期待遇。光明区法院审理认为，劳动者在停工留薪期内提前恢复工作，或是基于对工作的热爱，或是为了增加收入，均是敬业的表现，与社会主义核心价值观相符。若因劳动者提前恢复工作而不能享受停工留薪期的工资福利待遇，或仅能享受部分停工留薪期的工资福利待遇，则将打击工伤职工提前恢复工作的积极性，可能起到“奖懒罚勤”的后果，与社会主义核心价值观不相符。因此，光明区法院支持艾某关于深圳市某工程有限公司应当全额支付艾某停工留薪期内工资的诉请。

[12] **光明区首宗申请指定遗产管理人案：**被继承人黄某某于 2015 年 6 月 25 日去世，被继承人丈夫凌某某于 2003 年 4 月 24 日去世。黄某某共生育李某 1、李某 2、凌某 2、凌某 1、凌某 3、凌某 4、凌某 5、凌某 68 名子女。其中李某 2、凌某 1 早年失散，下落不明。李某 1 于 2008 年 12 月 30 日去世，其有李某 3、李某 4、李某 5、李某 6、李某 75 名子女。凌某 6 于 2015 年 8 月 24 日去世，其有凌某 7、凌某 8、凌某 93 名子女。被继承人黄某某的主要遗产有深圳市某股份有限公司股份以及银行存款等。现各继承人一致同意推选凌某 3 作为遗产管理人。光明区法院认为，遗产管理人是民法典新设的制度，本案可以适用《中华人民共和国民法典》的有关规定。本案各申请人系黄某某遗产的合法继承人，各申请人都一致同意由合法继承人之一凌某 6 作为遗产管理人符合法律规定，应予准许，遂作出民事判决：指定凌某 6 为黄某某的遗产管理人。

[13] **肖某某遭受家庭暴力案：**未成年人肖某某生活于单亲家庭，肖父因肖某某学习成绩下降，将肖某某手脚捆绑住，使用衣架抽打肖某某背部造成背部瘀青挫伤，并用冷水泼肖某某身体。当晚，派出所民警接到肖某某邻居报案，派出所迅速介入并针对肖父的行为开具家庭暴力告诫书。两日后，肖某某的班主任因发现肖某某有自残行为和轻生倾向，遂陪同肖某某前往派出所反映情况，警方伤情鉴定结果为轻微伤。同时，警方将该案转入光明区反家暴中心，该中心积极联系相关部门介入该案。2021 年 2 月 2 日，光明区群团工作部代肖某某向区法院申请人身安全保护令。光明区法院认为，肖某某确实存在遭受其父亲家庭暴力的情况，符合《中华人民共和国反家庭暴力法》关于人身安全保护的条件；肖某某系限制民事行为能力人，光明区群团工作部代为申请人身安全保护令符合法律规定，遂在立案后 24 小时内发出人身安全保护令裁定，禁止被申请人对申请人实施家庭暴力。

[14] **民事诉讼程序繁简分流改革：**2020 年 1 月，最高人民法院制定《民事诉讼程序繁简分流改革试点方案》，要求深化民事诉讼制度改革，推进案件繁简分流、轻重分离、快慢分道，包含优化司法确认程序、完善小额诉讼程序、完善简易程序规则、扩大独任制适用范围、健全电子诉讼规则 5 个举措。

[15] **“执前和解”：**指登记立案前，法院委派行政机关、人民调解、行政调解、商事调解、行业调解等具有调解职能的单位、组织或个人，促使当事人在自愿合法的基础上达成和解，使胜诉当事人尽早实现权益。

[16] **政法队伍教育整顿：**2021 年 2 月 27 日，全国政法队伍教育整顿动员部署会议在京召开，标志着政法队伍教育整顿正式

开始。聚焦筑牢政治忠诚、清除害群之马、整治顽瘴痼疾、弘扬英模精神“四项任务”，包括学习教育、查纠整改、总结提升“三个环节”，目标是全面正风肃纪、反腐强警，加强革命化、正规化、专业化、职业化建设，努力打造一支党和人民信得过、靠得住、能放心的政法铁军。

[17] **“三个规定”**：《领导干部干预司法活动、插手具体案件处理的记录、通报和责任追究规定》《司法机关内部人员过问案件的记录和责任追究规定》《关于进一步规范司法人员与当事人、律师、特殊关系人、中介组织接触交往行为的若干规定》，简称为“三个规定”。

深圳深汕特别合作区人民法院工作总结

2022 年，深汕法院坚持以习近平新时代中国特色社会主义思想为指导，以学习贯彻党的二十大精神为主线，全面贯彻落实习近平总书记对广东、深圳系列重要讲话和重要指示批示精神，在市委、区党工委领导和上级法院指导下，在区管委会及社会各界的大力支持下，深汕法院紧紧围绕“努力让人民群众在每一个司法案件中感受到公平正义”的目标，忠实履行宪法法律赋予的职责，践行司法为民宗旨，坚持服务大局，推动各项工作取得新成效。2022 年，全年共受理各类案件 1936 件，审执结 1834 件，结案率达 94.37%，结收比 100.11%。

一、2022 年工作总结

(一) 政治建院强引领，打造过硬法院队伍

坚持党的绝对领导，深化政治建院。始终坚持党对法院工作的绝对领导，持续推动学习贯彻习近平新时代中国特色社会主义思想走深走实，严格落实“第一议题”学习制度，深刻领悟“两个确立”的决定性意义，增强“四个意识”，坚定“四个自信”，做到“两个维护”，引导全体干警坚定政治立场，秉持理想信念，锻造司法忠诚。积极开展学习贯彻党的二十大精神主题活动，在全院掀起学习党的二十大精神风潮，推动党的二十大精神融入法院各项工作，树牢司法为民、人民至上理念。狠抓意识形态工作，维护司法领域意识形态安全。2022 年共开展党组会“第一议题”学习 41 次，全国法院“两个确立”主题教育活动 13 次，党的二十大各类形式学习活动 33 次，意识形态党组会专题报告 2 场、主题大会 1 场。党建工作取得扎实成效，其中《深汕法院：“红色引擎”激活干事创业强大动能》新闻通讯稿刊发于最高人民法院内网，被人民日报客户端刊发，在《法治日报》刊发报道。

持续完善组织架构，深化党建促队建。不断完善党组织架构，实现党支部升格为党总支，成立 3 个下属机关党支部，成立工会、团支部委员会、妇女委员会，为培养干部建巢筑屋。结合“雏鹰计划”，制定青年工作方案，创建“深汕法 • 青年说”“琅悦读书会”品牌，至今共开展 44 期业务学习会。开展智慧法院、急救技能、心理课程等培训若干场，为青年干警提供学习、发展的多元平台。完成市外选调公务员、市考公务员以及合同制审判辅助人员、事务员等批次人员招录工作，不断完善梯队人才队伍建设。深入践行“党建 +”系列活动，衔接乡村振兴、党员干部“普遍联系基层直接服务群众”等工作，开展党建活动 30 余场，让青年干部在党建中得到锤炼，实现党建促队建，为成长型法院人才发展奠定基础。2022 年度深汕法院团支部获评全市法院“五四红旗团支部”，一人获评深圳法院首届“十佳青年”。

强化作风效能建设，深化从严治院。落实全面从严治党主体责任，严格执行中央八项规定及其实施细则精神、防止干预司法“三个规定”、新时代政法干警“十个严禁”等铁规禁令，持续整治“四风”问题。深化以案促改警示教育，以组织观看警示片、开展廉政心得分享会、开展廉政主题谈心谈话等方式，筑牢防腐拒变思想防线，营造风清气正廉洁氛围，进一步改进司法作风。

(二) 忠诚履职尽责，维护社会公平正义

严惩刑事犯罪，维护社会稳定。贯彻总体国家安

全观，依法有力打击犯罪，维护区域安全和社会稳定，2022 年共审结各类刑事案件 68 件。重点打击危险驾驶、交通肇事等危害社会公共安全犯罪 43 件。刑事案件政法跨部门办案平台单轨制流转率 100%，居全市基层法院第一位，促进刑事案件流转规范化，提高办案质效。严厉打击侵害公民人身财产权利犯罪，审结故意伤害、强奸、抢劫等人身财产权利刑事犯罪 15 件，切实增强人民群众安全感，有效推进“平安深汕”建设。积极回应群众关切，成立打击整治养老诈骗专项工作小组，守护老年人的“钱袋子”，其中深汕法院法官进村居为一众老年人宣讲“预防养老保险诈骗”工作被广东省高级人民法院官方微博转发。

妥处民商纠纷，强化民生保障。2022 年，公正高效审结各类民商事案件 1587 件。妥善审理民间借贷、人身损害、农民工欠薪等民生案件 536 件，加强民生司法保障。深化家事审判改革，审结婚姻家庭纠纷案件 46 件，签发深汕特别合作区第一份人身安全保护令。开展“她·守护”妇女儿童权益保护计划工作，与公安、妇联等部门共同签署《关于推进妇女儿童权益保护诉源治理的框架协议》，完成家事调解员、家事调查员选任聘用，促进家事纠纷专业化、社会化、人性化解决。“她·守护”计划获得 2021—2022 年全省国家机关“谁执法谁普法”优秀普法项目、2022 年深圳党建引领基层治理“深圳之治”优秀案例。高效处理涉金融涉企纠纷 826 件，多元化解合同纠纷 717 件，弘扬诚实守信契约精神，为深汕建设新一代世界一流汽车城营造法治化营商环境。其中一件承揽合同纠纷入选“深圳法院群众工作首届十佳典型案例”，被《法治日报》等媒体刊载宣传。

全力推进执行攻坚，兑现合法权益。巩固深化攻坚成果，健全完善长效机制，保持执行工作高水平运行。2022 年执结各类案件 179 件。不断完善财产查控措施，依托“鹰眼执行综合应用平台”，全面查控被执行人财产。践行善意文明执行理念，加强执行立案前督促履行及和解履行工作，创新执行模式，深化执源治理，促进执行双方共赢。完善执行联动，其中一件联动海丰法院执结的涉企纠纷获三家当事人高度认可，为小微企业克服经济难关保驾护航，深入践行“我为群众办实事”理念。积极开展执行经验总结，撰写执行案例，提炼工作方法，指引后期执行工作，其中一篇执行工作案例入选“深圳法院群众工作首届十佳典型案例”。

（三）深化司法改革，提亮深汕司法品牌

强化审判监督，提优审判质效。全面落实司法责任制，实现院庭长一线办案，落实监督管理职责，细化履职指引，2022 年，院庭长超额完成年度办案任务。构建智能化精准监管体系，完善审执态势数据分析周报、月报工作机制，优化发改案件评查方案，加大重大敏感、疑难复杂等“四类案件”监督管理，提升审判监管效能。2022 年，民刑上诉案件发改率仅为 1.33%。初步形成“类案检索初步过滤、专业法官会议凝聚共识、审判委员会讨论决定”争议沟通解决机制，统一裁判标准。构建裁判文书“守关”责任，杜绝裁判文书“带病”出门。

深化无纸化办案，提升群众司法获得感。依托“广东诉讼服务网”“移动微法院”以及 12368 诉讼服务热线等，实现诉讼事项、问题咨询全流程网上办理，当事人不进法院便可办理诉讼事宜。依托“融平台”，实现诉调对接信息化，汇聚多元解纷力量，为当事人提供一站式纠纷化解。2022 年，诉前调解成功案件 537 件。设立集约送达集约排期和司法鉴定前置引导工作机制，有序推进司法辅助事务组织架构重构和业务流程再造，有效缩短一审案件平均审理周期，提升办案速度，增加人民群众司法获得感。持续推进电子卷宗随案同步生成，结案同时同步归档，实现无纸化办案，为案件审理“提挡加速”，2022 年电子卷宗归档率 97.93%。

深耕金融诉源治理，打造金融治理高地。以“试点法院 + 试点银行”模式，开展金融消费纠纷全生命周期多元化解改革，立足诉前、诉中、判后和执行四个节点，通过法官全流程介入指导调解、委托商事调解组织、制定个性化调解方案，实现金融消费纠纷高效和谐化解，帮助“诚而不幸”的当事人体面解决债务纠纷。2022 年，金融消费纠纷案件诉前调解成功率 39.44%，诉讼案件平均审理周期 35.8 天。实现金融类案网上立案、智能审核，通过格式化审理实现金融类案智慧审判，夯实办案基础，该项改革工作入选市委全面深化改革委员会首批改革宣传案例。

（四）以服务大局为中心，践行司法为民宗旨

强化府院联动，主动融入社会治理。紧紧围绕中央、省委、市委工作安排和上级法院工作任务，立足深汕特别合作区实际，为经济社会高质量发展提供有力司法保障，《法治日报》用整版刊发我院《厚植法治根基 浸润法治底色 深圳深汕法院探索“飞地”司法模式服务保障一体化发展》的综合性报道。《“四维发力”赋能法治保障，助力基层治理服务乡村振兴》案例入选“圳・治2022”中国式现代化深圳探索优秀案例。紧盯全方位推动深汕高质量发展的目标，对土地征地款纠纷开展专项调研，分析研判问题解决路径，形成两份调研报告和一份司法建议，推动区党工委、管委会成立工作专班并研究出台《深圳市深汕特别合作区农村集体经济组织成员身份确认工作指导意见》，有效指引村级组织开展征地补偿工作以及村集体经济组织成员资格认定。针对部分涉及深汕四家房地产公司相关纠纷，主动在诉前参与纠纷化解，在区党工委领导下，联动相关职能部门，建立工作专班，提供专业法律意见，助推化解关键时期群体性纠纷。根据省市区关于疫情防控工作部署，统筹抓好疫情防控和审判执行工作，积极参与疫情志愿服务，共派出抗疫志愿者346人次，其中一人荣获“深汕青年五四奖章战疫专项”。

聚焦发展重点，服务保障乡村振兴。聚焦深汕产城乡融合发展的研究部署，发布《深圳深汕特别合作区人民法院关于为全面推进深圳市深汕特别合作区乡村振兴提供司法服务和保障的意见》，构建乡村振兴“4+N”工作模式，即“党建＋、诉源治理、法治宣传、司法保障”四项工作职能＋挂点镇政府辖区司法服务乡村振兴战略的工作机制。《深汕法院：构建“4+N”工作模式助力乡村振兴》获《人民法院》报刊发，也在最高人民法院内网报道，进一步宣传了我院的工作成效，取得了良好的社会效果。积极参与党工委领导下的诉源治理工作，积极推动四镇诉讼服务站实体运行、巡回审判，为老幼病残等特殊群体提供身边司法服务，让更多司法服务走进田间地头、村庄社区，让人民群众有更多的获得感。依托与鲘门社区、红源村、红泉村党支部结对共建，在乡村振兴调研、法治宣传、联系困难群众等方面展开工作，解决3名困难户子女落户上学问题，赠送了3批次防疫物资、法律书籍、普法宣传册等，政法干部带队深入村、社区30余次。

加强法治宣传，营造社会法治氛围。积极参与依法治区工作，落实“谁执法谁普法”责任制，常态化开展未成年人保护、劳动权益、企业合规、乡村振兴等主题法治宣传“四进”活动、法治专题讲座11场次，惠及1.2万余人，营造深汕良好法治氛围。依托“她・守护”计划，以全面推进乡村振兴为着力点，深入四镇开展“反家暴 创平安 促和谐”专项普法活动，参与人数达700余人，发放宣传资料3400余册，提升深汕特别合作区妇女儿童发展的人文环境。为农村留守儿童引入心灵魔法课堂，为村委“四点半学校”开展绘画疗愈，爱心帮扶，增强留守儿童自我认同感，树立理想信念。

二、2023年工作计划

新的一年，深汕法院将坚持以习近平新时代中国特色社会主义思想为指导，切实把思想和行动统一到党的二十大提出的重大战略部署和各项目标任务上面，奋力开创新时代法院工作新局面，为推进深汕特别合作区经济社会高质量发展、深圳“双区”建设、“新一代世界一流汽车城”建设提供有力司法服务。

（一）践行党的二十大精神，坚守司法为民

把学习宣传贯彻党的二十大精神作为今后首要政治任务，以党的二十大精神为指引，坚定不移把党的二十大提出的目标任务融入法院各项工作中，把实现好、维护好、发展好最广大人民根本利益作为法院工作的出发点和落脚点，严格公正司法，深入推进社会主义核心价值观融入裁判文书，用一个个“小案件”讲好“大道理”。

（二）全力服务保障发展大局，坚定司法护航

结合深圳深汕同城同质同效治理体系、深汕特别合作区建设新一代世界一流汽车城、乡村振兴等区情，创新加强诉源治理工作，推动诉讼服务站的实体化运行和“无讼村居（社区）”建设，持续推进“她・守护”计划向纵深开展，推进基层社会治理体系和治理能力现代化。

（三）深入推进智慧法院建设，擦亮司法品牌

完善无纸化办案、无纸化办公机制，深化跨部门大数据办案平台应用推广，打破部门之间数据壁垒。充分运用科创成果服务司法改革，完善“至信链”平台功能，做实做细金融消费纠纷全生命周期多元化解改革各项工作，争取实现引导各类金融机构在深汕设立分支机构，推动各类商事调解组织、律师事务所环绕聚集，繁荣深汕金融体系、完善法律服务体系，切实服务保障各类汽车制造上下游企业落地即能享受多元优质的金融、法律服务。

（四）加强成长型法院建设，培养司法人才

强化落实市委组织部“雏鹰计划”，建立健全人才培养机制。以司法改革和上级法院“六优”争创为契机，号召青年干警发挥专业理论优势，在核心工作和重要赛事上主动参与、争优创先。积极发挥党支部和工青妇群团组织纽带作用，依托“朗悦读书会”“深汕法·青年说”等平台，开展各类形式培训活动，增强年轻干部知识储备和职场获得感。选优配强干部队伍，完成政法干部职务职级晋升、员额法官遴选等核心工作，完善成长型法院人才梯队建设，为深汕建立新一代世界一流汽车城储备优质司法力量。

·编辑：严俊·

统计资料

Statistics

深圳法院近五年受理案件与诉前化解纠纷数量

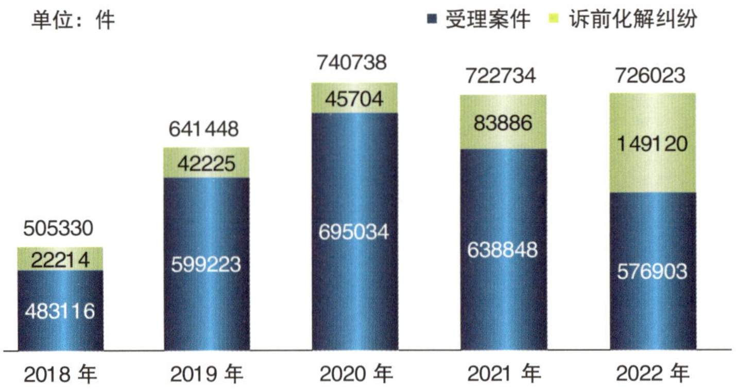

深圳法院 2022 年审执结案件类型构成

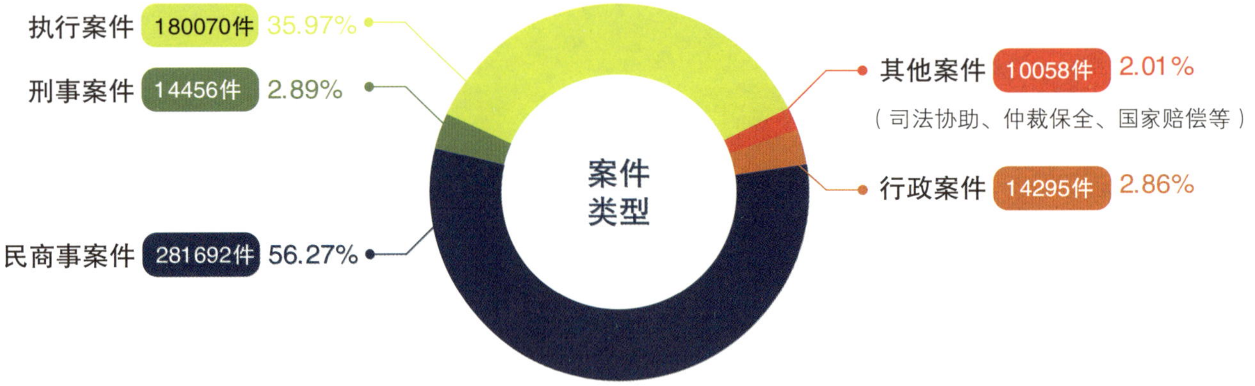

深圳法院 2022 年审结一审刑事案件类型构成

深圳法院 2021 年、2022 年审结一审主要犯罪案件类型对比

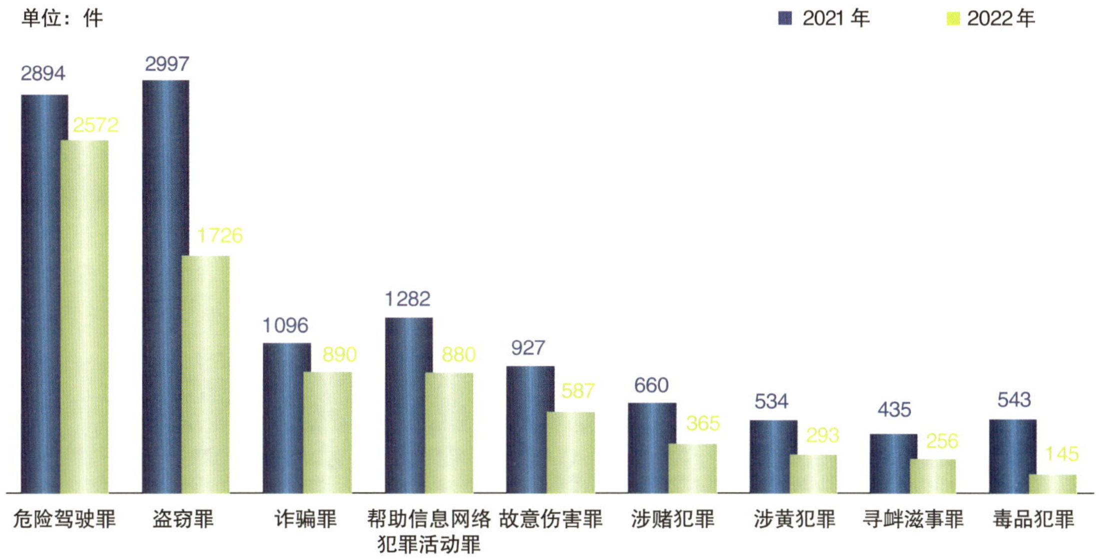

深圳法院 2022 年审结一审民商事案件类型构成

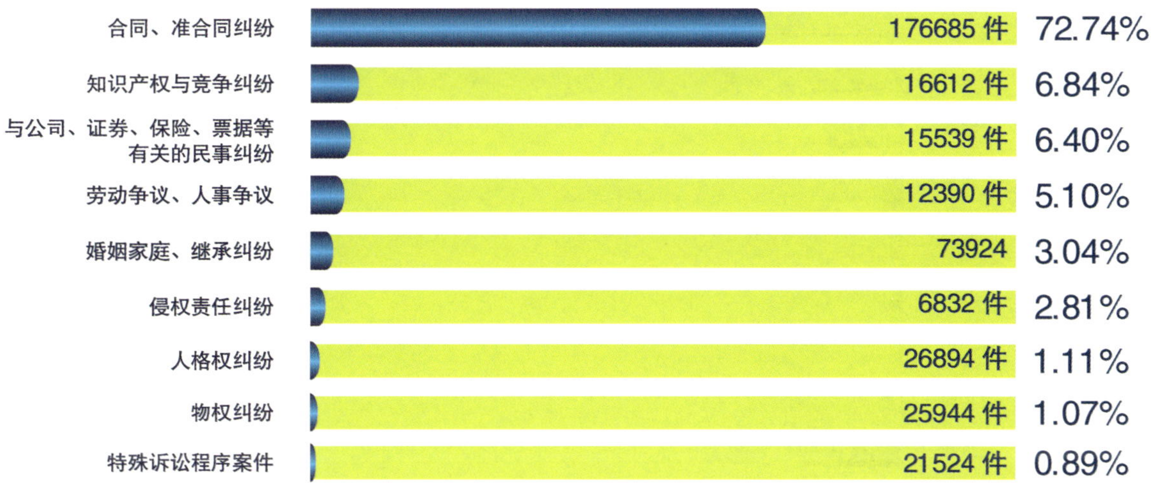

深圳法院 2021 年、2022 年审结一审主要民商事案件类型对比

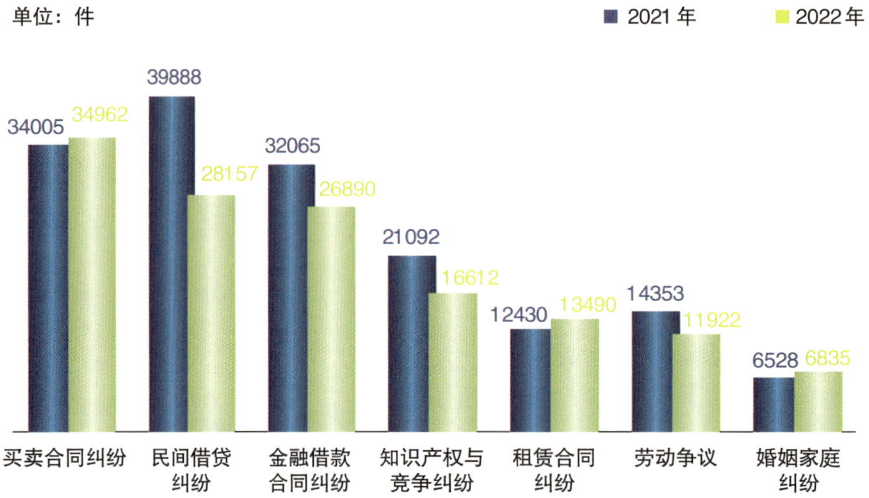

深圳法院 2022 年审结一审行政案件类型构成

深圳法院 2021 年、2022 年审结一审主要行政案件类型对比

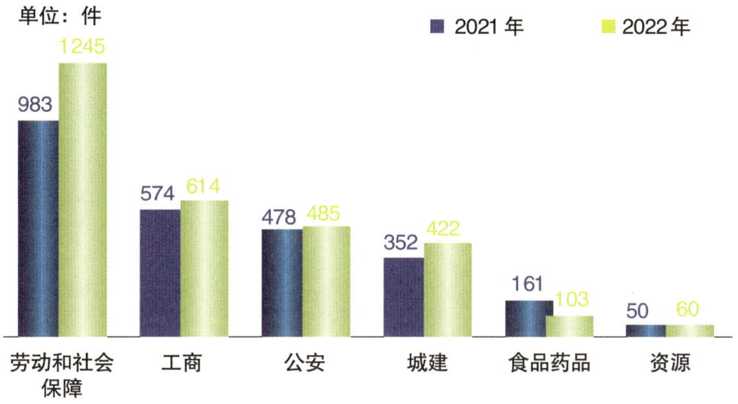

（图 / 市中院）

2022 年深圳法院执行案件数据统计

法院名称	执行案件				结案情况						未结	标的情况				五年以上未终结执行案件数量	群体性执行案件数量	执行款到账后超过 30 日通知申请人领取的案件数量	委托其他法院（含外地）执行案件数量	接受其他法院（含外地）委托执行案件数量	申请人与被申请人达成和解撤销执行申请案件数量
	新收	上年旧存	上年新收	新收同比	已结				同比	结收比		申请标的（万元）	到位标的（万元）	到位率	同比						
					终本	终结	全执结	其他													
深圳中院	7919	2432	11806	-32.92%	3073	385	1229	3744	-26.08%	106.47%	1920	22858189	6525777	28.55%	5.61%	0	0	0	4401	925	46
罗湖法院	28126	4047	32050	-12.24%	13900	12214	4051	558	-1.06%	109.23%	1450	1368242	420908.8	30.76%	11.24%	0	0	0	3194	2520	147
福田法院	37352	4215	39401	-5.20%	17477	14345	5661	1807	0.60%	105.19%	2277	3773555	902983.9	23.93%	0.62%	0	5	0	20532	14066	164
南山法院	17821	2830	20946	-14.92%	8150	6540	3857	857	-6.42%	108.88%	1247	1711581	456770.6	26.69%	2.98%	0	656	0	7160	30740	100
宝安法院	26713	4763	28894	-7.55%	12832	9070	7145	3	2.21%	108.75%	2426	1219119	279092.9	22.89%	-0.06%	0	3083	0	9878	4159	358
龙岗法院	19780	4056	23468	-15.72%	9517	6681	5081	790	-3.20%	111.57%	1767	1088153	359400.3	33.03%	8.99%	0	0	0	8286	3504	996
龙华法院	12968	2539	14450	-10.26%	6706	3897	3257	604	5.79%	111.54%	1043	555311.7	163404.8	29.43%	-1.14%	0	20	0	3876	1852	268
坪山法院	4603	1102	5804	-20.69%	2162	1374	1558	115	-3.86%	113.17%	496	192557.8	53605.9	27.80%	-3.42%	0	0	0	1769	307	161
光明法院	3211	274	1369	134.55%	1480	911	631	165	191.05%	99.25%	298	120883.8	36203.66	29.95%	5.90%	0	57	0	725	491	54
盐田法院	1526	431	1709	-10.71%	783	435	470	101	8.75%	117.23%	168	89335.48	28830.92	32.27%	3.29%	0	0	0	1342	1083	230
前海法院	5662	1058	4653	21.68%	2472	2518	791	494	38.92%	110.83%	445	919631.1	252990.5	27.51%	7.34%	0	1380	0	3445	431	196
深汕法院	174	19	183	-4.92%	68	32	74	5	8.48%	102.87%	14	5919.92	1840.18	31.08%	16.50%	0	0	0	70	61	32
汇总	165855	27766	184733	-10.22%	78620	58402	33805	9243	—	108.57%	13551	33902478.8	9481809.46	27.40%	4.43%	0	5201	0	64678	60139	2752

2022 年深圳法院基本解决执行难工作情况

执行法院	罚款		拘留		追究刑事责任				执行案件移送破产		采取拍卖措施案件数量	申请司法救助案件数量
	件数	金额（万元）	件数	人数	拒执罪、妨害公务罪移送（件）	拒执罪、妨害公务罪判决（件）	拒执罪自诉	拒执罪自诉判决	执行案件移送（件）	受理破产案件（件）		
深圳中院	3	30	0	0	0	0	0	0	28	3	1317	12
罗湖法院	3	10.3	0	0	9	3	4	4	0	0	478	1
福田法院	5	3	0	0	1	5	4	4	26	16	2344	0
南山法院	3	9	1	1	2	1	2	1	850	71	546	2
宝安法院	0	0	0	0	5	4	0	0	109	14	397	17
龙岗法院	9	52.5	3	3	16	4	2	2	532	46	605	16
龙华法院	0	0	0	0	12	7	1	1	9	6	115	5
坪山法院	0	0	0	0	3	1	0	0	21	21	71	5
光明法院	2	4	0	0	2	1	0	0	3	2	66	3
盐田法院	9	52.43	0	0	0	0	0	0	2	2	120	1
前海法院	0	0	0	0	0	0	0	0	27	19	364	2
深汕法院	0	0	0	0	0	0	0	0	0	0	1	0
总计	34	161.23	4	4	50	26	13	12	1607	200	6424	64

2022 年深圳法院办理行政机关申请强制执行案件统计

执行法院	上年旧存	新收	结案数（含旧存）	未结数（含旧存）	申请执行金额（罚款，单位：万元）	执行到位金额（罚款，单位：万元）
深圳中院	2	5	5	2	6202.76	26.69
罗湖法院	18	86	90	17	63453.02	667.82
福田法院	32	2261	2265	28	35572.29	5597.99
南山法院	4	46	48	2	579.55	94.6
宝安法院	41	142	175	8	2420.73	742.02
龙岗法院	15	219	206	28	3856.39	730.36
龙华法院	21	70	85	6	652.67	28.42
坪山法院	0	57	56	1	50.75	42.14
光明法院	2	28	30	0	261.33	86.08
盐田法院	431	1436	1703	164	106092.14	29834.17
前海法院	987	5203	5806	285	889966.9	238829.46
深汕法院	0	2	1	1	9.92	0
汇总	1553	9555	10470	542	1109118.45	276679.75

2022 年深圳市中级人民法院审判执行工作数据

表 1　2022 年深圳市中级人民法院审执结案件类型构成表

审级	类型	新受理数量（新收）	上年结存数量	结案数量	本年结存数量	结案率
一审	刑事	321	237	301	257	53.94%
	民事	7489	2687	8273	1903	81.30%
	行政	108	84	121	71	63.02%
二审	刑事	1927	386	1951	362	84.35%
	民事	33224	13023	32174	14073	69.57%
	行政	2368	181	2111	438	82.82%
执行		7919	2432	8431	1920	81.45%
国家赔偿与司法救助		46	15	40	21	65.57%
减刑假释		1312	0	1312	0	100.00%
其他		8699	4463	7342	5820	55.78%

表 2　2022 年深圳市中级人民法院调解案件构成表

案件类型	诉前调解			诉中调解		一审判后，二审审前调解		
	调解数量	调解成功数量	调解员数量	调解数量	调解成功数量	调解数量	调解成功数量	调解员数量
民事案件	11374	3273	68	40699	9031	37272	4085	68
行政案件	—	—	—	2472	111	452	449	3

表 3　2022 年深圳市中级人民法院行政诉讼案件构成表

所涉领域	案件数（宗）
土地征收类	40
行政复议类	29
海关类	5
证券、外汇类	6
行政批复类	5
土地规划监察	3
行政协议类	3
行政登记类	1
公安（涉外）	1
其他	11
合计	104

2022年深圳市中级人民法院司法建议统计表

司法建议书编号	事由	发送对象
2022深中法建第1号	深圳中院在审理保险合同纠纷、保险代位求偿权纠纷若干案件时发现，保险公司对于车辆维修方案、维修费用的核定存在未与车主充分沟通、未向赔偿义务人履行告知义务并保障其合理的知情权、异议权的问题，并由此引发了很多纠纷，故提出相关建议	中国银保监局深圳监管局
2022深中法建第2号	建议对深圳市好实惠百货有限公司销售过期商品的违法行为进行查处	深圳市市场监管局
2022深中法建第3号	建议高度重视陈某某涉刑事赔偿信访案件，组织对陈某某刑事案件复查，调查核实陈某某所诉因涉嫌敲诈勒索罪被扣押财物和羁押受伤情况。诉求合理但责任不落实的，要主动限期解决；无理的诉求要做到解释、疏导；落实生活困难的救助、帮扶措施。依法依规通过案件复查和信访办理，努力实现陈某某赔偿信访事项妥善化解处理	深圳市公安局
2022深中法建第4号	金融资产管理公司（以下简称资管公司，主要有华融、长城等资管公司）以债权转让等方式开展借贷业务即“明债实贷”引发的纠纷案件呈持续增多态势。资管公司通过上述形式违规收购不真实的非金融机构企业不良资产并提供融资贷款，以收取财务顾问费、重组款项补偿金、重组宽限补偿金、违约金等形式变相收取高额资金利息。资管公司此类重组“擦边球”业务违反相关金融监管规定，隐含国有资产流失等多重风险，亟须加以监管。结合司法实务中此类案件的审理情况，提出相关司法建议	中国银保监局深圳监管局
2022深中法建第5号	关于在国有资产监管过程中依法平等保护民营企业合法权益的司法建议	宝安区国有资产监督管理局
2022深中法建第6号	建议研究拟定关于美术作品在文艺创作、市场交易、展览收藏、强制保险与保价、知识产权保护、行业监督等方面的政策措施，起草相关法律、行政法规草案	中华人民共和国文化和旅游部
2022深中法建第7号	建议研究拟定关于美术作品在文艺创作、市场交易、展览收藏、强制保险与保价、知识产权保护、行业监督等方面的政策措施	广东省发改委价格中心
2022深中法建第8号	建议税务机关依法依规对涉案相关公司少缴税款等事实重核处理	国家税务总局深圳市税务局稽查局
2022深中法建第9号	研究深圳市新冠疫情下来深创业者中暂时失业人员因饮食窘迫的临时救助政策	深圳市民政局
2022深中法建第10号	关于建立词条信息审核及安全使用机制的司法建议	百度在线网络科技（北京）有限公司
2022深中法建第11号	关于对深圳市南山区亿丰商店销售假冒注册商标的商品的违法行为进行查处的建议	深圳市市场监管局
2022深中法建第12号	关于防范辖区内养老诈骗行为的司法建议	深圳市市场监督管理局罗湖监管局
2022深中法建第13号	关于核查重复户口导致的重复结婚登记的司法建议	深圳市民政局
2022深中法建第14号	关于保障人民群众便捷快速举证的司法建议	中国银保监局深圳监管局
2022深中法建第15号	关于行政程序中收集的言词证据在刑事案件中应转化的证据的司法建议	深圳市公安局

（续表）

司法建议书编号	事由	发送对象
2022 深中法建第 16 号	关于加强辖区银行互联网贷款业务合规管理的建议	中国银保监局深圳监管局
2022 深中法建第 17 号	关于加强对恶意注销企业行为加强监管的司法建议	深圳市市场监管局
2022 深中法建第 19 号	关于规范学位申请的司法建议	深圳市教育局
2022 深中法建第 20 号	关于对相关违规建设予以处理的建议	深圳市宝安区土地监察局
2022 深中法建第 21 号	关于对停运损失进行研究的司法建议	中国银保监局深圳监管局
2022 深中法建第 22 号	关于评估费的司法建议	国众联资产评估土地房地产估价有限公司
2022 深中法建第 23 号	关于总结经验的司法建议	深圳市公安局龙岗分局
2022 深中法建第 24 号	关于加强维护社会治安秩序的司法建议	深圳市公安局

2022 年深圳前海合作区人民法院审判执行工作数据

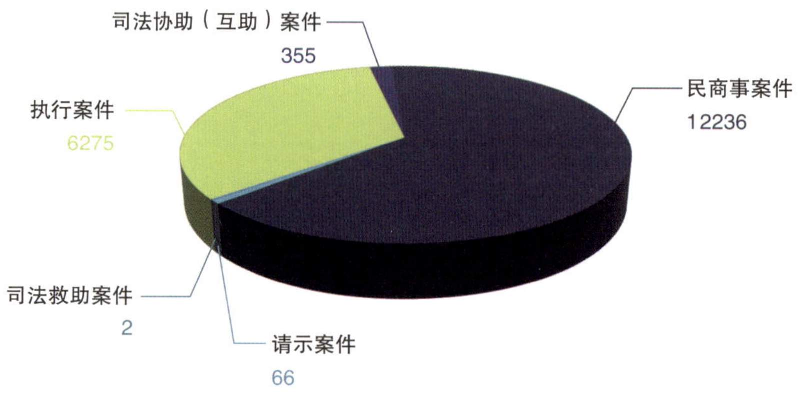

图 1　2022 年前海法院审结案件类型图

图 2　2022 年前海法院民商事案件类型图

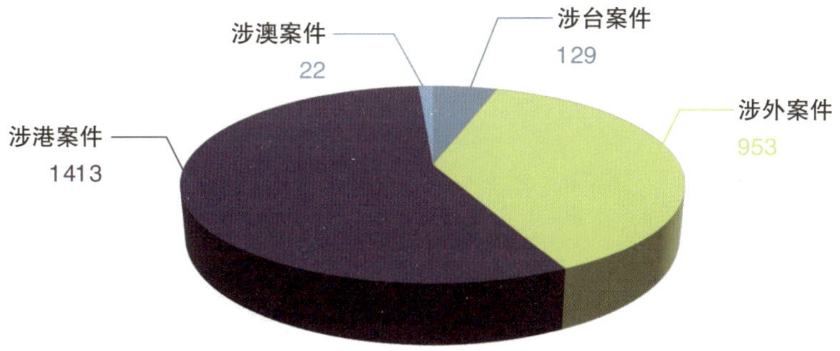

图 3　2022 年前海法院涉外涉港澳台民商事案件类型图

2022 年深圳市福田区人民法院审判执行工作数据

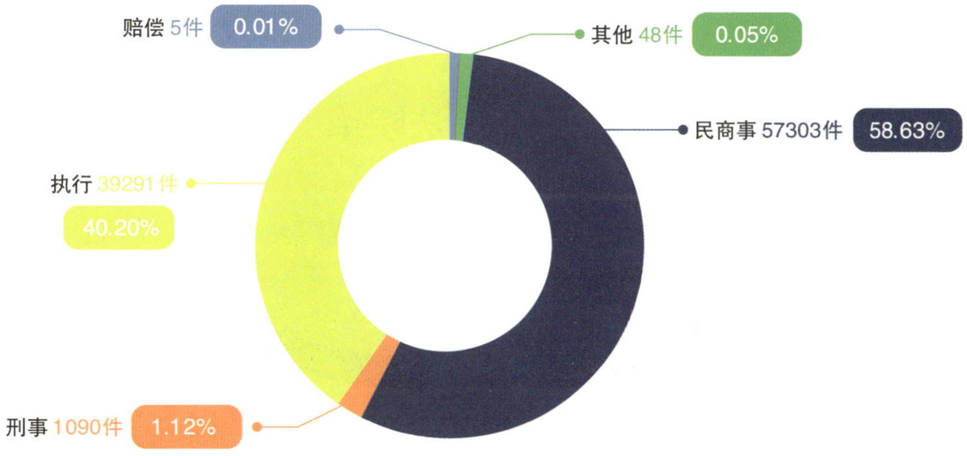

图 1　2022 年福田法院审执结案件类型构成图

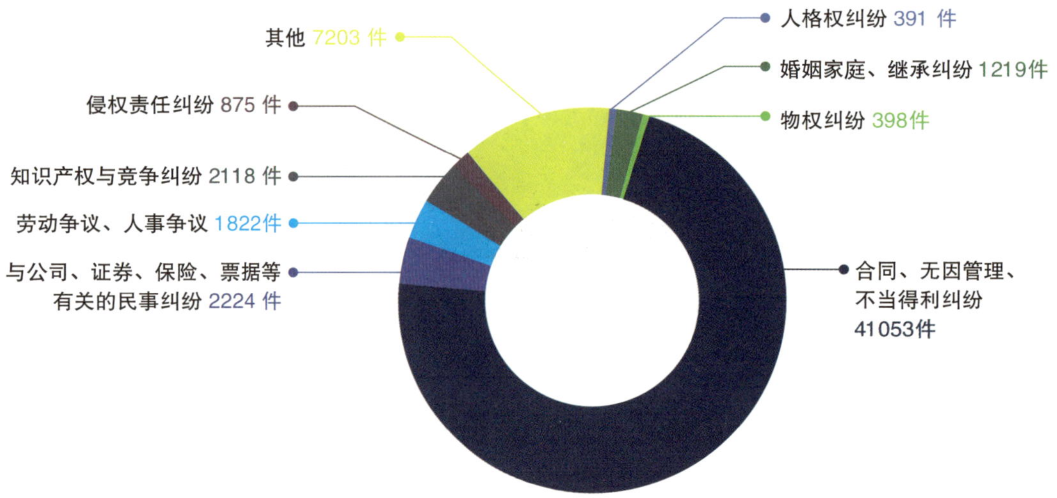

图 2　2022 年福田法院一审民商事案件类型构成图

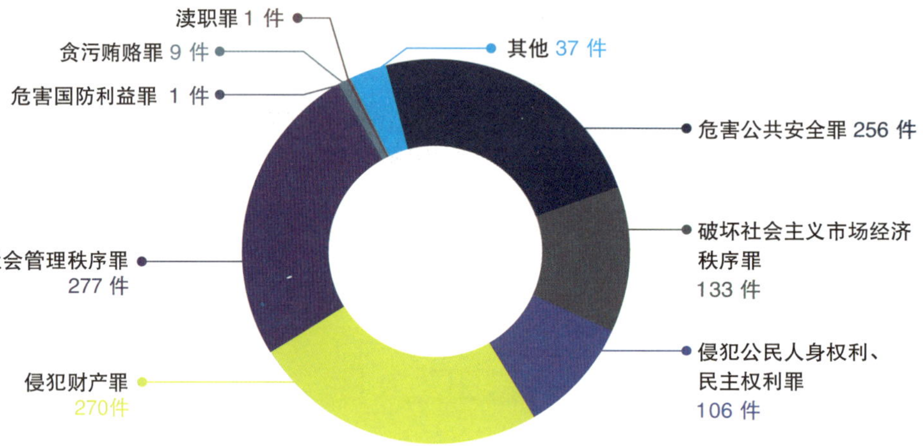

图 3　2022 年福田法院一审刑事案件类型构成图

2022 年深圳市罗湖区人民法院审判执行工作数据

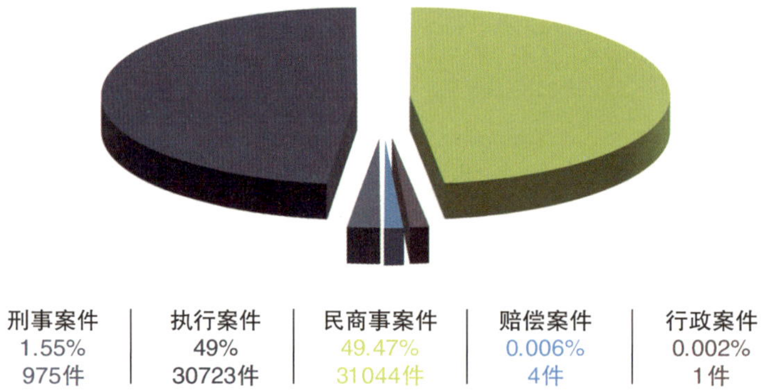

图 1　2022 年罗湖法院审结案件结构分布图

图 2　2022 年罗湖法院审结一审刑事案件类型构成图

图 3　2022 年罗湖法院审结一审民商事案件类型构成图

2022 年深圳市盐田区人民法院审判执行工作数据

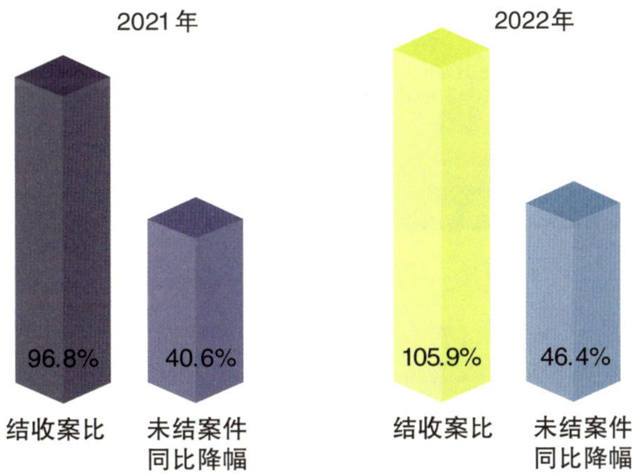

图 1　2021 年、2022 年盐田法院结收案比与未结案件降幅对比图

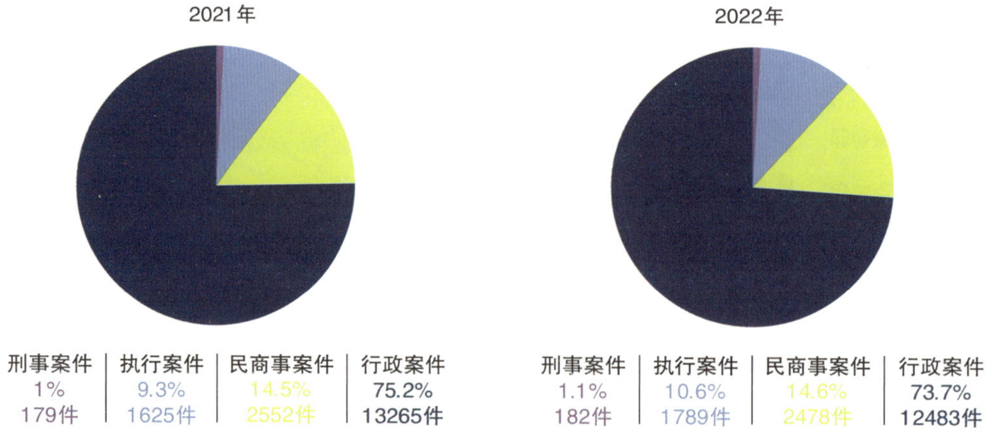

图 2　2021 年、2022 年盐田法院结收案比与未结案件降幅对比图

图 3　2022 年盐田法院审结一审民商事案件类型构成图

图 4　2022 年盐田法院审结一审刑事案件类型构成图

图5 2022年盐田法院审结一审行政诉讼案件类型构成图

2022年深圳市南山区人民法院审判执行工作数据

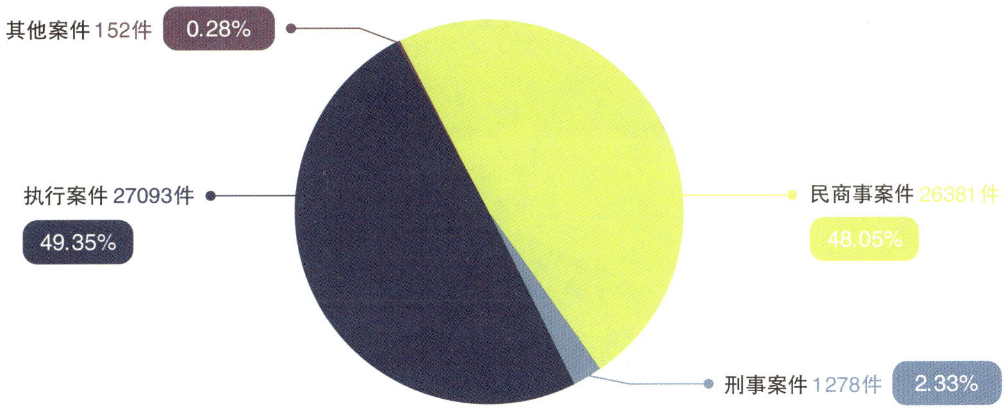

图1 2022年南山法院审执结案件类型构成图

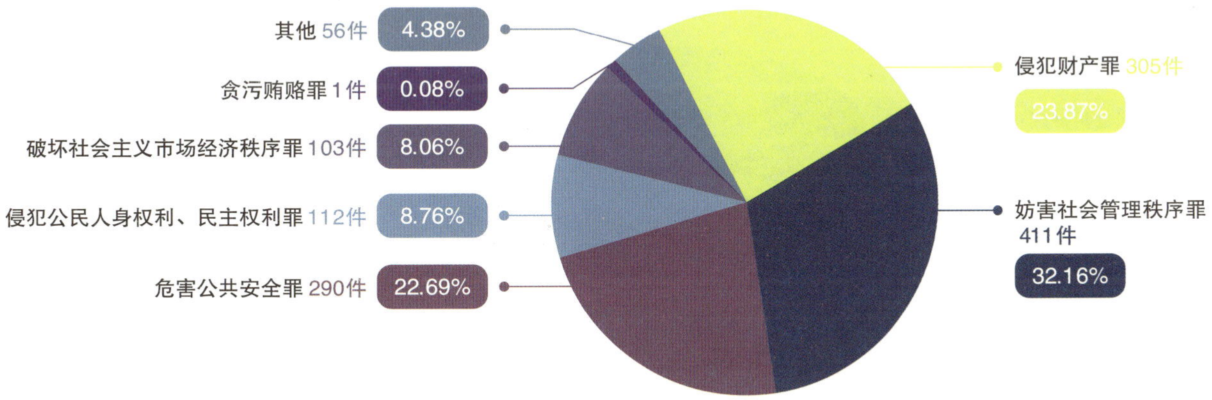

图2 2022年南山法院一审刑事案件数量及类型构成图

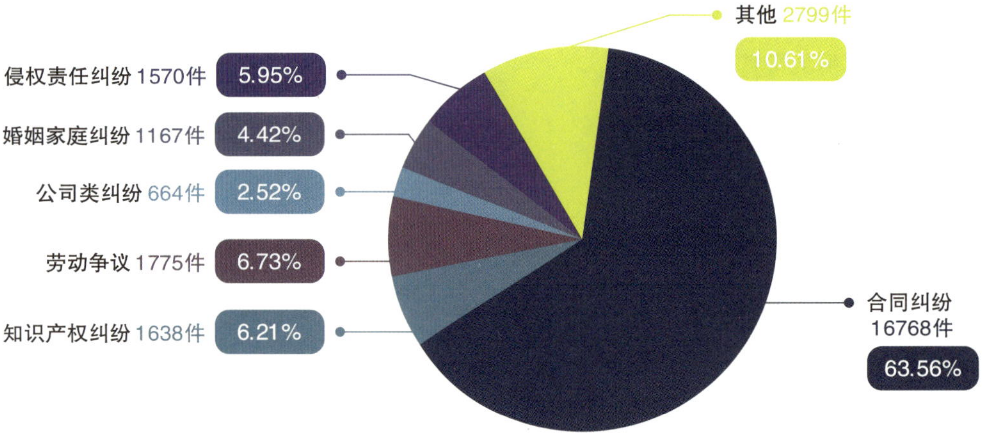

图3　2022 年南山法院一审民商事案件数量及类型构成图

2022 年深圳市宝安区人民法院审判执行工作数据

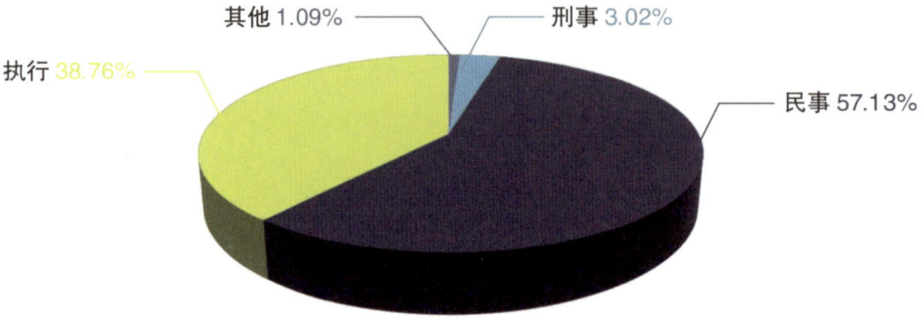

图 1　2022 年宝安法院审执结案件类型构成图

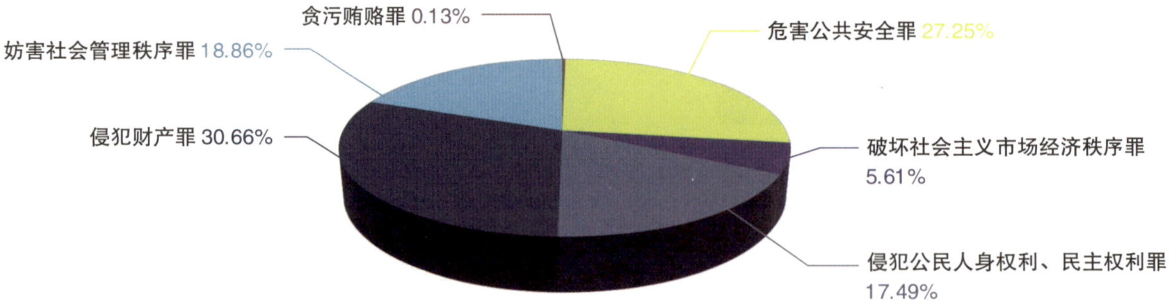

图 2　2022 年宝安法院一审刑事案件类型构成图

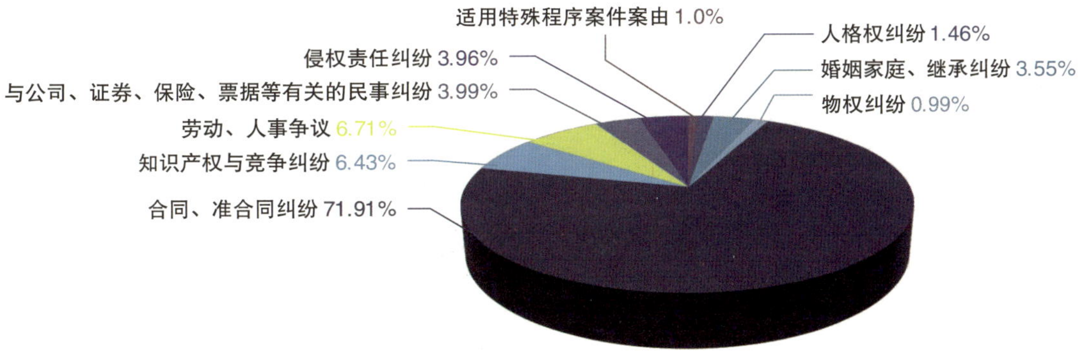

图 3　2022 年宝安法院一审民事案件类型构成图

2022 年深圳市龙岗区人民法院审判执行工作数据

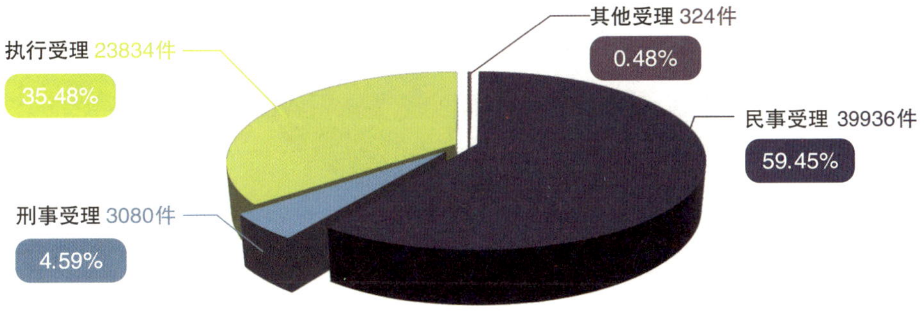

图 1　2022 年龙岗法院受理案件类型示意图

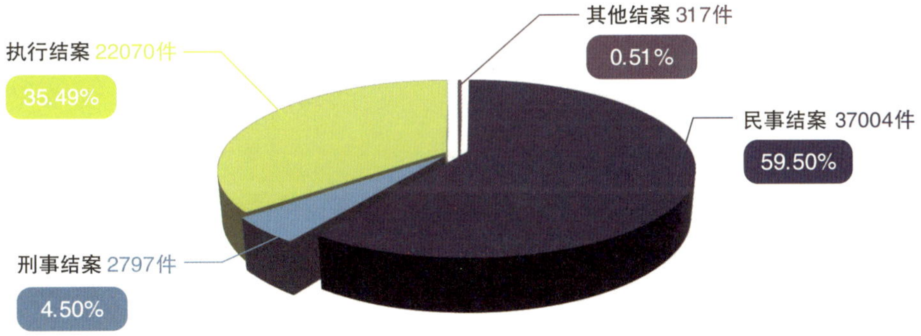

图 2　2022 年龙岗法院已结案件类型示意图

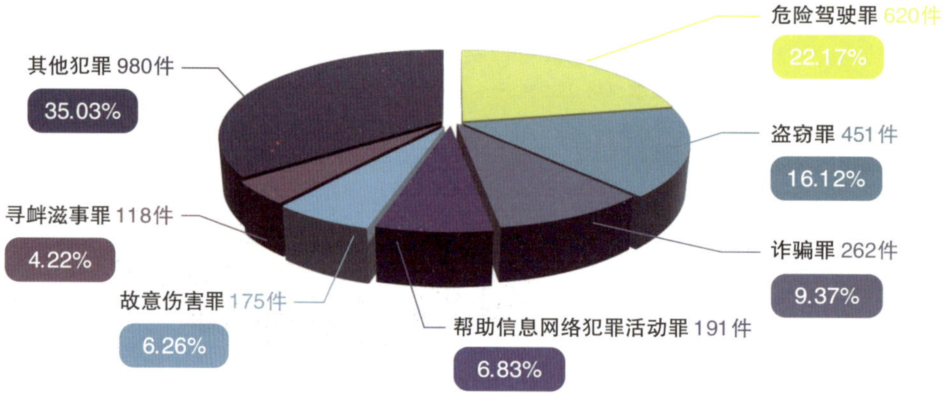

图3　2022年龙岗法院审结刑事案件类型示意图

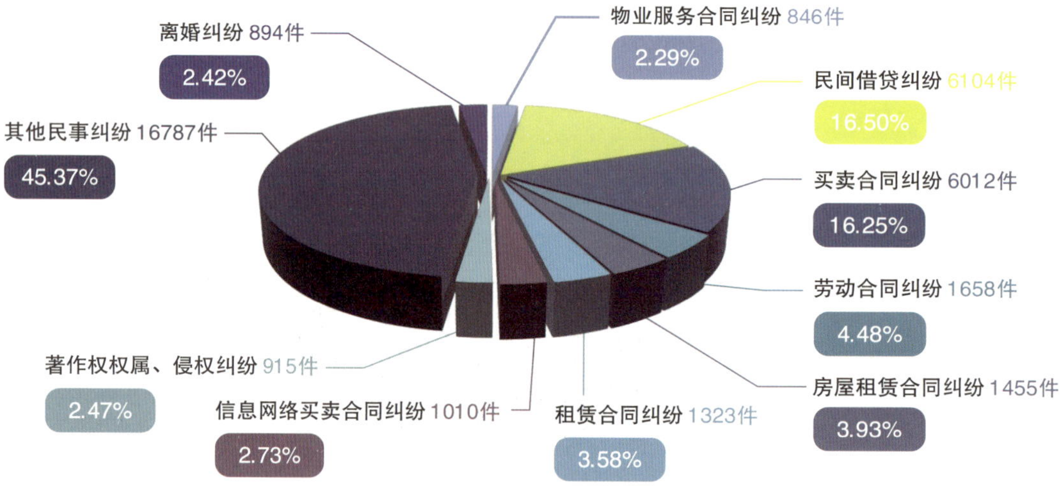

图4　2022年龙岗法院审结民事案件类型示意图

2022 年深圳市龙华区人民法院审判执行工作数据

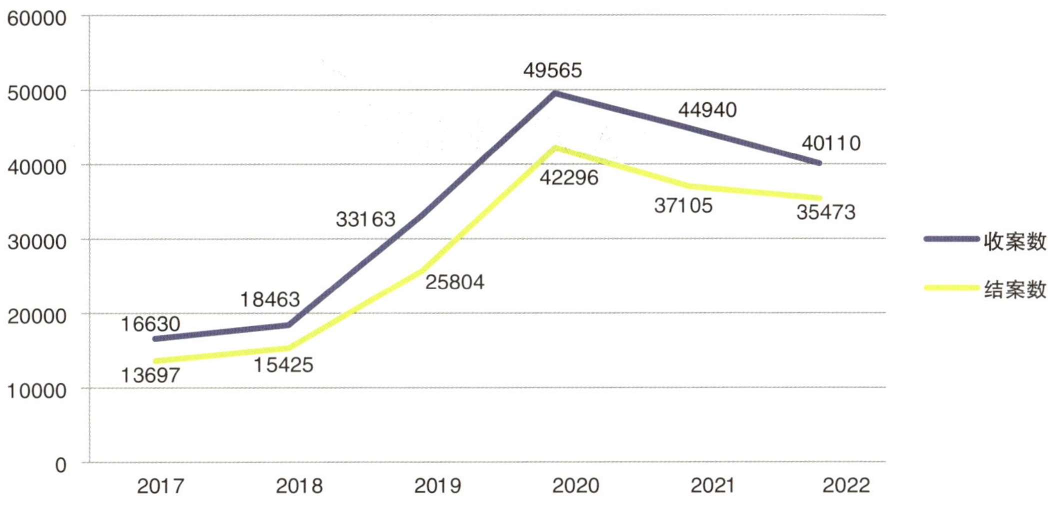

图 1　2017—2022 年龙华法院收结案走势图（件）

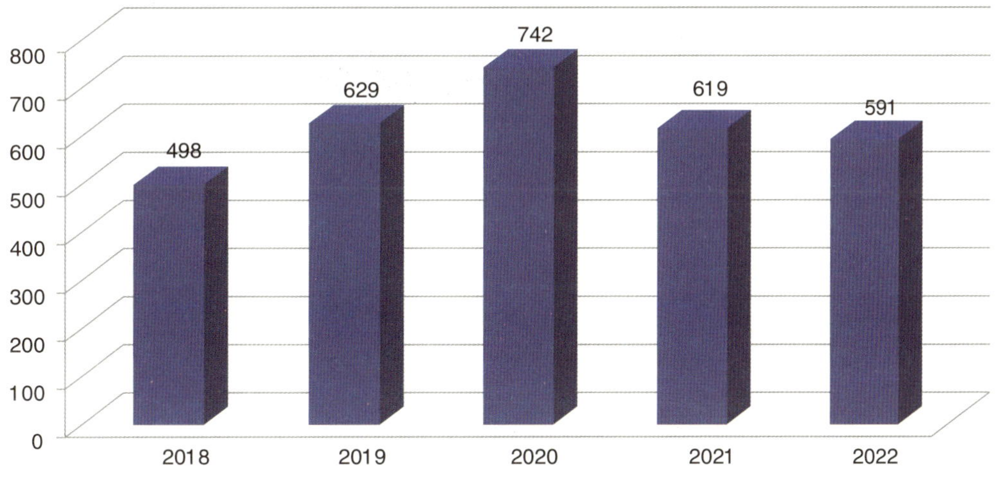

图 2　近五年龙华法院法官人均结案数对比图（件）

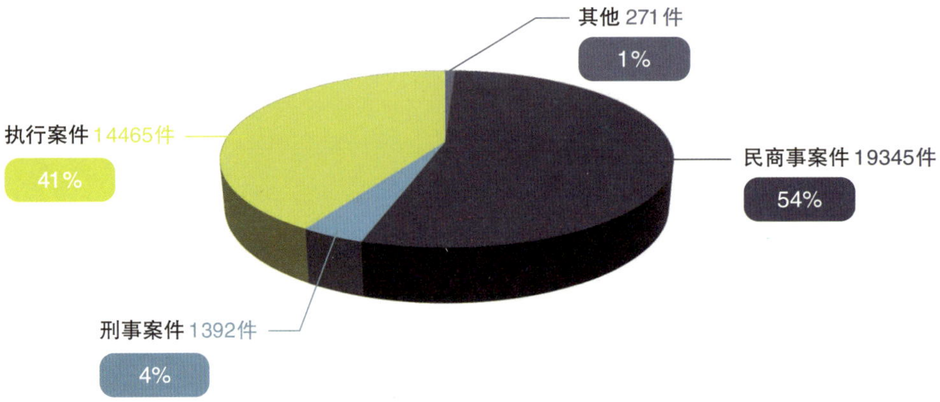

图 3　2022 年龙华法院结案类型图

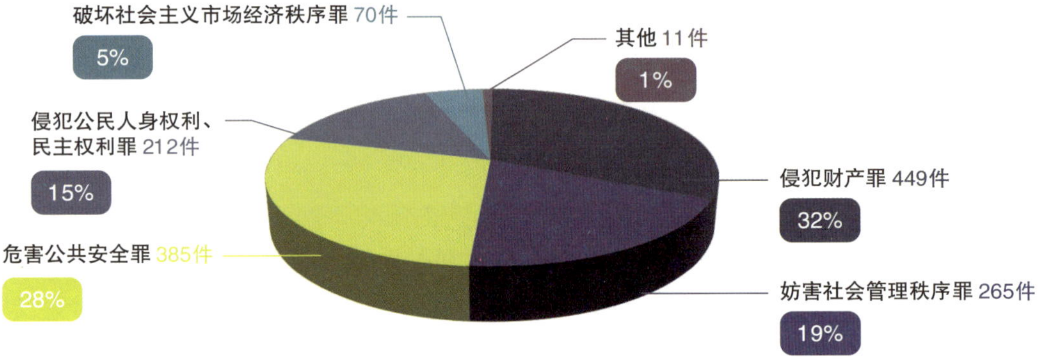

图 4　2022 年龙华法院一审刑事案件结案构成图

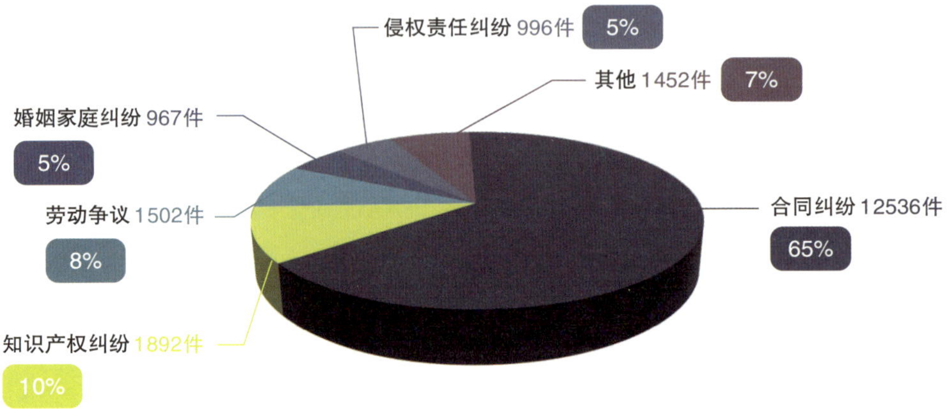

图 5　2022 年龙华法院一审民商事案件结案构成图

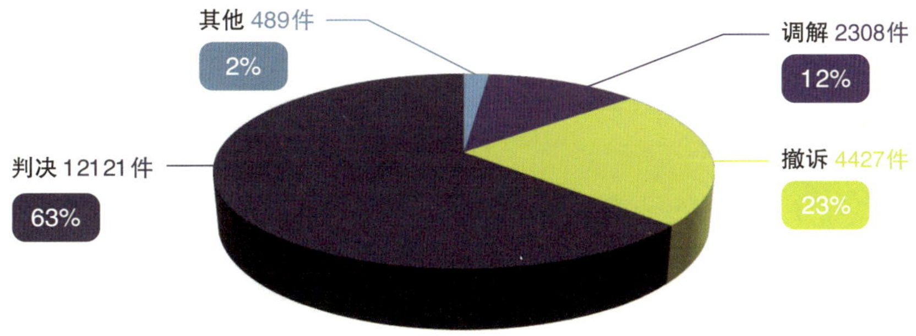

图 6　2022 年龙华法院一审民商事案件结案方式图

2022 年深圳市坪山区人民法院审判执行工作数据

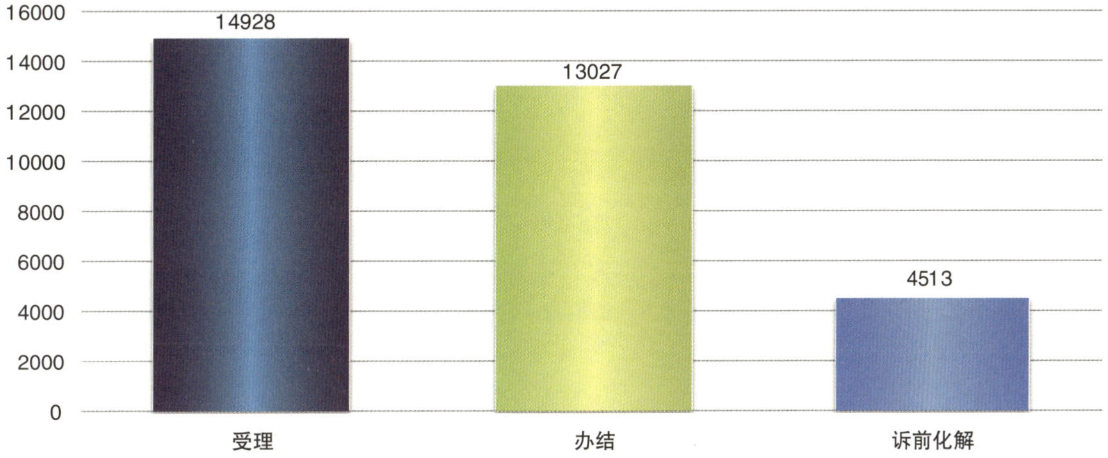

图 1　2022 年坪山法院案件总体情况图

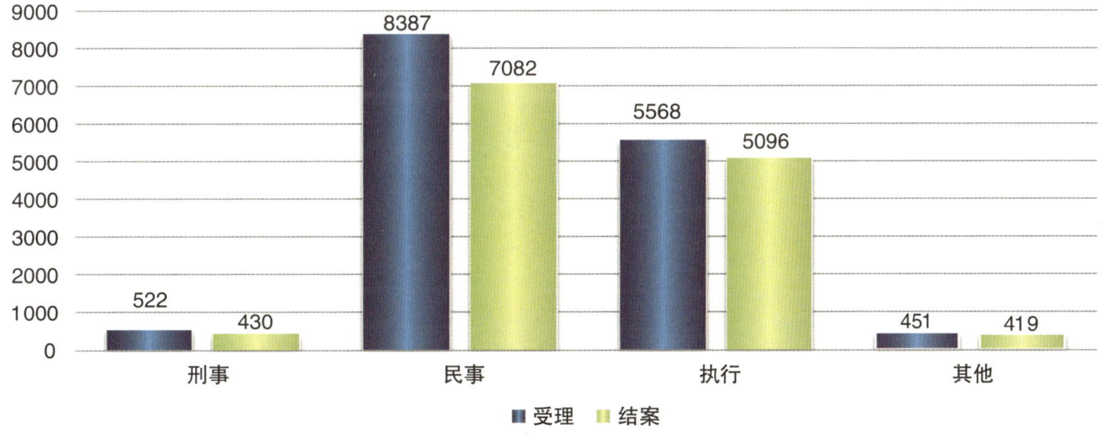

图 2　2022 年坪山法院受理、结案结构图

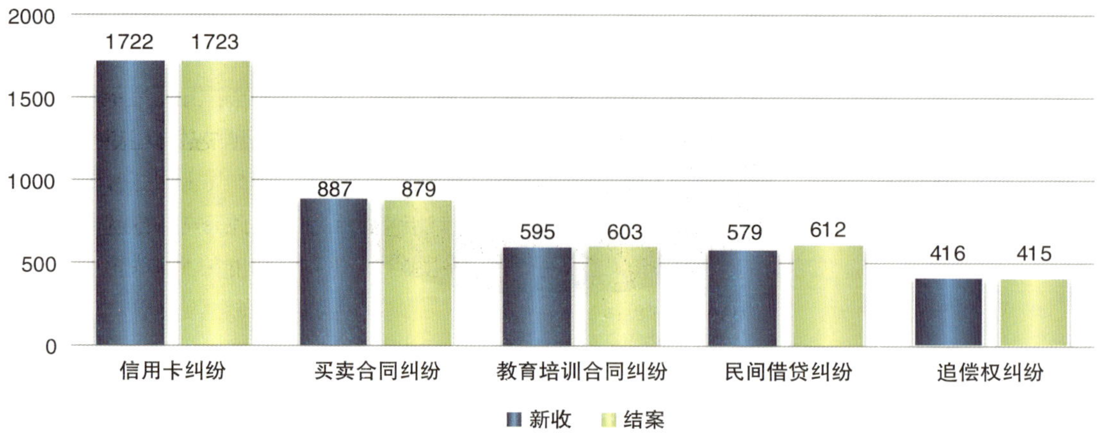

图3　2022 年坪山法院新收案件数前五位的民事案件图

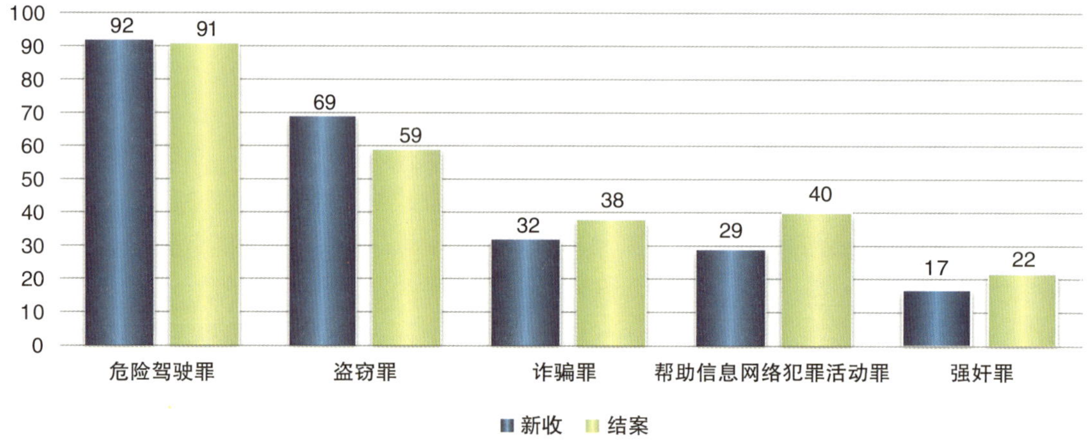

图4　2022 年坪山法院新收案件数前五位的刑事案件图

2022 年深圳市光明区人民法院审判执行工作数据

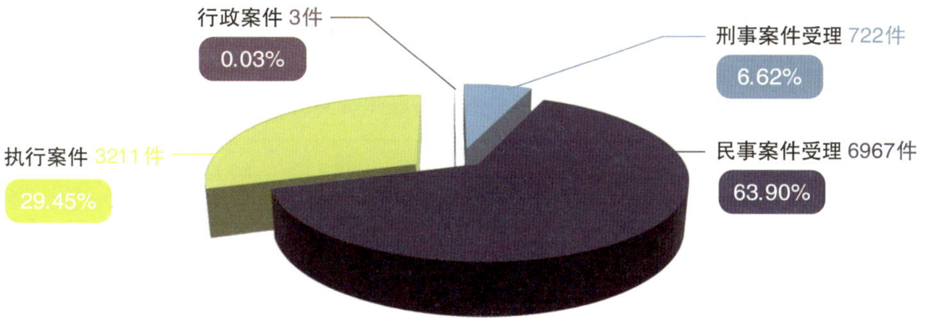

图 1　2022 年光明法院新收案件类型分布

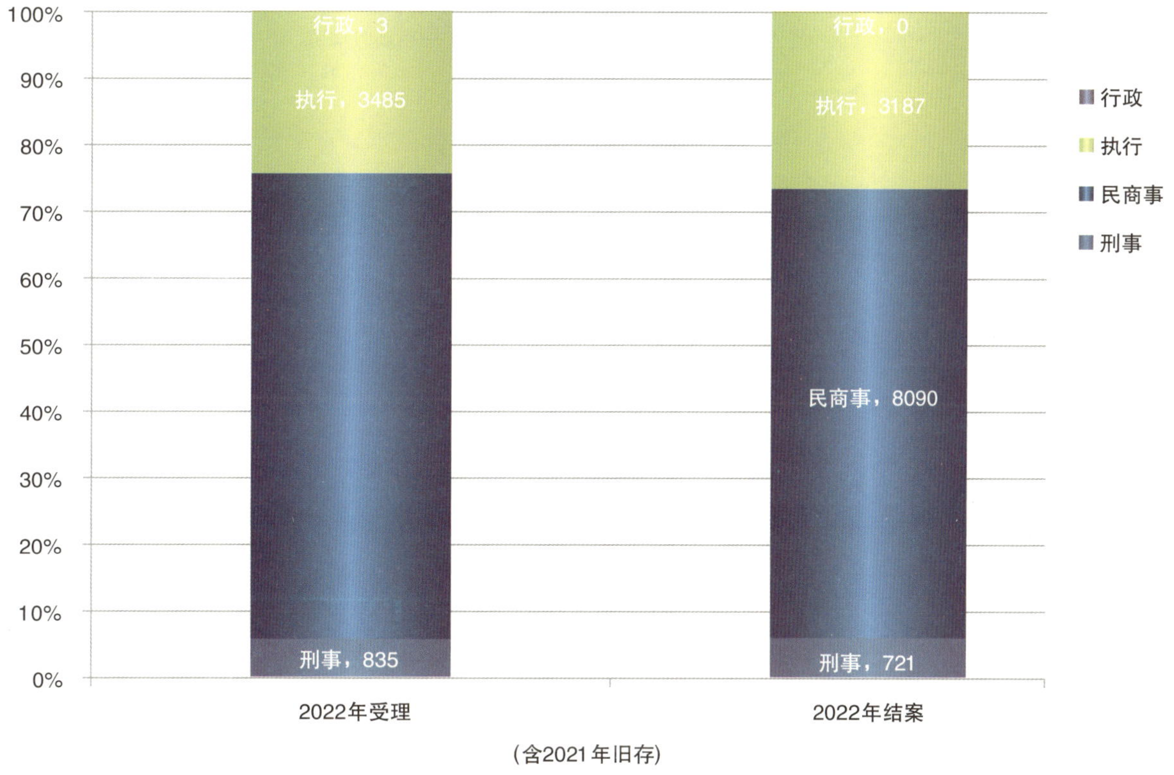

图 2　2022 年光明法院各类案件收结案情况（件）

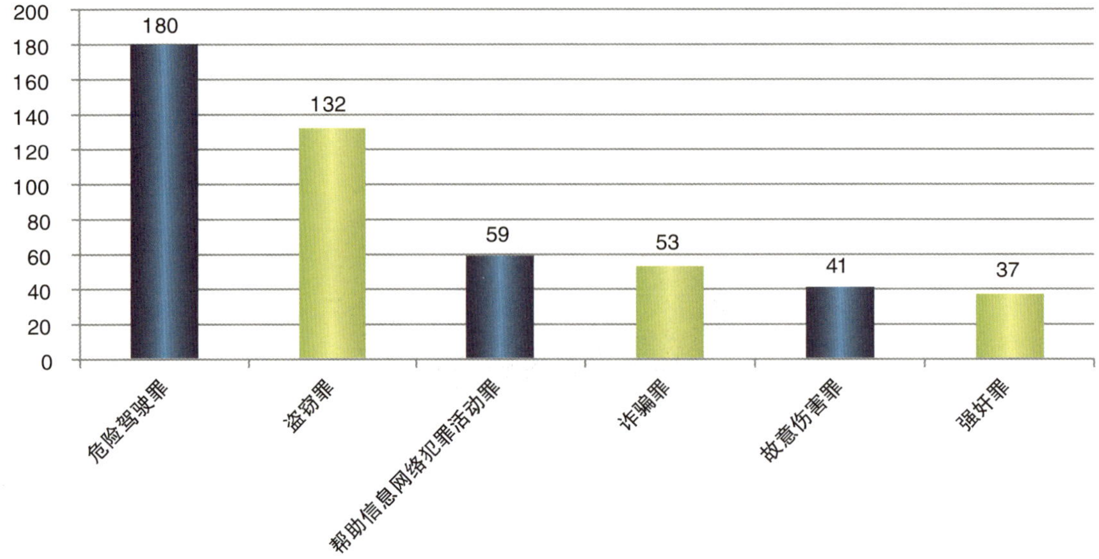

图 3　2022 年光明法院刑事多发案件一审新收情况

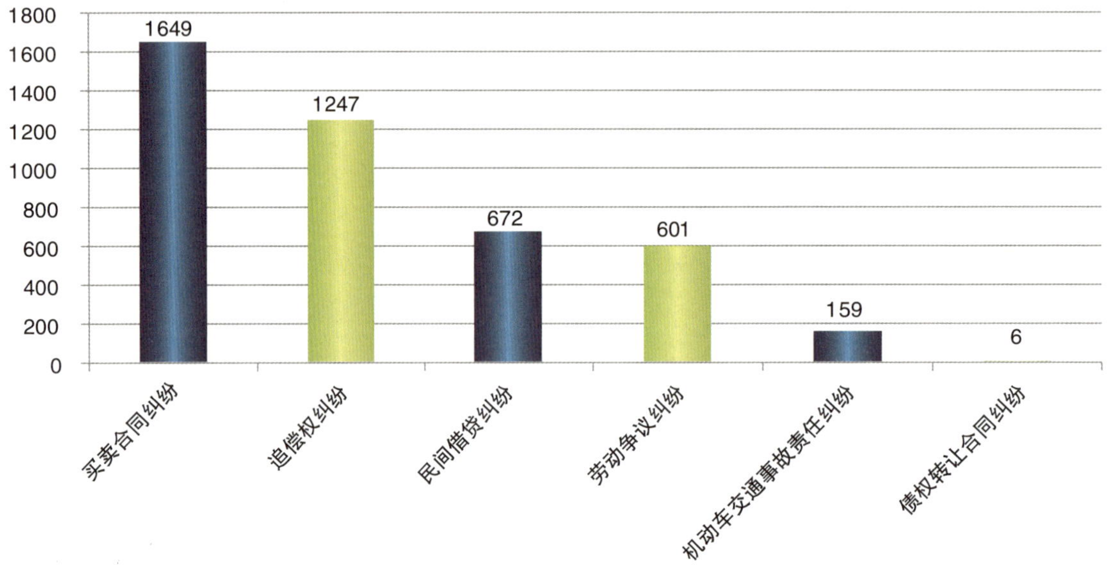

图 4　2022 年光明法院民商事多发案件一审新收情况

2022年深圳市深汕特别合作区人民法院审判执行工作数据

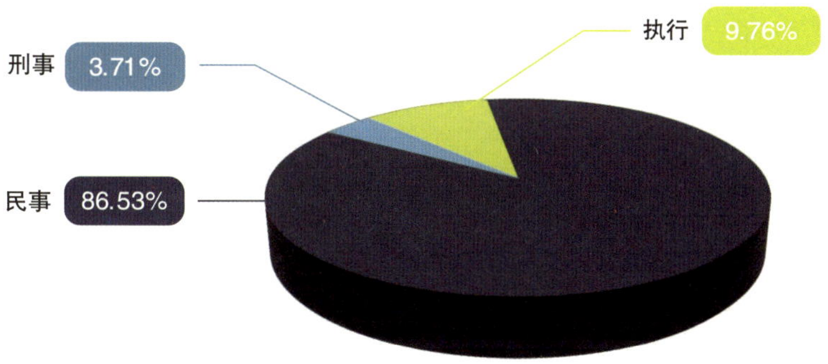

图1　2022年深汕合作区法院结案结构情况图

表1　2022年深汕合作区法院民商事案件结案数量前十位案由分布表

序号	案由	数量
1	金融借款合同纠纷	529
2	信用卡纠纷	297
3	申请司法确认调解协议	227
4	申请诉前财产保全	184
5	买卖合同纠纷	89
6	机动车交通事故责任纠纷	38
7	离婚纠纷	36
8	民间借贷纠纷	32
9	建设工程施工合同纠纷	19
10	劳务合同纠纷	9

表2　2022年深汕合作区法院结案刑事案件案由分布表

序号	案由	数量
1	危险驾驶罪	37
2	盗窃罪	6
3	交通肇事罪	5
4	帮助信息网络犯罪活动罪	3
5	故意毁坏财物罪	2

（续表）

序号	案由	数量
6	寻衅滋事罪	2
7	掩饰、隐瞒犯罪所得、犯罪所得收益罪	2
8	放火罪	1
9	故意伤害罪	1
10	过失致人死亡罪	1
11	挪用资金罪	1
12	强奸罪	1
13	强制猥亵、侮辱罪	1
14	抢劫罪	1
15	敲诈勒索罪	1
16	受贿罪	1
17	玩忽职守罪	1
18	猥亵儿童罪	1

·编辑：严俊、黄路斯·

附　录

Appendix

主题索引

说 明

一、本索引采用主题分析方法，款目按照汉语拼音字母（同音字按声调）顺序排列。

二、文中的类目题、分目题用黑体字标明，其余用宋体字排印。

三、索引款目后的数字表示内容所在的页码，数字后的拉丁字母（a、b、c）表示该页自左至右的栏别。

四、同一主题的内容在文中多处出现的，在其款目后用不同的页码标明。

五、对《特载》《年度要闻》《大事记》《人物·荣誉》《典型案例》《审判文献》《理论研究》《法院工作报告》《统计资料》等不作索引。

Z

中级人民法院 47